**Kohlhammer
Urban**
-Taschenbücher

Band 586

Reinhold Kaiser

Die Burgunder

Verlag W. Kohlhammer

Umschlagmotiv:
Die 1877 auf der Nekropole von St. Matthias im Süden der Stadt Trier gefundene Grabinschrift lautet:

Hariulfus protector / domesitigus filius Han / havaldi regalis genti / s Burgundionum qui / vicxit annos XX et men / sis nove (m) et dies nove (m) / Reutilo avunculu / s ipsius fecit,

in Übersetzung: „Hariulf, kaiserlicher Leibwächter, Sohn des Hanhawald, (Fürst oder Klein-) Königs des Stammes der Burgunder, hat 20 Jahre und 9 Monate und 9 Tage gelebt. Reutilo, sein Onkel, hat (die Grabschrift) gesetzt."

Die Inschrift ist vielleicht eher vor der Verlegung der Kaiserresidenz Trier Ende des 4. als Anfang des 5. Jahrhunderts verfasst worden. Sie erweist den im römischen Trier in der Stellung eines Generalstabsoffiziers dienenden jungen Hariulf als Angehörigen eines fürstlichen oder königlichen Geschlechtes – ob die Rangbezeichnung *regalis* mit Fürst, Kleinkönig oder Unterkönig wiederzugeben ist, ist strittig – aus dem Stamm *(gens)* der Burgunder. Der Grabstein gilt als „eines der schönsten inschriftlichen Zeugnisse der Germanen im römischen Dienst" (H. Heinen, Frühchristliches Trier, Trier 1996, S. 37; vgl. H. Castritius, in: RGA 14, 1999, S. 14). (Rheinisches Landesmuseum Trier, Inv. 34, Foto RD 58, 82. Größe des Steins: H 58 cm, B 108 cm, D 16 cm)

Alle Rechte vorbehalten
© 2004 W. Kohlhammer GmbH Stuttgart
Umschlag: Data Images GmbH
Karten: Enbé-Design, Baasner
Gesamtherstellung:
W. Kohlhammer Druckerei GmbH + Co. Stuttgart
Printed in Germany

ISBN 3-17-016205-5

Inhalt

Vorwort 9

Einleitung 11

I. Die Frühgeschichte der Burgunder 15
   1. Ihr Auftreten in Mittel- und Osteuropa 15
   2. Herkunft, Name und frühe Verfassung der Burgunder 20

II. Das Burgunderreich am Rhein (413–436) 26
   1. Übergang über den Rhein und Gründung des Reiches 26
   2. Der Untergang des Reiches am Rhein 31
   3. Innere Verhältnisse 34

III. Von der Ansiedlung in der Sapaudia (um 443) bis zum Untergang des Rhônereiches (532/534) 38
   1. Die Einquartierung als Foederaten in der Sapaudia 38
   2. Sapaudia – Savoyen oder „Großdiözese" Genf? Die Probleme der Lokalisierung 40
   3. Zwischen Römern, Goten, Franken und Alemannen: Expansion und Eindämmung 46
   4. Das Scheitern der Bündnispolitik und der Untergang des Rhônereiches 57

IV. Volk, Siedlung und Sprache der Burgunder ... 75
   1. Antike und moderne Schätzungen der Bevölkerungszahlen 75
   2. Die Ansiedlung in der Sapaudia und an der mittleren Rhône: Fiskalteilung oder Realteilung? 82
   3. Die archäologische Hinterlassenschaft der Burgunder 87
   4. Burgundische Sprachzeugnisse 96

V. Die Binnenstruktur des Burgunderreiches 102

1. Territoriale und gentile Ordnung 102
2. Der Burgunderkönig: rex *Burgundionum* und *magister militum*. Hof und Verwaltung 114
3. Rechtsordnung und Rechtskultur 126
4. Die Sozial- und Wirtschaftsstruktur des Burgunderreiches 133

VI. Kult und Kultur 148

1. Vom Heidentum zum Christentum 148
2. Arianismus und Katholizismus 152
3. Ansätze einer burgundischen Reichskirche 157
4. Die Klostergründungen im Burgunderreich 166

VII. Nachleben 176

1. *Traditio nominis:* Von „*Burgundia*" zu „Bourgogne" 177
2. Vom ethnischen Bewusstsein der *gens Burgundionum* zur regionalen Identität im fränkischen *regnum Burgundiae* 184
3. Fortleben in der literarischen Gestaltung und im politischen Mythos 200

Schluss 206

Anmerkungen 210

Verzeichnis der Abkürzungen 243

Bibliographie 244

1. Quellenverzeichnis 244
2. Literaturverzeichnis 249

Stammtafeln 265

Ortsregister 267

Personenregister 276

Verzeichnis der Karten

Karte 1: Die Ausdehnung der Sapaudia nach
H. de Claparède (1909), P. Duparc (1958)
und J. Favrod (1997) 33
Karte 2: Die *Burgundia* nach dem anonymen Geographen
von Ravenna 55
Karte 3: Die Siedlungsgebiete der Burgunder vor ihrem
Eintritt in das Imperium Romanum 89
Karte 4: Künstlich deformierte Schädel im Herrschafts-
bereich der Burgunder 93
Karte 5: Verbreitung des Frankoprovenzalischen 98
Karte 6: *Civitates* und Römerstraßen in Südostgallien ... 103
Karte 7: Umfang der burgundischen Herrschaft nach der
Teilnehmerliste des Konzils von Epao (517) ... 104
Karte 8: Das *regnum Burgundiae* unter merowingischer
Herrschaft (um 540) 178
Karte 9: „Burgund" im Hochmittelalter: Königreich,
Herzogtum, Grafschaft 181
Karte 10: Die fränkisch-burgundische Kontaktzone nach
archäologischen Zeugnissen 185

Nachweise zu den Karten

Karte 1: Auf der Grundlage der Karten von Hugo DE CLAPA-
RÈDE, Les Burgondes jusqu'en 443, Genf 1909, S. 65,
Pierre DUPARC, La Sapaudia, in: Comptes rendus
de l'Académie des Inscriptions et Belles-Lettres, 1958,
S. 383 und Justin FAVROD, Histoire politique du roy-
aume burgonde (443–534), Lausanne 1997, S. 113, ent-
worfen von R. Kaiser.
Karte 2: Nach Josef SCHNETZ, *Ravennatis anonymi cosmographia*
(Itineraria Romana 2) IV 26–27, Stuttgart ²1990,
S. 62–64 und Maurice CHAUME, Les origines du duché
de Bourgogne, Bd. II 1, Dijon 1927, S. 5, entworfen
von R. Kaiser.
Karte 3: Nach Grzegorz DOMANSKI, Les Burgondes. Leur entrée
dans l'histoire, in: Henri GAILLARD DE SEMAINVILLE
(Hrsg.), Les Burgondes. Apports de l'archéologie. Actes
du colloque international de Dijon (5–6 Nov. 1992),
Dijon 1995, S. 49.

Karte 4: Nach Christian SIMON, La déformation crânienne artificielle dans le bassin du Léman: Etat de la question, in: GAILLARD DE SEMAINVILLE (Hrsg.), Les Burgondes, S. 209.

Karte 5: Nach Gaston TUAILLON, Le francoprovençal. Progrès d'une définition, Saint-Nicolas d'Aoste, 1983, S. 69.

Karte 6: Nach Elie GRIFFE, La Gaule chrétienne à l'époque romaine, Bd. II, Paris ²1966, Umschlagseite, und Michel ROUCHE, Clovis, Paris 1996, Umschlagseite, entworfen von R. Kaiser.

Karte 7: Nach Justin FAVROD, Histoire politique du royaume burgonde (443–534), Lausanne 1997, S. 73.

Karte 8: Nach Großer Historischer Weltatlas, 2. Teil: Mittelalter, hg. vom Bayerischen Schulbuchverlag, München ²1979, S. 7.

Karte 9: Nach Westermanns Atlas zur Weltgeschichte, hg. v. Hans-Erich STIER u.a., Braunschweig 1963, S. 58.

Karte 10: Nach Patrick PÉRIN, L'achéologie funéraire permet-elle de mesurer la poussée franque en Burgondie au VIe siècle?, in: GAILLARD DE SEMAINVILLE (Hrsg.), Les Burgondes, S. 229.

Vorwort

Ein Buch über die Burgunder zu schreiben, ist heute ein Wagnis und zugleich eine Herausforderung. Ein Wagnis ist es, weil die Zeiten der großen Erzählungen der Volksgeschichten vorbei sind. Die Quellen zu den Burgundern, die im Laufe ihrer Geschichte nie zu einem Strom anschwollen, sondern stets ein dünnes Rinnsal blieben, sind längst in die großen Darstellungen des 19. und 20. Jahrhunderts eingeflossen. Die früher gehegte Hoffnung, unser Wissen um die Burgunder durch archäologische Funde zu erweitern, ist geradezu in ihr Gegenteil verkehrt worden, denn was den Burgundern von der älteren archäologischen Forschung zugeschrieben wurde, wird ihnen heute zumeist wieder abgesprochen. Bleibt unser Wissen also auf die längst bekannten und schon so häufig bearbeiteten spätantiken und frühmittelalterlichen Zeugnisse beschränkt, warum dann eine neue Geschichte der Burgunder? Hier liegt die Herausforderung. Sie ist dadurch gegeben, dass so gut wie jeder Satz und jedes Überbleibsel des schmalen Quellenkorpus zu den Burgundern in der Forschung zu ausgedehnten Kontroversen Anlass geboten haben. Heiß gestritten wurde und wird etwa über ihre Ansiedlung am Rhein, ob am Mittelrhein oder am Niederrhein, über die Lokalisierung und die Ausdehnung der Sapaudia, ob südlich oder nördlich des Genfer Sees, über den Modus ihrer Ansiedlung, ob durch Teilung des Landes oder durch Anweisung von Steueranteilen, über ihre Annahme des Christentums, ob in der arianischen oder der katholischen Form, über ihre so gut wie kaum rekonstruierbare Sprache, ob sie tatsächlich ostgermanisch war oder nicht, und vieles andere. Je mehr sich die Burgunder hinter den punktuellen Aussagen der spröden Quellen verstecken, desto heftiger sind die Kontroversen. Diese sind in den letzten Jahrzehnten durch die Forschungen zur Ethnogenese der frühmittelalterlichen Völker oder zur Entstehung und zu den Eigenheiten der Nachfolgereiche des Imperium Romanum sprunghaft angewachsen. Das Wagnis und die Herausforderung, eine Geschichte der Burgunder zu schreiben, besteht also darin, eine Darstellung zu bieten, in welcher sich die „Erzählung" des Geschehenen mit der Diskussion um die Grundlagen für eben diese Erzählung verknüpft, beides in der vorgegebenen Kürze eines Überblickwerkes.

Dass ein solches Buch nicht ohne lange Vorbereitungen und Vorarbeiten zustande kommen konnte, ist selbstverständlich. Zu danken habe ich den Teilnehmern und Hörern mehrerer Vorlesungen und Seminare über die Burgunder. Sie haben mich stets verpflichtet, den Stoff in Form zu bringen. Unschätzbare Hilfe boten mir Herr lic. phil. Josef Ackermann und Dr. Hannes Steiner, die mich bei der Quellensammlung und der Quellendurchsicht unterstützt haben, ferner Frau lic. phil. Simone Boselli. Sie hat die bibliographischen Arbeiten erledigt und die weit gestreute Literatur beschafft, unterstützt durch die Zentralbibliothek Zürich. Auch das Ortsregister hat sie erstellt. Das Personenregister hat Hannes Steiner bearbeitet. Die Druckfassung des Textes fertigte Frau lic. phil. Uta Fink. Ihnen allen schulde ich großen Dank. Ein besonderer Dank aber gilt meiner Frau Marie-Thérèse, die so manchen Umweg und auf den ersten Blick wenig attraktive Stationen auf unseren Reisen durch die Burgunder Lande in Kauf genommen und die Entstehung des Burgunderbuches mit Geduld begleitet hat. Geduld zeigte auch der Verlag, als die geplanten Fristen für die Abgabe des Textes verstrichen waren und ich immer wieder wegen der belastenden Verpflichtungen des universitären Alltags um Aufschub bitten musste. Für das Lektorieren und die zügige Drucklegung des Textes möchte ich schließlich ganz herzlich Frau Monica Wejwar und dem Kohlhammer Verlag danken.

Zürich, im Mai 2004 *Reinhold Kaiser*

Einleitung

Gegenstand dieses Buches sind die Burgunder. Damit sind nicht die berühmten Burgunder Weine von der Côte d'Or bei Dijon im Norden bis zur Côte de Beaujolais im Süden gemeint, auch nicht die Burgunder Reben (Pinot Reben), der Blaue Spätburgunder, der Grauburgunder, der Weißburgunder; gemeint sind auch nicht die Bewohner der heutigen französischen Region Burgund (Bourgogne), die Bourguignons; gemeint sind Menschen der Zeit der Frühgeschichte und der Völkerwanderung, die sich Burgunder nannten oder die so genannt wurden. Die griechischen und lateinischen Schriftsteller fassten sie ohne zu zögern als Gruppe, als *ethnos, gens, natio, populus* o.ä. auf. Die neuere Forschung scheut vor der Bezeichnung der Burgunder als Stamm oder Volk zurück, weil dadurch falsche, anachronistische Vorstellungen geweckt werden. Es war und ist eben schwierig zu bestimmen, wer Burgunder war, denn es gibt ihn einfach nicht, „den" Burgunder, gleichsam definiert als ein Gegenstück zum „Deutschen im Sinne des Grundgesetzes".

Gegenstand dieses Buches, so könnte es scheinen, ist also ein Name. Streckenweise ist dies durchaus richtig: Wo und wann und in welchen Varianten taucht der Name der Burgunder auf, wer verwendet ihn wann und wie? Doch hinter dem Namen standen Menschen, handelnde und leidende, sesshafte und mobile, einzelne und Gruppen. Ihre Geschichte gilt es zu verfolgen von ihrem ersten Auftreten unter dem Namen *Burgundiones* an. Die Unterscheidung zwischen einer gentilen und einer regionalen Benennung, zwischen Burgundionen/Burgunden einer- und Burgundern andererseits, wird hier nicht wie in manchen älteren Werken oder wie im französischen Sprachgebrauch gemacht, der zwischen „Burgondes" und „Bourguignons" differenziert. Doch spiegelt gerade dieser Wechsel den entscheidenden Wendepunkt: In dem Augenblick, wo „Burgunder" zur regionalen Bezeichnung wird, d.h. zur Bezeichnung der Bewohner eines Gebietes, das den Landesnamen Burgund angenommen hat, wird die Geschichte „der Burgunder" zunehmend undeutlich, weil zwischen der gentilen und der territorialen/regionalen Bedeutung nicht oder kaum noch unterschieden werden kann. Und dieser Wendepunkt liegt genau in der Zeit der Eroberung des Rhônereiches der Burgunder durch die merowingischen Franken. Der Schwerpunkt unserer Darstellung liegt also zwischen diesen beiden Eckdaten, der Erstnennung der Burgunder bei Plinius d. Ä. († 79 n. Chr.) und der Eingliederung ihres Reiches in das Merowingerreich (532/34). Das Geschick der Burgunder oder von Burgundern im merowingischen Teilreich Burgund ist ein Nachhall der Geschichte der Burgunder, der sich in einem Diminuendo bis ins 7./8. Jh., ja kaum vernehmbar auch darüber hinaus, allmählich verliert. Er gehört zu den Nachwirkungen (Kap. VII). Die Geschichte Burgunds dagegen beginnt gerade in dieser frühmerowingischen Phase, löst gleichsam die Geschichte der Burgunder ab. Die Geschichte Burgunds ist in diesem Sinne paradoxerweise fast so etwas wie eine Geschichte ohne Burgunder; sie ist die Geschichte eines historisch-politischen Raumes, der ihren Namen trägt, aber von ihnen kaum noch geprägt wird.

Die historische Forschung hat beiden Themen, den Burgundern und Burgund, viel Aufmerksamkeit geschenkt. In der Zeit der Germanophilie des 19. und der ersten Hälfte des 20. Jhs. stand das Volk der Burgunder, gedacht als ethnisch geschlossene und identifizierbare Wesenheit, im Vordergrund. Die Geschichte der Burgunder war die Geschichte eines Ostgermanenvolkes auf seiner Wanderung von der Ostsee (Bornholm!) bzw. von Skandinavien (Norwegen) bis zur Rhône mit Frauen und Kindern auf dem Planwagen. Die wegen ihrer umfassenden Quellen- und Literaturverarbeitung auch heute noch wichtigen Werke von C. Binding (1868), A. Jahn (1874), F. Dahn (1908), A. Coville (1928) und L. Schmidt (1941) sind in diesem Sinne als Volksgeschichten konzipiert. Von der Persistenz eines unterscheidbaren, spezifisch germanischen bzw. burgundo-romanischen Nationalcharakters der Burgunder-Bourguignons, der sich bis in die eigene Zeit erhalten hätte, gehen M. H. Boehm (1944) und M. Chaume (1922), teilweise auch W. Kienast (1968) aus. Und noch 1965 hielt R. Guichard an der Identität und Kontinuität der Burgunder von ihrer skandinavischen (norwegischen) Vorgeschichte über die Etappen Bornholm, Ostsee, Mittelrhein, Rhôneraum bis zu den Bourguignons der Bourgogne und den Westschweizern der alten Burgundia fest, ja betrachtete die Burgunder als seine eigenen Vorfahren, im Sinne von „nos ancêtres – les Burgondes".

Die Übersteigerung der völkischen Ideologie durch den Nationalsozialismus hat nach dem Krieg zu einem Perspektivenwechsel geführt. In Anknüpfung an J. Huizinga (1933, ²1952) trat nun der historisch-politische und der Kulturraum „Burgund" in seiner als Zwischenstellung aufgefassten Vermittlerrolle zwischen der romanischen und der germanischen Welt in den Vordergrund, so bei L. Boehm (1971). Die Hinwendung zur Region, sei es die Großregion Burgund, seien es historische Provinzen, Landschaften oder Kleinregionen, die mit dem Namen Burgund verknüpft waren, ließ die Geschichte der Burgunder jeweils als Teil der je eigenen Geschichte der Region erscheinen, daher ihre Mit-Behandlung in den französischen Regionalgeschichten (z.B. J.-P. Leguay 1983), ja Stadtgeschichten (z.B. v. Lyon 1990), im Handbuch der Schweizer Geschichte (^{3}1980) oder in der Geschichte der Alpenregion insgesamt (Histoire et Civilisation des Alpes 1, 1980). Die Geschichte der Burgunder wird dadurch jeweils reduziert auf eine kurze Episode, deren Nachhaltigkeit zu gewichten ist. Das gilt in gewisser Weise auch von dem Versuch von M. Beck (1963), der in den Burgundern eine kleine Abteilung des römischen Heeres sieht, praktisch einen Truppenverband unter der Etikette „Burgunder".

In der von R. Wenskus (1961) angeregten ethnogenetischen Forschung der letzen Jahrzehnte werden die Burgunder neben anderen Völkern als Teil der schnellem und grundlegendem Wandel unterworfenen Welt der frühmittelalterlichen *gentes* behandelt, so von R. Wenskus selbst im Handbuch der Europäischen Geschichte (Bd. 1, 1976), von H. H. Anton im Reallexikon der Germanischen Altertumskunde (Bd. 4, 1981), in den die Forschung zusammenfassenden Werken von H. Wolfram (1990) und W. Pohl (2002). Aus allen diesen Darstellungen wie aus den Spezialstudien zur Ethnogenese der Burgunder von I. Wood (1990, 2003) und zur ethnischen Identität von P. Amory (1993, 1994) ergibt sich das Bild einer kleinen polyethnischen Gruppe von Barbaren, die unter der Führung ihres Königs sehr schnell und erfolgreich in die bestehenden politischen, sozialen, wirtschaftlichen, kulturellen und kirchlichen Strukturen des römischen Südostgallien integriert wurden. Ihre Assimilation war so rapide und so gründlich, dass die Nachbarwissenschaften der Archäologie und Sprachwissenschaft Mühe haben, den materiellen und sprachlichen Niederschlag der Burgunder überhaupt ausfindig zu machen, wie das 1992 in Dijon veranstaltete Kolloquium über Les Burgondes (1995) deutlich zeigt. Die Burgunder: ein kaum zu fassendes Geistervolk?

Nicht so für die historisch-politische Forschung! J. Favrod (1997) hat vornehmlich anhand der sehr verstreuten Schriftquellen – eine eigene historische Überlieferung der Burgunder gibt es nicht – die Wirkung untersuchen können, die ihre Reichsgründung auf die praktische Umorientierung und Umstrukturierung des Rhône-Raumes und darüber hinaus ganz Galliens gehabt hat. Hier, im Bereich des Politischen, liegt zweifellos *ein* Schwerpunkt ihres Wirkens, der auch in unserer Darstellung ausführlich behandelt wird. Wenn dazu vorgängig die Frühgeschichte der Burgunder sowie das Burgunderreich am Rhein erörtert werden, dann geschieht dies unter der Annahme, dass sich hinter dem Burgundernamen eine Gruppe von Menschen verbarg, die eben diesen Namen und das mit diesem Namen verbundene Königtum als identitätsstiftendes Element in Abgrenzung gegenüber anders benannten Gruppen betrachtete. Ihre politische Formation, von den Zeitgenossen als *gens, ethnos, populus* oder *regnum* bezeichnet, stand zunächst außerhalb, dann innerhalb des Imperium Romanum, wurde Teil dieses Imperiums und verwandelte es zugleich. Die sich daraus ergebenden politischen, sozialen, wirtschaftlichen, demographischen, sprachlichen, kulturellen und religiösen Folgewirkungen und den wechselseitigen Austausch darzustellen, ist das Ziel der thematisch angelegten Kapitel (IV-VI). Der Name der Burgunder evoziert ihren Untergang, besungen im Nibelungenlied. Das ist die andere Geschichte der Burgunder, die ihres literarischen Nachlebens, ihres Fortlebens im kollektiven Gedächtnis und ihres politischen Mythos. Die Rezeptionsgeschichte der Burgunder erfordert eine eigene Behandlung durch einen Literarhistoriker oder einen Neuzeit- bzw. Zeithistoriker. Sie kann hier nur in Form eines Ausblicks gegeben werden (Kap. VII).

I. Die Frühgeschichte der Burgunder

1. Ihr Auftreten in Mittel- und Osteuropa

Wie für die meisten barbarischen Völker so gilt auch für die Burgunder: Ihre Frühgeschichte liegt im Dämmerlicht einer trüben Überlieferung. Generationen von Historikern, Archäologen und Sprachwissenschaftlern haben sich bemüht, sie aufzuhellen, durch ihre – notwendigerweise zeitgebundenen – Erklärungsansätze verständlich zu machen und Modelle für ihre Deutung zu finden. Begriffe wie Volk, Stamm, Ethnie, Stammesschwarm, Wanderlawine, Wanderbewegungen u. ä. haben sich als untauglich erwiesen, den Vorgang und den Zustand adäquat zu beschreiben, der sich hinter der Nennung ihres Namens vor ihrem Eintritt in das römische Reich verbirgt. Der Grund ist leicht einzusehen: Die Burgunder haben keine Herkunftssage, keine *origo gentis* hinterlassen wie die Goten oder Langobarden, so umstritten deren Deutungen auch sein mögen, sie haben keine Selbstzeugnisse hervorgebracht, die auf uns gekommen und ihnen mit Sicherheit zuzuschreiben wären. So bleiben wie für die meisten Barbaren nur die Zeugnisse der römischen und griechischen Autoren. Ihre Wahrnehmungsweise ist durch das mediterrane ethnographische Weltbild und ihre Darstellungsweise durch die Gattungsspezifik ihrer Schriften geprägt, ihr Berichtsinteresse ist zeitgebunden. Kein Wunder also, dass die außerhalb des unmittelbaren Gesichtsfeldes der Römer und Griechen, d. h. fernab der Grenze des Imperiums lebenden Burgunder nur selten von ihnen erwähnt werden.

Der Erste, der sie nannte, war Plinius d. Ältere († 79 n. Chr.). In seinem enzyklopädischen Werk der Naturgeschichte (Historia naturalis) gibt er im Buch über die Geographie Nord- und Osteuropas auch eine Übersicht über die Völker Germaniens *(Germaniae gentes)*. Er unterscheidet fünf Hauptstämme der Germanen *(Germanorum genera)* und führt als ersten die Vandilier auf, zu denen die Burgunder *(Burgo(n)diones/Burgu(n)diones)*, Variner, Chariner und Gutonen zählen. Die Aufzählung geht vom Nordosten der Germania am Meer entlang zur Nordsee (Inguäonen), zum Rhein

(Istuäonen), über das Binnenland (Herminonen) nach Südosten zu den Peukinern und Bastarnen an der dakischen Grenze[1].

Tacitus († ca. 120 n. Chr.) übergeht in seiner um 98 verfassten Germania die Burgunder, vielleicht weil er sie unter die Vandilier oder die Lugier rechnet. Erst Ptolemaios erwähnt sie wieder, und zwar in seiner in der Mitte des 2. Jhs. verfassten Geographie. Verzeichnet werden die Burgunder, diesmal mit genaueren geographischen Angaben zu ihren Wohnsitzen zwischen der mittleren Oder und der Weichsel, als östliche Nachbarn der Semnonen und nördliche der Lugier. Da Ptolemaios im Norden der Burgunder noch die Rutiklier (Rugier) an der Ostseeküste und die sonst nicht bezeugten Elvaionen lokalisiert, dürfte ihr Siedlungsgebiet im Raum zwischen Warthe, Netze, dem Weichselknie und der mittleren Oder gelegen haben[2]. Östlich der Weichsel, schon in Sarmatien, wohnten an der Ostseeküste die Veneder und südlich von ihnen die Gythonen (Goten), denen sich noch weiter südlich die Frugundionen anschlossen. Diese dürften eine Teilgruppe der Burgunder gewesen sein, die sich möglicherweise den Goten angeschlossen und mit ihnen der Abhängigkeit von den Vandalen entzogen hatte[3].

Für mehr als ein Jahrhundert versiegen dann die Quellen zu den Burgundern. Eine späte Nachricht aus der in den 50er Jahren des 6. Jhs. verfassten Gotengeschichte des Jordanes (Getica) lässt sich auf die Mitte des 3. Jhs. beziehen: Die mit den Goten verwandten Gepiden, deren Siedlungsgebiet an der unteren Weichsel lokalisiert wird, hätten – wohl nach dem Abzug der Goten ans Schwarze Meer – unter ihrem König Fastida ihr Siedlungsgebiet *(patrios fines)* erweitert und die *Burgundzones* fast bis zur Vernichtung geschlagen *(pene usque ad internicionem delevit*[4]*)*. Diese Notiz könnte sich auf die nach Ptolemaios östlich der Weichsel wohnenden Frugundionen (= Burgunder) beziehen. Die dieser Niederlage Entkommenen scheinen sich den Gepiden auf ihrem Zug ans Schwarze Meer angeschlossen und in der Nachbarschaft von Goten und Alanen angesiedelt zu haben. Jedenfalls erwähnt Zosimos solche ostburgundischen Splittergruppen, genannt Urugunden, an der unteren Donau, die zusammen mit Goten und iranischen Carpen und Boranen um 256/257 verheerende Einfälle in das römische Reich machten[5]. Eben diese ostburgundischen Gruppen scheinen auch unter den *Burgundi* zu verstehen zu sein, die nach einem Panegyricus des Mamertinus für Kaiser Maximian von 291 von den Goten völlig geschlagen worden waren. Zu ihrer Rache ergriffen die Alanen (im Text: Alemannen) die Waffen[6]. Reste dieser Ostburgunder mögen unter der Herrschaft der Hunnen sich diesen in ihrer Lebensweise so weit angeglichen haben, wie wir das später auch bei westlichen Burgundern sehen werden, dass sie von Agathias im 6.Jh. für solche gehalten wurden. Jedenfalls betrachtet er die am Asowschen Meer ansässigen Burugunden als Hunnen[7]. Das Geschick der östlichen Burgunder zeigt, wie Splittergruppen trotz der als vernichtend bezeichneten Niederlagen Bestand haben konnten, den Namen des Gesamtvolkes beibehielten und diesen nach einem längeren Prozess und wohl erst nach ihrem Aufgehen in größeren Formationen verloren.

Der Zug der Goten ans Schwarze Meer und die Ausdehnung der Gepiden scheint auch die Hauptgruppe der Burgunder, die Mitte des 2. Jhs. noch zwischen Oder und Weichsel saß, in Bewegung gesetzt zu haben. Diese westlichen Burgunder traten erst spät in das Gesichtsfeld der Römer, sodass nicht auszumachen ist, wie sie vom Oder-Weichsel-Raum bis in das Hinterland des obergermanisch-rätischen Limes gelangten. Diesen hatten die Alemannen zur Zeit der innerrömischen Auseinandersetzungen zwischen Kaiser Gallienus (260–268) und dem Usurpator Postumus (260–269) überwunden und das Land zwischen Oberrhein und oberer Donau, das Dekumatenland *(agri decumates),* allmählich in Besitz genommen. Die Krisenphase des römischen Reiches – es ist die Zeit des sogenannten gallischen Sonderreiches (260–274) und des Wiedererstarkens der Reichsgewalt unter Probus – nutzten auch Burgunder, vermutlich auf Raubzüge ausgehende Teilgruppen, um zusammen mit Vandalen in das Reich einzufallen. 278/279 hat sie Probus in Rätien am Lech besiegt, wenn der Name des Flusses zu Recht von T. Mommsen zu Ligys (Λιγυσσ statt Αιγυοσ) emendiert wird und nicht auf Neckar oder Rhein zu beziehen ist[8]. Dass Burgunder und Vandalen hier gemeinsam unter einem Anführer namens Igillus – ob Burgunder oder Vandale, ist unbestimmt – kämpften, erklärt sich daraus, dass die Burgunder des mittleren Odergebietes die nördlichen Nachbarn der silingischen Vandalen waren. Die gefangenen Barbaren hat Probus nach Britannien schaffen lassen, wo sie, wie seit dieser Zeit häufig, in geschlossenen Verbänden angesiedelt wurden.

Die Niederlage in Rätien mag der Grund gewesen sein, dass die Burgunder sich in der Folgezeit nicht mehr nach Süden, sondern nach Westen wandten, zunächst in den Raum, der durch den Abzug der Alemannen ausgedünnt war, und zwar am oberen und mittleren Main. Jedenfalls erscheinen sie seitdem als östliche oder nördliche Nachbarn der Alemannen. Mit ihnen und anderen Barbarengruppen (Chaibonen, Heruler) fielen Burgunder 286 in Gallien, also erstmals in linksrheinisches Gebiet, ein, doch wurden sie durch Kaiser Maximian durch die Taktik des Aushungerns bezwungen[9]. Das Einvernehmen mit den Alemannen währte nur kurz, denn 291 berichtet ein Panegyricus auf Kaiser Maximian, dass die Burgunder Gebiete der Alemannen besetzt hätten, wenn auch unter eigenen Verlusten, und dass die Alemannen das verlorene Land wiederzuerlangen suchten[10]. Das ist das erste Mal, dass über Streit zwischen Alemannen und Burgundern berichtet wird. Seitdem reißen die Nachrichten darüber nicht ab. Die Konflikte erklären sich dadurch, dass die Burgunder, im Rücken der Alemannen sitzend, nach Westen und Süden vorrückten und das alemannische Gebiet zwischen Limes und Main bzw. zwischen Taunus und Neckar in Besitz nahmen. Bei den Kämpfen ging es eindeutig um Landbesitz *(agri, terrae)*. Dass sich die Burgunder Ende des 3./Anfang des 4. Jhs. im Maingebiet befanden, spiegelt sich in der Aufzählung der barbarischen Völker in der um 312 aufgezeichneten Liste der römischen Provinzen und der *gentes* an ihren Grenzen, dem sogenannten ‚Laterculus Veronensis'. Darin werden die Burgunder *(Burgunziones)* zwischen den Chatten (Hessen) und den Alemannen aufgeführt[11].

In der ersten Hälfte des 4. Jhs., einer Zeit der Konsolidierung des Reiches und relativer Ruhe bis zur Usurpation des Magnentius (350–353), waren die Burgunder durch die nunmehr das Dekumatenland beherrschenden Alemannen von den Römern getrennt. Für ca. 50 Jahre hören wir nichts mehr von ihnen, bis Ammianus Marcellinus (ca. 330–400) in seinen Res gestae, erhalten für die Zeit von 353 bis 378 und aus eigener Anschauung berichtend, auch den Burgundern einige kurze, aber aufschlussreiche Bemerkungen widmet. 356 rückte Kaiser Constantius II. durch Rätien gegen die Alemannen vor. Die Alemannen wurden gleichzeitig auf drei Seiten bedrängt, durch den Kaiser vom Süden, den Caesar Julian vom Westen und, wie Ammianus, ohne den Namen zu nennen, sagt, durch ihre Nachbarn, die Zwietracht zu ihren Feinden gemacht hatte *(finitimis, quos hostes fecere discordiae)*. Darunter sind die Burgunder zu verstehen, die wohl jetzt schon, wie später, die Römer gegen die Alemannen unterstützten[12]. Ein Einvernehmen mit den Römern ist jedenfalls zu vermuten bei dem Feldzug, den Julian im Jahre 359 mitten durch alemannisches Gebiet, vermutlich südlich des Odenwaldes und des Neckars, bis an den ehemaligen Limes (bei Öhringen?) führte. Die Römer schlugen erst ihr Lager auf, nachdem sie in eine Gegend gekommen waren, die Capellatii oder Palas genannt wurde, wo Grenzsteine die Gebiete der Römer und Burgunder schieden *(ad regionem, cui Capellatii vel Palas nomen est, ubi terminales lapides Romanorum et Burgundiorum confinia distinguebant)*[13].

Dieser Satz ist häufig diskutiert worden[14]. Capellatii/Palas wird auf „Pfahl", „Verbau", d.h. auf die Limesbefestigung, Capellatii zudem auf den Ort Cappel 2 km östlich von Öhringen, 1 km jenseits des römischen Limes bezogen. Die Grenzsteine zwischen Römern und Burgundern könnten auf territoriale Abgrenzungen zurückgehen, die von der auch nach der Aufgabe des Limes nach 260 noch im Lande verbliebenen romanischen Provinzbevölkerung in Abmachung mit den Burgundern gemacht worden sind, oder auf die Grenzen der ehemaligen Militärterritorien des Limesgebietes, die nunmehr als Grenze zwischen Römern und Burgundern dienten. Im letzteren Fall hätten die Burgunder auch die ehemaligen Limeskastelle *(burgi)* in der Hand gehabt, was, wie wir noch sehen werden, mit den Vorstellungen über ihre Herkunft übereinstimmt[15]. Jedenfalls spiegelt sich in Ammianus' Formulierung ein konservativ-legitimistisches Denken, das das diesseitige Limesgebiet als römisch betrachtete, auch wenn es seit Jahrzehnten von Alemannen beherrscht wurde. De facto bildete der ehemalige Limes die Grenzzone zwischen Alemannen und den im Lande verbliebenen Romanen einerseits und den Burgundern andererseits. Um den genauen Verlauf dieser Grenzen und – vielleicht damit verbunden – um den Besitz von Salzquellen, vermutlich im Raum von Jagst und Kocher bei Schwäbisch Hall und Öhringen und nicht, wie auch angenommen worden ist, im Raum der fränkischen Saale bei Bad Kissingen, lagen die Burgunder ständig mit den Alemannen im Streit. Dies war einer der Gründe, warum sie sich 369 mit Kaiser Valentinian I. gegen die Alemannen verbündeten[16].

Dieses Bündnis war nach Ammianus Marcellinus auf Initiative des Kaisers, nach Symmachus auf jene der Burgunder hin, zustandegekommen[17]. Valentinian, im Kampf mit dem Alemannenkönig Macrian bei Wiesbaden, verhandelte mit den Burgundern, die zahlreiche, kriegerische und junge Mannschaften hatten und ihren Nachbarn, d.h. den Alemannen, Furcht einjagten; sie sollten die Alemannen überfallen, er selber wollte dann mit den römischen Truppen den Rhein überschreiten. Die burgundischen Könige *(reges)* gingen auf diesen Plan ein, aus zwei Gründen: Einmal, weil sie sich als Nachkommen der Römer betrachteten, zum anderen wegen der oben erwähnten Streitigkeiten mit den Alemannen um

Salzquellen und Grenzen. Doch als die burgundischen Truppen, auserwählte Scharen *(catervae lectissimae),* an die Ufer des Rheins vorrückten, wo der Kaiser mit dem Bau von Befestigungen beschäftigt war, erschreckten sie offenbar die Römer. Valentinian erfüllte seine Zusagen nicht, sei es, dass er nur eine innergermanische Auseinandersetzung hatte provozieren wollen, dass ihn die Größe des Heeres überraschte und er einen neuen Gegner fürchtete oder dass er die Befestigungsbauten erst fertig stellen wollte. Die Burgunder fühlten sich geprellt, die Könige verhöhnt, und sie zogen, nachdem sie alle ihre (alemannischen) Gefangenen getötet hatten, wieder in ihre Stammlande *(genitales terrae)* zurück[18]. Darunter wird wohl der Raum des mittleren Mains, jenseits des Limes, zu verstehen sein. Dass die Burgunder schon in dieser Zeit die Alemannen aus dem Gebiet zwischen Taunus und Neckar nach Süden abgedrängt und selbst ihre Herrschaft bis zum Rhein ausgedehnt hätten[19], ist mit dieser Nachricht über ihren Rückzug schlecht in Einklang zu bringen, auch wenn Orosius die Nachricht des Hieronymus über den Zug der Burgunder an den Rhein (369/70) in dieser Weise missdeutet oder missversteht. Hatte Hieronymus in seiner Fortsetzung der Chronik des Eusebius geschrieben, dass die Burgunder mit 80000 Leuten erstmals an den Rhein gezogen waren *(Burgundionum LXXX ferme milia, quod nunquam antea, ad Rhenum descenderunt),* so sprach Orosius von 80000 Bewaffneten *(armati),* ließ diese sich am Ufer des Rheins niederlassen *(ripae Rheni fluminis insederunt)* und betrachtete ihr erstmaliges Erscheinen zu Unrecht als das Auftreten eines neuen Namens für neue Feinde[20]. Die späteren Ereignisse, der Übertritt der Burgunder über den Rhein im Gefolge des Vandalen-, Alanen- und Suebenzuges (406/7) und ihre Niederlassung am Rhein, scheinen hier Orosius zu der leichten Umdeutung des Hieronymus-Textes veranlasst zu haben.

2. Herkunft, Name und frühe Verfassung der Burgunder

Durch Ammianus Marcellinus und Orosius erfahren wir erstmals Näheres über das zeitgenössische Wissen und Vorstellen von der Herkunft, dem Namen und der inneren Ordnung der *gens* der

Burgunder. Des Orosius' Behauptung über den neuen Namen der neuen Feinde *(novorum hostium novum nomen)* beim ersten Auftreten der Burgunder in seinem Geschichtswerk ist offensichtlich falsch und widerspricht den erörterten früheren Zeugnissen bei Plinius, Ptolemaios usw. sowie seiner eigenen Erklärung der Herkunft und des Namens der Burgunder und ist vielleicht lediglich eine einprägsame Stilfigur.

Ammianus war der erste, der etwas über die Herkunft der Burgunder verlauten ließ, denn anlässlich ihres Bündnisses mit Kaiser Valentinian (369) bemerkte er, der erste Grund dafür sei gewesen, dass die Burgunder seit alters wüssten, dass sie Nachkommen der Römer seien *(quod iam inde temporibus priscis subolem se esse Romanam Burgundii sciunt)*. Er betont ausdrücklich, dass es die Burgunder selbst seien, die von dieser Abkunft wüssten. Wir hätten es also hier mit dem ersten Zeugnis eines burgundischen Herkunftsbewusstseins zu tun. Dem Verständnis der eigenen Zeit und Geschichte entsprechend, ist dieses Bewusstsein gentil geprägt. Die Verbindung von Burgundern und Römern wird als Blutsverwandtschaft *(suboles)* gedeutet; historisch ist das falsch, wie die frühen Zeugnisse zu den Burgundern beweisen, politisch war das opportun angesichts des Bündnisses mit Kaiser Valentinian. Da Symmachus von *Burgundionum crebra legatio* und von den Burgundern als treibender Kraft spricht, ist eine solche Darstellung der eigenen Herkunft durch die Burgunder durchaus möglich. Die Begrifflichkeit entsprach desgleichen den römischen Vorstellungen von politischen Beziehungen, die häufig in Verwandtschaftsverhältnissen gedacht wurden. Wem für diesen Gedanken des Nachkommensverhältnisses der Vorrang letzten Endes gebührt, also wer bei dieser ersten Ethnogenese der Burgunder Pate gestanden hat, die Burgunder selbst oder die Römer, ist wohl nicht auszumachen[21].

Im Anschluss an seine Notiz über das erste Auftreten der Burgunder und den Zug der 80 000 Bewaffneten an den Rhein macht Orosius einen Exkurs über Herkunft, Namen, Religion und Charakter der Burgunder, der eine ganz erstaunliche Wirkung auf die mittelalterliche und neuzeitliche Geschichtsschreibung gehabt hat. Er erzählt, dass nach der Unterwerfung Innergermaniens durch Drusus und Tiberius, die Burgunder, auf verschiedene Lager verteilt *(per castra dispositos)*, zu einem großen Volk angewachsen *(in magnam coalisse gentem)* und so zu ihrem Namen gekommen seien, denn dieser leite sich ab von den zahlreichen Wohnplätzen, die an der Grenze errichtet worden seien und ‚burgi' hießen *(quia crebra per limitem habitacula constituta burgos vulgo vocant);* dafür dass sie starke und gefährliche Truppen hätten, zeugten sie heute (also um 417/18), da sie sich in Gallien festgesetzt hätten. Es folgt dann ein Hinweis auf ihren friedlichen Charakter und die Annahme des katholischen Christentums, worauf später eingegangen wird[22]. Orosius erwähnt keine Blutsverwandtschaft zwischen Burgundern und Römern, er macht dafür die Burgunder zu Nachkommen der in und bei den Grenzkastellen *(burgi)* ansässigen Germanen. Die Anachronismen seiner Darstellung sind in der modernen Forschung längst erkannt, doch hinderte das lange Zeit nicht daran, an der Beziehung der Burgunder zu den *burgi* festzuhalten.

Im Mittelalter übernahm Isidor von Sevilla fast wörtlich den Orosius-Text, die sogenannte Fredegar-Chronik griff um die Mitte des 7. Jhs. darauf zurück; auch die Verfasser der Passio Sigismundi Ende des 8. Jhs. und der 869 verfassten Vita Faronis fußten darauf. Paulus Diaconus, Frechulf von Lisieux (1. H. 9. Jh.), Liudprand von Cremona (10. Jh.) und viele andere mittelalterliche Autoren folgten mehr oder weniger Orosius. Von den neuzeitlichen wären hier unter Übergehung der vielen Gelehrten des 16. bis 18. Jhs. immerhin noch Jacob Grimm (1826), Felix Dahn (1908) oder Hugo Claparède (1909) zu nennen, die an der Herleitung des Namens von *burgus*, einem Wort, das von den Römern früh aus dem Germanischen entlehnt worden war, festhielten. Auch Albert Jahn (1874), der die mittelalterlichen und neuzeitlichen Textzeugnisse gesammelt hatte, hielt für den Namen an *burgus* fest, auch wenn er darunter die besondere Hausbauweise der Burgunder verstand. Noch 1964 sah der Archäologe Wilhelm Schleiermacher einen Zusammenhang zwischen der Besetzung der Limeskastelle durch die Burgunder im 4. Jh. und der von Ammianus überlieferten Herkunftslegende. Auch hier liegt noch unterschwellig das Erklärungsmodell des Orosius zugrunde[23]. Orosius hatte jedenfalls mit seiner sprachwissenschaftlich falschen Etymologie des Burgundernamens den Burgundern zu einer zweiten ethnogenetischen Deutung ihrer Geschichte verholfen, die sich mit jener des Ammianus Marcellinus unschwer verknüpfen ließ. Ob die Deutung des Orosius auch von den zeitgenössischen Burgundern angenommen worden ist, wie jene des Ammianus, lässt sich nicht zeigen. Die Hypothese ist jedenfalls nicht von der Hand zu weisen, dass auch die Burgunder ihren Namen mit den *burgi* des Limes, in deren Bereich sie jahrzehntelang siedelten, verknüpften.

In frühkarolingischer Zeit nahm der Verfasser der Passio des hl. Sigismund, des ersten katholischen burgundischen Königs und ersten heiligen Königs des Mittelalters überhaupt, in Rückgriff auf Fredegar und Isidor von Sevilla die Herkunftsgeschichte mit der Namensdeutung des Orosius wieder auf. Er kombinierte sie mit der für die Langobarden von Fredegar wie auch von der Origo gentis Langobardorum und von Paulus Diaconus in seiner Langobardengeschichte überlieferten Herkunft aus Skandinavien, das als Völkerschmiede schon von Jordanes in seiner Gotengeschichte gerühmt worden war[24]. Die mehr als drei Jahrhunderte nach dem Untergang des Rhônereiches der Burgunder entstandene Schrift ist ganz offensichtlich kein Niederschlag einer alten Stammesüberlieferung, sondern ein reines Literaturprodukt. Doch hatte sie Erfolg... bis heute! Die Herkunft der Burgunder aus Skandinavien vermerkte auch eine in der Frühzeit Karls des Großen noch vor 775 verfasste Universalchronik. Ausführlich wurde der Text der Passio Sigismundi dann übernommen in der Vita des hl. Faro von Meaux 869 und in der Ende des 10. Jhs./Anfang des 11. Jhs. entstandenen zweiten Fassung der Gangulph-Vita, bevor die skandinavische Herkunft der Burgunder in einen Teil der Chronistik eingegangen ist, so bei Ekkehard von Aura im 12. Jh.[25]. Sie fand eine gewisse Stütze im Namen der dänischen Insel Bornholm, deren alter Name *Burgundarholmr* lautete und deren Bewohner in der altenglischen Bearbeitung des Orosius Ende des 9. Jhs. *Burgendas* genannt wurden[26].

Die Skandinavienthese ist in der ersten Hälfte des 20. Jhs. weitgehend akzeptiert worden, schienen doch Ortsnamenbelege in Norwegen und archäologische Funde auf der Insel Bornholm sowie archäologisches Material, das den Burgundern auf dem Festland zugeschrieben wurde, diese These zu stützen[27]. Dem 19. Jh. noch fremd, hat sie Eingang in viele Handbücher des 20. Jhs. gefunden, obgleich die mittelalterlichen Zeugnisse unbrauchbar und die toponomastischen und archäologischen umstritten waren, wie etwa der archäologische Nachweis von Burgundern auf der Insel Bornholm[28]. Meist wurde deswegen recht vorsichtig formuliert und etwa von Bornholm als Zwischenstation auf dem Weg von Skandinavien in den Oder-Weichsel-Raum und/oder von Bornholm als Herkunftsort des namengebenden Kerns der Burgunder gesprochen[29]. Doch die Übereinstimmung des Namens der Insel und des Volkes kann zufällig sein. Das gemeinsame, zugrunde liegende germanische Adjektiv **burgund* scheint ‚hoch, hoch gelegen' zu bedeuten, ist aber nicht sicher zu bestimmen. Burgundarholm wäre dann die hochgelegene Insel; die Burgunder könnten aber auch von anderen hochgelegenen Gebieten ihren Namen ableiten, wenn er sich nicht gar auf die Körpergröße der Namensträger bezieht[30]. Die Sprachwissenschaft bietet also letztlich keine Stütze für die Skandinavienthese. Es ist dann auch kein methodischer Rückschritt, sondern methodische Vorsicht, wenn wir die Geschichte der Burgunder wie in den positivistisch philologisch orientierten Darstellungen des 19. Jhs. mit dem ersten Auftreten ihres Namens beginnen und darauf verzichten, hypothetisch vor- und frühgeschichtliche Herkunftsgebiete und Wanderbewegungen zu rekonstruieren.

Über die innere Ordnung der *gens Burgundionum* vor dem Übertritt über den Rhein ist nur Weniges bekannt. Die gemeinsam operierenden Vandalen und Burgunder, die Probus 278/79 besiegte, wurden, wie erwähnt (s. S. 17), von einem Heerführer (ἡγούμενον) angeführt, wobei nicht sicher ist, ob er Vandale oder Burgunder war. Die Bündnisverhandlungen von 369 führte Valentinian I. mit Königen *(reges)* der Burgunder, was vermuten lässt, dass die Burgunder zu Ammianus' Zeiten wie die besser bekannten Alemannen mehrere (Klein-)Könige hatten. Ob diese zu einer oder mehreren Königsfamilien gehörten, ist nicht auszumachen. Auch eine Inschrift des späten 4. bzw. frühen 5. Jhs. aus Trier, laut der einem kaiserlichen Leibwächter namens Hariulfus, dem Sohn des Hanhavaldus, *regalis gentis Burgundionum*, durch seinen Onkel Reutilo das Grabmal gesetzt wurde, lässt offen, ob diese drei Verwandten zu einer oder zu der burgundischen Königsfamilie gehörten[31]. Ihre Namen tauchen im Namensschatz der späteren Königsfamilie der Gibichungen nicht auf, was vielleicht eher ein Hinweis auf mehrere solcher Kleinkönigsfamilien ist. Der mit 20 Jahren verstorbene Hariulfus gehörte zu der großen Zahl junger Germanen fürstlicher oder königlicher Abkunft, die am Kaiserhof und im römischen Heer Karriere machten. Im Vergleich zu Alemannen und Franken sind allerdings für das 4. und beginnende 5. Jh. darunter nur wenige ausdrücklich als Burgunder genannt, verständlicherweise, fehlte doch den Burgundern lange Zeit der direkte Kontakt zu den Römern.

Letzteres mag Ammianus Marcellinus veranlasst haben, anlässlich der Ereignisse von 369/70 einen kleinen ethnographischen Exkurs über das Königtum bei den Burgundern in seinen Bericht einzuschieben. Er schreibt, bei ihnen heiße der König *(rex)* allgemein *hendinos*, nach alter Sitte werde er abgesetzt, wenn ihn das Kriegsglück verlasse oder der Erntesegen ausbleibe, wie dies auch bei Ägyptern zu geschehen pflege, der oberste Priester heiße *sinistus*, sei auf Lebenszeit eingesetzt und werde nicht wie die Könige für Unglücksfälle verantwortlich gemacht[32]. Die Sätze sind äußerst umstritten. Sprachlich lässt sich das burgundische *sinistus* als Superlativbildung im Sinne von „Ältester" erklären, für *hendinos* werden mehrere Deutungen vorgeschlagen: als „Hinterster, Äußerster" zur Bezeichnung der besonderen Stellung des Königs, als Entsprechung zum gotischen Titel *kindins* „Statthalter" (möglicherweise Verschreibung von *chendinos*), als Ableitung von **hund* (Hundert; hunno), als verwandt mit gallischem *cintus*, das zu einer Wurzel **ken* = „frisch hervorkommen, entspringen, anfangen" gehört[33]. Umstritten wie die Etymologie ist auch die von Ammianus angedeutete Funktionsteilung. In der Forschung der Mitte des 20. Jhs. wurde hierin ein wichtiger Nachweis für das germanische Sakralkönigtum und das Heerkönigtum gesehen. Nach Reinhard Wenskus, der die Forschung von Walter Schlesinger und Otto Höfler zu diesen beiden Modellen der Königsherrschaft zur Deutung heranzog, war der *hendinos* eine Art Heerkönig, der Vorstellungen und Funktionen der sakralen Sphäre des Volkskönigs („Sakralkönigtum") übernommen und den ehemaligen Volkskönig *(sinistus)* auf das Oberpriestertum beschränkt hatte, wobei zu bemerken ist, dass ein solches Oberpriestertum *(maximus sacerdos)* für kein anderes germanisches Volk nachzuweisen ist[34]. Durch die generelle Kritik an dem (zeitgebundenen) Begriff des „Sakralkönigtums" ist diese Deutung, die in vielen Darstellungen übernommen wurde, erschüttert[35]. Konsequenterweise wird dem Text des Ammianus, der sich zudem durch seinen Hinweis auf die Praxis der Ägypter als auf älteren Quellen beruhend zu erkennen gebe, von I. Wood jeder Erkenntniswert für die politischen Strukturen der Burgunder des 4. Jhs. abgesprochen. Das einzige, was ihm zu entnehmen sei, sei die Tatsache, dass über die Burgunder Könige herrschten[36]. Das hatte allerdings Ammianus schon vorher gesagt. Zu fragen bleibt, warum er sich darum bemühte, die (ehemaligen oder zeitgenössischen) Besonderheiten des burgundischen Königtums zu beschreiben. Vielleicht waren ihm doch die, verglichen mit den Zuständen bei Franken oder Alemannen, wohl altertümlicheren Strukturen des Königtums der Burgunder erklärungsbedürftig erschienen.

II. Das Burgunderreich am Rhein (413–436)

1. Übergang über den Rhein und Gründung des Reiches

Ende des 4. Jhs. bestand ein labiles Gleichgewicht zwischen Römern und Barbaren am Rhein. Es beruhte auf Valentinians Wiederaufbau der Rheinbefestigungen und Stilichos (395–408) Politik der Reorganisation der Grenztruppen im Bereich der beiden Militärsprengel von Mainz und Straßburg[37] und seiner Abschreckungs- und zugleich Bündnispolitik gegenüber Franken und Alemannen. Doch die Verlegung der Kaiserresidenz von Trier nach Mailand (394/95), später (402) nach Ravenna, der Rückzug der gallischen Praefektur von Trier nach Arles (395/402 oder erst 407?), der Abzug von Elitetruppen von Britannien und vom Rhein zur Abwehr der unter Alarich in Italien eingedrungenen Westgoten (401/2) und des gotischen Einfalls unter Radagais (Ende 405) schwächte die römische Position am Rhein, auch wenn die Grenztruppen nicht, wie früher vermutet wurde, alle abgezogen worden waren. Der hunnische Druck, der seit 375 die Völker am Schwarzen Meer und an der unteren Donau in Bewegung gesetzt hatte, führte zu immer neuen Zügen von Völkern oder eher von polyethnischen Völkerlawinen, welche die Reichsgrenze zu überwinden suchten. Nach den Westgoten unter Alarich und nach den von Radagais geführten gotischen Scharen (405) drangen Vandalen, Alanen und Sueben – unter diesem Namen werden Markomannen und Quaden zusammengefasst –, denen sich weitere Splittergruppen und auch pannonische Provinzialen angeschlossen hatten, entlang der Donau nach Westen vor. Nachdem sich ein Teil der Alanen unter ihrem König Goar den Römern angeschlossen hatte und ein anderer mit den Vandalen und Sueben gegen den Widerstand der Franken, die gemäß ihrem Bündnis mit Stilicho die Rheingrenze zu halten suchten, den Durchbruch erkämpft hatte, wobei der vandalische König Godegisel getötet worden war, überschritten sie um die Jahreswende 406/7 die vielleicht noch bestehende Römerbrücke oder den zugefrorenen Rhein[38]. Dann zogen sie plündernd und verwüstend durch ganz Gallien und gelangten 409 nach Spanien.

Hieronymus hat in einem auf 409/10 datierten Brief den verheerenden Zug dieser Völkerlawine eindrücklich geschildert und einige der eroberten Städte aufgezählt. Es gehörten dazu Mainz, Speyer, Worms (nach langer Belagerung) und Straßburg, um nur die Rheinstädte zu erwähnen[39]. Nach dem Zeugnis des Hieronymus und des Orosius hatten sich auch Burgunder den Vandalen, Alanen und Sueben angeschlossen und waren über den Rhein gezogen; ein Teil von ihnen muss indessen im Rechtsrheinischen geblieben sein, wie wir noch sehen werden. Die Burgunder folgten dem Zug nicht weiter durch Gallien. Wie die Alemannen, von denen auch Teile über den Rhein gezogen waren, und Franken schlossen sie mit dem Usurpator Constantin III. (407–411) *foedera* ab, wohl die üblichen Soldverträge[40].

Als Constantin III. 411 von Constantius, dem Heermeister des Kaisers Honorius, in Arles belagert wurde, unterstützten die Burgunder und die Alanen unter Goar die Erhebung des aus dem gallischen Senatorenadel stammenden Jovinus zum Gegenkaiser; ihm schlossen sich auch Alemannen und Franken an. Über dieses Ereignis berichtete der aus Theben in Ägypten stammende Olympiodoros in seinem die Jahre 407–425 umfassenden Geschichtswerk, das nur in Fragmenten bei Photios (9.Jh.) überliefert ist. Seine Notiz stand und steht im Mittelpunkt des Streites um die Lokalisierung des ersten Reiches der Burgunder auf römischem Boden, schreibt doch Olympiodoros (zu 411), dass Jovinus in Mundiacum in der Provinz Germania II auf Betreiben des Alanen Goar und des Guntiarius, des Phylarchen der Burgunder, als Usurpator erhoben worden sei[41]. Eine zweite Notiz, diesmal in der Chronik des Prosper von Aquitanien zu 413, spricht dann von der Ansiedlung der Burgunder am Rhein: *Burgundiones partem Galliae propinquam Rheno optinuerunt*[42]. Die ältere Forschung hat seit dem 17.Jh. Olympiodoros' Ortsangabe stets „verbessert" und aus Mundiacum Moguntiacum = Mainz (in der Germania I!) gemacht, weil man sich nur dort und nicht in einem ansonsten unbekannten Ort der niedergermanischen Provinz eine Kaisererhebung vorstellen konnte. In Verknüpfung mit Prospers Notiz über die Ansiedlung am Rhein schien damit die aus dem ‚Waltharius', dem Heldenepos des 9./10. Jhs., aus den Edda-Liedern (der Thidreksaga) und dem um 1200 verfassten Nibelungenlied bekannte

Lokalisierung des Burgunderreiches am Rhein bei Worms historisch gesichert zu sein. Im ‚Waltharius' wird in der Tat Worms als Königssitz des allerdings fränkischen Gunthar, des Sohnes Gibichas, genannt, während das Nibelungenlied in Worms den Hof des Burgunderlandes situiert, wo die drei Söhne Dankrats (statt Gibichas), Gunther, Gernot, Giselher, und deren Schwester Kriemhild lebten; die Edda-Lieder erwähnen öfter den Rhein als Ort des Geschehens[43]. Da in der Königsliste der Lex Burgundionum als Vorgänger König Gundobads Gibica, Gundomar, Gislahar und Gundahar genannt werden, die in die Sagen (z.T. mit anderen bzw. abgewandelten Namen) aufgenommen worden waren[44], schien eine solche Lokalisierung gerechtfertigt, und deswegen wurde generell die Kaisererhebung des Jovinus nach Mainz, in den Herrschaftsbereich der Burgunder verlegt und umgekehrt von diesem Ort auf den Mittelrhein als Herrschaftsgebiet der Burgunder geschlossen.

Diese traditionelle Deutung wurde grundsätzlich in Frage gestellt, als Julius R. Dieterich 1923 mit Recht zu der ursprünglichen Lesart des Olympiodoros-Textes zurückkehrte und damit als Erhebungsort des Jovinus Mundiacum in der Germania II reklamierte. Wegen der Verknüpfung der beiden Vorgänge, Erhebung des Usurpators und Ansiedlung der Burgunder, verlegte er auch das Reich der Burgunder an den Niederrhein[45]. Diese These suchte 1928 Ernst Stein mit dem Hinweis auf die Truppenliste des *dux Moguntiacensis* in der Notitia dignitatum, die er auf ca. 430 datierte, zu stützen; danach wären in den obergermanischen Orten zwischen Selz und Andernach, also auch in Mainz und Worms noch im ersten Drittel des 5. Jhs. die römischen Limitantruppen stationiert gewesen, weshalb eine gleichzeitige Ansiedlung von Foederaten in diesem Raum auszuschließen sei[46]. Der belgische Historiker Henri Grégoire ging noch einen Schritt weiter, er identifizierte Mundiacum mit dem Ort Montzen (nördlich des belgischen Limburg, daneben kommen noch andere rheinische Orte in Betracht wie Monzen, Mindt, Münz oder Mündt) und verknüpfte verschiedene Namen der Nibelungensage mit Toponymen des ostbelgischen Raumes, der ehemaligen *civitas* Tongern, die zur Germania II gehörte: so seien die Nibelungen die Leute von Nivelles, mithin die Pippiniden, Hagen von Tronje sei Hagen von Tongern; erst nach einer „Sagenverschiebung" wäre die Nibelungensage mit Worms verbunden worden. Doch ist den Kombinationen Grégoires aus sprachwissenschaftlicher und historischer Sicht massiv widersprochen worden[47].

Die Niederrhein-These, die von vielen Forschern wenigstens als Alternative anerkannt worden war, ist dann von Peter Wackwitz und von Karl Friedrich Stroheker mit entscheidenden Argumenten widerlegt worden. Nach den Untersuchungen zur Notitia dignitatum von Herbert Nesselhauf, die später Dietrich Hoffmann untermauert hat, seien die darin zum Dukat von Mainz gezählten Grenztruppen 406/7 aufgelöst worden, sodass für die Ansiedlung der Burgunder Raum gewesen wäre; wichtiger aber ist das Argument, das schon von François L. Ganshof angeführt worden war: Die beiden Ereignisse von 411 und 413 sind unbedingt zu trennen, die Erhebung des Jovinus in der Germania II bei Mundiacum präjudiziert nicht die Ansiedlung der Burgunder ebenda, das gilt für die Alanen wie für die Burgunder[48]. Beide, *Burgundiones* wie *Alani*, nahmen im gleichen Jahr 411 am Zuge des Jovinus gegen den Usurpator Constantin III. nach Südgallien teil. Die Alanen blieben anscheinend dort und operierten 414 in Südwestgallien (Bazas)[49]. Die Burgunder seien dann nach dem Sturz des Jovinus (413) von dem Heermeister Constantius am Mittelrhein angesiedelt oder in ihren dort nach 406/7 eingenommenen Sitzen bestätigt worden (so Hoffmann[50]), wo die mittelalterliche Sagenüberlieferung und archäologische Befunde sie lokalisieren, so die These von Stroheker und Wackwitz. Diese einleuchtende und widerspruchsfreie Erklärung ist in der neueren Forschung weitgehend akzeptiert worden, womit letztlich die auf falscher Quelleninterpretation beruhende traditionelle Sicht im Ergebnis bestätigt würde: Das erste burgundische Reich auf römischem Boden lag höchstwahrscheinlich am Mittelrhein (bei Worms).

Zu diesen Ergebnissen kommen auch jene Forscher, die an der weitgehenden traditionellen Korrektur des Olympiodoros-Textes festhalten wie L. Schmidt, L. Boehm, D. Hoffmann, R. Soraci oder neuerdings auch noch J. Favrod[51]. Beide Interpretationswege führen an den Mittelrhein, weshalb in der neueren Literatur von dieser Lokalisierung ausgegangen wird, wenn auch oft mit der oben ausgesprochenen Einschränkung, dass diese sehr wahrscheinlich sei, aber letztlich nicht unumstößlich zu beweisen[52]. Von dieser communis opinio abweichende Stimmen sind selten: Harald von Petrikovits hielt auch noch 1978 an der Niederrhein-These fest, ohne neue stichhaltige Gründe dafür anzuführen[53]. Eine erneute Untersuchung der Notitia dignitatum und ihre Konfrontation mit dem archäologischen Befund des im Hinterland der Rheinlinie gelegenen spätantiken Kastells Alzey hat der Archäologe Jürgen Oldenstein vorgenommen, und er kommt dadurch zu einer wichtigen Modifizierung der Mittelrhein-These. Danach ist der Mainzer Dukat 406/7 nicht aufgehoben, sondern ganz im Gegenteil erst nach 406/7 gebildet worden, und zwar im Zusammenhang mit der Reorganisation Galliens insbesondere der Rheinverteidigung unter Constantin III. oder dem Heermeister Constantius: Die Burgunder übernahmen in diesem neuen Verteidigungssystem als Foederaten die Aufgaben der comitatensischen Elitetruppen im Hinterland der Grenze. In vorderster Linie wurde diese durch die rechtsrheinischen Schiffsländen und *burgi*, auf dem Rhein durch die Rheinflotte und direkt an der Grenzlinie durch die Limitaneinheiten (aufgelistet für den *dux Moguntiacensis* in der Notitia dignitatum zwischen Selz und Andernach) gebildet. Die zweite Bebauungs- und Benutzungsphase des Kastells Alzey mit charakteristischen organisch gedeckten Fachwerkbauten ist die der burgundischen Foederaten. Sie endet mit der Niederlage der Burgunder 436; das Kastell wurde unbrauchbar gemacht und erst nach dem Abzug der Burgunder in die Sapaudia (443) wieder in verteidigungsbereiten Zustand versetzt, bis es dann nach der Mitte des 5. Jhs. endgültig aufgegeben wurde. Modifiziert im Hinblick auf die Interpretation der Notitia dignitatum, wird hier die Mittelrhein-These nicht nur übernommen, sondern durch neue Einsichten über die Organisation der Grenzverteidigung und die Rolle der burgundischen Foederaten darin sowie durch den archäologischen Befund gestützt[54].

Über die Art und die Ausdehnung der Ansiedlung der Burgunder lässt sich nichts Genaueres sagen. Wenn sie im Rahmen der (Neu-)Organisation des *ducatus Moguntiacensis* an die Stelle der comitatensischen Truppen getreten sind, dann dürfte zunächst an eine Einquartierung gemäß dem römischen Prinzip der *hospitalitas* zu denken sein. Der Raum wäre mit den Grenzkastellen zwischen Selz (gegenüber Rastatt) und Bingen, die unter der Kontrolle des Mainzer *dux* standen, in etwa zu umschreiben. Er umfasste also Gebiete *(territoria)* der beiden alten *civitates* Worms und Speyer (mit dem schon zur *civitas Tribocorum* gehörenden Selz) sowie der um 300 zur *civitas* erhobenen Provinzhauptstadt Mainz. Die Stadt Mainz selbst gehörte wohl nicht zum burgundischen Foederatengebiet, denn hier scheint es noch römisches Militär und römische Zivilverwaltungen gegeben zu haben. Es wird „als eine offene Frage" angesehen, „ob der *dux Mogontiacensis* als Chef des Grenzheeres nach 413 nur noch die Aufgabe hatte, die föderierten Germanen in den Kastellen zu überwachen"[55].

2. Der Untergang des Reiches am Rhein

Von den Burgundern am Mittelrhein ist, abgesehen von ihrer Ansiedlung, kaum mehr bekannt, als ihr Untergang, der im Nibelungenlied höchst eindrücklich in dem grandiosen Gemälde eines furchtbaren Gemetzels am Hofe des Hunnenherrschers Etzel/Attila gestaltet worden ist. Aber es war zunächst nicht unter Attila, der 434 mit seinem Bruder Bleda, dann seit 445 als Alleinherrscher über die Hunnen herrschte († 452), sondern unter seinem Onkel Octar (Uptar), dass die Burgunder erstmals nachweisbar von den Hunnen bedrängt wurden. Der griechische Historiker Sokrates (ca. 380 bis nach 443) berichtet davon in seiner Kirchengeschichte, welche die Zeit von 309 bis 439 umfasst: Die Burgunder – es ist die Rede vom *ethnos* –, die jenseits des Rheins, d.h. also im Rechtsrheinischen, ihre Sitze hatten, wurden ständig von den Hunnen bedrängt, ihr Land geplündert. In ihrer Not hatten sie sich dem Christengott zugewandt, in Gallien durch den Bischof taufen lassen (worauf später noch einzugehen ist) und waren gegen die Hunnen gezogen, als deren König *(basileus)* Uptar (= Octar) in einer Nacht an Völlerei gestorben war, und hatten an die 10 000 Hunnen besiegt, obwohl sie selbst nur zu 3 000 Mann waren[56]. Dieser Kampf und Octars Tod sind auf ca. 430 zu datieren.

Dieser Bericht bezeugt die Existenz rechtsrheinischer Burgunder, die dem Zug der Vandalen, Alanen und Sueben über den Rhein 406/7 nicht gefolgt waren. Sie lebten nicht von Kriegszügen, sondern von ihrer sesshaften Lebensweise als Handwerker (Holzbauleute), wie Sokrates schreibt. Sie gerieten wohl in dem Augenblick unter starken Druck der Hunnen, als diese unter den beiden Brüdern Rua und Octar zu expandieren begannen, wobei Octar die Expeditionen im Westen leitete, möglicherweise um dem gallischen Heermeister Aetius zur Hilfe zu kommen[57]. Die rechtsrheinischen Burgunder konnten sich um 430 noch der Hunnen erwehren, doch dürften sie bald darauf, spätestens nach der Niederlage der linksrheinischen Burgunder (436), unter hunnische Herrschaft gelangt sein. 451 kämpften burgundische, d.h. wohl rechtsrheinische burgundische Truppen auf Seiten Attilas in der Schlacht auf den Katalaunischen Feldern. Und noch ungefähr 50 Jahre später erwähnte die Lex Burgundionum Burgunder, die als Nachzügler ins Reich an die Rhône zogen, vermutlich aus dem Rechtsrheinischen. Auch weisen archäologische Befunde, die später zu behandeln sind, auf einen zeitweilig sehr starken Einfluss der Hunnen bei den Burgundern, der am ehesten durch längere Kontakte im Rechtsrheinischen erklärt werden kann[58].

Es mag der hunnische Druck auf die rechtsrheinischen Burgunder gewesen sein, der eher als wirtschaftliche oder demographische Gründe die linksrheinischen Burgunder unter Guntiar (Gundichar) veranlasste, in die benachbarte Belgica I vorzurücken (oder auszuweichen), wenn nicht umgekehrt diese burgundische Westexpansion die hunnischen Angriffe zur Entlastung des Aetius proviziert hatte[59]. Das Ausgreifen der Burgunder auf die Belgica galt den Römern als Aufstand *(Burgundiones qui rebellaverant)*, ein sicherer Hinweis auf ihre Stellung als Foederaten[60]. 435 bekämpfte Aetius, wie Prosper von Aquitanien, ein Bewunderer des Aetius, des „letzten Römers", in seiner Chronik schreibt, Guntiar *(Gundicharius, Burgundionum rex)*, schloss mit ihm Frieden, den dieser jedoch nicht lange genoss, weil ihn die Hunnen mitsamt seinem Volk vollständig vernichteten[61]. Das ist der berühmt-berüchtigte Burgunderuntergang, der von Prosper den Hunnen zugeschrieben wurde und in die Nibelungensage eingegangen ist. Nach der Gallischen Chronik von 452 und der Chronik des Hydatius (ca. 394 – nach 468), des Bischofs von Aquae Flaviae in Galizien, waren es nicht die Hunnen, sondern war es Aetius, der „fast das ganze Volk (der Burgunder) mit dem König" vernichtete, nach Hydatius waren es 20 000 Burgunder[62]. Zu unterscheiden sind nach Prosper und Hydatius mindestens zwei Kämpfe, die nach Hydatius 436/37, nach Prosper (und der Gallischen Chronik) 435 (und 436) stattgefunden haben. Prosper machte entgegen den beiden anderen Quellen die Hunnen für den Untergang verantwortlich, vielleicht um Aetius zu entlasten. Da bekanntermaßen hunnische Truppen im Dienste des Aetius in Gallien kämpften[63], werden die widersprüchlichen Nachrichten wohl zu Recht in der Weise zusammengezogen, dass von einem Sieg des Aetius und seiner hunnischen Soldtruppen über die Burgunder gesprochen wird. Dass eine um 439 vom römischen Senat angebrachte Inschrift nur Aetius und nicht die Hunnen als Sieger über die Burgunder feiert, ist nicht erstaunlich, wenn die Hunnen in seinen Diensten und nicht selbstständig kämpften[64].

Die Niederlage der Burgunder wurde in den römischen Quellen als Vernichtung (fast) der ganzen *gens* (Chronica Gallica) oder des *populus* (Prosper) dargestellt, wie schon mehrmals für die Ostburgunder: so bei den Niederlagen dieser Burgunder gegen die

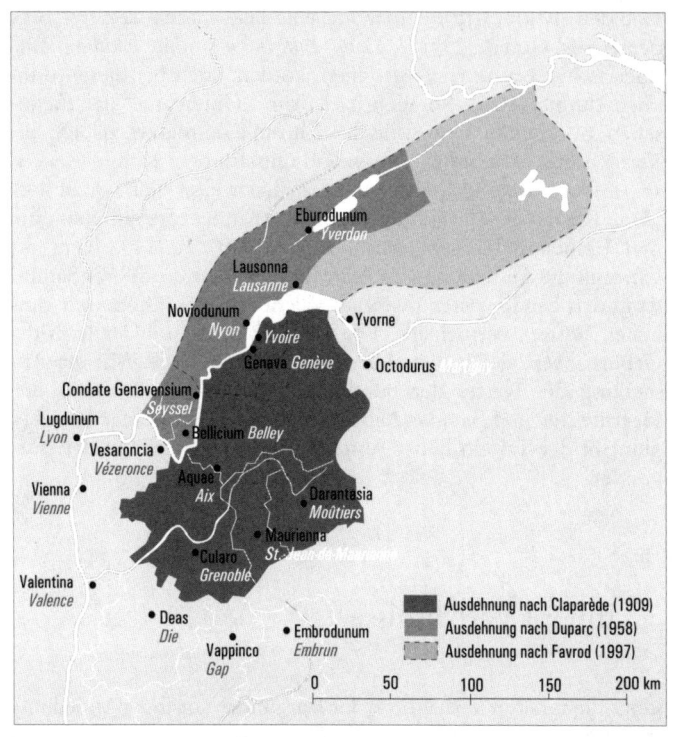

Karte 1: Die Ausdehnung der Sapaudia nach H. de Claparède (1909), P. Duparc (1958) und F. Favrod (1997)

Gepiden (Mitte 3. Jh.) – *pene usque ad internicionem delevit* – oder gegen die Goten (291) – *Gothi Burgundos penitus excidunt*, und doch ist ihr Name weitergetragen worden, auch bei diesen östlichen Burgundern[65]. So auch nach dem „Untergang" der rheinischen Burgunder: Die Gallische Chronik vermeldet zu 436 die Vernichtung „fast des ganzen Volkes mitsamt dem König" *(universa paene gens cum rege)*, aber einige Zeilen weiter heißt es zu 443: „Den Resten der Burgunder wird die Sapaudia zur Aufteilung mit den Einheimischen gegeben." Kurz zuvor, zu 440, hatte die Chronik die Ansiedlung von Alanen unter ihrem Anführer Sambida in den Landgebieten der Stadt Valence an der Rhône mit ähnlichen Worten vermeldet[66]. Die Chroniknotiz zu 443 gilt als der Geburtsschein des Burgunderreiches an der Rhône. Mit der Ansiedlung des Restes der burgundischen Foederaten durch den Heermeister und *patricius* Aetius im Raume des Genfer Sees beginnt in der Tat ein neuer Abschnitt in der Geschichte der Burgunder.

3. Innere Verhältnisse

Über die inneren Verhältnisse der Burgunder vor ihrer Ansiedlung in der Sapaudia ist nur sehr wenig bekannt. Sokrates und Orosius berichten über ihre Bekehrung zum katholischen Christentum, eine Nachricht, die von der älteren Forschung akzeptiert, seit Hans von Schuberts Kritik (1911) daran meist verworfen und erst seit neuester Zeit wieder etwas positiver gewertet worden ist. Auf eine eventuelle frühe katholische Phase bei den Burgundern wird im Zusammenhang mit der Annahme des im Rhônereich gut bezeugten Arianismus einzugehen sein[67]. Dass beide antiken Autoren anlässlich der Bekehrungsgeschichte die friedfertige Lebensweise der Burgunder betonten, geht auf die apologetische Tendenz ihrer Schriften zurück. Sokrates begründet diese Friedfertigkeit indessen mit einem Hinweis auf ihre Wirtschaftsweise, die rechtsrheinischen Burgunder seien nämlich fast alle (Holz-) Bauleute und würden von diesem Handwerk leben, „indem sie sich gegen Lohn verdingen"[68]. Für die Zeit wohl noch vor dem Übergang der Burgunder über den Rhein erwähnt der als Militärschriftsteller bekannte Vegetius in seiner veterinärmedizinischen

Abhandlung (Mulomedicina) ihre besondere Pferdezucht: Nach den hunnischen seien es die thüringischen und burgundischen Pferde, die als besonders widerstandsfähig gälten[69]. Diese Zeugnisse und die schon erwähnten Streitigkeiten um Salzquellen und um Ackerland *(agri, terrae)* erweisen Landwirtschaft, Handwerk und Handel als wesentliche wirtschaftliche Aktivitäten einer Bevölkerung, die in einem bestimmten, mit Grenzen markierten Gebiet, ihren *genitales terrae*, ansässig gewesen ist.

Die Burgunder rechts des Rheines waren also nicht lediglich eine Schar von Gefolgschaftskriegern, keine reine Kriegergesellschaft. Das heißt allerdings nicht, dass solche nicht auch aus ihren Reihen hervorgehen konnten, so 369/70, als Valentinian die Burgunder zur Unterstützung in seinem Kampf gegen die Alemannen herbeirief. Ammianus Marcellinus schilderte da ganz im Gegensatz zu Orosius und Sokrates die Burgunder als kriegerisch *(bellicosi)*, als über zahlreiche junge und kräftige Mannschaften verfügend und von ihren Nachbarn gefürchtet. In der Tat schickten sie danach ihre auserwählten Scharen *(catervae lectissimae)*, die bis zum Rhein vorrückten[70]. Dass es 80 000 Bewaffnete gewesen seien, wie Orosius behauptete, ist zweifellos eine arge Übertreibung; immerhin waren sie so zahlreich, dass sie den Römern Schrecken einjagten. Auch bei den für das 3. Jh. bezeugten Einfällen von Burgundern in das Reich dürfte es sich wie hier um Kriegergruppen gehandelt haben, die sich mit Kriegern unterschiedlicher Herkunft zu ihren Razzien verbunden hatten und unter fremden oder eigenen Anführern standen wie beim Kampf gegen Probus in Rätien (278/279).

369/70 begegnen erstmals *reges* als Anführer der an den Rhein gezogenen Burgunder. Nach dem Übergang über den Rhein wird Guntiarius als *phylarchos* bezeichnet (411), was Stammeshäuptling, aber auch König bedeuten kann[71]. 435 wird dann Guntiar *rex* genannt, genauer: *rex Burgundionum*. Nach der in der ‚Lex Burgundionum' überlieferten Liste der Königsnamen, der Namen der Vorgänger Gundobads als burgundische Könige, ist Guntar (Gundaharius) der vierte Name nach Gibica, dem erstgenannten, dem Spitzenahn der sogenannten Gibichungen[72]. Nach der mittelalterlichen Heldendichtung war Gibica (Gibicho, Gibeche, Gjuki) bzw. im Nibelungenlied Dankrat der Vater der drei Brüder Gundomar/Godomar (Gernot, Gernoz), Gislahar (Giselher) und Gundahar/Gundichar (Guntharius/Gunther). Der einzige aus zeitgenössischen Quellen bekannte ist Guntar/Gundahar (Guntiarius, Gundicharius)[73]. Selbst bei gleichzeitiger Herrschaft der Brüder wird man für sie und den Vater auf die Zeit des ausgehenden 4. Jhs. gelangen, d. h. aber etwa in die Zeit, aus welcher die oben erwähnte Inschrift aus Trier stammt mit dem Namen des Hariulfus, des Sohnes des Hanhavaldus, und seines Onkels Reutilo, Angehörige der oder einer burgundischen Königsfamilie *(regalis gentis Burgundionum)*. Da deren Namen bei den Gibichungen und den späteren burgundischen Königen nicht mehr auftauchen, dürften sie zu einer anderen neben den Gibichungen existierenden Familie von (Klein-)Königen gehört haben. Raum für solche gab es auch noch im 5. Jh., etwa im Rechtsrheinischen, denn wir wissen keineswegs, ob Guntar auch über dieses Gebiet geherrscht hat. Eine solche Königsherrschaft beiderseits des Rheins wird nur in der späteren literarischen Tradition überliefert.

Links des Rheins standen 411/413 und 435/36 die Burgunder unter Guntars Herrschaft, sei es einer Alleinherrschaft, sei es einer Samtherrschaft in Form einer Brüdergemeinschaft, wie wir sie später im Rhônereich der Burgunder wiederfinden. Guntar dürfte eine Art Heerkönig gewesen sein, ein *hendinos*, von dem Ammianus gesprochen hatte, doch einer, der zu einer *stirps regia* gehörte. Woher diese stammte, ist ungeklärt. Hans Hubert Anton verweist dazu auf den bei den Burgunderkönigen öfters auftauchenden Namensbestandteil *gund* in Verbindung mit der Erklärung des Namens Burgund, ferner auf den ethnographischen Exkurs des Ammianus zu *hendinos* und *sinistus* sowie die spätere, in der Passio Sigismundi konzentrierte Abstammungs-Memoria und meint, aus diesem „höchst komplexen Ensemble" dürfte „der skandinavische Ursprung der auf ein archaisches Königtum zurückgehenden *stirps* der Gibichungen, ihre Verbindung mit der *gens* und ihr beherrschender Anteil an der ersten burgundischen Ethnogenese zu erschließen sein"[74]. Nicht unbedingt eine Stütze für diese weitgehenden Vermutungen ist die auffällige Namensverwandtschaft zwischen dem Vandalenkönig Godegisel, der den Vandalenzug von 406/7 anführte, und dessen Sohn und Nachfolger Gunderich (406–428), einerseits und dem gleichzeitigen Burgunderkönig Guntar (411–436) bzw. dem späteren König Godegisel (474–500) andererseits. Hier zeichnen sich enge Verbindungen auf der Ebene der herrschenden Familien ab, die nicht erstaunlich sind angesichts der einstigen Zugehörigkeit der Burgunder zu der vandilischen Völkergruppe und der noch im 3. Jh. vorhandenen engen Operationsgemeinschaft von Vandalen und Burgundern (278/279). Der charakteristische Namensbestandteil *gund* braucht deswegen nicht zwingend auf Burgund zurückgeleitet zu werden, sondern könnte als Austausch des Namenmaterials infolge verwandtschaftlicher Beziehungen zu der vandalischen Königsfamilie erklärt werden. Eine skandinavische Herkunft der *stirps regia* ist damit jedenfalls nicht zu begründen.

Der Nachweis eines *phylarchos*, eines *rex Burgundionum*, einer Königsfamilie, eines *populus*, d. h. eines Volkes, das auf den König hin orientiert ist *(populus suus),* und eines Gebietes *(partem Galliae)* macht es verständlich, dass in der modernen Forschung – wohl unter dem mehr oder weniger bewussten Eindruck des Reiches Gunthers von Worms und des Nibelungenhortes *(thesaurus!)* im Nibelungenlied – von einem „rheinischen Reich der Burgunder", vom „Reich am Mittelrhein", vom „Wormser Reich" u.ä. gesprochen wird. Massive Kritik an diesem Sprachgebrauch übte Marcel Beck, indem er zu Recht die Vermengung der antiken Quellen mit der literarischen Tradition des Mittelalters bemängelte; aus beiden zusammen zimmere „der Historiker gleich ein ganzes burgundisches Königreich" und „aus burgundischen Söldnerscharen mit kaum sesshaftem Charakter wird solchermaßen ein erstes burgundisches Königreich, ein eigentlicher Staat, der sich sozusagen selbstverständlich auf einem burgundischen Volk aufbaut"[75]. Die Vermengung der Zeugnisse haben wir bisher zu vermeiden gesucht. Die soeben angeführten Zeugnisse zu König, Volk und Gebiet sowie das sich in der Lex Burgundionum (c. 3) widerspiegelnde Bewusstsein der Kontinuität der Königsherrschaft von der Zeit der Niederlassung am Rhein bis in die Tage Gundobads um 500 widersprechen indessen der Kritik von Beck, welcher die Stellung des *rex* gegenüber der *gens Burgundionum* bzw. des *populus* vernachlässigt und einseitig ihre Eingliederung in das römische Militärsystem als Söldnerscharen betont. Söldner bekommen Sold, aber nicht einen Teil Galliens, *partem Galliae*, unter der Herrschaft ihres Königs.

III. Von der Ansiedlung in der Sapaudia (um 443) bis zum Untergang des Rhônereiches (532/534)

1. Die Einquartierung als Foederaten in der Sapaudia

Die vernichtende Niederlage der rheinischen Burgunder durch Aetius und seine hunnischen Verbündeten gehörte zu einer ganzen Reihe von erfolgreichen Kämpfen, welche der mächtige Heermeister, der als *patricius et magister utriusque militiae* von 433 bis zu seiner Ermordung 454 die Politik des weströmischen Reiches leitete, in Gallien gegen barbarische Eindringlinge und aufständische Provinzialen führte. Letztere hatten sich unter dem Namen der Bagauden, der wohl von dem keltischen Wort *bagaudae* = „Kämpfer, Streiter (Gruppe)" abgeleitet ist, schon mehrmals gegen die drückende Herrschaft der römischen Verwaltung, insbesondere der Steuerverwaltung, erhoben, so zur Zeit Diocletians (285/86), dann im Jahr des Vandalen-, Alanen- und Suebeneinfalls 407 im Bereich des *tractus Aremoricanus*, d.h. zwischen den Mündungen von Seine und Loire, und wiederum im gleichen westgallischen Gebiet 435 unter ihrem Anführer Tibatto. Gegen diese meist zur Unterschicht zählenden Aufständischen (Sklaven, abhängige Kolonen, aber auch andere Landbewohner) sandte Aetius seinen General Litorius, der 437 Tibatto gefangen nahm und den Aufstand niederwarf[76]. Von der Aremorica eilte Litorius nach Südgallien, um die Expansion der Westgoten zu bremsen, 437 befreite er das von dem Westgotenkönig Theoderich I. (418–451) eingenommene Narbonne, zog 439 gegen Toulouse und belagerte die Stadt, wohl um der Gotenherrschaft ein ähnliches Schicksal zu bereiten wie Aetius der Herrschaft der Burgunder am Rhein, wurde aber gefangen genommen, und es kam zum Friedensschluss mit den Goten[77].

An der Rheinlinie hatte Aetius selbst die römische Herrschaft wieder zur Geltung gebracht, durch Erneuerung des Foedus mit den rheinischen Franken, denen er um 435/436 Ansiedlungen im Linksrheinischen gestattete, und durch seine beiden Kämpfe gegen die Burgunder (435/436). Möglicherweise erfüllten nunmehr die Franken die Aufgabe der Grenzverteidigung, jedenfalls versuchte später ein Teil der rheinischen Franken die Hunnen unter Attila abzuwehren (451)[78]. Wie dem auch sei, die 40er Jahre des 5. Jhs. erscheinen als Phase einer Konsolidierung der römischen Herrschaft in Gallien unter Aetius, dem „letzten Römer". Dieser Prozess der Neuorganisation scheint sich nach dem Friedensschluss mit den Westgoten (439) über mehrere Jahre hingezogen zu haben. Zu den von Aetius ergriffenen Maßnahmen gehörte auch die Umsiedlung von Alanen und Burgundern, von der die Gallische Chronik berichtet, für die Burgunder zu 443 – das Datum ist umstritten –, volle sieben Jahre nach ihrer Niederlage von 436.

Zunächst hören wir in der Gallischen Chronik zum Jahre 440 von den Alanen. Diesen seien unter ihrem Anführer Sambida die wüst liegenden Ländereien der *civitas* Valence an der Rhône zur Teilung übergeben worden. Bei einer anderen Landzuteilung an die Alanen, zwei Jahre später (442), gab es dann Schwierigkeiten. Aetius hatte den Alanen, wohl einer Teilgruppe unter dem König Goar, Ländereien im Gebiet von Orléans, in der *Gallia ulterior*, wo 435/37 der Bagaudenaufstand wütete, zur Teilung mit den Einheimischen gegeben. Dagegen erhob sich Widerstand von den Einwohnern, der mit Waffengewalt gebrochen wurde. Die Alanen vertrieben die Eigentümer und nahmen das Land gewaltsam in Besitz. In ganz ähnlichen Worten wie für die Alanen berichtet die Gallische Chronik – allerdings ohne jeden Hinweis auf Gewaltanwendung wie für 442 bezeugt – über die Ansiedlung der Burgunder zu 443: *Sapaudia Burgundionum reliquiis datur cum indigenis dividenda*. Dreimal kurz hintereinander und in fast identischer Weise wird von der Zuteilung eines Gebiets an Barbaren zwecks Teilung mit den Einheimischen gesprochen:

- *deserta Valentinae urbis rura ... partienda traduntur* (440);
- *terrae Galliae ulterioris cum incolis dividendae ... traditae fuerant* (442);
- *Sapaudia ... datur cum indigenis dividenda* (443)[79].

Über den Modus der Teilung zwischen Einheimischen und Barbaren erfahren wir nichts. Erst aus späteren Zeugnissen, insbesondere der Lex Burgundionum, und nach Festigung und Expansion der burgundischen Herrschaft zeichnen sich Einzelheiten dazu ab, weshalb darauf später zurückzukommen ist (vgl. Kap. IV, 2, S. 82 ff.).

Initiator der Landzuteilung war der zu 442 namentlich genannte *patricius* Aetius. Er war es, der als Sieger über die Burgunder und als oberster römischer Befehlshaber in Gallien den barbarischen Gruppen als Foederaten die Standorte zuwies, und zwar wohl aufgrund militärischer, strategischer Überlegungen. Für die Alanen im Gebiet von Orléans ist der Zusammenhang mit den Bagaudenaufständen in der *Gallia ulterior* offensichtlich. Es galt, diese separatistische Bewegung in Schach zu halten[80]. Der Widerstand gegen die Niederlassung der Alanen dürfte als Reaktion der römischen Landbesitzer – es waren ja nicht nur Sklaven in den Reihen der Bagauden – gegen die Einquartierung barbarischer Truppen zu erklären sein. Die Ödgebiete der *civitas* von Valence gehörten ebenso wie die Sapaudia zu einer nur in der Notitia dignitatum erwähnten *provincia (Gallia) Riparensis*, worunter die Zone links der Rhône von Vienne bis Marseille zu verstehen sein wird. Die Stationierung alanischer Truppen im Raum von Vienne diente also wohl der Sicherung der Straßenverbindungen über die Westalpenpässe (Mont Genèvre und Mont Cenis) nach Italien und der Eindämmung der westgotischen Expansion[81]. Welche Funktion den Burgundern bei dieser Neuordnung der föderierten Truppen durch Aetius zugedacht war, ergibt sich erst aus der genaueren Lokalisierung ihres Standortes, der Sapaudia, die bekanntlich zum Ausgangspunkt ihrer neuen Reichsgründung wurde.

2. Sapaudia – Savoyen oder „Großdiözese" Genf? Die Probleme der Lokalisierung

Welche Landstriche um 443 den Burgundern zur Teilung mit den Einheimischen übergeben worden waren, hat auch der Scharfsinn noch so vieler Forschergenerationen nicht eindeutig zu bestimmen vermocht. Den Namen Sapaudia – er ist wohl keltischen Ursprungs, abgeleitet von ‚*sapa*' = Saft und ‚*vidu*' = Holz, Baum und bedeutet „Tannenland" – erwähnen, abgesehen von der Gallischen Chronik zu 443 – nur fünf Quellen aus der Zeit vom 4. bis zum 9.Jh. Als erster verwandte ihn Ammianus Marcellinus bei der Beschreibung des Verlaufs der Rhône. Unterhalb des Genfer Sees floß sie „durch die Sapaudia und das Land der Sequaner" und trennte dann die Provinz Viennensis (Vienne) auf ihrer linken von der Lugdunensis (Lyon) auf ihrer rechten Seite[82]. So eindeutig der Satz klingt und die Sapaudia von der Provinz Maxima Sequanorum zu trennen scheint, wird er doch von anderen in folgender Weise übersetzt: „durch die Sapaudia, wo die Sequaner wohnen". Das Bindewort und *(et)* markiere hier kein Nacheinander, sondern eine Nebenordnung im Sinne einer Doppelbezeichnung (Hendiadyoin), wodurch der Sinn ins Gegenteil verkehrt wird: Die Sapaudia lag in der sequanischen Provinz. Der letzte Bearbeiter der burgundischen Geschichte, J. Favrod, kapituliert vor den Schwierigkeiten dieses Textes, der, in den Handschriften nur verderbt überliefert, auf eine Konjektur des Herausgebers des Ammianustextes, Henri Valois, zurückgeht, und zieht ihn für die Lokalisierungsfrage nicht mehr heran[83].

So bliebe einzig der zweite Beleg, aus der Notitia dignitatum, dem um 425/30 verfassten Staatshandbuch des römischen Reiches. Hierin wird der schon erwähnte Militärbezirk auf dem linken, östlichen Ufer der Rhône zwischen Vienne, Arles und Marseille in der *provincia (Gallia) Riparensis* aufgeführt mit Angabe von vier Truppenstationen, von denen zwei eindeutig identifizierbar sind: Die Flottenstützpunkte in Vienne und Arles sowie die Marineeinheiten in Marseille. Die beiden anderen enthalten die bewussten Sapaudia-Belege:

Praefectus classis barcariorum, Ebruduni Sapaudiae;
Tribunus cohortis primae Flauiae Sapaudiae, Calaronae[84].

Der dritte Beleg stammt aus der Vita des Bischofs Epiphanius von Pavia, verfasst von Ennodius von Pavia (473/4–521), einem seiner Nachfolger. Anlässlich einer Gesandtschaft des Epiphanius an den Hof Gundobads in Lyon und anschließend an den Hof Godegisels in Genf, bei der es um die Befreiung italischer Gefangener ging (494), werden die *urbes Sapaudiae vel aliarum provinciarum* erwähnt[85].

Wenig aussagekräftig ist die vierte Quelle, ein Brief des Bischofs Avitus von Vienne von vor 516, in welchem er dem König Sigismund vorwirft, dass er seinen Weg von der Sapaudia aus in die Provence nicht über Vienne, d.h. über die römische Hauptstraße entlang der Rhône, genommen habe. Daraus ergibt sich lediglich, dass wohl Genf, die übliche Residenz des Königs Sigismund vor 516, zur Sapaudia zählte[86].

Erst ca. drei Jahrhunderte später wird die Sapaudia wiederum genannt, und zwar im Reichsteilungsplan Karls des Großen von 806, der sog. *divisio regnorum*, einem Text, der an mehr als einer Stelle auf die antiken Verhältnisse zurückgeht. Bei der Grenzbeschreibung des südwestlichen Reichsteils, der Ludwig dem Frommen zufallen sollte und Teile Burgunds umfasste, wird die Sapaudia zwischen der *civitas* Lyon einerseits und Maurienne, Tarentaise, dem Mont Cenis und dem Tal von Susa andererseits aufgeführt[87]. Spätere Zeugnisse wie die Erwähnung des *comitatus (seu pagus) Sauoigensis (Sauoinsis, Savoiensis)* oder der *Sauaia* verraten schon mittelalterlichen Sprachgebrauch und beziehen sich auf Savoyen[88].

Aussagen über die Lokalisierung und die Ausdehnung der Sapaudia finden sich nach diesem Überblick eigentlich nur in den zwei älteren Quellen, bei Ammianus Marcellinus und in der Notitia dignitatum. An der Interpretation des Satzes über den Verlauf der Rhône scheiden sich die Geister, und es lassen sich dementsprechend zwei Hauptthesen unterscheiden: Die eine geht von der Trennung der Sapaudia und der Provinz Maxima Sequanorum aus, nach der anderen gehören beide zusammen. Nach der ersten These muss die Sapaudia südlich des Genfer Sees und des Ausflusses der Rhône gelegen haben, weshalb sie zuweilen einfach mit dem heutigen Savoyen, das sprachlich zweifellos auf die Sapaudia zurückgeht, identifiziert wird[89]. Die Südthese der Sapaudia muss das von der Notitia dignitatum genannte Ebrudunum Sapaudiae, das in der älteren Forschung meist auf Yverdon am Neuenburger See bezogen wurde, aber in der Maxima Sequanorum lag, südlich des Genfer Sees lokalisieren, daher die Vorschläge Yvoire am Südufer des Sees oder Yvorne (nördlich von Aigle, am Einfluss der Rhône in den Genfer See). Der zweite in der Notitia genannte Truppenstationsort, Calarona, wird nach dieser These meist mit Grenoble gleichgesetzt, dem einstigen Cularo, obwohl die Stadt seit 379 offiziell Gratianopolis hieß, oder mit einem sonst nicht bekannten Ort identifiziert, der heute nur noch in dem Flussnamen Chalaronne und als Teil des Ortsnamens Châtillon-sur-Chalaronne (Dombes, Dép. Ain, F) fortlebt. Nach der Südthese umfasste die Sapaudia die Territorien von Genf, Grenoble, Maurienne und Tarentaise[90] oder einfach – ohne Bezug auf die römischen Verwaltungsbezirke, was sehr unwahrscheinlich ist – die gebirgigen und bewaldeten Gebiete der alten *civitas* der Allobroger (Vienne)[91]. Das noch weiter südlich gelegene Embrun (Ebrodunum) wird zuweilen auch noch als Standort des *praefectus barcariorum* in Betracht gezogen, obwohl der Oberlauf der Durance nicht schiffbar ist. Wenn dann auch noch der westliche Teil des Wallis der Sapaudia zugerechnet wird[92], dann erstreckte sich diese über alle wichtigen Westalpenpässe: Großer und Kleiner St. Bernhard, Mont Cenis und Mont Genèvre.

Nach der zweiten Interpretation des Textes des Ammianus gehörten die Sapaudia und die Provinz Maxima Sequanorum zusammen. Das ist die Nordthese, denn nach P. Duparc hätten die Burgunder 443 die *civitas* Nyon am Genfer See und Windisch, also das ganze Schweizer Mittelland, erhalten und recht frühzeitig in einer ersten Ausdehnungsbewegung Genf, das in der Provinz Viennensis lag, dazuerworben. Das in der Notitia dignitatum erwähnte Calarona, wenn es denn Grenoble bedeutet, war Truppenstandort „der ersten flavischen Kohorte der Sapaudia", was nicht heißen muss, dass Calarona in der Sapaudia lag[93]. D. van Berchem, der mit Recht auf die zentrale Rolle von Yverdon am Neuenburger See als dem Umschlagplatz zwischen Land- und See- bzw. Flussverkehr zwischen den beiden Flusssystemen von Rhein und Rhône hinwies, ging noch einen Schritt weiter und betrachtete die Sapaudia als mit der Provinz Maxima Sequanorum identisch, die damit die zwei Verbindungslinien zwischen Saône/Rhône und Rhein kontrollierte. Sie liefen und laufen heute noch durch die Burgundische Pforte (Belfort, Besançon) nördlich des Jura und über das Schweizer Mittelland zwischen Jura und Alpen. Beide wurden durch die wichtigsten Straßenverbindungen zwischen Gallien und Italien gekreuzt. Dieser weitgehenden Nordthese widerspricht, dass der nördliche Teil der Maxima Sequanorum (Besançon) erst ca. 453/57 den Burgundern unterstand, wie sich aus der Vita Lupicini ergibt[94]. In modifizierter Form übernimmt auch J. Favrod die Nordthese von P. Duparc und betrachtet Genf (Prov. Vienne) und Yverdon (Prov. Sequanorum) als festen Bestand der Sapaudia. Aus einer bisher in der Diskussion um die Sapaudia nicht berücksichtigten Notiz der aus dem 7./8. Jh. stammenden Passio Victoris et Ursi, laut der auch das an der Aare gelegene *castrum* Solothurn um 490 zur Diözese Genf gehörte, erschließt er für die Zeit der Erschütterung der weltlichen und kirchlichen Ordnung dieses Raumes in der Spätantike eine Großdiözese Genf, welche die *civitates* Nyon, in der es nie einen Bischof gab, und Avenches/Windisch, wo der erste Bischof erst für 517 bezeugt ist, umfasst hätte. Hinter dieser Großdiözese verberge sich die Sapaudia, die also von Genf und seinem – auch südlich gelegenen – Umland bis zum Hochrhein im Raum der Aaremündung reichte, d.h. den ganzen südlichen Teil der Maxima Sequanorum bis zu ihrer Grenze zu Raetien umfasste. Wie viele Forscher zieht er als zusätzliches Argument die Verbreitung archäologischer Funde heran, die den Burgundern zugeschrieben werden[95]. In der Tat konzentrieren sich diese in dem so umschriebenen Raum und fehlen weitgehend im Süden, etwa im Bereich von Grenoble, Maurienne oder Tarentaise.

Der Streit um die Lokalisierung der Sapaudia, südlich oder nördlich des Genfer Sees, ist wie der Streit um die Lage des rheinischen Burgunderreiches, am Niederrhein oder am Mittelrhein, nicht nur ein Gelehrtenstreit um die rechte Deutung verderbt überlieferter Handschriften, sondern ein Streit mit eminenter Bedeutung einerseits für das interdisziplinäre Gespräch, andererseits für die historisch-politische Deutung der Ansiedlung. Betrachtet man zum ersten die Karten mit der Ausdehnung der Sapaudia gemäß der Süd- bzw. der Nordthese, so zeigen sich allenfalls im Bereich der Rhône unterhalb von Genf etwa bis zur Mündung des Ain Berührungen oder Überlappungen[96]. Das entspricht der von beiden Seiten immer wieder betonten zentralen Stellung von Genf, als Kerngebiet der frühen burgundischen Niederlassungen, entspricht auch dem archäologischen (und vielleicht auch toponomastischen) Befund. Aber wie sieht es mit dem archäologischen oder toponomastischen Niederschlag der Burgunder oder seinem Fehlen im Norden oder Süden dieser gemeinsamen Achse aus? Die Einordnung der Befunde gestaltet sich sinnvoller und einfacher, wie im Kap. IV 3/4 S. 87–101 gezeigt werden wird, wenn man für die Sapaudia den Raum der *civitates* Genf, Nyon und Avenches/Windisch annimmt.

Wenn die Sapaudia diese *civitates* zwischen Jura und Alpen umfasste, einen Raum, der später im 7. Jh. als *pagus* bzw. *ducatus Ultrajurensis* wieder auftaucht, und sich damit über Teile von zwei Provinzen, der Viennensis (Genf) und der Maxima Sequanorum (Nyon, Avenches/Windisch), erstreckte, dürfte es sich um eine Formation gehandelt haben, welche, da sie die zivilen Verwaltungssprengel überschritt, aufgrund militärisch-strategischer Erwägungen geschaffen worden ist. Die Notitia dignitatum scheint den Schlüssel für ihre Erklärung zu liefern. Die Sapaudia wird hier als Teil des Militärbezirkes des Rhônetals aufgeführt. Die *provincia (Gallia) Riparensis* ist eine ähnliche Formation, wie sie auch an der Donaugrenze existiert hat. Die Notitia nennt hier die *Dacia ripensis* bzw. den *dux Daciae ripensis/riparensis* oder den *dux provinciae Pannoniae secundae ripariensis et [siue] Sauiae* oder die *legiones ripariensis* in Scythien und Mösien oder den *dux provinciae Valeriae ripensis* in Pannonien[97]. In allen Fällen handelt es sich um Grenzprovinzen mit Limitantruppen oder um Militärbezirke. Ein solcher Militärbezirk, angelehnt an die Rhône, war auch die *provincia (Gallia) Riparensis*, die nicht mit der Provinz von Vienne identisch war, sondern darüber hinaus weitere Gebiete umfasste. Errichtet wurde der Bezirk in diocletianischer Zeit, sozusagen als zweite Verteidigungslinie unter der Leitung eines Heerführers, der vielleicht den Titel eines *dux Galliae riparensis* inne hatte. Im 4. Jh., bei der Einführung des mobilen Feldheeres, wurde dieser *ducatus* anscheinend wieder aufgelöst, aber die Truppen blieben z. T. an ihren Standplätzen und wurden dem *magister militum* unterstellt, wie sich dies ca. 425/430 in der Notitia dignitatum widerspiegelt[98].

Es ist durchaus möglich, dass Aetius nach den Kämpfen mit den Burgundern, den Bagauden und den Westgoten, als er an die Reorganisation des gallischen Verteidigungssystems ging, im Rhôneraum an diesen älteren, aber irgendwie noch existierenden Militärbezirk anknüpfte. Zu diesem gehörte wohl auch noch der Ende des 5. Jhs. in Marseille nachweisbare *comes civitatis*, dem die dort stationierten Flotteneinheiten unterstanden[99]. In den nördlichen Teil dieses Bezirkes, die Sapaudia, verlegte er die „Reste der Burgunder", in den südlichen bei Valence ließ er einen Teil der Alanen siedeln, einem anderen unter König Goar teilte er die *Gallia ulterior* zu und knüpfte dort offenbar an den *tractus Armoricanus* an. Das Vorgehen des Aetius hatte System, denn für die Dislozierung der drei Gruppen zeichnen sich die Verbindungen zu älteren Verteidigungslinien ab; der „letzte Römer" erscheint hier als wirklicher Re-Organisator. Für die Burgunder bedeutete dies die Verlegung von einem Militärbezirk, dem *ducatus Moguntiacensis*, in einen anderen, den von C. Jullian als *tractus* bezeichneten nördlichen Abschnitt des *ducatus Galliae riparensis*[100].

Die militärisch-strategische Funktion dieses Sapaudia-Tractus ist offenkundig: Die militärische und verkehrstechnische Verbindung über den Umschlagplatz Yverdon zwischen dem Rhône- und dem Oberrheingebiet und zugleich die diese kreuzende kürzeste Verbindung zwischen Nordgallien und Italien über den Jura und den Großen St. Bernhard zu kontrollieren und sicherzustellen. Dass damit zugleich möglichen Raubzügen von Alemannen über diese Römerstraßen ein Riegel vorgeschoben wurde, ergibt sich aus der verkehrsgeographischen Lage. Ob allerdings bei der Neuansiedlung der Burgunder ihre alte Gegnerschaft zu den Alemannen eine Rolle bei den Überlegungen über ihre Verlegung in die Sapaudia gespielt hat, wie oft vermutet, lässt sich aus der Situation um 440 nicht ableiten und ist vielleicht eher eine Rückprojektion der späteren Auseinandersetzungen. Die ersten Aktionen der Burgunder nach ihrer Verlegung in die Sapaudia spielten sich mitten in Gallien ab, eher ein Zeichen dafür, dass sie in dem globalen Verteidigungssystem des Aetius für Gallien ihren Platz hatten. Das sollte sich wenige Jahre später, 451, bei der Abwehr des Hunneneinfalls unter Attila zeigen.

3. Zwischen Römern, Goten, Franken und Alemannen: Expansion und Eindämmung

Die zeitgenössischen Beobachter waren sich einig darüber, dass 435/36 die rheinischen Burgunder zwei vernichtende Niederlagen erlitten hatten, ja dass sie mit „Stumpf und Stiel" mitsamt ihrem König ausgerottet worden seien (Prosper). Das hat zur Frage geführt, als was eigentlich die „Reste der Burgunder", denen um 443 die Sapaudia zur Teilung mit den Einheimischen gegeben worden war, zu betrachten seien, als Volk, als *gens* im Sinne einer Abstammungsgemeinschaft, als Heerhaufen, als dezimierte Schar von Kriegern unterschiedlichster Herkunft, die unter dem Namen der Burgunder zusammengefasst waren. Dass es wenige waren *(reliqui),* betonen die Quellen; wie wenige sie waren, zeigen die stark abweichenden Schätzungen zu den Volkszahlen der Burgunder überhaupt, worauf später zurückzukommen ist (Kap. IV, 1, S. 75 ff.). Dass von den Zeitgenossen ein Zusammenhang zwischen den rheinischen und den sapaudischen Burgundern gesehen wurde, ergibt sich aus der Bezeichnung *reliqui Burgundionum*. Das schließt eine simple Namensidentität oder den Gedanken an andere burgundische Gruppen aus. Die Memorialüberlieferung, die sich in der Königsliste aus der Zeit Gundobads erhalten hat, stellt eine funktionale, wenn nicht dynastische Kontinuität der Königsherrschaft fest; man wird daher mit dem Fortbestand eines sogenannten Traditionskernes bei den Burgundern rechnen müssen, damit aber auch mit dem Bewusstsein, eine eigene *gens, natio,* ein *populus* o. ä. zu bilden, selbst wenn diese Bezeichnung wie auch die Nennung eines Königs erst viel später auftauchen[101].

451 nahmen die sapaudischen Burgunder gemäß ihrer Verpflichtung als römische Foederaten im Dienste des Aetius neben vielen anderen barbarischen und römischen Truppen an der Schlacht auf den Katalaunischen Feldern in der Champagne gegen Attilas Hunnenheer teil. Es war eine Völkerschlacht in dem Sinne, dass auf beiden Seiten Vielvölkerheere standen und sich Angehörige der gleichen barbarischen Völker bekämpften, so z.B. die Westgoten die Ostgoten, die rechtsrheinischen Burgunder die sapaudischen Burgunder, die gallischen Alanen die unter hunnischer Herrschaft stehenden Alanen usw.[102]. Aetius konnte dazu aber auch die verbliebenen römischen Verbände mobilisieren, sie werden nun unterschiedslos zusammen mit den barbarischen Hilfstruppen aufgezählt. Zu diesen einstigen römischen Truppen *(quondam milites Romani)* zählten auch die *Ripari(oli)*[103]. Das waren die aus dem rhodanischen Militärbezirk stammenden Truppen der *provincia (Gallia) Riparensis*, seien darunter nun *Romani* oder die 440 bei Valence angesiedelten *Alani* zu verstehen. Auch der andere *tractus*, der *tractus Armoricanus*, war durch seine Truppen vertreten: die *Armoriciani*, wobei auch hier unsicher ist, ob damit nur *Celticae nationes*, einstige römische Soldaten oder die 442 in der *Gallia ulterior* angesiedelten Alanen oder gar ein Konglomerat aus diesen gemeint war. Die Alanen *(gens)* selber wurden separat unter ihrem König Sangibanus genannt, der damals in Orléans saß und diese Stadt Attila in die Hände zu spielen suchte, dann aber auf Seiten des Aetius kämpfte. Das Anfang der 40er Jahre von Aetius reorganisierte gallische Verteidigungssystem scheint also funktioniert zu haben, und die Burgunder übernahmen darin die ihnen zugedachte Rolle als Hilfstruppen genauso wie die Truppen in den übrigen Militärbezirken, die *Alani, Ripari(oli)* oder *Armoriciani*[104].

Die Verluste der Burgunder in der Schlacht auf den Katalaunischen Feldern müssen sehr groß gewesen sein, denn in der Lex Burgundionum gilt das Jahr der Schlacht als Stichjahr: Alle Rechtsangelegenheiten zwischen Burgundern, die nicht vorher beendet waren, sollten als verfallen gelten, vermutlich weil durch den Tod vieler eidfähiger Männer nicht genügend Zeugen aufzubringen waren. Nur Unfreie *(servus, ancilla)* durften noch reklamiert werden, und für einen vor 451 erschlagenen Freien galt ein vermindertes Einheitsfreienwergeld von 20 *solidi*, was einer Reduktion auf ein bis zwei Fünfzehntel entsprach. Das waren Maßnahmen, die eine dringende Sorge um den Weiterbestand der Gruppe bezeugen[105]. Erstaunlich ist immerhin, dass nach der Dezimierung der Burgunder 435/36 diese 451 überhaupt ein Kontingent Aetius zuführen und trotz der erlittenen Verluste in der Folge doch noch eine nennenswerte politische und militärische Rolle spielen konnten.

Mit dem Tode des Aetius (21. September 454) und Valentinians III. (16. März 455) betrachteten die föderierten Barbaren die Verträge mit den Römern offenbar als hinfällig: Die Sachsen fielen in die Aremorica ein, die Franken in die Germania I[a] und die Belgica II[a], die Alemannen überschritten den Rhein, Rom wurde von den Vandalen geplündert, der Kurzzeitkaiser Petronius Maximus (17. März 455 bis 31. Mai 455) war drei Tage zuvor von einem Burgunder, einem Mitglied der kaiserlichen Leibgarde, getötet worden[106]. Auch die sapaudischen Burgunder scheinen in dieser Zeit versucht zu haben, ihren Machtbereich in Richtung Gallien auszubreiten, wurden aber von Gepiden (oder Alanen? jenen von Valence?), die vielleicht nach der Hunnenschlacht in den Dienst des Aetius getreten waren, zurückgeschlagen (455)[107]. Doch nicht gegen die Reichsgewalt bzw. die in Gallien führenden Kreise, sondern nur im Einverständnis mit ihnen konnten die Burgunder anscheinend ihre Macht ausüben.

Das zeigte sich, nachdem der aus einer Senatorenfamilie der Auvergne stammende Avitus mit Hilfe des Westgotenkönigs Theoderich II. und der gallischen Aristokratie in Arles zum Kaiser erhoben worden war (9. Juli 455). Avitus entsandte den Westgotenkönig nach Spanien, um die Ausdehnung der in Galizien niedergelassenen Sueben unter ihrem König Rechiar, der mit dem Gotenkönig verwandt war, zu bremsen. Als Bundesgenossen führte Theoderich burgundische Truppen unter den Königen Gundioc (Gundowech) und Chilperich, die hier erstmals genannt werden, mit nach Spanien (456). Die Sueben wurden fast vollständig vernichtet *(Suavorum gente pene cuncta usque ad internicione prosternens),* wie ähnlich schon mehrfach von den Burgundern berichtet worden war. Das bedeutete jedoch nicht den Untergang der *gens*. Theoderich setzte einen seiner Vasallen, einen Warnen namens Agrivulf als König ein, der dann aber bald durch einen Einheimischen, Remismund, ersetzt wurde[108]. Das Spanienunternehmen war erfolgreich, doch Avitus unterlag im Oktober 456 dem Heermeister Rikimer und Maiorian, der am 1. April 457 zum Kaiser erhoben wurde. Die aus Spanien zurückkehrenden Westgoten und Burgunder sowie weite Teile der gallischen Aristokratie erkannten die neue Herrschaft nicht an, sagten sich von ihr los und gingen eigene Wege, die Aristokraten in der sogenannten Marcellianischen Verschwörung[109]. Die Westgoten rückten vor Arles, die

Burgunder bemächtigten sich 457 mit Einverständnis Theoderichs und auf Einladung eines Teils des senatorischen Adels des angrenzenden Gebietes der Lugdunensis I^a (Lyon) *(Burgundiones partem Galliae occupaverunt terrasque cum Galli[i]s senatoribus diviserunt*[110]*).* Vielleicht besetzten sie nach einer späten und obskuren Notiz in der Chronik des sogenannten Fredegar (Mitte 7.Jh.) auch noch weitere Teile der Gallia Cisalpina, worunter Fredegar hier Ostgallien verstand, darunter Gebiete der Maxima Sequanorum (Besançon/Valais), sowie Grenoble und Tarentaise[111].

Wie dem auch sei, dies war die erste erfolgreiche Expansion der sapaudischen Burgunder. Sie wurde teilweise rückgängig gemacht, als in Maiorians Auftrag der *magister militum* Aegidius mit nordgallischen Truppen die Stadt Lyon eroberte (Sommer 458). Ein Ausgleich kam Ende 458 zustande, als der Kaiser persönlich in Lyon erschien, der Stadt eine Verdreifachung der Steuerleistung auferlegte, eine kaiserliche Besatzung in die Stadt legte, die Burgunder zwar Lyon räumen mussten, aber im Besitz der übrigen besetzten Gebiete belassen wurden und Maiorians Herrschaft anerkennen mussten und Truppen für einen geplanten Zug gegen die Westgoten und Vandalen zu stellen hatten. Doch in Spanien scheiterte das Unternehmen gegen die Vandalen und Maiorian kehrte nach Italien zurück, wo er am 2. August 461 von Rikimer getötet wurde[112]. Die Burgunder besetzten daraufhin – vor 469 – wiederum Lyon und machten die Stadt zu ihrer Hauptresidenz[113].

Burgunder und Westgoten standen auf Seiten Rikimers, der gegen den nordgallischen Heermeister Aegidius den burgundischen König Gundioc, der mit einer Schwester Rikimers vermählt war, 463 zum *magister militum* ernannte[114]. Als solcher hoher römischer Amtsträger intervenierte Gundioc in der Angelegenheit einer Bischofserhebung in der Stadt Die an der Drôme. In einem entsprechenden Schreiben des Papstes Hilarius (vom 10. Oktober 463) sprach dieser von ihm als dem *vir inluster magister militum Gunduicus* und erkannte ihn damit als den zuständigen Amtsträger für diese Angelegenheit und für diese *civitas* an, die sich südlich an jene von Grenoble anschloss[115]. Gundioc scheint bald nach 463 gestorben zu sein, denn letztmalig wurde er anlässlich der Angelegenheit in Die erwähnt.

In dem folgenden Jahrzehnt bis zum Untergang des weströmischen Reiches gestalteten sich die Verhältnisse in Gallien sehr kompliziert. Als hauptsächliche Kontrahenten standen sich gegenüber: In Südwestgallien die Westgoten unter ihrem expansionsfreudigen König Eurich (466–484); in Nordgallien der von Rikimer nicht mehr anerkannte *magister militum* Aegidius († 464), der sich in seiner Gegnerschaft zu den Westgoten auf die salischen Franken unter Childerich und wohl auf die Aremoriker zwischen Seine und Loire stützte und 463 einen Sieg über die Westgoten bei Orléans errang; Nachfolger des Aegidius waren der *comes* Paulus (464–469), der ebenfalls mit Hilfe der salischen Franken die Loiregrenze gegen die Westgoten verteidigte, und Syagrius (469–486), der Sohn des Aegidius, der, vielleicht noch von den Kaisern Anthemius (467–472) und Julius Nepos (474–475/80) anerkannt, eine letzte römische Herrschaft *(regnum)* in Nordgallien inne hatte; *rex Romanorum* nannte ihn Gregor von Tours bezeichnenderweise; in Südostgallien lavierten gallorömische Große zwischen Anerkennung der kaiserlichen Herrschaft, Anlehnung an die Burgunder und Widerstand gegen die Westgoten bzw. Zusammenarbeit mit ihnen.

Typisch für die sich neu formierenden Machtverhältnisse war der römischerseits als Hochverrat angesehene Vorschlag des Arvandus, eines Freundes des Sidonius Apollinaris, der zweimal hintereinander die gallische Praefektur bekleidet hatte (464/69). Arvandus hatte einen Brief an den westgotischen König Eurich geschickt und ihn aufgefordert, mit dem griechischen Kaiser Anthemius keinen Frieden zu schließen, die Bretonen nördlich der Loire anzugreifen und Gallien nach Völkerrecht mit den Burgundern zu teilen. Aufgrund der Anklage der Versammlung der *Septem provinciae* wurde er in Rom zum Tode verurteilt; auf Fürsprache des Sidonius und anderer Gallier aber lediglich verbannt[116]. Arvandus hielt, wie vermutlich auch Sidonius Apollinaris und andere in dieser Frühphase von Eurichs Herrschaft, einen Ausgleich mit den barbarischen Foederaten für möglich und ihre Herrschaft über Gallien für wünschenswert. Der Teilungsplan zeigt, dass er dem burgundischen potentiellen Bündnispartner eine ähnliche Macht zuschrieb wie den Westgoten, was sicherlich nicht dem realen Kräfteverhältnis entsprach, aber doch für das politisch-militärische Gewicht der Burgunder spricht. Die Bretonen galten als traditionelle Bündnispartner des Aegidius bzw. des *comes* Paulus und als Gegner der Westgoten und Rikimers.

Der bretonisch-westgotische Kampf hat wenig später (469) tatsächlich stattgefunden. Anthemius hatte den Bretonenkönig Riotimus (Riothamus) gegen die Westgoten herbeigerufen. Nahe Déols bei Châteauroux in der Diözese Bourges kam es zur Schlacht, bei welcher die 12 000 Bretonen unter ihrem König Riotimus besiegt wurden und zu ihrem Schutze zu den benachbarten Burgundern *(ad Burgundzonum gentem vicinam Romanisque in eo tempore foederatam)* flohen. Die Bourges benachbarten Gebiete Autun und Chalon müssen also um 469 schon in burgundischer Hand gewesen sein. Eurich stieß an der Loire auf den vereinten Widerstand des *comes* Paulus und des Salfranken Childerich[117]. Die Burgunder standen zu dieser Zeit, wie Jordanes ausdrücklich betont, auf Seiten des Kaisers Anthemius.

Die Hauptstoßrichtung der westgotischen Expansion war nicht Nordgallien, sondern der Südosten Galliens, wo Seronatus, *vicarius Septem Provinciarum*, Eurich zuarbeitete, indem er ihm die *civitas* Gabalum (Javols/Mende) und auch Clermont zu übergeben versuchte[118]. Doch in der Auvergne konzentrierte sich der Widerstand unter Ecdicius, dem Vetter des Sidonius Apollinaris, der Seronatus an den Kaiser auslieferte[119]. Sidonius selber wurde Ende 470 Bischof von Clermont. 471 weihte er in Bourges den Priester Simplicius, einen Gegner der Westgoten, zum Metropoliten. Bourges und Clermont waren als einzige Städte der Aquitania I[a] noch nicht unter westgotischer Herrschaft[120]. Ecdicius konnte zunächst dem westgotischen Druck widerstehen, weil Eurich alle seine Kräfte daran setzte, das Gebiet auf der linken Rhôneseite, vor allem Arles, den Sitz der gallischen Praefektur, zu erobern. Zur Verteidigung der Provence entsandte Kaiser Anthemius im Frühjahr 471 seinen Sohn Anthemiolus mit einem Heer nach Gallien, die letzte Expedition eines römischen Heeres jenseits der Alpen! Eurich besiegte es und eroberte und verwüstete die Gebiete von Arles, Riez, Avignon, Orange, Alba, Valence, St.-Paul-Trois-Châteaux[121]. Die darauf ausbrechende Hungersnot in diesen zerstörten Gebieten wurde durch Getreidelieferungen des Bischofs Patiens von Lyon gelindert. Das aus dem nördlichen Burgund stammende Getreide konnte wohl nur mit Billigung oder gar Unterstützung des burgundischen Königs in den Süden geschafft werden[122]. Die Burgunder scheinen in einem Gegenangriff (471–474) das Gebiet bis zur Durance wiedererobert oder jetzt eingenommen zu haben. Jedenfalls waren 474 Vienne und Vaison burgundisch[123].

Auch in der Auvergne unterstützten die Burgunder den Widerstand gegen die Westgoten, indem sie Truppen nach Clermont sandten. Bis 475 konnten hier Ecdicius und Sidonius Apollinaris mit Hilfe des von Sidonius als siegreichen *magister militum* gefeierten Chilperich die Unabhängigkeit wahren[124]. Chilperich agierte in seinem Widerstand gegen die Westgoten in der Provence und in der Auvergne meist in voller Übereinstimmung mit den Kaisern und ihren mächtigen Reichsfeldherren. Er konnte sich dazu auf seinen Neffen Gundobad stützen.

Gundobad, der Sohn Gundiocs und einer Schwester des Rikimer, war 472 von seinem Onkel Rikimer zur Unterstützung gegen den Kaiser Anthemius nach Italien gerufen worden. Es war Gundobad, der am 11. Juli 472 den Kaiser tötete[125]. Nach dem Tode Rikimers (19. August 472) wurde Gundobad vom Kaiser Olybrius, den Rikimer als Gegenkaiser zu Anthemius erhoben hatte, als Nachfolger seines Onkels zum Reichsfeldherren des Westens und *patricius* ernannt. Nach dem Tode des Olybrius (2. November 472) regierte Gundobad zunächst ohne Kaiser, machte dann aber am 3. März 473 in Ravenna den *comes domesticorum* Glycerius zum Augustus, doch Glycerius wurde von dem oströmischen Kaiser Leo nicht anerkannt, sondern im Juni 474 ersetzt durch Julius Nepos, *patricius* und *magister militum Dalmatiae*[126]. Gundobad erwartete offenbar nicht die Ankunft des Julius Nepos in Italien, sondern hatte sich nach Burgund zurückgezogen. Zwei Gründe werden dafür vermutet: Entweder wollte er nach dem Tode des Vaters Gundioc, der auf 474 datiert wird, die Herrschaft übernehmen, oder, was wahrscheinlicher ist, falls Gundioc schon vorher gestorben war und sein Bruder Chilperich noch lebte und herrschte, wollte er einen Zusammenstoß mit Julius Nepos vermeiden, weil er sich mit seinen burgundischen Truppen unterlegen fühlte[127].

Der Burgunderkönig Chilperich erkannte Julius Nepos nicht an, im Gegensatz offensichtlich zu einem Teil des gallorömischen Adels, der wie eine Gruppe in Vaison, zu der auch Apollinaris, der Onkel des Sidonius, gehörte, zum neuen Kaiser hielt. Sidonius gelang es, seinen Onkel bei Chilperich und dessen Gattin von den Anschuldigungen reinzuwaschen, er hätte Vaison dem *novus princeps* übergeben wollen[128]. Nepos wollte offenbar nochmals in Gallien Fuß fassen und ernannte deshalb Ecdicius, den römischen Verteidiger der Auvergne gegen die Westgoten, zum *patricius* und *magister militum praesentalis*[129]. Doch musste er dem Druck der Westgoten nachgeben und schloss im Jahre 475 mit diesen einen Vertrag, an dem auch die Burgunder beteiligt wurden. Die Auvergne (Clermont) wurde den Goten abgetreten; damit war auch das letzte römische Gebiet rechts der Rhône unter gotischer Herrschaft. Bischof Sidonius Apollinaris wurde zeitweise gefangen gehalten, sein Schwager Ecdicius wurde nach Italien berufen und durch Orestes als *patricius* ersetzt[130]. Orestes revoltierte bald darauf gegen Julius Nepos, der am 28. August 475 aus Rom floh und 480 in Split ermordet wurde, und setzte am 31. Oktober 475 seinen Sohn Romulus Augustulus ein. Doch Orestes wurde am 28. August 476 von Odoaker getötet, der fünf Tage vorher von Herulern, Skiren und Thüringern zum König ernannt worden war. Am 4. September nahm Odoaker Ravenna ein und setzte Romulus Augustulus ab. Das bedeutete das Ende des weströmischen Reiches[131].

Mit den Absetzungen der Kaiser Julius Nepos und Romulus Augustulus betrachtete Eurich den Vertrag von 475 als hinfällig und griff 476 erneut nach der Provence aus. Arles, Marseille, Riez und wahrscheinlich Aix wurden erobert; die Burgunder, die dieser westgotischen Expansion zu widerstehen suchten, wurden besiegt und gerieten, so behauptet Jordanes, zeitweise unter gotische Abhängigkeit[132]. Sie und der oströmische Kaiser Zeno mussten um 477 die westgotische Herrschaft über die Provence, d. h. über das Gebiet zwischen Rhône und Alpen südlich der Durance, anerkennen. Die Burgunder verloren wohl auch das rechts der Rhône gelegene Viviers, wenn es jemals burgundisch gewesen war. Sie blieben – und das ist das entscheidende Ergebnis – durch die gotischen Besitzungen für immer vom Zugang zur Mittelmeerküste getrennt; die Südgrenze ihres Reiches bildete fortan die Durance[133]. Im Vergleich mit den Westgoten waren die Burgunder eindeutig in der schwächeren Position, was die wirtschaftlichen, militärischen, demographischen und politischen Ressourcen betraf, doch gelang es ihnen in den Kämpfen seit 469, gestützt auf den Rückhalt bei den Kaisern bzw. den Kaisermachern wie Rikimer und Gundobad sowie bei Teilen des gallorömischen Adels, nicht nur ihre Position in der Sapaudia und im Raum von Lyon zu halten, sondern auch ihre Herrschaft weit darüber hinaus nach Süden (bis zur Durance) und nach Norden (bis in den Raum von Langres/Dijon) auszudehnen.

Über den Umfang der burgundischen Herrschaft in der Zeit der ersten Generation der Könige nach der Ansiedlung in der Sapaudia unter Gundioc und Chilperich ist wegen der Wechselfälle des Kriegsglücks keine genaue Kenntnis zu erlangen. Eine Art Momentaufnahme bietet ein schwierig zu deutender Text, der wohl im frühen 8. Jh. von dem anonymen Geographen Ravennas unter Benutzung älterer Straßenkarten und verschiedener Vorlagen römischer und gotischer „Philosophen", darunter Castorius und Atanarid, als Kosmographie angelegt worden ist. Unter den verschiedenen Ländern beschreibt er auch die *Burgundia*. Der Landesname war in der Zeit der Abfassung des Textes für das merowingische Teilreich Burgund gebräuchlich, doch stimmt der beschriebene Raum mit diesem nicht überein; er bezieht sich auf einen früheren Zustand, der nach J. Favrod auf die Jahre zwischen 470 und 475 einzugrenzen ist, d. h. eben auf die Phase der wechselvollen Kämpfe zwischen Burgundern und Westgoten um den Besitz des Zentralmassivs und der Provence. Gebiete südlich der Durance und rechts der Rhône wie Javols, Le Puy und Viviers wurden von dem Geographen als burgundisch erwähnt, waren es aber nur zeitweise und gingen an die Westgoten verloren. Von den 26 burgundischen *civitates*, die der Geograph von Ravenna erwähnt, sind um 474 12 sicher nachweisbar im Besitz der Burgunder gewesen: Avenches, Genf, Besançon, Grenoble, Viviers, Valence, Lyon, Chalon, Autun, Vienne, Vaison und Die; bei den übrigen (Langres/Dijon im Norden, Octodurum/Martigny, Tarentaise, Maurienne im Osten und den *civitates* im Süden rechts der Durance) ist die Zugehörigkeit zum burgundischen Machtbereich wahrscheinlich, wenn tatsächlich bei den Friedensschlüssen von 475 und 477 die Durance als Grenze festgelegt wurde[134]. Innerhalb einer Generation hatte sich also die burgundische Herrschaft von den drei *civitates* der Sapaudia (Genf, Nyon, Avenches/Windisch) auf den ganzen Raum zwischen Saône, Rhône und den Alpen ausgedehnt. Doch es war Gundioc und Chilperich nicht gelungen, die südliche Provence mit den wichtigen Städten Arles und Marseille einzunehmen. Der Zugang zum Mittelmeer blieb den Burgundern durch die Westgoten versperrt. Dagegen half kein Bündnis mit den Römern in den Kämpfen 470/475 und eine Generation später unter Gundobad auch kein Bündnis mit den Franken (507/8). Dieses Ziel der burgundischen Expansion wurde erst – paradoxerweise – durch das merowingische Teilreich Burgund erreicht.

Im Norden des burgundischen Machtbereichs fehlte eine nasse Grenze. Hier muss es Ende des 5. Jhs. zu mehrfachen Verschiebungen gekommen sein, die nur noch undeutlich zu fassen sind. Der Geograph von Ravenna zählte nach Castorius Besançon, Mandeure (bei Montbéliard) und Port-sur-Saône zu Burgund, bei der Beschreibung der *Alamanorum patria* nach dem gotischen Gelehrten Atanarid dagegen führte er ebenfalls die genannten Orte Besançon und Mandeure, dazu Langres und ein nicht identifiziertes *Nantes* auf. Die Überschneidung erklärt sich am ehesten aus der späteren Redaktion des Alemannen-Kapitels, wohl zwischen 486 (Eroberung des Syagriusreiches durch Chlodwig) und 506 (endgültige Besiegung der Alemannen durch Chlodwig) mit Er-

Karte 2: Die *Burgundia* nach dem anonymen Geographen von Ravenna

gänzungen zum Raum des schweizerischen Mittellandes aus dem 7. und beginnenden 8. Jh.[135]. In den letzten Jahrzehnten des 5. Jhs., nachdem die Burgunder die Maxima Sequanorum mit Besançon (457) in die Hand bekommen hatten, stießen Alemannen in diesen Raum vor. Bezeugt ist dies durch die im 6./7. Jh. verfasste Vita des Bischofs Lupus von Troyes (ca. 426–478). Danach hatte ein oder der Alemannenkönig Gebavult, der namensgleich ist mit Gibuld und in den Jahren 469/70–476 im Raume von Passau agierte, im Bereich der Diözese Troyes die Leute von Brienne (*Brigonenses*, im Osten der Diözese, bei Brienne-le-Château, Dép. Aube) verknechtet. Lupus erlangte ihre Befreiung bei dem König, der als *devotus rei publicae legibus* geschildert wird und daher vielleicht in einem Foedus-Verhältnis stand. Dies geschah zwischen 457 und 478, vermutlich in den 70er Jahren[136]. Etwa für die gleiche Zeit ist das Martyrium des Bischofs Antidius von Besançon anzusetzen, der laut seiner im 10./11. Jh. verfassten Vita von Alemannen auf der Flucht nach Langres in Ruffey-sur-l'Ognon erschlagen worden sein soll, und zwar nach 457, ebenfalls vermutlich um 470[137]. Langres war auch kein sicherer Ort, zwischen 479/82 und 486 verlegte der Bischof Aprunculus seine Residenz weiter nach Süden, in das *castrum* von Dijon[138]. Etwas später, zur Zeit des hl. Eugendus (St. Oyend), des Abtes des Juraklosters Saint-Claude (485/90–512/14), hinderten alemannische Überfälle westlich des Jura die Mönche daran, ihr Salz für die Küche aus dem benachbarten Salins (ca. 60km Luftlinie nördlich von Saint-Claude) zu holen, und sie mussten es aus den Salinen der Mittelmeerküste besorgen[139]. Diese verschiedenen Zeugnisse bestätigen die Angaben des Geographen von Ravenna, dass in den 70/80er Jahren des 5. Jhs. die Alemannen sich z.T. auf Kosten der Burgunder im Bereich der Maxima Sequanorum, der Lugdunensis I[a] und IV[a] ausgebreitet hatten. In dem Zusammenhang einer alemannischen Bedrohung stand daher vermutlich auch das fränkisch-burgundische Bündnis, das durch die Vermählung eines wohl rheinischen Franken namens Sigismer mit einer burgundischen Prinzessin, vielleicht der Tochter Chilperichs, besiegelt wurde[140]. Die Salfranken standen zu dieser Zeit auf Seiten des Aegidius und seiner Nachfolger, die rheinischen Franken optierten für die Burgunder, die auf Seiten der Reichsregierung standen, wahrscheinlich wegen des gemeinsamen Gegensatzes zu den Alemannen.

Es ist den Quellen nicht zu entnehmen, wann die Burgunder die von den Alemannen beherrschten Gebiete zurückerhielten, doch dürfte dies noch vor der letzten Niederlage der Alemannen im Kampf mit den Franken (506) gewesen sein, zu denken wäre an einen Rückzug in der Zeit der Alemannenschlacht der rheinischen Franken in den 80er oder frühen 90er Jahren des 5. Jhs. oder der ersten Schlacht Chlodwigs (496/97). Wie dem auch sei, Anfang des 6. Jhs. – vielleicht nach einem kurzfristigen alemannischen Unternehmen gegen Genf (um 500/501), während König Godegisel mit den Franken gegen seinen Bruder Gundobad konspirierte und seine Residenz Genf verlassen hatte – scheint es zu einem Ausgleich zwischen Burgundern und Alemannen gekommen zu sein: in der Lex Burgundionum wird in zwei Kapiteln der Rückkauf von Unfreien und Freien, die in alemannische Hand gelangt waren, geregelt, eine Bestimmung, die nur bei einem leidlichen Friedenszustand zwischen Burgundern und Alemannen einen Sinn macht[141].

4. Das Scheitern der Bündnispolitik und der Untergang des Rhônereiches

Von welchem burgundischen König die Kämpfe gegen die Alemannen in den 70/80er Jahren des 5. Jhs. geführt worden waren, lässt sich den kargen Quellenzeugnissen nicht entnehmen. König Chilperich d. Ä., letztmals im Herbst 474 nachgewiesen, hatte keine Söhne hinterlassen. Von seinen vier Neffen, den Söhnen seines Bruders Gundioc, waren die beiden jüngeren, Chilperich d.J. und Godomar, anscheinend schon vor seinem Tode gestorben; es folgten ihm in der Herrschaft Gundobad, der älteste Sohn Gundiocs, und dessen Bruder Godegisel, und zwar wahrscheinlich um 476/477. Gundobad residierte in Lyon, Godegisel in Genf[142]. Es war den Zeitgenossen nicht bewusst, dass gerade um die Zeit ihrer Herrschaftsübernahme der Abbruch der westfränkischen Kaiserabfolge (476) eine Zäsur bedeutete, welche eine Neuorientierung erforderte[143]: Die Legitimität für Foederatenherrscher war nicht mehr in Italien zu finden, sondern in Ostrom, das ist das eine. Im Westen entstand eine neue Konstellation der germanischen Herrschaften, das ist das andere: in Nordgallien und am Nieder- und Mittelrhein die Franken, am Oberrhein die Alemannen, an der Saône und Rhône die Burgunder, in Aquitanien die Westgoten, in Spanien die Sueben und die Westgoten, in Afrika die Vandalen, in

Pannonien die Hunnen bzw. Goten, in Italien die Heruler, Skiren, Thüringer unter Odoaker bzw. die Ostgoten unter Theoderich d. Gr. Diese beiden Voraussetzungen erforderten eine Umorientierung der burgundischen Politik. Es galt zum einen mit dem oströmischen Kaiser in Verbindung zu kommen und zu bleiben, ein legitimistischer Faktor, der die Herrschaft der burgundischen Könige der Folgezeit auszeichnete, und zum anderen, in den Bündnissen der genannten Herrscher, die Theoderich zum System auszubauen versuchte, jeweils die richtige Option zu finden, welche den Bestand des Reiches und möglichst seine Vergrößerung gewährleistete; beides ist auf Dauer nicht gelungen.

Gundobad ist in seiner Stellung als burgundischer König erstmals nachweisbar anlässlich eines Beutezuges, den er, vielleicht angelockt durch ein Bündnisangebot, 490 nach Italien in das Gebiet von Mailand und Pavia (Ligurien) machte, während dort der Skire Odoaker und der Ostgote Theoderich um die Macht kämpften. Einer Gesandtschaft unter Führung des Bischofs Epiphanius von Pavia und im Auftrage Theoderichs nach Lyon zu Gundobad und nach Genf zu Godegisel gelang es 494 dank der finanziellen Unterstützung der reichen Syagria von Lyon und des Bischofs Avitus von Vienne, allein in der Stadt Lyon 400 von den als Beutegut mitgeschleppten und versklavten Ligurern an einem Tage zu befreien. Insgesamt ließen die beiden burgundischen Könige 6000 verknechtete Italier frei, dazu gegen Lösegeld zahlreiche Kriegsgefangene[144]. Gundobads Entgegenkommen – eine Art Brautgeschenk – stand im Zusammenhang mit dem Bündnis, das er wohl kurz zuvor mit Theoderich geschlossen und zu dessen Besiegelung er seinen Sohn Sigismund mit der ostgotischen Königstochter Ariagne/Ostrogotho verlobt hatte[145]. Die geplante Eheverbindung (494) gehörte zu Theoderichs Bündnispolitik durch Heiratspolitik. Theoderich selbst hatte 493 Audofleda, die Schwester des Frankenkönigs Chlodwig, geheiratet. Seine andere Tochter Thiudigotho vermählte er mit dem Westgotenkönig Alarich II. (494). Im Jahre 500 heiratete seine Schwester Amalafrida den Vandalenkönig Thrasamund, im Jahre 510 seine Nichte Amalaberga den Thüringerkönig Herminafrid. Doch sein gefährlichster Rivale, der Frankenkönig Chlodwig, der 486 den letzten Vertreter römischer Präsenz in Nordgallien, Syagrius, besiegt und bis 494 auch das Gebiet zwischen Seine und Loire, den ehemaligen *tractus Armoricanus*, in Besitz genommen hatte, setzte Theoderichs Bündnissystem seine eigene Heiratspolitik entgegen: 492/494 heiratete Chlodwig Chrodechild (Chlothilde), die jüngere Tochter von Gundobads Bruder Chilperich d.J.; Gundobad soll, so Gregor von Tours, seinen Bruder mit dem Schwert getötet und dessen Gemahlin in einem Brunnen ertränkt haben[146]. Dieses fränkisch-burgundische Bündnis richtete sich gegen die gemeinsamen Gegner, die Alemannen und die Westgoten, und war eine Spitze gegen Theoderichs Bündnissystem, denn es stärkte Chlodwigs Unabhängigkeit. Chrodechild war katholisch, und sie scheint einen nicht unwesentlichen Anteil an Chlodwigs Bekehrung vom Heidentum zum katholischen Glauben gehabt zu haben. Chlodwigs Übertritt und Taufe – wohl 498 – waren für die neue politische Konstellation im Westen des Imperiums von erheblicher Bedeutung, denn nunmehr war nicht der in Byzanz regierende Ostkaiser der einzige katholische Herrscher; im Westen war jetzt Chlodwig der katholische Exponent, an den sich insbesondere die Erwartungen des antiarianischen gallischen Episkopats sowohl im Westgoten- wie auch im Burgunderreich anlehnen konnten[147].

Die fränkisch-westgotische Rivalität hatte Chlodwig gleichsam als Erbschaft seines Vaters Childerich übernommen, der mehrmals an der Loire den römischen Heerführern im Kampf gegen die westgotische Expansion beigestanden war. Die Flucht des von Chlodwig bei Soissons geschlagenen Syagrius an den Hof Alarichs II. (484–507) verstärkte die Polarität zwischen Franken und Westgoten um 486. Chlodwigs Herrschaftsübernahme im Gebiet zwischen Seine und Loire, im reduzierten *tractus Armoricanus*, in der Zeit zwischen 486 und 494, vergrößerte ebenfalls das Reibungspotential zwischen Franken und Westgoten durch die gemeinsame Grenze an der Loire. Fränkische, z.T. nur undeutlich erkennbare Vorstöße führten 496 bis nach Saintes, 498 bis Bordeaux. Um 500 unterstützten die Westgoten den Burgunder Gundobad im Kampf gegen die Franken und seinen mit diesen verbündeten Bruder. 502 kam es zum prekären Frieden, den Chlodwig und Alarich bei Amboise an der Grenze ihrer Reiche auf einer Loireinsel schlossen[148].

Die Übernahme der Herrschaft im Gebiet von Seine und Loire brachte die Salfranken auch in unmittelbare Nachbarschaft mit den Burgundern. Spannungen waren offensichtlich die Folge, wie die oben erwähnte Affäre des Bischofs Aprunculus von Langres zeigt, der mit den Franken sympathisiert haben soll. Nach der (wohl im späten 6. und nicht erst, wie Bruno Krusch wollte, im 8. Jh. verfassten) Vita des Eremiten und Priesters Eptadius aus der Diözese Autun kam es um 491/92 zu einem sonst nicht bezeugten Friedensschluss zwischen den Königen Chlodwig und Gundobad, und zwar typischerweise an der Grenze ihrer Reiche, beim Fluss Cure, einem Zufluss der Yonne, der zwischen der burgundischen *civitas* Autun und der fränkischen *civitas* Auxerre die Grenze bildete. Chlodwig bat Gundobad um die Erlaubnis, Eptadius, der, aus Autun stammend, dem burgundischen König unterstand, zum Bischof von Auxerre zu machen. Doch der zum Bischof gewählte Heilige entzog sich dieser Würde durch Flucht in den Morvan, in seine Einsiedelei von Cervon. Seine Hauptaufgabe sah er darin, für die Befreiung der in den verschiedenen Kämpfen der Burgunder verknechteten Gefangenen zu sorgen, so 491/92 der „gefangenen Römer, Burgunder oder anderer Völker", um 494 der gefangenen Italier, für die auch Epiphanius von Pavia eingetreten war, wie schließlich 507/508 der von den Burgundern und Franken im Westgotenkrieg gemachten Gefangenen. Auf die wirtschaftliche und soziale Bedeutung dieser Verknechtungen und Befreiungen ist später zurückzukommen. Hier gilt es den fränkisch-burgundischen Konflikt in den Grenzregionen der beiden Reiche und den um 491/92 erfolgten Friedensschluss hervorzuheben. Es ist durchaus möglich, dass die wenig später erfolgte Vermählung Chrodechilds mit Chlodwig den fränkisch-burgundischen Ausgleich im Sinne eines Heiratsbündnisses festigen sollte[149].

Friedensschluss und Heiratsbündnis konnten den Ausbruch des fränkisch-burgundischen Krieges im Jahre 500 nicht verhindern, ja, vielleicht hat die Vermählung Chlodwigs mit Chrodechild dem Frankenkönig den Anschein eines Rechtes des Eingreifens in die burgundischen Verhältnisse gegeben. Gregor von Tours suggeriert als Gründe den notorischen Arianismus der burgundischen Könige und das angebliche Verbrechen Gundobads an den Eltern Chrodechilds, ohne dass beide offen als *casus belli* angesprochen würden. Die Blutrache wurde erst bei dem späteren Burgunderkrieg als Grund angeführt[150]. Doch da die beiden Berichte von Gregor und Marius von Avenches auf gemeinsamen Quellen, nämlich burgundischen Annalen, beruhen, konnten diese beiden Motive, auch wenn sie existiert haben sollten, nicht in der Vorlage gefunden worden sein[151]. Machttrieb, Expansionswille, Ehrgeiz oder günstige Gelegenheit, die von vielen Forschern als Gründe angegeben werden, waren sicher vorhanden, doch dürften weitergehende Überlegungen eine wichtige Rolle gespielt haben, die sich aus dem gemeinsamen Gegensatz zu den Alemannen und aus Chlodwigs Bestreben ergaben, die Umklammerung des gotischen Bündnissystems, zu der die Burgunder gehörten, aufzubrechen.

Gelegenheit dazu bot der Zwist zwischen den burgundischen Königsbrüdern. Godegisel, nach der – allerdings späten – Passio Sigismundi unzufrieden mit dem ihm zugefallenen Reichsteil (mit Genf als Residenz), das nur ein Drittel umfasste, während Gundobad über zwei Drittel (mit der Residenz Lyon) gebot[152], schloss mit Chlodwig ein geheimes Bündnis gegen seinen Bruder. Er versprach dem Frankenkönig Tributleistungen und Gebietsabtretungen, was eine Unterstellung unter die fränkische Oberherrschaft bedeutete und Burgund jedenfalls aus der Bindung an die Westgoten gelöst hätte. Alarichs spätere Unterstützung Gundobads weist darauf hin, dass dem Westgotenkönig diese Gefahr bewusst war.

Der fränkisch-burgundische Krieg verlief in mehreren Phasen[153]. Die drei Heere trafen beim *castrum* von Dijon, an der Ouche zusammen. Godegisel trat verabredungsgemäß zu Chlodwig über und die beiden errangen einen vollständigen Sieg über Gundobad, der sich in den äußersten Süden seines Reiches nach Avignon flüchtete und dort verschanzte. Godegisel zog nach Vienne, erstaunlicherweise nicht in die Hauptresidenz des Bruders, Lyon, vielleicht, weil Vienne besser zu verteidigen war und näher bei der Rückzugsposition Gundobads lag. Godegisel übernahm die Herrschaft über das gesamte burgundische *regnum* bis auf Avignon. Dort konnte Gundobad wohl mit westgotischer Hilfe seine Kräfte wieder sammeln. Nach Gregor von Tours soll er durch die List seines Ratgebers Aredius[154] die Belagerung Avignons durch Chlodwig dadurch abgewendet haben, dass er seinerseits dem Frankenkönig einen Jahrestribut leistete und weitere versprach. Chlodwig habe daraufhin sein Heer in die Heimat entlassen. Die Geschichte des Doppelagenten Aredius mag eine Erfindung Gregors sein. Chlodwig scheint mit dem Sieg bei Dijon den Krieg für beendet angesehen zu haben und abgezogen zu sein, hatte aber Godegisel fränkische Truppen mitgegeben, und diese saßen in Vienne. Nachdem Gundobad sein Heer wieder verstärkt hatte, belagerte er seinen Bruder in Vienne und eroberte die Stadt durch Verrat des Aufsehers der noch intakten römischen Wasserleitungen, der wie das gemeine Volk wegen der drohenden Hungersnot aus der Stadt vertrieben worden war. Godegisel floh in eine arianische Kirche und wurde dort zusammen mit dem arianischen Bischof getötet, vielleicht durch Gundobad selber. Nach der Passio Sigismundi hatte Gundobad seinen Bruder und dessen Gemahlin und Kinder verbrannt[155]. Die auf Seiten Godegisels stehenden gallorömischen und burgundischen Großen wurden zu Foltern verdammt und getötet, wohl wegen Hochverrats[156]. Die fränkischen Truppen, nach Fredegar 5000, schickte Gundobad zu Alarich II. nach Toulouse ins Exil und markierte damit deutlich, auf welcher Seite er stand[157]. Möglicherweise hat Gundobad den Westgoten für ihre Hilfeleistung die Stadt Avignon abgetreten[158]. Dies ist ebensowenig gesichert wie die Belagerung und teilweise Zerstörung der Stadt Genf, der ursprünglichen Residenz Godegisels, durch Gundobad; doch könnte sie mittelbar durch den Bruderzwist berührt worden sein, wenn tatsächlich mit einem gleichzeitigen Vorstoß der Alemannen zu rechnen ist[159]. Der Brand einer Kirche, deren Neubau durch König Sigismund Bischof Avitus von Vienne 513/14 einweihte, die Wiederaufbauarbeiten Gundobads, die durch eine Inschrift und durch einen Zusatz in der Liste der gallischen Bistümer (Notitia Galliarum) bezeugt sind, sowie die von den Archäologen festgestellte dicke Brand- und Schuttschicht werden jedenfalls mit diesen Ereignissen um 500 in Zusammenhang gestanden haben[160].

Der fränkisch-burgundische Krieg von 500 offenbarte die innere Schwäche des burgundischen Reiches. Die Königsherrschaft in Form einer brüderlichen Samtherrschaft barg den Keim für Rivalitäten, für offenen Zwist und polarisierte die gallorömische und burgundische Führungsschicht in der Weise, dass das Doppelkönigtum zur Bildung von konkurrierenden Faktionen beitrug. Die inneren Gegensätze des Reiches wurden durch die Spaltung in burgundische Arianer und gallorömische Katholiken verstärkt, auch wenn sie durch Übertritte einzelner und durch Mischehen – wie im Königshause selber – gemildert werden konnten. Die Einbindung in das arianisch-gotisch bestimmte Bündnissystem Theoderichs hatte Gundobad zwar zeitweiligen Schutz gegen die Franken, aber keine Unterstützung gegen die Alemannen geboten, die wohl Godegisel durch seine Hinwendung zu Chlodwig gesucht hatte. Das gotische Bündnis verhinderte auf jeden Fall jegliche Ausdehnung in Richtung Mittelmeer, hatte vielleicht sogar den Verlust von Avignon gekostet. Auf die im Jahre 500 offen zutage tretende Krise reagierte Gundobad mit einem weit reichenden Kurswechsel seiner Politik. Zunächst behielt er die Gesamtherrschaft über beide Reichsteile in seiner Hand und verfolgte eine Politik des materiellen und politischen Wiederaufbaus und des Ausgleichs[161]. Symptomatisch dafür ist die Genfer Bauinschrift für den König als Restaurator der Stadtmauer, denn sie nennt Gundobad den „allergnädigsten König", *rex clementissimus*, ein Tugendprädikat, das zunächst den Kaisern vorbehalten, schon früh aber auch auf die Germanenkönige übertragen worden war. Es ist keine Selbstbezeichnung, sondern eine Ergebenheitsfloskel der Genfer, welche die neue Gangart, die *clementia*, herbeiwünschten oder konstatierten[162]. Gregor von Tours hat den Kurswechsel lapidar auf die Formel gebracht: Gundobad brachte ganz Burgund wieder unter seine Herrschaft, „restaurierte" es und legte den Burgundern mildere Gesetze auf, damit sie die Romanen nicht unterdrückten[163].

Gregor von Tours sprach nur einen Aspekt der Konsolidierungspolitik Gundobads an, den Ausgleich mit den Romanen durch Novellierung des burgundischen Rechts und durch Kodifizierung des für die Romanen geltenden Rechts, der Lex Romana Burgundionum, eine Arbeit, die allerdings erst am Ende seiner Regierungszeit (516) zum Abschluss gekommen zu sein scheint (vgl. Kap. V 3, S. 126 ff.). Den anderen, mindestens ebenso wichtigen Ausgleich erwähnt Gregor nicht, den zwischen Arianern und Katholiken. Bis zum Tode von Gundobads Gemahlin Caretene (506), die katholisch war, hatte das Königspaar die Balance zwischen Arianismus und Katholizismus gleichsam auf der höchsten Ebene verkörpert und in die Praxis umgesetzt (vgl. Kap VI 2, S. 152 ff.). Caretene hatte, laut ihrer Grabinschrift, ihren Kindern und Enkeln die katholische Lehre näher zu bringen gesucht[164]. Gundobads Söhne Sigismund und Godomar waren arianisch getauft, Sigismund war, wie oben erwähnt, seit 494 mit der arianischen Tochter Theoderichs Ariagne/Ostrogotho vermählt. Gundobad selbst, äußerst aufgeschlossen für religiöse Fragen, stand dem Katholizismus sehr nahe. Doch trotz zahlreicher Religionsgespräche mit Avitus von Vienne und romanischen Höflingen gelang es dem Bischof nicht, den König zum öffentlichen Übertritt zu bewegen. Da Avitus, nach Gregor von Tours, eine heimliche Salbung verweigerte, blieb der König bis zu seinem Lebensende Arianer[165]. Auf Ausgleich bedacht, legte er seinen Söhnen Sigismund und Godomar keine Hindernisse in den Weg, als diese zwischen 500 und 507 zum Katholizismus übertraten[166]. Sigismund unterstützte seitdem die Aspirationen der Katholiken, wie vordem seine Mutter Caretene; das bezeugen seine Romreise, sein Reliquienerwerb, seine Kirchenbauten und Ketzerbekämpfungen sowie die Gründung des Klosters Saint-Maurice d'Agaune (vgl. Kap. VI 3,4, S. 157 ff.). Diese Funktion wurde gleichsam dadurch offizialisiert, dass Sigismund nach 500 und vor 507 zum König erhoben worden sein muss, und zwar im Reichsteil Godegisels mit Sitz in Genf. Auf diese Königserhebung könnte eine Notiz der Chronik Fredegars anspielen, laut der Sigismund bei Genf in der Villa von Carouge auf Befehl seines Vaters Gundobad zum König erhoben worden ist[167]. Der duale Charakter der Herrschaft wurde dadurch vollendet: der arianische „Oberkönig" Gundobad residierte in Lyon, der katholische „Unterkönig" Sigismund in Genf. Bündnisfähig waren nun die burgundischen Könige für beide Seiten. Das zeigte sich bald in ihren Beziehungen zu Franken und Goten.

Nach dem Krieg von 500 ist es zum Ausgleich und Friedensschluss zwischen Gundobad und Chlodwig gekommen. 502 schloss der Frankenkönig mit dem Westgotenkönig Alarich II. bei Amboise an der Loire einen Frieden, bei dem wohl auch das Geschick der von Gundobad zu Alarich nach Toulouse geschickten fränkischen Truppen, die auf Seiten Godegisels in Vienne gekämpft hatten, eine Rolle spielte[168]. Eine Annäherung zwischen Gundobad und Chlodwig ergibt sich daraus, dass der Bischof Caesarius, der 502 sein Amt in Arles antrat, bald darauf beschuldigt wurde, Arles unter die burgundische Herrschaft bringen zu wollen, was wohl nur einen Sinn ergibt, wenn die Franken mit den Burgundern verbündet waren[169]. Ein solches Bündnis bildete wohl auch den Hintergrund für den (dritten?) fränkisch-alemannischen Krieg von 506, den Chlodwig führte, weil sich die Alemannen erhoben hatten. Die Alemannen wurden vernichtend geschlagen. Theoderich nahm die Flüchtenden in seinem Reich auf, zu dem die Raetia I^a und die Raetia II^a gehörten, und intervenierte bei Chlodwig gegen eine weitere Verfolgung[170]. Dass die Burgunder auf Seiten der Franken standen, scheint sich daraus zu ergeben, dass das Gebiet links des Hochrheins nicht fränkisch wurde (wie das Elsass), sondern burgundisch blieb oder es wurde, wie sich aus der Anwesenheit des Bischofs von Windisch/Vindonissa auf dem Konzil von Epao ergibt[171]. Die fränkisch-burgundische Entente, so diskret sie auch sein mochte, konditionierte das Verhältnis der Burgunder zu Theoderich, dem sie nicht entgangen war, auch wenn er sie in seinem Schreiben an Gundobad kurz vor Ausbruch des fränkisch-westgotischen Krieges nur verhalten andeutete, denn offiziell gehörte das arianische Burgund zum gotischen Bündnissystem.

Den Ausbruch des Konflikts zwischen den Westgoten und den Franken suchte Theoderich durch einen Friedensappell und durch politischen Druck zu vermeiden. Davon zeugen die Briefe und Gesandtschaften an die in seine Heiratspolitik einbezogenen Bündnispartner, an die Westgoten, die Franken, die Thüringer, Warnen und Heruler und eben auch die Burgunder. An Gundobads Vermittlung scheint ihm besonders gelegen gewesen zu sein. Kurz zuvor hatte er dem Burgunderkönig auf dessen Bitte hin eine komplizierte Wasser- und Sonnenuhr *(horologium)* nebst den zu ihrem Funktionieren notwendigen Fachleuten geschickt. Jetzt bat er den etwa gleichaltrigen Gundobad, auf die beiden Kontrahenten mäßigend einzuwirken, denn ein Krieg hätte auch Auswirkungen auf Burgunder und Ostgoten. In solchen und ähnlichen Andeutungen gab Theoderich Gundobad zu verstehen, dass er über das burgundische Doppelspiel orientiert war[172]. Doch seine Bemühungen um Neutralität der Burgunder scheiterten. Im Kampf gegen die Alemannen standen Burgunder und Franken zusammen. Der Übertritt Sigismunds zum Katholizismus erleichterte das Bündnis gegen die Westgoten, um so mehr als Chlodwig diesem Krieg den Charakter eines Kampfes zur Befreiung der von den Arianern unterdrückten katholischen Kirchen gab[173]. Ob schon in der Frühphase der oströmische Kaiser Chlodwig unterstützte, ist ungewiss. Möglich ist, dass Sigismund, der 515 nachweislich den *patricius*-Titel trug und stets um die Anerkennung seiner Herrschaft durch Ostrom besorgt war, als Vermittler zwischen Franken und Byzantinern fungiert hatte. Jedenfalls überbrachten 508 byzantinische Gesandte dem Frankenherrscher nach seinem Sieg über Alarich das Kodizill des Ehrenkonsulats bzw. Patriziats, und eine byzantinische Flottenexpedition (508) in Unteritalien hinderte Theoderich am sofortigen Eingreifen in Gallien[174].

Beim Ausbruch des Krieges standen die Burgunder auf Seiten der Franken, auch wenn sich Gregor von Tours, der den Krieg beschrieb, darüber ausschwieg, um nicht den antiarianischen Kampf der Franken durch die Teilnahme der arianischen Burgunder auf ihrer Seite ins Zwielicht geraten zu lassen. Doch Isidor von Sevilla lässt in seiner Gotengeschichte keinen Zweifel an der Beteiligung der Burgunder am Krieg gegen Alarich, auch wenn diese zunächst nur von den beiden Königssöhnen Sigismund und Godomar geführt wurden und damit der Schein einer Expedition katholischer Herrscher gewahrt wurde[175]. Wohl von Lyon aufbrechend und durch die Auvergne und das Limousin ziehend, gelangten die burgundischen Truppen in das Gebiet von Poitiers, wo sie mit den vereinigten salfränkischen und rheinfränkischen Truppen die Westgoten und die mit diesen kämpfenden Galloromer der Auvergne besiegten[176]. Diese standen unter der Führung des Apollinaris, des Sohnes des Sidonius. In der Schlacht von Vouillé (ca. 15 km nw. Poitiers) wurde Alarich II. getötet (507). Das bedeutete das Ende des tolosanischen Westgotenreiches. Alarichs

Sohn Amalarich floh nach Spanien; Chlodwig und seine Verbündeten zogen nach Bordeaux, überwinterten dort (507/08) und nahmen 508 die Hauptstadt des Reiches, Toulouse, ein. Während der Frankenkönig über Tours in die Francia (Paris) zurückkehrte, ließ er seinen Sohn Theuderich und die verbündeten Burgunder den Krieg weiterführen. Theuderich eroberte Albi, Rodez und die Auvergne, Gundobad, der jetzt als Kriegsteilnehmer erstmals erwähnt wird, die Stadt Narbonne, wo Alarichs illegitimer Sohn Gisalech nach der Schlacht von Vouillé zum König erhoben worden war. Dann belagerten die burgundischen Truppen Arles, mussten aber zurückweichen, als 508 Theoderich ein ostgotisches Heer unter Ibba zugunsten der Westgoten nach Gallien sandte. Arles wurde befreit und Narbonne wiedererobert (509). Gleichzeitig kam es zu einem weiteren Gegenangriff der Ostgoten über den Mont Genèvre in burgundisches Gebiet bis in den Raum von Orange und Valence[177].

Das Ergebnis des westgotisch-fränkischen Krieges war für die verbündeten Burgunder sehr enttäuschend. Während die Franken fast ganz Aquitanien in Besitz nehmen konnten, verloren die Burgunder alle ihre Eroberungen wieder, mussten auch auf Avignon verzichten und behielten nur das rechts der Rhône gelegene Viviers. Die von Gundobad erhoffte Südexpansion des Reiches, der Erwerb der Mittelmeerküste war völlig gescheitert, und zwar am Widerstand der Ostgoten unter Theoderich. Dieser hatte durch seinen Heerführer Ibba den Westgotenkönig Gisalech bei Barcelona besiegt. Gisalech war auf burgundisches Gebiet geflohen und ist dort nördlich der Durance getötet worden (511)[178]. Theoderich herrschte nun für seinen Enkel Amalarich auch über das Westgotenreich bis zu seinem Tode 526; danach wurden die beiden Reiche wieder geteilt. Doch das Gebiet östlich der Rhône verblieb den Ostgoten, und zwar bis zur Abtretung an die Franken 536/37. Die Ostgoten verstärkten die Grenzbefestigungen an der Durance und versperrten der Burgundern definitiv den Zugang zum Mittelmeer[179]. Von einem förmlichen burgundisch-gotischen Friedensschluss ist nirgends die Rede. Doch muss es nach dem Abflauen der fränkischen Expansion durch den Tod Chlodwigs (511) auch zwischen Gundobad und Theoderich zum Ausgleich gekommen sein; dafür sprechen die vielfältigen Gefangenenbefreiungen auf beiden Seiten[180].

Beim Tode Gundobads (516) war das burgundische Reich kaum über den Umfang hinausgelangt, den es unter dessen Vorgängern Gundioc und Chilperich erlangt hatte. Prekär gesichert war es durch das Bündnis mit den Franken und dem Interesse der Ostgoten, in Gallien ein Reich zu erhalten, das als Puffer zwischen ihnen und den Franken dienen konnte. Die sonderbare Konstellation eines arianisch-katholischen Doppelkönigtums erlaubte es, nach außen bündnisoffen zu sein, nach innen den Übergang vom Arianismus zum Katholizismus in Form einer allmählichen Entwicklung zu gestalten und den Ausgleich zwischen Romanen und Burgundern zu erleichtern. Sigismund hat diese Aufgabe indessen nicht zu meistern vermocht.

Nach dem Tode seines Vaters Gundobad übernahm Sigismund die Herrschaft im Gesamtreich[181]. Innerhalb kurzer Zeit geriet die prekäre Ausgleichspolitik Gundobads ins Wanken und wurde durch eine eindeutige Option für das katholische fränkisch-byzantinische Bündnis ersetzt, wenn auch die einzelnen Schritte zuweilen ein behutsames Vorgehen verraten, so bei der Neufassung der Lex Burgundionum. Diese knüpft deutlich an die väterliche Gesetzgebung an, kommt aber dem kirchlichen Standpunkt im Verlobungs-, Ehe- und Kindesrecht entgegen[182]. Um 517 wurden Sigismunds Sohn Sigerich und seine Tochter katholisch. Die mit Namen nicht genannte Tochter – sie wird häufig, aber wohl irrtümlich mit der erst im 10. Jh. bei Flodoard erwähnten Suavegotha identifiziert – heiratete bald darauf den Sohn Chlodwigs, Theuderich[183]. Seitdem waren alle merowingischen Könige verwandtschaftlich mit Sigismund verbunden. Den oströmischen Kaiser Anastasius († 518) setzte er über den Tod seines Vaters Gundobad in Kenntnis und bekundete seine Ergebenheit, bezeichnete sich als *miles* des Kaisers und sein Volk als das des Kaisers; doch der Brief gelangte nicht an den Adressaten, weil Theoderich die Annäherung zwischen Sigismund und dem Kaiser mit Misstrauen beobachtete und dem Boten die Weiterreise untersagte. In einem zweiten Brief beklagte sich Sigismund über dieses Vorgehen des *rector Italiae*[184]. Doch zu Recht war Theoderich über dieses sich anbahnende fränkisch-burgundisch-byzantinische Bündnis beunruhigt, das in einer Phase verstärkter innerer Spannungen und angesichts einer prokaiserlichen Gruppe unter den römischen Senatoren leicht zu einer Gefahr für die gotische Herrschaft werden konnte[185].

Der Regelung der Beziehungen zwischen Arianern und Katholiken im burgundischen Reich dienten auch einige der Kanones des ersten burgundischen Nationalkonzils in Epao (517), das ähnlich, aber nicht in allem gleich, den Konzilien von Agde für das Westgotenreich (506) und von Orléans für das Frankenreich

(511) der burgundischen Kirche einen festen Rahmen und Leitlinien für die arianisch-katholischen Beziehungen, insbesondere auch für die Benutzung arianischer Kirchen, gab. Ein zweites Konzil, in Lyon (517/18), bei welchem es um Fragen des Eherechts ging, machte gleich mit den Grenzen der königlichen Kirchherrschaft bekannt. Sigismund gelang es nicht, seinen Standpunkt zugunsten seines Hofbeamten Stephanus, der sich mit der Schwester seiner verstorbenen Frau vermählt hatte, durchzusetzen, sondern stieß auf den Widerstand des Episkopats (vgl. insges. Kap. VI 3, S. 157 ff.). Das musste ihm zeigen, dass er im Episkopat keine bedingungslose Unterstützung fand. Eine solche hätte er gebraucht nach dem wohl schwersten politisch-moralischen Fehler seiner Herrschaft, der Ermordung seines Sohnes Sigerich im Jahre 522.

Nach dem Tode seiner Gemahlin Areagne/Ostrogotho (ca. 518/20), der Tochter Theoderichs, hatte Sigismund eine Frau aus der Dienerschaft der Verstorbenen geheiratet. Gregor von Tours erzählt von einem Streit zwischen der Stiefmutter und Sigerich, der deutlich nach dem Konzept der „bösen Stiefmutter" gestaltet ist, in welchem diese Sigerichs angebliche Pläne zur Ermordung des Vaters, zur Übernahme der Herrschaft in Burgund und zur Nachfolge seines Großvaters Theoderich in Italien aufdeckte. Sigismund schenkte ihr Glauben und ließ Sigerich gleich ermorden, bereute indessen sofort die Tat, ging in das Kloster Saint-Maurice d'Agaune und tat Buße. Er soll dort bei dieser Gelegenheit die *laus perennis* eingeführt haben[186], was allerdings schon 515 geschehen war. Der Mord geschah im Jahr 522, zu einer Zeit, als Theoderichs designierter Erbe Eutharich gestorben war und tatsächlich Sigerich wie andere, z. B. sein Vetter, der Westgote Amalarich, als präsumtiver Nachfolger infrage kam. Das mag Sigismunds unüberlegte Tat erklären, wenn die Pläne nicht Gregors eigene Kombinationen gewesen sind zur Deutung dieses Sohnesmordes.

Die Mordtat hatte schwere Folgen. Theoderich und die arianischen Burgunder, die ihm zuneigten, waren herausgefordert, Theoderich zur Blutrache verpflichtet. Der Ostgotenkönig rüstete zum Krieg. Es war nicht die von Gregor von Tours konstruierte Blutrache – Chrodechild soll ihre Söhne Chlodomer, Childebert und Chlothar zur Rache für ihre von Gundobad erschlagenen Eltern aufgefordert haben[187] – und auch nicht die neuestens von J. Favrod vermutete Blutrache Guntheucas, der Gemahlin Chlodomers und angeblichen Enkelin König Godegisels, des Bruders

Gundobads, für im burgundischen Bruderkrieg erschlagene Mitglieder ihrer Familie[188], es war also nicht ein Blutrachemotiv, das die Franken gegen Burgund ziehen ließ, sondern die Aussicht, bei dem bevorstehenden ostgotisch-burgundischen Konflikt Chlodwigs Expansionspolitik wieder aufnehmen zu können. Das erklärt auch, warum Chlodomer die treibende Kraft war; sein Teilreich grenzte an Burgund.

Dem fränkischen Angriff waren Sigismund und Godomar erlegen; ihr Heer wurde besiegt; Godomar floh, und Sigismund zog sich auf einen Berg in der Nähe von Saint-Maurice (Veresallis – Vérossaz) zurück, nahm dann Mönchskleidung an und wollte sich in das Kloster Saint-Maurice begeben, wurde aber von seinen burgundischen Begleitern unter Führung eines gewissen Trapsta, einer Judasfigur, den Franken ausgeliefert. Mitsamt seiner Frau und seinen Söhnen ließ Chlodomer ihn im Gebiet von Orléans gefangen setzen[189]. Weitere Gefangene, welche die Franken südlich des Genfer Sees machten, wurden später (527) von Godomar freigekauft. Wie Chlodwig nach dem Sieg über Gundobad bei Dijon (500) zogen die Franken ab. Ein Teil der Burgunder scheint auf ihrer Seite gestanden zu haben, wie die Auslieferung Sigismunds bezeugt. Chlodomer ließ Sigismund, seine Frau und seine Söhne Gisclahad und Gundobad in Saint-Péravy-la-Colombe bei Orléans in einen Brunnen werfen[190]. Diese Tötungsart hatte rechtssymbolische Bedeutung als besonders grausame Bestrafung des Verwandtenmörders. Für Gregor von Tours, der den Krieg als Racheakt für Chrodechildes Eltern motivierte, war sie zugleich gleichsam spiegelnde Strafe, denn Sigismunds Vater Gundobad soll Chrodechilds Mutter in einem Brunnen ertränkt haben[191]. Möglicherweise hat aber die auch von Marius von Avenches überlieferte Ertränkung Sigismunds und seines Anhangs umgekehrt für die Stilisierung des älteren Verbrechens nach dem Konzept der spiegelnden Strafe gesorgt. 535/36 wurden die Gebeine der königlichen Familie auf Veranlassung des Abtes Venerandus und des *dux* Ansemundus mit Billigung des Königs Theudebert I. (533–548) nach Saint-Maurice gebracht. Sigismund wurde in dem von ihm gegründeten Kloster bald als Märtyrer verehrt: der erste heilige König des Mittelalters. Als Todes- und Festtag galt der 1. Mai, als Jahresdatum gibt Marius von Avenches 523 an; nach Gregor von Tours wäre Sigismund erst 524 kurz vor dem zweiten Angriff Chlodomers auf Burgund getötet worden[192].

In der Zwischenzeit – vermutlich nach dem 523 erfolgten Tod Sigismunds – war Godomar zum König erhoben worden und hatte die burgundischen Kräfte gesammelt – *resumptis viribus*, sagt Gregor wie einst für Gundobad nach der Niederlage von Dijon[193].

Der burgundische König sah sich von einer doppelten Gefahr bedroht: im Norden durch die Franken, im Süden durch die Goten. Nach dem chronologisch verwirrten, aber sachlich wohl richtigen Bericht Prokops hatte Theoderich mit den Franken ein Bündnis abgeschlossen und ließ dementsprechend seinen Heerführer Tuluin, der die Operation gegen Gundobad in der Provence geleitet hatte, gegen Burgund vorrücken. Da Theoderich zwar an einer Rache seines ermordeten Enkels, die durch den Tod Sigismunds erfüllt war, aber nicht an einer völligen Vernichtung des Burgunderreiches, das er als Puffer zur Eindämmung der Franken brauchte, interessiert war, taktierte er hinhaltend und wartete den Ausgang der Schlacht zwischen Franken und Burgundern ab. Dieser war nach Prokop für die Franken positiv – vermutlich weil er eine Verwechslung mit der endgültigen Eroberung und Teilung des Burgunderreiches durch die Franken (532/534) vornimmt[194].

Auch Gregor von Tours stellt das Treffen zwischen Chlodomer und Godomar beschönigend als Sieg der Franken dar, obwohl Chlodomer dabei das Leben verlor. An Chlodomers Zug gegen die Burgunder im Jahre 524, nach der Tötung Sigismunds, soll sich auch Theuderich beteiligt haben, der darauf verzichtet hätte, die an seinem Schwiegervater vollzogene Gewalttat zu rächen *(iniuriam soceri sui vindecare nolens*[195]*)*. Weil sich die beiden fränkischen Heere bei Véseronce bei Vienne, dort wo die von Italien über den Kleinen St. Bernhard führende Straße auf die Rhône-Route stieß, vereinigten, haben M. Chaume und ihm nachfolgend I. Wood und J. Favrod angenommen, der von Gregor genannte Theudericus *rex* sei nicht der merowingische König des Ostreiches, sondern der Ostgotenkönig Theoderich gewesen[196]. Eine solche Verwechslung würde auf eine sehr nachlässige Arbeitsweise Gregors hinweisen, unterscheidet er doch im gleichen Kapitel (III 6) Theudoricus, den *rex Italicus*, und Theuderich, den Schwiegersohn Sigismunds. Das von Prokop überlieferte fränkisch-gotische Bündnis, an dem sicher festzuhalten ist, verlangt nicht, eine solche Verwechslung anzunehmen und den Merowinger Theuderich von dem Kriegszug auszuschließen. Das Zusammentreffen der beiden fränkischen Heere bei Vézeronce lässt sich verkehrsgeographisch ebenso gut erklären, wenn man Theuderich nicht aus dem Nordosten, sondern aus dem Westen, der Auvergne, eintreffen lässt. Dort hatte Theuderich, der durch den Anfall der aquitanischen Besitzungen an sein Reichsteil auch im Westen Nachbar des Burgunderreiches geworden ist, gerade Anfang der 20er Jahre (jedenfalls vor 525) mit der Bekämpfung eines Aufstandes unter Arcadius, einem Enkel des Sidonius Apollinaris, zu tun[197]. Ein Eingreifen im Verein mit Chlodomer gegen den Burgunder Godomar erscheint danach höchst plausibel. So ließe sich durchaus die Notiz Gregors in Einklang mit der Nachricht Prokops bringen: die Schlacht bei Véseronce war ein Gemeinschaftsunternehmen der beiden Halbbrüder Theuderich und Chlodomer, abgedeckt durch ein Bündnis mit Theoderich, der sich abwartend verhielt.

Agathias und Marius von Avenches sind sich einig in der Bewertung des Schlachtausgangs: Chlodomer wurde getötet, den Franken gelang es nur mit Mühe, einen (vorläufigen?) Friedensvertrag abzuschließen und in ihre Lande zurückzukehren[198]. Theoderichs Taktik hatte sich, laut Prokop, der durch einen Brief Cassiodors bestätigt wird, bewährt. Der Ostgotenkönig zahlte den Franken die vertraglich ausgemachte Summe, weil er sich an der Schlacht nicht beteiligt hatte, nahm aber „ohne einen einzigen seiner Leute zu verlieren, für wenig Geld das halbe Feindesland in seinen Besitz"[199]. In der Tat wurde durch die Intervention Theoderichs bzw. Tuluins das ganze burgundische Gebiet südlich der Isère bzw. Drôme bis zur Durance ostgotisch, d.h. die *civitates* Saint-Paul-Trois-Châteaux, Vaison, Carpentras, Orange, Avignon, Cavaillon, Apt, Gap, Sisteron und Embrun[200]. Doch dank seines Sieges über die Franken konnte sich Godomar in den Restgebieten Burgunds halten[201]; dies war nur ein Aufschub, denn der Expansionswille der Franken war nicht gebrochen und nach dem Tode Theoderichs (526) fehlte das ostgotische Gegengewicht, das für die Machtbalance in Gallien hätte sorgen können.

Nach dem Sieg über die Franken bei Véseronce hat Godomar versucht, seine Herrschaft über das um die Gebiete südlich der Isère verkleinerte Burgund zu konsolidieren. Er war offensichtlich um Ausgleich bemüht, so in dem genannten Verhältnis zwischen Arianern und Katholiken, in welchem er sich so wenig exponierte, dass bei Zeitgenossen und in der Forschung Uneinigkeit herrscht, ob er selbst Arianer oder Katholik gewesen ist[202]. Zur Wiederherstellung der politischen, sozialen, wirtschaftlichen und kirchlichen Ordnung hat Godomar wohl kurze Zeit nach der Schlacht von Vézeronce (524) auf einer Großenversammlung *(in conventu Burgundionum)* in Ambérieu im Grenzgebiet der *civitates* Lyon, Vienne und Genf, wo Gundobad schon einmal (501) die Burgunder zusammengerufen hatte, ein Edikt erlassen, das insbesondere den Bevölkerungszuwachs fördern sollte. Durch eine günstigere Rechtsstellung der burgundischen Zuwanderer aus den ostgotisch besetzten Gebieten und vom Rhein, der zurückkehrenden Kriegsgefangenen, der aus dem Ausland nach Burgund geflüchteten Sklaven oder durch Regelung des Loskaufes von Frauen und Sklaven sollte offenbar ein Anreiz gegeben werden, sich in dem entvölkerten Reich niederzulassen[203]. Dem gleichen Ziel, der Stärkung des militärischen Potentials, diente auch eine weitere, schon erwähnte Maßnahme Godomars, der Freikauf der südlich des Genfers Sees ansässigen, 523 in fränkische Gefangenschaft geratenen *Brandobrici*. Es ist ungewiss, was für eine Bevölkerungsgruppe sich hinter dem keltischen oder germanischen Namen verbirgt, eine ansonsten nicht bekannte Siedelgemeinschaft, Verwandtschaftsgruppe, barbarische Truppe o. ä.[204].

Doch alle diese Maßnahmen und auch die Anlehnung an das Ostgotenreich nach dem Tode Theoderichs (526) unter der Regentin Amalaswintha († 535) konnten die Eroberung des Burgunderreiches durch die Franken nicht abwenden. Nach dem Tode des Ostgotenkönigs nahmen die merowingischen Könige ihre Expansionspolitik wieder auf. Im Sommer 531 besiegten die Franken unter Theuderich und Chlothar die Thüringer und machten ihr Reich tributpflichtig und brachten es nach der Ermordung des Thüringerkönigs Hermenefred (533) unter ihre Herrschaft. 531/32 verdrängten die Franken unter Childebert die Westgoten aus dem Gebiet zwischen Garonne und Pyrenäen (Novempopulana). Wohl noch im Frühjahr 532 teilten Childebert und Chlothar unter Übergehung der Erbansprüche ihrer Neffen das Reich Chlodomers. Danach wandten sich die beiden Brüder gegen Burgund; Theuderich weigerte sich, an dem Kriegszug teilzunehmen, da er einen zweiten Aufstand in der Auvergne niederzuschlagen hatte und sandte zur gleichen Zeit seinen Sohn Theudebert gegen die Westgoten, denen Südaquitanien und Teile der Narbonensis genommen wurden. Motiv des dritten Burgunderkrieges der Merowinger war, angesichts dieses Hintergrundes, eindeutig das Expansionsstreben und der Eroberungswille und nicht etwa Rache für den Tod Chlodomers. Bei den Kriegern vermerkt Gregor von Tours noch ausdrücklich den Wunsch, Beute zu machen[205].

Chlothar und Childebert drangen nach Burgund vor, belagerten Autun und schlugen den wohl zur Verteidigung herankommenden Godomar in die Flucht. Nach Gregor von Tours besetzten sie daraufhin ganz Burgund. Doch scheint dies eine zeitliche Raffung der Ereignisse zu sein, denn Autun wurde zwar fränkisch, aber Godomar konnte sich anscheinend in dem restlichen Gebiet behaupten[206]. Spätestens 533, vielleicht aber schon früher, hatte er ein Bündnis mit den Ostgoten geschlossen. Amalaswintha hatte die Gefahr der fränkischen Expansion erkannt und gab Godomar die 523/24 besetzten Gebiete zwischen Isère und Durance zurück, gegen Anerkennung der ostgotischen Suprematie[207]. Doch das Bündnis kam zu spät. 534 – in der Zwischenzeit war Theuderich gestorben (533) und sein schon erwachsener Sohn Theudebert hatte sich gegen die Ansprüche seiner Onkel Childebert und Chlothar durchgesetzt und das Reich des Vaters übernommen – eroberten Childebert, Chlothar und Theudebert das Burgunderreich. Godomar floh, und die Merowinger teilten sein Reich. Nach Prokop hatten die Franken Godomar gefangen gesetzt – wohl eine Verwechslung mit dem Geschick Sigismunds – und die Burgunder sich untertänig gemacht sowie zu Heeresdiensten gezwungen. In der Tat schickte 539 Theudebert, um den Kaiser nicht zu verprellen, stellvertretend für fränkische Truppen Burgunder nach Italien, um auf Seiten der Goten in den gotisch-byzantinischen Krieg einzugreifen. Über das weitere Schicksal Godomars ist nichts bekannt. Da im 7. Jh. noch von Nachfahren der burgundischen Königsfamilie gesprochen wurde, hatten die Merowinger wohl keine systematische Ausrottungspolitik ihr gegenüber betrieben[208].

Das *regnum* Burgund wurde, wie Prokop bemerkt, in das Frankenreich als „tributpflichtiger Besitz" eingegliedert, nach Marius von Avenches unter die drei Brüder geteilt[209]. Die Modalitäten der Teilung lassen sich in der Weise rekonstruieren, dass Theudebert im Anschluss an seinen Reichsteil die nördlichen Gebiete Burgunds erhielt, Langres, Besançon, Avenches/Windisch, Chalon-sur-Saône, Autun, Nevers, Octodurum-Sitten, dazu Viviers, das an die aquitanischen Besitzungen Theudeberts grenzte. Den mittleren Teil mit Lyon, Macon, Vienne, Grenoble erhielt Childebert. Wozu Genf und Tarentaise zählten, zu Theudeberts oder Childeberts Anteil, ist unbestimmt. Chlothar erhielt wahrscheinlich den südlichen Teil zwischen Isère und Durance[210]. Mit dem Tode Theudebalds (555), des Sohnes Theudeberts, und Childeberts (558) fielen alle Teile Chlothar zu, der bis zu seinem Tode (561) Herrscher des Gesamtreiches war. Erst aus den Reichsteilungen nach seinem Tode (561 und 567) ergab sich eine Konstellation, die zur Ausbildung der drei Teilreiche Austrasien, Burgund und Neustrien führte. Dabei fand das *regnum Burgundiae* unter Gunthram (561–592) zu einer inneren Konsolidierung, die seitdem von einem merowingischen Burgund sprechen lässt (siehe Kap. VII, S. 176 ff.).

Die Italienexpeditionen Theudeberts seit 539, die Einfälle der Alemannen unter Butilin und Leuthari 553/54 in Italien und umgekehrt der Langobarden in Gallien (seit 569) zeigen, dass das Königreich der Burgunder lange Jahre die Rolle gespielt hatte, die Aetius 443 den „Resten der Burgunder" zugedacht hatte, nämlich eine Schutzzone zwischen Gallien, Germanien (Alemannien) und Italien, eine Art Puffer, zu bilden. Die Burgunder waren offenbar zu schwach – auch zahlenmäßig zu schwach –, um ähnlich den Westgoten bis zur Zeit Eurichs oder gar ähnlich den Franken unter Chlodwig und seinen Nachfolgern eine aggressive Expansionspolitik zu betreiben. Sie verstanden sich, wie wir noch sehen werden, lange Zeit als kaiser- und reichstreues Volk und agierten im Rahmen der Verfassungs- und Verwaltungsstrukturen des spätantiken Reiches zum großen Teil in Übereinkunft mit der romanischen Führungsschicht, immer bedacht um Ausgleich auch zwischen Arianern und Katholiken. Sie wurden durch ihre Position im Saône-Rhône-Raum in eine Vermittlerrolle gedrängt, die sich, wie sich unter Gundobad und Sigismund gezeigt hatte, nicht zu ihren Gunsten auswirkte. Wenn trotzdem ihr Reich so lange Bestand hatte, dann lag das eher an der geschickten Ausnützung der rivalisierenden Mächte als an der eigenen Stärke und der Konsistenz ihrer Reichsbildung. Immerhin sind auch diese nicht zu unterschätzen, verglichen mit den Alanen etwa, die es nicht zu einer dauerhaften politischen Formation gebracht haben, sondern unter Verlust ihres Namens von der romanischen Grundbevölkerung rasch assimiliert wurden.

IV. Volk, Siedlung und Sprache der Burgunder

1. Antike und moderne Schätzungen der Bevölkerungszahlen

Von den antiken Autoren wurden die Burgunder als *gens* oder als zu den germanischen *gentes* gehörende Gruppe wahrgenommen und dargestellt, so schon von Plinius d. Ä., in der Liste der Anrainer des römischen Reiches im Laterculus Veronensis Anfang des 4. Jhs., von Orosius um 415/17, von Sokrates, der von *ethnos* sprach (ca. 430), von dem Verfasser der Chronica Gallica, oder von Hydatius zu 436. Zugleich eine Selbst- und eine Fremdaussage war *gens Burgundionum* auf dem Grabstein für Hariulfus, Sohn des Hanhavaldus, *regalis gentis Burgundionum*, denn sein Onkel Reutilo, ein Burgunder, hatte den Stein setzen lassen, war also der Urheber der Inschrift; der romanische Steinmetz bediente sich der zeitgenössischen lateinischen Begrifflichkeit. Prosper sprach in seiner Chronik anlässlich des Untergangs der Burgunder am Rhein (436) von *populus*, bezeichnenderweise mit dem Possessivpronomen *suus*, denn es hieß: Gundicharius wurde vernichtend geschlagen *cum populo suo*. Die Gallische Chronik stellte es umgekehrt dar: *universa paene gens cum rege ... deleta*[211]. Es kreuzen sich hier zwei Vorstellungsweisen und Begrifflichkeiten: Das ältere gentile Abstammungsdenken *(gens, ethnos)* und das neue königsorientierte Denken bei Prosper. Der *populus* gehört zum König, gehört dem König. Das ist dann der Sprachgebrauch der Lex Burgundionum, die *populus* in der Regel mit dem auf den König bezüglichen Possessivpronomen verwendet und damit je nach Situation Burgunder, Burgunder und andere Barbaren sowie Romanen meint. *Populus* sind die dem König zugeordneten Leute, welcher Abstammung sie auch seien: *populus noster cuiuslibet nationis*[212]. Abstammungs- und königszentriertes Denken sind hier in dieser Formel verknüpft. Der Wandel der älteren, gentilen Vorstellung zur neueren, königszentrierten ist offenkundig: Nach der älteren machte die Abstammung die Einheit, nach der neueren der König, die Abstammung ist nunmehr sekundär; die ältere war den antiken ethnographischen Deutungsmustern für die barbarische Welt verpflichtet, die neuere stärker an den Verhältnissen der neuen politischen Formationen innerhalb des Imperium Romanum orientiert. Das ist zu beachten im Hinblick auf das, was jeweils als Volk verstanden wurde und wird.

Über die zahlenmäßige Größe dieser *gentes* bzw. *populi* – ein wichtiger Faktor im Hinblick auf die Frage der Assimilation, Akkulturation, Integration angesichts gegenwärtiger Migrationsprobleme – klaffen die antiken wie die modernen Schätzungen weit auseinander. Das demographische Problem, die Gesamtzahl der Bewohner Galliens oder Teile davon und den Anteil an Barbaren daran zu ermitteln, ist methodisch nicht zu lösen, da es so gut wie keine Zahlenangabe gibt, die nicht umstritten wäre. Deswegen und weil sie zeitweilig von einer gewissen politischen Brisanz war, wird die demograpische Frage zuweilen ironisch beiseite geschoben[213], sicherlich zu Unrecht, macht es doch für das Problem der Ansiedlung in der Sapaudia oder für das Vorhandensein oder das Fehlen einer materiellen Hinterlassenschaft statistisch etwas aus, ob mit 3 000, 30 000 oder 300 000 „Burgundern" zu rechnen ist.

Die antiken Beobachter machen widersprüchliche bzw. eindeutig interessegeleitete Angaben – meist sind sie weit übertrieben. Ammianus Marcellinus bietet keine Zahlen, sondern begnügt sich damit, von der zahlreichen kriegerischen jungen Mannschaft oder den auserwählten Scharen zu sprechen. Hieronymus lässt 369/370 fast 80 000 Burgunder an den Rhein und Kaiser Valentinian entgegen ziehen; Orosius macht daraus, von der Sache her, aber nicht von der Größenordnung gerechtfertigt, denn es handelt sich nach Ammianus um „auserwählte Truppen" *(catervae lectissimae)*, 80 000 Bewaffnete, zweifellos eine arge Übertreibung. Als Untertreibung gelten die nur 3 000 Burgunder des rechtsrheinischen *ethnos*, die um 430 10 000 Hunnen besiegt hätten. Sokrates ging es darum, den Christengott als Schlachtenhelfer zu zeigen. Von Übertreibungen ist die Rede, wenn Hydatius 436 20 000 Burgunder beim Untergang des rheinischen Reiches umkommen lässt oder Prokop berichtet, Theudebert habe 539 10 000 „Burgunder" zur Unterstützung der Goten gegen die Byzantiner nach Italien geschickt und dabei das fränkische Heer einmal auf 100 000 ein anderes Mal sogar auf 500 000 Mann schätzt[214]. Damit sind schon die antiken Zahlenangaben zu den Burgundern erschöpft.

Ein Teil der älteren Forschung des 19. und 20. Jhs. knüpfte an diese Zahlenangaben an und „berechnete" wie z.B. A. Jahn

(1874) anhand der von Orosius genannten 80 000 Krieger die Gesamtzahl des „Volkes" auf 300 000 im Jahre 370, bei einer Vermehrung um 0,5% pro Jahr auf 311'700 im Jahre 413, auf 274'500 im Jahre 436 nach der Vernichtungsschlacht gegen Aetius und die Hunnen, auf 281'700 bei der Ansiedlung in der Sapaudia und auf 263'700 im Jahre 457, d. h. nach den Verlusten auf den Katalaunischen Feldern (451) und in Spanien (456)[215]. Auch wenn diese Zahlen als massiv überhöht angesehen wurden, wie sich aus dem Vergleich mit anderen Barbarenvölkern ergab, sind sie doch lange im Prinzip, d.h. in der Grundvoraussetzung der 80 000 bzw. 20 000 bei Hieronymus-Orosius und Hydatius angeführten, akzeptiert worden, so z.B. von F. Dahn (1908), A. Coville (1927), M. Chaume (1927)[216]. Die Konzeption, die hinter diesen Berechnungen stand, brachte A. Coville auf die knappe Formel: Die Germanen, welche die Sapaudia, die Lugdunensis I^a und Lyon und dann das ganze Reich in Besitz nahmen, waren ein echtes Volk, „un véritable peuple"[217].

A. Coville wandte sich gegen N. Fustel de Coulanges, der in den verschiedenen Nennungen der Burgunder in den antiken Quellen je verschiedene, isolierte Kriegerverbände sah, ohne ein Band, das Kontinuität verliehen hätte, und die beständigen Dezimierungen durch die vernichtenden Niederlagen betonte[218]. Ähnliche Überlegungen stehen hinter den Schätzungen von M. Beck (1963), der sich mit Recht gegen Jahns Vorstellungen eines burgundischen Volksstaates wendet, seinerseits aber nach dem Vergleich mit den Zahlen für Goten und Vandalen die von Beda berichtete angelsächsische Landnahme auf drei Schiffen zu je 40 Mann als Parallele heranzieht und dann auf 1–2 000 Krieger bzw. eine Gesamtzahl von 5–10 000 kommt und die Burgunder als Söldnertruppen zur Sicherung von Genf und Umgebung betrachtet[219]. Der unmittelbare Rückgriff auf Bedas Landnahmebericht führt sicherlich zu einer argen Unterschätzung der Anzahl der Burgunder[220], vor allem im Vergleich zu den übrigen ost- und westgermanischen Völkern. Für die Vandalen werden 80 000 veranschlagt, nach dem Bericht des Victor von Vita zur Überfahrt von 80 000 *senes, iuvenes, parvuli, servi vel domini* nach Afrika (429). Doch ist auch diese Aussage, die einzige, der eine sachlich begründete Schätzung, nämlich des benötigten Transportvolumens, zu Grunde gelegen haben könnte, in Zweifel gezogen worden, sodass auch diese in der Luft hängt[221]. Schätzungen für die Westgoten sprechen von 20 000 Kriegern, das ergeben 80–100 000 insgesamt; andere sprechen von 70–80 000. Für die Langobarden werden bei ihrem Einzug in Italien 568 100–150000 veranschlagt, für die Franken insgesamt die erstaunliche Zahl von 500–800000[222]! Das mag erklären, warum für die Burgunder meist ein mittlerer Wert oder ein Bindestrich-Wert angenommen wird. L. Schmidt schätzte deshalb die „Volkszahl" der Burgunder nach dem Bericht des Sokrates über die 3000 Krieger (ca. 430), dessen Angabe er wiederum als „zu niedrig bemessen" hält, auf 5000 Krieger oder 25000 Personen insgesamt für die rechtsrheinischen Burgunder und meinte, dass man „die linksrheinischen Burgunder ebenso hoch oder etwas höher zu schätzen habe"[223]. Diese Schätzung wurde dann als mittlerer Wert häufig akzeptiert, oder mit Becks Schätzung verknüpft zu „zwischen 5000 und 50000" (Ch. Bonnet) oder verbalisiert „quelques dizaines de milliers" (F. Reynaud). Selten sind relativ hohe Zahlen wie 45–50000 (J.-P. Leguay)[224].

Die Schätzungen der absoluten Zahlen erhalten erst dann eine gewisse Aussagekraft, wenn man sie in Bezug setzt zu der Gesamtbevölkerung Galliens bzw. des burgundischen *regnum* oder der Sapaudia. Die Schätzungen für Gallien, wie könnte es anders sein, schwanken ebenfalls ungemein. Niedrige gehen von 2–2,5 Millionen aus, hohe von 10–20 Millionen, mittlere von 2,5–6 Millionen bzw. 5–10 Millionen. Sicherheit ist nicht zu gewinnen[225]. Eine aufschlussreiche Berechnung wurde von archäologischer Seite geliefert. M. Martin ging von ca. 50–60000 km² besiedelten Gebiets im Königreich und Teilreich Burgund und einer geschätzten Zahl von 80–100 Gräberfeldern pro 1000 km² aus, zu denen Bevölkerungsgruppen von ca. 50, selten mehr als 100 Personen gehörten. „Bei einer geschätzten Zahl von rund 6000 Gräberfeldern" ergäbe das „eine Gesamtbevölkerung von ungefähr 300000 bis 500000 (erwachsenen) Personen. Die Zahl der 443 einquartierten Burgunder wird auf 25000 bzw. höchstens 10000 Menschen veranschlagt, könnte also in der Sapaudia ein Viertel oder ein Drittel, im ganzen Königreich Burgund jedoch höchstens 5–10% der Gesamtbevölkerung ausgemacht haben"[226]. Das ist dann doch wiederum ein erstaunliches Ergebnis und widerspricht der gängigen Ansicht, wonach die Burgunder eine quantité négligeable gewesen seien „une fraction insignifiante de la population totale du royaume" (J. Favrod)[227]. Ein Viertel oder ein Drittel der Bevölkerung der Sapaudia in dem von P. Duparc ermittelten Umfang, das ist mehr als eine quantité négligeable, das ist ein demographischer Faktor, der bei den Fragen der Ansiedlung, der Assimilation und Integration beachtet sein will. Doch auch diese Schätzung ist durchaus unsicher, wenn man bedenkt, dass für die Bevölkerung der *civitas* Autun, für welche die Steuereinheiten des 4. Jhs. überliefert sind, unterschiedlich mal 50 000, mal 300 000 Einwohner angenommen werden, also maximal genau soviel wie nach obiger Rechnung für den Niedrigwert der Gesamtbevölkerungszahl des burgundischen Reiches[228]. Die Unsicherheiten bleiben also bestehen; die Unterschiede der Meinungen von Martin und Favrod lassen sich durch kein durchschlagendes Argument überwinden.

In einem Punkt ist sich die neuere Forschung indessen einig: Numerisch und dementsprechend militärisch waren die Burgunder ihren Nachbarn, den Goten und den Franken vor allem, unterlegen. Die Folgen ihrer, relativ gesehen, geringen Anzahl waren ihre schnelle und vollständige Assimilierung, ihre Akkulturation durch Annahme des höheren römischen Kulturmodells, die geringe Verbreitung von archäologischen Funden, die ihnen mit einiger Sicherheit zugesprochen werden können (Kap. IV 3, S. 87 ff.), und das fast spurlose Verschwinden ihrer Sprache (Kap. IV 4, S. 96 ff.). Auch die Politik des Ausgleichs zwischen Arianern und Katholiken, des Lavierens und Paktierens mit verschiedenen Bündnispartnern, die wir vor allem unter Gundobad und seinen Söhnen beobachten konnten, dürfte eine Folge der fehlenden menschlichen Ressourcen gewesen sein. *Resumptis viribus* – nachdem sie ihre Kräfte wieder gesammelt hatten, konnten Gundobad und Godomar nach der Niederlage von 500 und 523 ihre Herrschaft behaupten.

Mehrfach erfahren wir von den verschiedenen Methoden, dem Menschenmangel abzuhelfen. Klassisch wirkt die Unterstützung durch verbündete Hilfstruppen, so durch die (laut Fredegar) 5 000 Franken, die für Godegisel kämpften, von Gundobad in Vienne gefangen genommen und zu dem Westgotenkönig Alarich geschickt worden waren, der seinerseits Gundobad mit Hilfstruppen unterstützt hatte. Auch die Aufnahme von Bretonen, die unter ihrem König Riotimus/Riothamus von dem Gotenkönig Eurich geschlagen worden und in burgundisches Gebiet ausgewichen waren, gehört zu den üblichen Bevölkerungsbewegungen durch Kriegsfolgen. 12 000 Bretonen, so Jordanes, sollen an diesem Kampf beteiligt gewesen sein. Dass von diesen etliche im Reiche der Burgunder geblieben waren, ergibt sich aus einem Brief des Sidonius Apollinaris an Riotimus/Riothamus in Lyon (470). Die Bretonen, die offenbar unter der Gerichtsgewalt ihres Königs standen, werden darin als bewaffnet, unruhig und im trotzigen Übermut auf ihre Kraft, ihre Anzahl und ihren Kameradschaftsgeist vertrauend dargestellt. Was aus ihnen geworden ist, bleibt unbekannt[229]. Gundobads Italienexpedition von 490 war – demographisch gesehen – eine Art Menschenjagd, bei der eine zum großen Teil bäuerliche Bevölkerung und Kriegsmannschaften aus Ligurien nach Burgund geschafft worden waren. Die Anzahl der 494 durch Theoderich bzw. seinen Gesandten, den Bischof Epiphanius von Pavia, erwirkten Freilassung, 400 an einem Tag in Lyon, 6000 insgesamt, machen mit dem Umfang der Bevölkerungsverschiebungen bekannt[230]. Ebenso die zahlreichen Gefangenenbefreiungen, welche der heilige Eptadius erwirkte, so nach dem fränkisch-burgundischen Grenzkonflikt, der mit dem Friedensschluss an der Cure, an der Grenze der beiden Reiche 491/92 beigelegt worden ist, als der Heilige „gefangene Römer, Burgunder und andere Völker" befreite, oder nach dem gotisch-burgundischen Ausgleich, bei dem um 494 auch Eptadius ein große Menge von Gefangenen aus Italien loskaufte oder nach dem fränkisch-burgundischen Sieg über die Westgoten (507/508). Für nicht weniger als an die 3000 Gefangene beiderlei Geschlechts und allen Alters, die Sigismunds Truppen bei der Erstürmung des befestigten Ortes Idunum (= Dun-le-Palestel, im Gebiet von Limoges) gemacht hatten, soll Eptadius bei König Sigismund die Freiheit erlangt haben. Auch von den zahllosen Gefangenen, die der Frankenkönig Chlodwig in diesem Krieg gemacht hatte und die über verschiedene Regionen verteilt waren, also auch im burgundischen Raum, kaufte Eptadius eine nicht geringe Menge los[231].

Nachdem die Ostgoten den Burgundern ihre Eroberungen in der Provence wieder genommen hatten (508/9), kam es zu umfangreichen Loskäufen von Gefangenen auf den verschiedenen Seiten, an denen namentlich Avitus von Vienne, Eustargius von Mailand, Caesarius von Arles, Papst Symmachus, aber auch der *praefectus praetorio* Liberius aktiv beteiligt waren[232]. Letzerer zeigt, dass das Loskaufen von Gefangenen nicht bloß als eine „von den damaligen Bischöfen als Sport betriebene" Tätigkeit angesehen werden kann[233]. Die Gefangenenbefreiungen gehören zwar mit zum stereotypen Bild des heiligen Bischofs, sie scheinen aber einen sehr realen Hintergrund gehabt zu haben. Einerseits galt es, die sozialen Härten der Deportationen zu mildern, den Frieden und den Ausgleich wiederherzustellen, andererseits aber auch die entvölkerten Gebiete mit den notwendigen Arbeitskräften zu versorgen bzw. das militärische Potential zu erhöhen. Dies mag erklären, warum auch ein so profaner Herrscher wie Godomar, von dem man nicht weiß, ob er katholisch oder arianisch war, sich an dem „Sport" der Bischöfe beteiligte und 527 die schon genannten Brandobrici, eine Bevölkerung südlich des Genfer Sees, die in fränkische Gefangenschaft geraten war, loskaufte[234].

Dahinter stand ein bevölkerungspolitisches Denken, das sich auch in mehreren Maßnahmen niederschlug, welche dieser König auf der Großenversammlung in Ambérieu (524) ergriffen hatte, um nach den Kämpfen mit den Franken (523/524) wieder seine militärische Kraft zu erhöhen[235]. Er konnte dazu auf Eigenheiten der burgundischen Verhältnisse zurückgreifen, die in die gleiche Richtung zielten, so die Verpflichtung auch der Römer unter burgundischer Herrschaft zum Heeresdienst oder die Gestattung des *connubium*. Auch konnte er an ältere Regelungen seiner Vorgänger anknüpfen, so an die Bestimmung, wohl Gundobads, bezüglich des Rückkaufs von Sklaven und Freien, die in alemannische Hände geraten waren[236]. Godomar erleichterte den Zuzug von Einwanderern im Einzelnen durch folgende Maßnahmen: Die aus der Gefangenschaft zurückkehrenden Freien sollten ihre Sklaven zurückerhalten, auch wenn diese inzwischen in anderen Besitz gelangt waren (c. 2); der in die Fremde verkaufte Sklave sollte, wenn er zurückkehrte, frei sein, und kein anderer als sein ehemaliger Besitzer sollte sein Patron sein dürfen (c. 3); alle Fremden, insbesondere freie Goten, die von den Franken gefangen genommen waren, sollten sich in burgundischem Herrschaftsgebiet *(in regione nostra)* frei niederlassen dürfen (c. 4,6), eine typische Einwanderungsbestimmung. Andere Regelungen betrafen den Loskauf von Ehefrauen und Sklaven, insbesondere solchen, die in fränkische Hände gelangt waren (c. 5,9). Weitere Bestimmungen zielten auf wirtschaftliche Konsolidierung (c. 9), auf höhere Rechtssicherheit (c. 11) und Kirchenschutz (c. 13).

Im Vordergrund von Godomars Reformedikt standen indessen eindeutig die bevölkerungspolitischen Maßnahmen, welche die Folgen der burgundischen Niederlagen in den Kämpfen mit den Franken mildern sollten. Dazu zählten auch noch jene zwei Bestimmungen, die den Landerwerb (c. 14) und die Modifizierung des ursprünglichen Ansiedlungsmodus der Burgunder betrafen (c. 12). Es ging dabei um das Verhältnis zwischen Romanen und Burgundern. Dass dieses hier im Kontext des bevölkerungspolitischen Reformedikts angesprochen wurde, zeigt deutlich, dass der demographische Faktor, d.h. das Zahlenverhältnis von burgundischen oder anderen barbarischen Zuzüglern und eingesessener romanischer Bevölkerung *(indigeni)*, im Hinblick auf die Ansiedlung der Neuankömmlinge, die Aufnahmebereitschaft und -fähigkeit einerseits und die Assimilation und Integration andererseits äußerst wichtig war. Das galt 524 genauso wie 443 bei der Ansiedlung in der Sapaudia.

2. Die Ansiedlung in der Sapaudia und an der mittleren Rhône: Fiskalteilung oder Realteilung?

Über die (verglichen mit ihren Nachbarn, den Romanen, Goten, Franken oder Alemannen) geringe Zahl der Burgunder ist sich die Forschung so gut wie einig. Heftig gestritten wird indessen über die Frage, wie die Burgunder in der Sapaudia und im Raume von Lyon angesiedelt worden sind. Die traditionelle, im 19.Jh. durch E. T. Gaupp begründete Ansicht geht von einer Ansiedlung auf der Grundlage des römischen Einquartierungsgesetzes von 398 aus. Dieses sah als temporäre Maßnahme für den einquartierten Soldaten *(hospes)* ein Drittel, bei zu beherbergenden *viri inlustres* die Hälfte des Hauses des Quartierwirts *(possessor, hospes)* vor[237]. Die Verpflegung in Naturalien oder Geld wurde als normale *annona* durch die Fiskalverwaltung geliefert. Anstelle dieses Systems des *hospitium* sei bei der Ansiedlung der Burgunder wie anderer Barbarenvölker, so der Westgoten in Aquitanien oder der Ostgoten in Italien, das System der *hospitalitas* getreten. Der romanische *possessor* habe sich gegen Abtretung eines Teiles seines Besitzes, durch Realteilung seines Landgutes und seiner Abhängigen seiner Quartier- und Steuerverpflichtung entledigt und der burgundische *hospes* sei dadurch in den Besitz seines Landloses *(sors)* getreten.

Der Teilungsmodus schien sich aus den ca. 502–516 unter Gundobad und 524 in Ambérieu unter Godomar aufgezeichneten Gesetzen zu ergeben. Danach hätten die Burgunder bei ihrer Ansiedlung in der Sapaudia um 443 die Hälfte der Ländereien, nach einer Erhöhung unter Gundobad (ca. 480) zwei Drittel des Ackerlandes und ein Drittel der Abhängigen (Sklaven und Kolonen) und von Haus, Hof, Garten, Wald und Weide jeweils die Hälfte bekommen, wobei die durch königliche Landschenkungen Bedachten keinen solchen zusätzlichen Anteil erhalten sollten[238]. Godomar hätte bei seinen 524 in Ambérieu getroffenen Maßnahmen zugunsten von Zuzüglern und Flüchtlingen aus dem von Franken bzw. Ostgoten besetzten Gebieten (oder aus dem rechtsrheinischen Raum Zuziehenden?) wieder den alten, ursprünglich hälftigen Teilungsmodus vorgesehen[239]. In allen Fällen hätte es sich zunächst um eine ideelle Teilung von Gütern und Abhängigen gehandelt, wie sich aus dem ungeschiedenen gemeinsamen Besitz an Wald und Weide ergäbe[240]. Darauf wäre eine reale Teilung erfolgt. Grundlage der Teilung sei der einzelne *fundus* gewesen, nicht der Gesamtbesitz eines römischen *possessor*[241]. Mit dieser These einer Landzuteilung an die burgundischen Soldaten mit ihren Frauen und Kindern schien der Wortlaut der Quellen in Einklang zu stehen.

Die Gallische Chronik berichtet, wie oben (S. 39) gezeigt, über die von Aetius veranlasste Niederlassung der Alanen bei Orléans (440) und bei Valence (442) sowie der Burgunder in der Sapaudia (443), jeweils in fast gleich lautenden Worten[242]. Zugeteilt wurden den Barbaren Ödgebiete *(deserta rura)* in der *civitas* Valence, *terrae*, die mit den Einwohnern zu teilen waren im Raum von Orléans, bzw. die mit den Einheimischen zu teilende Sapaudia im Falle der Burgunder. Der Widerstand der *domini terrae* gegen die gewaltsame alanische Inbesitznahme *(possessionem vi adipiscuntur)* – übrigens eines der wenigen Zeugnisse dafür, dass die Ansiedlung der Barbaren nicht so glatt vonstatten ging, wie aus dem weitgehenden Fehlen solcher Nachrichten häufig geschlossen worden ist[243] – scheint im Sinne der traditionellen Sicht auf eine Realteilung hinzuweisen, denn betroffen waren die *possessores* von *terrae*, die, als sie Widerstand gegen ihre Enteignung leisteten, mit Waffengewalt von ihren Besitzungen vertrieben wurden. Über den Teilungsmodus bei der Ansiedlung der Alanen und Burgunder anfangs der 40er Jahre verlautet in der ‚Gallischen Chronik' nichts.

Das Gleiche gilt auch für die Notiz der Chronik des Marius von Avenches zu 456: Nach dem Sturz des Avitus (Oktober 456) und der Erhebung des Maiorian (1. April 457) hatten die Burgunder mit Zustimmung des Westgotenkönigs Theoderich einen Teil Galliens, d.h. Gebiete der an die Sapaudia grenzenden Provinz Lugdunensis I[a], besetzt und mit gallischen Senatoren geteilt. Auf dieses Ereignis bezieht sich wohl auch die Nachricht der Fredegar-Chronik des 7. Jahrhunderts, wonach die Romanen die Burgunder zur Ansiedlung – „mit Frauen und Kindern" – eingeladen hätten, um dadurch ihre Steuerlast abzuschütteln[244]. Nach der traditionellen Auffassung hätten die senatorischen Großgrundbesitzer Teile ihres immensen Besitzes den nicht sehr zahlreichen Burgundern abgetreten[245], bzw. die *possessores*, also die Schicht der steuerzahlenden Grundbesitzer, zu einer solchen Landabtretung veranlasst[246]. Die *senatores*[247], auf Seiten des Avitus stehend, hätten sich auf diese Weise Schutztruppen, die *possessores* Steuerfreiheit eingehandelt. Über die Modalitäten der Teilung verlautet wiederum nichts.

Die Einquartierung von burgundischen Truppen nach Maiorians Tod (August 461) wurde als arge Belastung empfunden. Das ergibt sich eindeutig aus einem Gedicht des Sidonius Apollinaris, der in seiner *villula* in oder bei Lyon Burgunder aufgenommen hatte, freiwillig oder unfreiwillig. Die Abneigung gegenüber den in ihrer äußeren Gestalt, Sprache und Lebensweise fremden Barbaren ist zwar literarisch in Form einer Satire überhöht, aber unüberhörbar. Widerwillig erkennt Sidonius die Burgunder als *patroni* (Schutztruppen) an[248]:

„Noch zwar bin ich gesund, allein wie kannst Du
Heitren Liebesgesang von mir verlangen, der ich,
Des langhaarigen Volkes Tischgenosse,
Hab germanische Worte auszuhalten,
Muss auch wieder und wieder ernsthaft, was da
Der burgundische Vielfraß vorsingt, loben,
Der mit ranziger Butter sich den Kopf salbt.
Willst Du, dass ich Dir sage, was mein Dichten umbringt?
Es missachtet den Sechsfußstil Thalia,
Von barbarischer Sangeskunst vertrieben,
Seit der siebenfüßigen Herren Anblick.
Du darfst Augen und Ohren glücklich preisen,
Glücklich preisen Dir auch die Nase, dem nicht
Früh am Morgen schon zehn Portionen Knoblauch
Und elendige Zwiebel rülpst entgegen,
Den vor Tage nicht schon wie ihren alten
Opa oder der Amme Mama auf einmal
Angehen so viele Riesen und so große,
Dass Alkinoos' Küche selbst versagte.
Doch da schweigt schon die Muse, hält die Zügel,
Ein paar Elfsilbler hat sie hingescherzt nur:
Dass auch die nicht ein Mensch Satire nenne."

Die konkrete Kohabitation mit den *hospites* gestaltete sich offenbar schwierig. Sie konnte keine Dauerlösung sein. Deswegen geht die traditionelle Meinung davon aus, dass die Hausgemeinschaft am ehesten aufgehoben und durch Realteilung des Besitzes und Abschichtung des Barbaren abgelöst worden ist[249]. Dass diese nicht ohne Reibungen vollzogen wurde, scheint sich aus einer Episode aus dem Leben des hl. Lupicinus um 467 zu ergeben, wo die Rede von Ansprüchen eines *novus hospes* auf die *rura ac iugera* eines Landbesitzers ist[250].

Konkrete Aussagen über die verschiedenen Teilungsmodi machen erst die oben (S. 82) erwähnten Gesetze Gundobads von ca. 502/16 und Godomars von 524. Gemäß diesen zentralen Texten hatte die traditionelle Lehrmeinung auf eine Realteilung von *terrae, mancipia* usw. im Zuge der Ansiedlung *hospitalitatis iure* geschlossen. Demgegenüber haben W. Goffart und nach ihm J. Durliat seit den 80er Jahren in mehreren Studien zu erweisen versucht, dass es sich wie bei anderen innerhalb des *Imperium Romanum* seit dem 5. Jh. angesiedelten Barbaren nicht um eine Realteilung (der Güter), sondern um eine Fiskalteilung (der Steuereinkünfte) handelte[251]. Die *terra* sei nicht gegenständlich als Landgut, sondern als Steuereinheit, als steuerlich erfasstes Land, mithin als Grundsteuer *(iugatio)* aufzufassen, die *mancipia* dementsprechend als in die öffentlichen Steuerlisten eingetragene, das Land bebauende Abhängige, Sklaven oder Kolonen, mithin als Kopfsteuer *(capitatio)*. *Terrae* und *mancipia* waren demnach Steuereinheiten, die zu einem oder zwei Drittel bzw. der Hälfte auf den damit ausgestatteten Barbaren übergegangen wären. Der Burgunder hätte dadurch die Steuerleistung eines oder mehrerer Romanen gemäß der Steuererklärung *(professio)* und der Teilungsrate zugesprochen erhalten und hätte sich um die effektive Auszahlung der Steuereinkünfte selbst gekümmert (so W. Goffart), oder es wären die Kurialen als Fiskalverantwortliche gewesen, welche die Eintreibung der Steuern weiterhin besorgt und an den Burgunder weitergeleitet hätten (so J. Durliat). In keinem Falle wären die Eigentumsrechte berührt worden. Die Steuerlast blieb gleich. Statt die Steuern für den Hof und die Verwaltung in Rom oder Ravenna abzuführen, wären sie nun nach J. Durliat den burgundischen Königen und den burgundischen Truppen geleistet worden.

Diese glatte, elegante fiskalische Lösung des Ansiedlungsproblems bedrückte niemanden, weshalb es dagegen auch keinen Widerstand gegeben hätte. Den Burgundern stand indessen die Möglichkeit offen, durch Kauf, Heirat oder Urbarmachung von Brachland und Wald, die als neu kultivierte Ländereien je zur Hälfte mit dem römischen *possessor* geteilt wurden, zu echtem Landbesitz zu kommen. Nach seinem Sieg im Bruderkrieg mit Godegisel (500) hat Gundobad die Parteigänger seines Bruders,

Römer (Senatoren) wie Burgunder, getötet und anscheinend ihre Güter eingezogen und als frei veräußerbaren Landbesitz, als *agri cum mancipiis*, an seine Anhänger verschenkt. Die Ansiedlung und Landnahme der Burgunder vollzog sich nach dieser fiskalistischen Deutung der Quellen als ein längerer, gestaffelter Prozess: Der Burgunder *(faramannus)* erhielt zunächst ein Quartier *(hospitium)* und wurde durch Natural- und Geldleistung der normalen Steuerverwaltung *(annona)* unterhalten (Phase I); er bekam dann Steueranteile als Einkünfte in der Art von staatlichen Schuldverschreibungen zugewiesen, die er selbst von dem römischen *hospes* seiner *sors* einfordern musste (so Goffart) bzw. die ihm von den Kurialen ausbezahlt wurden (so Durliat) (Phase II); durch Kauf von Gütern, *connubium* und königliche Schenkungen verwandelte sich der Burgunder schließlich zum echten Landbesitzer, zum Grundherrn mit Verfügung über Abhängige und wurde damit vom einquartierten Krieger zum sesshaften Landbesitzer (Phase III)[252].

Die fiskalistische These von Goffart und Durliat ist auf vielfache Kritik gestoßen[253]. Gegen die extreme Deutung von J. Durliat ist eingewendet worden, dass die postulierte Drittelung der Reichssteuer (ein Drittel für das Heer, ein Drittel für Hof und Zentrale, ein Drittel für die Civitas) und die Verwaltung des Civitas-Drittels durch die städtischen Kurialen keineswegs erwiesen seien[254]. Gegen Goffart und Durliat hält ein großer Teil der gegenwärtigen Forschung an der konkreten Bedeutung von *terra*, *mancipia*, *sors*, *curtis*, *domus* usw. fest und knüpft damit an die ältere Forschungsmeinung an, die von einer relativ schnell erfolgten Realteilung ausgegangen war. Der Dissens besteht im Wesentlichen für die von Goffart postulierte zweite Phase des Ansiedlungsprozesses. Die „Fiskalisten" sehen darin eine geschickte Prozedur der Fiskalpolitik (Schuldverschreibungen), die „Realisten" den Beginn des Landerwerbs durch reale Güterteilung. Einigkeit besteht darin, dass es verschiedene Systeme und verschiedene Stadien zwischen der Einquartierung und der „Landnahme" gegeben hat, ohne dass diese zeitlich genauer festzulegen wären[255].

Angesichts der Tatsache, dass Grundbesitz der Senatoren, *agri deserti*, Ländereien der Gegner oder Brachland in den siedlungsmäßig ausgedünnten Landschaften des spätantiken Gallien in großer Zahl zur Verfügung standen und dass die Burgunder nicht sehr zahlreich waren, lässt sich eine Ansiedlung in der Sapaudia bzw. im Raume von Lyon durchaus nach dem Modell einer rasch erfolgten Realteilung vorstellen, ohne dass eine gekünstelte fiskalistische Deutung der Quellenzeugnisse notwendig wäre. Wie schnell das Geschichtsbewusstsein Enteignungen, Vertreibungen und erzwungenen Besitzwechsel bewältigt, zeigt das 20.Jh. zur Genüge. Ca. sechzig Jahre trennen uns von der Kriegs- und Nachkriegszeit, ebenso viele Jahre wie die Zeitgenossen Gundobads um 500 von der Ansiedlung der Burgunder in der Sapaudia (443). Was in Gundobads und Godomars Gesetzen geregelt werden sollte, das waren Fragen der kompliziert gewordenen Rechts- und Eigentumsverhältnisse der Gegenwart, gfs. Flüchtlingsprobleme (Godomar); es sollte in ihnen kein Rechenschaftsbericht über die Niederlassung in der Sapaudia gegeben werden. Das erklärt die Unschärfe der historischen Perspektive dieser Texte.

Konkrete Hinweise auf die Ansiedlung der Burgunder liefern weder die historiographischen noch die normativen Quellen. Wir erfahren aus ihnen so gut wie nichts über die geographische oder topographische Situation, über Größe, Anzahl, Siedlungsweise und -konzentration oder ihr Verhältnis zu bestehenden romanischen Siedlungen. Darüber und über die materielle Hinterlassenschaft der Burgunder orientiert die Archäologie, wenn auch nur ausschnitthaft ... oder gar nicht.

3. Die archäologische Hinterlassenschaft der Burgunder

Als Fazit einer im November 1992 in Dijon durchgeführten internationalen Tagung über den Beitrag der Archäologie zur Kenntnis über die Burgunder stellte der das Kolloquium leitende Archäologe die Frage: Haben die Burgunder wirklich existiert?[256] In der Tat, ohne die Schriftquellen wüssten wir aus dem archäologischen Befund allein so gut wie nichts von den Burgundern. Anders ausgedrückt: Die archäologische Hinterlassenschaft der Menschen, die als Burgunder bezeichnet werden, weist nie und nirgends ein Ensemble von Gegenständen auf, das als spezifisch burgundisch erkennbar ist. Waren die Burgunder also ein Geistervolk, eine Schar von Chamäleons, die mit jedem Orts- und Machtwechsel die Hemdfarbe wechselten, höchst integrationswillige oder -fähige Menschen, offen für die Annahme jedweden Einflusses, eine soziale Gruppe ohne eine erkennbar eigenständige Handwerkstradition, ein Schmelztiegel für sehr verschiedene Barbarengruppen, vereint unter dem Namen einer frühgeschichtlichen *gens*?

Hatte die ältere Forschung im Sinne der ethnischen Deutung der Fundstoffe die Tendenz, alles und jedes „Barbarische", das auf dem Boden des historisch bezeugten Burgunderreiches gefunden wurde und auf die Zeit zwischen ca. 443 und 534 mit mehr oder weniger Sicherheit datiert werden konnte, den Burgundern zuzuschreiben und es von den östlichen Nachbarn, den Alemannen, oder den nördlichen und westlichen, den Franken und Westgoten, abzugrenzen[257], so bleibt in der neueren Forschung nach der heftigen Kritik an der ethnischen Interpretation der überwiegend auf Grabstätten und nur vereinzelt auf Siedlungsreste beschränkten Überbleibsel aus dieser Zeit nicht mehr viel übrig, was mit einer gewissen Sicherheit auf die Burgunder zurückgeht. Wissenschaftsgeschichtlich gesehen ist das ethnographische Forschungsinteresse dem soziographischen gewichen, entsprechend dem zeitgenössischen politischen Willen und der Wahrnehmung der sozialen Integration des oder der Fremden.

Die archäologische Literatur spiegelt deutlich diesen Wandel der Perspektive[258]. Schon seit längerem werden die Versuche abgelehnt, nach archäologischen Spuren der vorgeschichtlichen „Burgunder" in Norwegen oder auf Bornholm zu suchen. Die Skandinavienthese ist ein im 20.Jh. wiederaufgenommenes mittelalterliches Konstrukt und als solches aufgegeben[259].

Für die aus Plinius und Ptolemaios ermittelten ersten historisch fassbaren Siedlungsgebiete der Burgunder zwischen Warthe, Netze, Weichselknie und mittlerer Oder sieht die deutsche und polnische Forschung Zusammenhänge mit der Przeworsk- und der Wielbark-Kultur, die mit den Lugiern und den Goten verknüpft werden[260]. Vom 2. bis 4. Jahrhundert lässt sich die Hauptgruppe der Burgunder im mittleren Odergebiet beidseits des Flusses, im Gebiet von Brandenburg, Nieder- und Oberlausitz, südlich bis zum westlichen Schlesien lokalisieren, in einem Gebiet, „das eine gewisse eigenständige Kultur (besaß), die als «Lebus-Lausitzer-Gruppe» oder als «Luboszyce-Gruppe» – nach einem Gräberfeld bei Gubin benannt – bezeichnet wird". Berührungen mit der Przeworsk-Kultur in Südpolen und Einflüsse aus dem elbgermanischen Raum sind nachgewiesen. Siedlungsgrabungen erweisen einen relativ hohen Standard des Hausbaues, der Landwirtschaft, der Eisengewinnung und -verarbeitung sowie der z.T. auf der Drehscheibe getöpferten Keramik. Die Bestattung der Toten erfolgte im Osten und Südosten meist in Brandgrubengräbern, im Westen

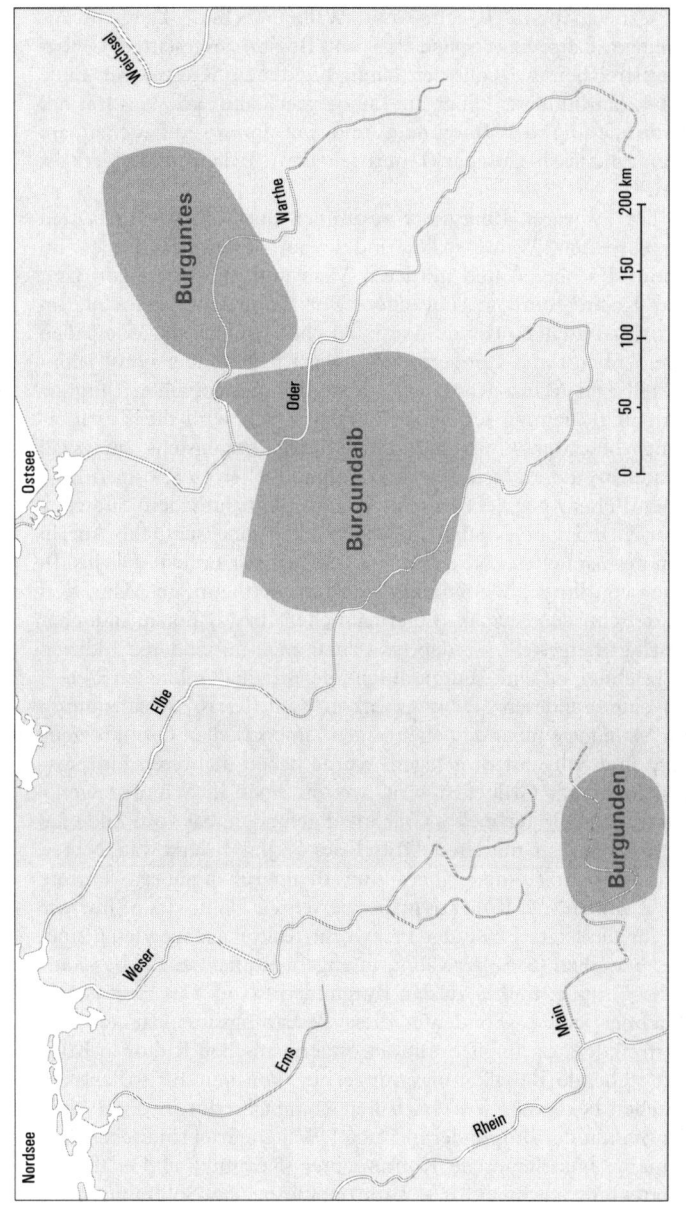

Karte 3: Die Siedlungsgebiete der Burgunder vor ihrem Eintritt in das Imperium Romanum

in Urnengräbern. Reiche, mit Waffen (Schild, Langschwert, Streitaxt, Lanze bzw. Speer, Pfeil und Bogen) ausgestattete Gräber unterstreichen die Rolle der (häufig berittenen) Krieger. Am Ende des 4. Jahrhunderts klingt die Luboszyce-Kultur aus, was mit der Abwanderung der Burgunder und mit ihrem Auftauchen am obergermanisch-rätischen Limes seit dem 3. Jahrhundert erklärt wird[261].

278/79 waren Burgunder zusammen mit Vandalen in Rätien eingebrochen. Wenig später sind sie im Vorfeld des Limes, im Raum des oberen und mittleren Main und im Gebiet von Jagst und Kocher bezeugt. Die ältere Forschung hatte gemeint, im rechtsrheinischen Raum vorfränkische Gräber in Wiesbaden (Heidenberg) und Lampertheim sowie Kriegergräber von Mainz-Kastell und Mainz-Kostheim mit den ostgermanischen Burgundern in Beziehung setzen zu können. Doch wird die Zuschreibung bestritten[262]. Neuerdings scheint wenigstens an zwei Fundplätzen der Nachweis einer burgundischen bzw. ostgermanischen Präsenz geglückt zu sein. Wie im (alemannischen) Südwestdeutschland gibt es auch in Mainfranken eine stattliche Anzahl von germanischen Höhenburgen, angelegt seit Ende des 4. Jhs. In einer von ihnen, Wettenburg bei Kreuzwertheim am Main, sind Gürtelschnallen nach ostgermanischer bzw. donauländischer Machart hergestellt worden, was zusammen mit anderen Indizien F. Teichner auf eine „burgundische Befestigung" schließen lässt[263]. An einem anderen Siedlungsplatz in Kahl (Kreis Aschaffenburg), am Main gegenüber den ehemaligen Limeskastellen Großkrotzenburg und Seligenstadt gelegen, wurde neben mehreren Firstpfostenbauten mit Grubenhäusern, wovon eines als Schmiedewerkstatt diente, ein birituelles Gräberfeld gefunden, das vom Ende des 4. Jhs. bis zum mittleren Drittel des 5. Jhs. belegt war. Neben Brandgräbern (Urnengräbern und Brandgrubengräbern, letztere 15%) fanden sich Kollektivgräber der ersten Hälfte des 5. Jhs, wie sie für die letzte Phase der Przeworsk-Kultur nachgewiesen sind, die, wie oben (S. 88) erwähnt, in engem Kontakt zur Lebus-Lausitzer-Gruppe, mithin zu den Burgundern stand. Das Fazit von F. Teichner lautet: „So deutet diese Bestattungssitte klar auf eine ortsfremde, ursprünglich mit der ostgermanischen Kultur in Kontakt stehende Bevölkerungsgruppe hin. Von den aus spätantiken Quellen bekannten Völkerschaften kommt hierfür in erster Linie der Stamm der Burgunder in Frage." Waffengürtel römischer Provenienz, linksrheinische Konsumgüter (Keramik) und – für die Wettenburg nachweisbar – Bronzemünzen (aus Soldzahlungen?)

bezeugen die intensiven Kontakte zwischen dem linksrheinischen Reichsgebiet und dem Barbaricum. Für die erste Hälfte des 5. Jhs. läßt sich dann in Kahl im Totenbrauchtum und in den Fundgegenständen ein Einfluss des „reiternomadisch-alanischen Kulturkreises" fassen, ein Hinweis auf die „polyethnische Zusammensetzung der letzten Kahler Siedlungsgeneration..., Ausdruck der spätestens seit der Neujahrsnacht 406/7 auch am Rhein spürbar werdenden Völkerverschiebung im Donauraum."[264] Das Beispiel Kahl zeigt, dass die Burgunder vor ihrem Übergang über den Rhein im Mainländischen anscheinend doch durch den archäologischen Befund nachweisbar sind, also auch für den Archäologen „existierten", dass sie den unterschiedlichen Kultureinflüssen gegenüber offen und wohl wie alle germanischen *gentes* polyethnische Gebilde waren, zusammengefasst unter einem Namen.

Ein weiteres Indiz einer Ost-West-Bewegung von Burgundern liefern gewisse Kriegergräber vom 3. bis Ende 4. Jh., in denen eine Axt zusammen mit Pfeilen und Bogen gefunden worden waren. Sie lassen sich zwischen Elbe und Oder im Bereich der Lebus-Lausitz-Kultur, dann am Main entlang bis zur Mündung von Main und Neckar in den Rhein nachweisen, geographisch und chronologisch gleichsam im Vorfeld des rheinischen Reiches der Burgunder (413–436)[265].

Die archäologischen Zeugnisse für dieses burgundische Reich am Rhein sind äußerst dürftig. Wäre es anders, wäre der Streit um die Lokalisierung dieses Reiches, ob am Nieder- oder am Mittelrhein gelegen, längst entschieden. Doch oder immerhin gibt es wenigstens ein Zeugnis für die Präsenz von Burgundern in Worms, eine 1984 in Abenheim, einem Vorort von Worms, in einem Grab wohl aus der ersten Hälfte des 5. Jhs. gefundene flachovale, bunt verzierte Gürtelschnalle. Sie gehört zu einem Typ, der insbesondere „im Bereich der Lebus-Lausitzer-Kultur, dem altburgundischen Siedlungsraum zwischen mittlerer Elbe und Oder" verbreitet war und „bezeugt somit die Existenz von Verbindungen zwischen der Bevölkerung der Provinz Germania I und der des mittleren Oderraumes in der ersten Hälfte des 5. Jhs., also zu einer Zeit, in der der größte Teil des burgundischen Volkes als Foederaten Roms am linken Rheinufer lebte. Damit kann sie das erste, allerdings noch völlig vereinzelte archäologische Indiz dafür sein, dass das Reich der Burgunder tatsächlich in der Landschaft um Worms gelegen hat"[266]. Wahrlich ein schmales Indiz für die Präsenz der Burgunder am Rhein! Als rein archäologisches steht es allein, denn die Annahme einer Besetzung des Alzeyer Kastells im

Hinterland von Mainz durch Burgunder beruht auf einer historisch-archäologisch gemischten Beweisführung: Dem Nachweis einer nicht-römischen Bauphase II (organisch gedeckte Fachwerkbauten!) und Benutzung zwischen den „historischen" Daten 406/7 und 436/43 und dem Rückschluss auf burgundische Truppen, welche die Stelle der comitatensischen Elitetruppen eingenommen hätten[267].

Ebenfalls sehr spärlich sind auch die archäologischen Zeugnisse für eine burgundische Präsenz im Raume des Rhônereiches. Beweise für eine solche gibt es kaum, Indizien einige. Aufgrund des Mangels an exakten Datierungskriterien war es lange Zeit und ist es z.T. heute noch schwierig, das archäolgische Material aus der Zeit des burgundischen Königreiches (um 443–534) als Phase I von jenem des fränkischen Teilreiches Burgund (534 bis ca. 700) als Phase II zu trennen. Die für die zweite Phase nachgewiesenen Fundstücke können nicht für die Ansiedlung der Burgunder herangezogen werden. Sie sind „burgundisch" nur in dem Sinne, dass sie Ausdruck der Gesamtbevölkerung des *regnum Burgundiae* sind und dementsprechend ethnisch vielgestaltig. Diese (II.) Phase zeichnet sich insbesondere durch die Mode der prächtigen Gürtel für Frauen und Kleriker aus, die, in romanischen Werkstätten hergestellt, von einer romanischen Trachtprovinz Nordburgund haben sprechen lassen. Sieht man von diesen und ähnlichen merowingerzeitlichen Objekten „aus Burgund" ab, so bleiben nur wenige Gegenstände, die mit einer gewissen Wahrscheinlichkeit mit den Burgundern der Phase I in Zusammenhang gebracht werden können[268]. 1938 hatte H. Zeiß acht Orte aus der Bourgogne und zwei aus dem Waadtland angeführt, in denen entsprechende Materialien gefunden worden waren. Inzwischen sind einige durch Neudatierung ausgeschieden, andere hinzugekommen. Doch insgesamt ist ihre Zahl sehr klein geblieben. Sie konzentrieren sich im Raume des Genfer Sees, links und rechts der Rhône im Westen bis zum Fuß des Jura, d.h. im Raume der Sapaudia in dem Umfang, den ihr P. Duparc u.a. zugeschrieben hat[269].

Die gegenwärtige Forschung betont immer wieder in seltener Einmütigkeit und hebt als das ganz besondere Charakteristikum der Burgunder hervor, dass sie unglaublich integrationsfähig und -bereit gewesen seien und sich rapide an ihre jeweilige Umgebung angepasst hätten und dass ihre *gens* polyethnisch strukturiert gewesen sei. Das sei der Grund dafür, dass als Indizien ihrer Präsenz nicht „burgundische" Fundstoffe ausgemacht werden können – sie gibt es anscheinend nicht –, sondern solche aus fremden Kul-

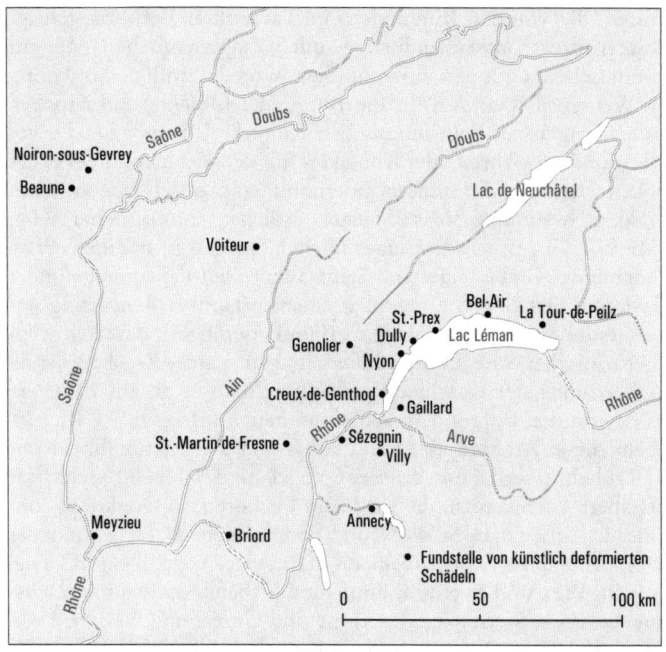

Karte 4: Künstlich deformierte Schädel im Herrschaftsbereich der Burgunder

turen, die von den Burgundern im Laufe ihrer Berührungen mit ostgermanisch-donauländischen, mit westgermanischen oder mit hunnischen Gruppen übernommen worden sind[270]. So konnte J. Werner als Leitfossil für die Burgunder Objekte und Modeerscheinungen aus dem hunnischen Kulturkreis benutzen, die von Burgundern während des Kontaktes mit den Hunnen in der ersten Hälfte des 5. Jahrhunderts übernommen worden waren. Dazu zählen bestimmte Metallspiegel östlicher, nomadischer Herkunft[271]. Ein Bruchstück eines solchen Spiegels ist in einem Frauengrab des Gräberfeldes von Saint-Sulpice bei Lausanne gefunden worden. Dasselbe Grab enthielt einen spätantiken Fingerring und insbesondere ein Bügelfibelpaar (Fünfknopffibeln), das nach westgermanischer Sitte an der Hüfte getragen wurde, Zeichen für die Übernahme der verschiedenen Kultureinflüsse, die im Laufe der Zeit von den Burgundern aufgenommen worden sind[272]. Bügelfibeln dieser Art sind als Drei-, Fünf- und Siebenknopffibeln und Tierfibeln (Pferdchen-, Seetier-, Vogel- und S-Fibeln) vielfach in Gräbern nachweisbar, die zur Phase I gehören, so Dreiknopf- und Pferdchenfibeln in St. Prex und dem unweit davon gefundenen von St. Sulpice, Seetierfibeln aus St. Sulpice, Vogelfibeln in Lavigny, St. Prex und Yverdon, Fünf- und Siebenknopffibeln in Lavigny, St. Prex, St. Sulpice, Lausanne und Umgebung, Sévery, Yverdon und Bern-Bümpliz und schließlich S-Fibeln, die schon ins 6. Jh. gehören, in Arnex-Bofflens, Oron-le-Châtel, Lussy und Payerne-Pramay[273]. Diese Fibeln sind nicht typisch burgundisch, genauso wenig wie Halsringe, wie einer in Yverdon gefunden wurde, aber sie lassen sich mit einer gewissen Wahrscheinlichkeit der polyethnischen Gruppe zuordnen, die um 443 als Burgunder in die Sapaudia kam.

Auch außerhalb der Sapaudia i.e.S. lässt sich anhand des archäologischen Befundes die polyethnische Struktur von „burgundischen" Bevölkerungsgruppen dieser ersten Phase nachweisen, so in Brochon 10 km südlich von Dijon, in Charnay, St. Euphrône, Alésia, Poisy, Vaux-Donjon oder Beire-le-Châtel in der Bourgogne[274]. Ein 1987/88 bei der ehemaligen Friedhofskirche St. Stephan außerhalb der Mauern des römischen *castrum* von Beaune entdecktes Gräberfeld, das vom 4./5.Jh. bis ins Hochmittelalter benutzt worden ist, bestätigt dieses Bild. Von den 347 untersuchten Gräbern waren 10 aus der Zeit des Burgunderreiches gegenüber den übrigen als „fremd" erkenntlich, aufgrund der isolierten Lage, der Trachtbestandteile (6) und der deformierten Schädel (4)[275]. Gerade das letzte Merkmal, die künstliche Schädeldeformation, gilt seit der Untersuchung von J. Werner als sicherstes Anzeichen einer burgundischen Präsenz. Sie wurde von verschiedenen Völkern, die mit den Hunnen und anderen östlichen Nomadenvölkern in längerem und intensivem Kontakt standen, z.B. den Goten, den Gepiden, den Langobarden oder Thüringern praktiziert; die Burgunder übernahmen diese Sitte anscheinend, als sie am Mittelrhein in nähere Berührung mit den Hunnen gerieten, oder es waren Angehörige dieser Reiternomaden oder von ihnen beeinflusste Völker, welche sich den Burgundern anschlossen[276]. Jedenfalls ist die Verknüpfung der künstlichen Schädeldeformation mit den „Burgundern" so eng, dass wir hier von einem Leitfossil für die Forschung sprechen können, obwohl L. Buchet den deformierten Schädeln den Wert eines Kriteriums für die Präsenz von „Burgundern" oder „Hunnen" absprach und sie als allgemeine Modeerscheinung erklärte[277]. Dagegen spricht die Beobachtung, dass diese Erscheinung vor oder um 500 ausläuft, also auf die Generation der zur „hunnischen" Zeit Geborenen beschränkt war und nicht weitergeführt wurde und dass sie sich konzentriert im Bereich der Sapaudia i.e.S., d.h. im Raume von Genf und des westlichen Teils des Waadtlandes findet, wo mehr als die Hälfte der im burgundischen Gebiet entdeckt wurde (22 von ca. 30). Andere, in den französischen Départements Ain, Jura, Rhône und Côte d'Or (dort auch bei Beaune!), können mit der frühen Phase der Ausdehnung der burgundischen Herrschaft im Raum von Rhône und Saône zusammenhängen. Angesichts der polyethnischen Struktur der burgundischen *gens* lassen sich die künstlich deformierten Schädel zwar nicht „den" Burgundern zuschreiben, aber wahrscheinlich Leuten, die unter dem Namen und der Herrschaft der Burgunder als Fremde in den Raum von Rhône und Saône gekommen sind[278].

Viele der erwähnten Gräberfelder, die „fremden" Zuzug erkennen lassen, lagen in näherer Umgebung von spätantiken *castra*, die an verkehrsgünstigen und militärisch wichtigen Plätzen errichtet waren, so bei Nyon, Lausanne, Yverdon oder Beaune[279]. Man wird daher mit einer Stationierung burgundischer Truppen in den Städten zu rechnen haben, neben einer Ansiedlung auf dem Lande nach dem Typ von Sézegnin südwestlich von Genf oder von Monnet-la-Ville (Dép. Jura, arr. de Poligny, cant. de Champagnole)[280]. Bei den suburbanen wie bei den beiden ländlichen Gräberfeldern ist erwiesen, dass die Romanen und die „Fremden" die Bestattungsplätze gemeinsam benutzten, auch das ein Hinweis auf eine schnelle und gründliche Assimilation.

Diese sowie die polyethnische Struktur der Burgunder, ihre geringe Bevölkerungszahl und ihr häufig konstatierter politischer Wille, sich dem römischen Kulturmodell einzupassen, erklären, warum ihre archäologische Hinterlassenschaft so schmal ist, sie erklären auch, warum die Burgunder ihre Sprache aufgegeben haben, und zwar so schnell und so gründlich, dass es gerade nur Zeugnisse für ihre Existenz gibt, kaum aber viel mehr.

4. Burgundische Sprachzeugnisse

Texte in burgundischer Sprache, also Sprachdenkmäler i.e.S., gibt es nicht. Nur indirekt bezeugen einige Sprachreste das Burgundische, so Namen, die durch antike Autoren, durch Inschriften oder im romanischen Kontext überliefert sind, oder Appellative, die sich in Inschriften, als Lehnwörter oder Fachwörter im lateinischen Textzusammenhang erhalten haben[281].

Von 22 Namen, die im „Wörterbuch der altgermanischen Personen- und Völkernamen" von M. Schönfeld als burgundisch aufgeführt sind[282], kann nur die Hälfte unter Vorbehalt als solche betrachtet werden, darunter solche wie Hanhavaldus und Hariulfus, Namen von Vater und Sohn, die auf der in Trier um die Wende vom 4. zum 5. Jh. gesetzten Grabinschrift für Hariulfus begegnen, oder Gudomarus, der Name des letzten burgundischen Königs. Doch sogar bei diesen Namen ist das spezifisch Burgundische kaum auszumachen. Vollends unsicher ist die Zuschreibung von ca. 370 Namen, die E. Gamillscheg aus Ortsnamen abgeleitet hat, die nur im mittelalterlichen oder neuzeitlichen romanischen Kontext in südostfranzösischer Lautung überliefert sind. Aus dem Namenschatz ergibt sich jedenfalls keine eindeutige sprachliche Zuordnung des Burgundischen[283].

Der als burgundisch betrachtete appellative Wortschatz ist denkbar schmal. Die Runeninschrift auf einer Bügelfibel aus der Zeit vor 600, gefunden in Charnay in der Bourgogne (Dép. Saône-et-Loire), kann nicht schon allein wegen ihres Fundortes als burgundisch angesehen werden. Es ist umstritten, ob sie als west- oder ostgermanisch anzusehen ist[284]. Der kühne Versuch von A. Mentz, aus sieben Inschriften auf Gürtelschnallen des 6./7. Jhs. aus dem burgundischen Raum, insbesondere den sog. Daniel-

Schnallen, „Schrift und Sprache der Burgunder" zu rekonstruieren, ist fehlgeschlagen. Es sollen „burgundische Handwerker" gewesen sein, welche „die lateinische Schrift für die heimische Sprache" zur Wiedergabe ihres Totenglaubens benutzt hätten[285]. Doch diese Gürtelschnallen gehören zu der oben erwähnten romanischen Trachtprovinz Nordburgund. Sie sind von romanischen Handwerkern in romanischer Werkstatttradition gefertigt und in verballhorntem Latein geschrieben und deswegen als Zeugnisse für das Burgundische, das bis ins 7.Jh. lebendig geblieben wäre, nicht zu gebrauchen[286]. Eine Lautlehre und Grammatik des Burgundischen lässt sich ihnen nicht entnehmen, ebensowenig der Nachweis, dass das Burgundische zum Nordgermanischen gehört habe, wie A. Mentz, der der Skandinavienthese folgt, annimmt.

Die in der Lex Burgundionum überlieferten Rechtstermini – F. Beyerle führte davon zehn als burgundische Rechtswörter auf, darunter *faramannus, leudis, morginegiba, wittiscalcus* – sind wegen ihrer langen Überlieferung im lateinischen Kontext, die zu Verschreibungen, Umdeutungen, Volksetymologien u.dgl. führte, kaum zur Bewertung phonologischer und morphologischer Vorgänge zu benutzen. Sie bezeugen allenfalls die Verbreitung dieser germanischen Wörter auch bei den Burgundern. Welche Deutungsprobleme die beiden von Ammianus Marcellinus überlieferten Wörter für den König *(rex)* und den obersten Priester *(maximus sacerdos),* den *hendinos* und den *sinistus,* im Hinblick auf die etymologische Herleitung und die dialektale Zuordnung stellen, ist oben (S. 24f.) schon erwähnt worden. Klarheit, insbesondere über den *hendinos,* ließ sich nicht gewinnen[287].

Eindeutig dem Burgundischen zuzuweisende Sprachreste sind derart gering, dass es bisher nicht gelungen ist, es zweifelsfrei einer der drei Hauptgruppen des Germanischen, dem Nord-, Ost- oder Westgermanischen, zuzuordnen, wenn auch eine große Zahl von Sprachwissenschaftlern das Burgundische als ostgermanische Sprache bezeichnet. Dabei spielt das historische Argument, nämlich die von Plinius gemachte Aufteilung und die Zuordnung der Burgunder neben den Varinern, Charinern und Gutonen (Goten) zu den Vandiliern (Vandalen) sowie das geographische Argument, die frühen Wohnsitze der Burgunder an der Oder und Weichsel, sicherlich eine entscheidende Rolle. Sprachliche Kriterien sollen den Zusammenhang mit dem Gotischen zeigen, als der dem Burgundischen am nächsten stehenden germanischen Sprache[288]. Doch sind diese umstritten, ebenso wie die Zuweisung zum Nordgermanischen, dem nach der Skandinavienthese letztlich ja

Karte 5: Verbreitung des Frankoprovenzialischen

auch das Gotische angehörte[289]. Da die Burgunder in längerem Kontakt mit westgermanischen, hunnischen, donauländischen und romanischen Gruppen standen, können durch diese auch sprachliche Einflüsse wirksam gewesen sein, so insbesondere im Bereich des Namenschatzes und des Wortgutes, die eine eindeutige Zuordnung erschweren. So zeigt sich auch aus sprachlicher Sicht wie aus archäologischer: Das spezifisch Burgundische, wenn es dieses denn überhaupt gegeben haben sollte, entzieht sich weitgehend unserer Erkenntnis.

Als sehr problematisch erweisen sich deswegen die Versuche, (1) die Auswirkungen des Burgundischen auf das Frankoprovenzalische, also das Südostfranzösische, das im Bereich großer Teile des ehemaligen Burgunderreichs gesprochen wird, zu gewichten und (2) aus typischen Ortsnamenformen dieses Raumes, die auf die Burgunder zurückgehen sollen, auf die burgundische Ansiedlung des 5. Jhs. zurückzuschließen. W. von Wartburg hatte das Burgundische als Superstratsprache der germanischen Ansiedler für die Ausgliederung des Frankoprovenzalischen als der dritten Großgruppe der gallischen Romania neben dem Provenzalischen und dem Französischen verantwortlich gemacht. Gewisse phonetische Erscheinungen des Frankoprovenzalischen wie die fehlende Unterscheidung des langen und des kurzen e schrieb er dem Burgundischen zu und stützte sich zur Untermauerung seiner These auf eine Anzahl Lehnwörter, die aus dem Burgundischen stammen sollten[290]. Diese waren von E. Gamillscheg auf ca. 50 geschätzt worden, von denen J. Jud jedoch nur 10 (z.T. mit Vorbehalten) gelten ließ. W. von Wartburg erhöhte ihre Anzahl wiederum auf mehr als 70[291]. Die neuere Forschung reduzierte sie drastisch auf etwa 10 oder gar weniger. Für die Ausbildung und Verbreitung des Frankoprovenzalischen scheinen die Burgunder jedenfalls nicht verantwortlich zu machen zu sein; wichtiger dafür war das Wirken der Verwaltung der mittelalterlichen Grafschaft bzw. des Herzogtums Savoyen[292].

E. Gamillscheg und W. von Wartburg vertraten ferner die These, dass die in der Westschweiz, in der Franche-Comté, in der Bourgogne und in Savoyen zahlreichen auf -ens, -ans (<-ingos) endenden Ortsnamen den Burgundern, die auf -enge(s), -ange(s) (<-ingas) endenden, den Franken bzw. den Alemannen zuzuschreiben seien – eine Parallele zu diesem Ortsnamentyp bieten die -ingen Orte wie Tübingen, Kreuzlingen in Südwestdeutschland und in der deutschsprachigen Schweiz. Die ethnische Zuordnung dieser Ortsnamenformen wird allerdings mit dem Argument abgelehnt, dass der Unterschied auch durch sprachinterne Entwicklung erklärt werden könne[293]. Die fehlende Übereinstimmung der Verbreitung der auf -ens, -ans endenden Ortsnamen mit dem archäologischen Befund der Ansiedlungsphase sowie die lange Zeitspanne, in welcher diese Ortsnamen gebildet werden konnten und gleichsam in Mode waren, zeigen, dass diese Ortsnamen im Zusammenhang mit dem frühen mittelalterlichen Landesausbau standen[294]. Sie geben weder Auskunft über die Ansiedlung der Burgunder im 5. Jh. noch über den Einfluss der Burgunder auf die Entstehung der deutsch-französischen Sprachgrenze. Dieser Ortsnamentyp, mag er auch germanische Formelemente enthalten, gehört zur frühmittelalterlichen Sprache der Romanen, analog zu den archäologisch nachweisbaren Trachtbestandteilen der „romanischen Trachtprovinz Nordburgund". So ist auch aus den Ortsnamen kein unmittelbarer Nachweis burgundischer Präsenz und burgundischer Sprache zu gewinnen.

Die Burgunder: ein diskretes Volk also, das sich, wie immer wieder betont wird, rasch assimilierte, wenig zahlreich war und dessen Sprache kaum Spuren hinterlassen hat. Und doch haben die Burgunder bei ihrer Ansiedlung an der Rhône Burgundisch gesprochen. Das wenigstens wissen wir aus dem Gedicht des Sidonius Apollinaris. Er hatte die *germanica verba* auszuhalten und musste das, was der Burgunder ihm da vorsang, ertragen[295]. Sein Freund Syagrius, ebenfalls ein Angehöriger des gallorömischen Senatorenadels, stand der Sprache und wohl auch den Burgundern selber positiver gegenüber: er lernte den *germanicus sermo* bzw. die *euphoniae gentis alienae* angeblich so gründlich, dass selbst der Barbar, d.h. der Burgunder, fürchtete, in seiner Gegenwart einen Sprachfehler, einen Barbarismus, zu begehen, ja, dass die Burgunder von Syagrius ihre eigene Sprache, verbunden mit lateinischer Gesinnung, erlernten[296]. Möglicherweise ist dies ein Hinweis auf die durch den Sprachwechsel und die Zweisprachigkeit verursachte sprachliche Unsicherheit der Burgunder in ihrer eigenen Spache, also ein Zeugnis für ihre sprachliche Assimilation.

Wie lange das Burgundische von Burgundern oder Leuten wie Syagrius gesprochen wurde und eine lebendige Sprache war, ist nicht auszumachen. Gemäß der Entwicklung gewisser -ingos-Namen hatte J. Stadelmann (1902) angenommen, dass das Burgundische um 800 ausstarb; E. Gamillscheg (1936) vermutete aufgrund „des Wirkens der galloromanischen Auslautgesetze", dass „im 7. Jh. das Burgundische noch nicht erloschen war"; A. Mentz und ihm folgend J. Bleiker, die beide die Inschriften der Gürtelschnallen des 7. Jhs. als burgundisch betrachten, gehen ebenfalls davon aus, dass das Burgundische noch bis ins 7.Jh. gesprochen wurde[297]. Doch beide Argumente sind hinfällig, denn die Lautgestalt des Burgundischen ist aus den wenigen Sprachresten nicht zu rekonstruieren und die Inschriften stammen nicht von Burgundern, sondern von Romanen und sind in verderbtem, z.T. unverständlichem Latein geschrieben. So bleibt die Annahme des 7. Jhs. als Zeitraum, bis zu welchem das Burgundische eine lebendige Sprache war, ohne Begründung. Angesichts des versteckten Hinweises im Brief des Sidonius Apollinaris an seinen Freund Syagrius auf die früh einsetzende sprachliche und kulturelle Assimilation der Burgunder scheint ein früherer Ansatz für das Verschwinden des Burgundischen und für die sprachliche Romanisierung der Burgunder angebracht zu sein.

Was bleibt nun übrig von den Sprachzeugnissen der Burgunder und für die Burgunder? Ein französischer Sprachwissenschaftler, G. Taverdet, fasst seinen kritischen Bericht über die sprachliche Hinterlassenschaft der Burgunder mit der Bemerkung zusammen, das einzig sichere sprachliche Zeugnis der Burgunder sei ihr Name „c'est le nom de la Bourgogne; c'est déjà beaucoup"[298]. Wenn man so will, ist das viel oder ernüchternd wenig.

V. Die Binnenstruktur des Burgunderreiches

Südostgallien, das Rhônebecken, gehörte zu den am stärksten romanisierten Gebieten Galliens. Es genügt dafür an einige Namen der noch heute mit eindrucksvollen römischen Bauten versehenen Städte wie Lyon, Vienne, Orange, Vaison-la-Romaine, Arles, Aix-en-Provence oder Marseille zu erinnern. Wie vollzog sich in diesem Raum die „Verwandlung der Antike", welche Wirkung hatte die Gründung des Reiches der Burgunder auf die bis zu deren Einquartierung völlig im spätantiken Rahmen handelnde Verwaltung der Städte und Provinzen, auf die Herrschaftsordnung, die Rechtsordnung und Rechtskultur, auf die Sozial- und Wirtschaftsstruktur? Lässt sich von einer tiefgreifenden Umordnung aller Verhältnisse und von einer Neuorientierung sprechen oder waren es die beharrenden Elemente, die Elemente der Kontinuität, welche die Oberhand behielten? Es geht im Folgenden nicht darum, gleichsam in buchhälterischer Weise Römisches und Germanisches nebeneinander zu setzen und aufzurechnen, sondern es soll gezeigt werden, wie sich unter dem Einwirken neuer Herrschaftsformen die überkommenen Strukturen bewährten, verwandelten oder untergingen und auf welcher Basis eine von den römischen Befehlshabern einquartierte *gens* eines der Nachfolgereiche des westlichen Imperium aufbauen konnte.

1. Territoriale und gentile Ordnung

Zur Zeit seiner größten Ausdehnung umfasste das Burgunderreich ein Gebiet, das sich von der Mündung der Aare in den Hochrhein bis zur Mündung der Durance in die Rhône erstreckte. Es bildete eine Achse zwischen Rhein und Rhône, Seine und Saône, Gallien und Italien, Alpen, Jura und Zentralmassiv, ein geographisch vielgestaltiger Raum. Sein einziger gemeinsamer Faktor scheint darin zu bestehen, dass alle Einzellandschaften Anteil an der Brücken- und Mittlerfunktion des Gesamtgebietes zwischen dem ober- und mittelrheinischen, dem atlantischen und dem kontinentalen Raum haben. Angesichts dieser geographisch bedingten Vielgestalt und Zwischenlage ist es kein Wunder, dass der Raum, den die Burgunder in ihrer expansiven Phase unter ihre Herrschaft brachten, auch in römischer Zeit keine politisch-administrative Einheit bildete. Das Burgunderreich bildete sich quer zu den bestehenden administrativen Einheiten des Römerreiches.

Karte 6: *Civitates* und Römerstraßen in Südostgallien

Legt man für die territoriale administrative Gliederung die Angaben der Notitia dignitatum, des um 425/30 verfassten Staatshandbuches des römischen Reiches, und die auf die Zeit um 400 zurückgehende Liste der gallischen Provinzen und *civitates*, der Notitia Galliarum, zugrunde, so ergibt sich für das später von den Burgundern beherrschte südostgallische Gebiet das folgende Bild[299]: Es gehörte zur gallischen Praefektur. Sitz des *praefectus praetorio Galliarum* war bis um 400 Trier, danach Arles. Die Aufgaben des Praefekten – in seinem Amtsbezirk Stellvertreter des Kaisers – lagen im Bereich des Gerichts-, Rechts-, Steuer- und Ver-

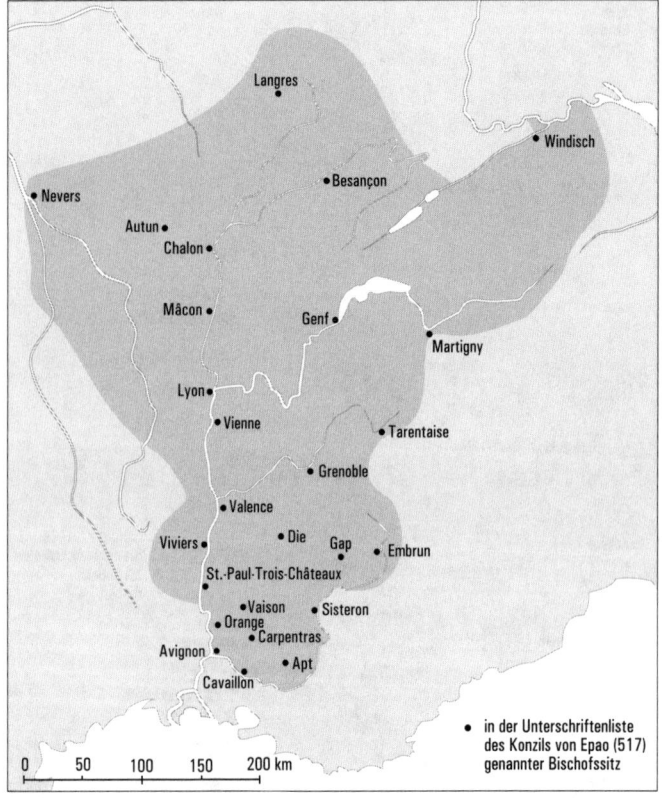

Karte 7: Umfang der burgundischen Herrschaft nach der Teilnehmerliste des Konzils von Epao (517)

waltungswesens. Die gallische Praefektur umfasste um 400 alle westlichen Provinzen Galliens, Britanniens und Hispaniens, wurde aber durch die Bildung der angelsächsischen, westgotischen, burgundischen und fränkischen Reiche im Laufe des 5. Jhs. in ihrem Umfang wie ein Chagrinleder immer mehr reduziert und war seit 475 auf des Gebiet zwischen Rhône und Seealpen beschränkt. Als 476/77 auch die Provence an die Goten fiel, wurde die römische Praefekturverwaltung aufgehoben. Doch hat sie Theoderich nach dem gotisch-fränkischen Krieg in den Jahren 508–510 für die nunmehr ostgotische Provence, d.h. für einen Teil der ehemaligen Provinzen Viennensis, Narbonensis II[a] und Alpes maritimae, wieder eingerichtet. Die merowingischen Franken übernahmen 536 mit der Provence auch die Praefekturverwaltung und behielten das Amt des *praefectus*, später *patricius* und *rector provinciae* genannt, bei. Erst die Eroberung der Provence durch Karl Martell und die Einführung der Grafschaftsverfassung 736/39 machten diesem Rest der römischen Verwaltungsorganisation in Gallien ein Ende[300]. Aktivitäten des in Arles (später auch in Marseille) residierenden Praefekten sind für den von den Burgundern beherrschten Raum nicht nachzuweisen[301]. Zur Entlastung des Praefekten waren im Zuge von Diocletians Verwaltungsreform Vikariate geschaffen worden, die seit der Mitte des 4. Jhs. als Mittelbehörden fungierten. Ganz Gallien wurde dazu in zwei Diözesen eingeteilt, eine nördliche, die *dioecesis Galliarum* mit acht Provinzen, und eine südliche, die *dioecesis Viennensis* mit sieben Provinzen. Südostgallien wurde dadurch zweigeteilt[302]. Das Burgunderreich erstreckte sich zur Zeit seiner größten Ausdehnung über je drei Provinzen in der nördlichen und der südlichen Diözese.

Es waren dies in der nördlichen, der Diözese Gallien[303]:

1. Prov. Lugdunensis I[a]: Lyon (Metr.), civ. Autun, Langres; *castra* Chalon-sur-Saône, Mâcon;
2. Prov. Maxima Sequanorum: Besançon (Metr.), civ. Nyon, Avenches, Basel; *castra* Windisch, Yverdon, Horburg, Kaiseraugst; *portus*: Port-sur-Saône;
3. Prov. Alpium Graiarum et Poeninarum: Tarentaise (Metr.), civ. Octodurum.

In der südlichen, der Diözese Septem Provinciae (Viennensis)[304]:

1. Prov. Viennensis: Vienne (Metr.), civ. Genf, Grenoble, Alba, Die, Valence, Saint-Paul-Trois-Châteaux, Vaison, Orange, Cavaillon, Avignon, Arles, Marseille;

2. Prov. Narbonensis II[a]: Aix (Metr.), civ. Apt, Riez, Fréjus, Gap, Sisteron, Antibes;
3. Prov. Alpes maritimae: Embrun (Metr.), civ. Digne, Rigomagensium, Castellane, Senez, Glandève, Cimiez, Vence.

Carpentras, obwohl in den frühen Fassungen der Notitia Galliarum ausgelassen, war im 5.Jh. Civitas und Bischofssitz[305]. Nevers erscheint erstmals als Civitas und Bischofssitz 517 (Epao). Vermutlich ist das Bistum Nevers unter Gundobad entstanden, nachdem Chlodwig nach 486 die Herrschaft über Auxerre, zu dem Nevers und sein Umland gehörten, übernommen hatte. Die fränkisch-burgundische Grenzfestlegung hatte hier also eine Bistumsgründung nach sich gezogen, ein frühes Beispiel für die Anpassung kirchlicher und weltlicher Grenzen. Auxerre bzw. Nevers gehörten zur Provinz Lugdunensis IV[a], deren Metropole Sens war[306]. 517 auf dem Konzil von Epao signierte der Bischof der Helveter als Bischof von Vindonissa (Windisch) statt von Avenches, hatte also seine Residenz verlegt, wie der von Alba, der in Viviers residierte; vergleichbar ist die Verlegung des Bischofssitzes von Langres in das (vielleicht sicherere) *castrum* von Dijon[307]. Südlich von Dijon beherbergte 517 das *castrum* von Chalon einen Bischof. Möglicherweise hatte die Stadt, deren militärische und administrative Bedeutung Ammianus Marcellinus und die Notitia dignitatum erkennen lassen, schon seit dem 4.Jh. den Rang einer *civitas*. Ihr Territorium gehörte ursprünglich zu dem von Autun[308]. Von Autun bzw. Chalon wurde später, wohl nach der Eroberung des Burgunderreiches durch die Franken (532/34) und anlässlich der Aufteilung unter die Merowinger das *castrum* von Mâcon zum Bischofssitz und zur *civitas* erhoben, weil der Norden des Burgunderreiches mit Autun und Chalon an Theudebert, der mittlere Teil mit Mâcon und Lyon an Childebert gefallen war[309].

Unter Berücksichtigung der obigen Modifikationen können also 32 *civitates* bzw. mit Nevers, das zur Lugdunensis IV[a] gehörte, 33 *civitates* und ein *castrum* (Chalon) gezählt werden, die dem Burgunderreich zugehörten, und zwar ohne die in den wechselvollen Kämpfen mit Franken, Alemannen und Westgoten nur zeitweise unter burgundischer Herrschaft stehenden Gebiete, die der sogenannte Kosmograph von Ravenna als zur Burgundia gehörig erwähnt[310].

Die zur (nördlichen) Diözese Gallien gehörenden Provinzen waren vor 400 dem gallischen Praefekten in Trier direkt unterstellt. Nach der Verlegung der Praefektur nach Arles wurden sie mit jener der südgallischen Diözese Septem Provinciae vereinigt und von dem Vikar, der wahrscheinlich seinen Sitz in Vienne hatte, gemeinsam verwaltet. An der Spitze der Provinzverwaltung standen Statthalter *(consulares, praesides)*. Fünf Statthaltersitze (Metropolen) der sechs Provinzen gehörten zum Burgunderreich: Lyon, Besançon, Tarentaise, Vienne und Embrun. Die Provinzstatthalter standen unter der Kontrolle und der Aufsicht der Vikare bzw. Praefekten, auf deren Vorschlag sie vom Kaiser eingesetzt wurden. Die Verwaltung war eine Art Verlängerung der Praefekturverwaltung und umfasste den gesamten zivilen Bereich der Rechtsprechung, der Steuer- und Finanzverwaltung[311]. Wie die Praefektur- und Vikariatsverwaltung so ist auch die Provinzverwaltung durch Statthalter unter der burgundischen Königsherrschaft nicht weitergeführt worden. An ihre Stelle trat die direkte Verwaltung durch den königlichen Hof (s. unten Kap. V, 2, S. 114 ff.).

Im Gegensatz zu den Zwischeninstanzen, Praefektur, Vikariat, Provinz, blieben die *civitates* mit ihren Verwaltungen intakt, abgesehen von den wenigen oben erwähnten Modifizierungen. Die Civitas mit ihrem ummauerten städtischen Hauptort und dem dazu gehörigen Territorium, dem kirchlich der Bischofssitz und der Bischofssprengel grosso modo entsprachen, bildete auch unter burgundischer Herrschaft die lokale bzw. regionale Basis der Verwaltung. Dieses territoriale Prinzip spiegelt sich deutlich in Herkunftsangaben wie etwa jener für Caesarius von Arles (geb. um 470), von dem es heißt: *Cabillonensis territorii fertur indigena*, er stammte also aus dem zu Chalon-sur-Saône gehörigen Bezirk *(territorium)*[312]. Das Territorium und der ummauerte Hauptort *(urbs, castrum, civitas* genannt*)* bildeten eine territoriale Einheit, die vor allem in merowingischer Zeit auch *pagus* genannt wurde. In den *civitates* Octodurum (Valais), Genf, Lyon und den südlich davon gelegenen blieb diese Einheit im Wesentlichen gewahrt, d.h. dem Civitasterritorium entsprach ein *pagus*. Die nördlichen *civitates*, die *civitas Helvetiorum* (Avenches/Windisch), Basel, Besançon, Langres und Autun, gehörten dagegen nicht mehr zur sogenannten Civitaszone, sondern zur nordgallischen Paguszone[313]. Hier wurde die Einheit des Civitasterritoriums aufgebrochen; es entstanden – vielleicht schon in burgundischer Zeit, jedenfalls nachweisbar in merowingisch-fränkischer Zeit – mehrere *pagi* auf dem Boden der alten *civitas*. Ihre Benennungen nach Orten wie Dijenois (Dijon), Portois (Port-sur-Saône < Portus Abucini), nach Flüssen wie Oscheret (Ouche, rechter Nebenfluss der Saône), Sornegau und Thurgau (Sorne bzw. Thur, beides linke Nebenflüsse des Rheins) finden ihre Entsprechungen in der ganzen nördlichen Paguszone. Auffälliger sind vier *pagi*, drei in der *civitas* Besançon: Escuens, Varais und Amous, einer in der *civitas* Langres: Atuyer. Es sind Gentilnamen wie der Name des *regnum Burgundiae* selbst, abgeleitet von germanischen Völkerschaftsnamen und zwar als *pagus Scotingorum, Wirascorum / Warascorum, Commavorum (= Camavorum) / Ammaviorum* und als *pagus Attoariensis / Attoariorum / Hotoariorum* von den Skotingern, Waraskern, Chamaven und Hattuariern[314]. Diese Gentilnamen sind ein sicheres Zeichen für die Überlagerung und Verschränkung des territorialen mit dem gentilizischen Prinzip. Die Radizierung eines Völkerschaftsnamens auf einen Unterbezirk, *pagus,* der Civitas wiederholt im Kleinen, was im Zuge der Ausdehnung der Herrschaft der Burgunder sich auf der Ebene der neuen Herrschaftsordnung, des *regnum* der burgundischen Könige abgespielt hat, nämlich die Verfestigung einer neuen Ordnung und eines neuen Namens in einem territorial vorgeprägten Rahmen.

Doch wie und wann wandelte sich die antike Provinzordnung zur Burgundia? Ab wann findet das Bewusstsein bei der Bevölkerung, zu einer neuen politisch-administrativen Ordnung zu gehören, seinen sprachlichen Niederschlag, wann löst der Name Burgundia die älteren Territorialbezeichnungen ab? Die zeitgenössischen Benennungen des Herrschaftsgebiets des burgundischen Königs oder der burgundischen Könige sind vielfältig und vieldeutig. Sie umschreiben mehr, als dass sie dieses Gebiet geographisch und administrativ eindeutig bestimmen. In den Schriften von Sidonius Apollinaris, Avitus von Vienne, Ennodius von Pavia und in den Leges Burgundionum ist des Öfteren die Rede von *regnum*, das allerdings auch Königsherrschaft ohne territorialen Bezug bedeuten kann[315], von *regio* und *sors*, die das ganze Herrschaftsgebiet der Burgunderkönige oder als *regio* bzw. *sors nostra* nur das Gebiet eines Teilkönigs (Gundobads) bezeichnen, von *nostri regni provinciae*, wobei unter *provinciae* wohl nicht die römischen Verwaltungseinheiten, sondern Landschaften zu verstehen sind; Ähnliches bezeichnen die *loca ad nos pertinentia*[316]. Als *patria nostra* bezeichnet Sigismund sein Herrschaftsgebiet in einem Brief an den Kaiser und betont zugleich dessen Zugehörigkeit zum römischen Reich[317]. Avitus nennt einmal Gundobads Reich *vestra respublica*[318].

Insgesamt sind diese Bezeichnungen territorial unbestimmt, lediglich auf die Könige bezogen, als das von ihnen beherrschte Gebiet, dessen Grenzen je nach Kriegsglück wechseln können. Der König ist der Herr des Landes *(terrae illius dominus)*[319]. Es wird vom König zusammengehalten, gfs. verloren oder wiedergewonnen[320].

Es ist keine statische, geographisch-administrative Einheit wie die in ihrem Umfang definierten römischen Provinzen oder die in ihren Grenzen einigermaßen festgefügten *civitates*.

Einen Versuch zu einer solchen objektivierenden Benennung des burgundischen Herrschaftsgebietes machen jene Autoren, die in Erinnerung an die alten geographischen Raumbezeichnungen Galliens diese zu adaptieren suchen. Sidonius Apollinaris spricht von der Lugdunensis Germania, vielleicht eine bitter-ironische Abwandlung der Gallia Lugdunensis; Avitus nennt Sigismunds Reich *nostra Gallia*, Marius von Avenches das Burgunderreich *pars Galliae*; der Verfasser der Vita Caesarii erwähnt als Herkunft des Heiligen, der, wie wir gesehen haben, aus dem Gebiet von Chalon stammte, vage die *Galliae*, vielleicht eine Reminiszenz der *dioecesis Galliarum*[321].

Es ist keine einzige Bezeichnung des Rhônereiches überliefert, die gentil bestimmt wäre und den Namen der Burgunder erhalten hätte. Das oft dafür angeführte Zeugnis des von Cassiodor verfassten Briefes Theoderichs an Gundobad, in welchem er die Übersendung eines technischen Wunderwerkes, nämlich einer Sonnen- und Wasseruhr, an den burgundischen Hof ankündigt, bietet nicht die Gebiets-, sondern die Volksbezeichnung Burgundia. Das ergibt sich aus der Gegenüberstellung des territorialen *in vestra patria* bzw. *in civitate Romana* und der personal, gentil gedachten Burgundia, denn so heißt es: *discat sub vobis Burgundia res subtilissimas inspicere et antiquorum inventa laudare,* was soviel bedeutet wie: das Volk der Burgunder möge die Erfindung der Alten, d.h. der Römer, betrachten, bewundern und preisen. Dass es sich hier um das Volk der Burgunder handelt, ergibt sich aus dem Folgesatz: *per vos propositum gentile deponit*, durch das Wirken seines Köngs legt es *(Burgundia)* seine gentile Art ab; ein Satz, der sich nicht territorial interpretieren lässt, denn Burgundia als Gebietsbezeichnung würde auch die romanischen Bewohner des Rhônereiches umfassen. Von ihnen kann Cassiodor nicht sagen, dass sie durch Gundobad ihre „gentile Art" ablegen. Burgundia im Sinne von „Volk der Burgunder" entspricht der *generalitas Alamanniae*, der Gesamtheit der Alemannen, denen Theoderich nach ihrer Niederlage gegen die Franken (506) Aufnahme in Italien bot[322].

Eindeutig in einem territorialen Sinne wird Burgundia in einem Brief gebraucht, den Mailänder Kleriker 522 anlässlich des Dreikapitel-Streites an Justinian schickten. Da erscheint die Burgundia inmitten von unzweifelhaften Regionsbezeichnungen, nämlich Gallien, Spanien, Ligurien, Aemilia und Venetien[323].

Wenige Jahre später benutzen auch Marius von Avenches und Gregor von Tours Burgundia zur Bezeichnung des Rhônereiches unter burgundischen Königen, Marius paradoxerweise zum Jahre 534, um das Ende des Burgunderreiches und die Eroberung der Burgundia durch Childebert, Chlothar und Theudebert und die Teilung des *regnum* unter diese drei Könige mitzuteilen. Es ist möglich, dass dieser Sprachgebrauch auf eine zeitgenössische Vorlage des Marius zurückgeht, dann wäre Burgundia für die Zeit des Endes des Rhônereiches oder kurz danach bezeugt[324]. Dass Gregor von Tours in den zeitgenössischen Nachrichten zum Burgunderreich den Begriff Burgundia nicht fand, war ihm offensichtlich bewusst geworden, denn anlässlich des Bruderkampfes zwischen Gundobad und Godegisel schreibt er von Gundobad, dass er die Herrschaft in dem ganzen Gebiet, das jetzt Burgundia genannt wird, wiedergewonnen hätte[325]. Gregor benutzt Burgundia ausschließlich im Sinne des altburgundischen Reiches, auch wenn er stellenweise für die Ausdehnung dieses Reiches fälschlicherweise den Umfang des merowingischen Teilreiches Burgund vor Augen hatte. Erst „seit dem frühen 7. Jh." wurde der Name Burgundia „auch auf das fränkische Teilreich von Orléans übertragen, das den gesamten altburgundischen Raum mitumfasste". Für dieses wurde dann auch der Begriff *regnum Burgundion(or)um* verwandt, das von manchen Autoren von der eigentlichen Burgundia unterschieden wurde. Die Bewohner des merowingischen Teilreiches wurden nun zu *Burgundiones*, obwohl zuweilen eine Unterscheidung zwischen Altburgundern und den Teilreichsbewohnern bis um 700 gemacht wurde. In der ersten Hälfte des 8. Jhs. sprach man gar von der *gens Burgundionum* und meinte damit die Bevölkerung des merowingischen Teilreichs Burgund, ein Zeichen für die Regionalisierung der Volkstümer im Merowingerreich[326].

Dass der Burgundia-Name erst nach der Eroberung des Reiches durch die Franken auftaucht, ist weniger mit einem konservativen politischen Sprachgebrauch oder mit bewusster Ignorierung des Wandels der Herrschaftsverhältnisse oder gar Ablehnung der burgundischen Herrschaft als mit der Aufrechterhaltung und Anerkennung der römischen Ordnung zu erklären. Von burgundischer, königlicher und römischer, kaiserlicher Seite aus wurde der Anschein gewahrt, dass diese weitergeführt wurde, und es wurde alles vermieden, was einen Bruch hätte signalisieren können. Für eine Burgundia als neue politisch-administrative Ordnungsvorstellung war da kein Platz. Für die Galloromanen des

Burgunderreiches blieb die *civitas* der Bezugsrahmen. Die übergeordneten Raumkonzepte, die an die Stelle der Provinz traten, waren auf den *rex* und erst nachdem dieser bei den Burgundern verschwunden war, auf die *gens* orientiert.

Die Passio Sigismundi hatte, nachdem alle Bewohner des merowingischen Teilreichs Burgund zu „Burgundern" geworden waren, dies mit der „Ausrottungstheorie" zu erklären versucht: Die Burgunder hätten bei ihrer „Invasion" in Gallien alle Romanen getötet, die nicht geflohen seien[327]. Das Gegenteil war der Fall gewesen, wie wir gesehen haben; die Burgunder waren als Beschützer, *patroni*, der Romanen angesiedelt worden. Eher wäre eine „Aufsaugungstheorie" angemessen, um das Phänomen der Überwindung der gentilen Vielfalt durch die politische Burgundisierung zu erklären.

Das Verhältnis zwischen Romanen, Burgundern und anderen Barbarengruppen innerhalb des Burgunderreiches zu regeln, war eines der wesentlichen Anliegen der Rechtsaufzeichnungen der Burgunder zu Anfang des 6. Jhs. Der Liber constitutionum (Lex Burgundionum), wohl unter Sigismund ca. 517 promulgiert, ist ein Text, der mehrere Schichten erkennen lässt, ergänzt wurde, Neues und Altes vermischt, wie wir anlässlich des Ansiedlungsmodus gesehen haben. Gerade in den Bestimmungen, die sich auf die Ansiedlung selbst, auf Erbrecht, Besitzübertragungen, Eherecht u.a., mithin auf die Stabilisierung der durch die Ansiedlung geschaffenen, neuen Verhältnisse beziehen und Konflikte zwischen Burgundern bzw. zwischen Burgundern und Romanen regeln sollten, wird das Verhältnis zwischen den beiden Bevölkerungsgruppen und zum König angesprochen. Das erklärt, warum mehr als die Hälfte der Gesetze, in denen überhaupt ethnische Unterscheidungen getroffen werden, zu diesen Rechtsbereichen gehören (in 33 von 59 Fällen). Daraus ist geschlossen worden, dass Ethnizität lediglich eine Frage der sozialen und funktionalen Zugehörigkeit gewesen sei. Burgunder war, wer mit Steueranteilen, so Goffart und Durliat, oder mit Land (so die ältere Auffassung von Wood u.a.) ausgestattet war, (erblichen) Militärdienst leistete, gleichgültig welcher Herkunft er auch gewesen sein mag. Das Interesse des Gesetzgebers war es, durch Zuordnung und Klassifizierung stabile Verhältnisse und sichere Grundlagen der Herrschaft zu schaffen, nicht dagegen die ethnischen Verhältnisse beschreibend zu erfassen[328].

Die Gegenüberstellung von Romanen und Burgundern findet sich häufig im Liber constitutionum. Sie spiegelt die Situation zur

Zeit der Ansiedlung. Daneben begegnet die Gegenüberstellung Romanen und *barbari*, worunter alle Nicht-Romanen, also auch Burgunder, zu verstehen sind, dazu aber auch die Unterscheidung von *populus noster* und *barbari*, also weder Romanen noch Burgunder, sondern andere Barbaren. *Populus noster* kann in den meisten Fällen als Hinweis auf die Burgunder gelten. *Populus noster cuiuslibet nationis* erfasst alle Barbaren unter dem Sammelbegriff unser Volk, d.h. alle die dem König Folge leisten. Wenn von *optimates populi nostri* die Rede ist, bedeutet *populus noster* die gesamte Bevölkerung des Reiches, die unter königlicher Herrschaft steht, denn unter den *optimates* sind Burgunder/*barbari* und Romanen[329]. Der schillernde Sprachgebrauch deutet eine Entwicklung an von einer engen zu einer weiten Bedeutung von *populus noster*, von den Truppen mit Frauen und Kindern der Ansiedlungszeit, der *gens Burgundionum* (I), über eine Erweiterung dieser Gruppe durch Aufnahme anderer („fremder") Barbaren (II) bis zur Ausdehnung des *populus*-Begriffs auf die gesamte Reichs-Bevölkerung (III). In den Briefen des Avitus von Vienne findet sich eine entsprechende Verschiebung von der gentilen zur territorialen Bedeutung von *gens* und *populus*[330].

Lässt sich die polyethnische Struktur der *gens* bzw. des *populus* der Burgunder näher erfassen? Mit anderen Worten: Wer waren die *barbari*, die zusammen mit den Burgundern den *populus noster* des burgundischen Königs (im Sinne der Bedeutung I und II) bildeten? Mindestens drei Gruppen von Barbaren lassen sich unterscheiden:

1. mit den Burgundern in die Sapaudia gekommene andere *barbari*;
2. im Lande schon vor der Ansiedlung der Burgunder ansässige *barbari*;
3. barbarische Zuzügler.

Zur ersten Gruppe gehörten alle jene *barbari,* die sich vor und während der Reichsgründung am Rhein den Burgundern angeschlossen hatten und in ihnen aufgegangen waren. Konkret nachweisen lassen sich solche selten. Rege Kontakte zu den Hunnen und den mit ihnen verbundenen Völkern bezeugen immerhin die oben erwähnten künstlichen Schädeldeformationen[331]. Dass „Hunnen" zur *gens Burgundionum* zählten, mag sich daraus und aus dem Vorkommen des Namens (H)unna in der Grafenliste des Liber constitutionum ergeben. Auch der Name des im 7. Jh. bezeugten Abtes des Klosters Réomé (C)hunna, *ex genere Burgundionum,* gehört wohl in diesen Zusammenhang[332].

Zur zweiten Gruppe wird man die Alanen zählen können, die 440 in der *civitas* Valence angesiedelt worden waren, und von denen seither nichts mehr verlautet. Um 474 gehörte Valence zum burgundischen Reich; die Alanen von Valence sind wahrscheinlich ein Teil der nicht-burgundischen *barbari* der *gens Burgundionum* gewesen. Das gilt wohl auch von den 523 von Godomar freigekauften Brandobrici südlich des Genfer Sees, die 523 in fränkische Gefangenschaft geraten waren. Wie sie „ethnisch" zu verorten sind, ist ungewiss. Sie zählten vermutlich nicht zu den *Romani*, sondern eher zu den *barbari*[333]. Ebenso dürften die Chamaven und Hattuarier, die den *pagi* Amous und Atuyer in den *civitates* von Besançon und Langres den Namen gegeben haben, zu den *barbari* des burgundischen Reiches gehört haben. Diese waren Ende des 3. Jhs. unter Constantius Chlorus ins Land gekommen. Als unterworfene Barbaren waren sie zu erblichem Kriegsdienst verpflichtet, standen unter eigenen Anführern und waren durch das *connubium*-Verbot von der romanischen Bevölkerung getrennt. Wie weit und wie schnell sie romanisiert wurden, ist nicht auszumachen. Dass sie dem Landbezirk, in dem sie angesiedelt waren, ihren Namen gegeben hatten, spricht jedenfalls dafür, dass sie in der Eigen- und Fremdwahrnehmung als von den Romanen unterscheidbare Gruppe und damit als *barbari* galten[334]. Dies letztere trifft auch auf die Scotinger und die Warasker in den *pagi* Escuens und Varais in der Diözese Besançon zu. Ungewiss ist hingegen, wann diese sich dort niederließen. Geschah dies erst im Gefolge der frühen alemannischen Expansionsphase in den 70/80er Jahren des 5. Jhs. oder im Laufe des 7. Jhs.? Im letzten Fall gehörten sie schon zur dritten Gruppe, jener der barbarischen Zuzügler[335].

Die Scotinger werden mit den Alemannen zusammengebracht, die Warasker ebenso bzw. genauer mit den in der römischen Kaiserzeit in der Oberpfalz am Regen lokalisierbaren Naristen. Da die Warasker im 7. Jh. als Anhänger der bonosianischen Lehre bekannt waren, diese aber zur Zeit des Avitus im Burgunderreich, vor allem im Genfer Raum, verbreitet war, wird vermutet, die Warasker hätten diese Lehre angenommen, nachdem sie sich nach der Ansiedlung der Burgunder (443) in der Diözese Besançon niedergelassen hätten. Andernfalls müsste man annehmen, sie hätten diese Lehre aus ihrem in Bayern gelegenen Herkunftsgebiet mitgebracht[336].

Als *barbari* dürften auch jene bretonischen Truppen gegolten haben, die 469 unter ihrem König Riotimus/Riothamus vor dem Westgotenkönig Eurich geflohen waren und bei den Burgundern Zuflucht gesucht hatten. Sidonius Apollinaris erwähnt, dass sie in oder bei Lyon hausten und den Bewohnern die Sklaven abspenstig machten. Die Gegenüberstellung des Geschädigten und der Bretonen lässt auf eine Auseinandersetzung bei der (vorübergehenden) Einquartierung oder der auf Dauer angelegten Ansiedlung schließen, jedenfalls steht in dem Konflikt der unbewaffnete Zivile dem übermächtigen bewaffneten Krieger gegenüber, der Romane dem *barbarus*[337]. Was aus den Bretonen geworden ist, ist unbekannt. Doch ist die Vermutung nicht abwegig, dass ein Teil von ihnen Anschluss an die *gens Burgundionum* gefunden hat. Vermuten, nicht beweisen lässt sich dies auch für manche der italischen und alemannischen Gefangenen sowie die Westgoten und Franken, die auf Seiten Gundobads oder Godegisels gekämpft hatten oder im Zuge des gotisch-fränkischen Krieges ins Reich der Burgunder verschlagen wurden. Die Einwanderungsgesetze Godomars von 524 beweisen vollends, dass die burgundische *gens* eine offene *gens* gewesen ist[338].

Burgundiones und *barbari* bilden die *gens*, den *populus* des Königs *(gens nostra, populus noster)*. Der König aber ist *rex Burgundionum*, König über seine *gens*. Die realiter polyethnische *gens* wird durch den König idealiter zur *gens Burgundionum*, der König macht die *gens* zu einer „ethnischen" Einheit.

2. Der Burgunderkönig: *rex Burgundionum und magister militum.* Hof und Verwaltung

Im Gegensatz zu den Goten, Langobarden oder Franken sind für die Burgunder keine zeitgenössischen Herkunftssagen überliefert, welche die mythische Abkunft des Königsgeschlechtes oder des *Heros eponymos* mit der Herkunft des Volkes *(origo gentis)* verknüpfte. Einzig die schon erwähnte Königsliste in einem Gesetz Gundobads von ca. 500 erweist ein dynastisches Bewusstsein der Gibichungen, das auf den Spitzenahn Gibica und auf andere Verwandte zurückgeht, einen Zeitraum von ungefähr 100 Jahren umfasst, aber nicht die exakte genealogische Abfolge der Vorgänger und Verwandten erkennen lässt. Daher die Unsicherheit in der Rekonstruktion der Stammtafeln der burgundischen Könige! Gundobad bezeichnet Gibica, Gundomar, Gislahar und Gundahar, dazu seinen Vater (Gundioc) und seinen Onkel (Chilperich) als Verwandte und Vorgänger in der königlichen Würde, behauptet also eine dynastische Kontinuität seines Geschlechtes seit Gibica. Selbst bei der Annahme einer gleichzeitigen Herrschaft der Angehörigen der Königsfamilie muss Gibica am Ende des 4. Jhs. gelebt haben. Wir haben oben gesehen, dass es am Ende des 4. Jhs. noch eine oder mehrere Königsfamilien oder Zweige einer solchen neben den Gibichungen gegeben haben muss. Seit der Niederlassung am Rhein (411/413) standen die Burgunder unter der Herrschaft Guntars, der 436 mit seinem Volk untergegangen ist. Doch dürfte nicht das ganze Königsgeschlecht, wie eine Lesart der Ereignisse bei Prosper hat vermuten lassen, ausgerottet worden sein. Nach der Königsliste gehörte der Vater Gundobads, Gundioc, als Sohn oder Neffe Guntars zur Dynastie der Gibichungen[339].

Demgegenüber behauptete Gregor von Tours, dass Gundioc aus der Familie des gotischen „Königs" Athanarich stammte. Danach wurde häufig angenommen, mit Gundioc sei eine neue Dynastie und zwar eine westgotische (durch die Wahl des burgundischen Volkes) zur Herrschaft gelangt[340]. Das Zeugnis der Königsliste und das Namenmaterial innerhalb der Königsfamilie sprechen dagegen. Der um 500 entstandenen Königsliste ist eher zu trauen als Gregor von Tours, der nicht müde wird, die Burgunder als verstockte Arianer darzustellen, die eben in der Tradition des die Christen verfolgenden, gotischen Athanarich standen und mit den arianischen Goten kooperierten. Über die Herkunft des burgundischen Königsgeschlechts ist durch Gregors Bemerkung nichts zu erfahren. Die Passio Sigismundi des 8. Jhs. behauptet, dass Gundioc „aus seinem Geschlecht", worunter wohl das burgundische Königsgeschlecht gemeint war, gewählt worden sei. Dass dieses Geschlecht aufgrund der Namensverwandtschaft und der im 3. und um die Wende vom 4. zum 5. Jh. nachweisbaren Aktionsgemeinschaft zwischen Vandalen und Burgundern eher mit den Vandalen als mit den Goten in Verbindung zu bringen ist, wurde oben gezeigt[341].

Über die Abfolge der Könige seit Gundioc und dessen Bruder Chilperich (I., d. Ä.) ist letzte Klarheit nicht zu gewinnen, weil ihre Todesdaten nicht bekannt sind und damit nicht entschieden werden kann, ob und gfs. wie viele Könige gleichzeitig herrschten. Nach J. Favrod waren die vier Brüder Gundobad, Godegisel, Chilperich II. d. J. und Godomar nicht gleichzeitig Teilherrscher, weil Chilperich und Godomar wahrscheinlich vor dem Vater und dem Onkel gestorben waren. Damit reduziert sich die Zahl der burgundischen Teilherrscher auf je zwei, und die Abfolge wäre folgende: Gundioc wäre 443 der erste König bei der Ansiedlung in der Sapaudia gewesen; spätestens 456 erscheint neben ihm Chilperich (I., d. Ä.) als König; Gundioc wäre zwischen 463 und 472, wahrscheinlich aber vor 467 gestorben und sein Bruder Chilperich ihm in der Herrschaft gefolgt; bei dessen Tod (um 477) wären von seinen vier Neffen Godomar I. und Chilperich (II., d. J.) schon verstorben gewesen, sodass Gundobad und Godegisel gemeinsam die Herrschaft übernahmen. Im Bruderzwist des Jahres 500 hatte Gundobad Godegisel getötet und kurze Zeit alleine geherrscht, bis er vor 507 Sigismund an der Herrschaft beteiligte und ihm Genf, die *sedes* seines Bruders Godegisel, als Residenz anwies. Nach dem Tode Gundobads (516) herrschte Sigismund, und zwar alleine, wie es scheint. Nach dessen Tod (524) folgte ihm Godomar bis zum Untergang des Reiches (534)[342].

Die ältere Forschung hatte hingegen eine zeitweilige Samtherrschaft der vier Söhne Gundiocs angenommen und Gundobad, Godegisel, Chilperich II. und Godomar I. je einen Königssitz zugesprochen, nämlich Lyon, Genf, Vienne und möglicherweise Valence[343]. Nachweisbar ist eine solche Samtherrschaft der vier Brüder nicht, ebensowenig ein Königssitz in Valence; Vienne war nur im Bruderkampf (500) zeitweiliger Aufenthaltsort von Godegisel, der in dem ehemaligen Palast des Gouverneurs der Diözese Viennensis, dem *praetorium*, das von Gregor von Tours *palatium regale intramuraneum* und von Avitus von Vienne *aedes publica* genannt wurde, residiert haben dürfte[344]. Als eigentliche *sedes regiae* sind allein Lyon und Genf bezeugt. Das entspricht der effektiven Teilung des Reiches unter je zwei Brüdern. Das Erbrecht gab offenbar allen Königssöhnen Anspruch auf die Herrschaft, allerdings erst nach dem Tod des letzten Vertreters der vorangegangenen Generation; es scheint eine Mischung aus Anwachsungsrecht und Senioratsprinzip gewesen zu sein. Erst Gundobad scheint für Sigismund die Individualsukzession vorgesehen zu haben.

Da durch das Überleben von je zwei Brüdern die Teilung zwischen dem Genfer und dem Lyoner Reich eine gewisse Stetigkeit mit sich brachte, lassen sich die beiden Teilreiche etwas genauer in Hinblick auf ihre Ausdehnung, ihre Aufgabenverteilung und politische Orientierung sowie ihr gegenseitiges Verhältnis beschreiben. Anfang des 6. Jhs. scheinen zum Teilreich von Genf unter Sigismund die ursprüngliche Sapaudia mit dem Valais, dazu die nördlichen Gebiete der Burgunderherrschaft: Besançon, Langres und Autun gehört zu haben, mithin 7 *civitates* von 25, die auf dem

Konzil von Epao (517) durch ihre Bischöfe vertreten waren. Das Genfer Teilreich hätte also angesichts der relativen Größe der nördlichen *civitates* ziemlich genau ein Drittel des Reiches umfasst. Das entspräche der Behauptung der Passio Sigismundi, Godegisel hätte ein Drittel, Gundobad zwei Drittel des Reiches geerbt[345]. Dem östlichen und nördlichen Teilreich oblag es, auf die Expansion von Alemannen und Franken zu reagieren. Das südliche Teilreich mit der Hauptstadt Lyon war dem Mittelmeer zugewandt und damit den West- und den Ostgoten. Beide Reiche waren in Bezug auf die Hofhaltung, die innere Verwaltung, besonders auch auf die Gesetzgebung unabhängig voneinander. Ein institutionelles Unterordnungsverhältnis lässt sich nicht nachweisen, weshalb auch der Begriff des Unterkönigreiches nur cum grano salis verwendet werden kann. De facto agierten aus politisch-militärischer Notwendigkeit heraus beide Könige in Kriegszeiten fast immer gemeinsam. Faktisch hat das politische und wohl auch wirtschaftliche und soziale Übergewicht dem Teilherrscher von Lyon, mithin dem jeweils älteren Herrscher eine gewisse Vorherrschaft eingebracht. Dies ist wohl der Grund, warum in den Quellen der Genfer König hinter seinem Seniorpartner oft zurücktritt[346].

Genf dürfte schon unter Gundioc Königssitz gewesen sein, obwohl es erst unter seinem Bruder Chilperich I. d. Ä. als solcher bezeugt ist. Für Godegisel und Sigismund ist Genf als *sedes* mehrfach nachgewiesen. Avitus nannte die Stadt *caput regni*[347]. In Genf befand sich eine Münzstätte. Gundobad sorgte zur Zeit seiner Alleinherrschaft für den Wiederaufbau der Befestigung nach den Zerstörungen im Bruderzwist mit Godegisel (500)[348]. Dass es in Genf eine Königspfalz gegeben hatte, ist anzunehmen, auch wenn das bei der Kathedrale gelegene Gebäude, das von L. Blondel als *praetorium* und burgundisches *palatium* angesehen wurde, nicht die Königs-, sondern die Bischofspfalz gewesen ist[349]. Unweit von Genf lag die königliche Villa Carouge, eine antike Anlage, die mit Graben und Palisaden befestigt war. Hier hat Gundobad seinen Sohn Sigismund zum König über das Teilreich und zum präsumptiven Nachfolger in der Gesamtherrschaft erhoben[350].

Nach dem Tod des Vaters (516) residierte Sigismund in Lyon, der bedeutenderen der beiden *sedes regiae*. Hier, in der alten gallischen Hauptstadt am Zusammenfluss von Rhône und Saône fanden zahlreiche Herrschaftsakte der burgundischen Könige statt: Empfang von Gesandten, von Bischöfen, von weltlichen Großen, Erlass von Gesetzen oder Unterredungen mit den Bischöfen des Reiches. Hier soll Godegisel ein Kloster (St. Peter) gegründet haben, und Caretene, die Gemahlin Gundobads, ließ hier dem Erzengel Michael eine Kirche bauen, in der die Königin auch bestattet wurde[351]. In Lyon übernahmen die burgundischen Könige das *praetorium*, den Sitz des Statthalters; Sidonius Apollinaris erwähnt diesen anlässlich des Empfangs von Sigismer, dem zukünftigen Schwiegersohn wahrscheinlich Chilperichs I. d. Ä.[352]. Wo dieser Königspalast in Lyon gestanden hat, in der Nähe der Kathedrale an der Stelle des heutigen Palais de Justice, wie C. Brühl vermutet, ist umstritten[353]. Münzen sind in Lyon nachweislich auf die Namen der Könige Gundobad, Sigismund und Godomar geprägt worden, auch das ein Zeichen für die zentrale Rolle dieser Königsstadt.

Nur sehr schwache Indizien sprechen dafür, dass sich burgundische Könige auch in Chalon-sur-Saône aufgehalten haben. *Sedes regia* war Chalon in burgundischer Zeit indessen nicht, erst der Merowingerkönig Gunthram machte die stärker zum fränkischen Burgund hin orientierte Stadt an der Saône zu seiner Residenz[354].

Unter den Orten, die nicht den Rang einer *civitas* oder eines *castrum* hatten und den Burgunderkönigen zum Aufenthalt dienten, gebührt Ambérieu-en-Bugey besondere Beachtung. Der Ort lag an der Grenze der *civitates* Lyon, Vienne und Genf. Zweimal wird er als Versammlungsort der Burgunder erwähnt: Am 3. September 501 für ein *colloquium* wohl zur Zeit der Alleinherrschaft Gundobads, und für einen *conventus Burgundionum*, der wahrscheinlich 524 stattgefunden hatte, als Godomar nach dem Tode Sigismunds die Herrschaft übernommen hatte[355]. Der Ort dürfte gleichsam symbolhaft die Einheit der beiden Teilreiche und die Einheit der *gens Burgundionum* und des *regnum* des *rex* oder der *reges Burgundionum* verkörpern, selbst wenn es verkehrstechnische Gründe waren, die zur Wahl von Ambérieu als Versammlungsort der Burgunder beider Teilreiche geführt haben.

Sigismunds Erhebung zum König in Carouge zu Lebzeiten seines Vaters durchbrach die traditionelle Thronfolgeordnung. Statt gemäß dem Anwachsungsrecht nach dem Tod des Bruders Godegisel über das Gesamtreich zu herrschen, setzte Gundobad seinen ältesten Sohn nach dem Prinzip der Primogenitur zum Mit- bzw. Teilherrscher ein. Dazu brauchte er die Zustimmung des *populus*. Die Zeremonie in Carouge beschrieb Fredegar mit den Worten: *Gundobadi filius Sigymundus apud Genavensim urbem villa Quatruvio iusso patris sublimatur in regnum* und suggeriert damit eine Schilderhebung und Akklamation und zugleich eine Verschränkung von Erb- und Wahlrecht, wie sie auch bei den Franken nachweisbar ist, vor allem in kritischen Situationen einer umstrittenen oder unregelmäßigen Thronfolge[356].

Die Stellung des burgundischen Königs spiegelt sich in seinem Titel. Gegenüber seinem barbarischen Gefolge ist er einfach nur *rex (noster)* bzw. *dominus* oder *dominus rex*. Selten, weil im Binnengebrauch überflüssig, ist die gentile Ergänzung des Titels: *rex Burgundionum*. Aus der Außenperspektive betrachtet (Cassiodor), ist er notwendig zur Unterscheidung von anderen barbarischen *reges*[357]. Seine Macht als *rex* übt der burgundische König nur über seine polyethnische *gens (Burgundionum)*. Den Romanen seines *regnum* oder der *provinciae ad nos* (d.h. *ad regem*) *pertinentes* gegenüber hat er als *rex Burgundionum* keine Befehls- oder Amtsgewalt; in praxi übt er sie doch aus, weil er sich an die Stelle des Provinzstatthalters gesetzt hat und ein hohes militärisches Amt bekleidet. Die Doppelstellung und die undeutliche Legitimierung seiner Herrschaft über die Romanen kennzeichnet Sidonius Apollinaris, indem er sie Herrschaft eines oder von Tyrannen nennt oder etwas später den burgundischen König mit dem antiquierten Titel Tetrarch belegt, der an die von Rom anerkannten Klientelkönige wie die jüdischen Könige erinnert. Die konservativen Vorbehalte gegenüber der neuen Herrschaft mögen hier Sidonius die Feder geführt haben[358]. Schon seit längerem waren die Burgunderkönige als Chefs von föderierten Truppen, also Teilverbänden der römischen Armee, in die römische Ämterhierarchie integriert. Als hohe Amtsträger spielten sie, wie wir gesehen haben, ihren Part auf dem politischen Schachbrett des Westreiches in den letzten Jahren seines Bestehens.

Gundioc, der erste namentlich bekannte König des Rhônereiches und Schwager Rikimers, ist schon zu 463 als *vir inluster, magister militum (per Gallias)* bezeugt. Er intervenierte als solcher in Kirchenangelegenheiten, dem Streit im Bistum Die[359]. Möglicherweise war Gundobad vor seiner Erhebung zum *patricius* durch Kaiser Olybrius (472, August) und vor Übernahme der Königswürde von seinem Onkel Rikimer als Nachfolger Gundiocs zum *magister militum* erhoben worden. Doch ist dies umstritten[360]. Gut bezeugt ist hingegen das Amt für Chilperich I. d. Ä. (zu 474)[361]. Der Verfasser der Vita Lupicini nennt Chilperich zudem *patricius Galliae*; ob Chilperich tatsächlich diesen hohen Rangtitel eines *patricius* erhalten hat, ist ungewiss; möglicherweise handelt es sich um eine Rückprojektion aus der Zeit Sigismunds[362]. Chilperich war der letzte Burgunderkönig, der das Heermeisteramt inne hatte. In der Szene der Vita Lupicini wird deutlich seine Doppelstellung als kaiserlicher Amtsträger *(patricius)* und als König *(rex)* und damit die doppelte Herrschaftslegitimierung unterstrichen. Wie Gundobad, so führte auch Sigismund den Titel eines *patricius*, und zwar schon vor dem Tode des Vaters[363]. Für Godegisel und Godomar sind keine römischen Amtsbezeichnungen und Titel bezeugt.

Nach dem Untergang des weströmischen Reiches mussten die Burgunderkönige ihr Verhältnis zu Ostrom neu definieren. Sie taten das, indem sie ihre Doppelstellung als Könige über ihr Volk und zugleich als *milites* des Kaisers unterstrichen. Sie erkannten dadurch ausdrücklich die Fortdauer der imperialen Ordnung an[364]. Avitus nannte in einem Schreiben namens Sigismunds an Kaiser Anastasius Gundobad um 515 *gentis regem, sed militem vestrum*. Wenig später schreibt Sigismund an den Kaiser in ähnlichen Worten: *cum gentem nostram videamur regere, non aliud nos quam milites vestros credimus*, oder er spricht von *meae militiae rudimenta* und von seinem Vater als *procer vester*. Es war sicherlich kein Zeichen „tiefster Unterwürfigkeit", wenn Sigismund dem Kaiser schrieb: *vester quidem est populus meus*, auch nicht nur eine Floskel der Diplomatie, sondern der Versuch, die eigene Stellung des Königs und die seines Volkes innerhalb des Reichsgebäudes zu kennzeichnen, zu dem beide, *rex* und *populus*, sich gehörig betrachteten[365].

Dass die burgundischen Könige sorgfältig die Prärogative des Kaisers beachteten, ergibt sich aus der Münzprägung. Die im Herrschaftsgebiet der Burgunder geprägten Münzen zeigen auf der Vorderseite das Bild des Kaisers und auf der Rückseite lediglich das Monogramm der Könige. Goldmünzen mit eigenem Bild haben erst die Merowingerkönige in Gallien geprägt. Der Unterschied ist deutlich[366].

Das Bewusstsein der Reichszugehörigkeit im burgundischen Raum spiegelt sich auch in den Datierungsgewohnheiten. Die Inschriften, offiziellen Texte wie die Gesetze und noch die Chronik des Marius von Avenches, die auf ältere Vorlagen zurückgeht, datieren in der Regel nach Konsulatsjahren[367]. Bei den Inschriften dominiert bis zum Anfang des 7. Jhs. die Datierung nach Konsulaten bzw. nach 541 nach Postkonsulaten. Um 540 wird die von Justinian vorgeschriebene Indiktionsangabe hinzugefügt, ein Zeichen, dass die justinianische Gesetzgebung Südgallien noch erreicht hat. Trotz vereinzeltem Auftauchen von Datierungen nach den königlichen Herrschaftsjahren seit Ende des 6. Jhs. können „die Datierungsweisen der südgallischen Inschriften ... (als) ein eindrucksvoller, bisher kaum beachteter Beweis für die bis 600 andauernde rechtliche Oberhoheit des oströmischen Kaisers über dieses Gebiet" betrachtet werden. Erst im 7. Jh. werden Datierungen nach den merowingischen Königen häufiger[368].

Die doppelte Legitimität des Burgunderkönigs als *rex Burgundionum* und als römischer Amtsträger machte den Herrscher gleichermaßen für „Barbaren" und Romanen zum politischen Bezugspunkt. Damit wurde der königliche Hof zu dem zentralen Ort, wo beide Gruppen zusammentrafen zur Konfrontation oder Kooperation, wo durch das moderierende Wirken der Könige bzw. der Königsfamilie ein Ausgleich der divergierenden Interessen gesucht und oftmals auch gefunden wurde und dies nicht nur für *barbari* und *Romani*, sondern ebenso für Arianer und Katholiken, Kleriker und Laien, Männer und Frauen. Sie alle finden sich in der Umgebung des Königs, mehr oder weniger stark institutionell in den Hof eingebunden, denn der Rahmen für dieses Beraten, Moderieren und Entscheiden war ein wechselnder[369]. Es gehörten dazu die nicht näher bestimmten *aulici* des Königs Chilperich I., vor denen um 467 der hl. Lupicinus die Sache der kleinen Leute verteidigte. Der Große aus der Umgebung des Königs, den er dabei kritisierte, scheint ein Angehöriger der gallorömischen Aristokratie gewesen zu sein. Als germanisch bezeichnet Sidonius Apollinaris die „Alten", *curva Germanorum senectus*, die König Chilperich I. um 469 umgeben. Doch stehen sie in engstem Kontakt mit einem proburgundischen Romanen, mit Syagrius, dem *novus Burgundionum Solon in legibus disserendis*; er ist, wie wir gesehen haben, in der burgundischen Sprache bestens bewandert und dient dem Ältestenrat als Übersetzer für dessen Briefe und zugleich als Vermittler und Schiedsrichter. Der Mitwirkung der Großen *(optimates, proceres, comites)* bei der Gesetzgebung wird im Liber constitutionum häufiger gedacht. Die zu diesen Anlässen versammelten *conventus* oder *colloquia* waren keine Volksversammlungen, sondern Versammlungen der Großen des Reiches, *barbari* und Romanen, wie sich aus der beide betreffenden Gesetzgebung und aus dem Mitwirken römischer Rechtskundiger ergibt[370].

Unter den namentlich bekannten Romanen, die am Hof der Burgunderkönige nachweisbar sind, gebührt Sidonius Apollinaris besondere Beachtung, denn seine – anfängliche – Reserve gegenüber den Burgundern ist bekannt aus seinem wenig schmeichelhaften Porträt der Burgunder aus der Zeit ihrer Einquartierung in oder bei Lyon (Carm. XII, s. oben S. 84). Doch schon 469 sehen wir ihn am Hofe beim feierlichen Einzug des zukünftigen Schwiegersohnes des Burgunderkönigs, eines Franken. Um

471/72 – ein Jahr zuvor war Sidonius Bischof von Clermont geworden – erhielt er zur Unterstützung gegen die Westgoten burgundische Hilfstruppen. 474 intervenierte Sidonius bei Chilperich und seiner Gattin, die er mit Tarquinius und dessen Gemahlin Tanaquil bzw. Germanicus und Agrippina vergleicht, zugunsten seines Onkels Apollinaris aus Vaison, der auf den falschen Kaiser gesetzt hatte. Sidonius bezeichnet Chilperich mal als *magister militum*, mal als *tetrarcha*. Besonderes Entgegenkommen fand der Bischof bei der Königin.

Andere gallorömische Große begegnen frühzeitig in der Umgebung der burgundischen Könige, so der schon genannte Syagrius, Angehöriger der berühmten senatorischen Familie der Syagrii aus Lyon, ebenso aus Lyon Aletheus, dessen Grabschrift um 500 ihn als *Lugduni procerum nobile consilium* feiert, Laconius, Berater Gundobads, in der Zeit, als Bischof Epiphanius von Pavia zur Befreiung der italischen Gefangenen an den Königshof kam, Aredius *vir inluster*, der zwischen Gundobad und Chlodwig anlässlich dessen Brautwerbung vermittelt haben soll, Laurentius, gleichfalls *vir inluster*, der zusammen mit seinem Sohn als Gesandter des Königs nach Konstantinopel geht, Heraclius, ein Korrespondent des Avitus von Vienne und Gundobads Hofdichter, schließlich Bischof Avitus selber, Verwandter des Kaisers Avitus und des Sidonius Apollinaris. Seine Briefe erweisen ihn als wichtigen Ratgeber Gundobads und Sigismunds im politischen, diplomatischen Verkehr mit dem oströmischen Kaiser und in Religionsangelegenheiten. Er war es, der Sigismund zum Katholizismus bekehrte. Ein anderer Bischof, Gimellus von Vaison, intervenierte bei Sigismund zugunsten einer Gesetzgebung für ausgesetzte Kinder. Gemellus ist der einzige im Liber constitutionum genannte Bischof. Andere Bischöfe senatorischer Herkunft standen vor Übernahme des Bischofsamtes im Dienste des Königs, so Rusticus von Lyon (gest. 501) als Richter, Sacerdos von Lyon als *patricius*, schließlich Pantagatus von Vienne, der mit der *quaestura*, der Steuererhebung, betraut war.

Die Fiskalverwaltung scheint in der Hand von Romanen gelegen zu haben, wie nicht anders zu erwarten. Stephanus, der dem königlichen Fiskus vorstand *(qui super omnem dominationem fisci principatum gerebat)*, war ein Schützling Sigismunds, der ihn in seiner Eheangelegenheit gegen den Widerstand der Bischöfe unterstützte.

Neben diesen Romanen fällt es schwer, in der Umgebung des Königs auch „Burgunder" nachzuweisen. Aufgrund seines

Namens und seiner Funktion wird man Fridegisel, den *spatarius* (Schwertträger) König Sigismunds, dessen Eheangelegenheit zum Anlass einer gesetzgeberischen Tätigkeit des Königs wurde (517), dazu rechnen können, ebenso Ansemundus, *vir inluster*, der Richter in Lyon gewesen war, und zur Umgebung Sigismunds gehörte. Vielleicht kann er mit jenem Ansemundus identifiziert werden, der nach einer Fälschung des 9. Jahrhunderts eine Schenkung zugunsten der Kirche von Vienne machte. Wenn dies zutrifft, unterscheidet er sich in seiner Haltung gegenüber König, Kirche oder seiner *patria* Vienne in keiner Weise von einem der galloromanischen Großen. Hymnemod, *natione barbarus*, hatte am Hofe Gundobads eine hohe Stellung innegehabt, bevor er sich in das Kloster Grigny zurückzog und 515 erster Abt des von Sigismund gegründeten Klosters Saint-Maurice wurde. Die Wahl Sigismunds war geschickt, denn Hymnemod zeigte in seiner Person, dass der konfessionelle und funktionale Dualismus des Burgunderreichs überwunden werden konnte.

Zur Umgebung des Königs gehörten also um 500 gallorömische und burgundische Große, Laien und Kleriker, Arianer und Katholiken. Die wenigsten kennen wir mit Namen und können sie näher fassen. Die meisten Amtsträger und Inhaber von kleineren Chargen bleiben ungenannt. Solche, die zur näheren Umgebung des Königs gehörten, zählt der Liber constitutionum auf; es gehörten dazu *obtimates, consiliarii, domestici et maiores domus nostrae, cancellarii etiam, Burgundiones quoque et Romani civitatum aut pagorum comites vel iudices deputati, omnes etiam et militantes*. Die Liste lässt sich dank der Gesetzestexte ergänzen um *notarii, pueri regis* bzw. *wittiscalci, spatarius* und *conviva regis*. Zu unterscheiden sind hier mindestens drei Gruppen:

1. die Großen mit ratgebender Funktion *(obtimates, consiliarii,* auch *proceres* und vielleicht *conviva reges)*,
2. die mit mehr oder weniger spezifischen Aufgaben betrauten Amtsträger wie *domestici, maiores domus,* die mit der Güter- und Hofverwaltung beschäftigt waren, die *cancellarii* und *notarii,* denen der Schriftverkehr oblag, und die *pueri regis* oder *wittiscalci,* die Gerichtsfunktionen (Einziehung der Strafgelder) ausübten,
3. die *comites* und *iudices deputati*; sie stehen gleichsam als Scharniere zwischen der königlichen Zentralverwaltung und der Regional- bzw. Lokalverwaltung, sie gehören zu den *proceres* und *optimates* und stehen dem König z.B. rechtsberatend zur Seite.

Als letzte Gruppe von Personen am Hofe, die den König beratend und mitentscheidend unterstützen, in den Ämterlisten aber nicht aufgeführt sind, weil sie kein „Amt" innehaben, sind hier die Gemahlinnen der Könige zu nennen. Ihre Rolle war zentral, da viele von ihnen wie auch einige Töchter nachweislich katholisch waren und dadurch zu natürlichen Ansprechpartnerinnen für die katholischen Romanen wurden, wie die Gemahlin Chilperichs zeigt: Sie unterstützte das Anliegen des Sidonius und scheint hinter dem guten Verhältnis zwischen ihrem Gemahl und dem Bischof Patiens von Lyon gestanden zu haben. Caretene, die Frau Gundobads, war katholisch. Sie hatte die Michaelskirche in Lyon erbauen lassen, wo sie auch bestattet wurde, und anlässlich der Weihe dieser Kirche die Bitte des Bischofs Marcellus von Die um Steuernachlass für seine *civitas* entgegengenommen und bei ihrem Gemahl durchgesetzt. Oder sie veranlasste den König, der Kirche Saint-Julien in Brioude geraubtes Beutegut zurückzugeben. Ihre Grabinschrift von 506 preist die Königin als eine Frau, welche die Sorgen ihres fürstlichen Gemahls teilte und ihm mit Rat zur Seite stand. Das Gleiche scheint für Theudelinde, die Gemahlin Godegisels, zu gelten. Sie gründete in Genf eine Kirche und soll zusammen mit ihrem (arianischen) Gemahl ein Peterskloster in Lyon errichtet haben. Auf der Ebene der Herrscherpaare scheinen so Arianismus und Katholizismus zum Gleichgewicht gekommen zu sein – Ähnliches gilt auch für den katholischen Sigismund und seine arianische Gemahlin Ostrogotha. Das Herrscherpaar bot jeweils Ansprechpartner für beide Konfessionen. Ausdrücklich werden diese Anhänger Godegisels als *seniores* (bzw. *senatores*) und *Burgundiones* unterschieden, womit beide Gruppen, die gallorömische, katholische Senatorenschicht und die arianischen Burgunder bezeichnet sind.

Zum Königshof gehörten auch die Königskinder; auch sie waren eine konfessionell gemischte Gruppe: Die beiden Töchter Chilperichs d. J., Chrodechild, die Gemahlin des Merowingers Chlodwig, und ihre Schwester Saedeleuba/Crona, die in den gottgeweihten Stand einer *virgo sacrata* eingetreten war, waren katholisch, Sigismund und sein Bruder Godomar, die Söhne Caretenes, ursprünglich Arianer. Sigismunds und Ostrogothas Kinder, die Tochter (wohl nicht Suavegotha genannt) und Sigerich, scheinen von der Großmutter Caretene katholisch erzogen worden zu sein.

Der Hof der Burgunderkönige war sozial, ethnisch und konfessionell heterogen oder – anders gesagt – er war offen; auch dies erleichterte die rasche und vollständige Assimilation und Integration, weil unter dem Dach der Königsfamilie die verschiedenen Bevölkerungsgruppen ihren Anwalt finden konnten.

In der Regional- und Lokalverwaltung war der *comes* (Graf) der wichtigste Amtsträger, nachdem die Provinzialverwaltung zum Erliegen gekommen war. Das *comes*-Amt hatten die Burgunder wohl in der spätrömischen Verwaltung in der Form der *comites civitatum* vorgefunden, wie sie in Marseille, Trier oder Autun nachweisbar sind. Das ursprünglich militärische Amt hatte trotz der in der Spätantike beachteten Trennung von militärischen und zivilen Belangen umfassende Kompetenzen in Gericht, Heerwesen und Verwaltung erhalten und wurde zu einer Art universeller Statthalterschaft, wobei sich allerdings der Amtssprengel auf die *civitas* mit ihrem Territorium, also Stadt und Stadtumland, reduziert hatte[371]. Die Burgunderkönige scheinen das Amt für ihre Zwecke in der Weise adaptiert zu haben, dass sie *civitatum* und *pagorum comites* bestellten. Wenn *civitas* und *pagus* hier nicht synonym gebraucht wurden, könnte in der Doppelbezeichnung schon eine Berücksichtigung der beiden Zonen des Reiches, der Civitas- und der Paguszone, d.h. der Zone mit intakter oder mit in kleinere Bezirke *(pagi)* aufgeteilter Civitas, gesehen werden, obwohl solche *pagi* erst in merowingischer Zeit nachzuweisen sind. Die zweite Neuerung bestand darin, dass entsprechend der vor allem rechtlichen Kompetenz der *comites* je zwei Amtsträger eingesetzt wurden, ein romanischer *comes* und ein burgundischer.

Diese Doppelbesetzung des Amtes ergibt sich ziemlich sicher aus den vielen Bestimmungen zu den *Burgundiones et Romani civitatum aut pagorum comites* oder zu *omnes comites tam Burgundionum quam Romanorum*, vor allem aber aus der Regel, dass kein *comes* ohne den anderen richten solle, was insbesondere bei „gemischten" Prozessen wichtig war[372]. Die *prima constitutio* des Liber constitutionum, in welcher die Grundlagen der Rechtsprechung festgehalten wurden, ist von 31 *comites* unterzeichnet worden, die alle bis auf einen, Silvanus, germanische Namen tragen. Die Zahl entspricht ziemlich genau der Anzahl *civitates*, die zur Zeit der Aufzeichnung des *Liber* zum Burgunderreich gehörten. Man müsste fast von einem lückenlosen Netz von Comitaten ausgehen, wenn *civitas* und *pagus* identisch wären, anderenfalls bei einer größeren Zahl von *pagi* mit Absenzen rechnen, wie das auch beim Konzil von Epao (517) zu vermuten ist, wo 25 Bischöfe vertreten waren. Das Fehlen von romanischen Namen scheint anzudeuten, dass die Kodifikation des *Liber constitutionum* als Lex Burgundionum bzw.

als „Militärgesetz" eben nur von „burgundischen" *comites* unterzeichnet worden ist, gleichgültig nun ob diese im ethnischen oder funktionalen Sinne Burgunder waren. *Comites* wie Gregor, der Angehörige eines angesehenen Senatorengeschlechts und Vorfahr Gregors von Tours, der 40 Jahre das Amt eines *comes* in Autun innegehabt hatte[373], brauchten, weil zuständig nur für Romanen, einen solchen Text nicht zu unterschreiben.

Bedingt durch die Einseitigkeit eines Rechtstextes wie des Liber constitutionum, kennen wir vor allem die Tätigkeit der *comites* im Rechtsbereich (dazu s. nächstes Kapitel). Der *comes* hatte, reduziert auf den Bereich der *civitas* bzw. des *pagus*, alle richterlichen Aufgaben des Provinzstatthalters übernommen. Neben oder unter ihm stand die städtische Verwaltung. Sie wurde offenbar wie in römischer Zeit weitergeführt. Eine städtische Kurie ist für Vienne und für Lyon bezeugt[374]. Der *defensor civitatis* wird in der Lex Romana Burgundionum als Richter in zivilen Angelegenheiten zwischen Romanen erwähnt. Ihm zur Seite standen als Urteilsvollstrecker vom König bestätigte *apparitores*[375]. Die *gesta municipalia*, mithin die städtischen Urkundsbehörden, haben bis in fränkische Zeit weiterbestanden. Das erklärt, warum es keine burgundischen Königsurkunden und keine für burgundische Empfänger ausgestellten merowingischen Königsurkunden gibt[376]. Insgesamt dürfte die burgundische Herrschaft für die Provinzialen wenig Änderung der konkreten Lebensumstände mit sich gebracht haben. Die Inschriften auf ihren Gräbern sprechen eine klare Sprache: sie wähnten sich noch unter römischer Herrschaft stehend, und dies bis ans Ende des 6. Jhs.!

3. Rechtsordnung und Rechtskultur

Wie andere als Foederaten innerhalb des Imperium Romanum angesiedelte Barbaren lebten die Burgunder nach ihrem eigenen Recht, Zeichen ihres Foederatenstatus. Ihre Könige, zugleich römische Amtsträger, besaßen eine delegierte oder zumindest römischerseits anerkannte Richter- und Gesetzgeberkompetenz. Diese fand ihren sichtbaren und bleibenden Niederschlag in der Redaktion der als Volksrechte bekannten *leges (barbarorum)*, Zeugnisse ihrer Unabhängigkeit als Foederaten und zugleich weitergehende Manifestationen ihres erweiterten Handlungsspielraums zur Zeit des Niedergangs der weströmischen Reichsgewalt. Es sind in der Tat genau jene Germanenherrscher, die als Gründer faktisch unabhängiger Großreiche hervortraten, die auch in der Gesetzgebung gleichsam als Spitzenahnen erscheinen: Eurich bei den Westgoten (Codex Euricianus), Theoderich bei den Ostgoten (Edictum Theoderici), Chlodwig bei den Franken (Lex salica) und Gundobad bei den Burgundern[377].

Die Gesetze der Burgunder galten so sehr als Gundobads Werk, dass die Lex Burgundionum, wie die Sammlung immerhin in einer Handschrift genannt wird, als Lex Gundobadi oder Gundobada und im französischen Sprachraum als „loi Gombette" bezeichnet wurde. Richtiger lautet der Titel Liber constitutionum; so nannte Sigismund die von ihm (neu) veröffentlichte Gesetzessammlung und traf damit besser das Wesen dieses Textes, der beim Fehlen jeglicher eigenen burgundischen Geschichtsschreibung und Urkundenüberlieferung als „wichtigste schriftliche Quelle für die Geschichte des Burgunderreiches" bzw. als „keystone of Burgundian history" bezeichnet wurde[378].

Der Liber constitutionum ist durch 14 Handschriften überliefert, deren älteste aus dem 9. Jh. stammen. Den 105 Titeln – die Aufteilung in einen 88-Titel-Text unter Gundobad und einen 105-Titel-Text unter Sigismund ist umstritten – geht eine Gerichtsordnung als *Prima constitutio* voraus, die auf das zweite Herrscherjahr Sigismunds (in 8 Hss.) bzw. Gundobads (in 6 Hss.) datiert ist. Die rechtshistorische Forschung lehnt die Frühdatierung auf das zweite Herrscherjahr Gundobads (sei es von seinem Herrschaftsantritt ca. 477 oder von seiner Alleinherrschaft im Jahre 500 aus gezählt) ab und datiert die vorliegende Fassung des Liber constitutionum auf 517, erlassen in Lyon am 29. März. Sigismund konnte dabei auf ein regelrechtes Gesetzbuch Gundobads, in welchem dieser die *constitutiones* seines Vorgängers und seine eigenen zusammengefasst hatte, sowie auf Novellen Gundobads, die zwischen 501 und 515 erlassen worden waren, zurückgreifen. Gundobads Gesetzbuch war wegen der 501 einsetzenden Novellierung wahrscheinlich schon im letzten Jahrzehnt des 6. Jahrhunderts abgeschlossen gewesen. Zu diesem Grundstock gehörte anscheinend auch die als *Prima constitutio* bezeichnete vorangestellte Gerichtsordnung. Sigismund übernahm weitgehend den Text seines Vaters, ersetzte, veränderte und ergänzte manche Titel und publizierte das Ganze neu, also im Jahre 517. Vier nur in einigen Handschriften enthaltene *Constitutiones extravagantes* – zwei von Gundobad, je eine von Sigismund und Godomar (Kapitular von Ambérieu, 524!) – gehörten nicht zu dem ursprünglichen 88- bzw. 105-Titel-Text[379].

Verglichen mit den übrigen Volksrechten ist das Latein der Lex Burgundionum sehr korrekt, es entspricht dem provinzialrömischen Amtsstil. Volkssprachliche Ausdrücke sind sehr selten. F. Beyerle zählt nicht mehr als 10 bzw. 11 in seiner Liste burgundischer Rechtswörter auf[380]. Die sprachliche Form und der relativ hohe Anteil römischen Rechts – benutzt wurden nachweislich der Codex Theodosianus, wahrscheinlich auch die Interpretationen zu den Konstitutionen des Codex Theodosianus sowie die Paulussentenzen, vielleicht auch die Institutionen des Gaius – lassen auf römisch-rechtlich geschulte Redaktoren und Berater schließen. Dass solche den Burgundern nahe standen, bezeugt der schon erwähnte Syagrius aus angesehenem senatorischen Geschlecht aus Lyon, den Sidonius Apollinaris *novus Burgundionum Solon in legibus disserendis* nannte, und zwar zur Zeit von Gundobads Vater Chilperich (469). Seine Mitarbeit am Liber constitutionum lässt sich nur vermuten, aber nicht beweisen[381].

Auch der Anteil der in der *Prima constitutio* erwähnten *comites et proceres* bzw. *obtimates* am Zustandekommen der Lex ist undurchsichtig. Waren sie nur Berater (c.2 spricht vom *consilium comitum et procerum nostrorum*) oder Partner des Königs bei einer Einung (c.14, *pactio*), die durch die Unterschrift des Königs und von 31 *comites* bekräftigt wurde, oder sollten die *comites* zur Einhaltung des Gesetzes durch ihre Unterzeichnung verpflichtet werden[382]? Das Letztere scheint eher zu vermuten zu sein angesichts des autoritativen Stils derjenigen Titel, die nicht als Weistum erkenntlich sind, sondern auf des Königs Gesetzgebungsgewalt zurückgehen. Die burgundischen Könige sprachen wie die römischen Kaiser von *leges nostrae, leges priores, constitutiones* oder von *decrevimus, decernimus, iubemus, volumus* und nahmen in ihre Rechtsbegründungen Motive auf, die auch in den römischen Konstitutionen anzutreffen sind[383]. Der Einungsgedanke verträgt sich schlecht mit einer solchen Sprache, auch ein Volksrecht im Sinne eines bisher mündlich tradierten, jetzt schriftlich fixierten Gewohnheitsrechtes, das als personales Recht der Burgunder dem römischen Recht der *Romani* gegenübergestanden hätte.

Ein solches römisches Pendant zum Liber constitutionum hat sich tatsächlich erhalten. Es ist dies die sogenannte Lex Romana Burgundionum, überliefert in vier Handschriften, deren älteste aus dem 7.Jh. stammt. Der 47 Titel umfassende Auszug aus römischen Rechtsquellen – benutzt wurden die Codices Gregorianus, Hermogenianus, Theodosianus, die posttheodosianischen Novellen, die Paulussentenzen und ein Werk des Gaius – stammt eindeutig aus dem provinzialrömischen Bereich (tit. 36) und wird wegen der genauen Parallele zum Text des Liber constitutionum und des Hinweises auf den König als *dominus rex* (tit. 2, 6) im Burgunderreich lokalisiert[384]. Wegen des in der *Prima constitutio* (c. 8) von Gundobad gegebenen Versprechens, für die Römer ein eigenes Gesetzbuch zu erlassen, und wegen des Fehlens aller Hinweise einer Benutzung der Lex Romana Visigothorum, die Alarich II. (484–507) in einer kritischen Situation seines Reiches 506 erlassen hatte, und die als Breviarium Alarici Berühmtheit erlangen sollte, wird die Lex Romana Burgundionum oft in die Zeit Gundobads um 500, jedenfalls vor Erscheinen des Breviarium, datiert. Dieses frühe Datum würde ausgezeichnet zu einer Bemerkung Gregors von Tours passen. Anlässlich des Bruderzwistes von 500 zwischen Godegisel und Gundobad, schreibt Gregor, habe Gundobad nach seinem Sieg „unter den Burgundern mildere Gesetze aufgerichtet, dass die Römer nicht von ihnen unterdrückt würden"[385]. Der Zweck wäre somit ein politisches Entgegenkommen gegenüber der romanischen Bevölkerung gewesen, um diese in einer kritischen Situation von Gundobads Herrschaft stärker an sich zu binden, ähnlich dem, was vordergründig auch das Breviarium Alarici, erlassen kurz vor dem westgotisch-fränkischen Krieg, bewirken sollte. Doch ist darauf hingewiesen worden, dass die Lex Romana Burgundionum auch Novellen des Liber constitutionum bis 517 übernommen hat und deswegen frühestens aus der Spätzeit Gundobads stammen kann und vielleicht im Zusammenhang mit der Neuherausgabe des Liber unter Sigismund (517) stand. Diese Spätdatierung würde der Lex ihren aktuellen politischen Bezug auf die Krisensituation von 500 nehmen. Jedoch wird damit die These, es handle sich bei der Lex Romana um eine reine Privatarbeit, nicht gestützt, weil ihr nach wie vor das Versprechen Gundobads entgegensteht. Die bewusste Entsprechung zwischen der Lex Romana und dem Liber constitutionum weist überdies darauf hin, dass es dem Gesetzgeber darauf ankam, einen praktischen „Leitfaden des römischen Rechts" zu schaffen, „der auf amtliche Initiative hin für den Amtsgebrauch der *iudices* verfasst werden sollte"[386].

Damit stellt sich die allgemeinere Frage nach Sinn und Zweck der beiden Rechtssammlungen. Zweifellos konnte die Gesetzgebung als Attribut der kaiserlichen Herrschaft oder konnte das Wirken der biblischen Gesetzgeber wie Moses oder der antiken wie Solon als Ansporn für die germanischen Könige gedient haben, durch Kodifizierung des Rechts ihre Herrschaft ideologisch zu rechtfertigen, wie dies insbesondere für die Lex salica behauptet wird. Als praktisch-politisches Steuerungsmittel betrachtet D. Frye neuerdings das Gesetzgebungswerk Gundobads. Nach der Phase der Einquartierung nach Militärrecht hätte Gundobad mit der römischen Administration gebrochen und eine völlige territoriale Souveränität angestrebt und diese dadurch ideologisch zu untermauern versucht, dass er – als König einzige Quelle des Rechts – in gleicher Weise über Burgunder und Römer gesetzgeberisch gebot, und zwar in den Titeln 2–41, die aus den Anfangsjahren von Gundobads Herrschaft stammen sollen. Diese Einheitspolitik, gekennzeichnet durch das Territorialitätsprinzip, sei auf Widerstand der Romanen gestoßen, weshalb Gundobad im Konflikt mit Godegisel bzw. Chlodwig (500) Novellen erlassen hätte, die im Sinne der „milderen Gesetze" *(mitiores leges)* Gregors von Tours den Romanen entgegengekommen wären (Titel 42–88), und zwar durch Wiederherstellung der Dualität von Romanen und Burgundern bzw. Barbaren in der Gesetzgebung, mithin durch die (Wieder-) Einführung des „Personalitätsprinzips". Das gemeinhin als typisch germanisch betrachtete Personalitätsprinzip wird hier umgekehrt gesehen als ein von den Romanen verlangtes Prinzip: Sie wollten nach ihrem eigenen (persönlichen, römischen) Recht leben und nicht mit den Burgundern in einen Topf geworfen werden, um nach dem romano-burgundischen Territorialrecht Gundobads leben zu müssen[387]. Die verblüffende These krankt daran, dass sie von der nicht erwiesenen chronologischen Anlage des Textes ausgeht, die komplizierte Textgestalt und -überlieferung nicht berücksichtigt und wiederum konkret Gregors „mildere Gesetze" auf die aktuelle Situation um 500 bezieht[388].

Der Liber constitutionum war offenbar kein rein territoriales Recht, denn schon die *Prima constitutio* (c. 8) garantierte den Romani römisches Recht. Der Liber galt für Burgunder, für Burgunder und Römer in Fällen, die durch das römische Recht nicht geregelt wurden, und für nichtburgundische Barbaren und Juden[389], insofern kann man nicht von einem ethnisch indifferenten Recht sprechen, umso weniger als die Lex Romana Burgundionum als römisches Pendant zum Liber constitutionum eben nicht eine Privatarbeit war, sondern auf königlicher Initiative beruhte[390]. Gundobads Gesetzessammlung ist als „in starker Bewegung befindliches Recht" gekennzeichnet worden. Als solches folgt es weder dem reinen Personalitäts- noch dem Territorialitätsprinzip. Es passt sich den aktuellen sozialen und wirtschaftlichen Bedürfnissen an, Altes und Neues wird miteinander verknüpft, die alten Gesetze und Gewohnheiten müssen gfs. neuen Regelungen weichen, Gesetzeshülsen werden gefüllt, Ergänzungen und Klärungen hinzugefügt. Alles das dient den praktischen Bedürfnissen einer geregelten Rechtspflege, ebenso wie die in der *Prima constitutio* enthaltene Einschärfung der Unbestechlichkeit und der (auch für den König geltenden) Verpflichtung der Richter auf das Recht. Die aktuellen Bedürfnisse erklären auch den Mangel an Systematik, welche den Liber constitutionum auszeichnet, erklären aber auch die Spannungen, Widersprüche und Ungereimtheiten, die sich aus unterschiedlichen Rechtstraditionen ergeben[391].

C. Schott hat anhand der Konfliktlösungsmechanismen diese unterschiedlichen Traditionen, die germanischen und römischen, untersucht und die Wiederherstellung und die Wahrung des Friedens statt der Durchsetzung des Rechtes, die Rache und Vergeltung oder (als ihr Ersatz) die Komposition (das Wergeld) statt der Strafe als Charakteristikum der germanischen Völker bezeichnet. Diese unterschiedlichen Rechtsvorstellungen würden erklären, warum es den burgundischen Königen nicht gelungen ist, das römische Recht in vollem Umfang zu rezipieren, so z.B. bei den Tötungsdelikten. Eingeführt wird zwar die Todesstrafe, gewissermaßen als Neuschöpfung; wieder zurückgenommen aber wird sie durch Anerkennung der Komposition, der Sühneleistung durch das Wergeld und durch die Beschränkung der Blutrache auf den Täter, vielleicht beeinflusst durch das alttestamentarische Talionsprinzip (Wiedervergeltungsprinzip). Auch beim Verfahren zeigt sich eine Durchmischung der Rechtsanschauungen. Der obrigkeitliche Prozess, der zur Strafe führte, wird durch ein Verfahren ersetzt, das auf dem Eid als Zeugnis der Gruppenloyalität und auf dem Zweikampf als Ersatz für die Rache beruhte. Beides, Reinigungseid bzw. Eideshelfer und gerichtlicher Zweikampf, kann nicht mit I. Wood auf das römische Vulgärrecht zurückgeführt werden, in welchem sich beides nicht nachweisen lässt. Zu Recht stellt C. Schott denn auch die Frage, warum es, wenn der Liber constitutionum römisches Vulgärrecht gewesen sein sollte, für die romanische Bevölkerung daneben noch ein eigenes römisches Recht hätte geben sollen. Die von Schott konstatierten „Resistenzen und Renitenzen" von Seiten der Burgunder bzw. der *barbari* des Burgunderreiches gegenüber der Übernahme römischen Rechtes lassen die Grenzen der Assimilation erkennen[392].

Der Inhalt der Gesetzessammlung ist entsprechend den aktuellen Bedürfnissen bunt und vielgestaltig[393]. Nur weniges verlautet über die allgemeine Verfassung und Verwaltung des Reiches. Deutlich wird indessen die gesetzgebende Gewalt des Königs unterstrichen. Der König entschied beim Fehlen von Regelungen, machte seine Rechtsentscheidungen verbindlich und gab ihnen allgemeine Gesetzeskraft[394]. Dem König unterstanden die burgundischen und römischen comites *(civitatum aut pagorum)*. Diese leiteten die Gerichtsversammlungen, wobei die Rechtsprechung offenbar Sache des rechtskundigen, vom König ernannten *iudex deputatus* war[395]. Im Gerichtsverfahren galten neben dem schon erwähnten Eid und dem Zweikampf auch die Urkunden als Beweismittel. Im Strafrecht finden sich neben dem ständisch gegliederten Kompositionensystem peinliche Strafen (Todesstrafe, Verstümmelungen) und insbesondere Ehrenstrafen, so die Bestimmung, laut der ein Dieb von Jagdhunden in *conventu coram omni populo* das Hinterteil des Hundes küssen musste. Sie wird fälschlich oft als typisch altertümlich und germanisch angesehen, doch gibt sie sich als Neuerung zu erkennen *(iubemus),* und zwar als Auswirkung des ehrmindernden Sklavenrechts auf Freie[396]. Die peinlichen Strafen werden für Tötungen, Verletzungen, Freiheitsentzug, Inzest, Ehebruch, Notzucht, Hausfriedensbruch und Eigentumsdelikte angedroht. Im Bereich des Privatrechtes werden insbesondere Ehe-, Scheidungs-, Familien-, Vormundschafts-, Erb- und Sachenrecht behandelt. Kirchliche Angelegenheiten werden so gut wie gar nicht behandelt, sieht man von der Erwähnung der Kirche als Asyl und als Ort, wo der Reinigungseid geleistet wird, und dem Schutz des Priesters und der allgemeinen Achtung der Kirche und des Klerus einmal ab[397]. Auf christlichen Einfluss könnten immerhin die Beschränkung der Blutrache auf die Person des Täters zurückgehen und die wirtschaftliche Sicherstellung der Frau bei der Scheidung. Eindeutig ist eine kirchliche Gesetzesinitiative nur im Falle der Novelle Sigismunds (8. März 516) bezüglich der Findelkinder bezeugt. Die neue Regelung ging auf eine Eingabe *(suggestio)* des Bischofs Gimellus von Vaison zurück[398].

Auch nach der Eroberung des Burgunderreiches durch die merowingischen Franken blieb die Lex Burgundionum in Kraft und entwickelte sich zum regionalen Recht. Nachteilig für ihr Fortwirken war allerdings, dass sie sich nicht mehr durch Novellierung den Veränderungen anpassen konnte und dass die Handschriftenverbreitung der *lex scripta* vernachlässigt wurde. Letzteres gilt auch und in besonderem Maße für die Lex Romana Burgundionum, die anscheinend nur bis in die zweite Hälfte des 6. Jhs. fortgewirkt hat, weil sich für die romanische Bevölkerung des merowingischen Burgund das ungleich ausführlichere Breviarium Alarici als *Lex romana* durchsetzte, wie die ältesten aus Lyon stammenden Handschriften des 6. Jhs. bezeugen[399]. Der Vergleich der Handschriftenüberlieferung unterstreicht die Vorrangstellung des Breviarium. Es ist in mehr als 70 Handschriften, die fast alle aus Italien und dem Frankenreich stammen, überliefert. Ihnen stehen nur die eine (fast) vollständige Handschrift und die drei fragmentarischen Handschriften der Lex Romana Burgundionum gegenüber.

Die Wirkung des Liber constitutionum lässt sich weit über die Merowingerzeit hinaus verfolgen[400]. Unter Karl dem Großen werden die Besonderheiten der Eidesleistung der *Guntbodingi/Guntbadingi* ewähnt[401]. Agobard von Lyon wandte sich 817 in zwei Denkschriften an Ludwig den Frommen, um den Kaiser zur Abschaffung der regionalen Sonderrechte im Sinne der Reichseinheitsideologie zu bewegen. Stein des Anstoßes für Agobard waren die beiden schon erwähnten „resistenten" Rechtsinstitute des Eides und des Zweikampfes, d.h. des Gottesurteils, welchen die Gundobadi folgten, also die Burgunder, die nach dem Recht des Häretikers Gundobad, wie Agobard den arianischen Burgunderkönig verächtlich nannte, lebten. Es seien nur noch sehr wenige, und diese solle der Kaiser unter das Recht der Franken zwingen. Nach Agobards biblisch begründetem Einheitsdenken sollten laut Kolosser 3,11 alle eins in Christus sein: Heide und Jude, Beschnittener und Unbeschnittener, Barbaren und Skyther ... und, wie Agobard hinzufügte, Aquitanier und Langobarde, Burgunder und Alemanne. Doch die von Agobard geforderte Rechtseinheit ließ sich nicht durchsetzen[402]. Auch im 10. Jh. berief man sich in Burgund noch auf die Lex Gonbada[403]. Dass dieses sich darin aussprechende differenzierende Rechtsbewusstsein Identitäten stiftete, scheint nicht zu bezweifeln zu sein, strittig ist, ob diese sozial, ethnisch oder regional geprägt waren.

4. Die Sozial- und Wirtschaftsstruktur des Burgunderreiches

Die rechtspraktische Absicht des Liber constitutionum und der Lex Romana Burgundionum sowie das Fehlen einer eigenständigen historiographischen Überlieferung machen diese beiden Gesetzessammlungen zu unseren wichtigsten Quellen für die sozialen und wirtschaftlichen Verhältnisse des Burgunderreiches, und dies trotz ihres normativen Charakters. Sie bieten keinen Abklatsch der Wirklichkeit, genauso wenig wie die ebenfalls interessegeleiteten historiographischen, hagiographischen oder brieflichen Texte. Zur Rekonstruktion des sozialen Ordnungsmodelles und der ständischen Struktur der romano-burgundischen Gesellschaft bieten sie dank ihres teilweise deskriptiven Charakters umfangreiches Material, das sich durch andere, auch archäologische Quellen ergänzen, aber nicht ersetzen lässt.

Sozialstruktur

Die Sozialstruktur der in der Sapaudia einquartierten Burgunder und der Romanen wies starke Übereinstimmungen auf, die den Assimilationsprozess wesentlich erleichterten. Der politische Wille tat ein Übriges, wie wir schon mehrfach gesehen haben, um diesen zu beschleunigen. So waren Burgunder/Barbaren rechtlich mit den Romanen gleichgestellt, wie sich aus der häufig begegnenden Formel *tam Burgundiones quam Romani* o. ä. etwa bei den *comites* oder allgemein bei den Freien ergibt. Oder es kommt diese Gleichstellung zum Ausdruck, wenn der König von *populus noster cuiuslibet nationis* spricht[404]. Gleichsam als Konsequenz ergab sich daraus das Recht des *connubium*, der Eheschließung zwischen Burgundern und Romanen, im Gegensatz z.B. zu den Verhältnissen bei den Westgoten[405]. Die Römer konnten im Burgunderreich auch Heeresdienst leisten und damit Zugang zu der traditionell den Barbaren offenen Militäraristokratie erlangen. Namentlich bekannte Heerführer romanischer Herkunft sind allerdings erst aus dem merowingischen Burgund bekannt. In der Umgebung des burgundischen Königs begegneten, wie wir gesehen haben, Romanen wie Burgunder[406].

Das römische Ständemodell, das die Burgunder bei ihrem Eintritt in das Imperium vorfanden, war – im Strafrecht deutlich markiert – durch die Dichotomie von Freien und Unfreien geprägt und entsprach ihrem eigenen. Die soziale Wirklichkeit war demgegenüber wesentlich komplexer. Die soziale Dominanz des spätrömischen Senatorenadels war unübersehbar. Der *ordo* der mit dem Rangtitel *(viri) clarissimi* ausgezeichneten Senatoren hatte praktisch und sozial das Heft in der Hand[407]. Es waren z.B. Senatoren, welche die Burgunder 457 in die Lugdunensis riefen oder im Jahre 500 Godegisel gegen seinen Bruder Gundobad unterstützten. Aus dem Senatorenadel rekrutierte sich so gut wie ausschließlich der Episkopat Südostgalliens; erinnert sei hier an die Verwandten Gregors von Tours, die in Langres, Autun, Lyon und Clermont Bischöfe waren. Kein Wunder also, dass die beiden Metropolitensitze Lyon und Vienne fest in der Hand des senatorischen Adels gewesen zu sein scheinen[408].

Der römischen Führungsschicht entsprach die burgundische, dem *Romanus nobilis* der *obtimas Burgundio*[409]; die ihr angehörenden galten als *potentes, potentiores, obtimates nobiles*[410], sie waren *proceres* des Königs und standen als solche in einem besonderen Verhältnis zu ihm, als Berater und höhere Amtsträger, möglicherweise als Vertragspartner bei der Gesetzgebung, jedenfalls als Personen, die persönlich auf die Einhaltung des Gesetzes verpflichtet werden sollten. Diese oberste Schicht der Freien, als *obtimates nobiles*, d. h. als Adel bezeichnet, wurde durch ein Wergeld von 300 *solidi* geschützt[411]. Sie dürfte sich aus sehr verschiedenen Elementen zusammengesetzt haben und insgesamt sehr klein gewesen sein. Ihren Rechtsstand hatte sie vor dem Königsgericht.

Das ergibt sich aus einem Eheskandal, in den Fridegisel, der Schwertträger *(spatarius)* König Sigismunds, verwickelt war. Er hatte sich mit Aunegilde verlobt, einer Frau, die zum ersten oder zweiten Male Witwe geworden war und als solche unter keines Mannes Munt mehr stand, sondern über ihre Person frei verfügen konnte. Doch Aunegilde brach das Verlöbnis, verletzte ihre Standesehre *(dedecus libertatis),* indem sie sich mit Baltamod, einem Mann niedrigen Standes, verband. Das Vorgehen war todeswürdig. Doch wegen der Osterfeierlichkeiten, so die Begründung, gestattete der König die Wergeldzahlung: 300 Schillinge. Die Höhe erweist, das Aunegilde zum Stand der *obtimates nobiles* gehörte, wie wohl auch Friedegisel, der *spatarius* des Königs. Auch Baltamod hätte wegen des Verlöbnisbruches, der dem Ehebruch gleichgestellt war, den Tod verdient, wurde aber aus dem gleichen Grund der Osterfeiern ebenfalls zur Zahlung seines Wergeldes, 150 Schillinge, an Fridegisel, den Geschädigten, verurteilt. Baltamod gehörte laut seinem Wergeld zur niederen Schicht der Freien. Die Affäre zeigt einerseits, mit welcher Empfindlichkeit auf die Rang- und Ehrminderung reagiert wurde, andererseits, wie das harte Durchgreifen, die Todesstrafe, durch das Kompositionssystem abgemildert wurde – wohl in Rücksicht auf die hohe Stellung der Betroffenen. Zugleich schärfte der König für die Zukunft als allgemeines Gesetz ein, dass Verlöbnisbruch mit dem Tode und nicht durch Vermögenseinbußen zu ahnden sei. Der Prozess sowie der Richter- und Gesetzesspruch fanden am 29. März 517 statt, am Tage der Veröffentlichung des Liber constitutionum. Zu Recht wird vermutet, dass der Aunegilde-Skandal Sigismund den Anlass bot „Gundobads Gesetzeswerk wieder in Erinnerung zu rufen und dessen Beachtung neu einzuschärfen" und „sich vor aller Augen als tatkräftiger und energischer Richter und Gesetzgeber zu präsentieren"[412].

Die zweite Schicht der sozialen Stufenleiter *(secundum qualitatem personae)* bildeten die *mediocres*, eine schwierig zu bestimmende Mittelschicht[413], die sich einerseits deutlich durch ihr Wergeld von 200 *solidi* von den *obtimates* unterscheidet[414], andererseits mit ihnen zusammen die Schicht der *maiores personae* bzw. der *honestiores* bildet und gegenüber der unteren Schicht der Freien abgegrenzt wird[415]. Zur Mittelschicht scheinen die (burgundischen wie romanischen) *possessores*, Gutsbesitzer, gehört zu haben[416]. Den beiden höheren Schichten, zusammengefasst als *maiores, honestiores*, standen die niederen Freien, wohl kleine Grundbesitzer oder gar Leute ohne Grundbesitz als dritte Gruppe der Freien gegenüber – als *minores, inferiores*[417], bzw. *humiliores, viliores*[418]. Sie galten als die *leudes*, (einfache) Leute, gegenüber den *obtimates* und *mediocres*. Das Wergeld der unteren Schicht der Freien betrug 150 *solidi*[419]. Zu den Freien gehörten zum einen die *faramanni*, die burgundischen „Fahrtgenossen", die sich an der Expedition in die Sapaudia beteiligt hatten, dort einquartiert und mit Steuer- bzw. Landanteilen *(sortes)* ausgestattet worden waren und gfs. durch königliche Schenkungen ihren Besitz an Äckern und Sklaven erweitern konnten, zum anderen gehörten zu ihnen die *cives Romani*, die über Land, Kolonen und Sklaven geboten[420].

Schwierig zu situieren sind die Freigelassenen. Sie gehörten zu einer Zwischenschicht zwischen Freien und Sklaven[421], wurden z.T. noch mit den Sklaven zusammengefasst, konnten aber wie übrigens auch die Sklaven des Königs als Zeugen in Testaments- und Schenkungsangelegenheiten fungieren, wo normalerweise fünf oder sieben Freie als Zeugen gefordert waren[422]. Auch nach ihrer Freilassung standen die *liberti/libertae* in einem gewissen Abhängigkeits- bzw. Vertrauens- oder Verpflichtungsverhältnis zu ihrem ehemaligen Herrn und Freilasser[423]. Sie zählten solange zur *familia* ihres Herrn *(patronus)*, bis sie diesem nicht 12 Schillinge für ihre Freilassung bezahlt hatten bzw. ein Drittelsgut, eine *tertia* von einem Römer sei es als Landlos *(sors)*, sei es als Pachtgut erhalten hatten[424]. Nach römischem Recht erfolgte die Freilassung durch

Testament oder in der Kirche und wurde durch Zeugenunterschriften des Bischofs oder von Priestern und Diakonen beglaubigt oder sie wurde durch den *princeps*, also wohl den König, ausgesprochen[425]. Das Wergeld ist für die Freigelassenen nicht überliefert.

Die Kolonen *(coloni, originarii)* waren praktisch den Unfreien gleichgestellt. An die Scholle gebunden, standen sie in Abhängigkeit sowohl von Burgundern wie Romanen[426], wurden vertrags- und strafrechtlich wie Sklaven behandelt und unterlagen wie diese der Prügelstrafe[427]. Ein Wergeld ist auch für die Kolonen nicht überliefert. Möglicherweise stimmt es mit dem der *servi* überein und brauchte deswegen nicht eigens ausgewiesen zu werden. Von den Kolonen ist der freie Pächter *(conductor ingenuus)* zu unterscheiden; er unterlag nicht der Prügelstrafe[428].

Der erbliche Sklavenstand, die *servilis conditio*, war stark differenziert[429]. Es gab barbarische und römische Sklaven, sie waren rechtlich gleichgestellt[430]. Die Zahl der im Besitz der Burgunder stehenden Sklaven ist im Zuge der Ansiedlung und des Anfalls von einem Drittel der *mancipia* bei Übernahme einer *sors* stark angestiegen. Erhöht wurde sie zusätzlich durch die bei Kriegszügen gemachten Gefangenen. Hinzu kommen die durch Kauf oder Rückkauf erworbenen Sklaven und solche, die aufgrund von Strafe, Schuld oder unerlaubten Eheverbindungen verknechtet und zu Sklaven – häufig des Königs – wurden[431]. Freilassungen erfolgten, wie für die Freigelassenen erwähnt, durch Schriftakt oder durch fünf oder sieben Zeugen[432]. Ziemlich außergewöhnlich sind zwei Inschriften aus Briord (cant. de Lhuis, dép. Ain, F) mit Erwähnungen von Freilassungen: der 487 mit 60 Jahren verstorbene Manneleubus, *vir venerabilis*, ein Laie, hatte sechs Personen (drei Frauen, drei Männer) freigelassen, von denen vier oder fünf germanische Namen trugen; 501 verstarb mit 28 Jahren Arenberga, sie hatte zu ihrem Seelenheil einen Sklaven *(puer)* namens Manno freigelassen[433].

Die Tätigkeit der Sklaven war vielseitig. Sie genossen eine sehr unterschiedliche Wertschätzung. Zu den in Haus und Hof beschäftigten einfachen romanischen oder barbarischen *mancipia, servi, ancillae, pueri* gehörten wohl auch der Acker- (oder Pflug-) Knecht oder der Schweinehirt sowie der Schafhirt. Ihr Wergeld betrug 30 Schillinge[434]. Neben ihnen standen zwei Gruppen von Sklaven mit höherem Ansehen und höherer Rechtsstellung. Zum einen waren dies die dem König gehörenden Sklaven. Sie sind als Diener und Dienerinnen am Hof oder als Vorsteher einer Villa bezeugt. Das Wergeld eines solchen *actor villae* betrug z.B. 150 Schillinge; das entspricht jenem eines niedrigen Freien *(minor persona)*; für den *actor* eines Grundherren waren 100 Schillinge zu zahlen[435]. Der Königsschutz erstreckte sich auch auf die im Dienste des Königs stehenden Unfreien und trug ihnen zweifellos ein erhöhtes soziales Prestige ein[436]. Die andere Gruppe von Sklaven mit hoher sozialer und rechtlicher Wertschätzung waren solche, die als *lectus ministerialis* die (höheren) Hausämter bekleideten oder zum Heeresdienst herangezogen wurden *(expeditionales)*. Ihr Wergeld betrug 60 Schillinge. Charakteristisch war die Staffelung bei den Handwerkssklaven. An der Spitze stand der Goldschmied (200 bzw. andere Hss. 150, bzw. LRB 100 Schillinge), es folgten der Silberschmied (100), der Eisenschmied (50) und schließlich der Wagner oder Stellmacher (40)[437]. Zu den unfreien bzw. freigelassenen Handwerkern gehörten außerdem namentlich noch der Erz-, Bronze- oder Kupferschmied, ferner der Schneider und der Schuster, ohne dass deren Wergeld bekannt wäre[438]. Ein Teil der Erzeugnisse dieser Handwerker dürfte unter den Beigaben und Trachtbestandteilen der burgunder- und merowingerzeitlichen Bestattungen vornehmlich Nordburgunds zu fassen sein. Die hochwertigen Gegenstände v.a. des 6. Jhs. zeugen von einem bemerkenswerten technischen Standard der Metallgewerbe. Er erklärt die hohe rechtliche Wertschätzung dieser Spezialistenschicht unter den Handwerkern. Da die Burgunder ihre Toten nur mit unbedeutenden Beigaben ausstatteten, die aufwendigere Beigabensitte erst in merowingischer Zeit im Teilreich Burgund übernommen wurde, ist es für die Zeit der Unabhängigkeit des Reiches nicht möglich, die archäologischen Befunde unmittelbar mit den sozialen Schichten in Beziehung zu bringen[439].

Landwirtschaft

Die hohe Wertschätzung der Spezialisten unter den Handwerkern insbesondere des Metallgewerbes kontrastiert mit der Geringschätzung der landwirtschaftlichen Tätigkeiten. „Spezialisten" wie Acker-/Pflugknecht oder Schweinehirt standen hier auf der gleichen Stufe wie die normalen Sklaven. Zu ihnen gehörten wohl auch noch andere Landwirtschaftssklaven mit Sonderaufgaben wie (Schaf-)hirten oder Weinberghüter, während die *actores villae* als Gutsvorsteher und Verwaltungssklaven höher (100 bzw. 150 Schillinge) eingeschätzt wurden[440]. Der Grund für die Geringschätzung der landwirtschaftlichen Arbeit ist leicht einzusehen. Die Landwirtschaft war die hauptsächliche und am weitesten verbreitete Wirtschaftstätigkeit, und die Burgunder partizipierten an ihr direkt, seitdem sie durch die Ansiedlung zu Grundbesitzern geworden waren. Land und landwirtschaftlich genutzter Besitz war die Grundlage einer jeden *sors*, ob fiskalistisch oder real gedeutet. Deswegen standen, wie wir anlässlich der Ansiedlung gesehen haben (Kap. IV, 2), die landwirtschaftlichen Ressourcen im Vordergrund. Ackerland, Haus, Hof, Garten, Wald und Weide sowie die Arbeitskräfte, Sklaven und Kolonen. Ihre Übernahme durch die Burgunder zog in keiner Weise Veränderungen der Wirtschaftsformen nach sich. Die Lage der Sklaven und Kolonen wurde ebensowenig durch den Besitzwechsel berührt wie die Art und Weise der Betriebsorganisation oder der Bewirtschaftung der Güter.

Romanen und Burgunder beteiligten sich gemeinsam an Rodungen und an der Ausbeutung der Wälder. Geachtet wurde dabei auf hälftige Teilung[441]. Nicht mit Wald ausgestattete Romanen und Burgunder konnten für den Eigenbedarf in den Wäldern Holz fällen, allerdings keine fruchttragenden Bäume (also auch keine Eichen und Buchen) sowie Kiefern und Tannen, denn der Wald bot nicht nur Bau- und Brandholz, sondern diente auch zur Eichelmast[442].

Große Bedeutung hatte offenbar der Weinbau. Diese Sonderkultur war wohl ursprünglich wegen des dazu erforderlichen Spezialwissens eine Domäne der Romanen – man denke an das Fortleben der romanischen Winzerbevölkerung an der Mosel. Doch kennt der Liber constitutionum schon die gemeinsame Anlage von Weingärten durch Romanen und Burgunder und beide begegnen als Weingartenbesitzer[443], immerhin ein Zeugnis dafür, dass den Burgundern am Besitz und an der Erweiterung von Weingärten gelegen war, mag das Wissen um Anlage und Pflege zunächst Sache von romanischen Sklaven oder Kolonen gewesen sein. Das Interesse am Weinbau zeigt, dass die Burgunder nach Sesshaftigkeit strebten, die mediterrane Weinkultur übernehmen und an der zivilisatorischen Kraft des Weinbaus teilhaben wollten[444]. Die Weingärten wurden durch *custodes* bewacht, um Diebstahl oder Tierschäden abzuwehren. Insbesondere die Schäden durch Groß- und Kleinvieh scheinen zu häufigem Streit zwischen Weingarten- und Viehbesitzern geführt zu haben. Sigismund erneuerte „zur Pflege und zum Nutzen der Landwirtschaft" diesbezüglich sehr detaillierte Bestimmungen seines Vaters Gundobad, der darüber auf die Klagen von Burgundern und Römern hin schon mit seinen *optimates* beraten und entsprechende Regeln erlassen hatte[445].

Viele Regelungen der Gesetzestexte beziehen sich auf die Acker- und Weidewirtschaft. Unterschieden wurden das bebaute Land und das Ödland[446]. Häufig genannt werden die Felder *(ager, terra, campus)*, Gemeinbesitz an Feldern *(ager communis)*, ihre Grenzen *(terminus, finis, limes, arbores terminales)*, die Weiden *(pratum)*, die Zäune *(sepis)*, der Obstgarten *(pomarium)*, der Garten *(hortus)*, die Wasserläufe *(aquae cursus)*, der Sumpf *(lutum)* oder das Rodeland *(exartum)*[447]. Die Ernte wurde vor Brand, Diebstahl oder Tierschäden geschützt[448]. Von den Getreidearten wird nur die Gerste erwähnt; neben dem Heu war sie im Winter den durchreisenden Gesandten von den Bewohnern eines Gutes, seien es Romanen oder Burgunder, und zwar auch von den *maiores personae* zu liefern[449].

Unter den Haustieren wurde unterschieden zwischen Groß- und Kleinvieh[450]. Zum Kleinvieh zählten Ziegen (1 Tremissis), Schafe, Schweine, Bienen(volk) (je 1 Schilling) und wohl auch die als geringen Wert betrachteten Hühner[451], zum Großvieh Rinder, (2 Schillinge), Kühe (1), Pferde (10 bzw. 5) und Esel[452]. Eine besondere Rolle spielten die Hunde als Wachhunde und als Jagdhunde, bei denen Windhund, Spürhund und Hetzhund unterschieden wurden. Die Hochschätzung der Jagdhunde ergibt sich aus der ehrenrührigen Bestrafung für den Hundedieb: Er musste vor der versammelten Gerichtsgemeinde *(in conventu coram omni populo)* das Hinterteil des Hundes küssen oder 6 Schillinge als Buße zahlen (s. oben S. 131). Ebensoviel kostete die Ablösung der peinlichen Strafe für den Diebstahl eines Jagdfalken[453]. Bei der Jagd auf Wildtiere wurden Fallen in Form von Schlingen benutzt, gegen Wölfe selbstschießende Bogen eingesetzt, die bei der Annäherung von Menschen oder (größeren) Haustieren auslösen und ihre Pfeile ohne deren Gefährdung abschießen sollten[454].

Von den in der Landwirtschaft benutzten Geräten erwähnen die Gesetze die Wagen *(carpentum, carrum)*, die Pflüge *(aratrum)*, das Rinderkummet *(iunctura)*, die Pflugscharen *(vomer)* und die Axt *(securis)* sowie Pferde- oder Kuhschellen *(tintinnum)*[455]. An Gebäuden werden das offenbar mit Schindeln *(scindola)* gedeckte Haus *(domus, habitatio, habitaculum)*, ferner der Hof *(curtis)* im engeren Sinne sowie Grubenhäuser *(scrinium, screona* u.ä.*)*, die wohl als Vorratshäuser oder Werkstätten dienten, genannt[456]. Die ganze Betriebseinheit konnte dann zusammenfassend als *villa*, bzw. *colo-*

nica bezeichnet werden, womit allerdings eher die Rechtsstellung als die Art der baulichen Anlage gemeint ist[457].

Insgesamt ergibt sich das Bild einer differenzierten, entwickelten, geregelten und expandierenden Landwirtschaft; das entspricht der Annahme einer weitgehenden Kontinuität der ländlichen Siedlungen im Raum der Burgundia[458].

Handwerk

Die hohe Wertschätzung der Handwerker der Metallgewerbe ergibt sich aus den oben mitgeteilten Wergeldsätzen für Gold-, Silber-, Eisenschmiede und Stellmacher. Sie bezogen sich allerdings nur auf die unfreien bzw. freigelassenen unter den Handwerkern. Ob es danach auch freie Handwerker in diesen Metallberufen gegeben hat, wie sie unter den Goldschmieden im Merowingerreich durch die Gestalt des heiligen Eligius[459], Bischofs von Noyon und späteren Patrons der Goldschmiede, Hufschmiede und aller Metall verarbeitenden Gewerbe, bezeugt sind, ist schwierig zu entscheiden. Dass in den Leges nur unfreie Handwerker erwähnt wurden, ist damit zu erklären, dass freie Handwerker nicht durch ihre Berufe zu kategorisieren waren, sondern nur durch ihren Rechtsstand als Freie, die zu einer der drei Gruppen der *obtimates/nobiles*, *mediocres* oder *minores* zählen konnten. Ob etwa zu den *minores* auch Handwerker gehörten, ist nicht auszumachen. Es könnte indessen für diese Vermutung sprechen, dass der für die Wasserleitung in Vienne verantwortliche *artifex* – vielleicht eher ein Techniker als ein Handwerker – auf Godegisels Befehl als Angehöriger des *minor populus* die Stadt bei der Belagerung durch Gundobad verlassen musste. Er ging zu Gundobad über und führte dessen Truppen durch die Aquaedukte mitten in die Stadt[460]. Ob die Techniker oder Monteure, die Theoderich mitsamt der Wasser- und Sonnenuhr zu Gundobad schickte, um an dessen Hof das Wunderwerk zu installieren, frei oder unfrei, höheren, mittleren oder minderen Standes waren, lässt sich aus ihrer Bezeichnung als *magistri rerum* bzw. *dispositores* nicht ersehen[461].

Für Sklaven und *viliores personae*, also auch die Kolonen, kannte die Lex Romana Burgundionum noch die Bergwerkstrafe. Sie entsprach der Exilierung der *honestiores personae*. Der Lex wird bescheinigt, dass sie gerade für die Strafen der zeitgenössischen Praxis entsprochen hätte, mit Ausnahme der Bergwerkstrafe, die sie gleichsam als totes Traditionsgut weitergeschleppt habe, „obwohl diese mangels geeigneter Bergwerke mit entsprechenden Einrichtungen für die Unterbringung Gefangener im Burgunderreich kaum praktikabel gewesen sein dürfte"[462]. Woher wissen wir das? Angesichts der Weiterführung des komplizierten römischen Steuer- und Rechtswesens, die nicht bestritten wird, wäre es erstaunlich, dass die Bergwerksbetriebe 476 mit dem Ende des weströmischen Reiches ihre Pforten geschlossen und ihre Gefangenen entlassen hätten. Nach der Mitte des 6. Jhs. erregte sich Prokop darüber, dass die Franken, die inzwischen das Burgunderreich und die Provence eingenommen hatten, von den gallischen Bergwerken *(metallon)* das Edelmetall gewannen, um daraus Goldmünzen mit ihrem eigenen Bildnis zu prägen[463]. Man wird also auch hier eine gewisse Kontinuität veranschlagen müssen. Das gilt auch für die Salzgewinnung im Bergbetrieb im Jura im Gebiet von Salins, woher die Mönche von Saint-Claude um 500 üblicherweise ihr Salz bezogen[464]. Das gilt vermutlich ebenfalls für die staatlichen Manufakturen, die sich innerhalb des Burgunderreiches fanden, die Waffenfabriken in Autun und Mâcon, die Zeugfabrik *(gynaeceum)* in Lyon – diejenige von Autun war nach Metz verlegt worden –, die Leinenweberei *(linyphium)* in Vienne und die Münzfabrik in Lyon. Diese in der um 425/30 verfassten Notitia dignitatum aufgeführten Manufakturen arbeiteten für die römische Armee und die zivilen Beamten[465]. Wie lange sie produzierten, ist nicht bekannt. Dass in ihnen Handwerks- und Werkstatttraditionen ausgebildet wurden, die weit bis ins 6. Jh. hineinragten, wird von archäologischer Seite vermutet, um die Qualität insbesondere der Gürtelbeschläge der sog. Trachtprovinz Nordburgund zu erklären. Diese Beschläge werden jedenfalls romanischen Werkstätten zugesprochen[466]. Es ist anzunehmen, dass der Burgunderkönig in seiner Eigenschaft als *magister militum* Zugriff auf diese staatlichen Manufakturen hatte, auch wenn diese unmittelbar dem *magister officiorum* bzw. dem *comes sacrarum largitionum*, d.h. dem „Finanzminister" und dem „Universalminister" der Zivilverwaltung, unterstanden. Erwiesen ist jedenfalls ein solcher aus handwerksgeschichtlicher Sicht bruchloser Übergang von der römischen zur „burgundischen" Münzprägung in Lyon, wie wir noch sehen werden.

Auch im Bereich des Baugewerbes, der Steinbearbeitung und Steinmetzkunst, der Inschriften und der Mosaikkunst wird man mit einer Fortsetzung der antiken Tradition rechnen müssen. Dafür zeugen z.B. die Kirchenbauten und ihre Ausstattungen in Genf, Lyon, Vienne, aber auch auf dem Lande, ferner die Inschriften auf den Grabmälern oder die Bauinschrift Gundobads aus Genf, die auch eine profane Bautätigkeit bezeugt. Ob der zunehmende Holzbau, der selbst bei kirchlichen Bauten in und bei Genf im 6. Jh. nachzuweisen ist, auf die Traditionen der Burgunder zurückgeht, wie in der älteren Literatur häufig behauptet wird, oder vielmehr einem generellen Wandel der Wirtschaftsweise entspricht oder vielleicht als Rückgriff auf ältere einheimische Bautraditionen zu deuten ist, scheint noch nicht geklärt[467]. In der Tat waren die rechtsrheinischen Burgunder um 430 als sesshafte Leute bekannt, die als Handwerker (Holzbauleute) ihren Unterhalt bestritten[468]. Dass im Liber constitutionum neben den fruchttragenden Bäumen auch Kiefern und Tannen vom allgemeinen Holzfällerrecht ausgeschlossen waren, dürfte kaum als Zeugnis für ein bei den Burgundern besonders ausgeprägtes Holzgewerbe zu erklären sein[469].

Münze, Handel und Verkehr

Mit ihrem Übertritt in das Imperium Romanum bedienten sich die Burgunder wie die übrigen germanischen Völker innerhalb des Reiches des römischen Geld- und Münzsystems; ein eigenes hatten sie im Rechtsrheinischen nicht. Der Liber constitutionum erwähnt häufig als Wergeld, Sühnezahlungen und Strafen *(multae)* – letztere eine nicht unbedeutende Einnahmequelle des Königs – Münzen, und zwar nur Goldmünzen. So wird das Schlagen eines Freien, eines Freigelassenen oder eines Sklaven je Schlag mit einem Schilling *(solidus)*, einem Halbschilling *(semissis)* bzw. einem Drittelschilling *(tremissis, Triens)* vergolten; ähnlich ist die Belohnung für das Ertappen eines Flüchtlings gestaffelt: 1 *solidus* für den Flüchtenden, 1 *semissis* für das Pferd, das er mit sich führt, 1 *tremissis* für die Stute[470].

Aus Funden sind außer Goldmünzen auch Silber- und Kupfermünzen bekannt geworden, ein sicheres Zeichen für eine ausgeprägte, auch die Alltagsgeschäfte bestimmende Geldwirtschaft im Rhône-Saône-Raum. In einer ersten Phase haben die Burgunder anscheinend anonyme Nachahmungen kaiserlicher Münzen geprägt und sog. pseudo-imperiale Prägungen ausgegeben, vielleicht in Genf oder Valence, oder Münzen auf den Namen Valentinians III. (425–455). In der zweiten Phase wurden die Münzen durch die Monogramme der Könige gekennzeichnet. Die Goldmünzen *(solidi,* bzw. Tremissen) und ein Teil der Silbermünzen trugen auf der Vorderseite das Bild des Kaisers, Anastasius (491–518) unter Gundobad, Anastasius und Justin (517–527) unter Sigismund, Justin und möglicherweise Justinian (527–565) unter Godomar. Auf der Rückseite standen die Monogramme der burgundischen Könige, GVB für Gundobad, mit allen Buchstaben SIGISMVNDVS, MAR für Godomar, dazu häufig die Abkürzung LD für Lyon, wo alle Münzen Gundobads und wohl die meisten Sigismunds und Godomars geprägt worden sind. Sigismund hat vielleicht Münzen auf den Namen Justinus in Chalon-sur-Saône prägen lassen, Godomar *nummi* ebendort oder in Genf. Von Gundobad sind zwei Typen von Silbermünzen bekannt: eine kleinere (ca. 0,3 g) auf den Namen des Anastasius, eine größere (ca. 1,45 g) mit dem Monogramm GVB und der zeitlos gültigen Propaganda-Inschrift *Pax et abundantia* – wer wünschte nicht beides? – auf der Vorderseite und einer Victoria wie bei den Trienten, dazu das LD auf der Rückseite. Die Kupfermünze *(nummus)* von nur 0,07 g hatte eine Büste auf der Vorder- und Gundobads Monogramm sowie LD auf der Rückseite. Aus den späten Herrscherjahren (ca. 508/9–516) Gundobads sind Tremissen überliefert, die sich an ostgotische Münzen anlehnen, obwohl diese auf den Sieg Theoderichs über Burgunder und Franken (508/9) anspielten, vermutlich weil Gundobad vom guten Ruf dieser harten Währung profitieren wollte[471].

Die Sorgen um die gute Währung stand auch im Vordergrund des Kapitulars, das Godomar 524 nach dem fränkischen Sieg und dem Tod Sigismunds erlassen hatte, um der durch den Krieg erschütterten Wirtschaft seines Reiches, vor allem aber dem Fernhandel eine neue sichere Basis zu geben. Seine entsprechende Bestimmung über die Münzen steht völlig allein da unter allen *Leges barbarorum*. Denn hier wurde zum ersten und einzigen Mal bestimmt, was für Münzen in einem der germanischen Nachfolgereiche des Imperiums keinen Umlauf haben und welche akzeptiert werden sollten. Der König beanspruchte also die Münzhoheit. Er bestimmte, dass alle vollwichtigen Goldmünzen zu akzeptieren seien und drohte, dass der Verkäufer bei Verweigerung der Münzen seine Waren verlieren würde. Ausgenommen vom Zwangsumlauf waren namentlich genannte Münzen, offenbar weil sie minderwertig bzw. (währungs)politisch unerwünscht waren. Es waren dies:

1. Münzen, die als *Valentiani* oder als *Valentiniani* bezeichnet wurden. Der Name ist auf Valence als Münzstätte (und damit als *se-*

des regia!) oder auf Prägungen der Alanen in Valence oder auf untergewichtige Prägungen auf den Namen Valentinians III. (425–455) bezogen worden.
2. Die älteren Goldmünzen aus Genf *(Genavenses priores)*. Darunter werden Münzen Godegisels und Sigismunds verstanden, die beide in Genf residiert hatten, und die aus politischen Gründen von Godomar verboten worden seien.
3. Minderwertige Münzen aus der Spätzeit Alarichs II. (um 506/7), von denen auch Avitus von Vienne sprach.
4. *A(r)dar(i)ciani*. Eine überzeugende Identifizierung dieses Münznamens ist bisher noch nicht gelungen[472].

Die burgundischen Münzen in Gold, Silber und Kupfer sowie Godomars Bestimmungen über den Münzumlauf bezeugen, dass den Burgundern an einer Weiterführung des römischen Münzsystems und an einer Münzprägung gelegen war, die dem Klein- wie dem Fernhandel in gleicher Weise diente. Dass die Wirtschaft auch noch nach der Eroberung des Burgunderreiches durch die Franken im Rhônegebiet geldwirtschaftlich ausgerichtet blieb, macht die Episode eines betrügerischen Weinkaufmanns *(negotiator)* aus Lyon deutlich, die Gregor von Tours erzählt. Nachdem der Kaufmann einen Trienten erwirtschaftet hatte, kaufte er Wein dafür, verdünnte ihn mit Wasser und verkaufte ihn im Einzelhandel für Silberpfennige *(argentei)*, die also immer noch im Kleinhandel benutzt wurden. Er setzte das Geschäft mit dem gepanschten Wein solange fort, bis er mit seinem Startkapital von 1 Trient schließlich 100 *solidi* (= 300 Trienten) erwirtschaftet hatte[473]. Neben dem Kleinhandel solcher Berufskaufleute *(negotiator!)* muß es diversifizierten Produzentenhandel gegeben haben, denn die oben erwähnten Handwerkssklaven des Metallgewerbes sowie die Schuster und Schneider konnten neben der Arbeit für ihre Herren mit deren Erlaubnis auch für eine öffentliche Kundschaft arbeiten; ihr Handwerk war dann steuerpflichtig *(adtributum artificium)*[474]. Die Regelung öffnete die „private" Sklavenarbeit für den Markt und dürfte vor allem den Spezialisten unter den Handwerkern, Kunsthandwerkern und Künstlern, zugute gekommen sein. Besonders regelungsbedürftig war der Handel mit Häusern, Äckern, Weingärten und mit Sklaven bzw. der Rückkauf von Flüchtlingen. Die entsprechenden Kaufakte wurden schriftlich bekundet und vor sieben, fünf oder, wenn ortsansässig und glaubwürdig, vor drei Zeugen vollzogen. Was schließlich für den Kaufabschluss entscheidend war, die Urkunde oder die Zahlung des Preises, ist unbestimmt. Entscheidend ist, dass für hochwertige Güter ein Schriftakt gefordert wurde und eine gewisse Öffentlichkeit[475]. An diese erinnert in der Lex Romana noch das Forum als Ort, wo über Freiheit und Unfreiheit von Personen gehandelt wurde[476].

Der Sklavenhandel lag zweifellos in der Hand von Berufskaufleuten *(negociatores)*, wohl Fernhändlern. Sie reisten, vermutlich aus Sicherheitsgründen, in Gruppen, wie sich aus der Schutzbestimmung gegen Raubüberfälle ergibt[477]. Häufig scheinen Schiffe benutzt worden zu sein, und zwar eher im zunehmenden als im abnehmenden Maße[478]. Die noch bis in spätmerowingische Zeit funktionierenden Zollstationen zwischen dem Mittelmeer und Chalon-sur-Saône in Marseille, Toulon, Fos, Arles, Avignon, Soyons, Valence, Vienne und Lyon bestätigen die überragende Bedeutung der Flussschifffahrt auf der Rhône und Saône für die Verbindung zwischen dem Mittelmeerraum und Nordgallien[479]. Archäologische Zeugnisse für den Fernhandel im Burgunderreich sind selten eindeutig, da nicht zu bestimmen ist, ob die Gegenstände Handelsgut gewesen sind. Vermutet wird das für „die sog. Magierfibel von Attalens mit einer griechischen Inschrift"[480].

Zu den Fernhändlern gehörten Juden, die vornehmlich im Binnenhandel tätig waren, und Syrer/Orientalen, die meist den Überseehandel bestritten. Kolonien von Juden und/oder Syrern sind v. a. in merowingerzeitlichen Quellen auch in Südostgallien nachgewiesen, so für Lyon, Vienne, Besançon und Autun, Arles und Marseille[481]. Ob unter den Gesandten, Fremden und jenen Reisenden, die in privaten Angelegenheiten unterwegs waren *(in causa privata iter agens),* und denen beim Durchzug Herberge, Kost und Logis, im Winter auch Heu und Getreide für das Gespann zu leisten waren, auch Fernhändler zu verstehen sind, ist der Bestimmung des Liber constitutionum nicht zu entnehmen[482]. Da das Gastungsrecht oder die Gastungspflicht eher auf die Bedürfnisse der durchreisenden Gesandten abgestellt ist, scheint es sich hier um eine Fortsetzung und Adaptierung des römischen *cursus publicus,* des staatlichen Transportdienstes, gehandelt zu haben. Der Einschluss auch privater Reisender würde allerdings eine Erweiterung des begünstigten Personenkreises bedeuten. Ob, wie gesagt, auch die Fernhändler Anrecht auf unentgeltliche *hospitalitas* hatten, ist nicht auszumachen.

Gastungsrecht und Gastungspflichten setzen eine Verkehrsorganisation mit regelmäßigen Etappen, Schiffsanlege- bzw. Pferde- und Gespannwechselstationen voraus, die wahrscheinlich auf den

Hauptflusswegen und den Fernstraßen existiert haben. Die Bedeutung der Hafenanlagen an den Umschlagplätzen vom Schiffs- zum Landverkehr etwa in Yverdon, Genf oder Lyon sowie die weiterhin intakt gehaltenen Römerstraßen lassen darauf schließen, besonders auch die Gallien mit Italien verbindenden Passstraßen über den Großen und Kleinen St. Bernhard, den Mont-Cenis und den Mont-Genèvre. Das römische Straßennetz in Gallien war seit der Ordnung durch Agrippa unter Augustus auf Lyon zentriert. Nach Lyon führten die Straßen aus Italien und von hier zogen sie weiter saôneaufwärts in Richtung Mosel und Rhein bzw. von Langres, dem anderen Knotenpunkt, nach Nordgallien, an die Kanalküste und die Gebiete der unteren Seine, oder von Lyon direkt westwärts an die Atlantikküste (Saintes und Bordeaux). Unter Umgehung von Lyon führte die Straße über den Großen St. Bernhard und den Genfer See direkt durch das Schweizer Mittelland an den Rhein bzw. über den Jura und Besançon/Langres nach Nordgallien. Zum Burgunderreich gehörten beide Verkehrsachsen, vermutlich mit ein Grund für die Expansion der Franken gerade in diese Straßenrichtung, wollten sie doch den Zugang zum Mittelmeer oder zu Italien kontrollieren.

Die Könige der Burgunder waren sich der Bedeutung der Römerstraßen bewusst. Sie kannten die Unterscheidung von *viae publicae*, *viae vicinales* und einfachen Wegen für Karren und Wagen bzw. Viehtrieb. Sie schützten die *viae publicae* vor Schließung durch Zäune und Beackerung und machten den Unterhalt der Straßen zur allgemeinen Pflicht der Anrainer; selbst der Besitz von Königsgütern *(patrimonium)* enthob nicht dieser Verpflichtung. Auch von der Reparaturpflicht für die Brücken war niemand befreit[483].

Gleichsam symbolhaft zeigt sich hier, dass die Burgunder auch im Bereich der Wirtschaft und des Verkehrs nichts zerstören, nichts verfallen lassen, sondern unterhalten, fortsetzen und im Sinne der *pax et abundantia* der Münzinschrift Gundobads nutzen wollten; auch hier also im Zuge der Akkulturation eine Aneignung und Weiterführung der materiellen Lebensbedingungen der galloromanischen Bevölkerung.

VI. Kult und Kultur

1. Vom Heidentum zum Christentum

Als die Burgunder 369 mit Kaiser Valentinian I. ein Bündnis gegen die Alemannen schlossen, waren sie Heiden. Ammianus Marcellinus erwähnt in seinem ethnographischen Exkurs über die inneren Verhältnisse bei den Burgundern neben dem König *(hendinos),* der nach alter Sitte abgesetzt wurde, wenn ihn das Kriegsglück verlasse oder der Erntesegen ausbleibe, auch den obersten Priester *(sacerdos maximus).* Er hieß *sinistus* – also gewissermaßen „Ältester" – war auf Lebenszeit bestellt und wurde für kein Unglück verantwortlich gemacht. Über seine Funktionen äußert sich Ammianus nicht. Es ist möglich, dass ursprünglich solche dazu gehörten, die Tacitus (Germania, c. 7, 10, 11) dem *sacerdos civitatis,* dem Priester des Volkes/Stammes, zuschrieb, darunter die Eröffnung des Dings, die Deutung des Los- und Pferdeorakels, die Strafgewalt im Heer und in der Volksversammlung. Ob diese Ende des 4. Jhs. noch von ihm oder – teilweise wenigstens – von dem *hendinos* ausgeübt wurden, ist nicht auszumachen[484].

Kurz nach ihrer Niederlassung am Rhein (413) seien die Burgunder, so schreibt Orosius in seiner im Auftrag des Augustinus zwischen 416 und 417/18 verfassten Universalgeschichte *Historiae adversum paganos,* Christen geworden, hätten den katholischen Glauben angenommen, sich den katholischen Klerikern unterstellt und lebten friedlich zusammen mit den Galliern nicht wie mit Unterworfenen, sondern wie mit christlichen Brüdern. An anderer Stelle erwähnt Orosius Burgunder neben Hunnen, Sueben und Vandalen, die (katholische) Christen geworden seien[485]. Für die im Rechtsrheinischen verbliebenen Burgunder bezeugt der um 440 schreibende griechische Historiker Sokrates, wie oben erwähnt, anlässlich eines Zusammenstoßes mit hunnischen Truppen ca. 430 die Bekehrung zum katholischen Christentum. Sie hätten angesichts der Bedrängung durch die Hunnen Hilfe bei dem Christengott gesucht, seien in eine Stadt in Gallien gegangen und hätten von dem Bischof die christliche Taufe erbeten, die dieser ihnen auch nach siebentägigem Fasten und Unterweisung im

Glauben gespendet habe. Dann hätten sie den Schlachtensieg errungen und seitdem sei dieses Volk *(ethnos)* christlich[486]. Beide Autoren berichteten als Zeitgenossen der Ereignisse, wenn auch aus erheblicher räumlicher Distanz: Orosius, der aus Galicien (Braga) stammte, schrieb in Afrika, Sokrates in Konstantinopel. Die ältere Forschung, namentlich Albert Hauck in seiner Kirchengeschichte Deutschlands, ist diesen beiden Berichten gefolgt und hat einen ursprünglichen Katholizismus der Burgunder angenommen, vermittelt durch die noch intakte spätrömische Kirche in den mittelrheinischen Städten, doch sei dieser Episode geblieben, denn in der Sapaudia begegneten die Burgunder als Arianer[487].

In der Tat wurden die Rhône-Burgunder von späteren Autoren immer als Arianer bezeichnet, so von Gregor von Tours, dem Kronzeugen für einen frühen Arianismus bei den Burgundern. Gregor beschreibt die Aufteilung Galliens zwischen Franken, Romanen, Goten und Burgundern zur Zeit des Frankenkönigs Chlogio Mitte des 5. Jhs. Danach wohnten die Burgunder, „welche der Irrlehre des Arius folgten", jenseits der Rhône neben dem Stadtgebiet von Lyon[488]. Anlässlich des Eingreifens Chlodwigs in den burgundischen Bruderzwist im Jahre 500 nennt er Gundobad und Godegisel sowie ihre Völker *(populi eorum)* Arianer[489]. Weiter berichtet er von der heimlichen Übertrittsbereitschaft Gundobads, doch habe der König auf Avitus' Forderung, den katholischen Glauben offen zu bekennen, zurückgescheut, aus Furcht vor dem Volk und sei bis an sein Lebensende Arianer geblieben[490]. Gregor lässt den Leser nicht im Zweifel: für ihn waren die Burgunder Arianer, überdies stammte Gundioc, der Vater Gundobads und seiner drei Brüder, aus dem Geschlecht des „Gotenkönigs" Athanarich, des Christenverfolgers[491].

In der ausführlichen Korrespondenz des Avitus von Vienne spiegelt sich die lebhafte Auseinandersetzung zwischen Arianern und Katholiken sowie das vergebliche Bemühen des Bischofs um die Bekehrung Gundobads und das erfolgreiche um jene Sigismunds. „Aber keine Zeile verrät, dass dieses Volk (der Burgunder) eine nicht eben weit zurückliegende lange katholische Vergangenheit gehabt habe". Das Schweigen des Avitus und die scheinbar positive Auskunft Gregors von Tours über einen frühen Arianismus bei den Burgundern haben daher Hans von Schubert und nach ihm viele andere veranlasst, die Vorstellung von einer frühen katholischen Phase der Burgunder, wie sie A. Hauck entwickelt hatte, abzulehnen[492]. H. von Schubert betrachtet die zeitgenössischen Zeugnisse von Orosius und Sokrates als Früchte der Apologetik der beiden Kirchenhistoriker und lehnt sie aus folgenden Gründen ab: Zum ersten weist er Orosius die vielen sachlichen Irrtümer in seinem Exkurs über die Burgunder nach, die wir anlässlich der Herkunft und des Namens oben schon festgestellt haben und bemängelt die fehlende Übereinstimmung der beiden Berichte, gewichtet dabei allerdings zu wenig, dass sich beide Autoren auf zeitlich (413–15 bzw. um 430) und räumlich (links bzw. rechts des Rheins) verschiedene Vorgänge beziehen. Zum anderen vermisst er die Erwähnung der Bekehrung der Burgunder in den übrigen chronikalischen oder literarischen Werken des 5. Jhs., so z.B. bei Prosper, Olympiodoros, Hydatius oder bei Sidonius Apollinaris. Schließlich verweist er auf die sachliche Schwierigkeit einer späteren Übernahme des Arianismus, räumt aber immerhin die Möglichkeit ein, dass eine solche in der Phase der Zusammenarbeit mit den Westgoten (456/57) und der Einsetzung einer (neuen?) von den Goten bestimmten Königsfamilie oder durch die Eheverbindung Gundiocs mit Rikimers Schwester erfolgt sein könnte. Doch sei dies weit weniger wahrscheinlich als die Annahme, dass die Burgunder „den Arianismus schon an den Rhein mitgebracht haben werden" (S. 32). Sie hätten diesen nicht durch ihren kurzen Kontakt mit den Vandalen (406/7) kennen gelernt, sondern durch eine mittelbare Berührung mit den Goten, und zwar über die Warasker, die im späteren bayerischen Raum am Regen in der Nähe der Burgunder saßen, unter gotischem Einfluss gestanden und den Bonosianismus, der Christus nur als Adoptivsohn anerkannte, angenommen hätten. Die Warasker seien mit den Burgundern Anfang des 5. Jhs. nach Gallien gezogen und schließlich wieder als Nachbarn der Burgunder am Doubs sesshaft geworden, wo sie noch im 7. Jh. als Bonosianer bezeugt sind. Diese These krankt daran, dass die Warasker den Bonosianismus genauso gut, wie wir gesehen haben, auch nach ihrer Niederlassung in der Diözese Besançon haben annehmen können[493].

Die Kritik an von Schuberts Position ergibt sich aus Folgendem: Warum sollten zwei zeitgenössische, voneinander unabhängige Zeugnisse zugunsten eines mehr als ein Jahrhundert späteren verworfen werden? Der globale Vorwurf der Apologie genügt nicht und übersieht, dass jede historische Darstellung interessegeleitet ist und zwangsläufig den Stoff auswählt. Deswegen kann auch das zweite Argument, das *argumentum e silentio*, das Fehlen weiterer Hinweise auf den frühen Katholizismus der Burgunder bei anderen Autoren, nicht überzeugen: Es fehlte ihnen die Veranlassung, die Konfession der Burgunder zu erwähnen. Das späte

Zeugnis Gregors von Tours ist als Kronzeugnis nicht zu gebrauchen. Wenn Gregor die Burgunder zur Zeit Chlogios (um 450) „als Arianer bezeichnet, so kann diese Angabe natürlich der einfache Rückschluss aus dem sein, was ihm aus der Geschichte Chlodwigs und Gundobads bekannt war", so entwertete schon H. von Schubert (S. 23) dieses Zeugnis. Dasselbe hätte Gregor ja auch von den ebenfalls von ihm an dieser Stelle genannten Westgoten sagen können oder müssen, die südlich der Loire saßen, tut es aber nicht und gibt damit eine gute Lehre für die Gefahr des *argumentum e silentio*; denn wer würde aus dem Fehlen schließen, dass die Westgoten nicht Arianer waren?

Die weiteren Zeugnisse Gregors betreffen Personen und Verhältnisse aus späterer Zeit. Seine Darstellung ist eindeutig und durchweg antiburgundisch und antiarianisch, sie stilisiert Gundobad und die Burgunder zu Kontrastfiguren zu Chlodwig und den Franken[494]. Erinnert sei hier daran, dass er beim Ausbruch des fränkisch-westgotischen Krieges die Beteiligung der Burgunder auf Seiten der Franken mit Stillschweigen überging oder die Konversion Sigismunds zum Katholizismus verschwieg. Im Vorwort zum dritten Buch seiner Historien stellte Gregor den Rechtgläubigen, dem heiligen Hilarius und Chlodwig, die Ketzer, Arius und die burgundischen Könige Godegisel, Gundobad und Godomar, gegenüber. Die Burgunderkönige – darunter auch Godomar, von dem wir gar nicht wissen, ob er katholisch oder arianisch war – und Arius hätten durch ihren schändlichen Tod bzw. den Verlust ihrer Herrschaft die Falschheit der arianischen Lehre erwiesen[495]. Die Deutlichkeit dieses negativen Urteils über die drei Könige der Burgunder lässt nichts zu wünschen übrig. Es ist deswegen nicht ganz abwegig, die von Gregor behauptete verwandtschaftliche Beziehung zwischen Gundioc und dem gotischen „Christenverfolger" Athanarich metaphorisch, mithin als Diffamierung dieses Geschlechts aufzufassen. Ein direktes Verwandtschaftsverhältnis ist jedenfalls nicht nachzuweisen. Allenfalls könnte über Gundiocs Gemahlin, die Schwester Rikimers, ein agnatisches Verhältnis bestanden haben[496]. Gregors Zeugnisse über die Burgunderkönige und *die* Burgunder sind, so ergibt sich, mindestens ebenso stark interessegeleitet wie jene des Orosius und Sokrates. Es gibt keinen Grund, Gregor diesen beiden zeitgenössischen Quellen vorzuziehen.

Es muss also mit der Möglichkeit gerechnet werden, dass zumindest Teile der Burgunder seit der ersten Hälfte des 5. Jhs. katholisch waren und dass der Arianismus der Könige und eines (anderen) Teiles der Burgunder politisch – durch das Kooperieren mit den Westgoten (456/57) –, verwandtschaftlich – durch die Heirat Gundiocs mit der Schwester Rikimers – oder persönlich – durch religiöse Überzeugung der Herrscher – bedingt gewesen ist und sich erst durch das Wirken Gundiocs und/oder Gundobads bei den „Burgundern" ihres *populus* stärker durchsetzte[497]. Ein solches Schwanken zwischen Arianismus und Katholizismus hätte im 5./6. Jahrhundert seine Parallele bei den Sueben, bei denen nicht weniger als zwei arianische und drei katholische Phasen zu unterscheiden sind[498].

2. Arianismus und Katholizismus

Akzeptiert man das Zeugnis des Orosius und Sokrates und geht man von einer frühen katholischen Phase bei den Burgundern aus, dann ist es einfacher zu erklären, warum unter den Burgundern zugleich Katholiken und Arianer zu finden sind, und zwar von dem Augenblick an, wo überhaupt etwas über die Zugehörigkeit zu der einen oder anderen Glaubensrichtung auszumachen ist. Und das ist erst für die Zeit des Sidonius Apollinaris (* 430, † 480/90) der Fall, sieht man von dem angeblich frühen Zeugnis bei Gregor von Tours ab. In der Tat: Zahlreich sind die Hinweise auf Burgunder, die katholisch waren. Es zählte dazu, wie wir gesehen haben[499], eine große Zahl der Gemahlinnen der Burgunderkönige, die namentlich nicht bekannte Frau Chilperichs I., Caretene, die Gemahlin Gundobads, und Theudelinde, die vielleicht mit Godegisel vermählt war. Von den Kindern der Königsfamilie waren Chrodechild, die Gemahlin des Frankenkönigs Chlodwig, und ihre Schwester Crona (Saedeleuba), die beiden Töchter Chilperichs II., katholisch, ebenso Sigerich und seine Schwester Suavegotha, wenn sie denn so hieß, die beiden Kinder Sigismunds, die von ihrer Großmutter Caretene erzogen worden waren. Es gibt keine namentlich bekannte Burgunderin, die nicht katholisch gewesen wäre. Möglicherweise war auch die nach 501 verstorbene Tochter Gundobads und Caretenes, deren Namen nicht genannt wird, katholisch[500].

Für die Könige ist der Arianismus mit Sicherheit nur für Gundobad, Godegisel und Sigismund (vor seinem Übertritt) eindeutig bezeugt. Für Chilperich I. wird neuerdings wie für seine Gemahlin vermutet, dass er katholisch gewesen sei[501]. Abgesehen von diesen drei Königen kann kein anderer namentlich bekannter Burgunder – es gibt allerdings nur sehr wenige – mit Sicherheit als Arianer angesprochen werden.

Von einem Burgunder, Hymnemodus, wissen wir, dass er katholisch war und gegen den Willen Gundobads, an dessen Hof er eine hohe Stellung inne hatte, Mönch in Grigny wurde. Dort bald zum Abt gewählt, wurde er später (515) Abt von Saint-Maurice[502]. Der Schwertträger König Sigismunds, Fridegisel, dessen Eheaffäre vor dem Königsgericht verhandelt worden war (s. oben S. 135), war wohl Burgunder, doch bleibt unbestimmt, ob er arianisch oder katholisch war. Burgunder war auch Ansemundus, der *vir inluster* und Korrespondent des Avitus. Wenn er mit Ansemundus identisch war, den der Abt von Saint-Maurice um Vermittlung bei dem Frankenkönig Theudebert anging, um den Leib des toten Sigismund ins Kloster holen zu dürfen, und der 543 dem Kloster seiner Tochter eine Schenkung machte und der zu den Ratgebern Sigismunds gehört hatte, dann war auch er katholisch[503]. Bei den nur durch ihre Grabinschriften bekannten Personen mit germanischen Namen lässt sich nur selten mit Sicherheit ihre Zugehörigkeit zu den Burgundern ermitteln. Dem Inschriftenformular kann man, soweit ich sehe, nicht entnehmen, ob die Bestatteten arianisch oder katholisch waren.

Auch die Einzelzeugnisse sprechen also eher für die Aussage des Orosius und Sokrates und lassen vermuten, dass von den Burgundern viele katholisch waren und dass die Annahme des Arianismus eine politisch-persönliche Entscheidung der Herrscher der zweiten Hälfte des 5. Jhs. war, die nicht alle Burgunder nachvollzogen haben. Die Burgunder waren also nicht nur ethnisch, sondern auch konfessionell gemischt. „Die" Burgunder als Arianer hinzustellen, ist eine Vergröberung, die sich bei Gregor von Tours aus seinem antiarianischen und antiburgundischen Reflex erklärt, in der modernen Wissenschaft aber übernommen ist, weil der Arianismus als Zeichen für das Ostgermanentum der Burgunder gilt und von der Vorstellung ausgegangen wird, dass die Annahme einer Glaubensrichtung durch den König notwendigerweise vom ganzen Volk nachvollzogen wurde, und schließlich weil der Arianismus die nationale, ethnische Eigenheit der Burgunder gegenüber den katholischen Galloromanen markieren würde.

Der Austausch zwischen Arianern und Katholiken, das interkonfessionelle Gespräch, wenn man so will, wurde durch den konfessionellen Dualismus in der Königsfamilie erleichtert. Die guten Beziehungen Chilperichs I. und seiner (katholischen) Gemahlin zu Bischof Patiens von Lyon stehen ebenso dafür wie jene zu Lupicinus, dem Abt des Juraklosters Condate (Saint-Claude). Caretenes Mittlerrolle als Beraterin Gundobads haben wir schon kennen gelernt[504]. Doch die beste Vorstellung vom Inhalt und Niveau der Religionsgespräche gibt uns die Korrespondenz des Avitus von Vienne.

Nach dieser Korrespondenz standen Avitus und Gundobad in regem Austausch und wurde die Diskussion intensiv geführt, brachte aber den König nicht dazu, die Glaubensrichtung zu wechseln. Umgekehrt bei Sigismund: Aus der Korrespondenz des Avitus ergibt sich kein Hinweis auf eine solche Auseinandersetzung um Glaubensfragen, und doch vollzog er den Übertritt. Das Scheitern der Bemühungen des Avitus um Gundobad schreibt Gregor von Tours dem König zu, der zwar innerlich von der katholischen Wahrheit überzeugt gewesen sein soll, vor ihrem öffentlichen Bekenntnis aber aus Rücksicht vor dem Volk und aus Furcht vor einem Aufstand *(seditio populi)* zurückgeschreckt sei. Die dem Avitus in den Mund gelegte Ermahnung, der König sei das Haupt des Volkes und nicht das Volk sein Haupt, fruchtete nichts. Gundobad blieb bis an sein Lebensende Arianer[505]. Er bot somit das negative Gegenbild zu Chlodwig, der dem Frankenvolk mit seiner katholischen Taufe vorangegangen war. Gregors Stilisierung der Ereignisse zeigt sich auch hier, denn Avitus' Korrespondenz lässt nicht an einen heimlichen Übertritt des Königs denken, sie vermittelt eher den Eindruck einer offenen und wohl auch öffentlichen Auseinandersetzung.

An ihr beteiligten sich nicht nur der König und der Bischof, sondern auf der Seite der Katholiken auch der als Hofdichter hervorgetretene romanische Große Heraclius; obwohl Laie hat er vor dem König die – auch schriftlich – von der Gegenseite vorgetragenen Argumente widerlegen können[506]. Auf arianischer Seite standen in der Diskussion mit Avitus namentlich nicht genannte arianische Bischöfe, die *sacerdotes vestri* (d.h. des Königs), sowie der König. Dieser vertrat als der eigentlich führende Kopf den arianischen Standpunkt, wirkte aber zugleich mäßigend in der Auseinandersetzung. Sprecher der Katholiken war in der Verhandlung vor dem König *(collatio regalis)* Avitus. Er wurde von Gundobad aufgefordert, seine Ansichten und Argumente schriftlich zusammenzufassen, damit der König darüber mit seinen arianischen Bischöfen beraten könne. Die Gespräche kamen zu keinem konkreten Ergebnis. Gundobad blieb bei seiner Überzeugung[507].

Die Themen, über die Avitus mit Gundobad diskutierte, waren durch die Fragen, die Gundobad dem Bischof vorlegte, gegeben. Gundobads eigene Meinung ist aus den Antworten, die Avitus zu den Fragen der Trinitätslehre, der Christologie, der Buße und der Rechtfertigung durch den Glauben gab, nicht ersichtlich. Die Christologie, eine der Hauptfragen Gundobads, behandelte Avitus in seinem Traktat gegen den Monophysiten Eutyches († nach 454) und kam damit zugleich Gundobads Interessen an guten Beziehungen zum oströmischen Kaiser entgegen[508]. In je eigenen Briefen erörterte Avitus das trinitarische Problem und die Natur des heiligen Geistes (Ep. 1), die Gnadenlehre des Augustinus und das Problem des Glaubens und der Werkgerechtigkeit, auf die Gundobad durch die Lektüre von Briefen des (semipelagianischen) Bischofs Faustus von Riez gestoßen war (Ep. 4), oder das wahre Opfer (Ep. 6), das für Gundobad darin bestehen würde, die Gewohnheit, d.h. den Glauben seiner Vorfahren, aufzugeben, wie Abraham seine Heimat und Familie verlassen hatte. Avitus deutete hier an, dass der Arianismus in der Königsfamilie Tradition war. Dieser Brief (Ep. 6) und das einzige Schreiben, das von Gundobad selbst überliefert ist (Ep. 21) und Auskunft über zwei Bibelstellen des Alten Testaments über die Friedensverheißung (Js 2,3f.; Mich 4,2) verlangt, ob diese für die Gegenwart oder für die Zukunft gelte, erweisen den König als jemanden, der weniger an den dogmatischen Fragen als an der Deutung konkreter Bibeltexte interessiert war. Dabei fällt auf, dass er die Schriftzitate nach einer anderen Tradition des Bibeltextes gab als Avitus[509].

Die theologischen und bibelkritischen Auseinandersetzungen mit Avitus brachten das von diesem gewünschte Ergebnis schließlich doch nicht, denn Gundobad blieb bei seinem Standpunkt. Sie erwiesen den Burgunderkönig indessen als einen für religiöse Fragen sehr aufgeschlossenen Mann, der die persönlichen und politischen Konsequenzen religiöser Entscheidungen deutlich erkannte. Man wird davon ausgehen müssen, dass er aufgrund eigener Bedenken am arianischen Glauben festgehalten hat. Dem Übertritt seines Sohnes Sigismunds setzte er keinen Widerstand entgegen. Das war wohl weniger Zeichen religiöser Toleranz als pragmatische Einsicht in die durch die Taufe Chlodwigs veränderte religiöse und politische Situation des Burgunderreichs zwischen arianischen Goten und katholischen Franken. Auch das praktische Verhalten Gundobads gegenüber der katholischen Kirche war wohl weniger durch eine abstrakte Toleranz geprägt als durch den Anspruch des Königs auf die Kirchenhoheit über beide Kirchen, die arianische und die katholische. Avitus scheint diesen allgemeinen Schutz des Königs positiv geschätzt zu haben und erkannte die Rechte des arianischen Königs auch gegenüber der katholischen Kirche durchaus an, wenn er schrieb: „Was immer meine Kirche besitzt, ja alle unsere Kirchen, das kommt von Euch, da Ihr es entweder bis hierher erhalten oder selbst geschenkt habt"[510].

Über die Kirchenhoheit der Burgunderkönige gegenüber der arianischen Kirche sowie über deren Organisation ist nicht viel bekannt. Bezeugt sind lediglich Kleriker und Bischöfe *(sacerdotes)*; den Bischof von Vienne erwähnt Gregor von Tours einmal, ohne seinen Namen zu nennen[511]. Die Erhebung der Bischöfe geschah wohl mit königlicher Erlaubnis. Vielleicht haben jährliche Zusammenkünfte des arianischen Klerus (oder der Bonosianer?) in Genf stattgefunden[512]. Übertritte vom Katholizismus zum Arianismus hat es gegeben, und zum Teil sind katholische Kirchen zwangsweise in arianische verwandelt worden; daneben gab es die von Arianern errichteten Kirchen. Ihre Erbauer, der König oder private Grundherren, verfügten darüber als ihr Eigentum und bestimmten über den Kultus[513].

Außer den Arianern gab es noch andere nicht-katholische Gemeinschaften, so eine Gruppe von Donatisten in Lyon. Sie waren aus Übersee, d.h. aus Afrika, gekommen. Der Übertritt eines Priesters (oder Bischofs?), *sacerdos*, zum Katholizismus, von Bischof Stephanus von Lyon vorzeitig publik gemacht, sorgte für Unruhe, weshalb Avitus zu vorsichtigen und diskreten Maßnahmen, wie der bloßen Handauflegung *(impositio manus)* riet[514].

Eine eigentliche Sonderkirche bildeten die Bonosianer, genannt wahrscheinlich nach dem bald nach 431 erstmals erwähnten Bischof Bonosus von Serdika (Sofia). Er vertrat anscheinend volkstümliche christologische Vorstellungen von Christus als Adoptivsohn Gottes. Diese adoptianistische Christologie rückte die Bonosianer mit den Photinianern zusammen. Wie die Arianer tauften sie auf die Trinität und praktizierten wie diese die Konvertitentaufe im Gegensatz zu den Katholiken. Verbreitet waren die Bonosianer im späten 5.Jh. vor allem in Südgallien, wie die Zeugnisse des sog. zweiten Konzils von Arles (zwischen 441–506) und des Gennadius von Marseille (2. Hälfte 5.Jh.) erkennen lassen, vor allem aber im Burgunderreich. Beunruhigt darüber schreibt Avitus an Sigismund kurz nach dessen Konversion: Die Bonosianer, die sich jährlich (?) in Genf versammelten, begännen mit den Arianern zu verschmelzen, was Sigismunds Sieg über zwei Irrlehren zugleich erleichtern würde, doch stünde dem die schriftlich von Gundobad gegebene Zusage entgegen, dass sich die Bonosianer neben den Katholiken und Arianern frei entfalten könnten. Das, so war die Sorge, könnte zur Konsolidierung dieser Sondergemeinde beitragen[515].

Die Sorge war berechtigt, denn während von Arianern nach der Eroberung des Burgunderreichs durch die Franken nicht mehr gesprochen wurde, blieb die Sondergemeinde der Bonosianer bestehen, wie sich aus einem Kanon des Konzils von Orléans (538) gegen die Wiedertaufenpraxis der Bonosianer ergibt. Noch im 7. Jh. sind die Bonosianer gleichsam in Rückzugsgebieten des burgundischen Raumes zu finden. Columbans Nachfolger als Abt von Luxeuil, Eustasius (613–629), wirkte missionarisch unter den Waraskern in der Diözese Besançon am Doubs, weil sie teils heidnisch, teils bonosianisch waren[516]. Vermutlich sind die erst nach der Niederlassung der Burgunder in der Sapaudia (um 443) aus dem Gebiet der Oberpfalz, am Regen, zugewanderten Warasker von Bonosianern vom Saône-Rhône-Raum oder vom Genfer Raum aus missioniert worden, haben jedenfalls nicht ihren bonosianischen Glauben aus Bayern mitgebracht – und können deswegen auch nicht als Vermittler des „gotischen Arianismus" an die rheinischen Burgunder gelten, wie dies H. von Schubert vermutet hatte[517]. Grundlage für die Waraskermission könnte die von Gundobad den Bonosianern gegebene (Schutz-)Zusage gewesen sein. Ob durch diese Mission die *gens* der Warasker stärker in das arianische Burgunderreich integriert werden sollte, ist schwer zu sagen. Jedenfalls ermöglichte Gundobad offenbar den Bonosianern ein freies Wirken neben Katholiken und Arianern in seinem Reich, auch das ein Hinweis nicht so sehr auf Toleranz, als auf jene die verschiedenen Glaubensgemeinschaften überwölbende Kirchenherrschaft des arianischen Königs.

3. Ansätze einer burgundischen Reichskirche

Zwischen 500/501 und 507 sind Sigismund und wohl auch sein Bruder Godomar zum Katholizismus übergetreten und Sigismund wurde Nachfolger seines Onkels Godegisel in dessen Reichsteil mit Sitz in Genf. Der Übertritt hatte weit reichende Folgen, denn er führte, auf die Länge gesehen, zur Einheit des Kultes und der Glaubensrichtungen innerhalb des Burgunderreiches, doch wurde diese Einheit nicht schlagartig vollzogen und nicht erzwungen, denn der Widerstand arianischer Gruppen, vermutlich unter burgundischen Großen, wie der „Verrat" Sigismunds an die Franken 523 annehmen lässt, und der Widerstand des Ostgotenkönigs Theoderich sowie die Präsenz des arianischen „Oberkönigs" Gundobad erlaubten keine harten Zwangsmaßnahmen. Typisch für den anfänglichen Schwebezustand von Sigismunds Herrschaft scheint es gewesen zu sein, dass Sigismund im arianisch-katholischen Gespräch unter Gundobad von Avitus als Vermittler herbeigerufen wurde und dass ferner Sigismund das Osterfest zusammen mit seinem Vater in einer arianischen Kirche feierte, zum Bedauern des Avitus[518]. Auch die Mahnung zum vorsichtigen Vorgehen gegenüber den Donatisten von Lyon und die Maßnahmen gegen die Bonosianer in Genf, die nicht verhindern konnten, dass sie sich in Rückzugspositionen bis ins 7.Jh. halten konnten, weisen eher auf eine behutsame Bekehrungspolitik.

Es waren zunächst Symbolakte, welche die neue religiös-kirchliche Orientierung Sigismunds bekundeten: Dazu gehörte die Hinwendung zu Rom. Im Gegensatz zur arianischen Kirche, die als Landeskirche unter königlicher Leitung, soweit ersichtlich, keine Beziehungen zu anderen Kirchen hatte, verstand sich der katholische Episkopat als Teil der universalen Kirche, wofür des Avitus Brief an den Papst über die Konversion Sigismunds das beste Zeugnis abgibt[519]. Diese Romorientierung setzte einen neuen Anfang für die burgundische Kirche, und so kann mit Recht Sigismunds eigene Romreise als ein Symbolakt betrachtet werden. Von ihm als erstem unter allen germanischen Herrschern ist eine solche Romreise *ad limina apostolorum* überliefert. Mit Sigismund setzt die lange Reihe der königlichen Romfahrer – vor allem Angelsachsen – ein. Weniges bezeugt so deutlich ihre Romverbundenheit wie gerade diese ihre Pilgerreisen nach Rom.

Sigismund hatte seine Romreise wohl nach seiner Bekehrung und vor Ausbruch des fränkischen Krieges (507) unternommen, denn noch stand er in gutem Verhältnis zu Theoderich, von dessen *civitas regalis* die Rede ist. Papst Symmachus (498–514) hatte ihm Reliquien mitgegeben, die, wie der Avitus-Brief namens des Königs sagt, „mit dem Eifer katholischen Glaubens gefeiert" werden sollten. Bei seiner Rückkehr in sein Reich hatte der König diese Reliquien an verschiedene Kirchen verteilt und bat deswegen den Papst in einem späteren Schreiben um weitere Reliquien[520]. Diese scheinen für St. Peter in Genf bestimmt gewesen zu sein. Hier in seiner Residenzstadt hatte Sigismund eine Kirche errichten lassen, die gleichsam das öffentliche Zeugnis für das katholische Bekenntnis des Königs ablegen sollte. Zur Einweihung dieser Kirche hat Avitus von Vienne im Beisein Sigismunds eine Homilie gehalten[521].

Mit seinem Kirchenbau in Genf knüpfte Sigismund an Traditionen seiner Familie an. In Genf soll nach Fredegar Saedeleuba, die er mit Crona, der Schwester Chrodechilds, gleichsetzt, die außerhalb der Stadtmauern an der nach Martigny führenden Straße gelegene Kirche St. Victor gegründet haben. Die Passio der heiligen Victor und Ursus schreibt diese Gründung Theudelinde, der Gemahlin Godegisels, zu. Die widersprüchlichen Aussagen lassen sich nur durch gewagte Hypothesen überwinden. Festzuhalten ist hier lediglich, dass es sich um die Gründung einer Angehörigen des Königshauses handelt[522]. Das Königspaar Godegisel und Theudelinda (!) soll noch eine andere Kirche, und zwar das Frauenkloster St. Peter in Lyon, gelegen zwischen Saône und Rhône, gegründet haben. Doch ist die Nachricht darüber nur in einer gefälschten Urkunde des 10. Jhs. überliefert und schlecht verbürgt. Für die Gründung käme nur der kurze Zeitraum zwischen Godegisels bzw. Chlodwigs Sieg über Gundobad in der Schlacht von Dijon (500) und der kurz darauf erfolgten Niederlage Godegisels und dessen Tod in Vienne in Frage[523]. Besser bezeugt ist dagegen die Gründung einer Kirche, Saint-Michel d'Ainay auf dem linken Ufer der Saône, in Lyon durch Königin Caretene. Nach ihrer Grabschrift, die durch eine Handschrift des 9. Jhs. überliefert ist, ist sie in dieser Kirche bestattet worden. Wahrscheinlich bezieht sich eine Homilie des Avitus zur Weihe einer Michaelskirche auf Caretenes Gründung. Saint-Michel d'Ainay ist die älteste bekannte, dem Erzengel geweihte Kirche im Westen des Reiches und zugleich die älteste bekannte von einer Königin gegründete Grabkirche. Sie könnte Vorbild gewesen sein für Stiftungen wie jene von Chrodechild in Paris, von Radegunde in Poitiers, Theudechilde in Sens oder Balthilde in Chelles[524].

Die Beispiele seiner Verwandten, vor allem das seiner Mutter Caretene, scheinen Sigismund bei seiner Kirchengründung in Genf vor Augen gestanden zu haben. Die Nachrichten darüber, die Übertragung der Petersreliquien sowie die Weihepredigt des Avitus werden auf die nördliche Kirche der Genfer Kathedralgruppe bezogen. Diese „Kirchenfamilie" umfasste im Süden eine Marien-, im Norden eine Peterskirche und dazwischen eine Taufkirche. Im Osten stand eine Dreiapsidenkirche. Die Erweiterung und der Wiederaufbau der nördlichen Kirche werden von den Archäologen auf die Zeit Gundobads und Sigismunds zwischen 500 und 524 nach dem Brand von Genf datiert. Die Anlage von Gräbern in dieser Kirche und die Grabinschriften der Zeit um 500 stützen die Vermutung, dass Sigismund die Peterskathedrale „als Grabkirche seines Hauses vorsah". Träfe diese Annahme zu, dann wäre Sigismund der erste Germanenkönig gewesen, der sich in einer innerhalb der Stadtmauern gelegenen Bischofskirche bestatten lassen wollte, denn Königsgrabkirchen *intra muros* sind erst unter den Langobarden bezeugt, und in Kathedralkirchen ließen sich erstmals angelsächsische Könige bestatten. Die für Genf anzunehmende Verknüpfung von Kirchenbau, Grabstätte und Apostel- bzw. Petruspatrozinien hatte zur gleichen Zeit ihre Parallele in Paris, wo Chlodwig, durch seine Gemahlin Chrodechild der angeheiratete Vetter Sigismunds, seine *cathedra regni* errichtet hatte. Nach dem Tode der heiligen Genovefa (502) hatte das fränkische Königspaar beim Grabe der Heiligen eine Apostelkirche erbauen lassen (später: Sainte-Geneviève), mit einem Annexbau *(sacrarium basilicae sancti Petri),* der als Nachahmung der konstantinischen Grabkirche (Apostoleion) konzipiert war. Die Bedeutung der Patroziniumswahl der Pariser Apostelkirche unterstrich K. H. Krüger und hielt fest, „dass das überlieferte Hauptpatrozinium von Chlodwigs Grabkirche die mit seiner katholischen Taufe getroffene antiarianische Glaubensentscheidung und zugleich seine engen Beziehungen zu den orthodoxen Bischöfen seiner romanischen Untertanen kennzeichnet(e)". Ähnliches gilt für die Genfer Peterskirche[525].

Sigismunds Romfahrt, die Errichtung einer Grabeskirche *intra muros*, die programmatische Wahl des Peterspatroziniums und der Erwerb der Reliquien, das waren auch für Sigismund öffentliche Symbolakte, die seinen Übertritt zum Katholizismus und die neue (Rom-)Orientierung seiner Kirchenpolitik bekundeten. Hinzu kam noch ein weiterer Akt, auf den später zurückzukommen sein wird: Die Gründung des Klosters Saint-Maurice (515), an dessen Spitze als erster Abt Hymnemodus, ein Burgunder, gestellt wurde gleichsam als Zeichen des Brückenschlages zwischen der Welt der Burgunder und der Welt der Romanen.

Nicht mehr Brückenschlag, sondern behutsame Konsolidierung der neu gewonnenen Position war der zweite Symbolakt zu Anfang von Sigismunds Alleinherrschaft: Das Konzil, das sich im September 517 in Epao versammelte[526]. Es war eine Art Pendant zur Reichsversammlung in Lyon im März 517, auf der der Liber constitutionum promulgiert worden ist, eine Antwort des burgundischen Episkopats auf die durch Sigismunds Übertritt und Übernahme der Alleinherrschaft geschaffene neue Situation. Der durch das Doppelkönigtum entstandene arianisch-katholische Schwebezustand war beendet, der Alleinherrscher war katholisch, doch sein präsumtiver Nachfolger Sigerich und wohl auch ein nicht unbedeutender Teil der „Burgunder" waren arianisch. Sie konnten gfs. mit gotischer Unterstützung rechnen, weshalb sich ihnen gegenüber eine einfache Repressionspolitik von selbst verbot.

Das Konzil von Epao wurde nicht wie die Reichskonzilien der Westgoten in Agde 506 oder der Franken in Orléans 511 vom König einberufen, der König schrieb auch nicht die Verhandlungsgegenstände vor, sondern es versammelte sich auf Einladung der beiden Metropoliten Avitus von Vienne und Viventiolus von Lyon. Laut der Einladung des Avitus hatte der Papst schon mehrfach die Abhaltung der Synode angemahnt. Eigentlich sollten regelmäßig solche Versammlungen abgehalten werden, waren aber seit zwei Jahren nicht mehr zusammengetreten. In der Tat sind mehrere solcher Bischofsversammlungen zur Zeit des Avitus zusammengetreten, doch hatten sie kaum Konzilcharakter wie die Zusammenkunft in Epao. Als Datum wurde der 6. September bestimmt, als Ort Epao. Die Zeit, schreibt Avitus, sei günstig, weil sie von landwirtschaftlichen Arbeiten frei sei, der Ort läge zentral und sei von allen gut zu erreichen. Er wird meist mit Saint-Romain-d'Albon südlich von Vienne nahe der Rhône identifiziert[527]. Die Einladung von Viventiolus vom 10. Juni 517 nennt in der Adresse neben den Klerikern *honorati ac possessores territorii nostri*, also Amtsträger und Gutsbesitzer, und der Bischof betont ausdrücklich, dass auch Laien bei den Verhandlungen zugelassen seien, jedermann das Anklagerecht habe, um Missstände zu beseitigen. Von einer Präsenz des Königs ist, wie gesagt, weder in den Einladungen noch in der Einleitung oder in den Kanones die Rede.

Trotz dieser Absenz und trotz des Fehlens einer königlichen Initiative bzw. Erlaubnis kann das Konzil von Epao als Reichskonzil gelten. Das ergibt sich aus der Liste seiner Teilnehmer. Diese beschränkten sich auf Bischöfe des burgundischen Reiches. Zugegen waren die beiden Metropoliten von Lyon und Vienne, dazu 22 Bischöfe und ein Priester als Vertreter des Bischofs von Avignon. Die Teilnehmerliste spiegelt den Umfang des Reiches wider: vom Plateau von Langres im Norden bis zur Durance im Süden, vom Nivernais im Westen bis zu den Alpen im Osten[528].

Die Mehrzahl der Konzilsbestimmungen betraf die innerkirchliche Disziplin und unterschied sich nicht von den Maßnahmen anderer gallischer Konzilien. Einen wichtigen Platz nahmen die Kanones ein, die dem Schutz des Kirchengutes vor Entfremdungen durch die Bischöfe oder Priester dienten. Indirekt gehörte dazu auch das an die Äbte gerichtete Verbot, dem Kloster geschenkte Sklaven freizulassen; die Begründung dafür lautete: die Sklaven sollten nicht den Müßiggang der Freiheit genießen, während die Mönche zur täglichen Landarbeit verpflichtet seien (c. 8). Andere Äußerungen zu den Sklaven – zur Sklaventötung (c. 34) und zum Kirchenasyl für kriminelle Sklaven (c. 9) – weisen ebenfalls eher auf Verschärfung als auf Lockerung des Sklavenrechtes hin, vielleicht ein Hinweis auf die in der Praxis aus bevölkerungspolitischen Motiven geübte Aufwertung des Sklavenstandes im Burgunderreich. Viele andere Kanones betrafen die Laienwelt unmittelbar, so die Einschärfung des Inzestverbots im Eherecht (c. 30), die zu schweren Auseinandersetzungen mit Sigismund führen sollte, worauf noch zurückzukommen ist, das Verbot der Wiederverheiratung von Witwen von Priestern oder Diakonen (c. 32), die Behandlung von Straftätern (c. 31), das Anklagerecht von Laien gegenüber Klerikern (c. 24) oder die Verpflichtung der Oberschicht der *civitas (cives superiorum natalium),* den Oster- und Weihnachtssegen vom Bischof zu empfangen, also wenigstens an diesen beiden bischöflichen Festgottesdiensten teilzunehmen (c. 35). Die Verbreitung privater Oratorien in den *villae* (c. 25) macht eine solche Verpflichtung verständlich.

Von aktueller kirchenpolitischer Brisanz waren indessen die – erstaunlich wenigen – Beschlüsse, die unmittelbar das Verhältnis zwischen Katholiken und Arianern betrafen. Es gab deren lediglich vier. Todkranken, bekehrungswilligen *heretici* konnten die Priester die Salbung spenden, gesunde mussten diese vom Bischof erhalten (c. 16). Die Mahlgemeinschaften zwischen arianischen und katholischen Klerikern wurden verboten, Angehörige des höheren Klerus sollten bei Übertretung aus der Gemeinschaft für ein Jahr ausgeschlossen, jüngere Kleriker körperlich gezüchtigt werden. Das gemeinsame Mahl mit den Juden wurde sogar den Laien verboten (c. 15). Die angedrohte Körperstrafe wird zuweilen als Zeichen des Sittenwandels betrachtet, der durch die Völkerwanderung („invasions germaniques") verursacht worden sei[529]. Da eine solche auch schon im Konzil von Vannes (465) erwähnt wird und im römischen Unfreienstrafrecht verbreitet war, liegt es näher, hier wie im weltlichen Recht eine Ausdehnung römischer

Praxis anzunehmen. Auch die Lex Burgundionum hatte die Leibesstrafe (auch für Freie) aus dem römischen Recht übernommen.

Jenen Katholiken, die zum Arianismus übergetreten waren *(lapsi)* und die wieder in die Kirche aufgenommen werden sollten, wurde eine Bußzeit von zwei Jahren auferlegt (c. 29). Im Vergleich zu früheren Konzilsbeschlüssen, die 12, 10 oder aber 7 Jahre Buße vorsahen, war dies eine Erleichterung, die zweifellos das Ziel hatte, die Eintracht und den Kirchenfrieden möglichst rasch wiederherzustellen und die Wiedereingliederung der abgefallenen Katholiken zu fördern.

Schwieriger war die Frage zu lösen, was mit den arianischen Kirchen zu geschehen habe. Das Konzil beschloss, nur die wieder in Benutzung zu nehmen, die von den Arianern gewaltsam eingenommen worden waren; die *basilicae hereticorum*, also von Arianern errichtete Kirchen, sollten nicht wieder übernommen werden, und zwar aus Gründen der kultischen Reinheit (c. 33). Die burgundischen Bischöfe stellten sich damit in Widerspruch zu den in Orléans 511 von Chlodwig versammelten Konzilvätern, die entschieden hatten, dass die Kirchen der arianischen Goten geweiht und wieder benutzt werden könnten. Die in Epao gegebene theologische Begründung – die kultische Reinheit – verdeckte rechtliche und politische Gründe, die Avitus, der wohl für die Abfassung dieses Kanons verantwortlich war, in einem Brief an Bischof Victor von Grenoble gegen die Übernahme der arianischen Kirchen geltend gemacht hatte[530]. Victor hatte ihn – vielleicht im Auftrage Sigismunds – vor dem Konzil von Epao (ca. 516) gefragt, ob die Oratorien und Kirchen der Arianer dem katholischen Kultus dienen könnten, wenn ihre Gründer übergetreten seien. Avitus unterschied in seiner Antwort zunächst Privatkirchen *(basilicae privatae)*, also Eigenkirchen, von Gemeindekirchen *(ecclesiae)* und bezog seine Argumentation auf beide. Politische Vorsicht sei geboten, weil zum einen nicht sicher sei, ob Sigismunds Nachfolger ein Katholik oder ein Arianer sein würde – Sigerich, Sigismunds Sohn, war noch Arianer –, zum anderen sei die Reaktion der arianischen Nachbarreiche *(de viris regibus legis alienae)* zu fürchten. Die Arianer hätten die Kirchen mit Gewalt genommen und, wie sie die Wiedertaufe der Konvertiten praktizierten, so hätten sie auch die Kirchen zum zweiten Mal geweiht. Aber das Beispiel der Häretiker solle nicht nachgeahmt werden. Deswegen empfiehlt Avitus: „die Kultstätten der Haeretiker sollen nicht mit Gewalt in Besitz genommen werden, ich wünschte, sie sollten unberührt gelassen werden nach Art der Zwangsarbeitshäuser *(in morem erga-*

stulorum), welche man unbenutzt lässt. Es ist niemals zu wünschen, dass sie eine andere Verwendung finden, sondern sie sollen unbenutzt ihre Bedeutung verlieren. Ihnen, die das Volk in heilsamer Besserung verlassen hat, bleibe die ewige Leere: Und möge niemals von den Unseren übernommen werden, was im Eifer der Bekehrung von den Eigenen verschmäht wird"[531]. Auch die Kultgegenstände, Hostienteller und Kelch, sollten nicht übernommen werden, entgegen dem Brauch in *superioris Galliae partibus*, also im fränkischen Gallien[532]. Vermeidung von Gewalt und behutsames Vorgehen, sei es aus theologischem Bedenken oder aus taktischer Klugheit, kennzeichnen die Haltung des Avitus und der in Epao versammelten Bischöfe gegenüber den Arianern, deren Anhang so mächtig erscheinen konnte, dass noch mit einem Wandel der Situation zu ihren Gunsten gerechnet werden musste.

Die Bestimmungen des Konzils von Epao stießen auf Widerstand, nicht so sehr vielleicht bei den Arianern selbst, davon ist nichts bekannt, sondern ausgerechnet bei König Sigismund. Anlass für Missstimmung boten nicht die Kanones, welche die arianisch-katholischen Beziehungen regelten, sondern wie häufig in den germanischen Nachfolgereichen des Imperium, die Regelungen des Eherechts, näherhin die Inzestverbote und Ehehindernisse. Aus konkretem Anlass, der mehr als 30jährigen Ehe eines verwitweten Mannes mit seiner Schwägerin in der Diözese Grenoble[533], waren in Epao die als inzestuös betrachteten Eheverbindungen aufgezählt worden: die Ehe mit der Witwe des Bruders, mit der Schwägerin, der Schwiegermutter, der Schwiegertochter, der Kusine oder der Witwe des Onkels (c. 30). Gegen diese Bestimmungen verstieß die nach dem Konzil von einem hohen Amtsträger des Königs, Stephanus, dem Vorsteher der königlichen Fiskalverwaltung, eingegangene Ehe mit Palladia, seiner Schwägerin. Ähnlich wie in der Fridegisel-Affäre nahm sich der König der Sache seines Vertrauten an und stieß dadurch prompt auf den Widerstand der Bischöfe, die sich zwischen dem Konzil von Epao (September 517) und dem Tode des Avitus (5. Februar 518) versammelt und Stephanus exkommuniziert hatten. Auf den Druck des Königs antworteten die Bischöfe mit einem Konzil in Lyon, bei dem neben Julianus, dem Nachfolger des Avitus als Metropolit von Vienne, und Viventiolus von Lyon neun Bischöfe zugegen waren, und bekräftigten ihre erste Entscheidung. Um dieser Nachdruck zu verleihen, schlossen sie sich gegen allfällige Bedrängnisse durch den König zu einer Art Aktionsgemeinschaft zusammen und drohten, sich in Klöster zurückzuziehen, wenn der

König auf der Unterstützung des Stephanus beharren würde. Auf Druck des Königs scheint ein Kompromiss erreicht worden zu sein: dem exkommunizierten Paar wurde wenigstens erlaubt, wie die Katechumenen an den Lesungen und der Predigt der Messfeier teilzunehmen. Es mag Ausdruck der Missbilligung dieses Entgegenkommens gewesen sein, dass der Metropolit Viventiolus von Lyon und Florentius, der Bischof von Orange oder Saint-Paul-Trois-Châteaux, diese Formel nicht mit unterschrieben hatten. Über den Ausgang des Streites ist nichts bekannt[534]. Was bleibt, ist der Eindruck einer mehr als vorübergehenden Missstimmung und eines angespannten Verhältnisses zwischen Sigismund und dem Episkopat. Keinesfalls kann man einseitig Sigismund als devoten kirchenhörigen König hinstellen oder andererseits von einem dem König ergebenen und botmäßigen Episkopat sprechen. Das Konzil von Epao besiegelte kein Bündnis von Thron und Altar, es steckte Ansprüche ab, über die es, wie im Falle des Stephanus, mit dem König zum Konflikt kommen konnte.

Wie wenig der Episkopat dem König gewonnen war, mag sich aus der Vertreibung von zwei burgundischen Bischöfen, Theodorus und Proculus, ergeben, die in fränkisches Gebiet geflüchtet und dort auf Betreiben Chrodechilds zu Bischöfen von Tours (519–521) erhoben worden waren. Auch deren Nachfolger, Dinifius, stammte aus Burgund. Doch ist ungewiss, ob diese drei von Sigismund wegen ihrer fränkischen Beziehungen ausgewiesen worden oder schon zu einem früheren Zeitpunkt vor arianischem Druck zu den Franken ausgewichen waren[535].

Gleichsam im Gegensatz zu dem in der Stephanus-Affäre aufscheinenden Spannungsverhältnis zwischen Episkopat und König steht die enge Zusammenarbeit zwischen den beiden bei der Gründung des Klosters Agaunum/Saint-Maurice, dem wohl wichtigsten Symbolakt, der Sigismunds Bekehrung bekundete, jedenfalls der, welcher die nachhaltigste Fernwirkung haben sollte.

4. Die Klostergründungen im Burgunderreich

Bei ihrer Niederlassung in der Sapaudia und im Rhône-Saône-Raum fanden die Burgunder ein schon reich entwickeltes Mönchtum vor. Es war wesentlich durch das 400/410 von Honoratus, dem späteren Bischof von Arles, auf einer Insel gegenüber Cannes gegründete Kloster Lérins geprägt, in dem sich eremitische und koinobitische, östliche und westliche Traditionen verbanden und das zum Ausstrahlungszentrum der monastischen Idee für ganz Südgallien wurde. Lérins drückte dem altgallischen aristokratisch-asketischen Rhônemönchtum seinen Stempel auf, deutlich spürbar in den von den Bischöfen, die z.T. aus dem Kloster selbst stammten bzw. in einem lerinischen Kommunikationsnetz standen, in und bei ihren Bischofsstädten gegründeten Klöstern. Das Mönchtum war hier, in der südlichen Zone des Burgunderreiches, ein städtisches Phänomen. Die Frauenklöster lagen meist – aus Sicherheitsgründen – innerhalb der Stadtmauern, die Männerklöster oft im suburbanen Bereich bei den Coemeterialkirchen[536].

So lag in Vienne das Frauenkloster St. André-le-Haut, das zur Zeit des Avitus von einem aus Pannonien stammenden Reklusen gegründet worden sein soll, innerhalb der Mauern, das Männerkloster St. André-le-Bas außerhalb. *Extra muros* gab es noch mehrere andere Klöster, darunter an der Rhône südlich der Stadtmauer die Bischofsgrablege St. Peter *foras portam civitatis*, ein Kloster, das derselbe Rekluse Leonianus als Abt geleitet haben soll, ferner ebenfalls im Süden der Stadt zwischen Zirkus und Stadtmauer die *monasteria* St. Vincent und St. Johannes Baptist, nördlich der Mauer das *coenobium S. Martini*, dessen Kirche Mitte des 5. Jhs. gebaut worden ist, dann in einiger Entfernung von der Stadt die *cellula s. Symphoriani*, die der hl. Theudarius (ca. 500–575), der Gründer des östlich von Vienne gelegenen Landklosters St. Chef, gegründet hat. Auf der rechten Seite der Rhône gegenüber der Stadt Vienne lagen die Klöster von Grigny *(monasteria Grinescensia; Grinianensium coenobia)*, darunter auch ein Frauenkloster. Die Gründung dieser Klöster wird den Bischöfen von Vienne zugeschrieben[537]. Sidonius Apollinaris erwähnt 477 als vorbildlich die Klosterregeln von Lérins und Grigny *(statuta Lirinensium patrum vel Grinnicensium)*[538]. 515 verließen drei Äbte und zahlreiche Mönche die Klöster von Grigny und bezogen das neugegründete Kloster St. Maurice. Hymnemodus, einer der Äbte von Grigny, wurde der erste Abt von St. Maurice, worauf noch zurückzukommen ist. Im Norden von Lyon, saôneaufwärts, lag seit spätestens der ersten Hälfte des 5. Jhs. das *monasterium Insulae Barbarae* (L'Ile-Barbe); Romanus, einer der Juraväter, scheint sich hier zur Zeit des Abtes Sabinus aufgehalten zu haben, und um 515 berief Hymnemodus den Abt Ambrosius von Ile-Barbe nach St. Maurice. Auf der Halbinsel zwischen Saône und Rhône lag das Frauenkloster St. Peter, vielleicht identisch mit dem *monasterium (puellarum),* das Gregor von Tours erwähnt. Ob südlich davon bei St. Martin d'Ainay oder bei der von Königin Caretene gegründeten Michaelskirche eine Klostergemeinschaft in früher Zeit bestand, ist ungewiss[539].

Bei Autun lag im Norden der Stadt St. Symphorian, eine Gründung des Priesters Euphronius vor dessen Erhebung zum Bischof (452), bei der spätestens in der zweiten Hälfte des 6. Jhs. eine Klostergemeinschaft nachgewiesen ist. Das von Gregor von Tours zu 589 erwähnte Frauenkloster von Autun könnte mit dem von Brunhilde zur Zeit des Bischofs Syagrius (ca. 561–599/600) gegründeten zu identifizieren sein[540].

Die frühen Klöster innerhalb der Städte und des unmittelbaren Stadtumlandbezirkes *(suburbium)* waren zum großen Teil von Bischöfen oder als bischöfliche Grablegen gegründet. Sie unterstanden der Kontrolle der Bischöfe und entsprachen der urbanen Kultur der südgallischen Aristokraten unter dem Einfluss von Lérins. Einen vergleichbaren sozialen, kulturellen und geistlichen Hintergrund hatten jene Eremiten und Asketen, die in den nördlichen Gebieten Burgunds, in den Gebieten fern der Städte und am Rande der bewohnten Welt, z.T. auf ihren Familiengütern, Landklöster errichteten, um hier das *desertum,* die Einöde, zu finden. Die beiden Klöster von Réomé (Moutiers-Saint-Jean) und Saint-Seine, gegründet von den Heiligen Johannes bzw. Sequanus in der Diözese Langres, von Mesnay und Saint-Lothain in der Diözese Besançon, gegründet von Lautenus, gehören im Norden des Burgunderreiches ebenso dazu wie das schon erwähnte, von dem Eremiten Theudarius von Vienne auf seinem Familiengut gegründete Kloster Saint-Chef, wo er selbst begraben worden ist[541].

Doch nachhaltigere Fernwirkung hatten die von den Juravätern gegründeten Juraklöster. Dank der um 510–515/20 verfassten Vita Patrum Jurensium sind wir über Leben, Wirken und Tod der drei Äbte Romanus (ca. 400–460/65), Lupicinus († ca. 480) und

Eugendus (um 450–510) gut unterrichtet[542]. Romanus stammte aus einer wohlhabenden Familie der Gallia Sequanorum (c. 4), d.h. dem Juragebiet der Diözese Besançon, wo es vor ihm noch keine Mönchsniederlassung gegeben hatte (c. 5). Mit 35 Jahren verließ er seine Familie und suchte den *heremus* und fand ihn in den Wäldern des Jura, die seinem Familiengut benachbart waren und ließ sich in Condat (Condadisco, später nach dem dritten der Juraväter Saint-Oyan-de-Joux, schließlich Saint-Claude genannt, dép. Jura, F) nieder (c. 6), nachdem er zuvor im Kloster (Ile-Barbe?) des Sabinus in Lyon einige Zeit verbracht und die strenge Regel und das Leben von dessen Mönchen *(strenua instituta monachorumque illius vitam,* c. 11*)* kennen gelernt hatte. Bald gesellte sich ihm sein jüngerer Bruder Lupicinus zu (c. 12), sein Ruf verbreitete sich, und es kamen neben zwei jungen Klerikern aus Nyon (c. 13) so zahlreiche Mönche, dass wegen Überbelegung ein zweites Kloster Laucone (später Saint-Lupicin, ca. 8 km wnw von Saint-Claude, c. 24) und bald auch ein drittes, ein Frauenkloster, unter der Leitung der namentlich nicht bekannten Schwester von Romanus und Lupicinus, gegründet wurde, und zwar in Balma (La Baûme, heute: Saint-Lupicin) (c. 25, 60, 117). Spannungen zwischen den Brüdern – Lupicinus vertrat ein rigoroseres Asketentum – scheinen zu neuen Gründungen geführt zu haben, darunter wahrscheinlich Romainmôtier, am Fuß des Jura, nicht weit von den römischen Straßen, die vom Genfer See über den Jura nach Besançon, Langres und Nordgallien bzw. an den Rhein führten[543].

Um 450 hatte Romanus eine Pilgerreise über Genf und das nördliche Ufer des Genfer Sees zum Wallfahrtsort der thebäischen Legion, der Märtyrer von Agaunum (Saint-Maurice), gemacht (c. 44–50), wo zu dieser Zeit noch kein Kloster existierte. Um 460 ist Romanus gestorben und wurde in dem Frauenkloster La Baûme (Saint-Romain) bestattet (c. 60, 61). Lupicinus, dessen Intervention bei König Chilperich zugunsten von Unterdrückten (*pauperes,* c. 92–95) wir schon kennen gelernt haben, hatte nach dem Tode des Bruders die alleinige Leitung der Juraklöster übernommen. Er starb um 480 und wurde in dem Männerkloster Laucone (Saint-Lupicin) bestattet. Eugendus, der dritte der Juraväter, stammte ebenfalls aus der Sequania; sein Vater war Priester des *vicus* Izernore (ca. 30 km sw von Saint-Claude, dép. Ain, F) (c. 120). Als Kind wurde er dem Kloster Condat übergeben, erwarb dort die Kenntnisse der lateinischen und griechischen kirchlichen Literatur – letztere wohl in lateinischer Übersetzung –

(c. 125f.), stand in Beziehung mit dem Abt und Reklusen und Klostergründer Leonianus von Vienne (c. 127f.) und wurde schließlich Nachfolger des Abtes Minausius († ca. 495) in Condat (c. 138), obwohl nie zum Priester geweiht (c. 151). Zur Zeit des Eugendus verunsicherten Alemannen das Juragebiet, weshalb die Mönche von Condat das Salz nicht aus den nahe gelegenen Salinen bei Salins-les-Bains, sondern von den fernen Mittelmeersalinen bezogen (c. 157), wie wir schon gesehen haben. Weitere Beziehungen des Klosters zum Süden und der Mittelmeerwelt bekunden die von Mönchen des Klosters nach zweijähriger Pilgerreise aus Rom mitgebrachten Apostelreliquien (c. 155) sowie die Adaptierung der orientalischen und südgallischen Klosterregeln bzw. Institutiones von Basilius, Pachomius, Cassian und von Lérins, entsprechend den Erfordernissen des rauen Juraklimas, der körperlichen Arbeit der Mönche und dem weniger exzessiven Charakter der Gallier *(naturae vel infirmitas ... Gallicana, c. 174)*. Die Regeln der Juraklöster selber sind nicht überliefert. Die Abkehr von orientalischen, asketisch-eremitischen Vorbildern spiegelt sich auch darin, dass nach dem Brand des aus Holz (!) gebauten Klosters Condat (c. 162) an Stelle der Einzelzellen der Mönche ein Schlafsaal *(xenodochium, mansio)* errichtet wurde und die gemeinschaftlichen Einrichtungen gestärkt wurden, mithin die eremitische durch die koinobitische Lebensform abgelöst wurde (c. 170, 173). 60jährig starb Eugendus um 510 und wurde im Kloster Condat in der von ihm zu Ehren der Apostel Petrus, Paulus und Andreas, deren Reliquien er aus Rom erhalten hatte (c. 155), errichteten Kirche bestattet. Das Kloster Condat trug lange Zeit seinen Namen: Saint-Oyan oder Oyend.

In den 80 Jahren, welche die Viten der drei Juraväter umfassen, hatten sich ihre Klöster zu einem stattlichen Verband entwickelt und hatte sich ihr Ruf als asketische Mönchsväter verbreitet und gefestigt. Wie viele Eremiten und Asketen entsagten sie der Welt, nicht gerade, um in der Welt zu wirken – das wäre instrumentalistisch gedacht –, aber ihre Weltflucht hatte Wirkung auf die Welt. Die von der *fama* ihres heiligmäßigen Lebens angezogenen beiden jungen Kleriker aus Nyon bezeugen dies ebenso wie die Hunderte von Mönchen und Nonnen, die ihnen gefolgt waren, aber auch Hilarius von Arles, der 444, als er – unrechtmäßig – in Besançon den Metropoliten Caelidonius absetzte, Romanus zu sich rufen ließ und ihn zum Priester weihte (c. 18). Auch hochgestellte Laien besuchten häufig die Juraklöster. So weilte dort um 470 Domnulus, der unter Kaiser Maiorian *quaestor sacri palatii* gewesen war, und von Sidonius Apollinaris, zu dessen Korrespondentenkreis er gehörte, als Dichter und Philosoph gefeiert wurde. Wie selbstverständlich erwähnte Sidonius die *Jurensia monasteria* (die er also kannte), wohin sich Domnulus zurückzuziehen pflegte[544]. Lupicinus war mit Agrippinus, *comes Galliae*, d.h. dem gallischen Heermeister, befreundet und unterstützte diesen in seiner Auseinandersetzung mit Aegidius, der um 458 von Maiorian an Stelle von Agrippinus das Amt des *magister militum* erhielt. Agrippinus war anscheinend den Barbaren, mithin auch den Burgundern, die kurz zuvor (457) zum ersten Mal Lyon eingenommen hatten, entgegengekommen. Aegidius verfocht eine Politik der Eindämmung. Dass Lupicinus in dieser Sache momentan politisch auf der falschen Seite gestanden hatte, wurde ihm zehn Jahre später anscheinend von einem gallorömischen Großen am Hofe Chilperichs vorgeworfen (c. 92–95). Auch der dritte der Juraväter, Eugendus, stand in Kontakt mit der vornehmen Laienwelt: z.B. im Briefkontakt mit Syagria, einer Angehörigen der berühmten Syagrii aus Lyon, die 494 Epiphanius von Pavia beim Rückkauf der italischen Gefangenen finanziell unterstützt hatte (c.145). Nicht nur mündlich, sondern wie hier ersichtlich auch brieflich wurde die *fama* der Heiligen verbreitet und erreichte die *virtus* der Heiligen die Laienwelt: Syagria wurde durch die Berührung, gleichsam durch die Einverleibung des Briefes, geheilt (c. 146).

Über die Beziehungen der Burgunder, insbesondere der burgundischen Könige, zum Rhône- und Juramönchtum ist nur Weniges bekannt, mit Ausnahme der Begegnung zwischen Lupicinus und Chilperich ca. 467, ungefähr zehn Jahre, nachdem die Sequania von den Burgundern eingenommen worden war. Lupicinus erschien – nach Gregor von Tours in Genf – am Hofe des Königs, um die Sache der *pauperes*, die von einem mächtigen gallorömischen Großen unterdrückt waren, zu verteidigen. Von seinem Gegner angeklagt, vor zehn Jahren bei der Ankunft der Burgunder den Untergang des Römertums prophezeit zu haben, entgegnete er, dass in der Tat die Raffgier der (gallorömischen) Großen den Machtwechsel herbeigeführt habe, eine These, die sich auch bei Salvian von Marseille findet. Chilperich ließ sich von der Aufrichtigkeit beeindrucken, gab Lupicinus recht, schenkte den unterdrückten *liberi* die Freiheit wieder, bedachte den Abt mit Geschenken für die Mönche und das Kloster und entließ ihn in Ehren (c. 92–95). Nach Gregor von Tours hatte Chilperich Lupicinus Äcker und Weinberge angeboten; doch der Abt lehnte diese ab zugunsten einer jährlichen Zahlung von 300 Maß *(modii)* Weizen und 300 Maß Wein zuzüglich 100 Goldschillinge für Kleidung für die Mönche. Diese urkundlich verbriefte Leistung soll noch Ende des 6. Jhs. dem Kloster durch den Fiskus gezahlt worden sein – übrigens ein Hinweis auf das noch funktionierende Steuersystem[545].

Über weitere Begünstigungen des Mönchtums durch die burgundischen Könige erfahren wir nichts Sicheres mehr. Die Gründungen von Kirchen durch Mitglieder des Königshauses in Genf und in Lyon lassen nicht erkennen, ob bei diesen monastische Gemeinschaften angesiedelt gewesen waren, wie dies für die von Godegisel und Theudelinda (!) in Lyon errichtete St. Peterskirche vermutet wird[546]. Umso symbolhaltiger ist deswegen die Klostergründung des ersten katholischen Burgunderkönigs, Sigismunds, in Agaunum/Saint-Maurice. Wiederum übernahm Sigismund damit eine Vorreiterrolle: Er war der erste unter den Königen, der ein Kloster gründete; viele mittelalterliche Könige sollten ihn nachahmen. Sein Kloster konnte als Reichskloster gelten, nicht nur aufgrund seiner geographischen Lage und seiner berühmten Märtyrergräber, sondern auch aufgrund des Zusammenwirkens einer Art von Gründungskonsortium, in dem neben dem König ein guter Teil des Episkopats, Äbte und Mönche aus verschiedenen Klöstern des Juras und des Rhônetales sowie nach Ausweis des ersten Abtes Hymnemodus auch Burgunder und Galloromanen vertreten waren; ein Symbolakt in mehrfacher Hinsicht, wie wir noch sehen werden.

Der Ort Agaunum/Acaunum, wo Ende des 3. Jhs. Mauritius und seine Gefährten der thebäischen Legion das Martyrium erlitten haben sollen, lag an der wichtigsten Straßenverbindung zwischen Oberitalien (Aosta) und Gallien bzw. Germanien über den Großen St. Bernhard *(Summus Poenius, Mons Jovis)* in den poeninischen Alpen. Der Engpass bei Agaunum zwischen Fels und Fluss bildete für den vom Genfer See aus kommenden Reisenden den Eingang des oberen Rhônetals und wurde von den Römern als ideale Zollstation für den 2,5prozentigen Einfuhrzoll, die *quadragesima Galliarum*, genutzt. Unterhalb der Enge lag die im Itinerarium Antonini und der Peutingertafel, einer römischen Straßenkarte, erwähnte Straßenstation Tarnaiae (heute: Massongex)[547]. Im dritten Viertel des 4. Jhs. transferierte Bischof Theodor von Octodurus/Martigny die Gebeine der Märtyrer in eine kleine Kirche (5 x 9 m), angelehnt an den Fels. Schnell entwickelte sich Agaunum zu einer berühmten Wallfahrtsstätte. Romanus, der erste der Juraväter, hatte sie um 450 aufgesucht, wie wir gesehen haben. Zu dieser Zeit, als Eucherius von Lyon (ca. 380–449/50) die Passio Acaunensium martyrum verfasste, muss es Gebäude zur Aufnahme der Pilger und Kranken und Kleriker zur Betreuung der inzwischen vergrößerten Märtyrerkirche gegeben haben. Neben den Klerikern lebten auch weltliche Familien, vielleicht in einer praemonastischen Form, im Umkreis der Basilika bis zur (Neu-)Begründung des Klosters durch Sigismund[548].

515 – das Datum überliefert Marius von Avenches –, also noch zu Lebzeiten seines Vaters, als Sigismund Mit- bzw. Teilherrscher in Genf war, gründete er bei der inzwischen berühmt gewordenen Wallfahrtsstätte des Mauritius und seiner Gefährten ein Kloster, die erste Königsabtei eines germanischen Herrschers[549]. Die zwischen 523 und 526/533 verfasste Vita abbatum Acaunensium, eine der ersten „Klostergeschichten" des Mittelalters, berichtet ziemlich ausführlich und zuverlässig über den Gründungsakt[550]. Danach unterstützte Bischof Maximus von Genf das Vorhaben des Königs und wohl ebenfalls Avitus von Vienne, der am 22. September 515 die Gründungsansprache *in innovatione monasterii* hielt und die Ausstattung des Klosters mit kirchlichen Geräten rühmte. Gregor von Tours erwähnt dazu die Schenkung von reichem Grundbesitz – die angebliche Gründungsurkunde vom 15. Mai 515 ist eine karolingische Fälschung und spiegelt den Besitzstand bzw. die Besitzansprüche des 8./beginnenden 9. Jhs. wider[551]. An die Stelle der die Wallfahrtsstätte bewohnenden weltlichen Familien und der Frauen sollten nun Mönche treten. Mit Zustimmung der Bischöfe (*coetus episcoporum*, c. 7) – die angebliche Gründungsurkunde erwähnt eine Versammlung von 60 Bischöfen und 60 *comites* – wurden Mönche aus den Jura- und den Rhôneklöstern berufen und als erster Abt der Burgunder Hymnemodus aus dem Kloster Grigny bei Vienne eingesetzt; andere Mönche stammten aus Ile-Barbe (Lyon), aus Condat (Saint-Claude), aus dem Waadtland *(Valdensis)* (Romainmôtier?) oder dem Wallis. Auf Hymnemodus, der schon 516 starb, folgte Ambrosius als Abt (516–520), der zuvor Abt in Ile-Barbe gewesen war, und als dritter Abt Achivus, der nach einer weltlichen Karriere in der *civitas* Grenoble, Mönch in Grigny geworden war. Die aus den verschiedenen Klöstern berufenen Mönche (und Äbte) bildeten je eigene Gruppen, in karolingischer Zeit *turmae* genannt, unter ihren Äbten, später unter einem *decanus* bzw. *turmarius* und lösten einander beim „ewigen Psalmengesang", der *laus perennis*, ab. Die *laus perennis* war eine liturgische Neuerung, unbekannt bis dahin im Westen, heimisch dagegen im Osten, seit ca. 425 in Konstantino-

pel, wo die Akoimeten, die „Schlaflosen", ein Kloster gegründet hatten. Die Beziehungen Sigismunds und Avitus' zu Byzanz erklären zur Genüge die Übernahme dieser neuen Liturgie[552]. Da die Akoimeten auf Seiten der chalzedonischen Orthodoxie gegen die Arianer und Monophysiten stritten, wirkte die Übernahme der *laus perennis* in Saint-Maurice gleichsam wie ein Fanal für die katholische Rechtgläubigkeit.

Doch die Klostergründung und die Einführung der *laus perennis* setzten nicht nur ein Zeichen für Sigismunds Bekehrung zum Katholizismus, sie dienten konkret der Sicherung seiner Herrschaft und seines Königreiches, die durch die Interzession der heiligen Thebäer und das immerwährende Gebet der Kirche geschützt werden sollten *(ut, isdem patrocinantibus, et regno et regni integritate tutissime potiretur)*, jedoch unter der Bedingung, dass der König nicht „vom Weg der Frömmigkeit und Gerechtigkeit" *(a pietate et iusticiae itinere)* abweiche, wie die Vita abbatum formuliert (c. 3). Das tat er spätestens 522, als er seinen Sohn Sigerich ermorden ließ. Seine engen Beziehungen zu seiner Klostergründung brachen trotzdem nicht ab. Im Gegenteil! Nach der Mordtat eilte er zu den Heiligen von Agaunum, verweilte dort viele Tage und leistete Bußübungen. Nach Gregor von Tours (und Fredegar) soll er bei dieser Gelegenheit die *laus perennis* eingeführt bzw. das Kloster neben mehreren anderen gegründet haben[553]. Hier wird die spätere Verformung der Gründungsgeschichte schon greifbar. Im nächsten Jahr (523) kehrte Sigismund wiederum nach Saint-Maurice zurück, diesmal auf der Flucht vor den Franken. Wahrscheinlich wollte er, der sich nach der Passio Sigismundi des 8. Jhs. zunächst oberhalb der Abtei als Eremit verborgen hatte, Mönch in Saint-Maurice werden. Jedenfalls wurde er in Mönchskleidung *(in habitu monachale)* den Franken von den Burgundern ausgeliefert, in die Francia geführt und getötet. Ungefähr zehn Jahre später (533) wurden seine Gebeine mit Erlaubnis König Theudeberts auf Bitten des Abtes Venerandus und durch Intervention des burgundischen *dux* Ansemundus nach Saint-Maurice gebracht und im Kloster in der Johanneskirche, die später auch das Sigismund-Patrozinium annahm, bestattet. Schon zur Zeit Gregors von Tours wurde Sigismund als Heiliger verehrt und bei Fieberkrankheit angerufen; die Passio (c. 7) betrachtet ihn als Märtyrer, der sich den thebäischen Märtyrern zugesellt hätte: der hl. Sigismund, der erste heilige König des Mittelalters[554]. Seine Verehrung und die des heiligen Mauritius und seiner Gefährten bezeugen die Fernwirkung, welche Sigismunds Klostergründung schließlich hatte, selbst wenn die politische Absicht der Gründung, seinem Reich einen religiösen Mittelpunkt zu geben und seiner Herrschaft und der seines Hauses den göttlichen Beistand und dauerhaften Bestand zu sichern, gescheitert war.

Nachhaltige Fernwirkung hatte die Gründung des Klosters Saint-Maurice noch in anderer Hinsicht: Die Einführung der *laus perennis* wurde zum Vorbild für viele gallische Klöster. So hat König Gunthram, der 574 Saint-Maurice von Langobarden, die sich im oberen Rhônetal festgesetzt hatten, befreien und sich Reliquien der Agauner Märtyrer beschaffen ließ, in seiner *sedes regia* Chalon-sur-Saône sein Grabkloster Saint-Marcel gegründet (um 584), und zwar nach dem Vorbild von Saint-Maurice, *ad instar institucionis monasterii sanctorum Agauninsium*, das, so sagt Fredegar, zur Zeit des Königs Sigismund von Avitus und den übrigen Bischöfen auf Befehl des Königs errichtet worden sei. Gemeint war das Vorbild der *laus perennis* in Saint-Maurice. Diese wurde um 625 auch in dem Vogesenkloster Remiremont, und um 634/35 in Saint-Denis bei Paris, der Grablege König Dagoberts sowie um 640 in dem von der hl. Salaberga gegründeten Frauenkloster Saint-Jean in Laon eingeführt. In Laon waren die 300 Nonnen in sieben *turmae* aufgeteilt, in Saint-Riquier, wo die *laus perennis* wohl im 8.Jh. eingeführt wurde, waren die Mönche drei Chören zugeteilt. Verbreitet war die *laus perennis* in merowingischer Zeit anscheinend vornehmlich im Raum zwischen oberer Mosel, Maas und Seine, d.h. in den Gebieten, die Zentren des irofränkischen Mönchtums des 7. Jhs. waren. Seit der Privilegierung des Klosters Rebais (ca. 640) durch Burgundofaro von Meaux wurde Saint-Maurice neben Lérins, Luxeuil und Saint-Marcel von Chalon auch als Vorbild für die bischöflichen Exemptionsprivilegien immer wieder herangezogen[555]. Die frühe Verehrung des Mauritius beschränkte sich bis etwa Ende des 6. Jhs. auf den „Wirkungsbereich des altgallischen Mönchtums", der die Loire, den Oberlauf der Seine und die Mosel kaum überschritt, erst dann und bis zur Mitte des 8. Jhs. verbreitete sich der Kult auch in den (re)christianisierten Gebieten zwischen Maas und Rhein. Die erste Kultwelle in Innergallien zeigt deutlich, wie die Herkunft der ersten Äbte und Mönche von Agaunum, dass das Kloster eine späte Frucht des Rhônemönchtums gewesen ist[556].

Die Gestalt des Königs Sigismund kann als Symbolgestalt des burgundischen Reiches gelten: politisches Scheitern auf der einen Seite, große Fernwirkung auf der anderen. Die Vorreiterrolle Sigismunds ist unübersehbar: Erster heiliger König des Mittelalters, erster germanischer Herrscher, der mit seiner Klostergründung seinem Reich einen religiösen Mittelpunkt geschaffen hatte, mit einem Reichskloster, das die monastischen Kräfte des Reiches bündelte und zugleich den ethnisch-religiösen Gegensatz Burgunder-Romanen zu überwinden suchte, schließlich erster Romfahrer, Bußpilger und Mönch unter den Königen des Mittelalters.

VII. Nachleben

Das Nachleben der Burgunder ist im deutschsprachigen Raum jedem Mittelalterbeflissenen gegenwärtig. Wer dächte nicht bei der Nennung ihres Namens sogleich an ihren Untergang, besungen im Nibelungenlied, zum literarischen Mythos gestaltet in Richard Wagners Ring des Nibelungen, politisch ausgeschlachtet zur Zeit des Nationalsozialismus und kommerziell genutzt zur Belebung des Tourismus in der Stadt Worms in der Gegenwart. Diskreter als diese literarischen, ideologischen und kommerziellen Vereinnahmungen der Burgunder sind die Zeugnisse für ihr historisches Nachleben, für die Fernwirkungen ihrer Reichsgründung. Was ist nach der Eroberung durch die merowingischen Franken von den Burgundern und ihrem Reich an der Rhône geblieben? Zunächst ihr Name und der ihres Reiches, des *regnum Burgundiae, regnum Burgundionum*, dann – fassbar bis zum 7. Jh. – das ethnische Bewusstsein einer „burgundischen" Abstammung, das im Laufe des 7./8. Jhs. Teil einer neuen regionalen Identität wurde. Ethnisches und regionales Bewusstsein vermischten sich und gingen ineinander über. Das Wissen und der Anspruch, zu den „Gundbadingi" zu gehören, d. h. nach burgundischem Recht zu leben, was Agobard von Lyon um 817 als schweren Verstoß gegen den Gedanken der Einheit des Karlsreiches anprangerte, signalisiert ein Abstammungsdenken, das territorial geprägt war, denn seit langem war das burgundische Recht vom Prozess der Territorialisierung erfasst. Kräftig war das kultisch-politische Nachleben der Burgunder in Saint-Maurice; dafür zeugen die Sigismundverehrung, die Ausstrahlung des Klosters und der Mauritius-Kult, die Rolle von Saint-Maurice als Königskloster und Ort der Königskrönung. Noch kräftiger schließlich war das literarische Nachleben, wie es sich im Nibelungenlied, in seinen Vorläufern und Nachfolgern widerspiegelt.

1. *Traditio nominis*:
Von „*Burgundia*" zu „Bourgogne"

Um 507, so hatten wir gesehen, benutzte Cassiodor den Namen *Burgundia* in einem gentilen Sinne und verstand darunter das Volk der Burgunder, die Gesamtheit der Burgunder. Als Regionsbezeichnung neben Gallien, Spanien, Ligurien, Aemilia und Venetien, d. h. im territorialen Sinne wurde dann *Burgundia* erstmals in einem Brief von Mailänder Klerikern an Kaiser Justinian im Jahre 522 gebraucht und bezog sich auf das Herrschaftsgebiet der burgundischen Könige. In diesem Sinne benutzte auch Marius von Avenches den Gebietsnamen, als er zum Jahre 534 das Ende dieses Reiches und die Aufteilung des *regnum* unter die Merowingerkönige Childebert, Chlothar und Theudebert verzeichnete. Der Umfang dieses Reiches war, wie sich aus der Teilung unter die drei Könige ergibt, der des Reiches Gundobads und Sigismunds[557]. Dieses Gebiet verstand auch noch Gregor von Tours († 594) unter *Burgundia*, ebenso die Nonne Baudonivia von Poitiers, die kurz nach 600 die Vita der hl. Radegunde schrieb[558].

Bald darauf kam es dann zur Bedeutungsverschiebung, die bei Fredegar und in vielen hagiographischen Texten des 7. Jhs. greifbar wird: *Burgundia* bezeichnete nunmehr das merowingische Teilreich Burgund[559].

Dieses verdankte seine politische Konsolidierung der langen Herrschaft Gunthrams (561–592) und seines Großneffen Theuderich II. (595–613). Beim Tode Chlothars I., der von 558–561 als Alleinherrscher über alle Reichsteile geboten hatte, übernahm Gunthram alle Gebiete des ehemaligen Burgunderreiches, dazu ‚fränkische' Gebiete Mittelgalliens, die zum Reiche Chlodomers gehört hatten (Auxerre, Sens) mitsamt der *sedes* Orléans. Nach dem Tode Chariberts (567) kamen noch Troyes und Gebiete von Chartres und Paris, später zeitweise noch andere Gebiete an der Loire hinzu. Auch die Provence (ohne Marseille, Uzès und Avignon) sowie aquitanische Gebiete gehörten zu Gunthrams Reich, das 592 bei seinem Tode an Childebert II., den in Reims bzw. Metz residierenden König von „Austrasien" fiel, aber 595 dessen jüngerem Sohn Theuderich II. († 613), für den lange Zeit Brunhilde, die Mutter Childeberts, die Regentschaft führte, zugeteilt wurde. Der Name Burgund haftete nur an dem Kernraum von Gunthrams und Theuderichs II. Herrschaft, d. h. im Wesentlichen

Karte 8: Das *regnum Burgundiae* unter merowingischer Herrschaft (um 540)

an den ‚fränkischen' Gebieten Mittelgalliens und den altburgundischen, nicht dagegen an der Provence und an den aquitanischen Gebieten[560]. Als Zeichen der Konsolidierung von Gunthrams Reichsteil und des Wandels zum burgundischen Teilreich, mithin zur „Burgundisierung", gilt die Verlegung der *sedes*, der Königsresidenz von Orléans nach Chalon-sur-Saône Ende der 70er Jahre des 6. Jhs. Bei Chalon gründete Gunthram nach dem Vorbild des burgundischen Königsklosters Agaunum/Saint-Maurice das Kloster Saint-Marcel, bestimmte es zu seiner Grabkirche und richtete dort die *laus perennis* ein. In Chalon und in dem nahe gelegenen Mâcon wurden nunmehr die großen Konzilien abgehalten, welche die kirchliche Führungsrolle des Teilreichs Burgund unter Gunthram bezeugen. Auch unter Theuderich II. blieb Chalon die eigentliche Residenz des Teilreiches, die 629/30 Dagobert I. nochmals aufsuchte[561].

In der Zwischenzeit, seit dem Untergang der austro-burgundischen Linie der Merowinger (613) stand das Teilreich Burgund unter Chlothar II. († 629/30) und Dagobert I. (629/30–639) als eines der *tria regna* unter der *monarchia* dieser beiden Gesamtherrscher. Es behauptete seine Namenskontinuität als *regnum Burgundiae* oder *regnum Burgundion(or)um* über alle Verselbständigungstendenzen, Rivalitäten und Kämpfe der regionalen Machthaber, der Bischöfe, Amtsträger, *patricii*, *duces* und *comites*, sowie Großen im 7. und 8. Jh. und über die gewaltsame Wiedereingliederung in das Frankenreich durch Pippin den Mittleren, Karl Martell und Pippin den Jüngeren hinweg und bildete 802, als die Sprengel für die Königsboten *(missi dominici)* gebildet wurden, neben Austrien und Neustrien den Kernraum des Karolingerreiches, in welchem solche *missatica* eingerichtet wurden[562].

Bei den frühen karolingischen Teilungen wurde das *regnum* Burgund als Einheit behandelt und fiel 741 Pippin und 768 Karlmann zu. Seit dem Reichsteilungsplan von 806 *(divisio regnorum)*, der – grob gesehen – eine Nord-Süd-Trennung vorsah, wurde die *Burgundia* bei den Teilungen von 817, 829, 831, 835 oder 839 mehrfach zerstückelt. Dauerhafte Folgen hatte allein der Teilungsvertrag, den 843 die drei Söhne Ludwigs des Frommen zu Verdun schlossen. Ludwig der Deutsche bekam das Ostreich, Lothar, der älteste der Söhne, das Mittelreich, Karl der Kahle, der jüngste, das Westreich. Als Grenze zwischen diesen beiden letzten Reichen wurden Saône und Rhône festgelegt. Dadurch fielen die *pagi* westlich der Saône an Karl den Kahlen, d.h. gerade die Gebiete, die am stärksten fränkisch überschichtet waren und zum sog. fränkischen Burgund gehörten. An diesem Teilgebiet, insgesamt 19 *pagi* in den *civitates* Mâcon, Chalon, Autun, Nevers, Auxerre, Langres, Troyes, Sens, haftete im 9. Jh. der Name *regnum Burgundiae* und blieb mit ihm bis ins 11. Jh. verbunden; erst dann wurde daraus der territoriale *ducatus Burgundiae*, das Herzogtum Burgund oder „duché de Bourgogne". Von 1016 bis 1361 unterstand das *regnum* bzw. der *ducatus Burgundiae* einer jüngeren Linie der Kapetinger, fiel dann an Johann II., König von Frankreich aus dem Hause der Valois, der das Herzogtum Burgund an seinen vierten Sohn Philipp den Kühnen als Apanage gab. Mit Philipp, der durch Heirat und Erbschaft die Grafschaften Flandern, Artois, Nevers, Rethel und die Freigrafschaft Burgund sowie Anwartschaften auf die Herzogtümer Brabant und Limburg erhalten hatte, begann der Aufstieg des spätmittelalterlichen „burgundischen Staates" und der „burgundischen höfischen Kultur". Die Aussichten, auf den Spuren des lotharischen Zwischenreiches des 9. Jhs. ein romanisch-germanisches Reich zu gründen, endeten in einer „Krise" (J. Huizinga), als Karl der Kühne besiegt wurde und 1477 bei der Belagerung von Nancy den Tod fand. Seine Herrschaft brach auseinander, der größere Teil fiel an das Haus Habsburg, aber das Herzogtum konnte mit Erfolg von dem französischen König Ludwig XI. als erledigte Apanage reklamiert werden und wurde zur französischen Provinz Bourgogne mit der Hauptstadt Dijon. Dijon ist auch heute noch Hauptstadt, und zwar der Région de Bourgogne, welche die vier Départements Côte-d'Or, Nièvre, Saône-et-Loire und Yonne umfasst und damit grosso modo mit den alten Provinzen Bourgogne und Nivernais übereinstimmt. Soviel zur erfolgreichen *traditio nominis* vom 6. bis zum 21. Jh. im fränkischen bzw. französischen Burgund[563]!

Östlich von Saône und Rhône, im „burgundischen Burgund", gibt es keine anderthalb Jahrtausende währende Namenskontinuität. Es kommt hier zu Umbrüchen und Abbrüchen der Namenskontinuität. Der ganze Raum gehörte 843 zu Lothars Zwischenreich, das sich von der Nordsee bis südlich von Rom ausdehnte. Beim Tode des Kaisers (855) fiel Südostgallien an Lothars jüngsten Sohn Karl und bildete mit dem *ducatus* Lyon und Vienne und den südlich davon gelegenen Gebieten das Königreich *(regnum)* Provence. Auch nach Karls Tod (863) blieb dieses politische Gebilde als Teilreich bestehen und der Nichtkarolinger Boso von Vienne, der 879 zum König erhoben worden war, konnte von hier aus seine Herrschaft aufbauen. Sie zielte darauf, das ganze Teilreich zu vereinen, doch scheiterte Boso am Widerstand der west- und der

Karte 9: „Burgund" im Hochmittelalter: Königreich, Herzogtum, Grafschaft

ostfränkischen Karolinger. Sein Sohn Ludwig der Blinde wurde 890 zum König im *regnum Provinciae* und 901 zum Kaiser erhoben, doch konnte er sich weder in Italien gegen Berengar I. noch in der Provence gegen den Grafen Hugo von Arles behaupten. Von den Chronisten und in Privaturkunden wurden Karl d.J., Boso und sein Nachfolger *rex Provinciae* oder – selten – *Burgundiae* genannt. Bei Ludwigs Tode (928?) konnte sein Sohn Karl Konstantin lediglich die Grafschaft Vienne im Besitz behalten. Wenig später (um 933) ging das *regnum Provinciae*, das in der Forschung in Analogie zu *Burgundia superior* (888) als „Niederburgund" bezeichnet wird, an den Welfen Rudolf II. von „Hochburgund" über[564].

Die Gebiete nördlich des *regnum Provinciae* blieben bis zur Absetzung und zum Tode Karls III. des Dicken (887/88) in karolingischer Hand. Dann etablierte der Welfe Rudolf I. (888–912), der sich 888 in dem altburgundischen Königskloster Saint-Maurice, wo er nach seinem Vater Konrad die Laienabtswürde übernommen hatte, krönen ließ, seine Herrschaft und meldete durch seine weitere Krönung in Toul (888) seinen Anspruch auch auf ganz Lotharingien an. Doch musste er vor dem Widerstand Arnulfs, der Lotharingien und Burgund seinem Sohn Zwentibold gab (895), zurückweichen und blieb deswegen nach dem Verlust von Besançon und Basel auf dem von seinem Vater ererbten Besitz, dem transjuranischen Dukat um den Genfer See, beschränkt, weshalb sein Reich auch *regnum Jurense* genannt wurde. Der ehemalige *ducatus Ultrajoranus* blieb der Kern der rudolfingischen Königsherrschaft, auch nachdem Rudolfs I. Nachfolger im 10. Jahrhundert ihre Macht mit Unterstützung der Ottonen in alle Richtungen ausgedehnt hatten und ihr Reich nach der Angliederung der Provence und dem Anfall des Lyonnais/Viennois vom Fuß der Vogesen (Burgundische Pforte) und Basel bis zum Mittelmeer und von den Westalpen bis zur Rhône und Saône reichte und gar bei Lyon und Viviers auch Gebiete rechts der Rhône umfasste. Der größere Teil des merowingischen Teilreiches Burgund, insbesondere das „burgundische Burgund", unterstand also den Rudolfingern, die in den Urkunden zuweilen als *rex Burgundionum/Burgundiorum*, einmal auch als *rex Jurensium* und als *rex Alamandorum* bezeichnet wurden. Ihr Reich war das *regnum Burgundiae* oder *Burgundionum*[565].

Der Name blieb auch, als nach dem Tode des letzten Rudolfingers, Rudolfs III. (993–1032), das *regnum* kraft Erb- und Lehnsvertrag an den Salier Konrad II. (1024–1039) fiel und seitdem Teil der das mittelalterliche Imperium bildenden Trias Deutschland-

Italien-Burgund war und unter kaiserlicher Herrschaft stand. Konrad II. wurde am 2. Februar 1033 im Kloster Payerne (Peterlingen) zum burgundischen König gewählt und gekrönt und 1034 im Rahmen einer Befestigungskrönung erneut in Genf gekrönt. Die Krönung seines Sohnes Heinrichs III. zum burgundischen König bei einem Hoftag in Solothurn (1038) bekräftigte die Verknüpfung Burgunds mit dem Reich. Zu Königen von Burgund ließen sich auch Friedrich I. (1178) und Karl IV. (1365) krönen, allerdings nicht im Kernraum der rudolfingischen Herrschaft, sondern in Arles, nach welchem das Reich Burgund seit der Mitte des 12. Jhs. auch Königreich Arelat genannt wurde. Längst hatten sich im Raume des burgundisch-arelatischen Reiches Großgrafschaften gebildet, die auf Dauer zur Verselbständigung und Entfremdung führten und sich allmählich an das französische Königtum anlehnten, so im Süden die Grafen von Arles in der Provence, im Raume südlich von Vienne und von Grenoble die Wigonen, in der späteren Dauphiné, nördlich davon um Aosta, Maurienne, Belley und die Pässe Mont Cenis und Großer St. Bernhard die Grafen von Savoyen und schließlich westlich des Jura, ausgehend von Mâcon und Besançon, die Grafschaft Burgund[566].

An dieser Grafschaft, die sich im 11. Jh. formierte und seit dem 14. Jh. Franche-Comté genannt wurde, haftete der Name Burgund, gleichsam als Gegenstück zum westfränkischen, rechts der Saône gelegenen *regnum* (seit 11. Jh.: *ducatus*/duché) *Burgundiae*. Hauptstadt dieser Grafschaft Burgund war Dole. Hier hatte Friedrich Barbarossa nach seiner Heirat mit Beatrix, der Tochter des Grafen Rainald III. von Burgund, die gräfliche Burg neu errichten lassen, 1162 einen Hoftag abgehalten und seinen Reichslegaten eingesetzt. In der Folgezeit residierten hier die Pfalzgrafen von Burgund aus dem Haus der Staufer, als erster Otto I. († 1200), der Sohn von Friedrich und Beatrix, die den Titel *comes palatinus de Burgundia* führten, während eine jüngere Linie, die von Wilhelm, dem Bruder Rainalds III., abstammte, den Titel der Grafen von Burgund besaß. Die Grafschaft Burgund war unter den Valois zwischen 1386 und 1493 mit dem Herzogtum Burgund vereinigt, verblieb dann aber beim Hause Habsburg und wurde erst durch die Reunionspolitik Ludwigs XIV. zur französischen Provinz (definitiv: 1678)[567]. Hauptstadt der Provinz und der heutigen Région Franche-Comté war und ist Besançon. Zur Région zählen heute die Départements Doubs, Jura, Haute-Saône und das Territoire de Belfort. Der Name Burgund ist für dieses Gebiet nicht mehr gebräuchlich. Immerhin ist er auf dem Boden des lotharischen Zwischenreiches hier im Raum der „Freigrafschaft Burgund", d.h. im nördlichen Teil des ehemaligen Burgunderreiches, des merowingischen Teilreiches und des rudolfingischen Reiches bzw. des *regnum Burgundiae* des „Römischen Reiches deutscher Nation", am längsten lebendig geblieben.

Fragt man nach den Gemeinsamkeiten der Reiche, Teilreiche, Herzogtümer, Grafschaften, Provinzen, Landschaften und Regionen, die irgendwann einmal nach den Burgundern benannt worden sind, dann bleibt nicht viel mehr übrig als der – wenigstens zeitweise – gemeinsame Name *Burgundia*. Aus sprachwissenschaftlicher Sicht ist der Burgund-Name als die einzig sichere sprachliche Hinterlassenschaft der Burgunder bezeichnet worden. Aus historisch-politischer Sicht kann der Burgund-Name zur Bezeichnung verschiedenartiger politischer Formationen desgleichen als das einzige die Zeiten überdauernde „Burgundische" betrachtet werden. Zeitweise dürfte der Name immerhin „als Symbol regionalen Behauptungswillens eine Rolle gespielt haben"[568].

2. Vom ethnischen Bewusstsein der *gens Burgundionum* zur regionalen Identität im fränkischen *regnum Burgundiae*

Die Eroberung des Burgunderreiches durch die merowingischen Franken hatte langfristig zur Folge, dass die romanisch-burgundischen Gebiete des merowingischen Teilreiches Burgund frankisiert und die mittelgallisch-fränkischen burgundisiert wurden. Unmittelbare Folge der Eroberung war zunächst die Zerstückelung des burgundischen Reiches, die Aufteilung unter Childebert, Chlothar und Theudebert, die erst 558 bzw. 561 rückgängig gemacht wurde[569]. Archäologische Zeugnisse weisen darauf hin, dass schon im Zuge des Konflikts zwischen Sigismund und den Franken (522/23) oder anlässlich des Eroberungskrieges von 532/34 fränkische Krieger an der Nordwestgrenze des Burgunderreiches die Kontrolle und Sicherung des Zugangs zu Burgund am Zusammenfluss von Yonne und Armance (Nekropole von Brèves, Dép. Nièvre) und von Cure und Cousin (Nekropole von Vaudonjon, Dép. Yonne) übernahmen. Nach der definitiven Eroberung haben die Merowinger nach Ausweis der Nekropolen insbesondere das Gebiet

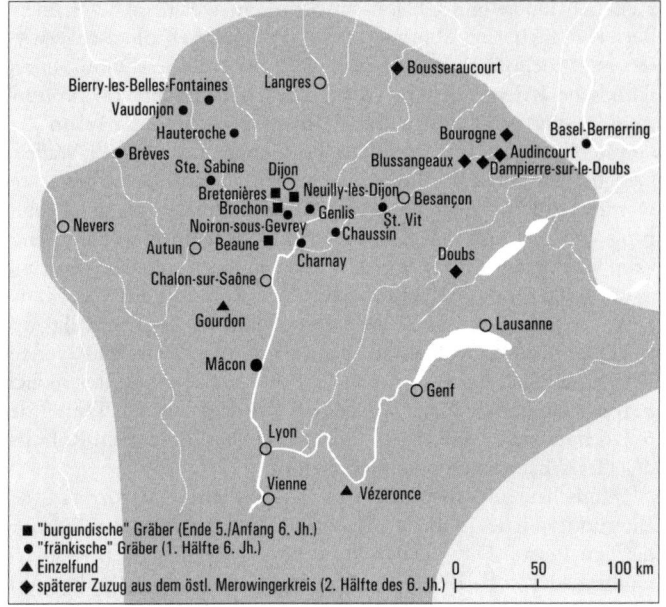

Karte 10: Die fränkisch-burgundische Kontaktzone nach archäologischen Zeugnissen

zwischen Dijon und Chalon-sur-Saône, in welchem bezeichnenderweise auch eine „burgundische" Präsenz archäologisch erwiesen ist (Brochon, Beaune, Bretenières, Neuville-lès-Dijon), durch fränkische Krieger sichern lassen. Die Gräberfelder von Noiron-sous-Gevrey und Genlis südlich Dijon oder von Charnay am Zusammenfluss von Saône und Doubs können aufgrund der Waffenbeigaben als „fränkisch" oder als „fränkisch" durchsetzt betrachtet werden. P. Périn stellt sie in den Zusammenhang mit der Eroberung von 534 und der daran anschließenden militärischen Sicherung von strategisch wichtigen Plätzen an der mittleren Saône und am unteren Doubs (Chaussin, Saint-Vit). Von dort aus war das soeben eroberte Burgund leicht zu kontrollieren. Nicht zufällig war es dieser Raum, wohin die spätere *sedes* des Teilreiches verlegt wurde, nämlich der Raum von Chalon-sur-Saône. Weiter südlich bezeugt ein aufwendiges Waffengrab aus dem zweiten Drittel des 6. Jahrhunderts, dass auch hier mit fränkischer Präsenz im Rahmen der Herrschaftssicherung zu rechnen ist.

Ähnliches gilt auch für den nordöstlichen Grenzraum des Burgunderreiches zwischen Basel (-Bernerring) und der Burgundischen Pforte. Die seit der Mitte des 6. Jhs. hier nachweisbaren Gräberfelder, z.B. Bourogne (Territoire-de-Belfort), Audincourt, Dampierre-sur-le-Doubs und Blussangeaux (Dép. Doubs) zeigen Beziehungen insbesondere zum östlichen Merowingerreich, wobei unbestimmt ist, ob diese auf einen spontanen Zuzug oder eine gezielte Ansiedlung zurückgingen[570].

Die Eingliederung Burgunds in das Merowingerreich hatte des Weiteren zur Folge, dass nach fränkischem Vorbild die Beigabensitte vor allem in den nördlichen Gebieten des Burgunderreiches übernommen wurde. Doch da in der schon erwähnten „Trachtprovinz Nordburgund" Romanen und Burgunder auf den gleichen Friedhöfen bestattet wurden und der Fundstoff des 6. und 7. Jhs. keine Unterscheidungsmöglichkeiten für spezifisch Burgundisches bietet, sondern größtenteils romanischer Tradition folgt, lassen die „burgundischen" Gräber und Gräberfelder, d.h. die Gräber und Gräberfelder des merowingischen Teilreiches Burgund keinen Rückschluss auf die Persistenz eines ethnischen Sonderbewusstseins der Burgunder zu, verweisen vielmehr auf eine früh erfolgte „fusion progressive" von Romanen und Burgundern, wenigstens im Bereich der materiellen Kultur, die sich im Fundstoff widerspiegelt[571].

Die Kräfte der Beharrung sind auch nach dem Herrschaftswechsel von 534 noch lange Zeit unübersehbar im ehemaligen

Reich der Burgunder. Symptomatisch dafür ist die Kontinuität der Datierung in der Chronik des Marius von Avenches, konsequent nach Konsulaten bzw. nach 541 nach Postkonsulaten wie bei den Inschriften. Diese datieren im Rhônetal, abgesehen von einem Einzelfall (Avignon, 587, nach Childebert, Postkonsulatsjahren und Indiktion), erst seit dem 7. Jh., zunächst allmählich, dann seit der Mitte des Jahrhunderts verstärkt, nach den Herrscherjahren der Merowinger. Das ist ein untrügliches Zeugnis dafür, dass man bis um 600, d.h. bis zur Konsolidierung des Teilreiches Burgund, in den von den Burgundern nicht erschütterten, sondern übernommenen „römischen" Verhältnissen unter der Oberhoheit des Kaisers zu leben meinte[572]. Nicht zu Unrecht, denn das auf der intakten Civitasstruktur beruhende Fiskal-, Rechts- und Verwaltungswesen blieb auch unter merowingischer Herrschaft erhalten. Es wurde von den Merowingern übernommen, weitergeführt, teilweise adaptiert und erneuert wie die Übernahme des *patricius*-Titels für den leitenden Feldherrn des Teilreichs bezeugt, teilweise ergänzt, so anscheinend um das Amt des *dux*, das in burgundischer Zeit nicht auftauchte. Für die ungebrochene „römische" Kontinuität sorgte auch die Kirche. Das Gewicht des gallorömischen Senatorenadels im burgundischen Episkopat ist auch in merowingischer Zeit erdrückend. Die synodale Tradition wurde im Teilreich Gunthrams nicht nur aufgenommen, sondern weitergeführt und gesteigert, sodass die „franko-burgundischen" Konzilien in Chalon, Lyon, Mâcon und Valence jene älteren von Orléans und Paris ablösten. Der Metropolit von Lyon meldete durch die Annahme des Patriarchentitels seinen Führungsanspruch in der gallischen Kirche an. Gleichzeitig wurde Lyon zum Zentrum der Vermittlung und des Studiums des Kirchenrechts[573].

Diese hier nur anzudeutenden Kräfte der Beharrung hatten unmittelbare Folgen für das merowingische Teilreich Burgund, insofern sie Teil jenes Prozesses der „Burgundisierung" waren, der seit und mit Gunthram aus den fränkisch-mittelgallischen und den altburgundischen Gebieten das fränkische *regnum Burgundiae* machte. Zu fragen ist, ob neben diesen „romano-burgundischen" Kräften der Beharrung auch solche nachweisbar sind, die als spezifisch burgundisch betrachtet und als Persistenz eines ethnischen Bewusstseins der Burgunder angesehen werden können.

Das Bewusstsein burgundischer Abstammung ist im 6. Jh. paradoxerweise am deutlichsten in der Merowingerfamilie selber nachzuweisen, und zwar über die Burgundisierung des Namensbestandes der Dynastie. Abgesehen von Theuderich, dem ältesten

Sohn Chlodwigs und einer nicht namentlich bekannten Frau, vielleicht einer rheinischen Fränkin, waren alle Kinder Chlodwigs über ihre Mutter Chrodechild burgundischer, königlicher Abstammung. Theuderich heiratete um 517 die Tochter Sigismunds, sodass alle Merowinger in der Schlussphase des burgundischen Reiches mit den Burgunderkönigen verwandt waren, doch es waren die Chrodechildsöhne Chlodomar, Childebert und Chlothar, die für die „Ansippung" durch Übernahme von Namen des burgundischen Königshauses sorgten. Es waren dies der Name des ersten historisch bekannten Burgunderkönigs, Gundichar/Guntarius, Königs des rheinischen Reiches, ferner der Name des Vaters und des Großonkels Chrodechilds, Chilperich I. und II., und schließlich der Name des als Gesetzgeber berühmten Gundobad. Auch das erste Glied des Namens Gunth-chram/Gunthram weist wie das seines älteren, vor 561 verstorbenen Bruders Gunthacharius/Gunthar auf einen burgundischen Bezug[574].

Chlodomer war mit einer Frau unbekannter, aber wohl vornehmer Abkunft mit Namen Guntheuca verheiratet. Auch ihr Name klingt burgundisch, weshalb sie J. Favrod, wie wir gesehen haben, im Anschluss an eine Hypothese von M. Chaume als Tochter oder Enkelin König Godegisels († 500) betrachtet; doch ist diese Vermutung nicht zu beweisen, auch nicht dadurch, dass Chlodomer einem seiner Söhne den burgundischen Königsnamen Gunthar gab[575]. Unübersehbar markierte dieser Chrodechildsohn und Herrscher über den Reichsteil, der dem Burgunderreich unmittelbar benachbart war, die Ansippung an das burgundische Königshaus und möglicherweise einen daraus folgenden politischen Anspruch. Chlothar I., der in erster Ehe mit Ingund, einer vornehmen Fränkin, verheiratet war, bezog sich bei der Namengebung seines ältesten Sohnes ebenfalls auf den berühmten fernen Vorfahren seiner Mutter Chrodechild und nannte ihn Gunthar (geb. ca. 517, gest. wahrscheinlich vor 555). Einen weiteren Sohn Ingunds nannte er Gunthram. Der erste Namensteil von Gunthchramn lässt sich vom Namen der Mutter Ingund ableiten. Er war bei Frauennamen verbreitet (Radegund, Arnegund, Fredegund, Vulfgund, um nur Namen von Königinnen aufzuführen). Doch statt eine Nachbenennung nach der Mutter anzunehmen, lässt sich für Gunthram ebensogut die burgundische Namenstradition in der Merowingerfamilie als Grund für die Namenswahl vermuten[576]. Es war wohl kein Zufall, dass Gunthram, der Chlotharsohn mit dem „burgundischen" Namen, den Reichsteil von Orléans mitsamt den gesamten altburgundischen Gebieten übernahm.

Und auch kein Zufall war es, dass Gunthram seinen ältesten Sohn Gundobad († ca. 565) nannte. Damit endet die Reihe der männlichen Gunth-Namen bei den Merowingern, wohl deswegen weil Gunthram starb, ohne direkte Erben zu hinterlassen und sich eine „burgundische" Namenstradition im Teilreich Burgund nicht bilden konnte. „Voll rezipiert wurde dagegen von den Merowingern der Name von Chrodechilds Vater Chilperich, den Chlothar I. seinem sechsten, kurz nach der Eroberung des Burgunderreiches um 534 geborenen Sohn gab. Diese Namengebung hatte nicht nur einen politischen, sondern auch einen dynastischen Akzent, da der burgundische Teilkönig Chilperich zugleich der mütterliche Großvater Chlothars I. war"[577].

Den Namen Chilperich trugen im 7. Jahrhundert der Sohn Chariberts II. († 632), des Bruders Dagoberts I., und Chilperich II. († 721), der Sohn Childerichs II., der nach der Ermordung seiner Eltern (675) lange Zeit unter dem Namen Daniel als Kleriker gelebt hatte, bevor er 715/16 zum König erhoben wurde. Eine burgundische Tradition wird man bei der Namengebung des 7. Jhs. nicht mehr annehmen können. Bezugsperson war wohl der Merowinger Chilperich I., insofern war der Name frankisiert. Dagegen bezeugte die burgundische Namengebung bei den Merowingern im 6. Jahrhundert wohl noch ein Bewusstsein der Herkunft mütterlicherseits aus burgundischem Geschlecht und signalisierte einen politischen Anspruch, der schließlich mit der Eingliederung Burgunds in das Merowingerreich eingelöst wurde. Mit dem Tode Gunthrams endete genealogisch die „burgundisierte" Linie der Merowinger. Es ist fraglich, ob bei seinem Großneffen Theuderich II. (596–613) und seinem Urgroßneffen Sigibert II. (613) das Bewusstsein einer „burgundischen" Abstammung noch vorhanden war. Die inzwischen erfolgte politische Konsolidierung des burgundischen Teilreiches machte es jedenfalls überflüssig, durch eine burgundische Namengebung die Legitimität der merowingischen Herrschaft im Teilreich Burgund zu bekräftigen[578].

So seltsam es klingen mag: Abgesehen von der merowingischen Familie gibt es nur wenige Personen oder Personengruppen, für welche nach der Eroberung des Burgunderreiches eine burgundische Abstammung oder das Bewusstsein, von den Burgundern abzustammen, mehr oder weniger zweifelsfrei erschlossen werden kann. Namentlich lassen sich solche aus zeitgenössischen Zeugnissen für das 6. Jh. gar nicht nachweisen. Erst aus dem 7. und beginnenden 8. Jh. gibt es Belege dafür. Das ist zweifellos nicht nur ein

Quellenproblem, stehen doch für das 6. Jh. die umfangreichen Historiae Gregors von Tours zur Verfügung, dessen Familie fest in Burgund verankert war. Es ist wohl damit zu erklären, dass sich die Merowinger in einer ersten Phase nach der Eroberung des Burgunderreiches auf Galloromer stützten, seit dem Ende des 6. Jhs. zunehmend auch auf fränkische Große des Teilreiches Burgund und erst seit dem beginnenden 7. Jh. auch auf Große burgundischer Herkunft[579].

Über das Geschick der burgundischen Königsfamilie besteht keine Klarheit. Von ihrer systematischen Ausrottung durch die Merowinger erfahren wir nichts. Nach Gregor von Tours und Marius von Avenches war Godomar nach der Niederlage gegen die Franken 534 geflohen[580]. Sein weiteres Schicksal ist unbekannt. Spätere Quellen erwähnen seit dem 7. Jh. Nachkommen der burgundischen Königsfamilie, und moderne namenkundliche und genealogische Konstruktionen verknüpfen verschiedene Personen mit den burgundischen Königen, so – sehr wahrscheinlich zu Unrecht – die Familie der Burgundofaronen, die zur Zeit Chlothars II. im Osten von Paris um Meaux begütert gewesen ist, oder einen gewissen Ricomer, einen Galloromanen, der wegen der Namensgleichheit mit dem Heermeister und Schwager Gundiocs, Rikimer, ein Nachkomme der Burgunderkönige gewesen sein soll, oder den neustrischen Hausmeier Leudesius, der nach einer Chroniknotiz des 12. Jhs. aus der Familie Sigismunds und Godomars stammen soll. Zwei Martyrologien des 10. und 11. Jhs. aus St. Stephan in Lyon und Saint-Oyan de Joux erwähnen unter dem 11. bzw. 10. Mai einen *Villebadis martyr* bzw. *in territorio Lugdunensi Guilbadus rex et martyr*, worin J. Favrod aufgrund des burgundischen Namens und des bei Gundobad anzutreffenden Suffix -bad einen Verwandten Godomars vermutet, während ihn E. Ewig mit dem im 7. Jh. bezeugten aufständischen burgundischen *patricius* Willibad identifiziert. Beide Hypothesen sind nicht zu verifizieren[581]. Unklarheit besteht auch über den Anführer des ersten burgundischen Aufstandes, Aletheus, der sich 613 gegen Chlothar auflehnte; von ihm – oder von der Königin Bertetrudis? – heißt es, dass er (bzw. sie) aus dem burgundischen Königsgeschlecht stammte *(eo quod esset regio genere de Burgundionibus)*[582]. Dies letzte, von Fredegar überlieferte Zeugnis lässt immerhin annehmen, dass sich noch zu Anfang des 7. Jhs. unter den Großen Burgunds Personen befanden, die sich auf königliche burgundische Abkunft beriefen oder denen wenigstens königliche Abkunft nachgesagt wurde. Ob zu Recht oder zu Unrecht, lässt sich nicht überprüfen.

Wichtig ist hier allein, dass ein Abstammungsbewusstsein vorhanden war oder unterstellt werden konnte.

Ein kollektives burgundisches Abstammungs- und Zugehörigkeitsbewusstsein lässt sich – im Gegensatz zu einem individuellen – im 6. Jh. sehr wohl nachweisen, insbesondere für das burgundische Heer. Gleichgültig, ob darin Romanen oder nicht-burgundische Barbaren dienten, verstand es sich und wurde es von außen wahrgenommen als burgundische Kriegerschar, so schon 539, als Theudebert im Krieg gegen Belisar dem Goten Witigis Hilfstruppen, angeblich 10000 Mann, nach Italien schickte, und zwar, wie Prokop ausdrücklich vermerkt, Burgunder und nicht Franken, „um so den Schein eines feindlichen Vorgehens gegen den Kaiser zu vermeiden. Denn, die Burgunder kamen, wie es hieß, freiwillig und aus eigenem Antrieb, nicht auf Befehl Theudiberts"[583]. Damit die Täuschung gelingen konnte, musste der Unterschied zwischen einer burgundischen und einer fränkischen Truppe wahrnehmbar gewesen sein.

Von einem burgundischen Heer ist im 6. und im beginnenden 7. Jh. noch häufiger die Rede, so von dem Heer, das 571 unter Gunthrams *patricius* Mummolus die Langobarden besiegte[584]. Könnte man hier noch annehmen, dass es sich um das Heer des burgundischen Teilreiches handelte, so lässt die ethnische Unterscheidung zwischen den Burgundern einerseits und den *gentes ultra Ararem, Rhodanumque et Sequanam* andererseits, die 585 das Heer Gunthrams bildeten, keinen Zweifel daran, dass in beiden Fällen, wie immer bei Gregor von Tours, der diese Unterscheidung macht, *Burgundiones* im gentilizischen Sinne gemeint waren. Für Gregor war, wie wir gesehen haben, *Burgundia* das Reich der burgundischen Könige, nicht das merowingische Teilreich, und *Burgundiones* waren die gentilizisch verstandenen Burgunder, nicht alle Bewohner des Teilreichs Burgund[585]. In diesem, ethnischen Sinne verstand noch im 10. Jh. auch der Verfasser eines Zusatzes zu der austrasischen Version des Liber Historiae Francorum die *Burgundiones*, wenn er das Heer, das Theuderich II. 612 gegen seinen in Austrasien herrschenden Bruder Theudebert II. führte, als *exercitum maximum Burgundionum et aliarum gentium* bezeichnete[586].

Doch mit der Konsolidierung des merowingischen Teilreiches Burgund verlor die kollektive Bezeichnung *Burgundiones* ihren gentilizischen Sinn, den Gregor von Tours noch konsequent beibehalten hatte. Fredegar und der Liber Historiae Francorum verwenden *Burgundiones* gemäß ihrer Vorlage (Gregor von Tours) für die Burgunder des Rhônereiches auch nach ihrer Eingliederung in das Merowingerreich, aber dann in den selbständigen Teilen der Chroniken zur Bezeichnung der Bewohner des Teilreichs Burgund. Symptomatisch für den Territorialisierungsprozess ist Fredegars Bezeichnung des „burgundischen" Heeres, das Dagobert 631 und 636/37 gegen die Basken mobilisierte; es wird nicht ethnisch bezeichnet, sondern territorial: *exercitus de totum regnum Burgundiae* bzw. *de universum regnum Burgundiae exercitus*. Es stand 636/37 unter der Leitung von Dagoberts Referendar Chadoind und von zehn *duces*, darunter acht Franken, einem Romanen, einem Sachsen, dazu einem Burgunder als *patricius*. Dieser *exercitus* war das Teilreichsheer[587].

Zur Bezeichnung der individuellen Abstammung benutzte Fredegar noch die Bezeichnung *Burgundio-Burgundiones*, nicht dagegen als Kollektivnamen[588]. Wollte er die Großen des burgundischen Teilreiches bezeichnen, dann nannte er sie *Burgundofarones*, ohne einen Unterschied nach ihrer ethnischen Herkunft, ob Romane, Franke oder Burgunder, zu machen[589]. Fredegars Unterscheidung wurde von anderen Autoren nicht übernommen. Schon in der Vita Balthildis, in der Vita Boniti und im Liber Historiae Francorum werden unterschiedslos die Großen des Teilreichs und die Teilreichsbewohner *Burgundiones* genannt[590]. Für den Abschluss des Prozesses der „Regionalisierung der Volkstümer" zeugt die um 740/45 verfasste Vita des Bischofs Eucherius von Orléans. Sie nennt die Bevölkerung des Teilreiches Burgund *gens Burgundionum*. Um die gleiche Zeit erklärte der Verfasser der Passio Sigismundi die Burgundisierung der Bevölkerung des Teilreiches Burgund mit der Ausrottung der Romanen zur Zeit der burgundischen Ansiedlung in Gallien. Diese Ausrottungsthese diente gleichsam als Modell zur Deutung der Tatsache, dass seinerzeit die Bewohner von Burgund als Burgunder galten[591].

Ein distinktes ethnisches Bewusstsein, von den „Altburgundern" abzustammen, ist durch individuelle Herkunftsangaben für einige wenige Personen immerhin bis in die Zeit um 700 bezeugt, so für Athala, der nach dem Tode Columbans (615) Abt des Klosters Bobbio wurde. Er stammte *ex Burgundionorum genere nobilis natione*, war in Lyon von Bischof Arigius/Aridius erzogen worden und über Lérins nach Luxeuil gelangt[592]. Ein anderer Burgunder, Chunna, *ex genere Burgundionum*, der mit dem aus Trier stammenden Senatorensohn Germanus von Remiremont nach Luxeuil gezogen war, wurde später (ca. 659) Abt von Saint-Jean de Réomé

(Diöz. Langres)[593]. Die Passio Sigismundi erwähnt als Verräter Sigismunds – und stilisiert ihn als Judasgestalt – einen Burgunder namens Trapsta und als einen engen Vertrauten des Königs den Burgunder Ansemund, der später den Leichnam des Königs von Theudebert I. (533–547/8) zur Überführung nach Agaunum/ Saint-Maurice erhalten hatte[594]. Trapsta ist sonst nicht nachweisbar. Ansemund dürfte mit dem *vir inluster* gleichen Namens, der in späteren Quellen auch *dux* genannt wurde und der der Empfänger dreier Briefe des Avitus von Vienne gewesen ist, identisch sein. Sein Name ist auch mit der gefälschten Gründungsurkunde des Klosters Saint-André-le-Bas in Vienne verbunden. Nach P. Amory zeigt Ansemund gleichsam exemplarisch die frühe und intensive Akkulturation der Burgunder. Wie das Leben eines senatorischen Adligen war auch das seine bestimmt durch den Dienst für den König, die Kirche und seine *patria* Vienne[595].

Trotz ihres Namens war die berühmte Familie der Burgundofarones von Meaux wohl nicht burgundischer, sondern fränkischer Abstammung. Sie scheint aus dem burgundischen Teilreich Theuderichs II. – vermutlich im Zusammenhang mit der Opposition der Großen dieses Teilreiches gegen Brunhilde – in das Reich des austrasischen Königs Theudebert II. ausgewichen zu sein. Wenn es in dem um 869 von Bischof Hildegar von Meaux verfassten Farolied von Bischof (Burgundo)Faro von Meaux (vor 637/38 – nach 668/69) heißt, er sei *de gente Burgundionum* gewesen, dann steht dahinter der karolingische, schon in der Vita Eucherii beachtete Sprachgebrauch, wonach *gens Burgundionum* die ganze Bevölkerung des Teilreiches Burgund, gleichgültig ob romanischer, fränkischer, burgundischer oder anderer Herkunft, bezeichnete[596].

Die soeben erwähnte Opposition im Teilreich Burgund gegen das straffe, als romanisch und zentralistisch betrachtete Regiment Brunhilds und ihres Enkels Theuderichs II. hatte eine Polarisierung der Großen zur Folge, die 612/13 zum Untergang der austro-burgundischen Linie der Merowinger führte. Auch nach der Vereinigung des Gesamtreiches unter Chlothar II. verlor sie nicht an Schärfe, sondern kam in mehreren Aufständen und Kämpfen im Laufe des 7. Jhs. immer wieder zum Ausbruch. Bei diesen Auseinandersetzungen werden Gruppenzugehörigkeiten deutlicher fassbar. Die rivalisierenden Gruppen lassen sich – wenigstens teilweise – regional und ethnisch zuordnen. Schwieriger ist es, in ihnen insgesamt den Ausdruck eines „sentiment national burgonde" zu sehen, das für die Gruppenbildung und den Ausbruch der Kämpfe verantwortlich gewesen wäre[597].

Die beiden ersten Aufstände wurden von den burgundischen *patricii* Aletheus und Willibad angeführt, den höchsten regionalen Amtsträgern in Burgund. Im 6. Jh. hatten die Merowinger das burgundische Heer, das sie, wie wir zu 539, 571 und 585 gesehen haben, offenbar intakt in ihre eigene Herrschaft integriert hatten, unter die Leitung eines als *patricius* bezeichneten Heerführers gestellt. Dieser sogenannte burgundische Zentralpatriziat, zweifellos eine Übernahme und Adaptierung des römischen Titels, war im 6. Jh. seit Agricola, dem ersten namentlich bekannten *patricius* (ca. 561), bis zu dem berühmten Heerführer Mummolus, der 581 in das austrasische Avignon flüchtete, mit Gallorömern besetzt.

Um 600 verwandelte sich dieser Patriziat zu einem regionalen Amt, dem sogenannten burgundischen Provinzialpatriziat, das von Franken, Römern oder Burgundern ausgeübt wurde. Sein Amt entsprach dem des *dux*, stand aber wegen der Anzahl und Bedeutung der ihm zugeordneten *pagi* in einem höheren Ansehen. So hatte 603/4 Protadius *genere Romanus*, der zweite der namentlich bekannten regionalen *patricii*, den Patriziat *in pago Ultraiorano et Scotingorum* auf Betreiben Brunhilds erhalten, und zwar nach dem Tode Wandalmars, der nur der *dux* im *pagus* Ultraioranus gewesen war. Die Vereinigung des Großpagus Ultraioranus mit dem *pagus* der Scotinger, d. h. dem auf der Nordseite des Jura gelegenen Escuens im südlichen Teil der Diözese Besançon, steigerte sein Amt zum Patriziat. Nach seiner Erhebung zum Hausmeier und nach seiner Ermordung (604/5) folgten Vulfo und Ricomer *(Romano genere)* als patricii, vielleicht im gleichen Gebiet. Ab 613 wird dann wiederum nur ein *dux* des *pagus Ultraioranus* genannt, zunächst Eudila. Der *pagus Ultraioranus* war ein Großpagus: Er umfasste die fünf *pagi* von Avenches, Wallis, Nyon, Genf und Belley, d. h. im Wesentlichen das gleiche Gebiet, das für die Sapaudia angenommen wird. Man wird davon ausgehen müssen, dass hier wie anderwärts die Merowinger an bestehende, z.T. allerdings erschütterte Verwaltungsbezirke angeknüpft haben. Die Funktion der Sapaudia und des *ducatus Ultraioranus* war weitgehend die gleiche: Kontrolle und Sicherung der durch das Schweizer Mittelland und über die Alpen bzw. den Jura führenden Straßen, die seit der Eroberung Italiens durch die Langobarden (seit 568) unter der doppelten Bedrohung der langobardischen wie der alemannischen Einfälle standen. Der *pagus Ultraioranus* gehörte zu den altburgundischen Kernlanden, die früh und relativ stark von Burgundern besiedelt worden waren, und besaß mit Genf und Agaunum/Saint-Maurice zwei wichtige politische und kultische Zentren des Sigismundreiches[598].

In diesem *pagus Ultraioranus* bildete sich in der kritischen Phase der merowingischen Dynastie nach dem Untergang der austro-burgundischen Linie ein Widerstandsnest gegen die fränkische Herrschaft, in welchem durchaus burgundische Kräfte als führend beteiligt anzunehmen sind. Angeführt wurde der Aufstand, den E. Ewig als den „letzten Versuch, die fränkische Herrschaft abzuschütteln", interpretiert hat, von dem *patricius* Aletheus[599]. Dieser war 613 auf die Seite Warnachars, des burgundischen Hausmeiers, getreten und hatte zusammen mit den *duces* Rocco, Sigoald und Eudila Partei für Chlothar II. und gegen Brunhild und ihren Urenkel Sigibert II. ergriffen. Doch stand er bald auf Seiten der Gegner Chlothars, nachdem der König an Stelle des Eudila – wegen des Namens vielleicht ein Burgunder – den Franken Herpo als *dux* des *pagus Ultraioranus* eingesetzt hatte. Als Herpo in dem *pagus* die Zügel anzog, d.h. wohl die fränkische bzw. neustrische Herrschaft zur Geltung bringen wollte, kam es zum Aufstand *(rebellio)*! Auf Anraten des *patricius* Aletheus, des Bischofs Leudemund von Sitten und des Grafen Herpinus wurde der *dux* Herpo von den *pagenses* getötet. Aletheus ging noch einen Schritt weiter und plante einen Anschlag auf Chlothar: Die Königin Bertetrud sollte den königlichen Schatz nach Sitten schaffen, er, Aletheus, würde seine Gattin verlassen und die Königin heiraten und nach dem Tode Chlothars die Herrschaft übernehmen, weil er, wie Fredegar schreibt, selber aus burgundischem Königsgeschlecht sei *(eo quod esset regio genere de Burgundionibus)*. Bischof Leudemund, der diesen Plan der Königin hinterbrachte, floh beim Fehlschlag des Hochverrats in das Kloster Luxeuil und erhielt dank der Intervention des Abtes Verzeihung durch Chlothar. Aletheus selbst wurde vor eine Teilreichsversammlung in Malay-le-Roi an der neustrischen-burgundischen Grenze gestellt und hingerichtet[600].

Hinter diesem Hochverratsversuch, der auf nichts weniger als die Wiederherstellung des burgundischen Königtums zielte, wird man eine im *pagus Ultraioranus* und in weiteren Gebieten Burgunds verankerte altburgundische Opposition vermuten können. Dafür spricht die Gestalt des Aletheus, seine Herkunft aus dem königlichen Geschlecht der Burgunder, sein wahrscheinlich burgundischer Name und seine Opposition gegen Herpo, den von Chlothar an Stelle des Burgunders Eudila eingesetzten fränkischen *dux* des *pagus Ultraioranus*. Aletheus scheint in einer dem *pagus Ultraioranus* benachbarten Region *patricius* gewesen zu sein. Auch von dem Grafen Herpinus und dem Bischof Leudemund wird vermutet, dass sie Burgunder gewesen seien[601].

Die altburgundische Verschwörung war gescheitert, doch die latente Opposition gegen den neustrisch-fränkischen Einfluss nicht überwunden. Das zeigte sich bei der Besetzung des Hausmeieramtes in Burgund. Nach der Übernahme der Herrschaft im gesamten Reich, die er mit austrasischer und burgundischer Unterstützung erlangt hatte, beließ Chlothar II. die Hausmeierämter der Teilreiche und gab damit den austrasischen und burgundischen Grafen „eine gewisse Garantie gegen eine Überfremdung durch die neustrischen Antrustionen". Durch das im Pariser Edikt von 614 festgeschriebene Indigenatsprinzip, wonach Ämter nur von Einheimischen zu besetzen waren, „verlor das Hausmeieramt als Schutzwall für die Autonomie der Teilreiche an Interesse"[602]. Das erklärt, warum die burgundischen Großen nach dem Tode des franko-burgundischen Hausmeiers Warnachar 626/27 sein Amt unbesetzt lassen wollten, wohl weil es zu einer lästigen Zwischeninstanz geworden war und generell zu einer Rangminderung der Optimaten führte[603]. Als 642 Dagoberts I. Witwe Nanthild, die für ihren Sohn Chlodwig II. die Regentschaft inne hatte, das burgundische Hausmeieramt wiederbesetzen wollte, und zwar mit dem Franken Flaochad, formierte sich sofort erneut der Widerstand, diesmal um den *patricius* Willibad, obwohl es Flaochad nicht an Sicherheitsgarantien für die *duces* und Bischöfe des *regnum Burgundiae* hatte fehlen lassen[604].

Warum Nanthild im Jahre 642 bei einer Versammlung der burgundischen Großen in Orléans das burgundische Hausmeieramt wiederum besetzen ließ, nachdem es seit dem Tode Warnachars (626/27) auf Bitten der frankoburgundischen Großen vakant geblieben war, ist nur zu vermuten. Chlothar II. und Dagobert konnten ihre Königsherrschaft direkt, ohne Zwischeninstanz in Burgund geltend machen. Für ihren unmündigen Sohn Chlodwig II. hätte aber nun der neustrische Hausmeier Erchinoald auch über Burgund geherrscht. Sollte eine solche hausmeierliche Gesamtherrschaft vermieden werden, dann musste ein eigener burgundischer Hausmeier eingesetzt werden. Es galt offenbar, die burgundischen Empfindlichkeiten zu schonen. Das ergibt sich auch aus dem besonderen Bestellungsmodus, denn Flaochad war der erste merowingische Hausmeier, von dem eindeutig bezeugt ist, dass er durch die Wahl der Großen, der Bischöfe und *duces*, nicht aber durch königliche Ernennung sein Amt erlangte[605]. Auch die schriftliche, beschworene Garantieerklärung, er werde alle *duces* und Bischöfe des *regnum Burgundiae* in ihren Ämtern und Würden belassen und die *amicitia* mit ihnen waren, spricht dafür[606]. Trotzdem stieß der Franke Flaochad sofort auf Opposition, und zwar auf die des *patricius* Willebad und seiner Anhänger.

Der Anführer des Widerstandes, Willebad, hatte 636/37 als *patricius genere Burgundionum*, d.h. als *patricius* burgundischer Herkunft, neben den zehn *duces* und dem Referendar Chadoind das burgundische (Teilreichs-)Heer gegen die Basken geführt. Er war früher anscheinend Zögling *(alumnus)* Flaochads am Königshof gewesen, war mit diesem zeitweise in Freundschaft verbunden, die sich allerdings in erbitterte Feindschaft verwandelt hatte. Willebads *patriciatus* scheint den altburgundischen Kernraum von Lyon, Vienne und Valence umfasst zu haben. Auf diesen Raum verweisen jedenfalls die oben erwähnten Martyrologeintragungen zu *Willebadus martyr* bzw. *Guilbadus rex et martyr*, wenn sie denn auf den *patricius* zu beziehen sind, dazu seine Mitkämpfer, so der Bischof von Valence und der *comes* Gyso, vielleicht Graf ebendort. Auf Seiten Willebads kämpfte Manaulfus *Burgundio*, ein burgundischer Großer, dessen regionale Herkunft unbekannt ist[607].

Auf Seiten des Franken Flaochad standen namentlich dessen Bruder Amalbert, die *duces* Amalgar, Chramnelenus und Wandelbertus sowie der Pfalzgraf Berthar. Berthar war ein Franke *de pago Ultraiorano*; Wandelbertus stammte aus Neustrien; Chramnelenus war Romane und *dux* von Besançon; Amalgar, der wegen seines Namens mit dem ostgermanischen amal-Stamm als ein Mann burgundischer Herkunft betrachtet wird, war *dux* des *pagus Attoariensis* (Atuyer, bei Dijon)[608]. Unterstützt wurde Flaochad auch von dem neustrischen Hausmeier Erchinoald und den neustrischen Großen. Diese griffen allerdings nicht in den Kampf vor den Toren der Stadt Autun ein, sondern erwarteten dessen Ausgang gleichsam wie ein Gottesurteil. Erst nachdem Willebad und ein Großteil seiner Anhänger getötet waren, plünderten sie „die Zelte Willebads, der Bischöfe und der anderen Leute, die mit ihm gekommen waren"[609].

Dies abwartende Beiseitestehen der Großen im Streit zwischen Flaochad und Willebad könnte zusammen mit Fredegars Hinweis auf Flaochads Hass gegen den *patricius* und auf dessen übermäßigen Stolz *(aelacio superbiae)* den Schluss nahe legen, die blutige Fehde sei aus rein persönlichen Motiven entstanden, die nicht näher zu bestimmen sind. Eigeninteressen, Ehrgeiz, Willkür und wachsende Unabhängigkeit der Großen seien nach P.E. Martin, J.M. Wallace-Hadrill u.a. Ursache des Streites und des privaten Kampfes zweier mächtiger „*seniores*" und ihrer „*vassi*" gewesen, gleichsam eine Vorwegnahme der Feudalkriege[610]. Werden die

Hinweise auf die ethnische Herkunft der Streitenden stärker gewichtet, dann erhält „der Kampf gegen Flaochad den Charakter einer burgundischen Reaktion gegen das fränkische Neustrien" und wirkt mithin wie „eine Wiederholung der Rebellion des Aletheus"[611] oder – noch allgemeiner – wird zu „einer Auseinandersetzung zwischen Franken und Burgundern im einstigen Reich Gunthrams, wobei der Romane Chramnelenus auf der Seite der mit ihm versippten Franken stand"[612]. Bei dieser von E. Ewig gebotenen Deutung sind also ethnisch begründete politische Gegensätze die Ursachen des Streites, ein Wiederaufflammen des Unabhängigkeitsbegehrens altburgundischer Gruppen. Beachtet man die regionale Herkunft der Streitenden, so lässt sich eher von einer Auseinandersetzung zwischen einer nördlichen franko-burgundischen und einer südlichen romano-burgundischen Gruppe sprechen, wobei die ethnische Herkunft wohl nicht entscheidend war für die Zugehörigkeit zur einen oder zur anderen, wie das Beispiel des Romanen Chramnelenus oder des möglicherweise „burgundischen" Amalgar zeigt. Wie weit und ob überhaupt die altburgundische Vergangenheit bzw. das Abstammungsdenken noch einen Einfluss auf die lokale und regionale Faktionsbildung hatten, ist kaum auszumachen. Ganz auszuschließen sind sie allerdings in der Willebadaffäre von 642 nicht.

In der zweiten Hälfte des 7. Jhs. führten strukturelle Wandlungen zu Veränderungen, die den Kämpfen in Burgund einen anderen Charakter gaben. „Die älteren ‚nationalen' Gegensätze im Adel des Teilreiches verlagerten sich nunmehr auf die territoriale Ebene und gewannen damit ein anderes Gesicht. Innerhalb der *civitates* und Dukate traten jetzt auch die Bischöfe als Rivalen der weltlichen Großen in Erscheinung"[613]. Exemplarisch ist dieser Wandel am Sturz des Metropoliten Aunemund von Lyon und seines Bruders, des „Präfekten", d.h. wohl des *dux* oder *comes* von Lyon, und am Untergang des Bischofs Leodegar von Autun nachzuvollziehen. Ethnische, „nationale" Elemente und Faktoren lassen sich in diesen Auseinandersetzungen um Macht, wirtschaftliche Ressourcen, Einfluss am Königshof, um die Durchsetzung kirchlicher Normen, z.B. des Eherechts oder der Klosterverfassung, oder um die eigene oder familiale Rangpositionierung nicht mehr als wesentliche Antriebe erkennen. Wenn übergeordnete Gesichtspunkte wie das Verhältnis von Adel und Königtum, Zentrum und Peripherie, Autonomie und Eingliederung eine Rolle spielten, dann geschah dies auf der Ebene der lokalen, regionalen oder überregionalen Gruppen, d.h. auf der territorialen Basis des

Teilreiches oder der Teilreiche, nicht dagegen mehr auf ethnischer Basis. Deswegen kann bei diesen Kämpfen nicht global von autonomistischen Bestrebungen des burgundischen Adels gesprochen werden, auch nicht von einer die Politik bestimmenden Erinnerung an die Zeiten, da Burgund von den Franken unabhängig war[614].

Aunemundus und Leodegar, der eine ein vornehmer Romane, der andere ein Frankoburgunder, dessen Familie im Gebiet von Langres, Chalon und Nevers begütert war, vertraten jenen Typ der spätmerowingischen Bischöfe, die wie Aunemundus über die familiale Samtherrschaft zusammen mit dem gleichzeitig als weltlichen Pendant herrschenden Bruder, dem „Präfekten" von Lyon, oder wie Leodegar durch unmittelbare Ausübung von weltlichen Herrschaftrechten ihre lokale bzw. regionale Macht aufbauten. Sie standen an der Spitze jener spätmerowingischen Bischofsherrschaften, die sich – von der Forschung als Bischofsrepubliken, Bischofsstaaten, kirchlich-weltliche Formationen u.ä. bezeichnet – vor allem in Mittelgallien, keineswegs aber nur im *regnum Burgundiae*, sondern z.B. auch in Trier und Chur etablierten[615]. Die weltliche Machtstellung dieser Bischöfe erklärt ihre politische Gefährdung. Wie die weltlichen Großen waren sie in die Machtkämpfe der verschiedensten Ebenen verwickelt. Auf der lokalen hatten sie es z.B. mit Konkurrenten bei ihrer Wahl zu tun oder mit dem Widerstand klerikaler oder monastischer Gruppen oder mit den Stadtbewohnern, auf der regionalen stießen sie mit den *duces*, *comites* oder weltlichen Großen zusammen, auf der überregionalen kämpften sie mit Hausmeiern, Inhabern von Hofämtern oder Königinnen um den Einfluss auf den König[616].

Alle diese Elemente zeigen sich in den Kämpfen Aunemunds (660/63), der schließlich unter der Anklage des Hoch- und Landesverrates vor das Königsgericht gezogen und auf Veranlassung der Königin Balthild bzw. des Hausmeiers Ebroin ermordet wurde[617], und Leodegars, der nach Blendung und fast zweijähriger Haft 678/79 auf Betreiben Ebroins, seines politischen Rivalen, hingerichtet wurde[618]. Mit Childerich II., dem letzten Merowinger, der noch selbstständig das Gesamtreich zu regieren versuchte (673–675), war Leodegar zusammengestoßen, als er diesem die unkanonische Ehe mit seiner austrasischen Kusine Bilichild und den Bruch seines beim Regierungsantritt in Neustro-Burgund gegebenen Versprechens vorwarf, Recht und Gewohnheit eines jeden Landes *(patria)* zu halten[619]. Childerichs Zusage knüpfte an die Garantien des Edikts von Paris (614) an, welche die Teilreiche vor einer neustrischen Überfremdung bewahren sollten und eine Etappe auf dem Weg zur Konsolidierung der Teilreiche bildeten. Da diese Konsolidierung auf regionaler, nicht auf ethnischer Basis erfolgt war, kann Leodegars Anmahnung des Garantieversprechens nicht als Ausdruck eines „sentiment national bourguignon" (M. Chaume), sondern allenfalls als Ausdruck der Burgundisierung des merowingischen *regnum Burgundiae* angesehen werden, und zwar in dem Sinne, dass sich auf der Ebene dieses Teilreiches das Bewusstsein gebildet hatte, eine *patria* mit eigenem Recht zu bilden. Wenn Leodegar Vorkämpfer für einen „burgundischen Autonomismus"[620] gewesen sein soll, dann war dieser jedenfalls regional, nicht ethnisch oder „national" bestimmt. Dies entspricht dem oben angesprochenen Prozess der „Regionalisierung der Volkstümer" im Laufe des 7. Jahrhunderts, dessen Abschluss, wie wir gesehen haben, der Verfasser der Vita Eucherii um 740/45 in der Weise markierte, dass er mit dem Begriff der *gens Burgundionum* die gesamte Bevölkerung des Teilreiches Burgund bezeichnete[621].

Burgundische Namengebung (in der merowingischen Familie!), ethnisch zu deutende Kollektivbezeichnungen als *Burgundiones*, individuelle Abstammungsangaben wie *ex genere Burgundionum* und die Erinnerung an die „altburgundische" Unabhängigkeit bezeugen das Bewusstsein einer burgundischen Ethnizität, das gegebenenfalls politisch genützt werden konnte, so zur Herrschaftslegitimierung bei den frühen Merowingern, das aber im Laufe des 7. Jhs. der neuen, territorial begründeten Teilreichsidentität Platz gemacht hatte.

3. Fortleben in der literarischen Gestaltung und im politischen Mythos

Das schon mehrfach zitierte Nibelungenlied ist im Mittelalter zweifellos die wichtigste literarische Verarbeitung der Burgundergeschichte, genauer: des Untergangs der Burgunder, gewesen. Es wurde und wird in der geschichtswissenschaftlichen Literatur, wie wir gesehen haben, als eines der Hauptargumente für die Lokalisierung des burgundischen Reiches am Mittelrhein (Worms) herangezogen. Vor dieser bzw. neben dieser um 1200 entstandenen

Heldendichtung wurde der Stoff der burgundischen Gibichungen/Nibelungen in nordischen Erzählungen der Älteren Edda, so im Atlilied und in der Dietrichssage, die im 13. Jh. verschriftet wurden, aber älter sind, in deutschen Erzählungen seit dem 13. Jh. sowie in der lateinischen Heldensage des Waltharius (10. Jh.) behandelt, wobei im Waltharius die Gibichungen von Worms allerdings zu Franken wurden[622]. Im Nibelungenlied wurden geschichtliche Stoffe der Völkerwanderungszeit und solche der nachfolgenden Jahrhunderte miteinander verknüpft. Einige von ihnen gehen eindeutig auf Gestalten und Ereignisse der Geschichte der Burgunder zurück, andere wurden unter Veränderung der Motivationen und unter Missachtung der chronologisch-pragmatischen Darstellung zu einem neuen Sinnzusammenhang verwoben, der doch noch das historische Geschehen erkennen lässt. So finden sich die in der Lex Burgundionum um 500 überlieferten Königsnamen Gibica, Gundomar, Gislahar und Gundahar als Geschlecht der „Gibichungen", wenn auch z.T. mit anderen Namen, sowohl in den altnordischen Liedern wie im Nibelungenlied und in den parallelen deutschen Erzählungen[623]. Die Ereignisse um die Niederlage der Burgunder gegen die mit Aetius verbündeten Hunnen (436/37) könnten schon in der kollektiven Erinnerung bei den 443 in der Sapaudia angesiedelten Resten der Burgunder zu Heldenliedern geformt worden sein. Solche (Helden-) Lieder, die von Burgundern beim Gastmahl zur Leier *(plectrum)* gesungen wurden, erwähnte jedenfalls schon Sidonius Apollinaris um 461[624]. Der Untergang der Burgunder wurde in der Heldendichtung mit der Gestalt des Hunnenkönigs Attila/Etzel verknüpft, obwohl Attila († 453) erst nach der Ermordung seines Bruders Bleda (445) die Herrschaft im Gesamtreich der Hunnen übernommen hatte und auch über den westlichen Teil herrschte.

Attilas Tod – er starb bei seiner Hochzeit mit Ildico, einer Frau mit germanischem Namen, am Blutsturz – wurde als Blutracheakt der genannten Frau für ihre von Attila erschlagene Sippe, worunter die Burgunderkönige verstanden wurden, umgedeutet. (H)ildico wurde zur Grimhild/Kriemhild und Schwester der Burgunderkönige. Das Wissen um Attilas Tod könnte den Burgundern der Sapaudia durch jene rechtsrheinischen Burgunder vermittelt worden sein, die sich nach dem Zusammenbruch des Hunnenreiches den Burgundern in Südostgallien anschlossen. Die Verknüpfung des Burgunderuntergangs mit dem Rachetod Attilas hatte in der Heldendichtung eine Verlegung des Schauplatzes des Untergangs vom Rhein an die Donau/Ungarn zur Folge[625].

Die Verknüpfung des Burgunderuntergangs und des Attilatodes mit dem fränkischen Siegfried-Brunhild-Stoff scheint nach K. F. Stroheker im fränkischen Burgund, also in Nordburgund, stattgefunden zu haben. Dort waren, wie wir gesehen haben, in der fränkisch-burgundischen Kontaktzone altburgundische Traditionen und altburgundisches Herkunftsbewusstsein, vielleicht auch burgundische Sprache noch lebendig[626]. In diesem Raum, am Fuß des Jura in Orbe, wurde Brunhilde gefangen genommen und jenseits des Jura in Renève an der Vingeanne an den Schwanz eines wilden Pferdes gebunden und zu Tode geschleift (613). Ihr wurde der Tod von zehn Königen vorgeworfen[627]. Die Gestalt der bedeutenden Königin, einer westgotischen Prinzessin, wurde verkürzt auf die große Rächerin, Rächerin für ihre von Chilperich und Fredegunde ermordete Schwester Galswintha und Rächerin für ihren von Chilperich ermordeten Gemahl Sigibert I. († 575): Eine Art Vorwegnahme der Kriemhild im Nibelungenlied. Dass Brunhild zeitweise in Worms residierte (613), erleichterte die Übernahme dieser Gestalt in den Zusammenhang mit dem Burgunderuntergang. Ihre Auseinandersetzung mit Fredegunde, der (unfreien) Gemahlin Chilperichs, liegt dem im Nibelungenlied geschilderten Frauenstreit (14. aventiure) zugrunde. In die Gestalt Siegfrieds flossen möglicherweise Überlieferungsstränge ein, die sich um den Frankenprinzen Sigismer, der um 474 eine Tochter des Burgunderkönigs Chilperich in Lyon heiratete, um den Tod König Sigismunds († 523/24) und – vor allem – um Sigibert I., den 575 ermordeten Gatten Brunhilds, rankten. Im Nordburgund des späten 6./7. Jhs. waren die Voraussetzungen dafür gegeben, den Burgunderuntergang und Attilas Tod mit dem Siegfried-Brunhild-Stoff zu verknüpfen[628].

Auf Burgund verweist auch der auffällige Namenswechsel im Nibelungenlied ab Strophe 1523: Die Burgunder werden nunmehr Nibelungen genannt. Schon im Waltharius im 10. Jh. heißen Gunthars Leute, die Franken von Worms, einmal *Franci nebulones*, „nibelungische Franken" (V. 555). Der von *neuja, ahd. niuwi-"neu" abgeleitete Personenname Niwo, Nibilo, Nibilung begegnet in Ortsnamen des Jura (Neblens, Neublins, Neublans) und des Département Ain (Noblens); vor allem aber ist der Name Nibelung als Leitname der „historischen Nibelungen" bekannt[629]. Diese gehen auf den *vir inluster* Childebrand, den Halbbruder Karl Martells und „Onkel" *(avunculus)* Pippins d.J., zurück. Childebrand hat die Continuatio der so genannten Fredegarchronik für die Zeit 736–751 veranlasst und zu einer Art „Familienchronik des karolingischen Hauses" (W. Levison) gemacht, sein Sohn Nibelung setzte sie bis 768 fort. Von Karl Martell war der *dux* Childebrand mit einem militärischen Kommando in Burgund und mit dem Grafentitel ausgestattet worden. Er leitete 736 die Expeditionen gegen den *dux* Maurontus, der sich im südlichen Burgund (Avignon) der Unterwerfung unter die arnulfingische Herrschaft widersetzte, und begleitete 740 Pippin auf seinem Feldzug in Burgund[630]. Childebrand nannte seinen Sohn vielleicht Nibelung, um mit diesem Namen an regionale Namenstraditionen oder sogar, wie vermutet worden ist, an eine burgundische, mit dem Königsgeschlecht der Gibichungen verwandte Nibelungensippe anzuknüpfen. Die Nachfahren Childebrands und Nibelungs sind bis zur sechsten Generation, bis ca. 870 als Grafen in Burgund nachweisbar[631]. Die Umbenennung der Gibichungen/Burgunder zu Nibelungen kann „im Dienste der politischen Propaganda" gestanden haben, und zwar in dem Sinne, dass dadurch die Stellung der pippinidischen Familie im ehemaligen Burgunderreich gefestigt werden sollte. Diese Umbenennung sei nach H. Rosenfeld so wirksam gewesen, „dass sie noch im 2. Teil unseres Nibelungenliedes (sicher dank der Stabreimformel am Schluss [: *hie hât daz maere ein ende: daz ist der Nibelunge nôt*]) sich erhielt, während ein in der Geschichte Bewanderter in der Vorlage des ersten Teiles den alten Burgundernamen wieder eingeführt hatte, aber nun nicht mehr mit der germanischen Endsilbenbetonung, sondern nach dem Muster der französischen Bezeichnung Bourgógne mit der romanischen Zweisilbenbetonung *Burgónden*. Das wären Hinweise für die Verflechtung von Heldenlied und Heldenzeitlied in die Politik"[632].

Weitere Gestalten und Stoffe des Nibelungenliedes sind nicht mehr auf „Burgund" zu beziehen, sondern stammen aus anderen Zusammenhängen, so die Hagen-Gestalt oder die Jungsiegfriedsagen. Der Dichter des Nibelungenliedes hat sie in seinem Heldenlied vereinigt und die Darstellung der barbarischen Vorzeit mit jener der höfisch-ritterlichen Welt der eigenen Zeit verknüpft.

Manche Sagenstoffe und ihre Verknüpfungen, die sich im Nibelungenlied finden, sind schon in der lateinischsprachigen Historiographie des frühen Mittelalters nachzuweisen, so die Verbindung des Burgunderuntergangs mit Attilas Tod in der Historia Romana des Paulus Diaconus († ca. 799), in den Annales de gestis Caroli Magni imperatoris des Poeta Saxo (ca. 888/91) und in den Quedlinburger Annalen (um 1000). Doch das Nibelungenlied als solches wurde in der lateinischen Geschichtsschreibung des Mittelalters in Deutschland nicht als Geschichtsquelle gewertet und genutzt, in der deutschsprachigen Chronistik dagegen doch, wenn auch nicht eben häufig. Ein Beispiel dafür ist die bisher unveröffentlichte Weltchronik Heinrichs von München aus der ersten Hälfte des 14. Jhs. Darin findet sich auch neben Geschichten aus der Dietrichsage eine kürzere Zusammenfassung der Nibelungensage. Dietrich und Siegfried gehörten zeitweise zum Geschichtsbild des Mittelalters wie die trojanische Herkunft der Franken oder die Heldentaten Karls des Großen, so wie sie in dem Karlsroman des Strickers (ca. 1220–1250) erzählt werden. Die Nibelungengestalten waren den Humanisten und Gelehrten des 16. und 17. Jhs. durch die volkstümlichen Märchenerzählungen von den riesenhaften Heroen bekannt. Die Geschichten vom Wormser Rosengarten und dem Hünen Seyfried wurden von ihnen als „bäuerische und kindliche Märchen" abgelehnt[633].

Das Nibelungenlied selbst war in Vergessenheit geraten, bis es 1755 von J. H. Obereit wiederentdeckt, 1757 teilweise von J. J. Bodmer und 1782 erstmals von Ch. H. Myller vollständig veröffentlicht wurde. Als deutsche Ilias in der späten Aufklärung gefeiert, in der romantischen Mittelalterbegeisterung zum identitätsstiftenden Nationalepos hochstilisiert, wurden vor allem gewisse Leitbegriffe wie Treue, Verrat, Untergang betont und prägten die politische Instrumentalisierung, so als Reichskanzler von Bülow 1909 den Ausdruck der „Nibelungentreue" für das Verhältnis des Deutschen Reiches zu Österreich-Ungarn prägte oder Paul von Hindenburg 1919 Deutschlands Niederlage im Ersten Weltkrieg mit Siegfrieds Ermordung verglich (Dolchstoß-Legende) oder schließlich Hermann Göring im Zweiten Weltkrieg den „Kampf der Nibelungen" beschwor. Mit dem Ende des Nationalsozialismus bricht auch die politische Inanspruchnahme des Nibelungenliedes in Deutschland ab. Parallel dazu und mit ihr interaktiv verbunden verlief die literarische Rezeption beginnend mit den Nach- und Neudichtungen als Dramen von Ernst Raupach (1834), Emanuel Geibel (1861), Christian Friedrich Hebbel (1862) u.a. bis hin zu der dramatischen Dichtung in zwei Teilen von Max Mell: Der Nibelunge Not; Kriemhilds Rache (Uraufführung Wien 1944/51). Von besonderer Wirkung war und ist bis heute die germanophile Mythisierung des Stoffes in Richard Wagners Ring des Nibelungen. Ein Bühnenfestspiel für drei Tage und einen Vorabend (Rheingold, entstanden 1851–54, Uraufführung München 1869; Die Walküre, entstanden 1854–56, Uraufführung München 1870; Siegfried, entstanden 1851–71, Uraufführung

Bayreuth 1876; Götterdämmerung, entstanden 1848–74, Uraufführung Bayreuth 1876). Verstanden und konzipiert als Gesamtkunstwerk, das Dichtung, Musik, Schauspiel- und Bildkunst vereint und als nationalreligiöses Weihespiel wirken will, findet es aufgrund seiner musikalischen Qualitäten und zeitgenössischer (Um-)Interpretationen auch heute noch Beachtung[634].

Die Nibelungen und das Nibelungenlied sind seit der zweiten Hälfte des 20. Jhs. fast nurmehr Gegenstand einer wissenschaftlichen Rezeption, sieht man einmal von ihrem seit kurzem erfolgten Comeback in der Fantasy-Literatur oder im Jugendbuch ab. Die Neubearbeitung als Theaterstück 2002 in Worms durch Moritz Rinke wendet den Stoff mit einem Schuss Ironie psychologisierend ins Allgemeinmenschliche. Ansonsten verknüpft sich gerade in Worms exemplarisch die kritische Aufarbeitung der Nibelungentradition der Stadt im 19. Jahrhundert und vor allem in der ersten Hälfte des 20. Jahrhunderts mit der pädagogisch-didaktischen – und nebenher auch irgendwie kommerziellen – Nutzung des Nibelungenstoffes und seiner vielfältigen Verarbeitungen – darunter die der Verfilmung durch Fritz Lang (1923/24) –, dokumentiert im Nibelungenmuseum[635]. Eine neue Standortbestimmung der Burgunder/Nibelungen-Rezeption ist von der im Badischen Landesmuseum Karlsruhe gezeigten Nibelungenausstellung zu erwarten. Die Tatsache, dass eine der ältesten vollständigen Handschriften des Nibelungenliedes, die 1755 auf dem Schloss Hohenems bei Bregenz gefunden wurde und in die Fürstlich Fürstenbergische Hofbibliothek in Donaueschingen gelangt war, durch die Baden-Württembergische Landesregierung 2001 für 19 Millionen DM aufgekauft wurde, um einen Verkauf ins Ausland zu verhindern, zeigt immerhin, dass auch heute noch das Nibelungenlied, „das deutsche Nationalepos schlechthin", also sekundär auch die Burgunder, zum „patrimoine national" der Deutschen gehören. Wenn anders, warum überlässt man den Codex nicht, den Gesetzen des freien Marktes entsprechend, dem Meistbietenden[636]?

Schluss

Wer waren die Burgunder? – Eine *gens* der Völkerwanderungszeit, ein Volk ohne eigene Geschichtsschreibung, mit einer von den Römern geborgten *origo gentis*, ein Volk, dessen erstes Reich (am Rhein) im kollektiven Bewusstsein bis in die Gegenwart lebendig geblieben ist, weil es untergegangen ist und der Burgunder Untergang im Nibelungenlied geschildert wird, dessen zweites Reich (an der Rhône), gegründet nach seiner Ansiedlung in der Sapaudia um 443, kaum neunzig Jahre Bestand hatte. Doch knüpfte an dieses Königreich an der Rhône der Landesname *regnum Burgundiae* an. Er machte den Burgundernamen zum Bewohnernamen und blieb mit einer gewissen räumlichen Verengung an der französischen Région Bourgogne und ihren Bewohnern, den Bourguignons, haften (Kap. VII,1), vergleichbar der *Longobardia*, deren Name in der Lombardei und den Lombarden fortlebt.

Doch ist das wirklich alles, was die Burgunder an Spuren, Einflüssen und Fernwirkungen hinterlassen haben: Einen Namen für eine Region und ihre Bewohner und dazu die literarisch gestaltete Erinnerung an ihren Untergang?

Je nach Perspektive des beobachtenden und wertenden Historikers gilt das Burgunderreich als Beispiel einer misslungenen, schließlich den Franken erlegenen germanischen Reichsgründung auf dem Boden des Imperium Romanum, vergleichbar anderen Ostgermanenreichen, denen der Vandalen in Afrika, der Goten in Italien und in Spanien oder der Langobarden in Italien, von Anfang an geschwächt durch den Gegensatz von Arianern und Katholiken, der bei den Burgundern zwar nicht wie bei den Goten zu einem konfessionellen, politischen und sozialen Dualismus geführt habe, aber eben doch Mitursache der Schwäche des Reiches gewesen sei (vgl. Kap. VI,2). Nach der anderen Perspektive waren die Burgunder die gelehrigen Schüler der Römer, Musterknaben der Integration, die bereitwillig die Fiktion ihrer Abkunft von den Römern übernahmen (Kap. I,2), sich bewusst und sehr erfolgreich assimilierten, die bestehenden politischen, sozialen und wirtschaftlichen Strukturen des Imperium achteten und weiterführten, die Oberhoheit des west-, dann des oströmischen Kaisers in legitimistischer Weise respektierten, sodass noch über das Ende ihres

Reiches hinaus die Bewohner der *Burgundia* in der Illusion lebten, zum Imperium Romanum zu gehören (Kap. V,2). Erleichtert wurde der Prozess der Integration oder der „fusion progressive" dadurch, dass König Gundobad um 500, wie Gregor von Tours schrieb, „unter den Burgundern mildere Gesetze aufgerichtet (hatte), dass die Römer nicht von ihnen unterdrückt würden"[637]. Die Burgunder also: die bravsten unter den Barbaren, weil die römischsten?

Was in der einen Perspektive als Misslingen betrachtet wird, nämlich als Aufgabe der nationalen Selbständigkeit des Reiches, wird in der anderen als erfolgreiche Integration gesehen. Diese Interpretation macht es schwierig, typisch „Burgundisches", wenn es solches überhaupt gegeben hat, in der Geschichte der Burgunder und ihrer Reichsgründung zu entdecken. Archäologen und Sprachwissenschaftler tun sich schwer, wenn es darum geht, das „Burgundische" zu bestimmen (Kap. IV, 3, 4). Das „ethnische" Bewusstsein einer echten oder einer nur angenommenen Abstammung von den „Altburgundern" lässt sich im Einzelnen nicht über das 7. Jh. hinaus nachweisen (Kap. VII, 2). Wenn für spätere Zeiten, so für das späte Mittelalter oder die Neuzeit, von älteren Historikern von einem „sentiment national bourguignon" (M. Chaume) gesprochen wird, dann lässt sich dies allenfalls im Sinne eines Regionalbewusstseins verstehen. Die Bezeichnung als „burgundisch" kann sich dabei nicht auf das Barbarenvolk der Burgunder, die von Plinius († 79 n. Chr.) genannten *Burgo(n)diones/Burgu(n)diones* (Kap. I,1), beziehen, sondern nur auf die Bewohner eines Gebietes, das zu dem merowingisch-karolingischen *regnum Burgundiae* oder zu einem der karolingischen bzw. hoch- und spätmittelalterlichen *regna Burgundiae* gehört hatte, wobei der Landesname eine starke Integrationskraft gebildet haben dürfte. Geht man einen Schritt weiter und folgt der französischen Volkskunde aus der Zeit eines M. Chaume, dann wird die ganze Fragwürdigkeit der Bestimmungen eines Volkscharakters im Sinne einer „nation bourguignonne" oder „nation comtoise" deutlich, wenn es von den Bourguignons oder den Franc-Comtois, die beide zu dem einst von Burgundern beherrschten Gebiet gehören, heißt, die Bourguignons seien „genussfreudig, mitteilsam und heiter, kunstsinnig, dabei arbeitsam und tätig, leicht erzürnt, aber nicht rachsüchtig", die Franc-Comtois dagegen „zurückhaltend und schweigsam, misstrauisch gegen Fremde, willensstark, hartnäckig, am reiflich überlegten Entschluss festhaltend, in rauer Schale ein zuverlässiger Kern"[638]. Ist davon etwas burgundisch? Finden sich diese Eigenschaften nicht gut verteilt über den Globus? Solche Völkercharakteristiken erinnern an jene des Mittelalters. Diese sind weniger ernst gemeint und je nach Gebrauch und den Erfordernissen des Reimes austauschbar. Entwaffnend ehrlich und ernüchternd heißt es z.B. in Spottversen des 15. Jhs. über verschiedene Länder, darunter Burgund, gleichsam als Fazit, dass alle an allen Eigenschaften Anteil haben:

> *Regnat: superbia in Francia/astutia in Britannia/*
> *iactantia in Picardia/luxuria in Alemannia/*
> *avaritia in Lombardia/iuramenta in Burgundia/*
> *potationes in Normannia/deceptiones in Anglia/*
> *circa milites rapina et tirannia /*
> *simonia in Romana curia/*
> *inter populares fraudulentia /*
> *inter claustrales murmur et rixe /*
> *inter curiales zelus et invidia /.*
> *Sed modo per totum orbem et in qualibet orbis partiuncula regnant simul omnia*[639].

Man wird die *iuramenta in Burgundia* nicht als Hinweis auf die gerichtlichen Reinigungseide werten wollen, über die sich anfangs des 9. Jhs. Agobard von Lyon in seiner Kritik an den *Guntbadingi*, die sich auf das Gesetz Gundobads beriefen, ereiferte (Kap. V,3), und hierin etwa noch eine entfernte Erinnerung „burgundischer" Gerichtspraxis im 15. Jh. sehen, sondern lediglich als Hinweis auf das zeitgenössische leichtfertige und sinnlose Schwören und Fluchen. Gehören die *iuramenta* nun zur „Mitteilsamkeit" des Bourguignon oder zur „Hartnäckigkeit" des Franc-Comtois? Die mittelalterlichen Spottverse sind weiser: Die angeprangerten Eigenschaften und Verhaltensweisen sind, so sagen sie, in allen Ecken und Winkeln in gleicher Weise anzutreffen.

Entzieht sich „das Burgundische" also weitgehend unserer Kenntnis, dann lässt sich auch nicht ein burgundischer Nationalcharakter ausmachen. Wenn es so etwas wie eine burgundische Eigenheit wegen der polyethnischen Struktur der völkerwanderungszeitlichen *gens*, die wir festgestellt haben (Kap. V,1), nicht gegeben hat, dann werden auch solche Versuche fragwürdig, dem einen oder anderen Gebiet, das zum ehemaligen *regnum Burgundiae* oder zu den verschiedenen als burgundisch bezeichneten Herrschaftsräumen gehört hat, einen größeren oder geringeren Grad an burgundischem Einfluss zuzugestehen, etwa dem Gebiet von Genf oder der Westschweiz (Romandie), weil, wie noch kürzlich behauptet wurde, nicht nur „ihre Bewohner von den ersten burgundischen Siedlern abstammen, sondern auch weil diese burgundischen Gebiete am wenigsten unter dem Einfluss fremder Kulturen gestanden und so vielleicht am engsten mit dem verbunden sind, was heute noch von dem burgundischen Ethos übrig geblieben ist"[640]. Diese 1986 von einem in Genf wirkenden englischen Diplomaten, C. Cope, in seinem Buch über „das verlorene Königreich Burgund" geäußerten Gedanken stehen der Sichtweise eines M. Chaume sehr nahe. Sie suggerieren eine ethnische und kulturelle Identität und eine Kontinuität zwischen dem völkerwanderungszeitlichen Volk der Burgunder und der Gegenwart. Cope geht noch einen Schritt weiter und betrachtet das Frankoprovenzalische, das in der Mitte des 19. Jhs. von ca. 3 Millionen Menschen gesprochen worden sein soll und heute nur noch von ca. 100000 Leuten als „patois" in Savoyen, der Westschweiz und in Nordwestitalien benützt wird, als eigentlich „burgundische" Sprache, d.h. als eine von den Burgundern aus der *Romania* ausgegliederte lateinische Varietät. Für diese „burgundische" Sprachnation, im 19. Jahrhundert in Frankreich durch die staatliche Schulpolitik unterdrückt, in der Gegenwart in Nordwestitalien als autonomistische Bewegung (Harpitan, Valdostani) virulent, bricht Cope eine politische Lanze. Er stellt „Burgund" neben Schottland und Katalonien, die Bretagne, die Provence, das Languedoc, Wales und Sizilien und ... Bayern und plädiert für den Erhalt und die Förderung ihrer regionalen und sprachlichen Eigenheiten als Gegengewicht gegen die Nationalstaaten und als grenzüberschreitende Wiederbelebung älterer Traditionen unter dem Dach eines geeinten Europa[641].

So werden die Burgunder selbst noch in der Gegenwart in den Dienst einer politischen Idee genommen. Die Geschichte als Argument in der politischen Auseinandersetzung: Wie weit das führen kann, haben die Kämpfe auf dem Balkan gezeigt und zeigen die weltweit verbreiteten Kämpfe um ethnische Identitäten und um ihre Autonomie gemäß der Doktrin des Selbstbestimmungsrechts der Völker. Der unmittelbare oder der mittelbare Rückgriff auf frühmittelalterliche Völker wird weder dem komplizierten Prozess ihrer Entstehung noch ihrer Verwandlung in dem langen irreversiblen Prozess ihrer Assimilation und Integration sowie den beharrenden Kräften der dominanten Kultur, die sie übernahmen, gerecht. Das gezeigt zu haben, war eines der Ziele dieses Buches.

Anmerkungen

Quellen und Literatur sind hier nur verkürzt zitiert; die vollständigen Angaben sind der Bibliographie zu entnehmen.

1   Plinius, Hist. nat. IV, 98–100.
2   Ptolemaios, Geographica II, 11, 8–10.
3   Ptolemaios, Geographica III, 5, 8.
4   Jordanes, Getica 94, 97 (Zitat) S. 82f.
5   Zosimos, Historia nova I, 27, 1; I, 31, 1.
6   Panegyrici latini XI (III), 17, ed. GALLETIER I, S. 65 (mit Hinweis auf *Alani* statt *Alemanni*).
7   Agathias, Historiae V, 11.
8   Zosimos, Historia nova I, 68.
9   Panegyrici latini X (II), 5.
10 Panegyrici latini XI (III), 17, 3: *Burgundiones Alamannorum agros occupavere, sed sua quoque clade quaesitos. Alamanni terras amisere sed repetunt.*
11 Laterculus Veronensis XII, 16–18, ed. SEECK, S. 251; ed. T.D. BARNES, The New Empire of Diocletian and Constantine (1982), S. 202f.
12 Ammianus Marcellinus XVI 12, 16.
13 Ebd. XVIII 2, 15.
14 WACKWITZ, Gab es ein Burgunderreich (1964), S. 36–42; (1965), S. 29–37 zu Capellatii (Genetivus) s. DAHLHEIM, Capellatium (1981), S. 338f. und SCHNETZ, *Regio Capellati* (1935) (mit der Deutung „Verpfählung", „Pfahlwerk" statt eines von E. Norden angenommenen galloömischen Familiennamens).
15 SCHLEIERMACHER, Burgunder (1964), S. 193.
16 Ammianus Marcellinus XXVIII, 5, 11 *(Burgundii) salinarum finiumque causa Alamannis saepe iurgabant.*
17 Ebd. XXVIII, 5, 9–10; Symmachus, Orationes II, 13, ed. Otto SEECK (MGH AA VI, 1) Berlin 1883, S. 326.
18 Ammianus Marcellinus XXVIII, 5, 9–13.
19 So SCHMIDT, Ostgermanen (1941), S. 133.
20 Hieronymus, Chron. (zu 373), ed. HELM, S. 247; Orosius, Historia adversum paganos VII, 32, 11.
21 WOOD, Ethnicity (1990), S. 58 sieht in Ammianus' Text eher den Ausdruck der politischen Tagespolitik des Jahres 369 als eine Frage der Ethnogenese; DERS., *Gentes* (2003), S. 244, der diesen Passus als letzter behandelt, betrachtet ihn als das erste schriftliche Zeugnis der Ethnogenese der Burgunder; diese sei eher den Römern als den Burgundern zuzuschreiben. Demgegenüber betont FAVROD, Royaume burgonde (1997), S. 42 Anm. 153 im Sinne der „pseudologischen Gleichsetzung", die WENSKUS, Stammesbildung und Verfassung (1961),

S. 78f., nachgewiesen hat (u.a. in der gemeinsamen Abkunft von Römern und Franken von den Trojanern), dass das Abstammungsdenken eher auf die Burgunder zurückgeht. Vgl. zu Ammianus Marcellinus und den folgenden Autoren, die über die Herkunft der Burgunder schrieben, WOOD, Origo gentis (2002), S. 195–199.

22 Orosius, Hist. VII, 32, 12–13.

23 Jacob GRIMM, Geschichte der deutschen Sprache (1826), ²1853, S. 495, 699; DAHN, Die Burgunden (1908), S. 1f.; CLAPARÈDE, Burgondes (1909), S. 7f.; JAHN, Geschichte der Burgundionen (1874), 1. Bd., S. 8–21 mit Lit.; seine eigene Ansicht: S. 19, 197; SCHLEIERMACHER, Burgunder (1964), S. 193; eine Ehrenrettung des Orosius findet sich auch bei PERRIN, Burgondes (1968), S. 92f.; auch SCHÖNFELD, Wörterbuch (1911), S. 58 leitet den Burgundernamen von *burg* und dem Suffix *-und-jan* ab und denkt an die Bedeutung 'hoch', meint aber: „auch könnten sie ‚die in befestigten Orten Wohnenden' sein, vgl. germ. *bergen*".

24 Passio Sigismundi c.1, S. 333; Jordanes, Getica c. 25f., S. 60.

25 Chronicon universale –741, ed. Georg WAITZ (MGH SS XIII) S. 4; Vita Faronis, c.8, ed. J. MABILLON, Acta Sanctorum ordinis s. Benedicti II, Paris 1668, S. 611; Vita Gangulphi II, praefatio, S. 171f.; Ekkehard von Aura, Chronicon universale ad a. 1106 (MGH SS VIII) S. 120, Z. 25–27.

26 The Old English Orosius, ed. Janet BATELY, Oxford 1980, Bd. 1, S. 16; vgl. BECK, Bornholm (1978), S. 295f.

27 GUICHARD, Histoire du peuple burgonde (1965), der ihr folgt und sie auf die Spitze treibt, gibt S. 30–35 eine Blütenlese der Literatur.

28 Z.B. MUSSET, Invasions (1969), S. 111; DEMOUGEOT, Formation de l'Europe I (1969), S. 49f., 357–360; FOLZ, De l'antiquité au monde médiéval (1972), S. 38f.; sehr bestimmt SCHMIDT, Ostgermanen (1941), S. 129: „Daß die Burgunder in ihrem Grundstock aus Bornholm stammten, darf wohl jetzt als Gemeingut der Wissenschaften angesehen werden." Dagegen BECK, Bornholm (1978), S. 312, der keine archäologischen Zeugnisse für die Burgunder auf Bornholm findet.

29 So WENSKUS, Stammesbildung und Verfassung (1961), S. 398f.; ANTON, Burgunden (1981), S. 235f.; WACKWITZ, Gab es ein Burgunderreich? (1964), S. 30f.

30 NEUMANN, Burgunden (1981), S. 230f. (mit Lit.).

31 CIL 13, 3682; RICG 1 (1975), 5*; vgl. zu den Personen: HEINZELMANN, Gallische Prosopographie (1983), S. 621, 680.

32 Ammianus Marcellinus XXVIII 5, 14.

33 BECK, Burgunden (1981), S. 227f.

34 WENSKUS, Stammesbildung und Verfassung (1961), S. 576–582.

35 Zur Kritik des „Sakralkönigtums": POHL, Die Germanen (2000), S. 66–68 (mit Lit.); die Deutung von R. Wenskus ist z.B. übernommen von DEMS. in: SCHIEFFER, Handbuch (1976), S. 231; ANTON, Burgunden (1981), S. 240; Quellen IV, S. 463; FAVROD, Royaume burgonde (1997), S. 43f.

36 WOOD, Gentes (2003), S. 244; ähnlich: POHL, Völkerwanderung (2002), S. 155f. (Das Präsens: *ut solent Aegyptii casus eiusmodi suis assignare rectoribus* muß m.E. nicht unbedingt „auf eine Quelle der Zeit vor Kleopatra" verweisen, so ebd. S. 155; eine Quelle aus so früher Zeit über die Burgunder und deren Verfassung dürfte Ammianus nicht zur Verfügung gestanden haben.)

37 Notitia dignitatum, Occ. V 130, 143; XXVII 1–4; XLI 1–25; vgl. EWIG, Selz und Andernach (1979), S. 271f.

38 Renatus Profuturus Frigeridus, bei Gregor von Tours, Hist. II 9, S. 55f.; Orosius VII 40,3.

39 Hieronymus, Epist. 123, 15.

40 Ebd.; Orosius VII 38,3; Foedera: Frigeridus, bei Gregor von Tours, Hist. II 9, S. 56 und Orosius VII 40,4.

41 Olympiodorus, Fragm. 17 (ed. MÜLLER), 19 (ed. BLOCKLEY); zum Anschluss von Franken und Alemannen an Jovinus: Frigeridus bei Gregor von Tours, Hist. II 9, S. 56; zu Jovinus vgl. SCHARF, Jovinus (1993), S. 1–13.

42 Prosper, Chron. 1250, S. 467.

43 Waltharius, V.13–16 (Gibicho, König der Franken und sein Sohn Guntharius), 116f. (ebenso), 433 (Worms als Königssitz); Nibelungenlied, av. 1, str. 2, 4–7.

44 LB c. 3, S. 43.

45 DIETERICH, Dichter (1923), S. 26–28.

46 STEIN, Organisation der weströmischen Grenzverteidigung (1928), S. 98f.

47 Übersicht über die verschiedenen Aufsätze und ihre Kritik bei WACKWITZ, Gab es ein Burgunderreich? (1964), S. 59–76.

48 NESSELHAUF, Spätrömische Verwaltung (1938), S. 73–75; HOFFMANN, Notitia dignitatum (1969), S. 335, 406, DERS., Gallienarmee und Grenzschutz (1973), S. 14f. und DERS., Edowech und Decimius (1995), S. 560; WACKWITZ, Gab es ein Burgunderreich? (1964/5) I u. II; STROHEKER, Studien (1965); s. auch die Darstellung der Kontroverse (mit ausführl. Lit.) bei SORACI, Roma (1980), S. 489–495.

49 Die Burgunder und Alanen gehörten anscheinend zusammen mit Franken und Alamannen zu jenen Barbaren, die ursprünglich zur Unterstützung des Usurpators Constantius III. aufgeboten worden waren, dann aber nach dem Übertritt des *praefectus praetorio* Decimius auf der Seite des Jovinus für diesen kämpften: Frigeridus, bei Gregor von Tours, Hist. II 9, S. 56; dazu HOFFMANN, Edowech und Decimius (1995), S. 563; Zu den Alanen: STROHEKER, Studien (1965), S. 253f.

50 HOFFMANN, Edowech und Decimius (1995), S. 564.

51 SCHMIDT, Ostgermanen (1941), S. 135f.; BOEHM, Geschichte Burgunds (1971), S. 48f.; HOFFMANN, Edowech und Decimius (1995), S. 561–563 (mit weiterer Literatur zur Kontroverse); FAVROD, Royaume burgonde (1997), S. 48f.; SORACI, Roma (1980), S. 494.

52 Z.B. ANTON, Burgunden (1981), S. 240; WENSKUS, in: SCHIEFFER, Handbuch (1976), S. 230; DEMOUGEOT, Formation de l'Europe II

(1979), S. 491f.; POHL, Völkerwanderung (2002), S. 157f; BERNHARD, Römische Geschichte (1990), S. 157.
53 VON PETRIKOVITS, Altertum (1978), S. 288.
54 OLDENSTEIN, Die letzten Jahrzehnte des römischen Limes (1994), S. 108–112.
55 BERNHARD Römische Geschichte (1990) S. 158 (Zitat); zu den *civitates*: ebd., S. 107–109.
56 Sokrates, Hist. eccl. 7, 30.
57 WIRTH, Attila (1999), S. 44.
58 Sid. Apoll., Carm. VII, 322, S. 67; LB extravag. 21, 12; zum archäologischen Befund s. unten S. 94f.
59 Einfall in die Belgica: Sid. Apoll., Carm. VII, 234f., S. 63; vorher berichtete Sidonius über den Sieg des Aetius über die Juthungen und Noriker 430/31. WIRTH, Attila (1999), S. 44 (Entlastung für Aetius).
60 Hydatius, Chron. 108, ed. MOMMSEN, S. 22; ed. TRANOY, S. 134: *Burgundiones, qui rebellaverant, a Romanis duce Aetio debellantur.*
61 *Eodem tempore Gundicharium Burgundionum regem intra Gallias habitantem Aetius bello obtrivit pacemque ei supplicanti dedit, qua non diu potitus est, siquidem illum Chuni cum populo suo ab stirpe deleverint*, Prosper, Chron. 1322, S. 475; die von COVILLE, Histoire de Lyon (1928), S. 108, ebenso SCHMIDT, Ostgermanen (1941), S. 177, gemachte Korrektur: *cum populo suo atque stirpe*, ist durch die Handschriften nicht gerechtfertigt; der damit „belegte" Untergang des ganzen Königsgeschlechts (wie es im Nibelungenlied geschildert wird) lässt sich aus dem Prosper-Text nicht beweisen; *ab stirpe* bedeutet: „mit Stumpf und Stiel", „vollständig".
62 Chronica Gallica, 118 (zu 436) S. 660: *Bellum contra Burgundionum gentem memorabile exarsit, quo universa paene gens cum rege per Aetium deleta*; Hydatius, Chron. 110 (zu 437), ed. MOMMSEN, S. 23; ed. TRANOY, S. 134 (danach die Punktierung): *Aetio duce et magistro militum, Burgundionum caesa XX millia.*
63 WIRTH, Attila (1999), S. 46f.
64 Année épigraphique 30 (1950) S. 15: *peremptisque ‹B›urgundionibus et Gotis oppressis.*
65 Jordanes, Getica c.97; Panegyrici latini XI (III) 17,1, vgl. dazu oben S. 16f.
66 Chronica Gallica, 128 (zu 443) S. 660: *Sapaudia Burgundionum reliquiis datur cum indigenis dividenda*; vgl. ebd. 124: *Deserta Valentinae urbis rura Alanis, quibus Sambida praeerat, partienda traduntur.*
67 Siehe unten Kap. VI.
68 Sokrates, Hist. eccl. 7, 30; vgl. Orosius, VII 32, 13 (Friedfertigkeit).
69 Vegetius, Mulomedicina 3, 6, 2f.
70 Ammianus Marcellinus XXVIII, 5, 9; 11.
71 Olympiodorus, Fragm. 3. 31 und 35 nennt auch die Westgotenkönige Alarich und Walia *phylarchos*.
72 LB c. 3, S. 43.
73 Zu den Entsprechungen: NEDOMA, Gibichungen (1998), S. 66–68.
74 ANTON, Gibichungen (1998), S. 68–69, S. 68 (Zitat).

75 BECK, Geschichte des ersten Burgunderreiches (1963), S. 436.
76 Chronica Gallica 117 (zu 435), 119 (zu 437) S. 660; Sid. Apoll., Carm. VII 264f., S. 64; zu den Bagauden vgl. DRINKWATER, Bacaudae (1992).
77 Hydatius, Chron. 110 (zu 437), ed. MOMMSEN, S. 23; ed. TRANOY, S. 134; Prosper Tiro, Chron. 1324, 1326 (zu 436, 437), 1335 (zu 439) S. 475f.
78 Zum Foedus des Aetius mit den rheinischen Franken ca. 436, vgl. ANTON, Trier (1987), S. 42.
79 Chronica Gallica 124 (zu 440): *Deserta Valentinae urbis rura Alanis, quibus Sambida praeerat, partienda traduntur*; 127 (zu 442): *Alani, quibus terrae Galliae ulterioris cum incolis dividendae a patricio Aetio traditae fuerant, resistentes armis subigunt et expulsis dominis terrae possessionem vi adipiscuntur*; 128 (zu 443): *Sapaudia Burgundionum reliquiis datur cum indigenis dividenda*, S. 660; zu den Unsicherheiten der Datierung der Chronik vgl. SHANZER, WOOD, Avitus (2002), S. 14f. mit Lit.
80 Den völlig unüblichen Begriff *Gallia ulterior* verwendet die Chronica Gallica 117 (zu 435) und 127 (zu 442) S. 660; im ersten Fall zur Lokalisierung des Bagaudenaufstandes unter Tibatto, im zweiten zur Lokalisierung der Alanenansiedlung.
81 Zur *provincia (Gallia) Riparensis* vgl. unten Kap. III 2.
82 Ammianus Marcellinus XV, 11, 17; zur Herleitung des Namens vgl. STAEHELIN, Die Schweiz in römischer Zeit (1948), S. 315 Anm. 7.
83 DUPARC, La Sapaudia (1958), S. 373f.; FAVROD, Royaume burgonde (1997), S. 105f.
84 Not. dign., Occ. XLII 13–17.
85 Ennodius, Vita Epiphanii c. 172, ed. VOGEL, S. 106; ed. CESA, S. 72.
86 Avitus von Vienne, Ep. 79, S. 93: *Ceterum non absque scrupulo potest accipi, quod de Sapaudia itineribus exquisitis videmur ad provinciam praeteriri.*
87 MGH Capit. I, Nr. 45, c.1, S. 127.
88 Die Urkunden der burgundischen Rudolfinger, hg. v. Theodor SCHIEFFER, München 1977 (MGH DD Burg.), Nr. 108, 109, 168, S. 267, 269, 348.
89 Z.B. von STAEHELIN, Die Schweiz in römischer Zeit (1948), S. 315 Anm. 7: „Die *Sapaudia* entspricht sowohl sachlich wie sprachlich dem späteren *Savoie*".
90 So MARTIN, Sapaudia (1933).
91 LOT, Limites (1934), S. 156: „*Sapaudia*. Ce vocable ne peut désigner une province administrative, mais une région naturelle."
92 COVILLE, Histoire de Lyon (1928), S. 114f.
93 DUPARC, La Sapaudia (1958).
94 BERCHEM, Burgondes (1972); dagegen stellt mit Recht FAVROD, Royaume burgonde (1997), S. 101f. das Zeugnis der Vita Lupicini.
95 Ebd., S. 100–117 (mit Übersicht über die ältere Literatur).
96 Vgl. die Karten bei CLAPARÈDE, Burgondes (1909), S. 65 (Südausdehnung); DUPARC, La Sapaudia (1958), S. 383 (Nordausdehnung); FAVROD, Royaume burgonde (1997), S. 113 (maximale Nordausdehnung).

97 Not. dign. Or. I 55; XLII, 1, 12, 51; Occ. XXXII, 21; Or. XXXIX, 28; XL, 29; Occ. XXXIII, 23; vgl. DUPARC, La Sapaudia (1958), S. 347.
98 NESSELHAUF, Spätrömische Verwaltung (1938), S. 20, 47, 55f., 60.
99 EWIG, Civitas Ubiorum (1976), S. 481f. (mit Hinweis auf den *comes civitatis*).
100 JULLIAN, Notes gallo-romaines (1920).
101 FAVROD, Royaume burgonde (1997), S. 56–62 mit widersprüchlichen Aussagen zu diesen Fragen.
102 Zu den rechtsrheinischen Burgundern und anderen Völkern auf Seiten Attilas s. Sid. Apoll., Carm. VII 321–325, vgl. SCHMIDT, Ostgermanen (1941), S. 471–476; FAVROD, Royaume burgonde (1997), S. 220; WIRTH, Attila (1999), S. 102f.
103 Jordanes, Getica 191: *hi enim adfuerunt auxiliares: Franci, Sarmatae, Armoriciani, Liticiani, Burgundiones, Saxones, Ripari, Olibriones* (andere Hss: *riparioli briones), quondam milites Romani, tunc vero iam in numero auxiliarium exquisiti, aliaeque nonnulli Celticae vel Germanie nationes.* Dass „mit den «Ripari(oli)» der Getica höchstwahrscheinlich römische Verbände aus der Gallia riparensis, einem Militärbezirk an der Rhône und am Genfer See, gemeint" sind, vermutet auch ZÖLLNER, Geschichte der Franken (1970), S. 31, mit Hinweis auf VÁRADY, Acta Antiqua 9 (1961) S. 348.
104 Jordanes, Getica 194f.; vgl. zum Verteidigungssystem des Aetius ZECCHINI, Aezio (1983).
105 LB 17, 1; 2,2 (zum normalen Wergeld); dazu vgl. ZEUMER, Geschichte (1897/ 98), S. 460–464.
106 Sid. Apoll., Carm. VII 359–375, 441–443; von Jordanes, Getica 235, wird der Name genannt: *Ursus, miles Romanus*.
107 Continuator Prosperi Havniensis, c. 574, 5 (zu 455) S. 304: *At Gippidos Burgundiones intra Galliam diffusi repelluntur;* zur Lesung „*A Gippidis...*" und zur Deutung vgl. COVILLE, Histoire de Lyon (1928), S. 120f.; FAVROD, Royaume burgonde (1997), S. 226f.
108 Jordanes, Getica 231–234 (*Theodoridus compacatusque cum citeris gentibus arma movit in Suavos, Burgunzonum quoque Gnudiuchum et Hilpericum reges auxiliarios habens sibique devotos*, c. 231) zu den *ceterae gentes* gehörten also die Burgunder unter ihren beiden Königen Gundioc und Chilperich. Zu den politischen Folgen der Niederlage für das Suebenreich, das seitdem in einer gewissen Abhängigkeit von den Westgoten stand, vgl. CLAUDE, Westgoten (1970), S. 124.
109 Sid. Apoll., Ep. I, 11, 6, S. 36; MATHISEN, Resistance (1980), S. 598–603.
110 Marius, Chron. ad 456.2, ed. MOMMSEN, S. 232; ed. FAVROD, S. 64; vgl. MATHISEN, Resistance (1980), S. 604–607.
111 Fredegar, Chron. II, 46, S. 68: *(Burgundiones) per legatis invitati a Romanis vel Gallis, qui Lugdunensium provinciam et Gallea comata, Gallea domata et Gallea Cesalpinae manebant, ut tributa rei publice potuissent rennuere, ibi cum uxoribus et liberis visi sunt consedisse*; dazu auch Continuator Prosperi Havniensis, c. 581, 2 (zu 457) S. 305: *Post cuius* (d.h. Rechiar) *caedem*

Gundiocus rex Burgundionum cum gente et omni praesidio annuente sibi Theuderico ac Gothis intra Galliam ad habitandum ingressus societate et amicitia Gothorum functus; vgl. insges. FAVROD, Royaume burgonde (1997), S. 232–237.

112 Sid. Apoll., Carm. V 476, 566–586, S. 46, 49f.; vgl. MATHISEN, Resistance (1980), S. 607–614; FAVROD, Royaume burgonde (1997), S. 237–240.

113 Sid. Apoll., Carm. XII, S. 103f.: Sidonius klagt über die ihm unangenehme Gegenwart der Burgunder in Lyon (nach 461); in zwei Briefen von 469 erscheint Lyon als Hauptresidenz des burgundischen Königs: Sid. Apoll., Ep. IV, 20; V, 5, S. 155f., 180f. vgl. FAVROD, Royaume burgonde (1997), S. 243f.

114 Vermählung mit einer Schwester Rikimers: Joh. Malalas 374f.; Joh. Antiochenus, fr. 209, ed. C. MÜLLER (FHG IV, 1868, 535ff.; FHG V 1, 1883, 27ff.); vgl. PLRE II, S. 523.

115 Epistolae Arelatenses, Ep. 19, ed. W. GUNDLACH (MGH Epp. 3, Berlin 1892), S. 28.

116 Sid. Apoll., Ep. I 7, S. 21–26.

117 Jordanes, Getica 237f.; Gregor von Tours, Hist. II 18, S. 65; Sid. Apoll., Ep. III 9, S. 98 (Sidonius verwendet sich bei Riothamus für jemanden, der seine Sklaven an die Bretonen verloren hat; vermutlich hielt sich Riothamus in Lyon auf); vgl. SCHMIDT, Ostgermanen (1941), S. 489; FAVROD, Royaume burgonde (1997), S. 273.

118 Sid. Apoll., Ep. II 1; V 13; VII 7,2, II, S. 43f.k, 194f.; III, S. 48.

119 Zu Ecdicius vgl. STROHEKER, Der senatorische Adel (1948), S. 165 Nr. 110.

120 Sid. Apoll., Ep. VII 5; VII 8; VII 9, III, S. 41f., 50f., 52–61.

121 Chronica Gallica a. DXI, 649, ed. MOMMSEN, S. 664.

122 Sid. Apoll., Ep. VI 12, III, S. 26–29.

123 FAVROD, Royaume burgonde (1997), S. 258f.

124 Sid. Apoll., Ep. III 4; V 6,2 *(magister militum Chilpericus, victoriosissimus vir);* IX 9,6, II, S. 90, 182, III, S. 149.

125 Chronica Gallica a. DXI, 650, S. 664.

126 DEMANDT, Spätantike (1989), S. 174f.

127 FAVROD, Royaume burgonde (1997), S. 263f.

128 Sid. Apoll., Ep. V 6; vgl. V 7, II, S. 182, 183–185.

129 Sid. Apoll., Ep. V 16, 1f, II, S. 199.

130 Sid. Apoll., Ep. VII 6, 10; VII 7, III, S. 46, 47–49.

131 DEMANDT, Spätantike (1989), S. 175, 177f.

132 Chronica Gallica a. DXI, 657, S. 665; Continuatio Prosperi Havniensis 618, 1, S. 309; Jordanes, Getica 244: *Eurichus ... totas Spanias Galliasque sibi iam iure proprio tenens, simul quoque et Burgunzones subegit.*

133 SCHMIDT, Ostgermanen (1941), S. 493.

134 Geograph von Ravenna (Geographus Ravennas), Cosmographia IV 26, 27, ed. SCHNETZ, S. 62–64; vgl. FAVROD, Royaume burgonde (1997), S. 274–279; eine Karte der *Burgundia* des Ravennaten findet sich bei CHAUME, Les origines du duché de Bourgogne (1925–1937), II,1, S. 5.

135 Geograph von Ravenna, Cosmographia IV 26, ed. SCHNETZ, S. 61; vgl. FAVROD, Royaume burgonde (1997), S. 311f.; unbestimmt bleibt MOYSE, Bourgogne septentrionale (1979), S. 472.
136 Vita Lupi, c. 10, ed. KRUSCH (MGH SS rer. Mer. III, S. 123 und VII, S. 300f.), dazu EWIG, Bemerkungen (1978), S. 14–26, bes. S. 20–22.
137 Vita Antidii, in: AASS Junii V (1709), S. 42–47; vgl. VRÉGILLE, Origines chrétiennes (1964), S. 171; FAVROD, Royaume burgonde (1997), S. 314f.
138 Gregor von Tours, Hist. II 23, S. 69. Gregor erwähnt hier, dass Aprunculus von den Burgundern verdächtigt worden war, mit den Franken zu konspirieren, und deswegen in das westgotische Clermont geflohen sei, wo er Nachfolger des Sidonius Apollinaris wurde, der ihm 479/82 einen Brief geschrieben hatte (Ep. IX, 10). Die Verbindung mit den Franken könnte zu der Zeit stattgefunden haben, als diese dem römischen Amts- und Herrschaftsbereich des *comes* Arbogast in Trier und der Belgica I ein Ende machten; erst ab dieser Zeit (ca. 480) waren Burgunder und Franken Nachbarn im Raum von Langres; vgl. EWIG, Kaiserstadt (1979), S. 42; ANTON, Trier (1987), S. 44 mit Anm. 23, 57 mit Anm. 73.
139 Vita patrum Jurensium c. 157, ed. MARTINE, S. 406/8.
140 Sid. Apoll., Ep. IV 20, II, S. 155, vgl. dazu EWIG, Kaiserstadt (1979), S. 40f. mit Anm. 30.
141 LB 56, 1, 2, S. 91.
142 Zur Abfolge der Könige und zu den Residenzen s. unten Kap. V 2.
143 Zu 474 als Zäsur vgl. DEMANDT, Spätantike (1989), S. 479 mit Quellen u. Lit.
144 Ennodius, Vita Epifani c. 136–180, bes. c. 136 (Auftrag Theoderichs), 140 (zu Gundobad), 146 (Victor, Bf. v. Turin als Begleiter), 168–170 (Gundobad berät sich mit Laconius), 171 (400 in Lyon befreit), 172 (mehr als 6000 aus Sapaudia und anderen Provinzen), 173 (Hilfe der Syagria und Avitus'), 174 (Reise zu Godegisel in Genf), 177 (Rückreise über Tarentaise), 180 (Ergebnisbericht für König Theoderich). Zum Datum der Expedition: Paulus Diaconus, Historia Romana XV, 17, ed. Droysen (MGH AA II, 1879) S. 214f. Zu den Beziehungen zwischen Gundobad und Theoderich vgl. SHANZER, Two Clocks (1996/97), S. 226–232.
145 Ennodius, Vita Epifani c. 163, 167; Jordanes, Getica 297; Anonymus Valesianus, Pars posterior c. 63 (mit Namensverwechslung); Gregor von Tours, Hist. III, 5, S. 100 (ohne Namensnennung).
146 Gregor von Tours, Hist. II, 28, S. 73f.; Fredegar, Chron. III, 17–20, S. 99–101; Lib. Hist. Fr. c. 11–13, S. 253–259. Die beiden späteren Quellen schmücken Gregors Bericht mit viel Sagenhaftem aus.
147 Das Datum der Heirat und damit auch der Taufe Chlodwigs ist umstritten. Es stehen sich zwei „Systeme" gegenüber, die im Hinblick auf die Geschichte Burgunds diskutiert werden von FAVROD, Royaume burgonde (1997), S. 323–336. Die oben übernommene Datierung gründet auf dem Bericht Gregors von Tours, den Favrod als wissentlich

verfälscht verwirft und deswegen im Anschluss an einen Teil der Forschung (Van de Vyver, Chaume, Stein, Pérrin, Weiß) der „neuen" Chronologie folgt und 501/2 als Datum der Heirat und 506 als Taufdatum annimmt. Neue und überzeugende Argumente für die späte Datierung kann auch Favrod nicht anführen. Die ältere Literatur zu diesen Problemen verzeichnet und diskutiert ZÖLLNER, Geschichte der Franken (1970), S. 57–64, der selber Gregors Datierung folgt. SHANZER, WOOD, Avitus (2002), S. 362–373 datieren den berühmten Brief des Avitus (Ep. 46, S. 75f.) und damit die Taufe Chlodwigs auf 508. Zu der erneut aufgegriffenen Diskussion vgl. KAISER, Merowingerreich (2004), S. 89f.

[148] Gregor von Tours, Hist. II 27 (Auslieferung des Syagrius) S. 71; II 35 (Amboise, 502) S. 84; Prosper Havniensis ad a. 496 und 498, S. 331; zum Gebiet zwischen Seine und Loire vgl. ZÖLLNER, Geschichte der Franken (1970), S. 51–53.

[149] Vita Eptadii, c. 8, 9, 11, 12, 13, S. 189–191; dazu Kommentar bei ROUCHE, Clovis (1996), S. 209–211, 548–554; FAVROD, Royaume burgonde (1997), S. 349–354 bezieht den Text der Vita auf den Friedensschluss zwischen Gundobad und Chlodwig nach dem Krieg von 500, u.a. weil er die Vermählung Chrodechilds mit Chlodwig auf 502 datiert. Das Argument: Heiratspolitik = Bündnispolitik passt indessen auch auf 491/2 (Friedensschluss) bzw. 492/94 (Vermählung) d.h. es gilt auch für die Frühdatierung nach Gregor von Tours.

[150] Gregor von Tours, Hist. II 28, S. 73; III 6, S. 103 (Krieg von 523/24).

[151] Darauf macht mit Recht LIPPOLD, Chlodevechus (1973), S. 159, aufmerksam.

[152] Passio Sigismundi, c. 2, S. 333f.

[153] Hauptquellen: Gregor von Tours, Hist. II 32, 33, S. 78–81; Marius von Avenches, Chron. ad a. 500, ed. MOMMSEN, S. 234; ed. FAVROD, S. 68. Marius datiert die Ereignisse auf 500. Die Notiz: *Gundobadus fuit in Abinione* bei Victor von Aquitanien, Cursus Paschalis, zu 501, ed. MOMMSEN (MGH AA IX) S. 729, scheint um ein Jahr verschoben zu sein, vgl. FAVROD, Royaume burgonde (1997), S. 341.

[154] Er wird von einem Teil der Forschung mit dem Sohn des Trierer *comes* Arbogast, Aredius oder Arigius, Korrespondent des Avitus von Vienne und *vir illustrissimus* am Hofe Gundobads, identifiziert, z.B. von WERNER, Origines (1984), S. 294; als sagenhaft betrachtet diese Erzählung z.B. SCHMIDT, Ostgermanen (1941), S. 151 Anm. 4; ebenso FAVROD, Royaume burgonde (1997), S. 343f. mit weiterer Lit.

[155] Passio Sigismundi, c. 3, S. 334.

[156] Marius von Avenches (wie Anm. 153): (Gundobad) *pluresque seniores ac Burgundiones, qui cum ipso senserant, multis exquisitisque tormentis morte damnavit*; Gregor von Tours, Hist. II, 33, S. 81: *interfectis senatoribus Burgundionibusque, qui Godigiselo consenserant*.

[157] Fredegar, Chron. III 23, S. 102.

[158] Der Bischof von Avignon nahm 506 durch einen Vertreter am westgotischen Konzil von Agde teil: C. MUNIER (Hrsg.), Concilia Galliae A.

314–A. 506, Turnholt 1963 (CCSL 148) S. 214 Z. 41f. Da er sich auch auf dem burgundischen Konzil von 517 (Epao) durch einen *presbyter* vertreten ließ (MGH Conc. I, S. 30 Z. 15f.; C. DE CLERCQ (Hrsg.), Concilia Galliae A. 511–A. 695, Turnholt 1963 [CCSL 148A], S. 37 Z. 298f.), vermutet FAVROD, Royaume burgonde (1997), S. 349, das Bistum sei geteilt gewesen: die Stadt Avignon selber hätte weiterhin zu Burgund gehört, der südlich der Durance gelegene Teil der Diözese zum westgotischen Reich.

159 Zu diesem hypothetischen Vorstoß siehe oben S. 56f. bei Anm. 141.

160 Avitus von Vienne, Hom. 19, S. 130–133: *Dicta in dedicatione basilicae Genavae quam hostis incenderat*. Unter *hostis* werden sehr verschiedene verstanden: Gundobad, die Anhänger Godegisels, die verbündeten Franken oder die Alemannen, vgl. FAVROD, Royaume burgonde (1997), S. 318; Notitia Galliarum XI 2, ed. MOMMSEN, S. 600: *Geneva a Gundobado rege Burgundionum restaurata* (als Zusatz in Hss. des 10.–13. Jhs.); die Bauinschrift lautet: *Gundobadus rex clementissimus/... emolumento proprio/... spatio multiplicat*, ed. JÖRG, Inschriften (1984), Nr. 7, S. 36–38. Zum Brandhorizont vgl. die kurzen Hinweise mit Lit. bei BONNET, SANTSCHI, Genève (1986), S. 42. Beide betrachten Gundobad als möglichen Verursacher des Brandes.

161 Marius von Avenches, a. 500, 2, ed. MOMMSEN, S. 234; ed. FAVROD, S. 68: *regnumque, quem perdiderat* (Gundobad), *cum id quod Godegeselus habuerat, receptum usque in diem mortis suae feliciter gubernavit*; Gregor von Tours, Hist. II 33, S. 81: *Ipse* (Gundobad) *vero regionem omnem, quod nunc Burgundia dicitur, in suo dominio restauravit*.

162 JÖRG, Inschriften (1984), S. 36, 37.

163 Gregor von Tours, Hist. II 33, S. 81: *Ipse* (Gundobad) *vero regionem omnem, quod nunc Burgundia dicitur, in suo dominio restauravit. Burgundionibus leges mitiores instituit, ne Romanos obpraemerent.*

164 Avitus, Appendix 6, S. 185 Z. 13f.; KAMPERS, Caretena (2000).

165 Gregor von Tours, Hist. II 34, S. 81f.

166 Avitus, Ep. 8, S. 40–43: Brief an Papst Symmachus über die Konversion vom Arianismus zum Katholizismus eines Königs, der in seiner Residenz (Genf) eine Apostelkirche gebaut hat, datiert auf spätestens 507, vgl. BURCKHARDT, Briefsammlung (1938), S. 76–83. FAVROD, Royaume burgonde (1997), S. 377–80 (dort mit der Vermutung, dass die Konversion im Laufe des Jahres 506, wenige Monate vor der Taufe Chlodwigs, die Favrod auf Weihnachten 506 setzt, erfolgt sei); SHANZER, WOOD, Avitus (2002), S. 220–224 mit Datierung auf 501/2.

167 Fredegar, Chron. III 33, S. 104: *Gundobadi filius Sigymundus apud Genavensim urbem villa Quatruvio iusso patris sublimatur in regnum*. Die Notiz wird zumeist auf die Königserhebung Sigismunds nach dem Tode seines Vaters Gundobad bezogen, z.B. von BINDING, Das burgundischromanische Königreich (1868), S. 225; JAHN, Geschichte der Burgundionen (1874), S. 179–181; FAVROD, Royaume burgonde (1997), S. 373, interpretiert diese Stelle als eine Art Schilderhebung, da es sich im Unterschied zur Erbfolge um eine außergewöhnliche Herr-

schaftsübernahme handelt. Sigismund ist vor 516 als König bezeugt in den Briefen des Avitus, Epp. 29 (vor 507), 45 (507/8), 47, 48, 49 (510/16) S. 59, 74, 76, 77; in Ep. 8 (501–507) S. 40f. heißt es: *in urbe quae regni sui caput est*, und es ist die Rede von Sigismund, vgl. SHANZER, WOOD, Avitus (2002), S. 221f.; in der Vita Hilarii II 9, ed. KRUSCH (MGH SS rer. Mer. II) S. 487: *Gundobaldus et Sigismundus reges Burgundionum* (ca. 508/9).

[168] Gregor von Tours, Hist. II 35, S. 84.

[169] Vita Caesarii I 21, S. 465; vgl. SCHMIDT, Ostgermanen (1941), S. 153.

[170] Cassiodor, Var. II 41, S. 73.

[171] MGH Conc. I, S. 30, Z. 5.

[172] Cassiodor, Var. II 1–4, S. 78–80; Brief an Gundobad: II 2, S. 79; Übersendung der *horologia*, die von SHANZER, Two Clocks (1996/97), S. 232–248, interpretiert und auf das späte Jahr 506/frühe Jahr 507 datiert wird: I 45, 46, S. 39–42; Kommentar des Briefes an Gundobad bei ROUCHE, Clovis (1996), S. 424–428.

[173] Gregor von Tours, Hist. II 37, S. 85.

[174] Avitus, Ep. 9, S. 43 (von 515); Vita abbatum Acaunensium c. 3, ed. KRUSCH (MGH SS rer. Mer. VII) S. 331, *patricius*-Titel für Sigismund; Gregor von Tours, Hist. II 38, S. 88f. (vgl. S. 35, Z. 30: *De patriciato Chlodevechi regis*), für Chlodwig; zur Flottenexpedition und zur eventuellen burgundischen Vermittlung: SCHMIDT, Ostgermanen (1941), S. 156f. (Schmidt denkt an Gundobad als Vermittler).

[175] Isidor von Sevilla, Hist. Goth. c. 36, S. 281f.: *adversus quem* (d.h. Alarich) *Fluduicus Francorum princeps Galliae regnum affectans Burgundionibus sibi auxiliantibus, bellum movit fusique Gothorum copiis ipsum postremum regem apud Pictavis superatum interfecit.*

[176] Zum Zug der Burgunder in das Gebiet von Poitiers: Vita Eptadii c. 12, S. 190.

[177] Darstellungen des Kriegsverlaufes (mit Hinweis auf Quellen): SCHMIDT, Ostgermanen (1941), S. 154–158; EWIG, Teilungen (1976), S. 124–127; FAVROD, Royaume burgonde (1997), S. 395–404.

[178] Isidor von Sevilla, Hist. Goth. c. 38, S. 282.

[179] Cassiodor, Var. III 41, S. 99: Getreidelieferung *ad castella supra Druentiam constituta.*

[180] Zum Friedensschluss mit den Franken vgl. EWIG, Teilungen (1976), S. 127f.; zum Gefangenenaustausch: FAVROD, Royaume burgonde (1997), S. 406–409.

[181] Marius von Avenches, a. 516, ed. MOMMSEN, S. 234; ed. FAVROD, S. 70: *rex Gundobagaudus (Gundobaudus) obiit et levatus est filius eius Sigimundus (Segismundus) rex.* Gregor von Tours, Hist. III 5, S. 100: *mortuo Gundobado, regnum eius Sigismundus filius obtenuit*, vgl. oben Anm. 167 zu Fredegar.

[182] LB 89, 1, S. 109, vgl. 34; 52; Extravag. 20, S. 68, 85–87, 119; dazu FAVROD, Royaume burgonde (1997), S. 416f. und unten Kap. V 3.

[183] EWIG, Namengebung (1991), S. 50f. Nr. 7 u. 8.

184 Avitus, Epp. 93, 94, S. 100–102; vgl. SHANZER, WOOD, Avitus (2002), S. 144–153.
185 ENSSLIN, Theoderich (²1958) S. 293f.; vgl. MOORHEAD, Theoderic (1992), S. 214f.
186 Gregor von Tours, Hist. III 5, S. 100f.; Glor. martyrum c. 74, S. 87; Marius von Avenches a. 522, ed. MOMMSEN, S. 234, ed. FAVROD, S. 70; der ewige Psalmengesang wurde schon bei der Gründung des Klosters 515 eingerichtet, siehe unten Kap. VI 4.
187 Gregor von Tours, Hist. III 6, S. 101f.
188 FAVROD, Royaume burgonde (1997), S. 430–433, dort wird die von CHAUME, Francs et Burgondes (1947), S. 156f. ausgesprochene Vermutung, Guntheuca, die Gattin Chlodomers, sei eine Tochter oder Enkelin Godegisels gewesen, zu untermauern versucht, m. E. ohne durchschlagende Argumente. Ablehnend gegenüber dem Blutrachemotiv auch MOORHEAD, Theoderic (1992), S. 215.
189 Marius von Avenches a. 523, ed. MOMMSEN, S. 235; ed. FAVROD, S. 70: *Sigimundus rex Burgundionum a Burgundionibus Francis traditus est et in Francia in habitu monachale perductus ibique cum uxore et filiis in puteo est proiectus*. Gregor von Tours, Hist. III 6, S. 102: *Sigimundus vero, dum ad Sanctos Acaunos fugire nititur, a Chlodomero captus cum uxore et filiis captivus abducitur atque, infra terminum Aurelianensim urbis in costodia positus, detenetur*. Passio Sigismundi c. 8, 9, S. 337f., erwähnt den Namen des Berges und des burgundischen Verräters.
190 Zum Loskauf der Brandobrici RICG 15, Nr. 19, S. 740–743, dazu unten S. 72; zum Ort: Gregor von Tours, Hist. III 6, S. 102: *interfecto Sigimundo cum uxore et filiis, apud Colomnam Aurilianinsim urbis vicum in puteum iactare praecipiens*.
191 Gregor von Tours, Hist II 28, S. 73.
192 Passio Sigismundi c. 10, S. 338f.; zu den Daten vgl. Anm. 189, 190; zur Verehrung: FOLZ, Les saints rois (1984), S. 23–25.
193 Gregor von Tours, Hist. III 6, S. 102 Z. 6; II 33, S. 80 Z. 14; ebenso zu 500 auch Marius von Avenches a. 500, 2, ed. MOMMSEN, S. 234; ed. FAVROD, S. 68.
194 Prokop, Gotenkrieg I 12, ed. VEH S. 98/100; zu Tuluins Intervention: Cassiodor, Var. VIII 10, 6, 8, S. 240f.
195 Gregor von Tours, Hist. III 6, S. 102f.
196 CHAUME, Francs et Burgondes (1947), S. 159 Anm. 5; WOOD, Clermont (1988), S. 123; FAVROD, Royaume burgonde (1997), S. 439–443, wo auch späte Zeugnisse diskutiert werden.
197 ZÖLLNER, Geschichte der Franken (1970), S. 79f.; ROUCHE, L'Aquitaine (1979), S. 54, 491 Anm. 13.
198 Agathias, Hist. I 3, ed. VEH, S. 1118; Marius von Avenches, a. 524, 2, ed. MOMMSEN, S. 235; ed. FAVROD, S. 70.
199 Prokop, Gotenkrieg I 12, ed. VEH, S. 101 (Übers.), vgl. Anm. 194.
200 MARTIN, Etudes critiques (1910), S. 82f.
201 Gregor von Tours, Hist. III 6, S. 103 berichtet, dass nach dem angeblichen Sieg der Franken Chlothar die Witwe Chlodomers, Guntheuca,

zur Frau genommen habe und die drei Söhne, Theudebald, Gunthar und Chlodoald von der Großmutter Chrodechild aufgenommen worden seien. Dann heißt es lakonisch: *Godomarus iterum regnum recepit*, was bei einem fränkischen Sieg schwer verständlich ist.

[202] Gregor von Tours, Hist. III praef., S. 97 führt ihn zusammen mit den *heretici* Godegisel und Gundobad auf, die Land und Leben verloren hätten; die Passio Sigismundi c. 4, S. 335 erwähnt seine katholische Erziehung, die er mit Sigismund genossen hätte; SCHMIDT, Ostgermanen (1941), S. 154 Anm. 5, S. 158f. schloss aus der Erwähnung der *piissimi domni* in einem Brief des Avitus, Ep. 92, S. 99 Z. 27f., der um 507 geschrieben worden ist, als Sigismund und Godomar auf dem westgotischen Heereszug waren, dass Godomar Katholik sei; dagegen hatte sich schon von SCHUBERT, Staat und Kirche (1912), S. 114 Anm. 2, gewandt, vgl. BURCKHARDT, Briefsammlung (1938), S. 85f. Anm. 4 (mit der vorsichtigen Formulierung: „Godomar war sicher der weniger bewußt katholische Herrscher"); FAVROD, Royaume burgonde (1997), S. 450, lässt die Frage unentschieden.

[203] LB, Extrav. 21, S. 119–121; vgl. dazu Kap. IV 1,2; V 3,4.

[204] RICG 15, Nr. 290, S. 740–743; vgl. AMORY, Names (1994), S. 15; s. oben S. 69 bei Anm. 190.

[205] Gregor von Tours, Hist. III 11, S. 107f.; zum zweiten Zug in die Auvergne s. oben S. 70f. bei Anm. 197.

[206] Bischof Agripinus von Autun unterzeichnete die Akten des Konzils von Orléans (23. Juli 533): MGH Conc. I S. 64, Z. 24; dazu MARTIN, Etudes critiques (1910), S. 86f.

[207] Cassiodor, Var. XI, 1, 13, S. 13; SCHMIDT, Ostgermanen (1941), S. 165 datiert „um 530"; MARTIN, Etudes critiques (1910), S. 87 und FAVROD, Royaume burgonde (1997), S. 461 begründen das spätere Datum 533.

[208] Prokop, Gotenkrieg I 13; II 12, ed. VEH, S. 104/106; 304.

[209] Prokop, Gotenkrieg I 13, ed. VEH, S. 106; Marius von Avenches a. 534, ed. MOMMSEN, S. 235; ed. FAVROD, S. 72: *Childebertus, Chlotarius et Theudebertus Burgundiam obtinuerunt et fugato Godomaro rege regnum ipsius diviserunt.*

[210] EWIG, Teilungen (1976), S. 130f.

[211] Belege siehe oben Kap. I-III.

[212] LB c. 2,1, S. 42.

[213] Z.B. von WOLFRAM, Goten (2001), S. 279–81 (für die Goten).

[214] Belege siehe oben Kap. I-III; Prokop, Gotenkrieg II 25, ed. VEH, S. 390 (100 000 Franken); Jordanes, Romana c. 375, S. 49 (mehr als 200 000 Franken).

[215] JAHN, Geschichte der Burgundionen (1874), I, S. 253, 332, 358, 389, 457.

[216] DAHN, Die Burgunden (1908), S. 56; COVILLE, Histoire de Lyon (1928), S. 153f., 156f.; CHAUME, Les origines du duché de Bourgogne (1925–1937), II,1 S. 236–238.

[217] COVILLE, Histoire de Lyon (1928), S. 158: „Les Germains qui prirent

possession de la Savoie, puis de la Ire Lyonnaise et de Lyon, et enfin du royaume tout entier, étaient donc un véritable peuple".

[218] FUSTEL DE COULANGES, L'invasion germanique (1891), S. 439–450.
[219] BECK, Geschichte des ersten Burgunderreiches (1963), S. 450–456.
[220] Vgl. auch die berechtigte Kritik von FAVROD, Royaume burgonde (1997), S. 206–210.
[221] Victor Vitensis I, 2, ed. HALM (MGH AA III, 1) S. 2; GOFFART, Barbarians and Romans (1980), S. 231–234 diskutiert die Quelle, ohne zu einem schlüssigen Ergebnis zu kommen.
[222] CLAUDE, Westgoten (1970), S. 37f.; JARNUT, Langobarden (1982), S. 34; ZÖLLNER, Geschichte der Franken (1970), S. 212.
[223] SCHMIDT, Ostgermanen (1941), S. 168.
[224] BONNET, Topographie chrétienne (1995), S. 100; REYNAUD, Romains (1995), S. 104; LEGUAY, Burgondes (1988), S. 15.
[225] JONES, Later Roman Empire (1964), S. 1040f. (2–2,5 Mill.); ROUCHE, in: FOSSIER, Le Moyen Age I (1982), S. 63 (2,5–6 Mill.); EWIG, Fortleben (1976), S. 429f. Anm. 74 mit Übersicht über ältere Schätzungen; ZÖLLNER, Geschichte der Franken (1970), S. 211 (5–10 Mill.); GEARY, Before France and Germany (1988), S. 115 (6–7 Mill.); SCHNEIDER, Frankenreich (2001), S. 137 (10 Mill.); DURLIAT, Finances publiques (1990), S. 298 (10–20 Mill.).
[226] MARTIN, Burgunden (1981), S. 254f.
[227] FAVROD, Royaume burgonde (1997), S. 210.
[228] JONES, Later Roman Empire (1964), S. 1040f. (50000); DURLIAT, Finances publiques (1990), S. 298 (300000).
[229] Belege siehe oben Kap. III; dazu Sid. Apoll., Ep. III 9, S. 98.
[230] Ennodius, Vita Epifani c. 163, 167.
[231] Vita Eptadii c. 9, 11, 12, 13, S. 189–191.
[232] Avitus, Epp. 10, 12, 35, S. 44, 45f., 65, vgl. BURCKHARDT, Briefsammlung (1938), S. 44–46; SHANZER, WOOD, Avitus (2002), S. 350–356.
[233] SCHMIDT, Ostgermanen (1941), S. 151 Anm. 1.
[234] Vgl. Anm. 204.
[235] LB, Extrav. 21, S. 119–122.
[236] LRB 45, 3, S. 162; LB 12, 5; 100, S. 52, 113 *(connubium);* 56, 1, 2, S. 91 (Rückkauf; vgl. dazu oben Anm. 142).
[237] Cod. Theod. VII 8,5.
[238] LB 54, 1–2; vgl. 55, 1–5, S. 88–90.
[239] LB Extrav. 21,12, S. 121.
[240] LB 13; 31,1, S. 52, 66.
[241] GAUPP, Die germanischen Ansiedlungen und Landtheilungen (1844), S. 317–371 zu den Burgundern. Die ältere Literatur zusammenfassend: SCHMIDT, Ostgermanen (1941), S. 171–173 und PERRIN, Burgondes (1968), S. 354–369; ausführlicher Literaturüberblick bei SORACI, Roma (1980), S. 500f. mit Anm. 68.
[242] Sie oben S. 39 mit den Quellenzitaten in Anm. 79.
[243] GOFFART, Barbarians and Romans (1980), S. 111–114 erklärt den Widerstand bei Orléans aus dem Fehlen einer funktionierenden Fiskal-

verwaltung und die *agri deserti* bei Valence als Länderein, für die keine Steuern mehr bezahlt wurden. Die ältere Forschung, F. Lot, L. Musset, A. H. M. Jones, (zitiert ebd. S. 112 Anm. 17) sah in den *rura deserta* wüst liegendes Land.
244 Quellenzitate oben S. 48f. mit Anm. 110, 111.
245 So LOT, Hospitalité (1928 [Ndr. 1970]), S. 77–81.
246 THIBAULT, Impôt direct (1902), S. 39–43.
247 DURLIAT, Salaire (1988), S. 50f. macht aus Systemzwang und zur Stütze seiner fiskalistischen These aus den Senatoren Kurialen, denen von dem burgundischen König die Zuteilung der Steuereinkünfte an die aufzunehmenden Burgunder übertragen worden sei.
248 Sid. Apoll., Carm. 12, S. 103f.; Übersetzung von G. Baesecke, zit. in RGA IV (1981) S. 229; andere Übersetzung und Diskussion der Datierung bei KAUFMANN, Studien zu Sidonius Apollinaris (1995), S. 141–144. Dass es sich um Einquartierung, nicht Landteilung, und wahrscheinlich um eine „Zehnerschaft", d.h. eine Zeltgemeinschaft *(contubernium)* handelt, zeigt GOFFART, Barbarians and Romans (1980), S. 245.
249 SCHMIDT, Ostgermanen (1941), S. 173.
250 Vita s. Lupicini c. 94, ed. F. MARTINE, S. 340: *uide utrum rura ac iugera tua nouus hospes inexspectata iuris dispectione sibi non uindicet ac praesumat.* Lupicinus wendet sich nach F. Martine an einen gallorömischen Großen, nicht an einen Burgunder.
251 GOFFART, Barbarians and Romans (1980), S. 127–161; DURLIAT, Salaire (1988), S. 49–55; DURLIAT, Cités (1997); das fiskalistische Erklärungsmodell ist übernommen von FAVROD, Royaume burgonde (1997), S. 189–206.
252 GOFFART, Barbarians and Romans (1980), S. 150f., 160f.
253 Vgl. z.B. WOLFRAM, Zur Ansiedlung reichsangehöriger Föderaten (1983); BARNISH, Taxation (1986).
254 LIEBESCHÜTZ, Cities (1997).
255 WOOD, Ethnicity (1990), S. 65–69, der ebenfalls die fiskalistische Deutung ablehnt.
256 GAILLARD DE SEMANVILLE, Burgondes (1993), S. 61.
257 Überblick bei MARTIN, Burgondes (1995), S. 31–44. Tendenziell der älteren Forschung verpflichtet ist noch MOOSBRUGGER-LEU, Schweiz zur Merowingerzeit (1971).
258 Vgl. KAISER, Merowingerreich (2004), S. 77, 104–106 mit Lit.
259 Siehe oben S. 22–24 mit Anm. 24–30.
260 DOMANSKI, Burgondes (1995).
261 LEUBE, Burgunden (1987), S. 366 (Zitat) S. 367–370; LEUBE, Contribution (1995).
262 TEICHNER, Nouveaux indices (1995), S. 75 (mit Lit.); vgl. auch LEUBE, Burgunden (1987), S. 375.
263 TEICHNER, Nouveaux indices (1995), S. 75f.
264 Ebd., S. 76–80; TEICHNER, Kahl am Main (1995), S. 95, 97 (Zitate).

265 SCHULZE-DÖRRLAMM, Gürteltaschen (1982) mit Karte; DIES., Kriegergräber (1985).
266 DIES., Funde (1982/86); vgl. AMENT, Burgondes au bord du Rhin (1995), S. 84.
267 Vgl. oben S. 29f. mit Anm. 54, ferner OLDENSTEIN, Burgondes à Alzey? (1995); weitergehende Vermutungen bezüglich der Besetzung von *burgi*, Villen und neuen Hofsiedlungen bei BERNHARD, Merowingerzeit in der Pfalz (1997), S. 101f.
268 Vgl. zusammenfassend MARTIN, Burgunden (1981). Zur romanischen Trachtprovinz Nordburgund: WERNER, Die romanische Trachtprovinz (1979).
269 ZEISS, Grabfunde (1938), S. 18, zur Sapaudia siehe oben S. 43f. mit Anm. 93–96.
270 Das ergibt sich aus allen Beiträgen in Les Bourgondes (1995).
271 WERNER, Archäologie des Attila-Reiches (1956), S. 19–24 (östliche Metallspiegel).
272 MARTI, Gräberfeld von Saint-Sulpice (1990); MARTI, Installation des burgondes (1995).
273 MARTIN, Frühmittelalterliche Gürtelbeschläge (1971), S. 31.
274 VALLET, KAZANSKI, Eléments étrangers (1995).
275 GAILLARD DE SÉMAINVILLE, SAPIN, Découvertes (1995).
276 WERNER, Archäologie des Attila-Reiches (1956), S. 5–18.
277 BUCHET, La déformation crânienne en Gaule (1988).
278 SIMON, Déformation (1995) (mit Liste, S. 207, und Karte, S. 209). Die vorsichtige Formulierung: „Il semble donc que cet apport de crânes déformés indique une population non autochtone et provenant de l'Est. On ne peut affirmer qu'il s'agit de Burgondes, mais ce sont probablement des personnes vivant dans la mouvance burgonde" verwandelt sich wenige Zeilen weiter zur „conclusion: les déformations crâniennes restent malgré tout un marqueur de l'implantation burgonde, même si nous ne connaissons pas l'origine ethnique de ces porteurs de déformations crâniennes" (S. 208).
279 Zu Nyon: MORET, Burgondes à Nyon? (1993). Zu Yverdon: WEIDMANN, Fouilles (1995), S. 191/194.
280 PRIVATI, La nécropole de Sézegnin (1983); PRIVATI, Sézegnin (1986); BONNET, PRIVATI, Sézegnin (1975); MERCIER, MERCIER-ROLLAND, Le cimitière burgonde de Monnet-la-Ville (1974); vgl. auch MARTIN Romani (1986), S. 161–176.
281 Vgl. insgesamt die Zusammenfassung von BECK, Burgunden (1981).
282 SCHÖNFELD, Wörterbuch (1911), S. 288f.
283 GAMILLSCHEG, Burgunder (1936); dazu und zu Schönfelds Material: BECK, Burgunden (1981), S. 225f.
284 ROTH, DÜWEL, Charnay (1991) sind in ihrer Bestimmung unsicher. Roth schließt: „Trotz dieser östlichen Haupttendenz in der Verzierung wird man eine Herstellung der Fibel im 2. Drittel des 6. Jh. in einer fränkisch bestimmten Werkstatt Burgunds annehmen müssen" (S. 373) und Düwel: „Der selbst in den jüngsten runologischen und sprachhis-

torischen Arbeiten angeführte burgundische Charakter der Inschrift kann nicht zweifelsfrei erwiesen werden" (S. 375); vgl. BECK, Burgunden (1981), S. 226f.

285 MENTZ, Schrift und Sprache (1954–55), S. 4 (Zitat).
286 Siehe oben S. 92 mit Anm. 268. Mehrere der von Mentz zitierten Inschriften sind jetzt publiziert von JÖRG, Inschriften (1984); vgl. auch TISCHLER, Aufschriften (1982), der die ‚germanische' Interpretation der Schnallen durch A. Mentz ebenfalls ablehnt und von vulgärlateinischen Inschriften spricht. Zu Unrecht meint er hingegen, „daß zumindest die Träger dieser Schnallen Romanen waren. Daß die Handwerker dgegen, die diese Schnallen herstellten und für die zum Teil unverständlichen Aufschriften verantwortlich sind, Germanen (also Burgunder [sic!]) waren, zeigt ein Vergleich von Besitzernamen und Herstellernamen dieser Schnallen", S. 142. Dass die Besitzernamen „fast durchweg romanisch" sind, lässt sich wohl damit erklären, dass die Schnallen in der Regel von Klerikern getragen wurden. Dass „die Verfertigernamen fast durchweg germanisch" waren (S. 143), hängt wohl mit der Übernahme der germanischen Namenmode bei den Laien (Handwerkern, Unfreien) zusammen. Der Rückschluss auf germanische (burgundische) Handwerker, ist übereilt.
287 BEYERLE, Gesetze der Burgunden (1936), S. 190f.; dazu und zu *hendinos* und *sinistus*: BECK, Burgunden (1981), S. 227f.; vgl. oben S. 24f. mit Anm. 32, 33.
288 BLEIKER, Burgunderproblem (1963), S. 41f., 47f. (mit älterer Lit.); sehr bestimmt äußert sich GAMILLSCHEG, Burgunder (1936) nach dem Hinweis auf Plinius, der die Burgunder „als Stammverwandte der *Gutones*, der ‚Goten'", mithin „deutlich als ‚Ostgermanen'" kennzeichne: „Das burgundische Sprachmaterial, das das Südostfranzösische bietet, läßt keinen Zweifel darüber bestehen, daß das Burgundische mit dem Gotisch-Gepidisch-Wandalischen auf des engste verwandt und daher reiner Vertreter der ostgermanischen Sprachfamilie ist" (S. 182). Auch TISCHLER, Aufschriften (1982), der S. 146–149 die wenigen umstrittenen burgundischen Sprachreste zuammenstellte, weist das Burgundische dem Ostgermanischen zu: S. 149–152.
289 Neben MENTZ, Schrift und Sprache (1954–55), S. 2, 16 weist auch BLEIKER, Burgunderproblem (1963), S. 48 das Burgundische dem Nordgermanischen zu.
290 WARTBURG, Ausgliederung (1950), S. 87–101.
291 Nachweise und Kritik bei SCHÜLE, Le problème burgonde (1971), S. 32–40; ablehnend zur Lautlehre ebd., S. 27–32.
292 Ebd., S. 48–55 (verschiedene Diskussionsbeiträge). Zum Frankoprovenzalischen vgl. TUAILLON, Francoprovençal (1983). Auch PFISTER, Germanisch (1998), S. 234f. kommt nur auf ca. ein Dutzend burgundischer Superstratwörter und fasst den sprachlichen Einfluss der Burgunder wie folgt zusammen: „Sprachliche Spuren der Burgunder existieren im fr.-prov. Sprachraum im Wortschatz, in der Toponomastik und in der Onomastik. Diese Superstrateinflüsse reichen aber nicht aus,

um die Burgunder für die Entstehung des Frankoprovenzalischen verantwortlich zu machen" (S. 235). Nur noch ein wissenschaftsgeschichtliches Interesse bescheinigt TAVERDET, Souvenirs (1995), S. 222, den Burgunderthesen W. von Wartburgs.

293 BLEIKER, Burgunderproblem (1963), S. 52; SCHÜLE, Le problème burgonde (1971), S. 42f.

294 SCHWAB, Alamannen und Burgunder (1971), S. 239–241 (zur fehlenden Übereinstimmung); SCHÜLE, Le problème burgonde (1971), S. 45 bemerkt „que le suffixe -ingos (et -ingas) a dû rester productif en bouche romane bien après la chute du premier royaume burgonde – une mode onomastique, comme on en connaît tant d'autres – et que l'existence d'un nom de lieu en -ens ne prouve pas nécessairement qu'à tel endroit une famille burgonde se soit fixée au Ve siècle"; vgl. auch SONDEREGGER, Volks- und Sprachgrenzen in der Schweiz (1963), S. 506.

295 Sid. Apoll., Carm. XII, 4, 6, 9, S. 103, siehe oben S. 84 mit Anm. 248.

296 Sid. Apoll., Ep. V, 5, II, S. 180f. *(amplectuntur in te pariter et discunt sermonem patrium, cor latinum*, S. 181*)*.

297 STADELMANN, Etudes (1902), S. 348f.; GAMILLSCHEG, Burgunder (1936), S. 197f.; MENTZ, Schrift und Sprache (1954–55), S. 2; BLEIKER, Burgunderproblem (1963), S. 31, 38.

298 TAVERDET, Souvenirs (1995), S. 225.

299 Notitia dignitatum, ed. SEECK (1876); Notitia Galliarum, ed. MOMMSEN (1892).

300 CLAUDE, Niedergang (1997), S. 352f., 361–376 (zu Gallien).

301 Die in der Vita Caesarii Arelatensis II, 10 (MGH SS rer. Mer. III, 487) erwähnte Verwundung des Praefekten Liberius nördlich der Durance, auf burgundischem Gebiet, stand nach CLAUDE, Niedergang (1997) S. 364 im Zusammenhang mit einem Erkundungsritt, wohl außerhalb seines Amtsbezirkes.

302 NESSELHAUF, Spätrömische Verwaltung (1938), S. 8–12, 16f., 19–21.

303 Not. Gall. I 1–5; IX 1–9; X 1–2.

304 Not. Gall. XI 1–14; XVI 1–7; XVII 1–8.

305 J. BIARNE, in: Topographie chrétienne, t. III (1986), S. 105.

306 J.-C. PICARD, in: Topographie chrétienne, t. VIII (1992), S. 146.

307 Zum Konzil von Epao vgl. unten S. 160ff. Zu Langres-Dijon: J.-C. PICARD, in: Topographie chrétienne, t. IV (1986), S. 52, 60.

308 B. BEAUJARD, in: Topographie chrétienne, t. IV (1986), S. 70, vgl. BRÜHL, Palatium und Civitas (1975), S. 130.

309 J.-C. PICARD, in: Topographie chrétienne, t. IV (1986), S. 78f.

310 Vgl. oben S. 53f. mit Anm. 134.

311 NESSELHAUF, Spätrömische Verwaltung (1938), S. 84f., 86–90.

312 Vita Caesarii Arelatensis I, 3, S. 458.

313 Die Karte Nr. 2 und die Synopsis Nr. 2 (S. 386–401) in MOREAU, Dictionnaire de géographie historique (1972), verdeutlichen diesen Unterschied zwischen Nord- und Südgallien.

314 Knappe Übersicht bei LONGNON, Atlas historique (1912), S. 96, 134f. Wegen der erst spätmerowingisch-frühkarolingischen Quellenbelege zu diesen *pagi* warnt MOYSE, Bourgogne septentrionale (1979), S. 487f. davor, für diese *pagi* ein allzu hohes Alter anzusetzen.

315 LB, Prima const. 1,4; tit. 62, S. 30f., 93.

316 Belege bei DAHN, Die Burgunden (1908), S. 29f.; SCHMIDT, Ostgermanen (1941), S. 169; FAVROD, Royaume burgonde (1997), S. 131f.

317 Avitus, Ep. 93, S. 100, Z. 14.

318 Avitus, Ep. 5, S. 33, Z. 12.

319 Ennodius, V. Epiphanii c. 152, ed. CESA, S. 69.

320 Marius von Avenches, Chron. ad a. 500, ed. MOMMSEN, S. 234; ed. FAVROD, S. 68: von Gundobad heißt es dort, *regnumque, quem perdiderat, cum id quod Godegeselus habuerat, receptum ... gubernavit*.

321 Sid. Apollinaris, Ep. V 7, 7, II, S. 185; Avitus, Hom. 25, S. 146, Z. 20; Marius von Avenches, Chron. ad a. 509, ed. MOMMSEN, S. 234; ed. FAVROD, S. 70; Vita Caesarii Arelatensis I 21, S. 465; vgl. dazu insgesamt FAVROD, Royaume burgonde (1997), S. 132–134.

322 Cassiodorus, Variae I 46, S. 42; Ennodius, Panegyricus c. 72, S. 212; vgl. ähnlich, aber mit anderer Begründung, FAVROD, Royaume burgonde (1997), S. 127f.

323 Epistolae aevi Merowingici, Ep. 4, ed. W. GUNDLACH, S. 440, Z. 21.

324 Marius von Avenches, Chron. ad a. 534, ed. MOMMSEN, S. 235; ed. FAVROD, S. 72.

325 Gregor von Tours, Hist. II 33, S. 81; zeitgenössischer Umfang: Ders., Lib. vitae patrum, c. 4, S. 214.

326 EWIG, Volkstum (1976), S. 256f. (Zitat) mit Nachweisen; vgl. WOOD, Ethnicity (1990), S. 55.

327 Passio Sigismundi c. 1, S. 333.

328 AMORY, Ethnic terminology (1993).

329 Ebd., S. 8–10 mit Nachweisen.

330 WOOD, *Gentes* (2003), S. 255–257.

331 Vgl. oben S. 94f. mit Anm. 275ff. Zum Versuch von anthropologischer Seite Hunnen unter den Burgundern nachzuweisen vgl. zuletzt BAUD, Caractères (1995).

332 LB, Prima const., S. 34; Vita Germani Grandivallensis c. 6, S. 35.

333 Siehe oben S. 39 mit Anm. 79 (Alanen); S. 69, 72 mit Anm. 190, 204 (Brandobrici).

334 Vgl. oben S. 107 mit Anm. 314; EWIG, Volkstum (1976), S. 234 mit Nachweisen; zu den Laeten allgemein: KAISER, Merowingerreich (2004), S. 14f., 76f.

335 EWIG, Volkstum (1976), S. 234f. sieht in den Waraskern und Scotingern „anscheinend alemannische Teilstämme, die im 5. Jh. zuerst ins burgundische und dann ins fränkische Reich eingezogen waren." MOYSE, Bourgogne septentrionale (1979), S. 477f. vermutet, dass sie sich eher um die Wende vom 6. zum 7. Jh. im Raume von Besançon niedergelassen haben.

336 Zu den Waraskern als Teil der Alemannen vgl. neben Ewig auch BÜTTNER, Geschichte des Elsass I (1939), S. 26f., dort (Anm. 75) der Hinweis auf GISI, Scotingi und Warasci, in: Anzeiger für Schweizer Geschichte 14 (1884) S. 283–292. Zur Übernahme der Lehre des Bonosius: SCHÄFERDIEK, Bonosus (1985), S. 171.
337 Sid. Apoll., Ep. III 9,2, II, S. 98; vgl. oben S. 50f. mit Anm. 117, S. 79f. mit Anm. 229.
338 Siehe oben S. 79–82 mit Anm. 229–236.
339 LB 3, S. 43; vgl. oben S. 35 mit Anm. 72 u. S. 32 mit Anm. 61 zu Prosper.
340 Gregor von Tours, Hist II 28, S. 73; für eine neue Dynastie z.B. SCHMIDT, Ostgermanen (1941), S. 177 (Wahl durch das Volk!); BOEHM, Geschichte Burgunds (1971), S. 58; ANTON, Burgunden (1981), S. 241.
341 Passio Sigismundi c. 1, S. 333; vgl. oben zu den Wandalen S. 36f. mit Anm. 74.
342 FAVROD, Royaume burgonde (1997), S. 148–154.
343 SCHMIDT, Ostgermanen (1941), S. 169; BOEHM, Geschichte Burgunds (1971), S. 60f.; ANTON, Burgunden (1981), S. 246.
344 Valence wird nur aufgrund einer umstrittenen Münzinschrift als Residenzort betrachtet, vgl. unten S. 144; zu Vienne: Gregor von Tours, Hist. II 34, S. 83, Z. 12f.; Avitus, Hom. VI, S. 110, Z. 11, vgl. BRÜHL, Palatium und Civitas (1975), S. 224, 231f.
345 Passio Sigismundi c. 2, S. 333f.
346 FAVROD, Royaume burgonde (1997), S. 154–162.
347 Avitus, Ep. 8, S. 40f.; vgl. FAVROD, Royaume burgonde (1997), S. 162f.
348 JÖRG, Inschriften (1984), S. 36–38 Nr. 7.
349 BLONDEL, Praetorium (1940), dagegen: BONNET, Genève aux premiers temps chrétiens (1986), S. 24–29.
350 Siehe oben S. 63f. mit Anm. 167; vgl. BONNET, Carouge (1992), S. 16–20, mit Hinweis darauf, dass die Befestigung wahrscheinlich auf das 3. Jh. zurückgeht und bis ins 7. Jh. unterhalten wurde. Anfang des 6. Jhs. hätte sie gleichsam als Garnison der burgundischen Truppen gedient, die dem neuen König Sigismund akklamiert hätten (S. 18).
351 BRÜHL, Palatium und Civitas (1975), S. 202f.; FAVROD, Royaume burgonde (1997), S. 163f. jeweils mit Nachweisen.
352 Sid. Apoll. IV, 20, 1, II, S. 155.
353 BRÜHL, Palatium und Civitas (1975), S. 219–221; vgl. dagegen REYNAUD, Lugdunum christianum (1998), S. 190.
354 Vgl. FAVROD, Royaume burgonde (1997), S. 166–168.
355 LB c. 42; Extrav. 21, S. 73, 119.
356 Fredegar, Chron. III 33, S. 104.
357 LB, Prima Const.; Extra. 19, 20, S. 29, 118, 119; Cassiodor, Var. 1, 46; 3, 2, S. 42, 79; zu weiteren Titeln SCHMIDT, Ostgermanen (1941), S. 176f; zu *rex*: WOOD, *Gentes* (2003), S. 254f. bei Anm. 61ff.
358 Sid. Apoll., Ep. V 8,3; V 7,1 II, S. 187, 183 (von 467 und 474).
359 Siehe oben S. 49 mit Anm. 115.
360 DEMANDT, „magister militum" (1970), Sp. 694f., dagegen FAVROD, Royaume burgonde (1997), S. 143–145.

361 Sid. Apoll., Ep. V 6, 2, II, S. 182.
362 V. Patrum Jurensium c. 92, 95, S. 336, 340.
363 Avitus, Ep. 9, S. 43; Vita abbatum Acaunensium c. 3, S. 331.
364 Dazu: BARNWELL, Emperor, Prefects and Kings (1992), S. 82–84; WOOD, Gentes (2003), S. 255f. mit Anm. 71ff.
365 Avitus, Ep. 46a, 93, 94, S. 76, 100, 101; von „tiefster Unterwürfigkeit" spricht SCHMIDT, Ostgermanen (1941), S. 161; vgl. den Kommentar zu Sigismunds Ausspruch bei SCHEIBELREITER, Populus meus (1989), S. 206–208.
366 Zu den Münzen vgl. unten S. 143f. mit Anm. 471.
367 LB c. 42, 45, 52, 76, 79; Extrav. 20, S. 73, 76, 87, 101, 104, 119. Die Ausnahme ist die Datierung der Ausgabe der LB durch Sigismund/Gundobad: *anno secundo regni nostri gloriosissimi Sigismundi/*andere Hss: *Gundobadi*, ebd. S. 30.
368 HEIDRICH, Südgallische Inschriften (1968), S. 171–176, Zitat: S. 172.
369 Zum „Hof" der Burgunderkönige vgl. KAISER, L'entourage des rois (2003) (mit Quellen- und Literaturnachweisen für die folgenden Beispiele, soweit nicht anders vermerkt).
370 SCHMIDT, Ostgermanen (1941), S. 178 mit Quellenbelegen.
371 KAISER, Merowingerreich (2004), S. 76, 83, 131f.
372 LB, Prima const. 5, 13; Extrav. 21, 11; S. 31, 33, 121; vgl. KAISER, L'entourage des rois (2003), S. 86 mit Anm. 52.
373 HEINZELMANN, Gregor von Tours (1994), S. 17f.
374 SCHMIDT, Ostgermanen (1941), S. 183.
375 LRB 22, 4; 36, 8 *(defensor);* 30, 1, 5 *(appositores)* S. 145, 155; 149.
376 LRB 1, 1; 11, 2; 22, 3, 6, S. 124, 136, 145; vgl. ESDERS, Römische Rechtstradition (1997), S. 403f.; Urkunden der Merowinger, ed. KÖLZER (2001), S. XIIIf.
377 Zu den Leges vgl. die einschlägigen Artikel in RGA 18 (2001) mit weiterer Literatur zu Quellen und Forschungen.
378 LB, S. 116 *(Lex Burgundionum)* S. 41 Z. 25, 109 Z. 21 *(lex Gundobada, Gundobadi)* S. 30 Z.9 *(Liber constitutionum)*; NEHLSEN, Lex Burgundionum (1978), Sp. 1901 (Zitat); FRYE, Gundobad (1990), S. 199 (Zitat).
379 NEHLSEN, Lex Burgundionum (1978), Sp. 1902–1907, vgl. KAMPERS, Lex Burgundionum (2001), S. 315.
380 NEHLSEN, Lex Burgundionum (1978), Sp. 1907; BEYERLE, Gesetze der Burgunden (1936), S. 190f.
381 Sid. Apoll., Ep. V 5,3, II, S. 181; LIEBS, Juristenwelt (1998), S. 271f.
382 LB Pr. const. c. 2, 14, S. 30, 34.
383 NEHLSEN, Lex Burgundionum (1978), Sp. 1907f.
384 Ausgabe der LRB, S. 123–163; vgl. insges. NEHLSEN, Lex Romana Burgundionum (1978); CHEVRIER, Loi Romaine (1969)
385 Gregor von Tours, Hist. II 33, S. 81; Übersetzung: BUCHNER I, S. 125.
386 NEHLSEN, Lex Romana Burgundionum (1978), Sp. 1929–31 (Zitat: Sp. 1930).
387 FRYE, Gundobad (1990).

388 Vgl. BEYERLE, Zur Textgestalt (1954).
389 Vgl. auch Sigismunds LB Extravag. 20 (von 516) S. 119; zu den Juden: LB 102, S. 114.
390 AMORY, Meaning (1993) sieht im Liber constitutionum eine solche ethnische Indifferenz. Gegen die These einer ausschließlich territorialen Geltung (W. Roels) vgl. NEHLSEN, Lex Burgundionum (1978), Sp. 1912f.
391 Ebd., Sp. 1908f., 1912f., Zitat: Sp. 1908.
392 SCHOTT, Konfliktlösung (1995) gegen WOOD, Disputes (1986), S. 14ff.
393 Eine systematische Inhaltsübersicht findet sich bei BEYERLE, Gesetze der Burgunden (1936), S. 151–189.
394 LB Pr. const. c. 10; tit. 52,1, S. 33, 85; zum König als Richter und Gesetzgeber vgl. BARNWELL, Emperor, Prefects and Kings (1992), S. 85f.
395 SCHMIDT, Ostgermanen (1941), S. 182f.
396 LB 97, S. 112f., vgl. dazu NEHLSEN, Lex Burgundionum (1978), Sp. 1909f.
397 LB 70,2; 8,2; 102,3; Extravag. 121,13; S. 96, 49, 114, 122.
398 LB 2,7; 34,4; Extravag. 20; S. 43, 68, 119; zur Einschränkung der Blutrache vgl. SCHOTT, Konfliktlösung (1995), S. 951f.
399 CHEVRIER, Loi Romaine (1969), S. 6f.; ESDERS, Römische Rechtstradition (1997), S. 165; DREW, Barbarian Kings (1988), S. 17.
400 Zur Merowingerzeit: ESDERS, Römische Rechtstradition (1997), S. 157–169, 286–296.
401 Admonitio generalis (789), c. 64 (MGH Capit. I, S. 58); Concilium Francofurtense (794), c. 45 (MGH Conc. II, S. 170).
402 Agobard von Lyon, Adversus legem Gundobadi, c. 3, 6, 7, ed. VAN ECKER, S. 20, 22f.; Contra iudicium Dei, c. 6, ed. VAN ECKER, S. 34. Vgl. BOSHOF, Agobard von Lyon (1969), S. 41–49; WOOD, Administration (1990), S. 53f.
403 CHEVRIER, Loi Romaine (1969), S. 6 Anm. 7; WOOD, Ethnicity (1990), S. 54 Anm. 10.
404 LB, Pr. const. 5; 13; Extravag. 21, 11, S. 31, 33, 121 *(comites)*, LB 15, 2, S. 54: *Quod ... inter Burgundiones et Romanos aequali conditione volumus custodiri* (Freie); 2, 1, S. 42 *(populus)*.
405 LB 12, 5; 100, S. 52, 113; zu den Westgoten: SCHMIDT, Ostgermanen (1941), S. 504.
406 LRB 45, 3, S. 162; SELLE-HOSBACH, Merowingische Amtsträger (1974), Nr. 151, 171, 208, S. 133f., 146f., 166; zur Umgebung des Königs siehe oben S. 121ff. mit Anm. 371ff.
407 STROHEKER, Der senatorische Adel (1948), S. 96–105.
408 HEINZELMANN, Gregor von Tours (1994), S. 11–21; DERS., Bischofsherrschaft (1976), S. 98–179, 220–232.
409 LB 26,1.
410 LRB 43; LB 2,2.
411 LB, Pr. const. 2; tit. 2,2; siehe zu den Amtträgern oben Kap. V 2, vgl. BOYSON, Romano-Burgundian Society (1988), S. 95f.

412 LB 52, 1–5, dazu vgl. SCHOTT, Lex Burgundionum (1996), S. 33 (Zitat).
413 LB 26,2 *mediocres…, tam Burgundiones quam Romani*.
414 LB 2,2 (Wergeld), 101 *(obtimates)*.
415 LB 38,5 *(maiores personae)*; LRB 5,1; 18,3 (Exil statt Bergwerkstrafe für die *viliores*); 20 (ebenso). Zu den Bergwerken s. unten S. 141 mit Anm. 462–464.
416 LB 89,1; LRB 33,1; 46.
417 LB 2,2; 26,3.
418 LRB 5,1 *(humiliores* den *honestiores* gegenübergestellt); 18,3; 20.
419 LB 101, 1–2 *(leudes)*; 2,2 (Wergeld).
420 LB 54,2 *(faramannus)*; zur Ansiedlung siehe oben Kap. IV,2; zu den *faramanni*: GOFFART, Barbarians and Romans (1980), S. 131f., 252ff. LRB 3, 1–2; 45,2, 4 *(civis Romanus)*.
421 LB 5,1–3; 32,1–3; 33,1–3.
422 LB 21,2 (Hss. B7, 8): *servum vel libertum*; 60,3.
423 LB 40,1; LRB 7,5; 44,4.
424 LB 57; vgl. SCHMIDT, Ostgermanen (1941), S. 175.
425 LRB 3,1–2.
426 LRB 6,2; LB 38,11.
427 LB 21,1; 38,8,10,11; LRB 12,2; 14,4,6.
428 LB 38,10.
429 LRB 46.
430 LB 10.
431 DAHN, Die Burgunden (1908), S. 87–89; BOYSON, Romano-Burgundian Society (1988), S. 100.
432 Vgl. Anm. 422.
433 RICG 15, Nr. 258, 261, S. 663–668, 672f.
434 LB 2,5; 10,1.
435 LB 50,1,2; LRB 2,6.
436 LB 2,1: die Tötung eines *servus regis* barbarischer Herkunft wird wie die eines Freien mit dem Tode bestraft.
437 LB 10,1–5, vgl. LRB 2,6; *carpentaris* (10,5) ist nach spätantiker Bedeutung als Wagner/Stellmacher (von *carpentum*, zweirädriger Wagen abgeleitet) aufzufassen, so auch DAHN, Die Burgunden (1908), S. 95, und nicht als Zimmermann, so BEYERLE, Gesetze der Burgunden (1936), S. 27 und NIERMEYER, Lexicon (2002), S. 193.
438 LB 21,2.
439 MARTIN, Burgunden (1981), S. 261, 263.
440 LB 89,6 *(pastor)*; LRB 2,6 *(birbicarius* bzw. *virvicarius)*; LB 27,8; 89,4; 103,2 *(custos vineae)*.
441 LB 13; 67.
442 LB 28,1–2; 23,4 *(silva glandifera*; Schweinemast).
443 LB 31,1–2; Extravag. 18,1.
444 Zum Verhältnis der Barbaren zum Wein vgl. KAISER, Trunkenheit (2002), S. 51–132.
445 LB 27,7–8; 103 (Diebstahl); 23,4; 89,1–6 (Sigismund); Extravag. 18 (Gundobad).

446 LB 82.
447 LB und LRB, index s.v.
448 LB 41,1–2; 63; 23,1–5; 27,4; 64,1–3.
449 LB 38,5.
450 LB 46,1 *(animal domesticum)*; 64,2–3; 89,2,4.
451 LB 4,3; 89,2; 9 (Huhn).
452 LB 4,1; 89,4; 104; 105; vgl. auch die Belohnungen eines Spurweisers *(viator)* für das Auffinden von Sklaven und Tieren: Sklave 5 Solidi, Pferd 3, Stute 2, Rind 2, Kuh 1, Hammel, Schwein, Bienenvolk je 1, Ziege 1 Triens, LB 95.
453 LB 18,1; 58; 97 (Jagdhunde), 98 (Jagdfalken).
454 LB 72 (Schlingen); 46,1 (Wolfsfallen).
455 LRB 17,3; LB 27,9; 93; 4,5.
456 LB 73; LRB 29 (Schindel); LB 38,1,10; LRB 18,4 (Dach); zur Bezeichnung des Hauses siehe LB, LRB index s.v.; LB 23,1; 54,2; 92,1,2 *(curtis,* z.T. verstanden als Hof im Gegensatz zum Haus); LB 29,3 *(scrinia* u.ä.).
457 LB 38,5,8,10; 67.
458 MARTIN, Burgunden (1981), S. 255f.; vgl. BOYSON, Romano-Burgundian Society (1988), S. 105; WINDLER, Schweiz (1996), S. 144.
459 Vita Eligii I,1, S. 670: *parentibus ingenuis... natus.*
460 Gregor von Tours, Hist. II, 33, S. 80f.
461 Cassiodor, Var. I 45,2; 46,1, S. 40, 42.
462 LRB 8,3; 18,3; 20; Zitat: NEHLSEN, Lex Romana Burgundionum (1978), Sp. 1933; zur Existenz von Zwangsarbeitshäusern zur Zeit des Avitus von Vienne (516) vgl. unten S. 163f. mit Anm. 531.
463 Prokop, Gotenkrieg III 33,5, ed. VEH, S. 654.
464 Siehe oben S. 56 mit Anm. 139.
465 Not. dign. Occ. IX, 32–34; XI, 42, 55, 59, 62.
466 Vgl. oben S. 92 mit Anm. 268.
467 Zu den Holzkirchen in Genf und Umgebung vgl. BONNET, Eglises en bois (1997), S. 221f., 227–232, 234.
468 Siehe oben S. 31, 34 mit Anm. 56 u. 68.
469 LB 28,2.
470 LB 5,1–3; 6,1.
471 GRIERSON, BLACKBURN, Medieval European Coinage I (1986), S. 74–76. HENDY, From Public to Private (1988), S. 46f. Zu den in Lyon geprägten Münzen vgl. LAFAURIE, Monnaies (1972).
472 LB Extravag. 21,7, S. 120f.; vgl. dazu FAVROD, Royaume burgonde (1997), S. 454–456 mit weiterer Lit.; GRIERSON, BLACKBURN, Medieval European Coinage I (1986), S. 77; LAFAURIE, Monnaes décriées (1976), S. 74, sieht in den *A(r)dar(i)ciani* westgotische Münzen aus der Zeit Eurichs *(ad Eurici annos)*; SUCHODOLSKY, Burgondes (1991), erweist duch eine Textkonjektur, dass die Bestimmung über die Annahme vollwichtiger Münzen der zeitgenössischen Regelung entspricht.
473 Gregor von Tours, Gloria confessorum, c. 110, S. 369.

474 LB 21,2.
475 LB 99, dazu vgl. SIEMS, Handel und Wucher (1992), S. 139f.
476 LRB 44,3.
477 LB 66,1–2.
478 LB 94,1–2. Unter den Schiffen werden die *navis*, ‚Schiff' (Buße bei Diebstahl: 12 *solidi*), vom *caupulus* ‚Boot' oder ‚Kahn' (4 *sol.*) unterschieden; LRB 13,4 erwähnt den Schiffbruch als zufälligen Schaden. Zum zunehmenden Flussverkehr vgl. CLAUDE, Aspekte des Binnenhandels (1985).
479 Formulae Marculfi, Suppl.1, S. 107; vgl. ROUCHE, Marchés et marchands en Gaule (1993), S. 405.
480 MARTIN, Burgunden (1981), S. 268.
481 ROUCHE, Marchés et marchands en Gaule (1993), S. 407 und Karte Nr. 2.
482 LB 38,1,3–7.
483 LB 27,3; LRB 17,1,3.
484 Ammianus Marcellinus XXVIII 5,14; WENSKUS, Stammesbildung und Verfassung (1961), S. 581f.
485 Orosius VII 32,13; 41,8.
486 Sokrates, Hist. eccl. 7,30.
487 HAUCK, Kirchengeschichte 1 (1912), S. 93–95.
488 Gregor von Tours, Hist. II, 9, S. 58: *Burgundiones quoque, Arianorum sectam sequentes, habitabant trans Rhodanum, quod adiacit civitate Lugdunense.*
489 Gregor von Tours, Hist. II, 32, S. 78.
490 Gregor von Tours, Hist. II, 34, S. 81f.
491 Gregor von Tours, Hist. II, 4,28, S. 45, 73.
492 SCHUBERT, Anfänge des Christentums (1911), S. 25 (Zitat); vgl. KÖHLER, Bekehrung der Burgunder (1938); SCHMIDT, Die Bekehrung der Ostgermanen (1939), S. 409–419; HAENDLER, Geschichte des Frühmittelalters (1959), S.9; WENSKUS, in: SCHIEFFER, Handbuch (1976), S. 231; FAVROD, Royaume burgonde (1997), S. 51–54.
493 Vgl. oben S. 113 mit Anm. 336.
494 WOOD, Gregory (1985); FAVROD, Royaume burgonde (1997), S. 139f., 324–327.
495 Gregor von Tours, Hist. III, praef., S. 96f.
496 WOOD, Ethnicity (1990), S. 60 Anm. 80; FAVROD, Royaume burgonde (1997), S. 140 Anm. 148.
497 GRIFFE, Gaule chrétienne 2 (1966), S. 98f., hält ebenfalls am Zeugnis des Orosius fest und vermutet eine erste katholische Phase bei den Burgundern. Aufgrund der um 445 formulierten allgemeinen Aussage des Salvian, De gubernatione Dei IV, 13, 61, es gäbe unter den Barbaren nur Heiden und Häretiker: *Duo enim genera in omni gente omnium barbarorum sunt, id est aut haereticorum aut paganorum*, vgl. IV,13,67, ed. G. LAGARRIGUE, S. 282, 286, vermutet Griffe, dass die Burgunder beim Bruch des *foedus* mit den Römern um 436 den Arianismus angenommen hätten. Die Schwarzweißmalerei des Salvian verlangt eine solche

Annahme m.E. nicht. Eine Auswertung der Zeugnisse des Orosius und Sokrates findet sich auch bei WOOD, Ethnicity (1990), S. 58–61.

[498] SCHMIDT, Die Bekehrung der Ostgermanen (1939), S. 373–379.

[499] S. oben S. 123f. nach Anm. 371.

[500] Avitus, Ep. 5, S. 32f., dazu BURCKHARDT, Briefsammlung (1938), S. 57; SHANZER, WOOD, Avitus (2002), S. 208–212.

[501] WOOD, Ethnicity (1990), S. 59; SHANZER, WOOD, Avitus (2002), S. 209, vermuten, dass Chilperich I. und II. katholisch waren. Dem widerspricht aber offensichtlich Avitus, Ep. 8, S. 40f.

[502] Vita abbatum Acaunensium c. 1,4, S. 175f.

[503] Vgl. AMORY, Names (1994), S. 17–19; DERS., Textual Transmission (1993); FAVROD, Royaume burgonde (1997), S. 136, 180, 436, 466.

[504] Zu Patiens von Lyon vgl. GRIFFE, Gaule chrétienne 2 (1966), S. 99f.; zu Lupicinus Vita patrum Jurensium c. 92–95, ed. MARTINE, S. 336–340; zu Caretene vgl. oben S. 123.

[505] Gregor von Tours, Hist II 34, S. 81f. *Tu enim es capud populi, non populus capud tuum* (S. 82).

[506] Avitus, Ep. 53 u. 54; SHANZER, WOOD, Avitus (2002), S. 315–320.

[507] Avitus, Ep. 23, dazu BURCKHARDT, Briefsammlung (1938), S. 58–60.

[508] Avitus, Ep. 30 u. 2; SHANZER, WOOD, Avitus (2002), S. 89–123, 204–207.

[509] BURCKHARDT, Briefsammlung (1938), S. 63–76; KAMPERS, Caretena (2000), S. 12–15; SHANZER, WOOD, Avitus (2002), S. 163–202, 212–216.

[510] Avitus, Ep. 44, S. 74: *quicquid habet ecclesiola mea, immo omnes ecclesiae nostrae, vestrum est de substantia, quam vel servastis hactenus vel donastis*; SHANZER, WOOD, Avitus (2002), S. 216–219; vgl. Ep. 2, 5, S. 15, 32, dazu BURCKHARDT, Briefsammlung (1938), S. 50f.; SCHMIDT, Die Bekehrung der Ostgermanen (1939), S. 412 (dort die Übersetzung).

[511] Avitus, Epp. 1, 38, S. 13, Z. 17; 67, Z. 8; vgl. Ep. 23, S. 55, Z. 34.

[512] Avitus, Ep. 31, S. 62; dazu BURCKHARDT, Briefsammlung (1938), S. 90 Anm. 1; zum Bezug der jährlichen Zusammenkunft auf die Bonosianer vgl. SCHÄFERDIEK, Bonosus (1985), S. 170.

[513] Conc. Epaonense, c. 29, 33; vgl. SCHMIDT, Ostgermanen (1941), S. 188f.

[514] Avitus, Epp. 26, 28, S. 57, 58f.; vgl. BURCKHARDT, Briefsammlung (1938), S. 89.

[515] Avitus, Ep. 31, S. 62; dazu SCHÄFERDIEK, Bonosus (1985), S. 169 (mit deutscher Übersetzung). Zur Verbreitung der Bonosianer ebd., S. 162–168. Da die Photinianer den Bonosianern nahe standen, ist auch der Hinweis des Sid. Apoll., Ep. VI 2,4 III, S. 27, auf die erfolgreichen Bemühungen (471/72) des Bischofs Patiens von Lyon um deren Bekehrung von Belang, weil die beiden Gruppen leicht durcheinander gebracht werden; vgl. GRIFFE, Gaule chrétienne 2 (1966), S. 100.

[516] Conc. Aurelianense, c. 34, ed. MAASSEN, S. 83; ed. DE CLERCQ, S. 126; Vita Columbani, II, 8, S. 121f. (dort weitere Quellenzeugnisse).

517 SCHÄFERDIEK, Bonosus (1985), S. 171 (mit Belegen aus der V. Ermenefridi und der V. Sadalbergae) S. 178; vgl. oben S. 113 mit Anm. 336.
518 Avitus, Epp. 23, 76, 77, S. 55f., 92; SHANZER, WOOD, Avitus (2002), S. 235–237, fassen zu Recht die beiden Briefe 76 und 77 zusammen; darnach besuchte Sigismund das arianische Osterfest in Chalon zusammen mit seinem Vater.
519 Avitus, Ep. 8, S. 40–43; vgl. BURCKHARDT, Briefsammlung (1938), S. 77f.
520 Avitus, Ep. 29, S. 59; zu Sigismunds Romreise vgl. KAISER, Sigismund (2004); SHANZER, WOOD, Avitus (2002), S. 220–227 setzen die Romreise vor der Bekehrung Sigismunds an.
521 Avitus, Ep. 8, S. 40: *basilicam legis nostrae in urbe, quae regni sui caput est, ... magno sumptu ... maximo construxit affectu*; vgl. Homil. 24, S. 141–145.
522 Fredegar, Chron. IV, 22, S. 129; vgl. ebd. III, 17, S. 99 und dazu Gregor von Tours, Hist. II, 28, S. 73 zur Gleichsetzung von Saedeleuba und Crona; Passio s. Victoris et Ursi, ed. LÜTOLF, S. 174; vgl. BONNET, SANTSCHI, Genève (1986), S. 47f., die sich zwischen den beiden Versionen nicht entscheiden. FAVROD, Royaume burgonde (1997), S. 294–301, gibt der Passio den Vorzug und muss bezüglich der Königin „Theodelinde" zu unsicheren Hypothesen Zuflucht nehmen. KAMPERS, Caretena (2000), S. 7 hält an Saedeleube/Crona als Gründerin fest.
523 Die Urkunde: COVILLE, Histoire de Lyon (1928), S. 265.; Coville, S. 263f. denkt an eine Übernahme der Nachricht der Passio s. Victoris et Ursi; FAVROD, Royaume burgonde (1997), S. 345–347 hält wie BINDING, Das burgundisch-romanische Königreich (1868), S. 160 und WOOD, Kings, Kingdoms and Consent (1977), S. 21, Anm. 108 an der Historizität fest, im Gegensatz zu FEVRIER, PICARD, PIETRI, REYNAUD, Lyon (1986), S. 33.
524 Caretenes Epitaph: Avitus, Appendix VI, S. 185; FIEBIGER-SCHMIDT, Inschriften (1917), Nr. 78, S. 49; Weihepredigt: Avitus, Hom. 17, S. 125f.; Vita Marcelli c. 9,1 S. 124; vgl. KRÜGER, Königsgrabkirchen (1971), S. 214–218, 436; FEVRIER, PICARD, PIETRI, REYNAUD, Lyon (1986), S. 31; FAVROD, Royaume burgonde (1997), S. 368–370; KAMPERS, Caretena (2000), S. 1f. (Übersetzung des Epitaphs) S. 21–24.
525 KRÜGER, Königsgrabkirchen (1971), S. 61, 469 (Zitate); Quellen u. Literatur bei KAISER, Sigismund (2004).
526 MGH Conc. I, S. 15–30; ed. DE CLERCQ, S. 20–37; Les canons des conciles mérovingiens, ed. GAUDEMET, BASDEVANT, S. 93–125 (mit französischer Übersetzung); vgl. den Kommentar von GAUDEMET, Epaone (1963); PONTAL, Histoire des conciles (1989), S. 58–71 (dt.: Synoden [1986], S. 34–46).
527 FAVROD, Royaume burgonde (1997), S. 420f. mit Lit.
528 Vgl. oben S. 105f. mit Anm. 303 ff.
529 Les canons des conciles mérovingiens, ed. GAUDEMET, BASDEVANT, S. 108 Anm. 4.
530 Avitus, Ep. 7, S. 35–39; SHANZER, WOOD, Avitus (2002), S. 295–302.

531 Ebd. S. 38, Z. 16–20: *Haeretici cultus loca pervadi nollem, cuperem praetermitti in morem ergastulorum, quae usu careant. Semper optandum est, non ut mutata transeant, sed infrequentata torpescant. Salubri populorum correctione desertis maneat aeterna viduitas: nec umquam recipiatur a nostris, quod conversionis studio repudiatur a propriis*; Übersetzung: BURCKHARDT, Briefsammlung (1938), S. 88.

532 Avitus, Ep. 7, S. 38, Z. 21ff., 39, Z. 5–8.

533 Avitus, Epp. 16–18, S. 48–50, vgl. BURCKHARDT, Briefsammlung (1938), S. 47; SHANZER, WOOD, Avitus (2002), S. 285–290.

534 Conc. Lugdunensis I, c. 1, ed. MAASSEN, S. 32f. 34; ed. DE CLERCQ, S. 39, 40f.; Vita Apollinaris, ep. Valentinensis, c. 2–6, S. 198f.; zu diesen beiden im Einzelnen voneinander abweichenden Texten vgl. BINDING, Das burgundisch-romanische Königreich (1868), S. 237–241; SCHMIDT, Ostgermanen (1941), S. 160f.; FAVROD, Royaume burgonde (1997), S. 425–427. KAMPERS, Caretena (2000), S. 16 spricht von „einer krisenhaften Belastung des Verhältnisses zwischen König und Episkopat des Burgunderreiches".

535 Gregor von Tours, Hist III, 2, 17; X, 31, S. 98, 117, 532. SCHMIDT, Ostgermanen (1941), S. 161 schreibt die Vertreibung Sigismund zu; ROUCHE, L'Aquitaine (1979), S. 45 mit Anm. 252, S. 487, vermutet, die drei Bischöfe seien von Arianern vertrieben worden und hätten sich schon lange vor der Konversion Chlodwigs in der Umgebung der Königin Chrodechild aufgehalten; PIETRI, Ville de Tours (1983), S. 180, 183f. läßt die Frage offen.

536 Vgl. PRINZ, Frühes Mönchtum (1965), S. 47–87.

537 Topographie chrétienne, t.III (1986), S. 26–34 (mit Nachweisen). SCHILLING, *Ansemundus dux* (2000), erweist die sog. Ansemundus-Urkunde von angblich 543 als Fälschung des 9. Jahrhunderts, wodurch die Angaben zu den Klöstern Saint-André-le-Haut und le-Bas sowie Saint-Pierre fragwürdig werden.

538 Sid. Apoll., Ep. VIII, 17, 3, III, S. 78.

539 Topographie chrétienne, t.IV (1986) S. 28, 31, 33, 35.

540 Ebd., S. 42f., 44.

541 WOOD, A Prelude to Columbanus (1981), S. 5, 6 (Karte), 13.

542 Vita patrum Jurensium, ed. MARTINE.

543 PRINZ, Frühes Mönchtum (1965), S. 66; Helvetia Sacra III/1 (1986), S. 289–301.

544 Sid. Apoll., Ep. IV 25,5, II, S. 170.

545 Gregor von Tours, Vitae patrum I 5, S. 216f.

546 Siehe oben S. 159 mit Anm. 522–524.

547 STAEHELIN, Die Schweiz in römischer Zeit (1948), S. 127, 349.

548 Die Literatur zu Agaunum/Saint-Maurice ist sehr ausgedehnt, vgl. Helvetia Sacra III, 1 (1986), S. 304–320; IV, 1 (1997), S. 281–480. Grundlegende Quellenkritik bei THEURILLAT, L'abbaye de Saint-Maurice d'Agaune (1954); MASAI, Vita patrum iurensium (1971); KRÜGER, Königsgrabkirchen (1971), S. 55–67; WOOD, A Prelude to Columbanus (1981), S. 15–18. ROSENWEIN, Saint-Maurice (2001),

S. 275–280 referiet die archäologischen Untersuchungen von L. Blondel und modifiziert die Ergebnisse nach der neueren Sicht von H.-J. Lehner.

549 Marius von Avenches, a. 515, ed. MOMMSEN, S. 234; ed. FAVROD, S. 70.
550 Vita abbatum Acaunensium, ed. KRUSCH (1896) S. 171–183 ohne die Epitaphien: (1920) S. 322–336; zum Datum: THEURILLAT, L'abbaye de Saint-Maurice d'Agaune (1954), S. 36–42; WOOD, A Prelude to Columbanus (1981), S. 15.
551 Avitus, Hom. 25, S. 145f., vgl. SHANZER, WOOD, Avitus (2002), S. 378–381; Gregor von Tours, Gloria mart. 74, S. 87; Gründungsurkunde: THEURILLAT, L'abbaye de Saint-Maurice d'Agaune (1954), S. 75–82.
552 Zur *laus perennis* in Saint-Maurice: Ebd., S. 101–108. MASAI, Vita patrum iurensium (1971), S. 67f., versucht nachzuweisen, daß eine Gruppe von Mönchen in Vérolliez, dem Martyriumsort der thebäischen Legion, in der Ebene vor Agaunum, die schon vor 515 existiert hätte, eine eigene *turma* gebildet habe. Zur Identifizierung der *turma Meluensis/Valdensis* mit Romainmôtier s. THEURILLAT, L'abbaye de Saint-Maurice d'Agaune (1954), S. 102 (nach M. Besson), ebenso WOOD, A Prelude to Columbanus (1981), S. 17; ROSENWEIN, Perennial prayer (2000), verweist auf das Rhôneland, statt auf Konstantinopel als Herkunft der *laus perennis*.
553 Gregor von Tours, Hist III, 5, S. 101; Fredegar, Chron. III, 33, S. 104.
554 KAISER, Sigismund (2004), mit Quellennachweisen.
555 Verbreitung der *laus perennis*: THEURILLAT, L'abbaye de Saint-Maurice d'Agaune (1954), S. 104–107; PRINZ, Frühes Mönchtum (1965), S. 104–107; zu den Bischofsprivilegien vgl. ROSENWEIN, Saint-Maurice (2001) S. 282–284.
556 PRINZ, Frühes Mönchtum (1965), S. 107–112, mit Karte IV B.
557 Siehe oben S. 73f. mit Anm. 209 f., S. 108–110 mit Anm. 322–326.
558 Gregor von Tours, Hist. II, 24, 28, 33 (*Ipse*, d.h. Gundobad, *vero regionem omnem, quod nunc Burgundia dicitur, in suo dominio restauravit*); III, 6, 11, 17; V, 13, 18; X, 31, S. 69, 73, 81, 102, 107f., 117, 207, 218, 532; Lib. in gloria mart. c.30, 83, S. 56, 95; Lib. de virt. s. Martini c. 36, S. 155; Lib. vitae patrum c. 1 (dort mit zeitgenössischer Grenzangabe), 5, S. 214, 216. Baudonivia, Vita Radegundis c. 27, S. 394.
559 EWIG, Volkstum (1976), S. 256f. mit Nachweisen.
560 EWIG, Teilungen (1976), passim; DERS., Teilreiche (1976), S. 181f., 184, 192f.; DERS., Volkstum (1976), S. 256f.
561 BRÜHL, Palatium und Civitas 1 (1975), S. 131 mit Nachweisen; KRÜGER, Königsgrabkirchen (1971), S. 138–148.
562 WERNER, Missus – Marchio – Comes (1980), S. 204f.
563 WERNER, Burgund 2 (1983); DERS., RICHARD, BLOCKMANS, Burgund 3 (1983) mit Quellen u. Lit.
564 POUPARDIN, Royaume de Provence (1901), S. 282–285; KIENAST, Französische Volksstämme (1968), S. 30.

565 SCHIEFFER, Urkunden der burgundischen Rudolfinger (1977), S. 77; POUPARDIN, Royaume de Bourgogne (1907), S. 179–186; KIENAST, Französische Volksstämme (1968), S. 31.
566 KAISER, Burgund 4 (1983).
567 RICHARD, Burgund 5 (1983).
568 WERNER, Burgund 1 (1983), Sp. 1062 (Zitat).
569 Vgl. oben S. 73f. bei Anm. 210.
570 PÉRIN, Burgondes (1995), S. 227–245; zum nordöstlichen Grenzraum vgl. MARTI, Römerzeit (2000), S. 327–339.
571 Vgl. oben S. 92 mit Anm. 268.
572 HEIDRICH, Südgallische Inschriften (1968), S. 172, 174 Anm. 39, 180.
573 Zusammenfassende Darstellung der römischen Traditionen im weltlichen und kirchlichen Bereich bei ESDERS, Römische Rechtstradition (1997), S. 268–316.
574 Insgesamt: EWIG, Namengebung (1991), passim, S. 28f. „Ansippung durch Nachbenennung".
575 S. oben S. 68f. mit Anm. 188.
576 EWIG, Namengebung (1991), S. 28, bringt Gunth-chramn wegen des Bestimmungswortes gunth-, das dem Grundwort im Namen seiner Mutter Ingund entspricht, mit Ingund zusammen und bezeichnet (S. 37) eine solche Benennung durch Variation des Mutternamens als Ausnahme. Eine solche Ausnahme anzunehmen ist überflüssig, wenn, wie oben geschehen, das Bestimmungswort im Sinne einer Übernahme der burgundischen Namenstradition erklärt wird.
577 Ebd., S. 28.
578 Dass Corbus (*604, †.613) – die lateinische Form für den Namen Chramn –, der dritte Sohn Theuderichs II. († 613), nach Gunthchramn/Gunthram benannt worden wäre, lässt sich nach EWIG, ebd., S. 27f. nur vermuten, nicht beweisen. Selbst wenn dieses zuträfe, würde es sich um eine Nachbenennung nach Gunthram, dem fränkischen Teilreichskönig handeln, gerade ohne dass im Namen Corbus das spezifisch burgundische Element Gunth- übernommen worden wäre.
579 KAISER, L'entourage des rois (2003), S. 92–95.
580 Gregor von Tours, Hist. III 11, S. 108; Marius von Avenches a. 534, ed. MOMMSEN, S. 235; ed. FAVROD, S. 72.
581 FAVROD, Royaume Burgonde (1997), S. 463–465, akzeptiert weitgehend die späten Traditionen, m. E. zu Unrecht. Zu den Burgundofaronen s. unten S. 193 mit Anm. 596, zu Willibad vgl. EWIG, Volkstum (1976), S. 255f. Anm. 114 und unten S. 197 mit Anm. 607.
582 Fredegar, Chron. IV 44, S. 142. Den Hinweis auf die königliche Abkunft bezieht FAVROD, Royaume Burgonde (1997), S. 463 Anm. 190 auf die Königin Bertetrud, die Gemahlin Chlothars II., ebenso BUCHNER, Die Provence in merowingischer Zeit (1933), S. 90 Anm. 21; grammatikalisch ist dies möglich, weshalb WOOD, Ethnicity (1990), S. 54, die Frage offen lässt. Der Sinn der Stelle ist allerdings klarer, wenn man den Hinweis auf Aletheus bezieht, vgl. unten S. 195 mit Anm. 600. Nach EWIG, Namengebung (1991), S. 64, stammte Berte-

trudes Familie „wohl aus der Picardie" (nach DEBUS, Studien, [1967], S. 34), was sich mit der Herkunft aus der burgundischen Königsfamilie kaum in Einklang bringen lässt.

583 Prokop, Gotenkrieg II 12, ed. VEH, S. 304/5.
584 Gregor von Tours, Hist. IV 42, S. 175.
585 Gregor von Tours, Hist. VIII 30, S. 393; zum Sprachgebrauch Gregors vgl. EWIG, Volkstum (1976), S. 256f.
586 Liber Hist. Fr. c. 38, S. 308 Z. 32.
587 Fredegar, Chron. IV 73, 78, S. 158, 159f. Zur Territorialisierung des Heeresaufgebotes vgl. MARTIN, Etudes critiques (1910), S. 301–303.
588 Fredegar, Chron. IV 44, 78, S. 142, 160.
589 Fredegar, Chron. IV 41, 44, 55; S. 141, 143, 148.
590 EWIG, Volkstum (1976), S. 258 mit Belegen.
591 Vita Eucherii c. 8, S. 50; Passio Sigismundi c. 1, S. 333.
592 Vita Columbani II 1, S. 113.
593 Vita Germani Grandivallensis c. 6, S. 35.
594 Passio Sigismundi c. 9, 10, S. 338f.
595 AMORY, Names (1994), S. 16–18.
596 Vita Faronis c. 78, S. 193; vgl. zu dieser Familie EWIG, Volkstum (1976), S. 256; EBLING, Burgundofarones (1983); WOOD, Ethnicity (1990), S. 54f. Zur weiteren Verzweigung dieser Sippe vgl. zuletzt LE JAN, Famille et pouvoir (1995), S. 194f., 387–392 mit Stammtafeln.
597 So CHAUME, Sentiment national (1922), S. 204–208, 261–275; ähnlich FAVROD, Royaume burgonde (1997), S. 476–479.
598 Zum Patriziat: MARTIN, Etudes critiques (1910), S. 318–361; BUCHNER, Provence (1933), S. 86–91, 101–104; zum *pagus Ultraioranus*: MARTIN, Etudes critiques (1910), S. 371–385, jeweils mit Nachweisen; vgl. EWIG, Volkstum (1976), S. 241f.
599 EWIG, Teilungen (1976), S. 164.
600 Fredegar, Chron. IV 42–44, S. 141–143.
601 EBLING, Prosopographie (1974), S. 45f., 146f.; EWIG, Teilungen (1976), S. 163–165, Anm. 270, 275.
602 EWIG, Teilreiche (1976) S. 192.
603 Fredegar, Chron. IV 54, S. 147f.
604 Fredegar, Chron. IV 89, S. 166.
605 HEIDRICH, Maires (1989), S. 217.
606 Fredegar, Chron. IV 89, S. 166.
607 Fredegar, Chron. IV 90, S. 166f.; Vita Sigiramni c.12, S. 613; EBLING, Prosopographie (1974), S. 238–240; zu den Martyrologien s. oben S. 190 mit Anm. 581.
608 EBLING, Prosopographie (1974), S. 47–50, 81, 110f., 231f.
609 Fredegar, Chron. IV 90, S. 167.
610 MARTIN, Etudes critiques (1910), S. 233f. (Zitate: 234); WALLACE-HADRILL, The Bloodfeud of the Franks, (1962), S. 142f.
611 EWIG, Teilreiche (1976), S. 206 Anm. 137.
612 EWIG, Merowinger (2001), S. 148.
613 EWIG, Teilreiche (1976), S. 211f.

614 FAVROD, Royaume burgonde (1997), S. 479.
615 Vgl. dazu KAISER, Merowingerreich (2004), S. 50, 75f., 98, 129, 140 mit Lit.
616 FOURACRE, Bishops killed (2003).
617 Acta Aunemundi, in: AASS, Sept. VII (Antwerpen 1760), S. 744–46; englische Übersetzung und Kommentar: FOURACRE, GERBERDING, Late Merovingian France (1996), S. 166–192; vgl. zum Hergang EWIG, Merowinger (2001), S. 153–156 mit der Vermutung, der Vorwurf der landesverräterischen Verbindungen zu einer *extranea gens* beziehe sich auf die Byzantiner.
618 Passio Leudegarii I S. 282–322; engl. Übersetzung und Kommentar: FOURACRE, GERBERDING, Late Merovingian France (1996), S. 192–253; zum politischen Hintergrund: EWIG, Merowinger (2001), S. 160–169 und DERS., Teilreiche (1976), S. 213–216.
619 Passio Leudegarii I, c.7,8, S. 289f.
620 EWIG, Teilreiche (1976), S. 211 faßt unter diesem Begriffe die Kämpfe des 7. Jhs. in Burgund zusammen.
621 Siehe oben S. 192 mit Anm. 591.
622 EHRISMANN, Nibelungenlied (2002), S. 19–25. BRINKER-VON DER HEYDE, Nibelungenlied (2002).
623 NEDOMA, Gibichungen (1998).
624 Siehe oben S. 84 mit Anm. 248; vgl. STROHEKER, Studien (1965), S. 263f.
625 ROSENFELD, Burgunden (1981), S. 231f.
626 STROHEKER, Studien (1965), S. 264–269.
627 Fredegar, Chron. IV 42, S. 141f.
628 ROSENFELD, Nibelungische Lieder (1977), S. 69–71; vgl. ROSENFELD, Burgunden (1981), S. 232f.; STROHEKER, Studien (1965), S. 268. Zu anderen Erklärungsansätzen vgl. SPRENGER, Nibelungensagen (2002).
629 ROSENFELD, Die Namen Nibelung (1968).
630 Fredegar, Chron. Continuationes c. 20, 21, 24, 34, S. 177f., 179, 182; vgl. WATTENBACH, LEVISON, Deutschlands Geschichtsquellen 2 (1953), S. 161f.
631 CHAUME, Les origines du duché de Bourgogne 1 (1925), S. 71f., 82, 540f.; LEVILLAIN, Nibelungen (1937); (1938); vgl. ROSENFELD, Nibelungische Lieder (1977), S. 74; DERS., Burgunden (1981), S. 233.
632 DERS., Nibelungische Lieder (1977), S. 75.
633 GSCHWANTLER, Historische Glaubwürdigkeit (1979).
634 Zur Rezeptionsgeschichte vgl. EHRISMANN, Nibelungenlied (2002), S. 166–200; HEINZLE, WALDSCHMIDT, Nibelungen (1991); HÅRD, Nibelungenepos (1995).
635 BÖNNEN, GALLÉ, Ein Lied von gestern? (1999).
636 Zur Ausstellung in Karlsruhe vgl. Uns ist in alten Mären ... Das Nibelungenlied und seine Welt. Katalog zur Ausstellung in Karlsruhe 13.12.2003–14.3.2004. Das Zitat findet sich im Internet http://www.landesmuseum.de/sonder/2003/nibelungen/nibelung ... (7.1.2003)
637 Siehe oben S. 128 Anm. 385.

638 So gibt KIENAST, Französische Volksstämme (1968), S. 41 die Charakteristik von E. MARTIN-SAINT-LÉON, Les sociétés de la nation. Etude sur les éléments constitutifs de la nation française (Paris 1930), S. 108f., wieder und bemerkt dazu distanzierend – und zweifellos zu Recht – : „Die Verantwortung für die Richtigkeit dieser Stammescharakteristiken muß ich dem Verfasser überlassen" (S. 42, Anm. 68).
639 WALTHER, Scherz (1959), S. 284 Nr. 145a.
640 COPE, Phoenix Frustrated (1986), S. 201.
641 Ebd., S. 201–212, 239–246: Sprache; S. 231f.: Regionalismus. Wie wenig das neuzeitliche Konzept der Sprachnation den frühmittelalterlichen Verhältnissen der Romania entspricht, zeigt SCHMITT, Sprach- und Nationenbildung (2000).

Verzeichnis der Abkürzungen

AASS	Acta Sanctorum
AASS OSB	Acta Sanctorum ordinis s. Benedicti
CCCM	Corpus Christianorum. Continuatio mediaevalis
CCSL	Corpus Christianorum. Series Latina
CIL	Corpus inscriptionum latinarum
HRG	Handwörterbuch zur deutschen Rechtsgeschichte
LB	Lex Burgundionum, ed. VON SALIS
Lex MA	Lexikon des Mittelalters
LRB	Lex Romana Burgundionum, ed. VON SALIS
MGH	Monumenta Germaniae historica
AA	Auctores antiquissimi
SS	Scriptores (in Folio)
SS rer. Mer.	Scriptores rerum Merovingicarum
Capit.	Capitularia regum Francorum
Conc.	Concilia
DD Burg.	Regum Burgundiae e stirpe Rudolfina Diplomata et Acta
Epp.	Epistolae
LL nat. Germ.	Leges nationum Germanicarum
Migne PG	Migne, Patrologia Graeca
MIÖG	Mitteilungen des Instituts für Österreichische Geschichtsforschung
NA	Neues Archiv der Gesellschaft für ältere deutsche Geschichtskunde
ND	Nachdruck
PLRE	Prosopography of the Later Roman Empire
RE	Paulys Real-Encyclopädie der classischen Altertumswissenschaft
RGA	Reallexikon der Germanischen Altertumskunde
RICG	Recueil des inscriptions chrétiennes de la Gaule antérieures à la Renaissance carolingienne
VuF	Vorträge und Forschungen
ZRG GA	Zeitschrift der Savigny-Stiftung für Rechtsgeschichte, Germanistische Abteilung

Bibliographie

1. Quellenverzeichnis

Acta Aunemundi, in: AASS, Sept. VII, Antwerpen 1760, S. 744–746; engl. Übers. und Kommentar in: Late Merovingian France. History and Hagiography 640–720, hrsg. v. Paul FOURACRE und Richard A. GERBERDING, Manchester 1996, S. 166–192.

Agathiae Myrinaei Historiarum libri quinque, ed. R. KEYDELL, Berlin 1967; Auszüge, in: Prokop, Werke, Bd. 2: Gotenkriege, griech.-dt., hrsg. u. übers. v. Otto VEH, München 1966, S. 1107–1213.

Agobard von Lyon, Adversus legem Gundobadi, in: Agobardi Lugdunensis opera omnia, ed. L. VAN ECKER, Turnholt 1981 (CCCM 52), S. 17–28.

Agobard von Lyon, De divinis sententiis contra iudicium Dei, in: Agobardi Lugdunensis opera omnia, ed. L. VAN ECKER, Turnholt 1981 (CCCM 52), S. 29–49.

Ammianus Marcellinus, Res gestae, 2 Bde., ed. Wolfgang SEYFARTH, Leipzig 1978; 4 Bde., lat.-dt., hrsg. u. übers. v. Wolfgang SEYFARTH, Berlin 1968/1970/1971.

Anonymi Valesiani pars posterior, ed. Theodor MOMMSEN, Berlin 1892 (MGH AA 9), S. 306–328.

Avitus von Vienne, Epistulae, Homiliae, Carmina ed. Rudolf PEIPER, Berlin 1883 (MGH AA 6, 2); engl. Übers. u. Kommentar in: Avitus of Vienne. Letters and Selected Prose, hrsg. v. Danuta SHANZER und Ian WOOD, Lverpool 2002.

Baudonivia, Vita Radegundis, ed. Bruno KRUSCH, Hannover 1888 (MGH SS rer. Mer. 2), S. 377–395.

Cassiodori senatoris variae, ed. Theodor MOMMSEN, Berlin 1894 (MGH AA 12).

Chronica Gallica a. CCCCLII et DXI, ed. Theodor MOMMSEN, Berlin 1892 (MGH AA 9), S. 615–666.

Chronicon universale –741, ed. Georg WAITZ, Hannover 1881 (MGH SS 13), S. 4–19.

Corpus Inscriptionum Latinarum, Bd. 13, 1, 2: Inscriptiones Belgicae, ed. Otto HIRSCHFELD, Berlin 1904.

Codex Theodosianus. Theodosiani libri XVI cum constitutionibus Sirmondianis et leges novellae ad Theodosianum pertinentes, 2 Bde., ed. Theodor MOMMSEN, P.M. MEYER, Paul KRÜGER, Berlin 1904/05.

Concilia Galliae A. 314–A. 506, ed. Charles MUNIER, Turnholt 1963 (CCSL 148); Conciles gaulois du IVᵉ siècle, lat.-frz., hrsg. u. übers. v. Jean GAUDEMET, Paris 1977.

Concilia Galliae A. 511.–A. 695, ed. Carolus DE CLERCQ, Turnholt 1963 (CCSL 148A); Les canons des conciles mérovingiens (VIe–VIIe siècles), 2 Bde., lat.-frz., hrsg. u. übers. v. Jean GAUDEMET und Brigitte BASDEVANT, Paris 1989.

Ekkehard von Aura, Chronicon universale, ed. Georg WAITZ, Hannover 1844 (MGH SS 6), S. 33–265.

(Ennodius) Magni Felicis Ennodii opera, ed. Friedrich VOGEL, Berlin 1885 (MGH AA 7).

Ennodius, Vita beatissimi viri Epifanii episcopi Ticinensis ecclesiae, ed. Friedrich VOGEL, Berlin 1885 (MGH AA 7), S. 84–109; Vita del beatissimo Epifanio vescovo della chiesa pavese, lat.-ital., hrsg. u. übers. v. Mario CESA, Como 1988.

Epistolae Arelatenses genuinae, ed. Wilhelm GUNDLACH, Berlin 1892 (MGH Epp. 3), S. 5–83.

Formulae Marculfi, ed. Karl ZEUMER, Hannover 1886 (MGH Formulae Merowingici et Karolini aevi), S. 36–112.

(Fredegar), Chronicarum quae dicuntur Fredegarii scholastici libri IV cum continuationibus, ed. Bruno KRUSCH, Hannover 1888 (MGH SS rer. Mer. 2), S. 18–193.

(Geograph von Ravenna) Geographus Ravennas, Cosmographia. Ravennatis Anonymi cosmographia et Guidonis geographica, ed. Joseph SCHNETZ, Stuttgart 1990 (ND d. Ausg. v. 1940); Cosmographia. Eine Erdbeschreibung um das Jahr 700, übers. v. Joseph SCHNETZ, Uppsala 1951.

Gregor von Tours, Libri historiarum X, ed. Bruno KRUSCH, Wilhelm LEVISON, Hannover 1937–1951 (MGH SS rer. Mer. 1, 1); Zehn Bücher Geschichten, 2 Bde., lat.-dt., hrsg. u. übers. v. Rudolf BUCHNER, Darmstadt 1955/56.

Gregor von Tours, Liber in gloria martyrum, ed. Bruno KRUSCH, Hannover 1885 (ND 1969) (MGH SS rer. Mer. 1, 2), S. 34–111.

Gregor von Tours, Liber de virtutibus s. Martini, ed. Bruno KRUSCH, Hannover 1885 (ND 1969) (MGH SS rer. Mer. 1, 2), S. 134–211.

Gregor von Tours, Liber vitae patrum, ed. Bruno KRUSCH, Hannover 1885 (ND 1969) (MGH SS rer. Mer. 1, 2), S. 211–294.

Gregor von Tours, Liber in gloria confessorum, ed. Bruno KRUSCH, Hannover 1885 (ND 1969) (MGH SS rer. Mer. 1, 2), S. 294–370.

Hieronymi Chronicon, 2 Bde., ed. Rudolf HELM, Berlin 1913–1926 (2. Aufl. 1956)

(Hieronymus, Epist.), Saint-Jérôme, Lettres, 7 Bde., lat.-frz., hrsg. u. übers. v. Jérôme LABOURT, Paris 1949–1963.

(Hydatius) Hydatii Lemici continuatio chronicorum Hieronymianorum ad a. CCCCLXVIII, ed. Theodor MOMMSEN, Berlin 1894 (MGH AA 11), S. 1–36; Chronique, 2 Bde., lat.-frz., hrsg. u. übers. v. Alain TRANOY, Paris 1975; The ‚Chronicle' of Hydatius and the ‚Consularia Constantinopolitana'. Two Contemporary Accounts of the Final Years of the Roman Empire, lat.-engl., hrsg. u. übers. v. R.W. BURGESS, Oxford 1993.

Die Inschriften der Kantone Freiburg, Genf, Jura, Neuenburg und Waadt, hrsg. v. Christoph JÖRG, Freiburg 1984 (Corpus inscriptionum medii aevi Helvetiae 2).

Inschriftensammlung zur Geschichte der Ostgermanen, hrsg. v. Otto FIEBIGER und Ludwig SCHMIDT, Wien 1917; Neue Folge, Wien 1939; Zweite Folge, Wien 1944.

Isidor von Sevilla, Historia Gothorum, ed. Theodor MOMMSEN, Berlin 1904 (MGH AA 11), S. 267–295.

Johann(es) Malalas, Chronographia, ed. Ludwig DINDORF et al., Bonn 1831; The „Chronicle" of John Malalas, engl., hrsg. u. übers. v. Elizabeth JEFFREYS u.a., Sidney 1986.

Jo(h)annes Antiochenus, Fragmenta, in: Fragmenta historicorum graecorum, Bd. 4, ed. Karl MÜLLER, Paris 1868, S. 535–622; in: Fragmenta historicorum graecorum, Bd. 5, ed. Karl MÜLLER, Paris 1870, S. 27–38.

(Jordanes) Iordanis Romana et Getica, ed. Theodor MOMMSEN, Berlin 1882 (MGH AA 5, 1).

Laterculus Veronensis, in: Notitia dignitatum. Accedunt notitia urbis Constantinopolitanae et Laterculi Provinciarum, ed. Otto SEECK, Berlin 1876, S. 247–253; in: The New Empire of Diocletian and Constantine, hrsg. v. Timothy D. BARNES, Cambridge 1982, S. 205–208.

Lex Burgundionum, Liber constitutionum sive Lex Gundobada, ed. Ludwig Rudolf VON SALIS, Hannover 1892 (MGH LL nat. Germ. 2, 1), S. 29–122; Gesetze der Burgunden, dt., hrsg. u. übers. v. Franz BEYERLE, Weimar 1936.

Lex Romana Burgundionum, ed. Ludwig Rudolf VON SALIS, Hannover 1892 (MGH LL nat. Germ. 2, 1), S. 123–163.

Liber Historiae Francorum, ed. Bruno KRUSCH, Hannover 1888 (MGH SS rer. Mer. 2), S. 238–328.

(Marius von Avenches) Marii episcopi Aventicensis chronica a. CCCCLV–DLXXXI, ed. Theodor MOMMSEN, Berlin 1894 (MGH AA 11), S. 225–239; La Chronique de Marius d'Avenches (455–581), lat.-frz., hrsg. u. übers. v. Justin FAVROD, Lausanne 1991.

Monumenta Germaniae historica (MGH):
Capitularia regum Francorum 1, ed. Alfred BORETIUS, Hannover 1883 (MGH Capit. 1).
Concilia aevi Merovingici, ed. Friedrich MAASSEN, Hannover/Leipzig 1893 (MGH Conc. 1).
Concilia aevi Karolini, ed. Albert WERMINGHOFF, Hannover/Leipzig 1906/08 (MGH Conc. 2).
Epistolae Merowingici et Karolini aevi 1, ed. Wilhelm GUNDLACH, Ernst DÜMMLER u.a., Berlin 1892 (MGH Epp. 3).

Notitia dignitatum. Accedunt notitia urbis Constantinopolitanae et Latercula Provinciarum, ed. Otto SEECK, Berlin 1876.

Notitia Galliarum, ed. Theodor MOMMSEN, Berlin 1892 (MGH AA 9), S. 552–612.

The Old English Orosius, ed. Janet BATELY, Oxford u.a. 1980.

Olympiodorus Thebaeus, Fragmenta, in: Fragmenta historicorum graecorum, Bd. 4, ed. Karl MÜLLER, Paris 1868, S. 57–68; in: The Fragmentary Classicising Historians of the Later Roman Empire: Eunapius, Olympiodorus, Priscus and Malchus, 2 Bde., ed. R.C. BLOCKLEY, Liverpool 1981–1983, II, S. 152–221.

(Orosius, Paulus, Historia adversum paganos) Orose, Histoires (contre les païens), 3 Bde., lat.-frz., hrsg. u. übers. v. Marie-Pierre ARNAUD-LINDET, Paris 1990–1991.

Panegyrici latini, ed. R.A.B. MYNORS, Oxford 1964; Panégyriques latins, 3 Bde., lat.-frz., hrsg. u. übers. v. Edouard GALLETIER, Paris 1949–1955.

Passio Leudegarii, ed. Bruno KRUSCH, Hannover/Leipzig 1910 (MGH SS rer. Mer. 5), S. 282–362; engl. Übers. und Kommentar in: Late Merovingian France. History and Hagiography 640–720, hrsg. v. Paul FOURACRE und Richard A. GERBERDING, Manchester 1996, S. 192–253.

Passio sancti Sigismundi regis, ed. Bruno KRUSCH, Hannover 1888 (MGH SS rer. Mer. 2), S. 333–340.

Passio ss. Victori et Ursi, in: Die Glaubensboten der Schweiz vor St. Gallus, ed. Alois LÜTOLF, Luzern 1871, S. 172–176.

Paulus Diaconus, Historia Romana, ed. Hans DROYSEN, Berlin 1879 (MGH AA 2), S. 4–224.

C. Plinius Secundus, Historia Naturalis IV, ed. Karl MAYHOFF, Leipzig 1906; Naturkunde III/IV, lat.-dt., hrsg. u. übers. v. Gerhard WINKLER und Roderich KÖNIG, München/Zürich 1988.

Prokop, Gotenkriege, Werke, Bd. 2, griech.–dt., hrsg. u. übers. v. Otto VEH, München 1966 (2. Aufl. 1978).

(Continuator Prosperi Havniensis), Continuatio Havniensis Prosperi, ed. Theodor MOMMSEN, Berlin 1892 (MGH AA 9), S. 298–339.

Prosper Tironis epitoma chronicon, ed. Theodor MOMMSEN, Berlin 1892 (MGH AA 9), S. 341–499.

(Ptolemaios, Geographia) Claudii Ptolemaei geographia, 2 Bde., ed. Karl MÜLLER, Paris 1883.

Quellen zur Geschichte der Alamannen, 7 Bde., Sigmaringen 1976–1987; Bd. I: Von Cassius Dio bis Ammianus Marcellinus, übers. v. Camilla DIRLMEIER und Gunther GOTTLIEB, Sigmaringen 1976; Bd. III: Von Marius von Avenches bis Paulus Diaconus, übers. v. Camilla DIRLMEIER und Klaus SPRIGADE, Sigmaringen 1979; Bd. IV: Vom Geographen von Ravenna bis Hermann von Reichenau, übers. v. Camilla DIRLMEIER und Klaus SPRIGADE, Sigmaringen 1980.

Recueil des inscriptions chrétiennes de la Gaule antérieures à la Renaissance carolingienne, ed. Henri-Irénée MARROU, Bd. 1: Première Belgique (bearb. v. Nancy GAUTHIER), Paris 1975; Bd. 15: Viennoise du Nord (bearb. v. Françoise DESCOMBES), Paris 1985.

(Salvian von Marseille, De gubernatione Dei) Salvien de Marseille, Du gouvernement de Dieu, Oeuvres de Salvien de Marseille, Bd. 2, lat.-frz., hrsg. u. übers. v. Georges LAGARRIGUE, Paris 1975.

(Sidonius Apollinaris, Carmina) Sidoine Apollinaire, t. I: Poèmes, lat.-frz., hrsg. u. übers. v. André LOYEN, Paris 1960.

(Sidonius Apollinaris, Epistulae) Sidoine Apollinaire, t. II–III: Lettres, lat.-frz., hrsg. u. übers. v. André LOYEN, Paris 1970.

Sokrates Scholastikos, Historia ecclesiastica, griech.-lat., hrsg. v. Jacques-Paul MIGNE, PG 67 (1864), Sp. 33–841.

Symmachus, Orationes, ed. Otto SEECK, Berlin 1883 (MGH AA 6, 1), S. 318–349.

Die Urkunden der burgundischen Rudolfinger (Regum Burgundiae e stirpe Rudolfina Diplomata et Acta), ed. Theodor SCHIEFFER, München 1977 (MGH DD Burg.).

P. Vegetius Renatus, Digesta artis mulomedicinae, ed. Ernest LOMMATZSCH, Leipzig 1903.

Victorii Aquitani cursus paschalis, ed. Theodor MOMMSEN, Berlin 1892 (MGH AA 9), S. 667–735.

Victor Vitensis, Historia, ed. Karl HALM, Berlin 1879 (MGH AA 3, 1).

Vita abbatum Acaunensium, ed. Bruno KRUSCH, Hannover 1896 (MGH SS rer. Mer. 3), S. 174–181; Vita ... absque epitaphiis, ed. Bruno KRUSCH, Hannover/Leipzig 1920 (MGH SS rer. Mer. 7), S. 329–336.

Vita Antidii, in: AASS Junii V, Antwerpen 1709, S. 42–47.

Vita Caesarii episcopi Arelatensis, ed. Bruno KRUSCH, Hannover 1896 (MGH SS rer. Mer. 3), S. 457–501.

Vita Columbani, ed. Bruno KRUSCH, Hannover/Leipzig 1902 (MGH SS rer. Mer. 4), S. 63–156.

Vita Eligii episcopi Noviomagensis, ed. Bruno KRUSCH, Hannover/Leipzig 1902 (MGH SS rer. Mer. 4), S. 663–761.

Vita Eptadii presbyteri Cervidunensis, ed. Bruno KRUSCH, Hannover/Leipzig 1896 (MGH SS rer. Mer. 3), S. 186–194.

Vita Ermenefridi, in: AASS Sept. VII, Antwerpen 1760, S. 111–123.

Vita Eucherii episcopi Aurelianensis, ed. Wilhelm LEVISON, Hannover/Leipzig 1920 (MGH SS rer. Mer. 7), S. 46–53.

Vita Faronis, in: AASS OSB II, ed. Jean MABILLON, Paris 1669, S. 607–625; Auszüge, ed. Bruno KRUSCH, Hannover/Leipzig 1910 (MGH SS rer. Mer. 5), S. 184–203.

Vita Gangulfi martyris Varennensis, ed. Wilhelm LEVISON, Hannover/Leipzig 1920 (MGH SS rer. Mer. 7), S. 155–170.

Vita Germani abbatis Grandivallensis, ed. Bruno KRUSCH, Hannover/Leipzig 1910 (MGH SS rer. Mer. 5), S. 33–40.

Vita Hilarii, in: Vitae sanctorum Honorati et Hilarii episcoporum Arelatensium, ed. Samuel CAVALLIN, Lund 1952, S. 81–109.

Vita Lupi episcopi Trecensis, ed. Bruno KRUSCH, Hannover 1896 (MGH SS rer. Mer. 3), S. 120–124; ed. Bruno KRUSCH, Hannover/Leipzig 1920 (MGH SS rer. Mer. 7), S. 295–302.

Vita Lupicini (siehe Vita patrum Jurensium).

Vita sancti Marcelli Diensis episcopi. La vie en prose de Saint Marcel, évêque de Die, ed. François DOLBEAU, in: Francia 11 (1983), 1984, S. 97–130.

(Vita patrum Jurensium) Vie des pères du Jura, hrsg. u. übers. v. François MARTINE, Paris 1968.

Vita Sadalbergae abbatissae Laudunensis, ed. Bruno KRUSCH, Hannover/Leipzig 1910 (MGH SS rer. Mer. 5), S. 49–66.
Vita Sigiramni abbatis Longoretensis, ed. Bruno KRUSCH, Hannover/Leipzig 1902 (MGH SS rer. Mer. 4), S. 606–625.
Waltharius, in: Waltharius, Ruodlieb, Märchenepen. Lateinische Epik des Mittelalters mit deutschen Versen, hrsg. u. übers. v. Karl LANGOSCH, Darmstadt ³1967, S. 5–83.
(Zosimos) Zosime, Histoire nouvelle, 3 Bde., griech.-frz., hrsg. u. übers. v. François PASCHOUD, Paris 1971–1989; dt. Übers. v. Otto VEH und Stefan REBENICH, Stuttgart 1990.

2. Literaturverzeichnis

AMENT, Hermann, Les Burgondes au bord du Rhin. Etat de la question, in: Les Burgondes. Apports de l'archéologie, hg. v. H. GAILLARD DE SEMAINVILLE, Dijon 1995, S. 83–86.
AMORY, Patrick, The Meaning and Purpose of Ethnic Terminology in the Burgundian Laws, in: Early Medieval Europe 2 (1993) S. 1–28.
AMORY, Patrick, The Textual Transmission of the *Donatio Ansemundi*, in: Francia 20/1 (1993) S. 163–183.
AMORY, Patrick, Names, Ethnic Identity and Community in Fifth- and Sixth-Century Burgundy, in: Viator 25 (1994) S. 1–30.
ANTON, Hans Hubert, Trier im frühen Mittelalter, Paderborn/München/Wien/Zürich 1987.
ANTON, Hans Hubert, Gibichungen, § 2. Historisches, in: RGA 12 (1998) S. 68f.
ANTON, Hans Hubert, Burgunden II. Historisches, in: RGA 4 (1981) S. 235–248.
BARNISH, Samuel J., Taxation, Land and Barbarian Settlement in the Western Empire, in: Papers of the British School at Rome 54 (1986) S. 170–195.
BARNWELL, P. S., Emperor, Prefects and Kings: the Roman West, 395–565, London 1992.
BAUD, Charles-Albert, Les caractères dentaires mongoloïdes chez les Burgondes, in: Les Burgondes. Apports de l'archéologie, hg. v. H. GAILLARD DE SEMAINVILLE, Dijon 1995, S. 217–219.
BECK, Heinrich, Bornholm I. Philologisch-Historisches, § 1. Namenkundliches, in: RGA 3 (1978) S. 295f.
BECK, Heinrich, Burgunden I. Philologisches, § 1. Sprachquellen, in: RGA 4 (1981) S. 224–230.
BECK, Marcel, Bemerkungen zur Geschichte des ersten Burgunderreiches, in: Schweizerische Zeitschrift für Geschichte 13 (1963) S. 433–457.

BECKER, Jakob, Bornholm II: Archäologisches, in: RGA 3 (1978) S. 297–313.

BERCHEM, Denis van, L'établissement des burgondes en Sapaudia, in: Publication du Centre européen d'études burgundo-médianes 14 (1972) S. 59–64.

BERNHARD, Helmut, Die römische Geschichte in Rheinland-Pfalz, in: Heinz CÜPPERS (Hrsg.), Die Römer in Rheinland-Pfalz, Stuttgart 1990, S. 39–168.

BERNHARD, Helmut, Die Merowingerzeit in der Pfalz. Bemerkungen zum Uebergang von der Spätantike zum frühen Mittelalter und zum Stand der Forschung, in: Mitteilungen des Historischen Vereins der Pfalz 95 (1997) S. 7–106.

BEYERLE, Franz, Zur Textgestalt und Textgeschichte der Lex Burgundionum, in: ZRG GA 71 (1954) S. 23–54.

BINDING, Carl, Das burgundisch-romanische Königreich (von 443–532 n.Chr.). Eine reichs- und rechtsgeschichtliche Untersuchung, Bd. 1: Geschichte des burgundisch-romanischen Königreichs, Leipzig 1868.

BLEIKER, Jürg, Das Burgunderproblem in germanistischer Sicht, in: Vox Romanica 22 (1963) S. 13–58.

BLONDEL, Louis, Praetorium, palais burgonde et château comtal, in: Genava 18 (1940) S. 69–87.

BOEHM, Laetitia, Geschichte Burgunds. Politik – Staatsbildungen – Kultur, Stuttgart 1971.

BOEHM, Max Hildebert, Geheimnisvolles Burgund. Werden und Vergehen eines europäischen Schicksalslandes, München 1944.

BÖNNEN, Gerold, Volker GALLÉ (Hrsg.), Ein Lied von gestern? Wormser Symposium zur Rezeptionsgeschichte des Nibelungenliedes, Worms 1999 (Der Wormsgau, Beiheft 35).

BONNET, Charles, Genève aux premiers temps chrétiens, Genève 1986.

BONNET, Charles, Aux origines de Carouge, in: Carouge, hg. v. J.-P. SANTONI, Carouge 1992, S. 13–20.

BONNET, Charles, La topographie chrétienne de Genève, in: Des archives à la mémoire. Mélanges d'histoire politique, religieuse et sociale offerts à Louis Binz, hg. v. B. RUTH-LOCHNER, M. NEUENSCHWANDER und F. WALTER, Genève 1995, S. 5–10.

BONNET, Charles, Les églises en bois du haut Moyen-Age d'après les recherches archéologiques, in: Gregoire de Tours et l'espace gaulois, hg. v. N. GAUTHIER und H. GALINIÉ, Tours 1997, S. 217–236.

BONNET, Charles und Béatrice PRIVATI, Nécropole et établissement barbares de Sézegnin, in: Helvetia archaeologica 6 (1975) S. 98–114.

BONNET, Charles und Catherine SANTSCHI, Genève, in: Topographie chrétienne des cités de la Gaule des origines au milieu du VIIIe siècle, Bd. III: Provinces ecclesiastiques de Vienne et d'Arles, hg. v. N. GAUTHIER und J.-C. PICARD, Paris 1986, S. 37–48.

BOSHOF, Egon, Erzbischof Agobard von Lyon. Leben und Werk, Köln/Wien 1969.

Boyson, David, Romano-Burgundian Society in the Age of Gundobad: some legal, archeological and historical evidence, in: Nottingham Medieval Studies 32 (1988) S. 91–118.
Brinker-von der Heyde, C., Nibelungenlied, in: RGA 21 (2002) S. 131–135.
Brühl, Carlrichard, Palatium und Civitas. Studien zur Profantopographie spätantiker Civitates vom 3. bis zum 13. Jahrhundert, Bd. I: Gallien, Köln/Wien 1975.
Buchet, Luc, La déformation crânienne en Gaule et dans les régions limitrophes pendant le haut Moyen Age: son origine – sa valeur historique, in: Archéologie médiévale 18 (1988) S. 55–71.
Buchner, Rudolf, Die Provence in merowingischer Zeit. Verfassung – Wirtschaft – Kultur, Stuttgart 1933.
Burckhardt, Max, Die Briefsammlung des Bischofs Avitus von Vienne († 518), Berlin 1938.
Büttner, Heinrich, Geschichte des Elsass, Bd. I: Politische Geschichte des Landes von der Landnahmezeit bis zum Tode Ottos III., Berlin 1939 (Ndr.: Ders., Geschichte des Elsaß I und Ausgewählte Beiträge zur Geschichte des Elsaß im Früh- und Hochmittelalter, hg. v. T. Endemann, Sigmaringen 1991).
Chaume, Maurice, Le sentiment national bourguignon de Gondebaud à Charles le Téméraire, in: Mémoires de l'Académie des sciences, arts et belles-lettres de Dijon, 5e série 4 (1922) S. 195–308.
Chaume, Maurice, Les origines du duché de Bourgogne, 4 Bde., Dijon 1925–1937.
Chaume, Maurice, Francs et Burgondes au cours du VIe siècle, in: Recherches d'histoire chrétienne et médiévale, hg. v. M. Chaume, Dijon 1947, S. 147–162.
Chevrier, Georges und Georges Pieri, La loi romaine des Burgondes, Mailand 1969.
Claparède, Hugo de, Les Burgondes jusqu'en 443. Contribution à l'histoire externe du droit germanique, Genf 1909.
Claude, Dietrich, Geschichte der Westgoten, Stuttgart 1970.
Claude, Dietrich, Aspekte des Binnenhandels im Merowingerreich auf Grund der Schriftquellen, in: Untersuchungen zu Handel und Verkehr der vor- und frühgeschichtlichen Zeit in Mittel- und Nordeuropa, Bd. III: Der Handel des frühen Mittelalters, hg. v. K. Düwel, H. Jahnkuhn, H. Siems und D. Timpe, Göttingen 1985 (Abhandlungen der Akademie der Wissenschaften in Göttingen, phil.-hist. Kl., 3. Folge 150) S. 9–99.
Claude, Dietrich, Niedergang, Renaissance und Ende der Präfekturverwaltung im Westen des römischen Reiches (5.–8.Jh.), in: ZRG GA 114 (1997) S. 352–379.
Cope, Christopher, Phoenix Frustrated. The Lost Kingdom of Burgundy, London/New York 1986.
Coville, Alfred, Recherches sur l'histoire de Lyon du Ve au XIe siècle, 450–800, Paris 1928.
Dahlheim, W., Capellatium, in: RGA 4 (1981) S. 338f.

Dahn, Felix, Die Könige der Germanen. Das Wesen des ältesten Königthums der germanischen Stämme und seine Geschichte bis zur Auflösung des karolingischen Reiches, Bd. 11: Die Burgunden, Leipzig 1908.

Debus, Karl-Heinz, Studien zu merowingischen Urkunden und Briefen. Teil I, in: Archiv für Diplomatik 13 (1967) S. 1–109.

Demandt, Alexander, „magister militum", in: RE Suppl. 12 (1970), Sp. 553–790.

Demandt, Alexander, Die Spätantike. Römische Geschichte von Diocletian bis Justinian 284–565 n. Chr., München 1989.

Demougeot, Emilienne, La formation de l'Europe et les invasions barbares, Bd. 1: Des origines germaniques à l'avènement de Dioclétien, Paris 1969, Bd. 2: De l'avènement de Dioclétien (284) à l'occupation germanique de l'Empire romain d'Occident (début du VIe siècle), Paris 1979.

Dieterich, Julius R., Der Dichter des Nibelungenliedes, Darmstadt/Frankfurt 1923.

Domanski, Grzegorz, Les Burgondes. Leur entrée dans l'histoire, in: Les Burgondes. Apports de l'archéologie, hg. v. H. Gaillard de Semainville, Dijon 1995, S. 47–54.

Drew, Katherine Fischer, The Barbarian Kings as Lawgivers and Judges, in: Law and Society in Early Medieval Europe. Studies in Legal History, hg. v. K. F. Drew, London 1988, S. 7–29.

Drinkwater, John Elton Hugh, The Bacaudae of Fifth Century Gaul, in: Ders., Fifth-Century Gaul, A Crisis of Identity?, Cambridge 1992, S. 208–217.

Duparc, Pierre, La Sapaudia, in: Comptes rendus de l'Académie des Inscriptions et Belles-Lettres (1958) S. 371–384.

Durliat, Jean, Le salaire de la paix sociale dans les royaumes barbares (Ve-VIe siècles), in: Anerkennung und Integration. Zu den wirtschaftlichen Grundlagen der Völkerwanderungszeit 400–600, hg. v. H. Wolfram und A. Schwarcz, Wien 1988, S. 21–72.

Durliat, Jean, Les finances publiques de Dioclétien aux Carolingiens (284–889), Sigmaringen 1990.

Durliat, Jean, Cités, impôt et intégration des barbares, in: Kingdoms of the Empire. The Integration of Barbarians in Late Antiquity, hg. v. W. Pohl, Leiden, New York, Köln 1997, S. 153–179.

Ebling, Horst, Prosopographie der Amtsträger des Merowingerreiches von Chlothar II. (613) bis Karl Martell (741), München 1974.

Ebling, Horst, Burgundofarones, in: LexMA 2 (1983) Sp. 1098.

Ehrismann, Otfried, Nibelungenlied. Epoche-Werk-Wirkung, 2., neu bearbeitete Aufl., München 2002.

Ensslin, Wilhelm, Theoderich der Grosse, München 1947 (^{2}1959).

Esders, Stefan, Römische Rechtstradition und merowingisches Königtum. Zum Rechtscharakter politischer Herrschaft in Burgund im 6. und 7. Jahrhundert, Göttingen 1997.

Ewig, Eugen, Spätantikes und fränkisches Gallien. Gesammelte Schriften (1952–1973), hg. v. Hartmut Atsma, 2 Bde., Zürich/München 1976/79.

EWIG, Eugen, Von der Kaiserstadt zur Bischofsstadt. Beobachtungen zur Geschichte von Trier im 5. Jahrhundert, in: DERS., Spätantikes und fränkisches Gallien 2, S. 33–50.

EWIG, Eugen, Die fränkischen Teilungen und Teilreiche (511–613), in: DERS., Spätantikes und fränkisches Gallien 1, S. 114–171.

EWIG, Eugen, Die fränkischen Teilreiche im 7. Jahrhundert (613–714), in: DERS., Spätantikes und fränkisches Gallien 1, S. 172–230.

EWIG, Eugen, Volkstum und Volksbewusstsein im Frankenreich des 7. Jahrhunderts, in: DERS., Spätantikes und fränkisches Gallien 1, S. 231–273.

EWIG, Eugen, Das Fortleben römischer Institutionen in Gallien und Germanien, in: DERS., Spätantikes und fränkisches Gallien 1, S. 409–434.

EWIG, Eugen, Die Civitas Ubiorum, die Francia Rinensis und das Land Ribuarien, in: DERS., Spätantikes und fränkisches Gallien 1, S. 472–503.

EWIG, Eugen, Beobachtungen zur Frühgeschichte des Bistums Köln, in: DERS., Spätantikes und fränkisches Gallien 2, S. 126–153.

EWIG, Eugen, Bemerkungen zur Vita des Bischofs Lupus von Troyes, in: Geschichtsschreibung und geistiges Leben im Mittelalter. Festschrift für Heinz Löwe zum 65. Geburtstag, hg. v. K. HAUCK und H. MORDEK, Köln/Wien 1978, S. 14–26.

EWIG, Eugen, Der Raum zwischen Selz und Andernach, in: Von der Spätantike zum frühen Mittelalter. Aktuelle Probleme in historischer und archäologischer Sicht, hg. v. J. WERNER und E. EWIG, Sigmaringen 1979 (VuF 25) S. 271–296.

EWIG, Eugen, Die Namengebung bei den ältesten Frankenkönigen und im merowingischen Königshaus. Mit genealogischen Tafeln und Notizen, in: Francia 18,1 (1991) S. 21–69.

EWIG, Eugen, Zum Geschichtsbild der Franken und den Anfängen der Merowinger, in: Mediaevalia Augiensia. Forschungen zur Geschichte des Mittelalters, hg. v. J. PETERSOHN, Stuttgart 2001 (VuF 54) S. 43–58.

FAVROD, Justin, Histoire politique du royaume burgonde (443–534), Lausanne 1997.

FÉVRIER, Paul-Albert, Jean-Charles PICARD, Charles PIETRI und Jean-François REYNAUD, Lyon, in: Topographie chrétienne, Bd. IV, Paris 1986, S. 15–35.

FOLZ, Robert, De l'antiquité au monde médiéval, Paris 1972.

FOLZ, Robert, Les saints rois du moyen âge en occident (VIe–XIIIe siècles), Brüssel 1984.

FOSSIER, Robert (Hrsg.), Le Moyen Age. Bd. 1: Les mondes nouveaux 350–950, Paris 1982.

FOURACRE, Paul, Why were so many bishops killed in Merovingian Francia?, in: Bischofsmord im Mittelalter, hg. v. N. FRYDE und D. REITZ, Göttingen 2003, S. 13–35.

FOURACRE, Paul und Richard A. GERBERDING, Late Merovingian France. History and Hagiography, 640–720, Manchester u.a. 1996.

FRYE, David, Gundobad, the Leges Burgundionum, and the Struggle for Sovereignty in Burgundy, in: Classica et Mediaevalia 41 (1990) S. 199–212.

FUSTEL DE COULANGES, N., Histoire des institutions politiques de l'ancienne France, Bd. 2: L'invasion germanique et la fin de l'Empire, Paris 1891.

GAILLARD DE SEMANVILLE, Henri, Les Burgondes. A la recherche d'un peuple discret, in: Archeologia 290 (1993) S. 50–61.

GAILLARD DE SEMAINVILLE, Henri (Hrsg.), Les Burgondes. Apports de l'archéologie. Actes du colloque international de Dijon (5–6 nov. 1992), Dijon 1995.

GAILLARD DE SEMAINVILLE, Henri und Christian SAPIN, Les découvertes de Beaune (Côte-d'Or): Des Burgondes en Bourgogne?, in: Les Burgondes. Apports de l'archéologie, hg. v. H. GAILLARD DE SEMAINVILLE, Dijon 1995, S. 143–165.

GAMILLSCHEG, Ernst, Romania Germanica. Sprach- und Siedlungsgeschichte der Germanen auf dem Boden des alten Römerreichs, Bd. III: Die Burgunder, Berlin/Leipzig 1936.

GAUDEMET, Jean, Epaone (concile de), in: Dictionnaire d'Histoire et de Géographie ecclésiastique 15 (1963) Sp. 524–545.

GAUPP, Ernst Theodor, Die germanischen Ansiedlungen und Landtheilungen in den Provinzen des römischen Westreiches, Bresslau 1844.

GEARY, Patrick J., Before France and Germany: the Creation and Transformation of the Merovingian World, New York/Oxford 1988; dt.: Die Merowinger. Europa vor Karl dem Großen, München 1996.

GOFFART, Walter, Barbarians and Romans (A.D. 418–584). The Techniques of Accommodation, Princeton 1980.

GRIERSON, Philip und Mark BLACKBURN, Medieval European Coinage with a catalogue of the coins in the Fitzwilliam Museum, Cambridge, Bd. 1: The Early Middle Ages (5th–10th centuries), Cambridge 1986.

GRIFFE, Elie, La Gaule chrétienne à l'époque romaine, 3 Bde., 2. Aufl., Paris 1964–1966.

GSCHWANTLER, Otto, Die historische Glaubwürdigkeit der Nibelungensage, in: Nibelungenlied. Ausstellung zur Erinnerung an die Auffindung der Handschrift A des Nibelungenliedes im Jahre 1779 im Palast zu Hohenems, 14. Sept. – 28. Okt. 1979, S. 55–69.

GUICHARD, René, Essai sur l'histoire du peuple burgonde de Bornholm (Burgundarholm) vers la Bourgogne et les Bourguignons, Paris 1965.

GUICHONNET, Paul (Hrsg.), Histoire et Civilisations des Alpes; vol. 1: Destin historique, Toulouse/Lausanne 1980.

HAENDLER, Gert, Geschichte des Frühmittelalters und der Germanenmission, Göttingen 1959 (= Die Kirche in ihrer Geschichte Bd. 2, Lieferung E).

Handbuch der Schweizer Geschichte, Bd. 1, 3. Aufl. Zürich 1980.

HÄRD, John Evert, Das Nibelungenepos. Wertung und Wirkung von der Romantik bis zur Gegenwart, Tübingen 1995.

HAUCK, Alfred, Kirchengeschichte Deutschlands, Bd. 1 (3./4. Auflage) Leipzig 1912.

HEIDRICH, Ingrid, Südgallische Inschriften des 5.–7. Jahrhunderts als historische Quellen, in: Rheinische Vierteljahrsblätter 32 (1968) S. 167–183.

HEIDRICH, Ingrid, Les maires du palais neustriens du milieu du VIIe au milieu du VIIIe siècle, in: La Neustrie. Les pays au nord de la Loire de 650 à 850, Bd. 1, hg. v. H. ATSMA, Sigmaringen 1989, S. 217–229.

HEINZELMANN, Martin, Bischofsherrschaft in Gallien: Zur Kontinuität römischer Führungsschichten vom 4. bis zum 7. Jahrhundert. Soziale, prosopographische und bildungsgeschichtliche Aspekte, München 1976.

HEINZELMANN, Martin, Gallische Prosopographie 260–527, in: Francia 10 (1982), 1983, S. 531–718.

HEINZELMANN, Martin, Gregor von Tours (538–594) „Zehn Bücher Geschichte". Historiographie und Gesellschaftskonzept im 6. Jahrhundert, Darmstadt 1994.

HEINZLE, Joachim und Anneliese WALDSCHMIDT (Hrsg.), Die Nibelungen: ein deutscher Wahn, ein deutscher Alptraum. Studien und Dokumente zur Rezeption des Nibelungenstoffes im 19. und 20. Jahrhundert, Frankfurt a.M. 1991.

Helvetia Sacra Bd. III, 1, Bern 1986; Bd. IV, 1, Bern 1997.

HENDY, Michael F., From Public to Private: The Western Barbarian Coinages as a Mirror of the Disintegration of Late Roman State Structures, in: Viator 19 (1988) S. 29–78.

HOFFMANN, Dietrich, Das spätrömische Bewegungsheer und die Notitia dignitatum, 2 Bde., Düsseldorf 1969.

HOFFMANN, Dietrich, Die Gallienarmee und der Grenzschutz am Rhein in der Spätantike, in: Nassauische Annalen 84 (1973) S. 1–18.

HOFFMANN, Dietrich, Edowech und Decimius Rusticus. Zur linksrheinischen Landnahme von Alamannen, Franken, Burgundern und Alanen unter dem Usurpator Constantin III. gleich nach der Invasion von Ende 406 n. Chr., in: Arcvliana, recueil d'hommages offerts à Hans Bögli, hg. v. F. E. KOENIG und S. REBETEZ, Avenches 1995, S. 559–568.

HUIZINGA, Johan, Burgund. Eine Krise des romanisch-germanischen Verhältnisses, Gastvorlesung an der Berliner Universität 1933, Tübingen 1952.

JAHN, Albert, Die Geschichte der Burgundionen und Burgundiens bis zum Ende der I. Dynastie, 2 Bde., Halle 1874.

JARNUT, Jörg, Geschichte der Langobarden, Stuttgart 1982.

JONES, Arnold Hugh Martin, The Later Roman Empire 284–602. A Social, Economic and Administrative Survey, Oxford 1964.

JÖRG, Christoph, Die Inschriften der Kantone Freiburg, Genf, Jura, Neuenburg und Waadt, Freiburg 1984 (Corpus Inscriptionum Medii Aevi Helvetiae, Die frühchristlichen und mittelalterlichen Inschriften der Schweiz 2).

JULLIAN, Camille, Notes gallo-romaines. Les origines de la Savoie, in: Revue des études anciennes 22 (1920) S. 273–280.

KAISER, Reinhold, Burgund 4. Burgund, Königreich, in: Lex MA 2 (1983) Sp. 1087–1090.

KAISER, Reinhold, Trunkenheit und Gewalt im Mittelalter, Köln/Weimar/Wien 2002.

KAISER, Reinhold, L'entourage des rois du *regnum Burgundiae* aux époques burgonde et mérovingienne, in: A l'ombre du pouvoir. Les entourages princiers au moyen âge, hg. v. A. MARCHANDISSE und J.-L. KUPPER, Genève 2003, S. 77–95.

KAISER, Reinhold, Das römische Erbe und das Merowingerreich, 3., neubearb. und ergänzte Auflage, München 2004.

KAISER, Reinhold, Der Burgunderkönig Sigismund († 523/24): erster heiliger König des Mittelalters und erster königlicher Romfahrer, Bußpilger und Mönch, in: Päpste, Pilger und Pönitentiarie. Festschrift für Ludwig Schmugge zum 65. Geburtstag, hg. v. C. RENDTEL, M. WITTMER-BUTSCH und A. MEYER, Tübingen 2004.

KAMPERS, Gerd, Caretena – Königin und Asketin. Mosaiksteine zum Bild einer burgundischen Herrscherin, in: Francia 27/1 (2000), 2001, S. 1–32.

KAMPERS, Gerd, Lex Burgundionum, in: RGA 18 (2001) S. 315–317.

KAUFMANN, Frank-Michael, Studien zu Sidonius Apollinaris, Frankfurt am Main 1995.

KIENAST, Walther, Studien über die französischen Volksstämme des Frühmittelalters, Stuttgart 1968.

KÖHLER, Gustav, Die Bekehrung der Burgunder zum Christentum. Waren die Burgunder des Wormserreiches Katholiken oder Arianer?, in: Zeitschrift für Kirchengeschichte 57 (1938) S. 227–243.

KRÜGER, Karl-Heinrich, Königsgrabkirchen der Franken, Angelsachsen und Langobarden bis zur Mitte des 8. Jahrhunderts, München 1971.

LAFAURIE, Jean, Les monnaies frappées à Lyon au VIe siècle, in: Mélanges Jean Tricou, Lyon 1972, S. 193–205.

LAFAURIE, Jean, Monnaies décriées dans le second appendice de la Lex Burgundionum, in: Bulletin de la Société française de numismatique 31 (1976) S. 73–75.

LEGUAY, Jean-Pierre, La Sapaudia des Burgondes, in: La Savoie des origines à l'an mil. Histoire et archéologie, Rennes 1983, S. 311–339.

LEGUAY, Jean-Pierre, Les Burgondes et la „Sapaudia", in: L'Histoire en Savoie 22 (1988) S. 1–48.

LE JAN, Régine, Famille et pouvoir dans le monde franc (VIIe-Xe siècle). Essai d'anthropologie sociale, Paris 1995.

LEUBE, Achim, Die Burgunden bis zum Untergang ihres Reiches an der oberen Rhone im Jahre 534, in: Die Germanen, Bd. II: Die Stämme und Stammesverbände in der Zeit vom 3. Jahrhundert bis zur Herausbildung der politischen Vorherrschaft der Franken, hg. v. B. KRÜGER, Darmstadt 1987, S. 361–379.

LEUBE, Achim, Contribution à l'histoire primitive archéologique et culturelle du Brandebourg oriental pendant la période du Ier au Ve siècle après Jésus-Christ, in: Les Burgondes. Apports de l'archéologie, hg. v. H. GAILLARD DE SEMAINVILLE, Dijon 1995, S. 55–70.

LEVILLAIN, Léon, Les Nibelungen historiques, in: Annales du Midi 49 (1937) S. 337–408; 50 (1938) S. 5–66.

LIEBESCHÜTZ, Wolf, Cities, Taxes, and the Accomodation of the Barbarians: The Theories of Durliat and Goffart, in: Kingdoms of the Empire. The

Integration of Barbarians in Late Antiquity, hg. v. W. POHL, Leiden/New York/Köln 1997, S. 135–151.

LIEBS, Detlef, Die Juristenwelt bei Sidonius Apollinaris. Römische Juristen 420 bis 500 n.Chr. im südlichen Gallien, in: Mélanges à la mémoire de André Magdelain, hg. v. M. HUMBERT und Y. THOMAS, Paris 1998, S. 259–273.

LIPPOLD, Adolf, Chlodevechus, in: RE Suppl. 13 (1973) Sp. 139–174.

LONGNON, Auguste, Atlas historique de la France. Texte explicatif des planches, Première partie: De 58 avant J.-C. à 1380 après J.-C., Paris 1912.

LOT, Ferdinand, Du régime de l'hospitalité, in: Revue belge de philologie et d'histoire 7 (1928) S. 975–1011 (ND in: Recueil des travaux historiques de F. Lot, 2. Band, Genève 1970, S. 63–99).

LOT, Ferdinand, Les limites de la Sapaudia, in: La Revue Savoisienne 75 (1934) S. 146–156.

LOYEN, André, Sidoine Apollinaire et l'esprit précieux en Gaule aux derniers jours de l'empire, Paris 1943.

MARTI, Reto, Das frühmittelalterliche Gräberfeld von Saint-Sulpice VD, Lausanne 1990.

MARTI, Reto, L'installation des Burgondes en Sapaudia. L'exemple du cimetière de Saint-Sulpice, Canton de Vaud, Suisse, in: Les Burgondes. Apports de l'archéologie, hg. v. H. GAILLARD DE SEMAINVILLE, Dijon 1995, S. 129–142.

MARTI, Reto, Zwischen Römerzeit und Mittelalter. Forschungen zur frühmittelalterlichen Siedlungsgeschichte der Nordwestschweiz (4.–10. Jahrhundert), 2 Bde., Liestal 2000.

MARTIN, Max, Bemerkungen zu den frühmittelalterlichen Gürtelbeschlägen der Schweiz, in: Zeitschrift für Schweizerische Archäologie und Kunstgeschichte 28 (1971) S. 29–57.

MARTIN, Max, Burgunden, III. Archäologisches (443–700), in: RGA 4 (1981) S. 248–271.

MARTIN, Max, Romani e Germani nelle Alpi occidentali e nelle Prealpi tra il lago di Ginevra e il lago di Costanza: il contributo delle necropoli (V-VII secolo), in: Romani e Germani nell'arco alpino (secoli VI-VIII), hg. v. V. BIERBRAUER und C. G. MOR, Bologna 1986, S. 147–200.

MARTIN, Max, Les Burgondes et l'archéologie hier et aujourd'hui, in: Les Burgondes. Apports de l'archéologie, hg. v. H. GAILLARD DE SEMAINVILLE, Dijon 1995, S. 31–44.

MARTIN, Paul-Edmond, Etudes critiques sur la Suisse à l'époque mérovingienne (534–715), Genève 1910.

MARTIN, Paul Edmond, Le problème de la «Sapaudia», in: Zeitschrift für Schweizerische Geschichte 13 (1933) S. 183–205.

MASAI, François, La *Vita patrum iurensium* et les débuts du monachisme à Saint-Maurice d'Agaune, in: Festschrift Bernhard Bischoff zu seinem 65. Geburtstag, hg. v. J. AUTENRIETH und F. BRUNHÖLZL, Stuttgart 1971, S. 43–69.

MATHISEN, Ralph W., Resistance and reconciliation: Maiorian and the Gallic aristocracy after the fall of Avitus, in: Francia 7 (1979), 1980, S. 597–627.

MENTZ, Arthur, Schrift und Sprache der Burgunder, in: Zeitschrift für Deutsches Altertum 85 (1954–55) S. 1–17.

MERCIER, Claude und Monique MERCIER-ROLLAND, Le cimitière burgonde de Monnet-la-Ville, Besançon 1974.

MOORHEAD, John, Theoderic in Italy, Oxford 1992.

MOOSBRUGGER-LEU, Rudolf, Die Schweiz zur Merowingerzeit. Die archäologische Hinterlassenschaft der Romanen, Burgunder und Alamannen, 2 Bde., Bern 1971.

MOREAU, Jean, Dictionnaire de géographie historique de la Gaule et de la France, Paris 1972.

MORET, Jean-Christophe, Des Burgondes à Nyon? L'élément exogène dans la nécropole de Clémenty, Lausanne 1993.

MOYSE, Gérard, La Bourgogne septentrionale et particulièrement le diocèse de Besançon de la fin du monde antique au seuil de l'âge carolingien (Ve-VIIIe siècles), in: Von der Spätantike zum frühen Mittelalter. Aktuelle Probleme in historischer und archäologischer Sicht, hg. v. J. WERNER und E. EWIG, Sigmaringen 1979 (VuF 25), S. 467–488.

MUSSET, Lucien, Les Invasions. Les vagues germaniques, 2 Bde., 2. Aufl., Paris 1969.

NEDOMA, R., Gibichungen, § 1: Sagengeschichtliches, in: RGA 12 (1998) S. 66–68.

NEHLSEN, Hermann, Lex Burgundionum, in: HRG 2 (1978) Sp. 1901–1915.

NEHLSEN, Hermann, Lex Romana Burgundionum, in: HRG 2 (1978) Sp. 1927–1934.

NESSELHAUF, Herbert, Die spätrömische Verwaltung der gallisch-germanischen Länder, Berlin 1938 (Abhandlungen der Preußischen Akademie der Wissenschaften, Philosophisch-historische Klasse 20).

NEUMANN, Günter, Burgunden I: Philologisches, § 2: Namenkundliches, in: RGA 4 (1981) S. 224–231.

NIERMEYER, J. F., Mediae latinitatis lexicon minus, 2 Bde., 2. Aufl., Leiden/Darmstadt 2002.

OLDENSTEIN, Jürgen, Die letzten Jahrzehnte des römischen Limes zwischen Andernach und Selz unter besonderer Berücksichtigung des Kastells Alzey und der Notitia Dignitatum, in: Zur Kontinuität zwischen Antike und Mittelalter am Oberrhein, hg. v. F. STAAB, Sigmaringen 1994, S. 69–112.

OLDENSTEIN, Jürgen, Les Burgondes à Alzey? Une question ouverte?, in: Les Burgondes. Apports de l'archéologie, hg. v. H. GAILLARD DE SEMAINVILLE, Dijon 1995, S. 87–93.

PELLETIER, André, Jacques ROSSIAUD (Hrsg.), Histoire de Lyon des origines à nos jours, vol. 1: Antiquité et Moyen Âge, Le Coteau 1990.

PÉRIN, Patrick, L'archéologie funéraire permetelle de mesurer la poussée franque en Burgondie au VIe siècle? in: Les Burgondes. Apports de l'archéologie, hg. v. H. GAILLARD DE SEMAINVILLE, Dijon 1995, S. 227–245.

PERRIN, Odet, Les Burgondes: leur histoire, des origines à la fin du premier Royaume (534), Neuchâtel 1968.

PETRIKOVITS, Harald VON, Altertum, in: Franz PETRI, Georg DROEGE (Hrsg.), Rheinische Geschichte, Bd. I, 1, Düsseldorf 1978.

PFISTER, Max, 468 Germanisch und Romanisch. a) Germanisch-romanische Sprachkontakte, in: Lexikon der Romanistischen Linguistik, Bd. VII: Kontakt, Migration und Kunstsprachen. Kontrastivität, Klassifikation und Typologie, Tübingen 1998, S. 231–245.

PIETRI, Luce, La ville de Tours du IVe au VIe siècle: naissance d'une cité chrétienne, Paris/Rom/Turin 1983.

POHL, Walter, Die Germanen, München 2000.

POHL, Walter, Die Völkerwanderung. Eroberung und Integration, Stuttgart 2002.

PONTAL, Odette, Histoire des conciles mérovingiens, Paris 1989, dt.: Die Synoden im Merowingerreich, Paderborn u.a. 1986.

POUPARDIN, René, Le royaume de Provence sous les Carolingiens (855–933?), Paris 1901.

POUPARDIN, René, Le Royaume de Bourgogne (888–1038). Etudes sur les origines du royaume d'Arles, Paris 1907.

PRINZ, Friedrich, Frühes Mönchtum im Frankenreich. Kultur und Gesellschaft in Gallien, den Rheinlanden und Bayern am Beispiel der monastischen Entwicklung (4.–8. Jahrhundert), München/Wien 1965 (^{2}1988).

PRIVATI, Béatrice, La nécropole de Sézegnin, Genève 1983.

PRIVATI, Béatrice, Sézegnin GE: une unité agricole du haut moyen âge, in: Archäologie der Schweiz 9 (1986) S. 9–19.

REYNAUD, Jean-François, Romains et Burgondes en région Rhône-Alpes, in: Les Burgondes. Apports de l'archéologie, hg. v. H. GAILLARD DE SEMAINVILLE, Dijon 1995, S. 103–110.

REYNAUD, Jean-François, Lugdunum christianum. Lyon du VIe au VIIIe siècle: topographie, nécropoles et édifices religieux, Paris 1998.

RICHARD, Jean, Burgund 5. Burgund, Freigrafschaft, in: Lex MA 2 (1983) Sp. 1090–1092.

ROSENFELD, Hellmut, Die Namen Nibelung, Nibelungen und die Burgunder, in: Blätter für oberdeutsche Namenforschung 9 (1968) S. 16–21.

ROSENFELD, Hellmut, Nibelungische Lieder zwischen Geschichte und Politik, Parallellied, Annexionslied, Sagenmischung, Sagenschichtung, in: Beiträge zur Geschichte der deutschen Sprache und Literatur (Paul und Braunes Beiträge) 99 (1977) S. 66–77.

ROSENFELD, Hellmut, Burgunden I. Philologisches. §3: Burgundensagen, in: RGA 4 (1981) S. 231–235.

ROSENWEIN, Barbara H., Perennial prayer at Agaune, in: S. FARMER, B. H. ROSENWEIN (Hrsg.), Monks and nuns, saints and outcasts: Religion in medieval society, Ithaca, N.Y., 2000, S. 37–56.

ROSENWEIN, Barbara H., One site, many meanings: Saint-Mauice d'Agaune as a place of power in the early Middle Ages, in: Mayke DE JONG, Frans THEUWS, Carine VAN RHIJN (Hrsg.), Topography of Power in the Early Middle Ages, Leiden/Boston/Köln 2001, S. 271–290.

Roth, H., Düwel, K., Charnay, in: RGA 4 (1981) S. 372–375, mit Tafel 20, 21.

Rouche, Michel, L'Aquitaine des Wisigoths aux Arabes, 418–781. Naissance d'une région, Paris 1979.

Rouche, Michel, Marchés et marchands en Gaule du Ve au Xe siècle, in: Mercati e mercanti nell' alto medioevo: l'area euroasiatica e l'area mediterranea, Spoleto 1993 (Settimane di studio del centro italiano di studi sull' alto medioevo 40) S. 395–434.

Rouche, Michel, Clovis. Suivi de vingt et un documents traduits et commentés, Paris 1996.

Schäferdiek, Knut, Bonosus von Naissus, Bonosus von Serdika und die Bonosianer, in: Zeitschrift für Kirchengeschichte 96 (1985) S. 162–178.

Scharf, Rolf, Jovinus – Kaiser in Gallien, in: Francia 20/1 (1993) S. 1–13.

Scheibelreiter, Georg, *Vester est populus meus*. Byzantinische Reichsideologie und germanisches Selbstverständnis, in: Das Reich und die Barbaren, hg. v. E. Chrysos und A. Schwarcz, Wien 1989, S. 203–220.

Schieffer, Theodor (Hrsg.), Handbuch der europäischen Geschichte, Bd. 1: Europa im Wandel von der Antike zum Mittelalter, Stuttgart 1976.

Schilling, Beate, *Ansemundus dux*, das Ende des Burgunderreichs und der Senat von Vienne. Zur gefälschten Gründungsurkunde des Andreasklosters (Vienne), in: Archiv für Diplomatik 46 (2000) S. 1–47.

Schleiermacher, Wilhelm, Die Burgunder am Limes, in: Varia archaelogica. Wilhelm Unverzagt zum 70. Geburtstag dargebracht, Berlin 1964, S. 192–194.

Schmidt, Kurt Dietrich, Die Bekehrung der Ostgermanen zum Christentum (Der ostgermanische Arianismus), Göttingen 1939.

Schmidt, Ludwig, Geschichte der deutschen Stämme bis zum Ausgang der Völkerwanderung, Bd. 2: Die Ostgermanen, 2. Aufl., München 1941 (ND 1969).

Schmitt, Christian, Sprach- und Nationenbildung in Westeuropa (bis zur Jahrtausendwende), in: Sprachgeschichte. Ein Handbuch zur Geschichte der deutschen Sprache und ihrer Erforschung. 2. Teilband, hg. v. W. Besch, A. Betten, O. Reichmann und S. Sonderegger, 2., vollständig neu bearb. u. erw. Aufl., Berlin/New York 2000, S. 1015–1030.

Schneider, Reinhard, Das Frankenreich, 4. überarbeitete u. erw. Aufl., München 2001.

Schnetz, Joseph, Die *regio Capellatii* bei Ammian. Marcell. XVIII, 2, 15, in: Zeitschrift für Ortsnamenforschung 11 (1935) S. 113–124.

Schönfeld, Moritz, Wörterbuch der altgermanischen Personen- und Völkernamen, Heidelberg 1911.

Schott, Clausdieter, Traditionelle Formen der Konfliktlösung in der Lex Burgundionum, in: La giustizia nell'alto medioevo (secoli V-VIII). 7–13 aprile 1994, Spoleto 1995 (Settimane di studio del centro italiano di studi sull'alto medioevo 42) S. 933–961.

Schott, Clausdieter, Lex Burgundionum: Titel 52 – Der Aunegilde-Skandal, in: Alles was Recht war. Rechtsliteratur und literarisches Recht. Festschrift für Ruth Schmidt-Wiegand zum 70. Geburtstag, hg. v. H.

HÖFINGHOFF, W. PETERS, W. SCHILD und T. SODMANN, Essen 1996 (Item mediävistische Studien 3) S. 25–36.

SCHUBERT, Hans von, Die Anfänge des Christentums bei den Burgundern, Heidelberg 1911 (Sitzungsberichte der Heidelberger Akademie der Wissenschaften, phil.-hist. Kl. 3).

SCHUBERT, Hans von, Staat und Kirche in den arianischen Königreichen und im Reiche Chlodwigs, München 1912.

SCHÜLE, Ernest, Le problème burgonde vu par un romaniste, in: Actes du Colloque de dialectologie francoprovençale organisé par le Glossaire des patois de la Suisse romande, Neuchâtel, 23–27 septembre 1969, hg. v. Z. MARZYS, Neuchâtel-Genève 1971, S. 27–55.

SCHULZE-DÖRRLAMM, Mechthild, Spätkaiserzeitliche Gürteltaschen mit Knebelverschluß, in: Archäologisches Korrespondenzblatt 12 (1982) S. 501–509.

SCHULZE-DÖRRLAMM, Mechthild, Germanische Kriegergräber mit Schwertbeigabe in Mitteleuropa aus dem späten 3. Jahrhundert und der ersten Hälfte des 4. Jahrhunderts n. Chr. Zur Entstehung der Waffenbeigabensitte in Gallien, in: Jahrbuch des Römisch-Germanischen Zentralmuseums Mainz 32 (1985) S. 509–569.

SCHULZE-DÖRRLAMM, Mechthild, Archäologische Funde des 5. Jahrhunderts n. Chr. aus Worms-Abenheim, in: Der Wormsgau (1982/86) S. 91–96.

SCHWAB, Hanni, Alamannen und Burgunder und deutsch-französische Sprachgrenze, in: Schweizerische Zeitschrift für Geschichte 21 (1971) S. 237–248.

SELLE-HOSBACH, Karin, Prosopographie merowingischer Amtsträger in der Zeit von 511 bis 613, Bonn 1974.

SHANZER, Danuta, Two Clocks and a Wedding; Theoderic's Diplomatic Relations with the Burgundians, in: Romanobarbarica 14 (1996/97) S. 225–258.

SIEMS, Harald, Handel und Wucher im Spiegel frühmittelalterlicher Rechtsquellen, Hannover 1992.

SIMON, Christian, La déformation crânienne artificielle dans le bassin du Léman: Etat de la question, in: Les Burgondes. Apports de l'archéologie, hg. v. H. GAILLARD DE SEMAINVILLE, Dijon 1995, S. 205–215.

SONDEREGGER, Stefan, Volks- und Sprachgrenzen in der Schweiz im Frühmittelalter. Mit besonderer Berücksichtigung der burgundisch-alemannischen Grenze: Der sprachgeschichtliche Aspekt, in: Schweizerische Zeitschrift für Geschichte 13 (1963) S. 493–534.

SORACI, Rosario, Roma e i Burgundi, in: Passaggio dal mondo antico al Medio Evo da Theodosio a san Gregorio Magno, Roma 1980 (Atti dei Convegni Lincei 45) S. 477–513.

SPRENGER, U., Nibelungensagen, in: RGA 21 (2002) S. 135–139.

STADELMANN, J., Etudes de toponymie romande: pays fribourgeois et districts vaudois d'Avenches et de Payerne, Fribourg 1902.

STAEHELIN, Felix, Die Schweiz in römischer Zeit, 3. neu bearb. u. erw. Aufl. Basel 1948.

STEIN, Ernst, Die Organisation der weströmischen Grenzverteidigung im 5. Jahrhundert und das Burgunderreich am Rhein, in: Berichte der Römisch-Germanischen Kommission des Deutschen Archäologischen Instituts Berlin 18 (1928) S. 92–114.

STROHEKER, Karl Friedrich, Der senatorische Adel im spätantiken Gallien, Tübingen 1948 (ND 1970).

STROHEKER, Karl Friedrich, Studien zu den historisch-geographischen Grundlagen der Nibelungendichtung, in: DERS., Germanentum und Spätantike, Stuttgart 1965, S. 246–274.

SUCHODOLSKY, Stanislaw, Est-ce que les Burgondes ont été forcés d'accepter l'or au poids?, in: Numismatica e antichità classiche 20 (1991) S. 247–251.

TAVERDET, Gérard, Souvenirs linguistiques des Burgondes en Bourgogne?, in: Les Burgondes. Apports de l'archéologie, hg. v. H. GAILLARD DE SEMAINVILLE, Dijon 1995, S. 221–225.

TEICHNER, Felix, Nouveaux indices de la présence de peuples germaniques orientaux en „Mainfranken", in: Les Burgondes. Apports de l'archéologie, hg. v. H. GAILLARD DE SEMAINVILLE, Dijon 1995, S. 73–82.

TEICHNER, Felix, Kahl am Main: Eine völkerwanderungszeitliche Siedlung mit Gräberfeld im Rhein-Main-Gebiet, in: Ethnographisch-Archäologische Zeitschrift 36 (1995) S. 86–99.

THEURILLAT, Jean Marie, L'abbaye de Saint-Maurice d'Agaune. Des origines à la réforme canoniale 515–830 environ, in: Vallesia 9 (1954) S. 1–128.

THIBAULT, Fabien, L'impôt direct dans les royaumes des Ostrogoths, des Wisigoths et des Burgondes, Section III: Royaume des Burgondes, in: Nouvelle Revue historique de droit français et étranger 26 (1902) S. 38–48.

TISCHLER, Johann, Die Aufschriften der burgundischen Danielschnallen. Mit Zeichnungen von R. Moosbrugger-Leu, in: Beiträge zur Namenforschung N.F. 17 (1982) S. 113–160.

Topographie chrétienne des cités de la Gaule des origines au milieu du VIIIe siècle, hg. v. Nancy GAUTHIER, Jean-Charles PICARD, t. III: Provinces ecclésiastiques de Vienne et d'Arles, Paris 1986; t. IV: Province ecclésiastique de Lyon, Paris 1986; t. VIII: Province ecclésiastique de Sens, Paris 1992.

TUAILLON, Gaston, Le Francoprovençal. Progrès d'une définition, Saint-Nicolas d'Aoste 1983.

„Uns ist in alten Mären..." Das Nibelungenlied und seine Welt. Katalog zur Ausstellung in Karlsruhe 13.12.2003–14.3.2004, hg. v. der Badischen Landesbibliothek Karlsruhe und dem Badischen Landesmuseum Karlsruhe, Darmstadt 2003.

VALLET, Françoise und Michel KAZANSKI, Eléments étrangers en Burgondie dans la deuxième moitié du Ve siècle, in: Les Burgondes. Apports de l'archéologie, hg. v. H. GAILLARD DE SEMAINVILLE, Dijon 1995, S. 111–127.

VRÉGILLE, Bernard DE, Les origines chrétiennes et le haut moyen âge, in: Histoire de Besançon, hg. v. C. FOHLEN, Bd. 1, Paris 1964.

Wackwitz, Peter, Gab es ein Burgunderreich in Worms? Beiträge zu den geschichtlichen Grundlagen der Nibelungensage, Worms 1964/65 (Zeitschrift der Kulturinstitute der Stadt Worms und des Altertumsvereins Worms, Beihefte 20, 21).

Wallace-Hadrill, John Michael, The Bloodfeud of the Franks, in: The Long-Haired Kings and Other Studies in Frankish History, London 1962, S. 121–147.

Wartburg, Walter von, Die Ausgliederung der romanischen Sprachräume, Bern 1950.

Walther, Hans, Scherz und Ernst in der Völker- und Stämme-Charakteristik mittellateinischer Verse, in: Archiv für Kulturgeschichte 41 (1959) S. 263–301.

Wattenbach, Wilhelm, Levison, Wilhelm, Löwe, Heinz, Deutschlands Geschichtsquellen im Mittelalter. Vorzeit und Karolinger, Heft 1: Die Vorzeit von den Anfängen bis zur Herrschaft der Karolinger, bearb. v. W. Levison, Weimar 1952; Heft 2: Die Karolinger vom Anfang des 8. Jahrhunderts bis zum Tode Karls des Grossen, bearb. v. W. Levison u. H. Löwe, Weimar 1953.

Weidmann, Denis, Fouilles récentes de nécropoles dans l'arc lémanique vaudois. Evolution des modes d'inhumation, in: Les Burgondes. Apports de l'archéologie, hg. v. H. Gaillard de Semainville, Dijon 1995, S. 185–203.

Wenskus, Reinhard, Stammesbildung und Verfassung. Das Werden der frühmittelalterlichen Gentes, Köln/Graz 1961.

Wenskus, Reinhard, Die Burgunder, in: Handbuch der europäischen Geschichte, Bd. I, hg. v. T. Schieffer, Stuttgart 1976, S. 230–235.

Werner, Karl Ferdinand, Missus – Marchio – Comes. Entre l'administration centrale et l'administration locale de l'Empire carolingien, hg. v. W. Paravicini und K. F. Werner, Zürich/München 1980, S. 191–239.

Werner, Karl Ferdinand, Burgund 1. Zum Burgund-Begriff, in: Lex MA 2 (1983) Sp. 1062.

Werner, Karl Ferdinand, Burgund 2: Burgund, fränkisches Teilreich, in: Lex MA 2 (1983) Sp. 1062–1066.

Werner, Karl Ferdinand, Richard, Jean, Blockmann W. P., Burgund 3. Burgund, Herzogtum, in: Lex MA 2 (1983) Sp. 1066–1087.

Werner, Karl Ferdinand, Histoire de France, t. 1: Les Origines (avant l'an mil), Paris 1984.

Werner, Joachim, Beiträge zur Archäologie des Attila-Reiches, 2 Bde., München 1956 (Abhandlungen der bayerischen Akademie München, phil.-hist. Klasse N.F. 38, 1956).

Werner, Joachim, Die romanische Trachtprovinz Nordburgund im 6. und 7. Jahrhundert, in: Von der Spätantike zum frühen Mittelalter, hg. v. E. Ewig und J. Werner, Sigmaringen 1979 (VuF 25), S. 447–465.

Windler, Renata, Land und Leute – Zur Geschichte der Besiedlung und Bevölkerung, in: Die Schweiz zwischen Antike und Mittelalter. Archäologie und Geschichte des 4. bis 9. Jahrhunderts, hg. v. A. Furger, 1996, S. 127–184.

WIRTH, Gerhard, Attila. Das Hunnenreich und Europa, Stuttgart 1999.

WOLFRAM, Herwig, Zur Ansiedlung reichsangehöriger Föderaten. Erklärungsversuche und Forschungsziele, in: MIÖG 91 (1983) S. 6–35.

WOLFRAM, Herwig, Das Reich und die Germanen. Zwischen Antike und Mittelalter, Berlin 1990.

WOLFRAM, Herwig, Die Goten. Von den Anfängen bis zur Mitte des sechsten Jahrhunderts, 4. Aufl., München 2001.

WOOD, Ian N., Kings, Kingdoms and Consent, in: Early Medieval Kingship, hg. v. P. H. SAWYER und I. N. WOOD, Leeds 1977, S. 6–29.

WOOD, Ian N., A Prelude to Columbanus: the Monastic Achievement in the Burgundian Territories, in: Columbanus and Merovingian Monasticism, hg. v. H. B. CLARKE und M. BRENNAN, Oxford 1981, S. 3–32.

WOOD, Ian N., Gregory of Tours and Clovis, in: Revue belge de Philologie et d' Histoire 63 (1985) S. 249–272.

WOOD, Ian N., Disputes in late fifth- and sixth-century Gaul: some problems, in: The Settlement of Disputes in Early Medieval Europe, hg. v. W. DAVIES und P. FOURACRE, Cambridge 1986, S. 7–22.

WOOD, Ian N., Clermont and Burgundy, in: Nottingham Medieval Studies 32 (1988) S. 119–125.

WOOD, Ian N., Administration, law and culture in Merovingian Gaul, in: The Uses of Literacy in Early Medieval Europe, hg. v. R. MCKITTERICK, Cambridge 1990, S. 63–81.

WOOD, Ian N., Ethnicity and the Ethnogenesis of the Burgundians, in: Typen der Ethnogenese unter besonderer Berücksichtigung der Bayern, Teil I, hg. v. H. WOLFRAM und W. POHL, Wien 1990, S. 53–69.

WOOD, Ian N., *Gentes*, kings and kingdoms – the emergence of states. The kingdom of the Gibichungs, in: Regna and gentes. The Relationship between Late Antique and Early Medieval Peoples and Kingdoms in the Transformation of the Roman World, hg. v. H.-W. GOETZ, J. JARNUT und W. POHL, Leiden/Boston 2003, S. 243–269.

WOOD, Ian N., Origo gentis §5: Burgunden, in: RGA 22 (2003) S. 195–199.

ZECCHINI, Giuseppe, Aezio: L'ultima difesa dell'Occidente romano, Roma 1983.

ZEISS, Hans, Studien zu den Grabfunden aus dem Burgunderreich an der Rhone, München 1938 (Sitzungsberichte der Bayerischen Akademie der Wissenschaften, Phil.-hist. Abt., Heft 7).

ZEUMER, Karl, Geschichte der westgothischen Gesetzgebung, in: NA 23 (1897/98), 419–516.

ZÖLLNER, Erich, Geschichte der Franken bis zur Mitte des 6. Jahrhunderts, München 1970.

Stammtafeln

I. Eine burgundische Königsfamilie des 4./5. Jahrhunderts

Hanhavald
regalis gentis Burgundionum
(Gallien) IV./V. Jh.
- -
Reutilo (Reuglo)
Onkel (avunculus) des
Hariulf

|
Hariulf
protector domesticus
(Gallien) IV./V. Jh.

II. Die "Gibichungen"

Gibica

Gundomar
(Godomar)

Gislahar

Gundichar
(Guntarius/Gundahar)
phylarchus 411
rex 436/37

III. Die Burgunderkönige des Rhônereiches

Gundichar

Chilperich
rex 455, † p. 474 ?

Gundioc (Gundowech)
rex 455 – ? 474
∞ N. (Schw. d. Ricimer)

Gundobad
rex 476/77 ? – 516
∞ Carathena

Godigisel
rex 476/77 ? – 500

Chilperich II.
† a. 476/77 ?

Godomar I.
† a. 476/77 ?

Sigismund
rex 516 – 523
∞ Ostroghoto Areagni (1),
To. Theoderichs d. Gr.
NN (2)

Godomar II.
rex 524 – 532/34

N. (To.)

Crona
(Saedeleuba)
Nonne

Chrodechild
† 548 frk. Kgn.
∞ Chlodovech,
rex Francorum
481/2 – 511

Sigirich (1)
† 522

Tochter (1)
1 ∞ Theuderich I.
rex Francorum 511 – 533
So. d. Clodovech
2 ∞ Suavegotta

Gisclahad (2)

Gundobad (2)

Theudebert (2)
rex Francorum 533/34 – 547

Theudechildis (2)

|
Theudowald
rex Francorum 548 – 555

265

IV. Merowingische Könige im "regnum Burgundiae"

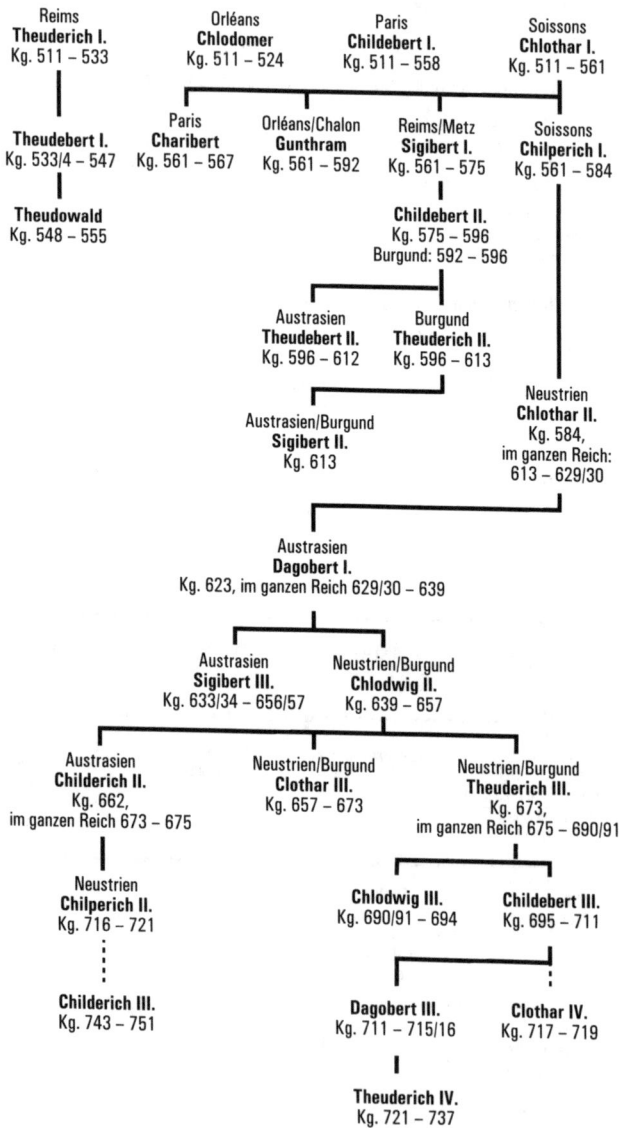

Ortsregister

Abkürzungen:
Dép. = Département, Frankreich; Kl. = Kloster; Kt. = Kanton, Schweiz;
Prov. = Provinz, Belgien; Reg. = Region, Belgien

Aare 43, 102
Abenheim (bei Worms) 91
Ägypten 27
Aemilia 109, 177
Afrika 57, 77, 149, 156, 206
Agaunum (Acaunum)/Saint-Maurice (Kt. Wallis) 165, 168, 171, 173f., 179, 193f., 237 Anm. 548, 238 Anm. 552
Agde (Konzil, 506; Dép. Hérault) 67, 161, 218 Anm. 158
Aigle (Kt. Waadt) 42
Ain (Dép.) 44, 95, 137, 200
Aix-en-Provence (Dép. Bouches-du-Rhône) 53, 102, 106
Alba (Dép. Ardèche) 51, 105f.
Albi (Dép. Tarn) 66
Alemannien/*Alamannia* 74, 109, 208
Alésia, Alise-Sainte-Reine (Dép. Côte-d'Or) 94
Alpen 12, 43f., 51, 53f., 102, 161, 194
Alpes maritimae 105f.
Alpium Graiarum et Poeninarum 105
Alzey (Rheinland-Pfalz) 29f., 91
Ambérieu-en-Bugey (Dép. Ain) 71, 81f., 118, 128
Amboise (Dép. Indre-et-Loire) 59, 64
Amous (*pagus* der *civitas* Besançon) 108, 113
Andernach (Rheinland-Pfalz) 28, 30
Anglia 208

Antibes (Dép. Alpes-Maritimes) 106
Aosta (Valle d'Aosta) 171, 183
Apt (Dép. Vaucluse) 71, 106
Aquitania I 51
Aquitanien 57, 66, 82, 177, 179
Arelat 183
Aremorica 38, 48
Arles 26f., 41, 48, 51, 53f., 64, 66, 102, 104–106, 146, 183
Arles (Konzil, zw. 441–506) 156
Armance 184
Arnex-Bofflens (Kt. Waadt) 94
Artois 180
Aschaffenburg (Bayern) 90
Asowsches Meer 17
Atlantik 103, 147
Attoariensis/Attoariorum/Hotoariorum, pagus 108, 197
Atuyer (*pagus* bei Dijon) 108, 113, 197
Audincourt (Dép. Doubs) 186
Austrasien, Austrien 73, 177, 179, 191, 194
Autun (Dép. Saône-et-Loire) 51, 54, 59f., 72f., 79, 105–107, 116, 125f., 135, 142, 146, 167, 180, 197
Auvergne 48, 51f., 65f., 70, 72
Auxerre (Dép. Yonne) 60, 106, 177, 180
Avenches (Kt. Waadt) 44, 54, 73, 105–107, 194
Avignon 51, 61f., 66, 71, 105, 146, 177, 187, 194, 203, 219 Anm. 158

267

Bad Kissingen (Bayern) 19
Balkan 209
Balma (La Baûme, heute: Saint-Lupicin, Dép. Jura) 168
Barcelona 66
Basel 105, 107, 182, 186
Bayern 113, 150, 157, 209
Bayreuth 204f.
Bazas (Dép. Gironde) 29
Beaune (Dép. Côte-d'Or) 94f., 186
Beire-le-Châtel (Dép. Côte-d'Or) 94
Belfort 43
Belgica 213 Anm. 59
Belgica I 32, 217 Anm. 138
Belgica II 48
Belley (Dép. Ain) 183, 194
Bern-Bümpliz 94
Besançon 43, 49, 54, 56, 73, 105, 107f., 113, 116, 146f., 150, 157, 167–169, 182f., 194, 197, 228 Anm. 335
Bingen (Rheinland-Pfalz) 30
Blussangeaux (Dép. Doubs) 186
Bordeaux 59, 66, 147
Bornholm (dänische Insel) 12, 23, 88, 211 Anm. 28
Bourges 50f.
Bourgogne 11f., 92, 94, 96, 99f., 180, 203, 206
Bourogne (Dép. Territoire-de-Belfort) 186
Brabant 180
Braga (Galicien) 149
Brandenburg 88
Bregenz 205
Bretagne 209
Bretenière (Dép. Côte-d'Or) 186
Brèves (Dép. Nièvre) 184
Brienne-le-Château (Dép. Aube) 56
Briord (Dép. Ain) 137
Brioude (Dép. Haute-Loire) 124
Britannien/*Britannia* 17, 26, 105, 208
Brochon (bei Dijon, Dép. Côte-d'Or) 94, 186

Burgundarholm 23
Byzanz 59, 173

Calarona 42f.
Cannes (Dép. Alpes-Maritimes) 166
Capellatii 19
Cappel (bei Öhringen) 19
Carouge (Kt. Genf) 64, 117f.
Carpentras (Dép. Vaucluse) 71, 106
Castellane (Dép. Alpes-de-Haute-Provence) 106
Cavaillon (Dép. Vaucluse) 71, 105
Celtica 215 Anm. 103
Cervon (Dép. Nièvre) 60
Chalaronne 42
Chalon (-sur-Saône) 51, 54, 73, 105–107, 109, 118, 144, 146, 174, 179f., 186f., 199, 236 Anm. 518
Champagne 47
Champagnole (Dép. Jura) 95
Charnay (Dép. Saône-et-Loire) 94, 96, 186
Chartres 177
Châteauroux (Dép. Indre) 50
Châtillon-sur-Chalaronne (Dép. Ain) 42
Chaussin (Dép. Jura) 186
Chelles (Dép. Seine-et-Marne) 159
Chur 199
Cimiez (Prov. *Alpes maritimae*, Dép. Hautes Alpes) 106
Clermont (-Ferrand) (Dép. Puy-de-Dôme) 51f., 122, 135
Commavorum (=*Camavorum*)/*Ammaviorum, pagus* 108
Condate/*Condadisco* (Kl., Saint-Claude, Dép. Jura) 154, 168f., 172
Côte Beaujolaise 11
Côte d'Or 11
Côte d'Or (Dép.) 95, 180
Cousin 184
Cularo 42
Cure 60, 80, 184

268

Dacia ripensis/riparensis 44
Dakien 16
Dampierre-sur-le-Doubs (Dép. Doubs) 186
Dauphiné 183
Dekumatenland 17f.
Déols (Dép. Indre) 50
Deutsches Reich 204
Deutschland 182, 204
Die (Dép. Drôme) 49, 54, 105, 119
Digne (Dép. Alpes-de-Haute-Provence) 106
Dijon 11, 13, 53f., 56, 61, 69f., 87, 94, 106f., 159, 180, 186, 197, 227 Anm. 307
Dole (Dép. Jura) 183
Dombes (Dép. Ain) 42
Donau 16f., 26, 91, 94, 200
Donaueschingen (Baden-Württemberg) 205
Doubs 150, 157, 186
Doubs (Dép.) 183, 186
Drôme (Dép.) 49, 71
Dun-le-Palestel (bei Limoges, Dép. Creuse) 80
Durance 42, 51, 53f., 66, 71, 73, 102, 161, 219 Anm. 158, 227 Anm. 301

Ebrudunum Sapaudiae 42
Elbe 91
Elsass 64
Embrun (Dép. Hautes-Alpes) 42, 71, 106f.
Epao 161, 164
Epao (Konzil, 517) 64, 67, 103, 106, 117, 125, 160f., 163f., 227 Anm. 307
Escuens (*pagus* der *civitas* Besançon) 108, 113, 194
Europa 209

Flandern 180
Fos-sur-Mer (Dép. Bouches-du-Rhône) 146
Franche-Comté 99, 183
Francia 66, 208, 221 Anm. 189
Frankenreich 133, 179
Frankreich 209
Fréjus 106

Gabalum 51
Galizien 32, 48, 149
Gallea Cesalpinae 215 Anm. 111
Gallea comata 215 Anm. 111
Gallea domata 215 Anm. 111
Galliae riparensis, ducatus 45
Galliarum, dioecesis 105, 109
Gallien/*Gallia* 14, 22, 26f., 30–32, 37–40, 43, 46, 48–52, 65–67, 71, 74, 76, 78, 83, 86, 102, 105f., 109, 111, 119f., 147, 148–150, 170f., 177, 192, 213 Anm. 61, 215 Anm. 107, 216 Anm. 111, 216 Anm. 132, 220 Anm. 175, 227 Anm. 300
Gallia cisalpina 49
Gallia Lugdunensis 109
Gallia Riparensis, provincia 40f., 44f., 47, 214 Anm. 81, 215 Anm. 103
Gallia Sequanorum 168
Gallia ulterior 39f., 45, 47, 214 Anm. 79, 214 Anm. 80
Gallisches Sonderreich 17
Gap (Dép. Hautes-Alpes) 71, 106
Garonne 72
Genf 41–44, 54, 57f., 62–64, 71, 73, 77, 95, 105, 107, 113, 116–118, 124, 142–145, 147, 156–160, 168, 170–172, 183, 194, 208f., 217 Anm. 144, 219 Anm. 160, 233 Anm. 467
Genfer See 34, 41–44, 69, 72, 81, 92, 113, 147, 168, 171, 182, 215 Anm. 103
Genlis (bei Dijon, Dép. Côte d'Or) 186
Germanien/*Germania* 27, 74, 171, 215 Anm. 103
Germania I 48, 91
Germania II 27–29
Glandève (Prov. *Alpes maritimae*, Dép. Hautes-Alpes) 106

269

Gratianopolis 42
Grenoble 42–44, 49, 54, 73, 105, 164, 172, 183
Grigny (Kl. bei Vienne, Dép. Rhône) 123, 153, 166f., 172
Grosser St. Bernhard 43, 45, 147, 171, 183
Grosskrotzenburg (Hessen) 90
Gubin (Polen) 88

Haute-Saône (Dép.) 183
Heidenberg (bei Wiesbaden) 90
Helvetiorum, civitas 107
Hispanien 105
Hochburgund 182
Hochrhein 43, 64, 102
Hohenems (Schloss bei Bregenz) 205
Horburg, Horbourg (-Wihr) (Dép. Haut-Rhin) 105

Idunum (=Dun-le-Palestel, bei Limoges) 80
Ile-Barbe (Kl. bei Lyon) 167f., 172
Innergallien 174
Innergermanien 21
Isère 71, 73
Italia 67
Italien 26, 40, 43, 45, 49, 52, 57f., 68, 70, 73f., 76, 80, 82, 102, 109, 133, 147, 182f., 191, 194, 206
Izernore (Dép. Ain) 168

Jagst 19, 90
Javols (Dép. Lozère) 51, 54
Jura 43–45, 56, 92, 102, 142, 147, 154, 167–172, 183, 194, 202
Jura (Dép.) 95, 183
Jurense, regnum 182

Kahl (Kreis Aschaffenburg, Bayern) 90f.
Kaiseraugst (Kt. Aargau) 105
Karlsruhe 205, 241 Anm. 636
Katalaunische Felder 31, 47, 77

Katalonien 209
Kleiner St. Bernhard 43, 70, 147
Kocher 19, 90
Konstantinopel 122, 149, 172f., 238 Anm. 552
Kreuzlingen (Kt. Thurgau) 99

La Baûme (Dép. Jura) 168
Lampertheim (Hessen) 90
Langres (Dép. Haute-Marne) 53f., 56, 73, 105–108, 113, 116, 135, 147, 161, 167f., 180, 193, 199, 217 Anm. 138, 227 Anm. 307
Languedoc 209
Laon (Dép. Aisne) 174
Laucone (Kl., Saint-Lupicin) 168
Lausanne 94f.
Lausitz 88
Lavigny (Dép. Jura) 94
Lebus (Brandenburg) 88
Lérins (Kl., Dép. Alpes-Maritimes) 166, 169, 174, 192
Le Puy 54
Lhuis (Dép. Ain) 137
Ligurien 58, 80, 109, 177
Limburg (Prov., Belgien, Reg. Flandern) 28, 180
Limoges 80
Limousin 65
Loire 38, 50f., 58f., 64, 151, 174, 177, 218 Anm. 148
Lombardei/Lombardia 206, 208
Longobardia 206
Lotharingien 182
Luboszyce (Polen) 88
Lugdunensis 41, 49, 134, 215 Anm. 111
Lugdunensis I 56, 77, 83, 105, 223 Anm. 217
Lugdunensis IV 56, 106
Lugdunensis Germania 109
Lussy (Kt. Waadt) 94
Luxeuil (Kl., Dép. Haute-Saône) 174, 192, 195
Lyon 13, 41f., 49, 53f., 57f., 61, 64f., 71, 73, 77, 79f., 82, 84, 86, 102, 105–107, 114, 116–118,

121–124, 126–128, 133, 135, 142, 144–147, 149, 156, 158f., 161, 167f., 170–172, 180, 182, 187, 190, 192, 197–199, 202, 216 Anm. 113, 223 Anm. 217, 233 Anm. 471, 234 Anm. 488
Lyon (Konzil, 517/18) 68, 164
Lyonnais 182

Maas 174
Mâcon 73, 105f., 142, 179f., 183, 187
Mailand 26, 58, 177
Main 17f., 20, 90
Mainfranken 90
Mainland 91
Mainz 26–30, 91
Mainz-Kastell 90
Mainz-Kostheim 90
Malay-le-Roi (Dép. Yonne) 195
Mandeure (bei Montbéliard, Dép. Doubs) 54
Marseille 40f., 45, 53f., 102, 105, 125, 146, 177
Martigny (Kt. Wallis) 54, 159
Massongex (Kt. Wallis) 171
Maurienne (Dép. Savoie) 42, 44, 54, 183
Maxima Sequanorum 41–44, 49, 56, 105
Meaux (Dép. Seine-et-Marne) 174, 190, 193
Mende (Dép. Lozère) 51
Mesnay (Dép. Jura) 167
Metz 142, 177
Mindt (Rheinland) 28
Mitteleuropa 15
Mittelgallien 177, 179, 199
Mittelmeer 56, 62, 66, 117, 146f., 169, 182
Mittelreich 179
Mittelrhein 12, 28–31, 37, 44, 57, 91, 95, 103, 149, 200
Mösien 44
Moguntiacensis, ducatus 45
Moguntiacum 27
Monnet-la-Ville (Dép. Jura) 95

Mons Jovis 171
Montbéliard (Dép. Doubs) 54
Mont Cenis 40, 42f., 147, 183
Mont Genèvre 40, 43, 66, 147
Montzen (Belgien, bei Limburg) 28
Monzen (Rheinland) 28
Morvan 60
Mosel 139, 147, 174
Moutiers-Saint-Jean (Kl., Dép. Côte-d'Or) 167
München 204
Mündt (Rheinland) 28
Münz (Rheinland) 28
Mundiacum 27–29

Nancy 180
Nantes (nicht identifiziert) 54
Narbonensis 72
Narbonensis II 105f.
Narbonne 38, 66
Neblens (Dép. Jura) 202
Neckar 17f., 20, 91
Netze 16, 88
Neublans (-Abergement) (Dép. Jura) 202
Neublins (Dép. Jura) 202
Neuenburger See 42f.
Neustrien 73, 179, 197f.
Neustro-Burgund 199
Neuville-lès-Dijon (Dép. Côte-d'Or) 186
Nevers (Dép. Nièvre) 73, 106, 180, 199
Niederburgund 182
Niederlausitz 88
Niederrhein 28f., 44, 57, 91
Nièvre (Dép.) 180, 184
Nivelles (Belgien, Reg. Wallonien, Prov. Brabant) 28
Nivernais 161, 180
Noblens (Dép. Ain) 202
Noiron-sous-Gevrey 186
Nordburgund 92, 97, 100, 138, 142, 186, 202
Nordgallien 45, 49–51, 57f., 146f., 168, 227 Anm. 313

Nordsee 15, 180
Nordwestitalien 209
Normannia 208
Norwegen 12, 23, 88
Novempopulana 72
Nyon (Kt. Waadt) 43f., 54, 95, 105, 168f., 194

Oberitalien 171
Oberlausitz 88
Oberpfalz 113, 157
Oberrhein 17, 45, 57
Octodurum–Martigny (Kt. Wallis) 54, 73, 105, 107
Odenwald 18
Oder 16f., 23, 88, 91, 97
Öhringen (Baden-Württemberg) 18f.
Österreich-Ungarn 204
Orange (Dép. Vaucluse) 51, 66, 71, 102, 105
Orbe (Kt. Waadt) 202
Orléans 39f., 47, 50, 69, 83, 110, 177, 179, 187f., 196, 223 Anm. 243
Orléans (Konzil, 511) 67f., 161, 163
Orléans (Konzil, 533) 222 Anm. 206
Orléans (Konzil, 538) 157
Oron-le-Châtel (Kt. Waadt) 94
Oscheret 107
Ostbelgien 28
Osteuropa 15
Ostgallien 49
Ostreich (merow.) 70
Ostreich (karoling.) 179
Ostrom 57, 65, 120
Ostsee 12, 16
Ouche 61, 107

Palas 19
Pannonien/*Pannonia* 44f., 58
Paris 66, 159f., 177, 187, 190
Pavia (Ligurien) 58
Payerne, Peterlingen (Kl., Kt. Waadt) 183
Payerne-Pramay (Kt. Waadt) 94
Picardie/*Picardia* 208, 240 Anm. 582
Poisy (Dép. Haute-Savoie) 94
Poitiers 65, 159, 220 Anm. 176
Poligny (Dép. Jura) 95
Portois 107
Port-sur-Saône (Dép. Haute-Saône) 54, 105, 107
Portus Abucini 107
Provence 41, 51, 53f., 70, 80, 105, 142, 177, 179f., 182, 209
Provinciae, regnum 182
Przeworsk (Polen) 88
Pyrenäen 72

Raetia I 64
Raetia II 64
Rätien 17f., 35, 44, 90
Rastatt (Baden-Württemberg) 30
Ravenna 26, 52f., 85
Rebais (Kl., Dép. Seine-et-Marne) 174
Regen 113, 157
Reims 177
Remiremont (Kl., Dép. Vosges) 174, 192
Renève (Dép. Côte-d'Or) 202
Réomé (Kl., Moutiers-Saint-Jean, Dép. Côte-d'Or) 112, 167, 192
Rethel (Dép. Ardennes) 180
Rhein 14f., 17, 20f., 24, 26–31, 34–39, 43, 48, 72, 75f., 90f., 102, 107, 112, 115, 147f., 150, 168, 174, 188, 200
Rhône 12, 14, 31, 34, 39–45, 51–54, 57, 66, 70, 82, 92, 95, 100, 102, 105, 117, 143, 145f., 149, 157, 159, 161, 166f., 170–172, 174, 176, 179f., 182, 187, 206, 215 Anm. 103, 238 Anm. 552
Rhône (Dép.) 95
Riez (Dép. Alpes-de-Haute-Provence) 51, 53, 106
Rigomagensium 106

Rodez (Dép. Aveyron) 66
Römisches Reich/Imperium Romanum 14f., 17, 85, 89, 103f., 126, 134, 144, 164, 206f.
Römisches Reich deutscher Nation 184
Rom 48, 50, 52, 63, 85, 91, 158, 160, 169, 180, 236 Anm. 520
Romainmôtier (Kt. Waadt) 168, 172, 238 Anm. 552
Romana curia 208
Romandie (Westschweiz) 208
Romania 99, 209, 242 Anm. 641
Ruffey-sur-l'Ognon (Dép. Doubs) 56

Saale 19
Saint-André-le-Bas (Kl. in Vienne) 166, 193, 237 Anm. 537
Saint-André-le-Haut (Kl. in Vienne) 166, 237 Anm. 537
Saint-Chef (Dép. Isère) 166f.
Saint-Claude (Kl., Dép. Jura) 56, 142, 154, 168, 172
Saint-Denis (Kl. bei Paris, Dép. Seine-Saint-Denis) 174
Saint-Euphrône (Dép. Côte-d'Or) 94
Saint-Jean (Kl. in Laon, Dép. Aisne) 174
Saint-Lothain (Kl., Dép. Jura) 167
Saint-Lupicin (Kl., Dép. Jura) 168
Saint-Marcel (Kl. bei Chalon-sur-Saône, Dép. Saône-et-Loire) 174, 179
Saint-Martin d'Ainay (Kl. in Lyon) 167
Saint-Maurice d'Agaune (Kl., Kt. Wallis) 63, 68f., 123, 153, 160, 167, 173f., 176, 182, 238 Anm. 552
Saint-Michel d'Ainay (Kl. in Lyon) 159
Saint-Oyan(-de-Joux, Oyend, Dép. Jura) 168f., 190
Saint-Paul-Trois-Châteaux (Dép. Drôme) 51, 71, 105
Saint-Péravy-la-Colombe (bei Orléans, Dép. Loiret) 69
Saint-Pierre (Kl. in Vienne, Dép. Isère) 237 Anm. 537
Saint-Prex (Kt. Waadt) 94
Saint-Riquier (Kl., Dép. Somme) 174
Saint-Romain (Kl., Dép. Jura) 168
Saint-Romain-d'Albon (bei Vienne, Dép. Isère) 161
Saint-Seine (Kl., Dép. Côte-d'Or) 167
Saint-Sulpice (bei Lausanne, Kt. Waadt) 94
Saint-Vit (Dép. Doubs) 186
Saintes (Dép. Charente-Maritime) 59, 147
Salins-les-Bains (Dép. Jura) 142
Saône 43, 54, 57, 95, 102, 107, 117f., 143, 146f., 157, 159, 166f., 179f., 182f., 186
Saône-et-Loire (Dép.) 96, 180
Sapaudia 30, 33f., 38–40, 53f., 76–78, 82f., 86f., 92, 94f., 112, 116, 134, 136, 157, 166, 194, 200, 206, 213 Anm. 66, 214 Anm. 79, 217 Anm. 144, 225 Anm. 269
Sarmatien 16
Savoyen 42, 99, 183, 209
Schlesien 88
Schottland 209
Schwäbisch Hall (Baden-Württemberg) 19
Schwarzes Meer 16f., 26
Schweiz 99
Schweizer Mittelland 43, 56, 146, 194
Scotingorum, pagus 108, 194
Scythien 44
Seealpen 105
Seine 38, 50, 58f., 102, 147, 174, 218 Anm. 148
Seligenstadt (Hessen) 90
Selz, Seltz (Dép. Bas-Rhin) 28, 30
Senez (Dép. Alpes-de-Haute-Provence) 106

Sens (Dép. Yonne) 106, 159, 177, 180
Septem Provinciae 105, 107
Sequania 168, 170
Sévery (Kt. Waadt) 94
Sézegnin (Kt. Genf) 95
Sisteron (Dép. Alpes-de-Haute-Provence) 71, 106
Sitten (Kt. Wallis) 73, 195
Sizilien 209
Skandinavien 12, 23f., 88, 97
Sofia 156
Solothurn (Kt. Solothurn) 43, 183
Sorne 107
Sornegau 107
Soyons (Dép. Ardèche) 146
Spanien/*Spanias* 27, 48f., 57, 66, 77, 109, 177, 206, 216 Anm. 132
Speyer (Rheinland-Pfalz) 27, 30
Split (Kroatien) 53
Strassburg (Dép. Bas-Rhin) 26f.
Südaquitanien 72
Südgallien 29, 38, 120, 156, 227 Anm. 313
Südostgallien 50f., 102f., 105, 135, 146, 180, 200
Südpolen 88
Südwestdeutschland 90, 99
Südwestgallien 29, 49
Summus Poenius 171
Susa 42

Tarentaise 42, 44, 49, 54, 73, 105, 107, 217 Anm. 144
Tarnaiae (heute: Massongex, Kt. Wallis) 171
Taunus 18, 20
Territoire de Belfort (Dép.) 183, 186
Theben 27
Thur 107
Thurgau 107
Tongern (Belgien, Reg. Flandern, Prov. Limburg) 28
Toul (Dép. Meurthe-et-Moselle)182

Toulon (Dép. Var) 146
Toulouse 38, 62, 64, 66
tractus Ar(e)moricanus 38, 44, 47, 59
Trier 26, 36, 104, 106, 125, 192, 199, 217 Anm. 138, 218 Anm. 154
Troyes 56, 177, 180
Tübingen 99
turma Meluensis/Valdensis 238 Anm. 552

Ultrajoranus, Ultrajurensis, pagus/ducatus 44, 182, 194f., 197, 240 Anm. 592
Ungarn 200
Unteritalien 65
Uzès (Dép. Gard) 177

Vaison (Dép. Vaucluse) 51f., 54, 71, 102, 105, 122
Valais 49, 107, 116
Valdensis 172
Valence (Dép. Drôme) 34, 39f., 45, 47, 51, 54, 66, 83, 105, 113, 116, 143–146, 187, 197, 224 Anm. 243, 229 Anm. 344
Valeria ripensis, provincia 44f.
Vannes (Konzil, 465) 162
Varais (*pagus* der *civitas* Besançon) 108, 113
Vaudonjon, Vaux-Donjon (Dép. Yonne) 94, 184
Vence (Dép. Alpes-Maritimes) 106
Venetien 109, 177
Verdun (Vertrag, 843) 179
Veresallis – Vérossaz (Kt. Wallis) 69
Vérolliez 238 Anm. 552
Vézeronce (bei Vienne, Dép. Isère)70f.
Vienne (Dép. Isère) 40–42, 51, 54, 61, 64, 70f., 73, 79, 102, 105, 107, 116, 118, 123, 126, 135, 141f., 146, 159, 161, 166, 172, 180, 182f., 193, 197
Viennensis 41, 43–45, 105, 116
Viennensis, dioecesis 105
Viennois 182

Vingeanne 202
Viviers (Dép. Ardèche) 53f., 66, 73, 106, 182
Vogesen 174, 182
Vouillé (bei Poitiers, Dép. Vienne) 65f.

Waadtland 92, 95, 172
Wales 209
Wallis 43, 172, 194
Warthe 16, 88
Weichsel 16f., 23, 88, 97
Westalpen 182
Westreich (karol.) 179
Weströmisches Reich 38, 53, 119f., 142
Westschweiz 99, 208f.

Wielbark (Polen) 88
Wien 204
Wiesbaden 19, 90
Windisch (Kt. Aargau) 43f., 54, 73, 105–107
Wirascorum / Warascorum, pagus 108
Worms 27f., 30, 37, 91, 176, 200–202, 205

Yonne 60, 184
Yonne (Dép.) 180, 184
Yverdon (Kt. Waadt) 42f., 45, 94f., 105, 147
Yvoire (Dép. Haute-Savoie) 42
Yvorne (Kt. Waadt) 42

Zentralmassiv 102

Personenregister

Erfasst wurden historische Personen des Altertums und des Mittelalters. Nicht berücksichtigt sind Namen als Titel von lit. Werken oder Kirchen (wie Waltharius, Passio Sigismundi, Saint-Victor) und Namen rein literarischer Figuren (wie Hagen von Tronje, Kriemhild, Siegfried, Victoria, Thalia, Alkinoos usw.)

Abkürzungen: Alem. = alemannisch; Bibl. = biblisch; B. = Bischof; Burg. = Burgunder(in), burgundisch; Dt. = deutsch; Frk. = fränkisch; Gf. = Graf; Hzg. = Herzog; Kg. = König; Kl. = Kloster; Ks. = Kaiser; Röm. = römisch

Abraham, Stammvater Israels 155
Achivus, Abt von Saint-Maurice 172
Aetius, galloröm. Heermeister 31f., 34, 38–40, 45–48, 74, 77, 201, 213 Anm. 59–62, 214 Anm. 78f., 215 Anm. 104
Aegidius, röm. Heermeister 49f., 56, 170
Agathias, Geschichtsschreiber 17, 71
Agobard, B. von Lyon 133, 176, 208
Agricola, burg. *patricius* 194
Agripinus, B. von Autun 222 Anm. 206
Agrippina, Gattin des Germanicus 122
Agrippinus, gall. Heermeister 170
Agrivulf, Kg. der Sueben 48
Alarich I., westgot. Kg. 26
Alarich II., westgot. Kg. 58–62, 64–66, 79, 129, 145, 213 Anm. 71, 220 Anm. 175
Aletheus, galloröm. *nobilis* aus Lyon 122
Aletheus, burg. *patricius* 190, 194f., 198, 239 Anm. 582
Amalaberga, Ostgotin (Gattin des Herminafrid) 58
Amalafrida, Ostgotin (Gattin des Thrasamund) 58
Amalarich, westgot. Kg. 66, 68
Amalaswintha, ostgot. Regentin 72f.
Amalbert, Franke, Bruder Flaochads 197
Amalgar, *dux* im *pagus* Attoariensis 197f.
Ambrosius, Abt von Saint-Maurice 167, 172
Ammianus Marcellinus, Geschichtsschreiber 18–22, 24f., 35f., 41–43, 76, 97, 106, 148, 210f. Anm. 21, 212 Anm. 36
Anastasius, oström. Ks. 67, 120, 144
Ansemundus, *vir inluster* am Hof Sigismunds 123, 153, 193
Ansemundus, *dux* im Teilreich Theudeberts I. 69, 153, 173, 193, 237 Anm. 537
Anthemius, weström. Ks. 50–52
Anthemiolus, Sohn des Anthemius, Heerführer 51
Antidius, B. von Besançon, Märtyrer 56
Apollinaris, galloröm. Adliger, Onkel des Sidonius A. 52, 122
Apollinaris, galloröm. Heerführer, Sohn des Sidonius A. 65
Aprunculus, B. von Langres/Dijon 56, 59
Arbogast, *comes* in der Belgica I 217 Anm. 138, 218 Anm. 154
Arcadius, galloröm. Großer 71

Areagne/Ariagne/Ostrogotho, ostgot. Königstochter (Gattin des Sigismund) 58, 63, 68, 124

Aredius, *vir inluster,* Ratgeber Gundobads 61, 122, 218 Anm. 154

Arenberga, Burgundin 137

Arnegund, 2. Gattin Chlothars I. 188

Arigius/Aridius, B. von Lyon 192, *vgl. auch* Aredius

Arius, Presbyter in Alexandria 151

Arnulf, ostfrk. Kg., Ks. 182

Arvandus, gall. Präfekt 50

Atanarid, Autor, genannt vom Geographen von Ravenna 53

Athala, Abt des Kl. Bobbio 192

Athanarich, westgot. Heerführer 115, 149

Attila (legendarisch: Etzel), Kg. der Hunnen 31, 39, 46f., 201–203, 215 Anm. 102

Audofleda, Schwester des frk. Kg.s Chlodwig, Gattin Theoderichs d. Gr. 58

Augustinus, B. von Hippo Regius 148, 155

Aunegilde, Burgundin, Verlobte Fridegisels 135f.

Aunemund, B. von Lyon 198f.

Avitus, B. von Vienne 41, 58, 62f., 80, 108, 112f., 116f., 120, 122, 145, 149, 153–156, 158f., 161–164, 166, 172–174, 193, 217 Anm. 144, 218 Anm. 147 u. 154, 233 Anm. 462

Avitus, röm. Ks. 48, 83f., 122

Baltamod, burg. Freier 135

Balthilde, Gattin Chlodwigs II., Klosterstifterin in Chelles 159, 199

Basilius, B. von Caesarea, Autor von Mönchsregeln 169

Baudovinia, Nonne, Hagiographin 177

Beatrix, Gattin Friedrichs I. 183

Beda Venerabilis, Geschichtsschreiber 77

Belisar, oström. Heerführer 191

Berengar I., Kg. von Italien 182

Bertetrudis, 2. Gattin Chlothars II. 190, 195, 239 Anm. 582

Berthar, Pfalzgraf 197

Bilichild, Gattin Childerichs II. 199

Bleda, Bruder Attilas, Kg. der Hunnen 31, 201

Bonosus, B. von Serdika 156

Boso von Vienne, Kg. der Provence 180, 182

Brunichildis/Brunhilde, frk. Kg.in, Gattin Sigiberts I. 167, 177, 193–195, 202

Burgundofaro/Faro, burg. Großer 174, 193

Burgundofaronen, in der Gegend um Meaux begüterte Familie 190, 192

Butilin, alem. *dux* 74

Caelidonius, B. von Besançon 169

Caesarius, B. von Arles 64, 80, 107

Caretene, Gattin Gundobads 63, 118, 124, 152, 154, 159, 167

Cassian, Klostergründer, Autor einer Mönchsregel 169

Cassiodor, *quaestor* Theoderichs d. Gr., Schriftsteller 71, 109, 119, 177

Castorius, Autor, genannt vom Geographen von Ravenna 53

Chadoind, Referendar Dagoberts I. 192

Charibert, frk. Kg. 177

Childebert I., frk. Kg. 68, 72f., 106, 110, 177, 184, 187f., 222 Anm. 209

Childebert II., frk. Kg. 177

Childebrand, *dux*, Halbbruder Karl Martells 202f.

Childerich I., frk. Kg. 50f., 59

Childerich II., frk. Kg. 189, 199

Chilperich I., burg. Kg. und *magister militum* 48, 51–54, 56f.,

115–119, 121f., 124, 128, 152–154, 168, 170, 188, 202, 215 Anm. 108, 216 Anm. 124, 235 Anm. 501
Chilperich II., burg. Kg. 57, 59, 66, 115f., 124, 152, 188f., 235 Anm. 501
Chilperich I., frk. Kg. 189, 202
Chilperich II. „Daniel", Kleriker, frk. Kg. 189
Chilperich, frk. Königssohn (Chariberts II.) 189
Chlodoald, frk. Königssohn (Chlodomers) 222 Anm. 201
Chlodomer, frk. Kg. 68, 69, 70, 71, 72, 177, 188, 221 Anm. 188f. u. 201
Chlodwig I., frk. Kg. 54, 57–62, 64–66, 69, 74, 80, 106, 122, 124, 127, 130, 149, 151f., 154f., 159f., 163, 188, 217f. Anm. 147, 218 Anm. 149, 219 Anm. 166, 220 Anm. 174f., 237 Anm. 535
Chlodwig II., frk. Kg. 196,
Chlogio, frk. Kg. 149, 151
Chlothar I., frk. Kg. 68, 72f., 110, 177, 184, 188f., 221 Anm. 201, 222 Anm. 209
Chlothar II., frk. Kg. 179, 190, 193, 195f., 239 Anm. 582
Chramn *vgl.* Corbus
Chramnelenus, *dux* 197
Chrodechild (Chlothilde), burg. Königstochter, Gattin Chlodwigs I. 58–60, 68f., 124, 152, 159f., 165, 188f., 218 Anm. 149, 222 Anm. 201, 237 Anm. 535
Chunna/Hunna, Abt des Kl. Saint-Jean in Réomé 112, 192
Columban, Abt und Klostergründer 157, 192
Constantin III., Usurpator 27, 29f., 212 Anm. 49
Constantius (III.), röm. Heermeister 27, 29, 30
Constantius I. (Chlorus), röm. Ks. 113

Constantius II., röm. Ks. 18
Corbus/Chramn, frk. Königssohn (Theuderichs II.) 239 Anm. 576
Crona *vgl.* Saedeleuba

Dagobert I., frk. Kg. 174, 179, 189, 192, 196
Daniel *vgl.* Chilperich II.
Decimius, *praefectus praetorio* 212 Anm. 49
Dinifius, B. von Tours 165
Diocletian, röm. Ks. 38, 45, 105
Domnulus, *quaestor sacri palatii* und Poet 169f.
Drusus, röm. Ks. 21

Ebroin, neustroburg. Hausmeier 199
Ecdicius, galloröm. Adliger, *patricius* 51f.
Ekkehard von Aura, Geschichtsschreiber 23
Eligius, B. von Noyon 141
Ennodius, B. von Pavia, Hagiograph 41, 108
Epiphanius, B. von Pavia 41, 58, 60, 80, 122
Eptadius, Eremit 59f., 80
Erchinoald, neustrischer Hausmeier 196f.
Etzel *vgl.* Attila
Eucherius, B. von Lyon, Hagiograph 172
Eudila, *dux*, Parteigänger Chlothars II. 195
Eugendus, Eremit, Abt von Saint-Claude 56, 168–170
Euphronius, Klostergründer, B. von Autun 167
Eurich, westgot. Kg. 49–51, 53, 74, 79, 113, 127, 216 Anm. 132
Eusebius, Geschichtsschreiber 20
Eustargius, B. von Mailand 80
Eustasius, Abt von Luxeuil 157
Eutharich, ostgot. Königssohn 68
Eutyches, Abt und monophysit. Theologe 155

Faro *vgl.* Burgundofaro
Fastida, Kg. der Gepiden 16
Faustus, B. von Riez 155
Flaochad, burg. Hausmeier 196–198
Flodoard, Geschichtsschreiber 67
Florentinus, B. von Orange oder Saint-Paul-Trois-Châteaux 165
Frechulf, B. von Lisieux, Geschichtsschreiber 22
Fredegar, Pseudonym eines anonymen Geschichtsschreibers 22f., 49, 62, 64, 79, 83, 118, 173f., 190–192, 195, 197, 202
Fredegund, 3. Gattin des frk. Kg.s Chilperich I. 188, 202
Fridegisel, Schwertträger am burg. Hof 123, 135, 153, 164
Friedrich I. Barbarossa, dt. Kg., Ks. 183f.
Friedrich, Pfalzgf. von Burgund 183

Gallienus, röm. Ks. 17
Galswintha, 2. Gattin des frk. Kg.s Chilperich I. 202
Gebavult, alem. Kg. 56
Gennadius von Marseille, kirchl. Schriftsteller 156
Genovefa, Heilige 160
Germanicus, röm. Ks. 122
Germanus, Abt des Kl.s Moutier-Grandval 192
Gibica/Gibicha/Gibicho/Gibeche/Gjuki, burg. Kg. 28, 35, 114f., 201, 212 Anm. 43
Gibichungen, burg. Königsfamilie mit dem Spitzenahn Gibicha 24, 35f., 114f., 201, 203
Gibuld, alem. Kg., *vgl. auch* Gebavult 56
Gimellus, B. von Vaison 122, 132
Gisalech, westgot. Kg. 66
Gisclahad, burg. Königssohn 69
Gislahar, burg. Kg. 28, 114, 201
Glycerius, *comes domesticorum*, weström. Gegenks. 52

Goar, Kg. der Alanen 26f., 39, 45
Godegisel, vandal. Kg. 26, 36
Godegisel, burg. Kg. 36, 41, 57f., 61–64, 68, 79, 85, 110, 114–118, 120, 124, 129f., 135, 141, 145, 149, 151f., 157, 159, 171, 188, 217 Anm. 144, 218 Anm. 156, 219 Anm. 160f., 221 Anm. 188, 222 Anm. 202, 228 Anm. 320
Godomar I./Gundomar, burg. Kg. 28, 35, 57, 114–116, 201
Godomar/Gudomarus II., burg. Kg. 63, 65, 69–73, 79–82, 85, 87, 96, 113f., 116, 118, 120, 124, 127, 144f., 151, 157, 190, 222 Anm. 201f. u. 209
Gregor, *comes*, Vorfahre Gregors von Tours 126
Gregor, B. von Tours, Geschichtsschreiber 50, 59–61, 63, 65, 68–72, 110, 115f., 126, 129f., 135, 145, 149, 151–154, 156f., 170, 172f., 177, 190f., 207, 217 Anm. 138 u. 146f., 217 Anm. 146f., 240 Anm. 585
Guilbadus, Märtyrer, *vgl. auch* Villebadis 190, 197
Gundahar, Gundichar, burg. Kg., 28, 35, 114f., 201
Gunderich, vandal. Kg. 36
Gundichar[ius]/Gunt[hi]ar[ius], burg. Kg., 27, 32, 35f., 75, 115, 188, 212 Anm. 43, 213 Anm. 61
Gundioc/Gundowech/Gunduicus, burg. Kg. 48f., 52–54, 57, 66, 115–117, 119, 149–152, 190, 215 Anm. 108, 216 Anm. 111
Gundobad, burg. Kg. 28, 41, 46, 52–54, 57–71, 74, 79–82, 85, 87, 106, 108–110, 114–120, 122–124, 127–130, 133, 135f., 139, 141, 143f., 147, 149, 151–155, 157–160, 177, 188, 190, 207f., 217 Anm. 144, 218 Anm. 149, 153f. u. 156, 219

Anm. 160f., 163 u. 167, 220
Anm. 167, 172, 174 u. 181, 222
Anm. 202, 228 Anm. 320, 230
Anm. 367, 238 Anm. 558
Gundobad, burg. Königssohn
 (Sigismunds) 69
Gundobad, frk. Königssohn (Gunthrams) 189
Gundomar *vgl.* Godomar
Gundowech *vgl.* Gundioc
Guntar *vgl.* Gundichar
Gunthar, frk. Königssohn
 (Chlodomers) 188, 222 Anm. 201
Gunthar, frk. Königssohn
 (Chlothars I.) 188
Guntheuca, burg. Königstochter?
 (Gattin Chlodomers) 68, 188, 221 Anm. 188 u. 201
Gunthram/Gunthchramn, frk. Kg.
 73, 118, 174, 177, 179, 187–189, 191, 198, 239 Anm. 576, 239 Anm. 578
Gyso, *comes* 197

Hanhavaldus, Burg., Vater des
 Hariulfus 24, 36, 75, 96
Hariulfus, burg. Leibwächter 24, 36, 75, 96
Heinrich III., dt. Kg., Ks. 183
Heinrich von München, Geschichtsschreiber 204
Heraclius, galloröm. Dichter am
 burg. Hof 122, 154
Herminafrid/Hermenefred, Kg. der
 Thüringer 58, 72
Herpinus, *comes* 195
Herpo, *dux* im pagus Ultraioranus 195
Hieronymus, Theologe u. Geschichtsschreiber 20, 27, 76f.
Hilarius, Papst 49
Hilarius, B. von Arles 169
Hilarius, B. von Poitiers 151
Hildegar, B. von Meaux 193
Hildico *vgl.* Ildico

Honoratus, Klostergründer, B. von
 Arles 166
Honorius, röm. Ks. 27
Hugo von Arles, Gf., Kg. von Italien 182
Hunna/Unna, *comes, vgl.* Chunna 112
Hydatius, Geschichtsschreiber 32, 75–77, 150
Hymnemod[us], erster Abt von
 Saint-Maurice 123, 153, 160, 167, 171f.

Ibba, ostgot. Heerführer 66
Igillus, barb. Kriegsführer 17
Ildico/Hildico, germ. Gattin Attilas 201
Ingund, Gattin Chlothars I. 188, 239 Anm. 576
Isidor, B. von Sevilla, Enzyklopädist u. Geschichtsschreiber 22f., 65

Johannes, Gründer des Klosters
 Moutier-Saint-Jean 167
Johann II., Kg. von Frankreich 180
Jordanes, Geschichtsschreiber 16, 23, 51, 53, 79
Jovinus, weström. Usurpator
 27–29, 212 Anm. 41 u. 49
Julian (Apostata), röm. Ks. 18
Julianus, B. von Vienne 164
Julius Nepos, weström. Ks. 50, 52f.
Justin, oström. Ks. 144
Justinian, oström. Ks. 109, 120, 144, 177

Karl Martell, frk. Hausmeier 105, 179, 202f.
Karl der Große, frk. Kg., Ks. 23, 42, 133, 204
Karl der Kahle, westfrk. Kg., Ks. 179
Karl III. der Dicke, ostfrk. Kg., Ks. 182
Karl d. J., Kg. der Provence 180, 182

Karl IV., dt. Kg., Ks. 183
Karl der Kühne, Hzg. von Burgund 180
Karlmann, frk. Kg. 179
Kleopatra VII., Königin Ägyptens 212 Anm. 36
Konrad, Hzg., Laienabt von Saint-Maurice 182
Konrad II., dt. Kg., Ks. 182f.
Konstantin, Kg. in der Grafschaft Vienne 182

Laconius, galloröm. Berater Gundobads 122, 217 Anm. 144
Laurentius, *vir inluster,* Gesandter Gundobads 122
Lautenus, Gründer des Klosters Saint-Lothain 167
Leo, oström. Ks. 52
Leodegar, B. von Autun 198–200
Leonianus, Rekluse, Klostergründer und Abt 166, 169
Leudemund, B. von Sitten 195
Leudesius, neustrischer Hausmeier 190
Leuthari, alem. *dux* 74
Liberius, *praefectus praetorio* 80, 227 Anm. 301
Litorius, röm. Heerführer 38
Liudprand von Cremona, Geschichtsschreiber 22
Lothar I., frk. Kg. 179f.
Ludwig der Fromme, frk. Kg., Ks. 42, 133, 179
Ludwig der Deutsche, ostfrk. Kg. 179
Ludwig der Blinde, Kg. der Provence 182
Ludwig XI., Kg. von Frankreich 180
Ludwig XIV., Kg. von Frankreich 183
Lupicinus, Eremit und Klostergründer 121, 154, 167f., 170, 224 Anm. 250, 235 Anm. 504
Lupus, B. von Troyes 56

Magnentius, Usurpator 18
Maiorian, weström. Ks. 48f., 83f., 169f.
Mamertinus, Panegyriker 16
Manaulfus, burg. Großer 197
Manneleubus, burg. *vir venerabilis* 137
Manno, freigelassener Sklave der Arenberga 137
Marcellus, B. von Die 124
Marius, B. von Avenches, Geschichtsschreiber 60, 69, 71, 73, 83, 109f., 120, 172, 177, 187, 190
Mauritius, Märtyrer der thebäischen Legion 171–174
Maurontus, *dux*, Gegner der Arnulfinger-Pippiniden 203
Maximian, röm. Ks. 16, 18
Maximus, B. von Genf 172
Minausius, Abt von Saint-Claude 169
Moses, bibl. Gesetzgeber 129
Mummolus, *patricius*, frk.-burg. Heerführer 191, 194

Nanthild, 3. Gattin Dagoberts I., Regentin 196
Nibelung, Sohn des Karolingers Childebrand, Geschichtsschreiber 203
Nibelungen, in Burgund begüterte Grafenfamilie 201–203

Octar/Uptar, Kg. der Hunnen 31
Odoaker, Skire, Kg. in Italien 53, 58
Olybrius, weström. Gegenks. 52, 119
Olympiodoros, Geschichtsschreiber 27–29, 150
Orestes, galloröm. Adliger, *patricius* 52, 53
Orosius, Geschichtsschreiber 20–23, 27, 34f., 75–77, 148, 149, 150–153, 234f. Anm. 497

Ostrogotho *vgl.* Ariagne
Otto I., Pfalzgf. von Burgund 183

Pachomius, koptischer Eremit, Autor einer Klosterregel 169
Palladia, Gattin des burg. Fiskalverwalters Stephanus 164
Pantagatus, Steuerbeamter, später B. von Vienne 122
Patiens, B. von Lyon 124, 154, 235 Anm. 504 u. 515
Paulus, *comes*, röm. Heermeister 50f.
Paulus Diaconus, Geschichtsschreiber 22f., 203
Petronius Maximus, weström. Kaiser 48
Philipp der Kühne, Hzg. von Burgund 180
Photios, Geschichtsschreiber 27
Pippin d. M., frk. Hausmeier 179
Pippin d. J., frk. Hausmeier, frk. Kg. 179, 202f.
Plinius d. Ä., Schriftsteller 12, 15, 21, 75, 88, 97, 207, 226 Anm. 288
Postumus, röm. Usurpator 17
Probus, röm. Ks. 17, 24, 35
Proculus, B. von Tours 165
Prokop, Geschichtsschreiber 70f., 73, 76, 141, 191
Prosper von Aquitanien, Geschichtsschreiber 27, 32, 46, 75, 115, 150, 213 Anm. 61, 229 Anm. 339
Protadius, *patricius* 194
Ptolemaios, Geschichtsschreiber 16, 21, 88

Radagais, got. Heerführer 26
Radegunde, thüring. Prinzessin, Gattin Chlothars I, Klostergründerin 159, 188
Rainald III., Gf. von Burgund 183
Rechiar, Kg. der Sueben 48
Remismund, Kg. der Sueben 48

Reutilo, Burg., Onkel des Hariulfus 24, 36, 75
Ricomer, galloröm. *patricius* im *pagus* Ultraioranus 190, 194
Rikimer, röm. Heermeister 48–50, 52f., 119, 150–152, 190, 216 Anm. 114
Riotimus/Riothamus, Kg. der Bretonen 50, 79, 113, 216 Anm. 117
Rocco, *dux*, Parteigänger Chlothars II. 195
Romanus, Eremit und Klostergründer 167–169, 171
Romulus Augustulus, weström. Ks. 53
Rua, Bruder Octars, Kg. der Hunnen 31
Rudolf I., Kg. von Hochburgund 182
Rudolf II., Kg. von Hochburgund 182
Rudolf III, Kg. von Hochburgund 182
Rusticus, *iudex*, später B. von Lyon 122

Sabinus, Abt von L'Ile-Barbe 167, 168
Sacerdos, *patricius*, später B. von Lyon 122
Saedeleuba/Crona, Burg. *virgo sacrata,* Tochter Chilperichs II. 124, 152, 159, 236 Anm. 522
Salaberga, Klostergründerin 174
Salvian von Marseille, Presbyter und Schriftsteller 170, 234 Anm. 497
Sambida, Anführer der Alanen 34, 39, 213 Anm. 66, 214 Anm. 79
Sangibanus, Kg. der Alanen 47
Sequanus, Gründer des Kl. Saint-Seine 167
Seronatus, *vicarius* in Septimanien 51
Sidonius Apollinaris, galloröm. Poet, B. von Clermont 50–52,

65, 71, 79, 84, 100f., 108f., 113, 118f., 121f., 124, 128, 150f., 166, 170, 201, 213 Anm. 59, 216 Anm. 113 u. 117, 217 Anm. 138
Sigerich, burg. Königssohn 67, 68, 124, 152, 161, 173
Sigibert I., frk. Kg. 202
Sigibert II., frk. Kg. 189, 195
Sigismer, rheinfrk. Königssohn 56, 118, 202
Sigismund, burg. Kg., Märtyrer 22, 41, 58, 62–65, 67–70, 73f., 80, 108f. 111, 113, 116–120, 122–124, 127, 129, 132, 135f., 139, 144f., 149, 151–165, 171–174, 176f., 184, 188, 190, 193f., 202, 219 Anm. 167, 220 Anm. 167, 174 u. 181, 221 Anm. 189f., 222 Anm. 202 Anm. 350, 230 Anm. 365 u. 367, 231 Anm. 389, 236 Anm. 518 u. 520, 237 Anm. 535
Sigoald, *dux*, Parteigänger Chlothars II. 195
Silvanus, burg. *comes* 125
Simplicius, B. von Bourges 51
Sokrates, Geschichtsschreiber 31, 34f., 75f., 78, 148f., 151–153, 235 Anm. 497
Solon, athenischer Gesetzgeber 121, 128f.
Stephanus, galloröm. Beamter am burg. Hof 68, 122, 164f.
„Stricker", mhd. Poet, Autor eines Karls-Epos 204
Suavegotha, burg. Königstochter 67, 124, 152
Syagria, galloröm. Adlige 170, 217 Anm. 144
Syagrius, Kg. eines galloröm. Sonderreiches 50, 54, 59
Syagrius, galloröm. Jurist im Dienste Gundobads 100f., 121, 128, 218 Anm. 148
Syagrius, B. von Autun 167
Symmachus, röm. Senator 19, 21
Symmachus, Papst 80, 158, 219 Anm. 166
Tacitus, Geschichtsschreiber 16, 148
Tanaquil, Gattin des Tarquinius 122
Tarquinius Priscus, 5. Kg. des alten Rom 122
Theoderich I., westgot. Kg. 38
Theoderich II., westgot. Kg. 48f.
Theoderich d. Gr., ostgot. Kg. 58f., 62, 64–68, 70–72, 80, 83, 105, 109, 127, 141, 144, 158, 215 Anm. 108, 216 Anm. 111, 217 Anm. 144
Theodor, B. von Martigny 171
Theodorus, B. von Tours 165
Theudarius, Eremit, Gründer des Kl. Saint-Chef 166f.
Theudebald/Theudowald, frk. Königssohn (Chlodomers) 73, 222 Anm. 201
Theudebert I., frk. Kg. 69, 72–74, 76, 106, 110, 153, 173, 177, 184, 191, 193, 222 Anm. 209
Theudebert II., frk. Kg. 191, 193
Theudechilde, frk. Kg.in und Klostergründerin in Sens 159
Theudelinde/Theodelinde, Gemahlin des Godegisel(?) 124, 152, 159, 171, 236 Anm. 522
Theuderich I., frk. Kg. 66, 70–73, 187f.
Theuderich II., frk. Kg. 177, 179, 189, 191, 193
Thiudigotho, ostgot. Königstochter (Gattin des Alarich II.) 58
Thrasamund, Kg. der Vandalen 58
Tibatto, Anführer der Bagauden 38, 214 Anm. 80
Tiberius, röm. Ks. 21
Trapsta, burg. Großer 69, 193
Tuluin, ostgot. Heerführer 70, 71, 221 Anm. 194

Unna *vgl.* Hunna

Uptar *vgl.* Octar
Valentinian I., röm. Ks. 19–21, 24, 26, 35, 76, 148
Valentinian III., weström. Ks. 48, 145
Vegetius, röm. Schriftsteller 34
Venerandus, Abt von Saint-Maurice 69, 173
Victor, B. von Grenoble 163
Victor, B. von Turin 217 Anm. 144
Victor von Vita, Geschichtsschreiber 77
Villebadis, Märtyrer, *vgl. auch* Guilbadus 190, 197
Viventiolus, B. von Lyon 161, 164f.
Vulfgund, 4. Gattin Dagoberts I. 188
Vulfo, *patricius* im *pagus* Ultraioranus 194

Walia, westgot. Kg. 213 Anm. 71
Wandalmar, *dux* im *pagus* Ultraioranus 194
Wandelbert, *dux* 197
Warnachar, burg. Hausmeier 195, 196
Wilhelm, Gf. von Burgund 183
Willibad/Willebad, burg. *patricius* 190, 194, 196–198, 239 Anm. 581
Witigis, got. Kg. 191

Zeno, oström. Ks. 53
Zosimos, Geschichtsschreiber 16
Zwentibold, ostfrk. Kg. 182

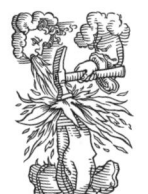

Dieser Band enthält die letzten acht Vorlesungen von Karl Jaspers aus dem Sommersemester 1961. Ihr Grundgedanke: Alle Wissenschaft stößt an eine unüberwindbare Grenze. Die Welt als Ganze kann niemals Gegenstand unseres Erkennens sein. Wir können sie darum auch nie im Ganzen planend in Besitz nehmen. Dies gilt auch für uns selbst. Wir sind immer mehr, als wir von uns zu erkennen und im Erkennen zu tun vermögen. Aber wir können uns mit dieser Grenze nicht begnügen, etwas in uns drängt über sie hinaus, denn die Grundfragen bleiben, wer wir sind, woher wir kommen, wohin wir gehen. Diese Fragen weisen über uns hinaus – auf das Eine, die für uns nicht erkennbare Transzendenz. Jaspers zeigt in seinen Vorlesungen auf vielfältige Weise auf, dass es – neben dem von ihm verworfenen Offenbarungsglauben – eine andere Weise der Annäherung an die Transzendenz gibt. Er nennt sie Lesen der Chiffern. Chiffern sind vieldeutige Zeichen, die den Menschen, der nach dem sucht, was er selbst sein und wofür er leben will, auf Transzendenz hinweisen können. Im Prinzip kann alles zu einem solchen Zeichen werden. Dennoch schließt Jaspers kategorisch aus, dass Jesus von Nazareth Gott und Chiffer der Gottheit sei. Was aber die Gottheit wirklich sei, lässt sich in keiner Weise direkt sagen, noch ob sie überhaupt sei. Insofern bewegt sich Jaspers' Denken hier in der Nähe des Agnostizismus, aber nicht eines passiven, sondern eines aktiven Agnostizismus, der keine Ruhe im Denken und Glauben findet, dass Gott nicht sei. Die Chiffer aber, wohin sie auch weise, ist nie identisch mit dem, worauf sie weist. Im Lesen der Chiffer lässt sich die Transzendenz nicht erkennen, aber vielleicht erhellen.

Karl Jaspers, geb. 1883 in Oldenburg, war von 1916 bis 1937 Professor für Psychologie und Philosophie in Heidelberg. 1937-1945 hatte er Lehr- und Publikationsverbot. Von 1948 bis zu seinem Tod (1969) war er Professor für Philosophie in Basel.

Anton Hügli, geb. 1939, war bis 2005 Professor für Philosophie und Pädagogik an der Universität Basel.

Hans Saner, geb. 1934, war von 1962 bis 1969 Jaspers' persönlicher Assistent. Er lehrte bis 2008 Kulturphilosophie an der Hochschule für Musik in Basel.

Karl Jaspers

Die Chiffern der Transzendenz

Mit zwei Nachworten herausgegeben
von Anton Hügli und Hans Saner

Schwabe Verlag Basel

MIX
Aus verantwortungs-
vollen Quellen
FSC® C068066

Schwabe reflexe 14
© 2011 Schwabe AG, Verlag, Basel
Gesamtherstellung: Schwabe AG, Druckerei, Muttenz/Basel
Printed in Switzerland
ISBN 978-3-7965-2767-8

Inhalt

Erste Vorlesung 7

Zweite Vorlesung 21

Dritte Vorlesung 35

Vierte Vorlesung 49

Fünfte Vorlesung 61

Sechste Vorlesung 73

Siebte Vorlesung....................................... 87

Achte Vorlesung 101

Anton Hügli
Jaspers' Vorlesung *Die Chiffern der Transzendenz*
im Kontext seines Schaffens während seiner Basler Zeit 115

Hans Saner
Nachbericht 135

Erste Vorlesung

Meine Damen und Herren

Ich möchte heute ausführen, in welcher Situation und unter welchen Bedingungen wir heute mit Worten wie »Transzendenz« und »Chiffer der Transzendenz« operieren können. Die heute verbreitete Auffassung – man könnte manchmal meinen: die beherrschende Gesinnung, aber man irrt sich – ist folgende: Alles, was wir sind und tun, beruht auf unserem Wissen und unserem Machen. Jedoch Wissen und Machen stoßen[1] auf Grenzen.

Das wissenschaftliche Wissen stößt auf Grenzen zweierlei Art. Zunächst auf die Grenzen, die bei der Forschung jederzeit vorliegen und überschritten werden. Wenn ich die Grenzen überschreite in Gedanken, so ist das eine Hypothese, eine Möglichkeit, wie man sich auch ausdrückt unter Umständen: eine Extrapolation. Das sind nur Gedanken, die in der wissenschaftlichen Welt allein dann Bedeutung haben, wenn sie dazu führen, neue Untersuchungen, Experimente, Beobachtungen zu machen und solche Extrapolationen oder Konstruktionen entweder zu widerlegen oder zu bejahen. Solange das nicht möglich ist, eine solche Entscheidung zu finden, haben diese Spekulationen für den wissenschaftlichen Menschen keine Bedeutung. Die Grenzen dieser Art aber sind so, dass die Wissenschaft an jeder dieser Grenzen immer weiterschreitet ins Unendliche.

Die zweite Grenze der Wissenschaft ist anderer Art. Nämlich *die* Grenze, die darin besteht, dass die Wissenschaften selber im Ganzen grundsätzlich beschränkt sind. Das ist auf folgende Weise deutlich zu machen: All unser Erkennen bleibt immer *in* der Welt, erreicht niemals *die* Welt. *Die* Welt ist kein Gegenstand der Forschung, sondern, wie Kant es nennt, eine Idee, die die Forschung führt und auf Einheit richtet. Jedoch diese Einheit wird in der Forschung *durch* die Forschung jederzeit zerschlagen. Seitdem die Wissenschaften zu der modernen Klarheit gekommen sind, kann man sich nicht mehr dem Tatbestand entziehen, dass für unser Wissen die Welt zerrissen ist. Die großen universalen Einheiten, die uns mit Recht so imponieren, vor allem in der Physik und Kosmologie, sind stets erkauft durch Abstraktion von gewaltigen anderen großartigen Wirklichkeiten, die nunmehr gar nicht mehr vorkommen. Ein Totalwissen bleibt aus, und die Formen des universellen, einheitlichen Wissens, die es von verschiedener Art gibt, sind gerade von der Folge, dass das Totalwissen als unmöglich begriffen wird.

Eine weitere Grenze, und eine entscheidende, ist nun aber, dass die Wissenschaft im Ganzen, alle Wissenschaften, sich auf die Erscheinungen *in* der Welt beziehen. Die Erscheinungshaftigkeit der Welt und des gesamten Daseins, soweit es in der Wissenschaft Gegenstand wird, ist eine Erkenntnis, die selber nicht mehr eigentlich wissenschaftlichen Charakter hat. Sie ist von Kant zum ersten Mal zur vollen Klarheit gebracht, nachdem die Gedankenansätze dafür längst in Indien und im alten Griechenland da waren. Bei Kant liegt die Sache klar – man muss es an Ort und Stelle studieren, was ich nur mit dürren Worten hier bezeichne – liegt es so, dass auf dem Wege der Erforschung der Erscheinungen niemals der Ursprung des Seins begriffen wird und dass bei aller Forschung, mit dem Bewusstsein der Erscheinungshaftigkeit des für das Wissen greifbaren Seins, umso entschiedener das Bewusstsein jenes anderen auftaucht, das bei Kant, je nach den Zusammenhängen der Entwicklungen, einmal »Ding an sich« heißt im Gegensatz zu »Erscheinung«, dann »noumenon« im Gegensatz zum »phaenomenon«, oder »Freiheit« im Gegensatz zur »Natur«, und noch mit anderen Wendungen, die ich in Kürze nicht berichten kann, da sie einige Überlegungen voraussetzen.

Diese Grenze der Wissenschaft wird berührt durch das, was Kant die »Idee« nennt, berührt durch diese Idee der Vernunft, die beim wissenschaftlichen Forschen lenkt, aber selber nicht Gegenstand wird, sondern, sowie sie zum Gegenstand gemacht wird, in unauflösbare Antinomien gerät, die die Idee selber verschwinden lassen.

Alles, was ich erkenne in Wissenschaften, erkenne ich in den Kategorien des Verstandes; und berühre die Grenzen, aber nur berühre ich sie durch die Vernunft mit ihren Ideen.

Nun die andere Grenze: Das Machen oder das technische Hervorbringen aufgrund des Wissens, in moderner Zeit aufgrund der höchst verwickelten, planmäßig in Kontinuität fortgesetzten wissenschaftlichen Forschung, deren Prinzipien in Ansätzen bei den Griechen waren, im letzten Jahrhundert vor Christus zunächst endgültig für ein Jahrtausend verloren gingen, im römischen Reiche nicht mehr bestanden. Diese Ansätze, die dann seit dem siebzehnten Jahrhundert in Kontinuität, vorher, seit dem Ende des Mittelalters, schon wiederum hie und dort in wesentlichen Ansätzen auftraten,[2] diese Wissenschaft, die ich Ihnen nicht charakterisieren kann, ist das Fundament der modernen Technik, eines der wesentlichen Unterscheidungsmerkmale dieser Technik von aller früheren Technik. Aber dieses Machen und Planen hat die Grenze dadurch, dass wir mit den Dingen und mit uns selber, mit den Lebewesen und den Menschen, völlig anders umgehen, wenn sie für uns da sind. Das Pflegen des Lebendigen und all die Verhaltungsweisen, die eine eigentliche Biologie einschließt, im Unterschied von der denaturierten Biologie, die nur noch physikalisch-chemische Zusammenhänge erkennt, ohne den Blick für das Leben zu haben, ferner das Erziehen des Menschen oder das schöpferische Hervorbringen im Menschen selber, in aller Geschichte getan, vergleichsweise von der Natur behauptet, dann der Kommunikationswille und die Kommunikationswirklichkeit zwischen Menschen: all das erfolgt ohne einen bestimmten Zweck oder ohne dass ein Zweck es genügend begreiflich macht. Ich nenne es nur, um Ihnen fühlbar zu machen mit ein paar Worten die Grenze des Machens.

Diese Grenze des Machens besteht überall in der Welt und vollends natürlich total in Bezug auf die Welt im Ganzen. Wir können die Welt im Ganzen so wenig erkennen als Gegenstand, wie wir sie im Ganzen planen können, in Besitz nehmen können, verändern können im Ganzen. Mag diese Welt der natürliche Kosmos sein oder mag diese Welt die Menschenwelt sein, beide sind außerhalb unseres erkenntnismäßigen Zugriffs im Totalwissen und außerhalb unseres machenden Zugriffes in dem Einrichten. Es gibt in beiden Richtungen weder eine richtige noch eine falsche Welteinrichtung, sondern Menschen treffen Einrichtungen *in* ihrer Welt.

Werden wir uns dieser Grenzen bewusst, des Erkennens wie des Machens, so werden wir frei von den Verabsolutierungen, in die wir immer dann geraten, wenn die Großartigkeit des wissenschaftlichen Erkennens und die Leistungen des Machens uns suggerieren und gleich fiktiv ins Grenzenlose schwärmen lassen. Die kritischen Forscher und kritischen Techniker, vielleicht nicht in der

Mehrzahl, aber überall da, wissen sehr wohl von diesen Grenzen, und sie ziehen die Konsequenz des sogenannten Agnostizismus: wir wissen nicht. Es ist die einfache Negation der vorhergehenden Verabsolutierung des Wissens und Machens.

Hier müssen wir aber einen Unterschied sehen, nämlich: Der *passive Agnostiker* interessiert sich überhaupt nicht für das Nicht-Wissbare. Er bewegt sich im Medium des bestimmten, zwingenden, methodischen, allgemeingültigen Erkennens, das auch faktisch in der ganzen Welt als Erkenntnis sich mit Sicherheit durchsetzt. Dieses bezweifelt der Agnostiker nie. Aber dieser passive Agnostiker steht gleichgültig, unbetroffen vor dem, was er ja doch nicht erforschen kann und was ihn gar nicht angeht. Und all das Denken und Gestalten, all die Vorstellungen und Chiffern, die uns in der Überlieferung der Jahrtausende gegeben sind, sind ein Feld psychologischer und soziologischer Forschung – der Illusionen oder Mächte, die dort regiert haben, analog wie Naturmächte. Der Agnostiker pflegt sich dafür wenig zu interessieren, da diese Wissenschaften der Psychologie und Soziologie de facto nur in sehr begrenztem Rahmen wirklich Wissenschaft sind und am allermeisten ihrerseits auf Phantasien oder Verabsolutierungen beruhen. Ganz anders der *aktive Agnostiker*: Er ist gerade betroffen von dem Nichtgewussten; es zieht ihn an, es lässt ihm keine Ruhe. Er erwartet sogar im Nichtwissen, wenn er es sich recht klar und deutlich vor Augen bringt und konkret vergegenwärtigt, in diesem Nichtwissen erwartet er, müsse ihm ein Anderes entspringen.

Der passive Agnostiker kann seine Position, die er sich meistens nicht recht eingesteht, schwer halten. Ich mache auf zwei Punkte aufmerksam. Der Forscher macht die tödliche Erfahrung, dass beim Weiterforschen er ins Endlose gerät und dieses Endlose ihn gleichsam auffrisst, dass er immer mehr Richtigkeiten häuft, die nicht zu bezweifeln sind, aber durch die Häufung ihn gleichsam ertränken. Wir hören heute immer mehr von den Forschern: All die Schwierigkeiten an den Universitäten durch Massenzustrom und dergleichen sind ja leicht zu bewältigen. Aber dass die Forschung derartige Dimensionen annimmt, dass der Spezialist im eigensten Bereiche die unermessliche Vielfachheit des Publizierten gar nicht mehr überblicken kann, das fängt heute an, manchen Forschern als etwas äußerst Bedrohliches zu erscheinen.

Wodurch wird die Endlosigkeit in der Forschung überwunden? Darauf kann ich in der Kürze jetzt keine Antwort geben. Es geht unser Thema auch nicht an. Mir ist es seit 1913, wo ich es zum ersten Mal in meiner *Psychopathologie* angesichts der Vererbungsforschungen und Testforschungen bemerkte, aufgegangen und ich bemerke, dass dieses Problem der Endlosigkeit, wie ich wiederhole, wenn es nicht durchschaubar wird, ein tödliches ist. Das ist der passive Agnostiker, der nichts wissen will von dem, was selbst dazu notwendig ist, um dieser Endlosigkeiten Herr zu werden. Es ist möglich. Anders ausgedrückt: Die Forschung ist im Fortschritt. Das Fortschreiten aber geschieht in immer engerem Raume, wo der Einzelne selbst diesen Raum immer weniger übersieht; die Wissenschaft zerreißt sich. Und wo ist der Träger des Fortschritts, wo ist der, der diesen Fortschritt macht? Man könnte fast antworten: die Endlosigkeit ist wie eine Bombe, die die Wissenschaft selber sprengt.

Ich will die weitern Punkte jetzt nicht bemerken. Es kommt mir nicht darauf an, diese Details zu entwickeln, sondern ein Gesamtbewusstsein der geistigen Lage zu gewinnen, in der wir die Fragen nach den Chiffern der Transzendenz stellen. Diese Fragen haben nun den Charakter, dass sie gar nicht spezifisch modern sind. Wir können reflektieren später, in den einzelnen Stunden werden wir es tun, daran denken, was wohl modern sein könnte, es bleibt jetzt nicht zu überblicken. Das, worum es sich aber handelt, ist von der Art, dass es durch die Jahrtausende geht, und dass wir ein Recht haben, uns nicht übertölpeln zu lassen von Geschichtsvorstellungen, die die Gesamtgeschichte überblicken – von den Indern, Griechen, Chinesen, Mittelalter, Neuzeit und so weiter, reden als von Substanzen, sei es im Hegel'schen Sinne, im marxistischen Sinne oder im Spengler'schen Sinne oder wie immer. Es ist etwas quer zu aller Geschichtlichkeit, das uns ermächtigt, die paar Jahrtausende menschlicher Geschichte, so grotesk es klingt, wie einen einzigen gegenwärtigen Augenblick zu ergreifen, in dem wir uns befinden. Das gilt nicht für die Wissenschaft; da ist der Fortschritt. Das gilt aber für diese Grundfragen, und ich möchte Ihnen als Beispiele, wobei jedes Beispiel historischer und sachlicher Interpretation bedürfte, an Beispielen nur einiges schnell vorführen, um Ihnen das fühlbar zu machen, wie etwas durch die Jahrtausende gleich bleibt.

Weder die Welt im Ganzen, noch wir selber werden uns Gegenstand. Beide aber sind für den betroffenen Menschen die beunruhigendsten Fragen. Die Welt – im Rigveda, den ältesten Texten Indiens, vielleicht aus dem Anfang des letzten Jahrtausends vor Christus, finden sich folgende Sätze (ich kombiniere die Übersetzungen aus Deussen und Oldenberg), da heißt es, ich greife nur einige heraus, bei der Frage *Woher die Welt?*: »Da war nicht Nichtsein, und da war auch Sein nicht ... Nicht Tod und nicht Unsterblichkeit war damals ... Von keinem Wind bewegt, der Eine atmet aus eigner Kraft. Nichts andres war als dieses nur. Doch wem ist auszuforschen es gelungen, wer hat, woher die Schöpfung stammt, vernommen? Die Götter sind diesseits von ihr entsprungen. Wer ist's, der weiß, woher sie sind gekommen? Von wannen die Schöpfung ist gekommen? Ob sie geschaffen, ob sie ungeschaffen? Das weiß nur Er, der Allbeschauer droben im höchsten Himmel. – Oder weiß auch er es nicht?«

Wenn ich es unterlasse – was notwendig wäre – zu zergliedern, zu zeigen, was hier selber schon Chiffer ist, zu zeigen, was hier einfach allgemeingültige Aussage ist, interessiert uns jetzt nicht. Ich wage die Behauptung: Wir sind trotz aller Wissenschaft im Grunde nicht einen Schritt weiter als dieser alte Weise in Indien. Er war betroffen, und er spricht es aus auf die schlichteste Weise. Dies ein Beispiel für das Weltdenken.

Nun Beispiele für das Ich selbst. Unser Erkennen ist doch nur ein Tun unseres Bewusstseins überhaupt. Wir selbst sind mehr als wir im Erkennen tun und natürlich immer mehr als das, was wir etwa von uns erkennen. Was wir selbst sind, das aber ist nun, während die Wissenschaft auch heute davor versagt, in Fragen seit Jahrtausenden da, in Fragen, die als Fragen betreffen. Ein Beispiel, vielleicht nicht sehr gut, zufällig, aus dem alten Epos der Inder »Mahabharata«: »Unwissend ist der Mensch, nicht Herr über Lust und Leid seiner selbst. Von Gott geschickt.« Oder bei Augustin das Berühmte, dass er sagt: »Ich bin mir selbst zur Frage geworden«, quaestio mihi factus sum, und daraufhin die Antwort findet, allerdings schließlich im christlichen Glauben. Oder ein anderes Beispiel, das mich seit langen Zeiten merkwürdig berührt hat, ein Spruch aus dem Mittelalter, den man hie und da findet, der lautet:

Ich komme, ich weiß nicht woher,
Ich bin, ich weiß nicht wer,
Ich sterb', ich weiß nicht wann,
Ich geh', ich weiß nicht wohin,
Mich wundert's, dass ich fröhlich bin.

Oder ein letztes Beispiel, aus der Kirchengeschichte von Beda Venerabilis, dem Angelsachsen, aus dem siebten Jahrhundert. Dieser Beda berichtet, wie die angelsächsischen Könige zusammenkommen im Jahre 627 nach Christus zu einer Ratsversammlung, um zu besprechen, ob sie den christlichen Glauben annehmen wollen oder nicht. Man muss sich vorstellen (um das, was ich gleich vorlese, zu verstehen): die germanische Halle, in der auch die Könige lebten, die große Halle, in der gekocht wird, gegessen wird und gewohnt wird, mit einem Herd in der Mitte, rechts und links die Türen, wie man es in Bauernhäusern, alten, noch heute finden kann. Dort nun treffen sich diese Könige mit ihren Fürsten, und ein Fürst hält folgende Rede:

> Mein König, das gegenwärtige Leben der Menschen auf Erden scheint mir im Vergleich zu jener Zeit, die uns unbekannt ist, so zu sein, als wenn du dich zur Winterszeit mit deinen Fürsten am Tisch setzest. Mitten auf dem Herd brennt das Feuer und wärmt den Saal. Draußen aber ist der Sturm, das Schneegestöber. Da kommt ein Sperling herangeflogen und durchfliegt schnell – an der einen Tür hinein, an der andern hinaus – den Saal. Während des Augenblicks, wo er drinnen ist, bleibt er vom Wintersturm verschont. Hat er jedoch rasch den kleinen Raum, wo es angenehmer ist, durchflogen, so entschwindet er deinen Augen und kehrt aus dem Winter in den Winter zurück. So ist auch dieses Menschenleben. Nur wie ein einziger Augenblick. Was ihm vorangegangen ist und was ihm folgt, wissen wir nicht. Wenn uns also, denkt dieser Germane, diese neue Religion größere Gewissheit darüber verschafft, so ist es meines Dafürhaltens recht, ihr zu folgen.

Die Beispiele, die ich Ihnen nannte, sind historisch. Man kann sie fast beliebig häufen. Mir kommt es darauf an, fühlbar zu machen: Es geht durch die Jahrtausende, durch die Zeitalter und die Verschiedenheit der Kulturen. Und worum es sich handelt, das ist im einzelnen Falle bei der Interpretation durchaus nicht dasselbe. Die Bilder sind anders, die Motive sind wechselnd; aber etwas ist in allen gleich, nämlich dass hier die Grundfrage gestellt wird.

Man kann ganz allgemein – die Grundfrage kann verschiedene Gestalten annehmen – man kann darum, wie mir scheint, allgemein sagen: Die Menschen, die so gesprochen haben, durch die Jahrtausende, leben in der Welt und spüren, dass sich ihnen etwas verschleiert. Es ist nicht erschöpft mit der Welt, mit diesem Augenblick, mit ihnen, wie sie da in der Welt sind. Da ist irgendetwas Unenthülltes. Sie lebten bis dahin mit unbefragter Selbstverständlichkeit. Nun kommt die Frage, und mit dieser Frage ist gleichsam ein Erwachen da. Wir meinen jedes Mal zu spüren, wie Jahrtausende zurückgehen in allen Kulturen. Wo das auftaucht, beginnt eigentlich der Mensch. Der Mensch, der nicht mehr dahinlebt. Ich vermute, in den vorhistorischen Zeiten ist es längst so gewesen. Wann es begonnen hat, wissen wir nicht. Dieses Erwachen, dieser Beginn des Menschseins, der sich bewusst wird, das ist es, was über alle moderne Wissenschaft und alles Machen hinaus das Bleibende ist und zwar so, dass früher die Verschleierung dessen, was eigentlich ist, durch die Selbstverständlichkeiten vielleicht leichter durchschaubar war.[3] Denn heute ist die gewaltige Suggestion der Erkenntnisse, die wir besitzen und die zwingend sind, und die Suggestion der Leistungen, die durch Erkenntnis mit Technik gemacht werden, obgleich bei dieser Suggestion fast immer eine gewaltige Überschätzung auch des faktisch zu Leistenden stattfindet. Ich sage, ist durch diese Suggestion die durchschnittliche Verschleierung dessen, worin wir leben, fast dichter geworden wie in früheren Zeiten. Was nicht ausschließt, dass man sie heute genau so und entschiedener sogar durchbricht; denn infolge unseres Wissens und der Kritik unseres Wissens, infolge des Machens und der Kritik des Machens durch Grenzbestimmung wird gerade erst recht klar, was in früheren Zeiten vielleicht so klar nie getrennt worden ist.

Nun ist mit dieser erweckenden Frage von Anfang an – wie Sie an den Beispielen sehen – etwas verknüpft, was davon untrennbar ist, nämlich das Bewusstsein des Unheils und das Suchen des Heils, oder anders: das Bewusstsein des Nicht-eigentlich-Seins, das Suchen dessen, was das Sein selber ist, was ich selber bin. Mit diesem fragenden Bewusstsein, ich wiederhole es noch einmal, geschieht ein Sprung im Menschen. Das geschieht nicht durch langsames Nachdenken, sondern aufgrund des Nachdenkens ist es wie ein Ruck, wo es dem Menschen meistens in früher Jugend aufgeht.

Wozu gar nicht immer die komplizierten Philosophen notwendig sind. Ich sage nicht etwa, historisch, dass der Mensch mit diesem Sprung begonnen habe; mit diesem Sprung meine ich das, was immer im einzelnen Menschen geschieht. Und vielleicht gibt es heute genau so viele Menschen prozentual, wie vor zehn Jahrtausenden, die den Sprung – dem Scheine nach wenigstens – nicht tun. Und wir haben keinen Grund, zu zweifeln (in der Zeit der dokumentierten Geschichte ist es dokumentarisch bewiesen), wir haben keinen Grund zu zweifeln, dass auch vorher schon dieses Erwecktwerden, wer weiß in welchen Formen, stattfand.

Nun – ist dieses Erwecken geschehen, dann hat der Mensch keine Ruhe, wie vorher, in der Selbstverständlichkeit. Er sucht seinen Weg, forschend und fragend, vor allem aber in seiner Lebenspraxis, denkend an das Ziel, worauf es dabei ihm eigentlich ankommt. Er möchte den Weg kennen, er möchte das Ziel bestimmt wissen. Und in unserer gegenwärtigen Welt nimmt das gerne die Form an, die es immer schon auch angenommen hatte: Man wünscht das allgemeingültige Rezept, wie man es machen kann. So aber geht es gerade nicht, sondern jedes Mal kommt es darauf an, dort, wo der Sprung getan ist, dass die Rationalität des Verstandes durchbrochen wird, dass das Allgemeine und Allgemeingültige nicht das Letzte ist. Wer damit zufrieden ist, fühlt sich in Ordnung – vielleicht wenigstens. Wer nicht damit zufrieden ist, wer spürt jene Grenzen, der fühlt im selben Augenblicke: Es ist mit ihm selber auch nicht in Ordnung, und er sträubt sich gegen den Mechanismus des Allgemeinen. Was macht er? Er will nicht in den Konventionen der Gesellschaft, in der er geboren ist, einfach so mit leben und sein Geschick an sie binden; er spürt etwas anderes, wozu er da ist. Er stürzt sich etwa in Abenteuer, er kann sich verlieren darin, in diesem Durchbrechen, oder er ergreift sein Geschick mit dem Bewusstsein etwa – wie man es immer nennen will, davon wird später die Rede sein müssen – der ewigen Fügung in der Zeit, des Fatum oder, wie immer, der Vorsehung. Das sind verschiedene Chiffern, die ich jetzt nicht unterscheide. Er ergreift sein Geschick, etwa mit der befreienden Gewissheit, dass der Finger Gottes ihm den Weg zeigt, oder er ergreift ihn jedenfalls mit der Gewissheit der Identität mit sich selbst. Dass was in Gefahr und Hoffnungslosigkeit und wieder Hoffnung immer wieder als eine Chance sich ihm öffnet, wenn er in Kontinuität verharrt, die Konsequenzen daraus zieht.

Warum dieser Durchbruch nach dem Erwecktwerden? Was will man nun? Ich habe das Wort gebraucht »aus dem Unheil in das Heil«, »aus der Verschleierung in das, was ist«. Und von diesem letzteren noch ein Wort. Es soll sich dem Menschen, das ist ein unwiderstehlicher Drang im Augenblick dieses Rucks, es soll sich zeigen, was ist, es soll sich offenbaren. Es ist doch offenbar nicht Nichts, es ist Etwas. Und ein junger Mann, ein junger Mensch kann sehr wohl das Bewusstsein haben: Ich bin doch nicht umsonst in dieses Dasein gekommen; das bedeutet etwas, etwas, was über alles Bedeuten hinaus liegt. Aber es zeigt sich so leicht – das Nichts. Etwa in den Diskontinuitäten, die dadurch eintreten, dass ich vergesse. Aber das Leben hat nur Sinn nach dem Erwecktsein, mit der Bindung an sich selbst, mit dem Nichtvergessen, mit der Treue, mit der Kontinuität, mit jenem bewahrenden und vorangreifenden Einheitsbewusstsein; mit der Reue und mit den höchsten Augenblicken, die den Gang des Lebens artikulieren und erleuchten und nimmermehr vergessen werden. Das alles schwindet, wenn die Diskontinuität des Vergessens einsetzt und dann das Nichts sich zeigt. Darum das Nichts im Verrat, das Nichts in dem bloßen Wechsel der Dinge, das Nichts in dem bloßen Ergreifen der einfachen Gegenwärtigkeit unter Abwerfen sowohl des Gewordenen wie des zukünftig Herankommenden – diese bloße Momentaneität im Gegensatz zum Augenblick als der Entscheidung, als der Erscheinung des Ewigen – eine Chiffer, von der wir später reden, – als Wiederholung – auch nicht einfach zu deuten.

Wenn man nun so denkt und sich durch die Jahrtausende überlegt, was Menschen betroffen hat, und man fragt dann: Was ist denn nun der Mensch?, so ist das unfehlbare Ergebnis: Jedes Menschenbild ist ungenügend. Wir haben eine Fülle von Menschenbildern, die sich entwerfen lassen, bis zu den heutigen Bildern, die den Menschen zum Gegenstand der Forschung machen in Anthropologie, Psychologie und Soziologie und, soweit sie wissenschaftliche Forschung sind, ihr Recht haben, aber nie den Menschen ergreifen. Das Menschenbild ist ungenügend. Woher denn etwas, wenn wir nach dem Menschen fragen. Im Abendlande und für uns weder in Indien noch in China auch noch von weitem erreicht, wenn gleich angedeutet, ist das, was wir aus der griechischen Tragödie und der biblischen Erfahrung als Grundlage unseres immer wieder persönlichen, einzelnen Lebens besitzen oder uns vielmehr aneignen können. Denkt man aber dann darüber nach: Was ist aus diesen Herkünften gesehen der Mensch?, so ist, wenn es gedacht wird, immer nur in radikalen Unstimmigkeiten zu denken. Etwa: Der Mensch in seiner Freiheit und in der erkennbaren Naturnotwendigkeit seines Daseins. Der Mensch mit seinem Drang zur Freiheit von der Welt zu sich selbst und mit dem gleichen entschiedensten Drange, sich in die Welt einzusenken und nur dadurch er selbst zu werden. Oder: Der Mensch in seiner Überlegenheit über seine Geschichte, mit seinem Willen zur Entgeschichtlichung, in deren einziges Wesen überhaupt erst er reicht, wenn er sich nicht unterwirft unter die sogenannten geschichtsphilosophischen oder gar bloß geschichtlich erkannten Positionen. Und andererseits die Geschichtlichkeit der menschlichen Existenz, in der er sich überhaupt erst bewusst wird, ohne die er gar nicht da wäre, wobei, was Geschichtlichkeit ist, selber wieder in paradoxen Chiffren nur zum Ausdruck kommen kann, nämlich nicht das Geschehen in der Zeit, sondern dies: Dass quer zur Zeit in der Zeit das unbegreiflich Eine ist, das ewig ist, das heißt: Weder zeitlos bestehend wie platonische Ideen, noch unsterblich in der Zeit, etwa im Ruhm, sondern als in diesem Geschichtlichen über das Geschichtliche hinaus.

Auch das nur, wenn man deutet, in Scipios Traum bei Cicero, der, wie kaum einer, den Ruhm begehrte und bejahte, und sich dachte: Darauf kommt es an, und es ja in der Tat erreicht hat in dem Maße, in dem er es erwartete. Und Cicero träumt dort, nachdem er doch längst weiß, wusste: Die großen politischen Männer der römischen Geschichte, das sind die Menschen, die unsterblich sind, denn die haben ewigen Ruhm. Aber Scipio träumt, abseits von der Welt, ganz außerhalb, fern dort sieht er, verschwindend fast, einen Erdball mit vielen Kontinenten – ein winziger Fleck ist das römische Imperium. Sie kennen einander nicht einmal gegenseitig und das Ganze vergeht in der Zeit, der Ruhm ist nichts. So träumt er und träumt nun zugleich, platonische Gedanken nutzend, dass hier, außerhalb, in der Ewigkeit, etwas anderes sei, wo nun in der Tat die unsterblichen Menschen sind[4], die Großes dachten. – Doch ich gehe nicht darauf ein, das führt ja viel zu weit. – Worauf es mir immer ankommt bei diesen Darlegungen, sind[5] die Unstimmigkeiten. Wenn man wissen will, was der Mensch ist, oder wissen will, was einzelne der Großen gedacht haben vom Menschen, wird man immer auf diese Unstimmigkeiten treffen.

Wie mir scheint, ist das Äußerste an Bewusstsein des Menschseins in der Bibel erreicht – nicht in einem philosophischen Gedanken. Ich werde in einer späteren Stunde versuchen, Ihnen einen Grundzug biblischer Erfahrung darzulegen, zu dem auch dies gehört: nämlich die Erfahrung des Äußersten, mit einer Radikalität, wie sonst nirgends in der Welt, mit einer Erbarmungslosigkeit darauf zu bestehen: so ist es. Und in dem Äußersten wird gespürt auf eine Weise wie nirgends sonst die Brüchigkeit des menschlichen Wesens und zugleich, dass in dieser Brüchigkeit nun das Höchste möglich ist – da müssen wir die griechische Welt hinzunehmen –: Das Wagnis des Menschen in seiner Freiheit.

Warum der Mensch keine endgültige Gestalt gewinnen kann? – denn das Wagnis seiner Freiheit muss ihn in der Zeit immer wieder scheitern lassen, immer von neuem zur Gestalt drängen und diese Gestalt sei es verlieren, sei es abwerfen. Was der Mensch sei, darauf erfolgt keine Antwort durch eine Erkenntnis. Aber wo Erkenntnis aufhört, hört das Denken nicht auf, und wir haben die Möglichkeit, durch Chiffern uns des Menschseins wenigstens heller bewusst zu werden als ohne.

Ich bin leider gar nicht fertig geworden mit dem, was ich plante. Ich wollte Ihnen vorführen, was ich nun lieber weglasse und das nächste Mal nicht nachhole, was in der modernen Situation das Neue sei, die Bedingungen, unter denen die Erscheinung des immer Gleichbleibenden anders wird. Das sind eine Reihe von Momenten. Eines wollte ich herausgreifen, nämlich das, was mir so entscheidend scheint, und was so wunderlich klingt: das methodologische Bewusstsein. Viele Menschen – und durch die Jahrtausende hindurch waren es sicher viel weniger – haben heute den Willen, der Wahrhaftigkeit wegen bei allem, was sie denken, erforschen, tun, erfahren, anschauen, zu wissen: Wie, was tu ich eigentlich? Dieses methodologische Bewusstsein, aufgetaucht in den Wissenschaften, verdorben durch die Anfänge bei Descartes und Bacon, dieses methodologische Bewusstsein ist eine Helligkeit, die zur Wahrhaftigkeit gehört, mit höchst fatalen Folgen, die ich nicht entwickeln will, das methodologische Bewusstsein hat einen verderblichen Charakter, wenn es sich selbständig macht; was dann geschieht, will ich Ihnen, kann ich Ihnen nicht schnell entwickeln. Wenn ich Ihnen aber das nun schilderte als modern, so würde ich mich irren. Das höchste Maß dieses Willens zum methodologischen Bewusstsein finden wir schon bei Platon, nein, nicht schon, fast unüberbietbar. Er weiß genau, was er tut, wenn er im *Timäus* die Welt erklärt. Er erzählt eine Geschichte. Er weiß genau, was geschieht und was er tut, wenn er die verschiedenen politischen Entwürfe macht, er weiß in jedem Fall, was er tut. Aber: Es ist eine Grenze (die uns jetzt nicht interessieren mag), er hat nicht die Ansätze verstanden, die wir heute moderne Wissenschaft nennen, und die zu seiner Zeit lebendig da waren. Darum ist er in seiner Weise des methodischen Bewusstseins für uns zwar ein unerhörtes Vorbild in der Grundgesinnung, aber nicht in der Durchführung. Dieses methodologische Bewusstsein verbietet uns die Naivität, verbietet uns zu behaupten, bringt alles, was wir sagen, in die Schwebe, und uns in die größte Gefahr, sofern wir das Bedürfnis haben, irgendwo uns festzuhalten an etwas. Das ist dem Menschen verwehrt und nur erlaubt um den Preis einer Unwahrhaftigkeit, die ihrerseits wieder verderbliche Folgen haben muss.

Nun, ich habe die Absicht, in dieser Vorlesung nicht zu sprechen über das Wesen der Chiffern und der Transzendenz. Die große Aufgabe, die heute besteht, ein Grundwissen zu entfalten über die methodischen Formen des uns Bewusstwerdens des Wahren, lasse ich dahin. Ich will Ihnen an Beispielen und an Bruchstücken und an zufällig gewählten Beispielen von Chiffern berichten in der Form, dass sie uns angehen. Was ich rede, ist zufällig. Ich beginne das nächste Mal, vom Bösen zu reden und von Chiffern, die im Zusammenhang damit entstanden sind. Wenn ich diese Absicht verfolge, werde ich beiläufig gelegentlich eine methodische Bemerkung machen, muss aber vorwegnehmen, dass ich, indem ich darstelle, entfalte, Ihnen zumute, sich in jenen Schwebezustand zu begeben, der in einer Vorlesung und in dem Nachdenken das allein Mögliche ist; denn alle Wirklichkeit dieser Dinge, die Erfahrung der Chiffern, die Wirkung, die erleuchtende Wirkung, die von ihnen ausgeht, kann nur in der Praxis erfolgen. Wir reden davon und weisen darauf hin. Indem ich das tue, mache ich etwas, von dem man sagen könnte, es sei in der Philosophie etwas Analogisches zur Theologie. Das ist nicht ganz unrichtig. Es ist nur so, was ich von vornherein sage, dass der Offenbarungsglaube in unserem Zusammenhang selber nur als eine Chiffer zur Geltung kommt. Wenn ich also vorwegnehme, was ich Ihnen vorschlagen will, und daran denke, ob es Sie interessiert, so muss ich zweierlei sagen: Theologen haben wiederholt erklärt: Entweder Jesus Christus oder der Nihilismus. Sie irren sich. Ich trage Ihnen vor, indem ich beides verwerfe. Wenn die christliche Offenbarung für die einzig wahre gehalten wird; wenn die Offenbarung in der Kirche, im Dogma verkündigt wird; wenn die gesamte Bibel als auf Christus bezogen gelesen wird; wenn man glaubt, dass Gott sein Volk auserwählt habe, erst als die Juden, dann als die christliche Kirche; wenn man meint, dass diese Wahrheit die einzige ist, die der ganzen Menschheit zugehöre, die verkündigt werden müsse, und der die ganze Menschheit einst folgen werde; wenn man das aufgrund der Verheißung für gewiss hält; so muss ich sagen, wenn man meint, Gott sei in Jesus Mensch geworden und heißt darum Christus – so muss ich sagen: All das glaube ich nicht. Und wer etwa aus dem Glauben heraus an diese Dinge, die ich eben nannte, kommt, wird an meiner Vorlesung keine Freude haben. Ich werde unter Umständen sogar eine Chiffernderdeutung Jesu Christi versuchen, die etwas ganz anderes ist als Theologie. Und trotzdem behaupte ich, dass ich ein guter Protestant bin im einzigen Sinne des Wortes. Auf der andern Seite: Wer Atheist zu sein meint, der nichts glaubt als das, was er in der Realität greifbar findet, der alles für Illusion hält, was er nicht sehen und tasten kann; wer gewiss zu sein meint, was Realität sei; wer keine Ahnung hat von dem Goethe'schen Satze: jede Tatsache ist schon Theorie; wer seinem gesunden Menschenverstande folgt, was in der Begrenztheit geselliger Ordnungen einen guten Sinn hat, aber nicht darüber hinaus; wer die Freiheit leugnet und sich selbst für ein Naturwesen hält und meint, mit der Natur und in der Natur, die er selber ist, zufrieden leben zu können, – auch der wird an meiner Vorlesung keine Freude haben, sondern meinen: Das ist alles Illusion, oder, wie mir ein Student vor vierzig Jahren einmal sagte: »Was Sie treiben, ist ja verkappte Theologie.«

Nun, nach dieser Einleitung, bei der ich leider vieles habe fallen lassen müssen, möchte ich das nächste Mal beginnen mit dem Problem des Bösen und der Chiffern, die angesichts des Bösen entstehen.

Zweite Vorlesung

Meine Damen und Herren

Die Tatbestände des Unheils zu schildern, findet kein Ende. Ich erinnere nur an ganz weniges. Die Zweckmäßigkeit des Lebendigen ist so außerordentlich, dass, je mehr man sie kennt, das Wunder umso größer wird. Aber diese Zweckmäßigkeit ist merkwürdiger Art. Es gibt Insekten, die mit der Sicherheit eines neurologischen Operateurs Larven an einem Orte im Mittelhirn treffen durch einen Stich, einen Stich, der die Larven lähmt, aber nicht tötet; im gelähmten Zustand werden sie aufbewahrt zu späterer Nahrung. Oder: In einem See, an dessen Ufer wir vielleicht die milde Harmonie einer Abendstimmung genießen, findet ein erbarmungsloser Kampf jeden Augenblick zwischen den Fressenden und Gefressenwerdenden statt, aber so, dass in diesem See auf eine verwickelte Weise dafür gesorgt ist, dass zweckmäßig die Gefressenen nie aufgefressen werden, sondern ein Rest bleibt, um stets durch Wachsen neue Nahrung zu schaffen und umgekehrt mit den fressenden Tieren. Das alles ist noch zweckmäßig. Nun aber die großen zweckwidrigen Erscheinungen in der Natur, die Katastrophen, in denen herrliche Arten und Gattungen von Lebewesen für immer untergegangen sind. Oder etwa nur ein kleines Beispiel: Am Strande der Nordsee, auf dem Eise bei Tauwetter, laufen Tausende, Hunderttausende von Möwen. Plötzlich bricht der Frost wieder ein, ihre Ständer frieren am Eise fest, sie flattern, um sich zu befreien, und flattern sich alle zu Tode. Es gibt Geisteskrankheiten, die den Menschen befallen, manchmal so, dass er sie mit Schrecken herankommen spürt, unwiderstehlich, als ein biologischer Prozess. Durch Pflege und Internierung werden sie dem öffentlichen Blicke entzogen. Diese Erbarmungslosigkeit der Natur wird noch übertroffen durch einen anderen Charakter dort, wo Menschen Menschen das Schlimme antun. Menschenopfer, in so vielen Religionen, Schädelpyramiden der Mongolen, Deportationen und Vernichtung ganzer Völkerschaften, geht durch die Jahrtausende. Die Inquisition, die Ketzerverbrennung, die Hexenprozesse, die Religionskriege, sie sind ein Phänomen des Abendlandes. Mit dem Rufe »Gott will es« versammelten sich die Christen zum ersten Kreuzzug, erlitten und taten Schrecken ohne Zahl, und zum Grabe Christi drängend, wateten sie in Jerusalem im Blute.

Wie gesagt: Ich finde kein Ende. Aber: Vergegenwärtigen wir uns solches Unheil, so doch immer an einem Maßstab, nämlich entweder der Herrlichkeit der Natur, die wir genau so schildern könnten wie das Unheil, und das Gute der Menschen, die Menschen, die miteinander leben, die uns den Maßstab geben für das, was wir als das große Unheil sehen, und die selber so wirklich sind wie jenes Unheil. Philosophisch hat man versucht, durch allgemeine Formulierungen, das Unheil des menschlichen Daseins in seiner Grundsituation und darin in den Grenzsituationen zu zeigen – man nennt es heute, nach Pascal, meistens die condition humaine. Auf vielfache Weise, nicht etwa wissenschaftlich, nicht in wissenschaftlichem Fortschritt, nicht auf eine gültige Weise wird hier von unserer Grundsituation gesprochen, was ich nicht ausführe, etwa von Kampf und Leiden, Tod, Zufall, und, was für unser Thema das Wichtige ist, von der Schuld, nämlich davon, dass wenn das Böse im Handeln liegt, wir Menschen unter allen Umständen schuldig werden, so kann man das aufzeigen, ob wir handeln oder ob wir nicht handeln. Wenn wir darum die Größe des Menschen preisen, wozu wir viel Anlass haben, so können wir es immer nur zugleich mit dem Blick auf die Bedingungen solcher Größe.

Angesichts der Gesamtheit dieser Übel machen wir eine Grundunterscheidung seit alters, die ungemein wichtig ist festzuhalten für alle Vorstellungen, Überlegungen, Argumentationen: Nämlich die Unterscheidung des Unheils in das, was nur ein Übel ist, wie jene Schrecklichkeiten der Natur, oder das Böse im Handeln des Menschen. Anders ausgedrückt, noch einmal: Entweder das Übel der Natur, oder das Böse im Menschen, entweder die blinde Notwendigkeit des Geschehens, oder die mehr oder weniger sehende Freiheit. Aber im Menschen sind Natur und Freiheit verbunden. Das zeigt sich sogleich, wenn wir nach dem Ursprung des Bösen im Menschen fragen, denn hier müssen wir bei der Frage nach dem Ursprung sofort wieder unterscheiden; die Natur und die Freiheit, was in der Natur des Menschen gegeben ist und was durch Freiheit geschieht. Durch die Natur im Menschen ist nicht nur das rein biologisch, äußerlich Sichtbare gegeben, bis zu den Hirnprozessen, sondern auch das psychologisch zu Studierende, das ich Ihnen in keiner Weise schildern möchte, sondern nur das sagen, dass all dieses, was gleichsam von Natur, biologischer oder psychologischer Natur, geschieht und das wir in einem großen Umfange empirisch begreifen und in sinnhaften Motiven verstehen können, all das wäre ins Endlose wiederum als Gegenstand der empirischen Psychologie zu entwickeln. Dort kommen vor: Die Antriebe, die Umsetzungen der Antriebe, kommen vor die Pervertierungen, kommt all das vor, was bis zu den sublimsten Umsetzungen in uns uns überfällt, wenn wir bei hellem Bewusstsein sind, so dass wir sagen: Das bin nicht ich. Wie Sokrates erklärte: Alles, was Böses Menschen tun können, sei in ihm drin. Also: Dieses Naturgegebene, sei es Lebensjubel oder Lebensqual, ist als solches naturgegeben vielleicht Unheil oder Heil, jedenfalls nicht böse. Böse wird es erst durch die Zustimmung des Menschen. Dort, wo der Mensch ja dazu sagt, indem er sich identifiziert, indem er nicht mehr merkt: Es überfällt mich, das bin nicht ich, – sondern indem er spürt: Das bin ich, das will ich sein, und sich hineinbegibt.

Ich rede auch nicht von der empirischen Soziologie, die, soweit sie Wissenschaft ist, ebenfalls eine Menge von Gegebenheiten feststellt, bei denen es sich aber niemals darum handelt, dass der Schluss zwingend ist: »Es muss so kommen« oder »Es musste so kommen«, sondern das Element in allem menschlichen Geschehen, in aller menschlichen Geschichte, das unübersehbar ist, sowohl in der Vergangenheit wie in der Zukunft, kommt aus der menschlichen Freiheit. Und überall, wo man in der Psychologie sagt: »Es geht nicht anders, so sind nun mal die Menschen«, oder in der Soziologie sagt oder in der Nationalökonomie, die dazu gehört: »Es muss so kommen, es ist die Realität, so laufen die Dinge«, verleugnet der so Sprechende die Freiheit. Noch einmal wiederholt: All jene empirischen Tatbestände, Tendenzen, sogar unter Umständen biologische Gesetzlichkeiten, gelten, sie sind richtig; aber es ist immer zu prüfen, wie weit und wo ihre Grenze liegt. Und noch einmal wiederholt: »Ich bin nun einmal so, also mach ich das«, oder die Wendung: »Ich möchte ja nicht, aber die Zustände sind so, dass ich muss«, das sind Wendungen, in denen ich mich selbst verneine in der Möglichkeit der Freiheit. Wer an diese Freiheit denkt, sucht nun aber in der Freiheit selber den Ursprung des Bösen. Und dort finden philosophische Überlegungen statt, die sich nicht selten psychologischer Ausdrucksweisen bedienen, bei denen es sich gar nicht um psychologische Erkenntnis handelt, sondern darum, was in der Freiheit das sei, was durch sie selber zum Bösen wird.

Einige solcher Versuche nenne ich Ihnen kurz, und zwar mit Bewusstsein in der Mehrzahl. Keinen dieser Versuche stelle ich dar, nenne sie bloß in der Mehrzahl, um von vornherein zu zeigen: Das ist alles in gewissem Sinne wahr, aber nicht absolut wahr; man hat nicht endgültig den Punkt, sondern man hat auch hier nur Mittel, mit denen philosophisch an uns appelliert wird, mit begrifflichen Entwicklungen, wo aber nicht etwa wissenschaftlich psychologisch etwas festgestellt wird. Unendlich viel wichtigere Überlegungen als alle psychologische Erkenntnis.

Etwa das Prinzip des Bösen wurde genannt: Der Eigenwille. Das sind nicht die psychologischen Antriebe, sondern das ist dieses Etwas, das in der Freiheit selber uns geneigt macht, uns zu isolieren und die Freiheit aufzufassen oder zu verwirklichen als totale Unabhängigkeit. Dieser Freiheitswille ist sich, wo er hell ist, dessen bewusst, dass er ja seinem Sinn nach absolut einsam ist – in Shakespeares Richard dem Dritten: »Ich bin ich selbst allein.« Die Einsamkeit ist total, aber hell bewusst. Der Eigenwille hat zweitens die Tendenz, nun alles, was geschieht, was er selber tut, und wie er mit den Menschen und Dingen umgeht, zu verwandeln in die Werkzeuge dieses Eigenwillens. Sei, dass dieser Eigenwille Machtwille sei oder was sonst. Und indem das geschieht und keine andere Rücksicht genommen wird, kann Richard der Dritte sagen: »Ich bin gewillt, ein Bösewicht zu werden.« Das heißt nicht etwa: »Ich bin gewillt, ein Teufel zu werden.« Er will nicht das Böse des Bösen wegen, sondern er will erbarmungslos und rücksichtslos das, was auf dem Wege seines Eigenwillens, im Zurgeltungbringen seiner übermächtigen Person notwendig ist oder ihm notwendig scheint. Wie der Eigenwille philosophisch weiter interpretiert werden kann, das ist, wie mir scheint, am großartigsten bei Schelling nachzulesen. Ich sage darüber nichts weiter.

Ein anderes Moment, wie in der Freiheit selbst das Böse liegt, ist folgendes: In der Selbstreflexion muss ich, um gut zu handeln, darum wissen, was gut ist, und mein Handeln als gut erkennen, sonst kann ich nicht gut handeln. Erkenne ich aber mein Handeln als gut und bin mir des Guten bewusst, so liegt darin sofort das, was Paulus das Rühmen nennt. Das Gute ist damit getrübt oder gar vernichtet. Wer im guten Handeln sich selbst für gut hält, ist schon nicht mehr gut. Die Selbstzufriedenheit ist das Böse. Das haben die alten Chinesen im letzten Jahrtausend vor Christus schon ausgesprochen: »Wandelt recht, aber meidet selbstgerechten Wandel.« Und das wird ausgeführt im *I Ging*. Was das heißt: Kant hat darum den erleuchtenden Unterschied gemacht, dass er sagt, ich darf und muss mit der guten Handlung, die ich vollziehe, als dieser objektiven Handlung zufrieden sein, und darf es. Dagegen: Mit mir selbst darin zufrieden sein, das darf ich nicht, denn ich weiß nie die letzten Motive, die bei dem Zusammenkommen der objektiv guten Handlung mitgespielt haben.

Ein drittes: Kant wieder hat das Prinzip des Bösen, das er das radikal Böse genannt hat, auf folgende Weise zu fassen gesucht – in einer ungemein sauberen verwickelten Denkungsweise, die ich Ihnen gar nicht vorführen kann, sondern nur grob versimple, etwa so (wie es bei Kant nicht steht): Ich bin bereit, moralisch gut zu handeln, ja ich will es primär, aber unter der Bedingung, dass ich für das moralische Handeln kein allzu großes Opfer zu bringen habe. Wenn der Konflikt ist, dann hat den Vorrang der Glückswille und nicht der moralische. Die Umkehrung, wie Kant es nennt, der Bedingungsverhältnisse, die Bereitschaft zum Guten, aber unter der uneingestandenen Bedingung: Das ist die Maxime von uns Menschen, wie Kant sagt, von uns allen. Woher diese Maxime kommt, woher diese Verkehrung des Bedingungsverhältnisses entspringt, das ist ein Rätsel, ebenso groß wie das Rätsel, für Kant, dass wir dieses Bedingungsverhältnis zum Guten umkehren können, nämlich nun wirklich unsern Glückswillen unter die Bedingung des moralischen Willens stellen. Das können wir aber nicht machen, das können wir nicht rational erzwingen. Dass es geschieht, was Kant nennt »die Revolution der Denkungsart«, das ist etwas, als Wunder, so groß wie die Herkunft der falschen Maxime. Aber es ist möglich.

Darüber nicht weiter. Was das bedeutet, ist nun folgendes. Kant leugnet, dass der Mensch ein Teufel sein könne. Er hat nicht die boshafte Vernunft, die als boshafte das Böse als Böses will. Er lebt nur im Widerstreit. Das radikal Böse bei Kant ist schon von Goethe, der es später aber korrigiert hat, aufgefasst, als ob das radikal Böse teuflisch sei. Nicht recht aufgefasst wie es Kant eigentlich gemeint hat, bis heute geht es weiter in dieser Auffassung, als ob Kant das radikal Böse als den Willen zum Bösen gemeint hätte.

Wieder ein anderes, ungemein Wichtiges, das ich Ihnen kaum andeuten, sondern wiederum nur nennen kann: Kierkegaard hat in der Freiheit die Quelle des Bösen darin erkannt, dass der Mensch sich in sich verschließt, und zwar vor sich selber und vor den andern, dass die Verschlossenheit auch an jener Grenze, wo man noch so viel öffnet, aber irgendwo sogar, wie Kierkegaard es schildert, ausbrechen kann zu einer enormen Offenheit, wobei dieses Ausbrechen selber wiederum eine Form des Verschleierns ist, dessen, was nicht offenbar werden soll. Das hat Kierkegaard in einer unvergleichlichen Größe ausgeführt. Ich wiederhole, nicht im Sinne einer Wissenschaft der Psychologie, sondern im Sinne dessen, dass wenn wir es lesen, wir ergriffen werden durch den Appell, weil wir merken: »Das ist der Mensch, das sind wir selber«, und wie bei all den andern Versuchen der Interpretation des Quells des Bösen in der Freiheit selber sehen, was wir damit anfangen. Nicht als Erkenntnis von etwas, sondern als Werkzeug des Ergreifens unseres philosophischen Sinnes, hat all das, was ich Ihnen so kurz nannte, als Aufgabe. Eine sogenannte wissenschaftliche Philosophie, die hier irgendwo etwas erkennen möchte, gegenständlich – ist eine heute lächerlich gewordene Angelegenheit.

Nun, bisher sprach ich von dem Ursprung des Bösen im Menschen. Für unser Thema aber kommt jetzt die weitere Frage, und die viel wichtigere vielleicht, für die Frage nämlich der Chiffern. Wenn der Ursprung des Übels in der Welt und des Guten und Bösen im Menschen liegt, so sind die bisherigen Antworten angemessen; denn dann ist das Letzte die Welt und der Mensch. Wenn aber der Ursprung vor dem Menschen und vor der Welt liegt, dann werden die Fragen laut, die seit Jahrtausenden Menschen in allen Kulturen bewegt haben und nicht nur bewegt haben, sondern, am tiefsten und großartigsten im Alten Testament, empört haben. Oder nach der Empörung sich haben beugen lassen mit dem hellen Sinn für die ganze Unbegreiflichkeit.

Es entstehen hier zwei Grundfragen.

Die erste Frage ist: Was oder wer ist schuld daran, dass die Übel in der Welt sind, und dass ich böse, dass ich schuldhaft werden kann? Die Frage nach der Schuld für das Schuldigwerdenkönnen richtet sich an jenen Ursprung, der vor mir liegt, durch den ich bin, denn ich habe mich ja nicht selbst geschaffen. Schuldig ist der Mensch. Aber liegt die Schuld für sein Schuldigwerdenkönnen in ihm selber? – das ist die erste Frage.

Und die zweite: Wenn das Übel in der Welt ist, all das Unheil, so ist es sehr verstehbar, wenn das Böse, das der Mensch tut, bestraft wird durch Unheil. Aber die Tatsachen belehren, und schon im *Shi King*, Anfang des letzten Jahrtausends vor Christus, kommen diese Fragen vor: Wie ist es möglich, dass das Dasein der Menschen so ungerecht gelenkt wird?, dass es den Bösen gut und den Guten schlecht geht?, nein, dass völlig gleichmäßig zerstreut, ohne Wahl, gar keine Beziehung zwischen dem Glücke in der Welt und dem Guthandeln in der Welt besteht?, dass es so ist, wie es in der Bibel heißt, dass die Sonne gleichmäßig scheint über Gerechte und Ungerechte?

Wenn diese beiden Fragen gestellt werden, dann ist unsere Frage, von der wir handeln: Darf der Mensch Anklage erheben gegen den Grund der Dinge, dass er schuldig werden kann, und dass es so ungerecht zugeht? Die Argumentationen, die in dieser Richtung vollzogen sind, sind ungemein reich. Wenn ein Gott als Schöpfer da ist, geht die Anklage gegen die Gottheit. Ist kein Gott da, so, da doch nicht nichts ist, muss irgendetwas der Ursprung sein, und man geht dann durch: Natur, Gesetz, Materie, das Leben, die Schöpfung, der Schöpfer, das Schöpferische im Lebendigen und im Geiste des Menschen und so fort, und überall meint man dann, den Ursprung zu finden, aber so, dass Anklage sinnlos ist, denn hier ist keine Tat. Es ist das Entscheidende, ob bei dieser Frage dem Fragenden vor Augen steht, dass es mehr gibt als den Menschen und die Materie und das Naturgesetz und das Schöpferische, ob etwas vor dem Menschen und vor der Welt ist. Nur in diesem Falle werden die Frage sowohl wie die Antwort wirklich ernst und bestimmen dann auf völlig andere Weise den Menschen als die, die mit den eben nur genannten Argumentationen zufrieden sind. In der Bibel findet im Alten Testament das statt, was man das Ringen mit dem persönlichen Gott genannt hat, und das in mannigfachen Erscheinungen von der frühesten Zeit an dort stattgefunden hat: Ein sittlicher Gott, ein persönlicher Gott, Gesetzgeber, zornig und erbarmungsvoll, liebend und allmächtig, dieser

Gott hat es zugelassen, dass die Welt so ungerecht ist. Anfänglich haben die Juden gemeint, dass alles Böse, was sie tun, in der Welt gestraft wird durch das folgende Unheil. Als sie erkannten in der Zeit der Psalmisten und Hiobs, dass es tatsächlich nicht so ist, da war die Möglichkeit, an Gott zu zweifeln. Das taten sie nicht. Sie zweifelten nur daran, was Gott sei. Und das wurde zum Ringen mit der Gottheit und zur Anklage. Das ist in solchem Maße nur möglich gewesen von Person gleichsam zu Person, weil hier, allein in der Welt, in der vollen Konsequenz (denn Ansätze dazu gibt es überall), in der vollen Konsequenz die Einheit des Ursprungs, der eine Gott, das Ausschließliche dieses einen Gottes als Ursprung von allem, und dieser Gott als Persönlichkeit, der angeredet wird mit Du und der zu mir spricht durch Offenbarung, weil dieser Gott gleichsam eine Instanz ist, die man fassen kann.

Wenn wir die andern Weisen, wie man sich abgefunden hat mit dem Schuldigwerdenkönnen und der Ungerechtigkeit, ins Auge fassen, was uns zu weit führen würde: Die Seelenwanderung in Indien, das dort bestehende völlig ruhige Bewusstsein, dass ich, was ich jetzt erleide, meiner früheren Inkarnation verdanke und in diesem Leben keine Chance habe, das zu bessern, sondern nur die Chance habe, durch mein gutes Verhalten, indem ich den Dharma dieses Berufes, den ich erfülle, recht erfülle, die Chance zu haben, in der nächsten Wiedergeburt es besser zu haben. Dann in Persien, Zarathustra, diese Grundvision der zwei Urmächte Gott und Teufel, Ormut und Ahriman, die zwei Urmächte, die den Kampf führen, und in diesem Kampfe den Menschen auffordern, Partei zu ergreifen, wobei während des Kampfes natürlich die Ungerechtigkeiten begreiflich sind, sie kommen von dem Teufel, Gott hat noch nicht die Macht über den Teufel, aber in diesem Kampf wird er die Macht erringen und einst mithilfe der Menschen, einst wird Gott siegen und dann hört all die Frage und all das Unheil auf. Oder in China, wo die Ansätze im *Shi King* uns später sehr deutlich sind, sogar einmal vorkommt oder zweimal im *Shi King*, dass ein persönlicher Gott angerufen wird, fehlt durchaus das Ringen mit diesem Gotte, sondern vollzieht sich die Haltung in ergreifender Klage, aber nie in Anklage. Anklage kennt das Alte Testament.

Wovon ich eben spreche, das sind lauter Dinge, die anders wie vorher, als wir allein vom Menschen sprachen, etwas bedeuten über den Menschen hinaus, etwas, was es in der Welt als Gegenstand nicht gibt, auf das ich mich beziehe durch ein Vorstellen und Denken, von dem wir sagen, das ist eine Sprache der Chiffern.

Ich mache eine ganz kurze methodologische Zwischenbemerkung, nämlich ohne sie hier auszuführen, nur als Hinweis. Nämlich ich unterscheide: Phänomene der Realität, Signa der Existenz und Chiffern der Transzendenz. Das heißt für unsern Fall: Es gibt Phänomene der Realität in der Psychologie und Soziologie etwa, wie ich vorhin sagte; es gibt, wo es sich um Freiheit handelt, ein Erörtern der Ursprünge des Bösen in der Freiheit, wie ich sie vorhin nannte; es gibt eine weitere Erörterung der Möglichkeiten der Existenz des Menschen angesichts der Grenzsituationen, und wenn man die Erörterungen, die in diesem Sinne getan werden, und wie sie unüberboten bei Kierkegaard vorliegen – aber durch die ganze Geschichte gehen –, und wenn man, sage ich, solche Erörterungen nun substantiviert in Worten und spricht etwa davon, dass es Entschluss, Wahl, Kommunikation und so fort gebe, so sind das nicht Begriffe von Etwas, nicht Kategorien eines Gegenständlichen, sondern Signa existentieller Möglichkeit. Darum gar nicht verstehbar durch irgendeine Untersuchung, darum überhaupt nur mitteilbar in einer Bewegung von Gedanken und Anschaulichkeiten, die geführt sind von diesem Etwas, das zwischen den Mitteilenden zu beiden spricht, und das jeden Augenblick abgleitet, wenn jene Substantivierungen wie Kategorien genommen werden. Die Signa der Existenz sind etwas ganz anderes und ungemein Wesentliches für unsere Selbsterhellung, nicht für unsere psychologische Selbstbeobachtung, wo sie vielmehr fehlen. Und das dritte ist: So wie wir uns als Bewusstsein zu Gegenständen verhalten und überall wo überhaupt Denken und Vorstellen immer in dieses Medium eintreten müssen, da sind eben Gegenstände da. Wenn ich aber als mögliche Existenz mich auf Transzendenz beziehe, so ist das nur ein Analogon des Verhaltens eines Subjekts zu einem Objekt. Vielmehr findet hier das statt, was wiederum auf keine Weise wissenschaftlich erzwingbar ist, was auf keine sinnvolle Weise wissenschaftlich erforschbar ist. Sondern hier handelt es sich wieder um Bilder, Vorstellungen, aber nur um solche, mit denen wir hindringen zur Transzendenz und die wir Chiffern nennen.

Es ist nur ganz kurz, was ich Ihnen methodologisch so mitteile, um Ihnen fühlbar zu machen, mehr kann es nicht sein, womit wir es hier zu tun haben, nämlich weder mit aufzeigbaren Phänomenen noch mit den Signen der Existenz, sondern mit diesem Etwas, wodurch wir uns auf Transzendenz beziehen. Solche Chiffern, die sich auf Transzendenz beziehen, gibt es nun durch alle Geschichte. Aber das Neue ist für uns, und das für uns nun durch die Wissenschaften und unsere Weise der Auffassung von Realität und Wirklichkeit unausweichlich wird, was aber in Ansätzen wiederum durch die Jahrtausende geht, das ist, dass die Chiffern ihre Leibhaftigkeit verlieren. Die Chiffern sind nicht Erkenntnis von Etwas. Sie sind nicht Zeichen, die deutbar sind, indem man sagt, was sie bezeichnen, sondern in ihnen selber ist gegenwärtig, was auf keine andere Weise gegenwärtig werden kann. Diese Chiffern sind durch die Jahrtausende in den Massen, in sehr vielen Menschen ganz leibhaftig genommen. Nehm ich ein Beispiel: Die ewigen Höllenstrafen sind zur größten Angst für die Menschen geworden, um zu tun, was sie können, um ihnen zu entrinnen. Diese Angst ist ohne Zweifel eine außerordentliche Hemmung gewesen, obgleich noch so viel Böses geschah. Die Angst vor den leibhaftigen Höllenstrafen bezwang die Menschen. Wenn nun diese ewigen Höllenstrafen Chiffer sind, dann ändert sich etwas total. Nämlich nun wird etwa nicht mehr Handlung und Strafe getrennt, in der Zeit (die Strafe kommt später), sondern in der Chiffer wird, im Handeln selbst, die Hölle gegenwärtig. Wird in der Chiffer als solcher der Ernst dem Menschen bewusst, der dem Sinne nach keineswegs geringer ist, sondern eigentlich erst die Wahrheit der Chiffer der Höllenstrafen. Wenn ich aus Angst vor den ewigen Höllenstrafen handle, bin ich Sklave und eigentlich nicht ernst. Ich kann mich irgendwo vielleicht durchmogeln und freikaufen. Wenn aber die ewigen Höllenstrafen als Chiffer so wirklich sind, dass sie beraubt sind der Leibhaftigkeit, aber als existentielle Sprache der Chiffer wirkt, dann ist der Mensch frei; denn dann handelt er gut nicht aus Angst vor Höllenstrafen, sondern aus jener andern Angst der Freiheit selber, vor sich selber, dass ich mich verlieren kann, und de facto in dem Augenblick verliere. Man kann sagen: Wenn die ewigen Höllenstrafen leibhaftig sind, dann sind sie zwingende Gewalt. Wenn sie Chiffer sind, dann sind sie es nicht mehr. Meine ganzen

Darlegungen in diesem Semester beruhen auf der Voraussetzung, dass Chiffern für den freien Menschen mächtiger und wahrer sein können als Leibhaftigkeiten für die Sklavennatur.

Nun kehre ich zurück zu dem, was uns das eigentlich Wichtige ist, zu dem persönlichen, ethischen Gott in der Bibel, der sich durch die Exklusivität der Chiffern, des Gedankens, der Konsequenzen vor allem übrigen in der Welt, die dasselbe nur in Ansätzen haben, auszeichnet.

Hier ist erstens die Voraussetzung: Alles ist aus Einem, also Zarathustra mit zwei Urmächten unmöglich. Alles Gegensätzliche, alles Dualistische, aus dem man so viel Unheil erklärt, leitend unter dem Titel des metaphysischen Übels der Endlichkeit, der Begrenztheit, und so fort ... das ist sekundär. Alles ist aus Einem.

Und zweitens: Dieses Eine ist nicht das Plotin'sche Eine, jenseits des Seins, sondern ist der eine persönliche Gott, wie wir vorhin hörten, allmächtig, allgütig, allwissend, Sie wissen Bescheid. Je machtvoller, persönlicher, ausschließender, ethischer dieser Gott vorgestellt wird, desto leidenschaftlicher die Frage. Die anfängliche biblische Lösung, so deutete ich vorhin an, dass dem bösen Tun die Strafe in der Welt folgt, konnte von den Juden, in ihrer Wahrhaftigkeit, die Gott selber fordert, nicht aufrecht erhalten werden. Und nun kamen sie zu den Gedanken, die man erst eigentlich Theodizee, Rechtfertigung Gottes, nennen kann. Man spricht auch in andern Fällen wohl von Theodizee, aber nicht mit eigentlichem Rechte; denn nur hier, wo Gott wirklich angeklagt ist, ohne dass der Glaube an diesen allmächtigen Gott aufhört, kann etwas wie Theodizee entstehen – und sie ist einer der ergreifendsten Züge des Alten Testamentes.

Die Antwort darauf, die gegeben wurde, ist mehrfach. In jedem Falle ist keine rationale Lösung gebracht worden. Das Ungeheure dieses Ringens mit der Gottheit kommt, wie ich vorhin sagte, bei einigen Psalmisten und dem Hiob zum klarsten Ausdruck und ist gegenwärtig in dem Worte des Psalmisten, das Jesus am Kreuze wiederholt: »Mein Gott, mein Gott, warum hast du mich verlassen?«

Nun Hiob – ganz kurz der Hinweis, ich kann es nicht ausführen. Diese großartige Dichtung hat zwei Züge. Erstens: Die Theologen kommen und wollen Hiob in seinem furchtbaren Leid überzeugen. Er müsse entsprechendes Schlechtes getan haben, wofür dies die Strafe sei. Und Hiob wehrt sich mit allen Mitteln gegen diese Theologen. Und nun zum Schlusse, als Hiob alles gesagt hat, was für ihn spricht, und die Theologen offensichtlich immer irgendwie lügen, kommt die Gottheit selber. Aber am Ende bringt die Gottheit nicht die Lösung, sondern sagt eigentlich zweierlei. Erstens: Die Theologen haben unrecht. Hiob hat recht; er will Wahrheit. Aber zu Hiob sagt er: »Wo warst du, als ich die Erde gründete?« Nämlich Hiob möchte wissen, was er nie wissen kann. Wenn man sagt: Gott kommt hier wie ein Donner und lähmt die Frage, so ist das falsch. Denn in dieser Erscheinung der Gottheit, wo die Wahrheit gefordert bleibt, und das Unrecht der Theologen bestehen bleibt, da liegt es doch so, dass Gott das Wahrheitssuchen Hiobs anerkennt und nicht lähmen will, aber mit dem Wahrheitssuchen und dem sich in diesem Wahrheitssuchen ergebenden notwendigen Trotze am Ende verlangt, was selber Wahrheit ist: Nämlich dass der Mensch begreift, den Grund der Dinge nicht wissen zu können, nicht erkennen zu können, in all seinen unendlichen Wegen zur Wahrheit hin.

Das ist nicht eine Niederschmetterung durch einen Donner, sondern der Appell, nein, die Aufgabe des Menschen, in allem Wahrheitssuchen nicht in Trotz zu verfallen, sondern an der Grenze vor der Transzendenz etwas wie Hingabe, sich Bescheiden, oder wie man es nennen will, vollziehen.

Das ist die eine – nicht Lösung, – sondern die Reaktion. Eine zweite, große und ungemein wirkungsvolle Reaktion ist die Calvins, der zwar nur alte Gedanken benutzte, aber sie nunmehr in erbarmungsloser Konsequenz durchführte in seiner Prädestinationslehre, wenn sie auch von Paulus herkommt und von Augustin und von Luther, so ist es bei ihm so, dass was bei den anderen großen, christlichen Denkern noch immer wie ein Licht von anders woher, eine Begrenzung, vollzieht, nunmehr aufhört, nämlich: Was ich bin und erfahre, bin ich allein durch Gottes Gnade und Ungnade. Ich kann nicht das Geringste dazu tun. Ich kann so moralisch leben, wie ich will, es hilft mir gar nichts, wenn Gott mich zur Ungnade bestimmt hat. Der ewige Ratschluss Gottes, der schreckliche Beschluss, decretum horribile, ist der Grund dessen, was wir sind.

Bei Paulus heißt es: Die Gefäße des Töpfers können nicht den Töpfer anklagen für das, was sie sind. Bei Calvin – ich weiß nicht genau, ob er dasselbe Wort braucht – ist es analog gesagt: Der Affe kann Gott nicht anklagen, dass er nicht[6] als Mensch geboren ist. Der zur Ungnade Bestimmte kann Gott nicht anklagen, dass er nicht zur Gnade bestimmt ist.

Hier ist also die völlige Unterwerfung in dem Sinne, dass der christlich Glaubende, in diesem Sinne Glaubende, keine Möglichkeit hat, irgendetwas zu ändern, sondern die Möglichkeit hat, nach Symptomen zu suchen, ob er vielleicht zum Stande der Gnade bestimmt ist, und alles moralische Handeln, aller Gehorsam gegen die göttlichen Gesetze kann nur das für ihn zur Folge haben, dass er darin Symptome erkennt dafür, dass er vielleicht zum Stand der Gnade bestimmt ist.

Das sind Lösungen, die man in sich konsequent nennen kann, wobei nur die Sache die ist, dass die konsequente Lösung immer eine Voraussetzung braucht, und diese Voraussetzung ist das Fatale: Der Nachteil aller konsequenten Lösungen, die uns rational so wohltuend anmuten und deren Härte wir sogar hinzunehmen bereit sind wegen der Konsequenz gegenüber aller Weichheit und Milde, die unklar ist – wie immer das Klare, Erbarmungslose den Vorrang hat vor der Konfusion des Mittleren. Trotzdem ist der große Nachteil eben die jeweilige Voraussetzung, und wenn man sich diese klar macht, kann man die Voraussetzung streichen als nicht überzeugend und nicht geglaubt, und kann in diesen Voraussetzungen jeweils ein Element relativer Wahrheit erkennen. Das führe ich Ihnen nicht aus. Es ist so, dass die rationale Konsequenz mit bestimmten Voraussetzungen in all diesen Fragen ein Unheil ist. – Ich sehe, die Zeit ist abgelaufen, und muss leider das nächste Mal noch etwas fortsetzen, will aber vorwegnehmen, worüber:

Wir werden die Bedeutung der Inkonsequenz uns klar machen. Wir werden die Unwahrhaftigkeit in der Konsequenz uns verdeutlichen. Wir werden die Empörung ebenso wie die Beruhigung in der Harmonie aller Dinge als solche zu durchschauen versuchen und sehen, wie unausweichlich eins gegen das andere ausgespielt wird. Und werden uns am Schluss – philosophisch einsichtig in diesen Zusammenhängen – an Kant halten, der die Unmöglichkeit aller Versuche in der Theodizee begriff und der selber in diesen Zusammenhängen nur eins verlangte: Aufrichtigkeit, und uns dann fragen, wohin wir mit der Aufrichtigkeit Kants in dem Raum dieser

Theodizeen und dieser Fragen nach dem Bösen gelangen. Dann werden wir erkennen, dass all dieses, dieser ganze Bereich, letzthin sich immer bezieht auf die Frage der Chiffer Gott oder des Seins oder des Ursprungs und dass hier eine neue Welt von Chiffern entsprungen ist, geschichtlich, von einer Art, dass diese Chiffern sozusagen ihr Verschwinden in sich selber bergen, um zu enden in dem Worte, das Kant für das tiefste Wort der Bibel erklärt hat: »Du sollst dir kein Bildnis und Gleichnis machen.« Was das bedeutet, werden wir dann in einem weiteren Kapitel über die Chiffern der Gottheit, des Seins und des Ursprungs erörtern.

Dritte Vorlesung

Meine Damen und Herren

In der letzten Vorlesung war vom Unheil und vom Bösen die Rede. Woher ist es? Hat es den Ursprung im Menschen, hat es den Ursprung vor dem Menschen, über den Menschen hinaus? Wie kommt es, dass das Unheil und das Böse so ungerecht verteilt sind, dass es den Guten schlecht und den Bösen gut geht, wahllos und zufällig? Es wird die Anklage erhoben, und diese Anklage steigert sich auf das Höchste, wenn Gott als der persönliche Gott und Weltschöpfer gedacht wird, dem der Mensch begegnet mit der Frage: Wie ist es möglich? Ein allmächtiger, gütiger, gerechter Gott hat diese Welt, die so ist, geschaffen? Er hat zugelassen, dass in dieser Welt das Böse entsteht? Und auf diese Fragen werden Antworten gegeben, die man Theodizeen nennt, nämlich Rechtfertigungen Gottes.

Aber auch wenn kein persönlicher Gott relevant ist, ist diese Empörung möglich. Auf eine großartige Weise hat sie in der Gestalt Iwan Karamasows Dostojewski gedichtet. »Auf Absurditäten steht die Welt«, führt er uns aus. Ich kann nur mit wenigen Worten berichten. »Ich begreife nichts«, sagt er. »Ich will auch nichts begreifen.« Er zählt die entsetzlichen Tatsachen auf und sagt: »Nicht Gott ist es, den ich verneine. Ich akzeptiere ihn. Aber ich akzeptiere nicht die Welt, die er geschaffen hat. Ich gebe mein Eintrittsbillet zurück; ich bereite alles vor, um mich zu entfernen«, das heißt, den Selbstmord zu begehen. Warum lebt er überhaupt? Seine Antwort: »Wegen des rasenden, unanständigen Lebensdurstes, der bis zum dreißigsten Jahre anhält, der gemeine Karamasow'sche Lebensdurst«, wie er sich ausdrückt. Er empört sich. Er betrachtet. Er urteilt. Er tut nichts.

In der Dichtung Dostojewskis kann er es nicht durchführen. Als er, durch Unterlassung jeglichen Tuns, mitschuldig wird an der Ermordung seines Vaters, erträgt er es nicht, sondern wird wahnsinnig. Die Lösung gibt Dostojewski in seiner Dichtung durch seinen Bruder Aljoscha, der ihm antwortet auf die Empörung: »Christus ist imstande, alles zu vergeben, weil er als Unschuldiger sein Blut für alle vergossen hat.« So ist die Lösung bei Dostojewski;

aber, was Iwan sagt, bis ins Detail, übrigens bis heute in den Sprachgebrauch der Dichter und Schriftsteller übergegangen, und heute immer wieder und immer von neuem als vermeintlich neues Entsetzen zum Ausdruck gebracht, man findet bis in die Details es bei Dostojewski und anderen, Nietzsche später. Diese Empörung – kann man auf sie überhaupt antworten? Selbst wenn man von der Frage Gottes, von der Vergebung durch Christi Blut absieht, wenn man diese Lösung nicht akzeptiert, wenn man gar keine Lösung akzeptiert – was dann?

Kant hat in einem großartigen Zusammenhang ausgeführt, wie Aufrichtigkeit zu verlangen ist. Nämlich: Ich kann nicht wissen, ob das, was ich sage, wahr ist, aber ich kann oder soll wissen, ob das, was ich sage, von mir wahrhaftig gemeint ist. Lege ich ein Bekenntnis ab, auf gut Glück, und weiß nicht, ob ich glaube, ist es eine Lüge nach Kant.

So ist es bei allen Urteilen. Die Aufrichtigkeit verlangt, dass ich meine Urteile prüfe, ob ich sie wirklich vollziehe. Wenn ich das tue, so ist folgendes Ergebnis unausweichlich: Die Empörung Iwans hat guten Grund. Wir können es nicht lesen, ohne ergriffen zu sein, und wir merken, wenn wir das Urteil nachvollziehen wollen, dass etwas in uns widersteht, was Dostojewski dadurch in der Dichtung zeigt, dass es Iwan in der Lebenspraxis nicht durchführen kann. Es widersteht etwas, was wir auf die simpelste abstrakte Form so ausdrücken können: »Ich kann aus allem, was ich in der Welt sehe, und aus den schrecklichsten Dingen, nicht einen Schluss ziehen, verabsolutierend, auf den Sinn der ganzen Welt oder auf den Schöpfergott; denn das liegt außerhalb des Horizontes, in dem ich erkenne. Das, was ich in dieser Empörung ausspreche, ist viel mehr als ich weiß und wissen kann; darum muss ich in meinem Urteil zurückhaltend sein.« Aber es kann ein Willensakt sein der Verzweiflung eines Menschen, der nicht leben mag, und es ist ja die Wahrheit, dass auf der ganzen Welt Menschen, alle Tage, sich selbst töten, was wir psychiatrisch untersuchen, was sehr viele Zusammenhänge hat und gar nicht eindeutig ist. Dass er es überhaupt kann, und dass die Konsequenz, die Iwan theoretisch zieht, aber nicht praktisch, möglich ist, ist nicht zu leugnen. Wer aufrichtig ist, muss auch das anerkennen als Tatbestand in der Welt. Wenn aber die andere Seite kommt und entwickelt aus der Herrlichkeit der Welt – wie können wir bezweifeln die erstaunliche, geheimnisvolle Zweckmäßigkeit in allem Lebendigen, alle Herrlichkeiten, die uns vorkommen, in jugendlicher Selbsterfahrung, indem wir leben! Es ist nicht zu leugnen. Wenn aber hier nun der Schluss gezogen wird: Also ist das Ganze eine herrliche Harmonie, und wenn Philosophen und Theologen irgendwie die großartige Herrlichkeit, die am Ende stehen wird, sei es das Reich Gottes, sei es die große Harmonie, die etwa ein Hegel denkt, bei dem alles seinen Ort hat, jedes seinen Platz, seinen Sinn im Ganzen, und dieses Ganze die Vernunft, der absolute Geist selber ist; wenn diese Position auftritt, so wird die Aufrichtigkeit anerkennen die Wahrheiten in der Empörung Iwans. Und weder die Empörung noch der Harmonieglaube ist für die Wahrhaftigkeit des aufrichtigen Menschen erträglich.

Also wissen wir nichts, also haben wir etwa zu keinem dieser Urteile ein Recht? Im Gegenteil. Unsere Situation ist so, dass wir in Lagen kommen, in denen jene so simpel von mir gegenübergesetzten einfachen Gegensätze durchaus Chiffern-Bedeutung haben. Die Sprache, die in diesem Augenblick so zu uns spricht und uns unterwerfen will. Aber wir haben als vernünftige Wesen die Macht, jeder solcher Chiffer überlegen zu sein, die Macht, das andere auszuspielen, was dagegen steht. Wohl sind wir unterworfen biologischen Notwendigkeiten, die wir auch nicht durchschauen; wohl können wir alle geisteskrank werden und haben kein Mittel in der Hand, es zu verhindern; aber wir haben ebenfalls etwas in uns, auf das wir uns, solange es da ist, verlassen, nämlich dass wir vernünftig sein können. Es ist gar kein Zweifel: Es gibt unter Menschen Vernunft in der Welt, im einzelnen Menschen, in Menschen miteinander. Ohne das geht es ohnehin nicht und in der Welt überhaupt. Es gibt die Größe des Menschen, es gibt die Menschen, die man nennt die Heroen, die Heiligen, die Dichter. Es gibt dieses, von dem man nicht leugnen kann, dass es für uns immer wieder auch eine Garantie ist für etwas, das zwar nicht erlaubt, dass wir die Gesamtheit des Alls und den Grund, durch den wir sind, damit [zu] erfassen. Aber wir können es nicht leugnen. Mit andern Worten: Wir leben in unserem Dasein in einer Welt, in der all diese Dinge sind, vorkommen, uns ansprechen, vieldeutig bleiben, und uns, so lang wir leben, in der Unruhe halten, was es bedeutet, was es für uns bedeutet. Und in dieser Unruhe, bei allem, das wir das vorige Mal hörten und eben wieder andeuteten, ist dann die Frage nach Gott, nach der Transzendenz, nach dem Etwas, durch das wir sind, das wir befragen und von dem wir hören möchten, dass es ist, was es ist, wie es in Chiffern zu uns spricht. Es ist seit Jahrhunderten immer moderner geworden, was es durch alle Zeiten gegeben hat, schon im Alten Testament wird davon erzählt, dass es Menschen gibt, die sagen: »Es ist kein Gott.« Diese Aussage ist ungemein wesentlich, dass der Mensch sie machen kann. Und wer in der Unruhe steht, wird kaum je darum herumkommen, um die Augenblicke, wo er das sagt, was im Alten Testament in jenem Satze gesprochen ist. Aber wenn wir nun weiterdenken und uns selbst befragen: »Was ist denn, wenn kein Gott ist? Es ist doch offenbar nicht Nichts! Wir sind ja da. Die Welt ist da. Was ist denn?« Und darauf hören wir Antworten, die ich schnell Revue passieren lasse, deren jede eine lange Darlegung erforderte. Zum Beispiel:

Es ist das Naturgesetz. Aber woher ist es? In welchen Grenzen gilt es? Was bedeutet Zufall? Weiter: Es gibt die Materie. Aber was ist die Materie? Heute ist sie durch die Wissenschaft selber endlich unvorstellbar geworden. Früher hatte man die simplen Vorstellungen, die die Philosophen erfunden haben und die so eigentümlich platt und fasslich waren. Jetzt, wo das vorbei ist, ist schon die Frage: Was ist denn die Materie? Ist es das, was eigentlich ist und woraus alles ist, woraus das Leben entsteht und schließlich die Vernunft selber? Törichte Antworten, die man leicht, a priori sozusagen, widerlegen kann.

Weiter heißt es: Es gibt das Leben. Es ist gar kein Zweifel an der Lebendigkeit. Zwar gibt es Naturforscher heute, fachlich tüchtige Leute, die im Übrigen blind sind und die nicht merken den radikalen Abstand zwischen dem Leblosen und dem Lebendigen. Das Lebendige ist da. Das Lebendige ist zwar in ungemein winzigem Umfang auf der Erdoberfläche unter einzigartigen physikalisch-chemischen Bedingungen, die hier zusammengekommen sind, möglich, im Sonnensystem gewiss nirgends an anderer Stelle. Aber es ist da. Ist das etwa die Wirklichkeit? Phantasierend hat es einen Physiologen gegeben im 19. Jahrhundert, der sagte: Nimmermehr kann man aus dem Anorganischen das Leben erklären; aber umgekehrt: Das Leben ist das Ursprüngliche, und all das Leblose ist der Leichnam, der geworden ist aus dem Lebendigen. Eine Phantasie.

Ich schildere es nur darum: Die Antwort bleibt aus. Es bleiben immer Behauptungen.

Weiter kann man sagen: Die Wirklichkeit – das sagt man heute meistens – ist die Geschichte. Alles hat Geschichte: Der Kosmos, das Leben, die Menschheit. Alles ist im Werden. Es ist ein dunkler Prozess, den der Mensch selber als menschliche Geschichte erfährt und ihm unterworfen ist – so ist die Meinung –, dem er preisgegeben ist, so wie dem Naturgeschehen, so diesem menschlichen Geschichtsgeschehen, oder gar einem im Grunde stattfindenden Seinsgeschehen, von dem der Widerhall nur in unserer Zeit der erscheinenden Geschichte erfolgt. Wie auch immer – die Geschichte soll die Wirklichkeit sein.

Eine weitere Antwort dagegen ist aber sofort: Wir können nicht leugnen, dass wir als Menschen, als je Einzelne das Bewusstsein haben, dass irgendetwas wenigstens an uns liegt, dass wir Verantwortung haben – sogar so weit gehen, dass es sinnvoll ist, wenn jemand sagt: »Der Mensch hat keinen freien Willen, er ist nicht verantwortlich zu machen«, man ihm antworten darf: »Übernimmst du die Verantwortung dafür, dass du diese Meinung hast und aussprichst? Denn beweisen lässt sie sich nicht.« Das Gewisseste eigentlich, was es gibt für uns, ist die Erfahrung, dass wir etwas sollen, und dass wir uns selbst verachten, wenn wir dies und jenes tun oder nicht tun. Dieses Etwas, das hier zu uns spricht und was wir durch das Wort »Verantwortung« abgekürzt aussprechen, ist eine Wirklichkeit, die zwar nicht naturwissenschaftlich, auch nicht geisteswissenschaftlich, überhaupt nicht wissenschaftlich feststellbar ist, sondern zu jenen Gewissheiten gehört, an denen wir gar nicht zweifeln, wenn wir sie einmal erfahren haben. – Man kann weiter sagen: Die Wirklichkeit ist das Schöpferische, schon in der Natur, und dann im Menschen.

Wir fahren nicht fort. In all diesen Fällen, die ich aufgezählt habe, die, wenn kein Gott ist, die Antworten geben, was denn sei, in all diesen Fällen wird ein Erfahrenes, das wir in der Welt erfahren, absolut gesetzt und zum Ganzen gemacht. Damit wird jede dieser Weisen unwillkürlich zu dem, was wir Chiffern nennen. Was im Anfang wissenschaftliche, partikulare, methodische und zwingende Erkenntnis ist, wird durch solche unmerklich unkritischen Erweiterungen zu etwas, was Menschen als Chiffer dient, indem sie sich daran halten: An der Notwendigkeit der Naturgesetze, als ob das etwas Göttliches wäre, als ob das der Gott selber wäre; sich halten daran, dass die Geschichte ihren Lauf geht, und wir nur tun können, ihr zu dienen, und dass wir uns opfern sozusagen für die Geschichte und zufrieden sind, ihr eingeordnet zu werden mit der unbeweisbaren Chiffer, die wir als Chiffer auch leugnen. Ich hoffe in Zukunft noch einmal zu zeigen, dass alles, was ist, Geschichte ist.

Es ist in all diesen Fällen also die Aufgabe, sich methodisch bewusst zu werden, was man eigentlich weiß und nicht weiß, und das ist möglich, aber nur mit wirklich methodischer Kritik. Und zweitens, dass man erkennt, dass jene Allgemeinvorstellungen, die sich an die Stelle der Gottheit setzen sollen, den Charakter von Chiffern haben, von Chiffern aber, von denen wir dann fragen müssen: Sprechen sie mich etwa mehr an als die Chiffer der Gottheit, der Götter und von denen wir noch reden werden?

Man kann sagen: Durch diese Betrachtungen, wie ich sie eben anstelle, zeigt sich eine verworrene, chaotische Welt, und wenn wir selber uns in sie einlassen und an dieser und jener Stelle akzeptieren, was uns in die Ohren geschrien wird als das, was eigentlich wirklich sei, wir einer Chiffernsprache verfallen, die untauglich ist, bei der wir übertölpelt werden, weil wir nicht genug nachdenken und weil wir die Chiffern, die das Ergebnis sind, nicht mit unserem eigenen Wesen, das wir eigentlich sind und sein wollen, prüfen.

Und schließlich hören wir eine Antwort, allerdings heute im Abendlande kaum, aber in Indien, im alten Indien, nämlich: Da all das, was uns vorkommt, sich als eigentlich nicht wirklich erweist; da alles, was geschieht, bedeutet, dass es einmal nicht sein wird und einmal nicht war; das im Grunde darum das Letzte ist, im eigentlichen Sinne wirkliches Garnichts. Es gibt keine Wirklichkeit. Dann ist die Frage nur: Woher der Zauber und Schein, dass es eine Wirklichkeit gibt? Und an dieser Frage scheitert das indische Denken dieser Art und kann hier nur Geschichten erzählen, und ihrerseits können die Inder hier nur gewisse Mythen als Chiffern uns vortragen.

Noch einmal: In der Übersicht dessen, was ich Ihnen eben vortrug, müssen wir uns klar sein, dass es erstens Dinge gibt, die wir erkennen können, und soweit wir sie erkennen können, rücken sie in den Raum der Wissenschaften. Zweitens: Dass es Chiffern gibt, die uns ansprechen, und andere, die im Gegenteil uns abstoßen; solche, mit denen wir uns wiedererkennen, und solche, mit denen wir spüren: Das bin nicht ich, das solche Chiffern denkt. Hierbei handelt es sich einmal darum, was ich will. Der Mensch hat die Möglichkeit, zu wollen, was er sein möchte, aber das ist ein halber Ausdruck und nicht ganz richtig. Denn unter Willen verstehen wir durchweg etwas zielhaft wollen. Jedoch zielhaft wollen oder machen, können wir das, worum es sich hier handelt, nicht. Was also weder dem Erkennen als Wissensinhalt zugänglich ist, noch dem Willen, so weit er auch über das Erkennen hinausreicht, als Ziel, als Zweck für sein Machen zugänglich ist, das ist der Punkt, auf den es ankommt, und von dem ich in kurzer Formulierung nur sage: Es ist unsere menschliche Freiheit, in der wir nicht bloß im einzelnen handeln, sondern in dem, was wir eigentlich sind und jeden Tag fühlen, uns geschenkt werden oder, wie ich mich ausdrücke, uns ausbleiben können, und zwar beides erfahren wir.

Wir sind in der Zeit in der Unruhe. Wir sind nicht so, wie wir sind, sondern immer in der Gefahr, es nicht mehr zu sein, unter der Aufgabe, es werden zu sollen. Wir werden uns nicht zum Besitze. Aber in dem Ursprung dessen, wo wir eigentlich sind, und von woher wir sowohl die Chiffern beurteilen und prüfen, unsern Willen kontrollieren und den Sinn der Wissenschaft feststellen, dieses Etwas ist das, was an der Grenze liegt, an der unsere Sprache aufhört, und unsere Grunderfahrung, wie mir scheint, die allerentschiedenste ist, während sie, wenn diese Erfahrung sich gegenständlich aussprechen und begründen will, keinen Gegenstand findet, also dem Sprechen als Forschungsobjekt völlig unzugänglich ist.

Nun, bevor ich zu den Chiffern der Transzendenz komme, muss ich noch eine weitere Betrachtung anstellen. Wenn es auch uralt ist, wie ich vorhin sagte, die Wendung: »Es ist kein Gott«, so ist doch die Leugnung Gottes in den neueren Jahrhunderten so allgemein geworden, dass eine gewaltige Zahl von Menschen geradezu Gott leugnet, und eine sehr große Zahl anderer, die sich zu einem Gotte bekennen, im kantischen Sinne nicht aufrichtig sind, weil sie gar nicht wissen, was sie mit der Aussage eigentlich meinen, und nicht wissen, was und ob sie glauben. Dass diese Zersetzung stattgefunden hat, ist mindestens sehr wahrscheinlich. Es ist ein Aspekt unseres Zeitalters.

Aber dieser Aspekt sieht noch anders aus. Nämlich in der Form, in der Nietzsche und manche andere, vor allem Dichter, davon geredet haben. Nietzsche brauchte das Wort »Gott ist tot« und das zweite »Wir haben ihn getötet«. Das klingt als lächerliche Spielerei, solche Sätze zu sprechen. Liest man sie bei Nietzsche, so spürt man, dass sie aus einem entsetzlichen Erschrecken bei ihm entsprungen sind, dass er spürt, was es bedeutet, wenn Gott nicht ist, und dass er zugleich spürt, es ist dabei nicht etwa in Ordnung, sondern Menschen haben etwas getan, was er in jenem zweiten Satze zum Ausdruck bringt.

Oder anders, sehr viel banaler, finden wir bei Strindberg die auf ihre Weise ergreifenden, jedenfalls für Strindberg ergreifenden Äußerungen, der ebenfalls sieht, dass Gott nicht mehr für die Menschen da sei, und sagt: »Gott hat sich zurückgezogen, Gott hat sich endgültig verborgen, er versagt sich, wir können nichts dafür, wir müssen warten, bis er sich wieder zeigt.« Auch hier eine wunderliche Chiffer, viel weniger ansprechend als der Ernst Nietzsches, aber immerhin auch ansprechend einen Augenblick, bis man sofort sagt: Was für ein Unfug, wenn man schon von Gott redet, mit dieser Chiffer etwas zum Ausdruck zu bringen, was die Willkür eines endlichen Menschen tun könnte! Warum soll Gott sich zurückziehen? Warum sich verbergen? Und dergleichen. Das sind keine Äußerungen, die uns ansprechen. Aber dass solche Äußerungen getan werden – und ich höre auf mit ihnen, weil es mich zu weit führt; seit hundert Jahren sind sie im Schwange –, bezeugt, dass hier nicht etwa bloß einfach etwas geschieht, dass der Glaube an Gott aufhört, sondern dass etwas geschieht durch die Freiheit der Menschen, was Menschen sich dann in Chiffern interpretieren, vorstellig machen und am Ende sich wahrscheinlich auch noch völlig irren; denn wer würde es wagen zu sagen, dass der Glaube an Gott heute in der Welt erloschen sei? Man kann weder dafür noch dagegen eine Entscheidung fällen, weil sich das der wissenschaftlichen Forschung entzieht.

Weiter ist aber dazu zu sagen noch: Wenn etwa eine Meinung, es existiere kein Gott, richtig wäre, dann ist es ein wunderbarer Tatbestand, dass diese Meinung, die eine Illusion wäre, durch Jahrtausende Menschen höchsten Ranges beflügelt hat, Ursprung der großartigsten Schöpfungen des Geistes wurde, Ursprung dessen wurde, was wir eigentlich Humanität nennen, über die Humanität noch der Griechen hinaus, die ihrerseits schon auf dem Gottesgedanken beruhte. Höchst merkwürdig, dieser historische Tatbestand. Wenn wir diesen Tatbestand, der nicht zu leugnen ist, als eine große Illusion ansehen und mit Iwan Karamasow meinen: »Das alles akzeptieren wir nicht; was mit dieser Illusion geschah, war eben eine große Selbsttäuschung; die Sache ist ja ganz anders«, so scheint mir das ein ungemein oberflächliches Urteil. Es ist natürlich nicht einfach. Es geht einem in Augenblicken auf in der Beschäftigung mit den großen Männern der Geschichte, mit den Propheten und Denkern und Dichtern, mit den Gläubigen, von denen wir genügend Bezeugung haben in ihrer ganzen Lebenspraxis. Wenn wir uns hineinvertiefen, geht uns etwas auf, was durch keine Psychologie etwa begreifbarer ist, sondern worin wir spüren: Das sind Menschen, die zumindest durch ihre Wirklichkeit uns etwas bezeugen, um das wir uns schon kümmern sollten.

Und schließlich eine letzte Bemerkung, bevor ich zur Sache komme: Es gibt unter Theologen heute die These, die man in Abwandlungen hie und da hört: Nur durch die Offenbarung führe der Weg zu Gott. Ich habe zitiert in der ersten Vorlesung die Wendung: »Entweder Jesus Christus oder der Nihilismus«. Nun, das ist eine Behauptung, die, wie mir scheint, zu den objektiv falschen gehört, obgleich dabei von Gott die Rede ist. Wenn ein Theologe sagt: »An Gott zu glauben ohne die Offenbarung, das ist ein Wahn« – so bei Bultmann zu lesen –, so wundert man sich und sieht verurteilt Jahrtausende der Philosophie, die da war, bevor es ein Christentum gab, in der Menschen von Gott redeten. Aufgrund dieser Geschichte, unabhängig davon, dass wir es in innerer Erfahrung haben, behaupten wir, dass der Gottesgedanke ebenso ursprünglich philosophisch ist, wie er theologisch für die Offenbarung in Anspruch genommen wird. Nur darum kann ich überhaupt als Professor der Philosophie von einem solchen Thema reden.

Und nun zu diesem Thema: Ein paar Worte versuche ich zunächst über das, was wir Transzendenz nennen. Transzendenz ist uns gegenwärtig, wo die Welt nicht mehr als das aus sich selbst Bestehende, als das an sich Seiende, das Ewige, sondern als ein Übergang erfahren wird, mag dieser Übergang dann in der Chiffer beschrieben werden oder mag er sogar bis in die Physik hinein, kosmologisch, eine wunderliche Objektivität erfahren, die praktisch irrelevant ist. Diese Transzendenz nun, von der her gesehen das gesamte Weltsein ein Übergehen ist, ist der Bezugspunkt für die menschliche Freiheit. Die menschliche Freiheit, von der wir nicht geradezu in diesen Vorlesungen sprechen, ist ja das größte Rätsel und die größte, gegenwärtigste Gewissheit im menschlichen Selbstbewusstsein, aus nichts zu begreifen, das wir in der Welt irgendwo erforschen, auch nicht aus dem Lebendigen, auch nicht von irgendwoher, woher es käme. Sondern diese Freiheit, wo sie ist, spürt sich selber, zwar nicht durch sich selbst hervorgebracht, sondern als, wie ich vorhin sagte, sich geschenkt – aber woher denn? Wenn sie nicht aus der Welt ist, dann von etwas gleichsam vor der Welt. Sie wird darum niemals Gegenstand der Erforschung als ein Ding in der Welt werden. Nur das, was durch sie geschieht, kann verstanden und dann geisteswissenschaftlich Objekt werden, wobei die Freiheit wiederum verschwindet, diese Freiheit, die wir kennen, in all dem Bewusstsein, wo wir spüren, mit dem Ausdruck, den ich vorhin brauchte: Wenn ich das tue, muss ich mich verachten, wo ich irgendetwas in mir kenne, das unbedingt festhält, nicht einmal so sehr aus der Abstraktheit des kategorischen Imperativs, der unerlässlich ist, der kantische, sondern aus der Kraft der Liebe, die den kategorischen Imperativ nur noch gleichsam als Mittel in schwachen Übergangszeiten braucht. Diese Transzendenz also, die aus der Welt nicht begriffen werden kann, sondern die etwas ist, was auch die Welt nicht begreifen lässt, sondern was das ist, wodurch ich mir meiner Freiheit bewusst werde, das ist es, von dem wir reden möchten.

Sie sehen sogleich: Eigentlich davon reden kann man nicht. Denn reden können wir von den Dingen in der Welt, die uns Gegenstände werden. Dass wir doch davon reden, das zeigt sich in der gesamten Philosophie und zeigt sich unter anderem darin, dass wir von Chiffern sprechen. Das wird sich weiter zeigen.

Das Bewusstsein dieser Freiheit, das Erfahren und Denken und Tun in einem ist, eins nicht ohne das andere, scheint nun, wenn wir in Kommunikation – einseitige Kommunikation – zu vergangenen Menschen treten, für uns fühlbar in der Geschichte aufgetreten zu sein. Es ist jedenfalls keineswegs selbstverständlich, wird oft geleugnet, und es kann uns scheinen, aber wir können uns täuschen, dass nicht alle Menschen davon ergriffen sind.

Von dieser Transzendenz, die wir in dem ersten Abschnitt unserer Darlegungen einfach auch »Gott« nennen – später wird eine Trennung notwendig – diese Transzendenz, die wir nicht erkennen, zu der wir vermöge unserer Freiheit in Bezug stehen, stellen wir uns vor oder denken wir in Chiffern. Chiffer ist nie die Transzendenz selbst. Im Alten Testament gibt es das Ihnen allen bekannte Wort »Du sollst Dir kein Bildnis und Gleichnis machen«, nach Kant das tiefste Wort der Bibel. Warum? Weil die Transzendenz, in Bild- und Gleichnis gefasst, nicht mehr die Transzendenz ist, sondern endlich geworden ist. Machen wir uns Bild- und Gleichnis von der Gottheit, so ist die Gottheit wie Etwas in der Welt, was so viele Götter in der Geschichte gewesen sind. Aber im Alten Testament selber sind die Texte ja voll von Bildern der Gottheit, wird immerfort davon gesprochen, wie Gott zornig, barmherzig, eifernd, gerecht ist, wie er Weisungen gibt, Gesetze gibt und so fort, also voller Bild- und Gleichnis. Das ist die unüberwindbare Antinomie des Menschen als eines endlichen sinnlichen Daseins, dass er nicht anders kann, als die Transzendenz oder die Gottheit, von der er Bildnis und Gleichnis nicht machen soll, doch als endliches Wesen in Bild- und Gleichnis denken zu müssen, das heißt in Chiffern sich ihr zu nähern. Diese Spannung hört nie auf, kann nicht aufhören. Wir können sie begreifen. Wir können in kantischer Ausdrucksweise sagen: Wir können das Scheinhafte darin durchschauen und brauchen uns nicht dadurch betrügen zu lassen. Wir brauchen all die Chiffern nicht für Leibhaftigkeiten, für die Gottheit selbst zu halten, sondern können sie als Chiffern hören, sehen, lesen, um dadurch Berührung zur Transzendenz zu gewinnen, ohne gezwungen zu sein, was wir aber dem Schein nach doch immer sind, aus den Chiffern sozusagen die Verwirklichung, Leibhaftigkeit der Gottheit selbst werden zu lassen, die sie nie sind.

Chiffern gibt es nun ungemein viele. Durch die Geschichte, im Alten Testament und im Neuen Testament, gar nicht auf einen Nenner zu bringen, von der Theologie versucht, manchmal zu ordnen, in ein großes systematisches Ganzes zu bringen – unmöglich. Entscheidend ist es, dass es geschichtlich ist, sich nicht vollendet, sondern einmalig in der Gestalt, darum nicht von Gott überhaupt geredet wird, sondern vom Gotte Abrahams, Jakobs, von dem Gotte, der Moses erschien, und so fort; konkret, geschichtlich, aber in Chiffern.

Man kann sagen: Was für einen Gott der Mensch in den Chiffern sieht, das wird der Mensch selber. Das Ringen des Menschen um sich vollzieht sich in seinem Ringen um die Gottheit. Ein entsprechender Satz findet sich sogar bei Luther. Solche Sätze bedeuten nun aber nicht etwa: Der Mensch hat Gott und seine Götter, nicht Gott hat den Menschen geschaffen. Man hätte ihn erfinden müssen, heißt es mit dem berühmten Wort von Voltaire, wenn es ihn nicht gäbe, und Feuerbach hat auseinandergesetzt, wie die Schöpfung Gottes durch den Menschen in den mannigfachen Figuren stattfindet. Die Sätze, die ich anfänglich brauchte, hatten diese Bedeutung gar nicht. Denn jenes Ringen kommt zur Erscheinung in der Subjekt-Objekt-Spaltung: Wir sind auf Gegenstände gerichtet, und es ist immer falsch bei einem Ringen in der Erscheinung der Subjekt-Objekt-Spaltung das, worum es sich handelt, auf die eine Seite zu werfen. Selbstverständlich findet in diesem Ringen ein Hervorbringen von Chiffern durch den Menschen statt, aber in den hervorgebrachten Chiffern spricht das Objekt, die Wirklichkeit der Transzendenz, in der Erscheinung eines Objektiven. Die Wirklichkeit der Transzendenz wird so wenig geleugnet wie die Wirklichkeit des Menschen, in diesem Falle des Menschen, der mögliche Existenz ist, denn der Mensch als psychologisch fassbares Wesen ist natürlich etwas anderes. In diesem, in der Subjekt-Objekt-Spaltung dessen, worin wir uns erscheinen, ist dasselbe Phänomen so gut ein Hervorbringen durch den Menschen wie ein Wirken *auf* den Menschen. Das eine dem andern entgegenzusetzen, verdirbt die Grunderfahrung. Natürlich gibt es ein Spiel der Phantasie mit Bildern von der Gottheit. Das ist rein subjektiv. Solche Spielerei hat auch keine Kraft. Es gibt das ernste Spiel, bei dem das Bewusstsein ist: Es ist keine Spielerei, sondern in diesen Vorstellungen und Gedanken bin ich auf eine mögliche Wirklichkeit bezogen. Ganz ernst und nicht mehr Spiel ist die Chiffer der Wirklichkeit der Transzendenz nur im konkreten Augenblick, wo der Mensch Entschlüsse fasst, liebt, festhält, mit sich selbst identisch wird, und wie die Worte sonst lauten.

Nun findet der Kampf nicht etwa nur dort statt, wo es sich darum handelt: Gibt es Transzendenz oder nicht?, sondern vielmehr gerade darin, dass der Gottesgedanke in sich voller Antinomien ist, wie wir weiterhin in der nächsten Stunde sehen werden, sondern dass Götterbilder gegeneinander kämpfen. Der Kampf ist derart, dass er nur aufhören kann, wenn die Welt, wenn die Zeit, wenn unsere Lebensweise aufhört. In unserer Lebensweise brauchen wir die Chiffern. Wo Chiffern sind, sind viele Chiffern. Wo viele Chiffern sind, ist die Möglichkeit die allernatürlichste, dass es viele Götter gibt. Viele Götter gibt es überall in der Geschichte, bis heute; heute nennen wir es anders, heute nennen wir etwa die Vielfachheit der Mächte, die sich bekämpfen, oder die Vielfachheit der Werte, die miteinander in Widerspruch stehen. Sehr viel einfacher und großartiger ist es in der griechischen Mythologie, wo der Mensch der Aphrodite opferte, aber damit notwendig die Hera und die Artemis beleidigte, denn die Schönheit der mannigfach wechselnden Erotik steht im Gegensatz zur Ehe der Hera und zur Keuschheit, die Artemis verlangt. Aber allen dient er, und zwar heute diesen, morgen jenen und vielen andern Göttern, und ist in der Natürlichkeit des Vielfachen. Doch ich gehe darauf jetzt nicht ein. Wir kommen darauf zurück, wenn wir erst den ganzen Sinn des Einen erfassen werden. Ich sage: Trotzdem hört die Vielfachheit nicht auf. Die Vielfachheit der Götter ist in den großen Religionen niemals überwunden worden, auch nicht im Christentum. Es sind sublimierte Gedanken, kluge Konstruktionen, die immer wieder dann den einen Gott als das Eigentliche herausheben und durchaus nicht verkleinern; aber die Praxis des Lebens, auf die es ja doch ankommt – und nicht auf die Theorie, die ich am Schreibtisch, in der Mönchsklause entwerfe –, in der Praxis des Lebens ist der Polytheismus die Wirklichkeit unseres immer noch zerstreuten Daseins. Ich sage nicht: Die endgültige Wirklichkeit. Ich sage aber: Solange wir leben, ist der Kampf der Chiffern als Kampf der Götter unaufhebbar.

Nun, ich muss leider unterbrechen und das nächste Mal die Grundgedanken der Transzendenz Ihnen weiterentwickeln, um dann zu dem Punkte zu kommen, wo der Mensch seit Jahrtausenden versucht hat, die ganze Chiffernwelt zu überspringen, mit dem Satze »Du sollst dir kein Bildnis und Gleichnis machen« wirklich ernst macht und was ihm dabei passiert.

Vierte Vorlesung

Meine Damen und Herren

In der letzten Stunde war die Frage gestellt: Wenn kein Gott ist, was ist dann eigentlich die Wirklichkeit? Und wir haben eine Reihe von Antworten Revue passieren lassen, um bei jeder Antwort zu finden: Es ist etwas Partikulares, das uns in der Welt vorkommt, verabsolutiert worden. Oder: Es sind alle Aussagen von der Art, dass man entweder den Punkt findet, wo es wissenschaftlich, für die Erkenntnis, nicht stimmt, oder wo, die Wissenschaft überschreitend, ein Weltbild oder ein Gottesbild, das nicht Gott genannt wird, aufgestellt ist, das wir nicht prüfen mit der Erkenntnis, sondern mit unserem Wesen. Das Entscheidende aber bei dieser Revue war uns, dass die Wissenschaften, je klarer sie werden, umso deutlicher zeigen, dass alles, was sie erkennen, durch eine jeweils bestimmte Methode erreicht wird, sich auf Gegenstände in der Welt bezieht, dass die Welt als Ganzes überhaupt nicht Gegenstand einer Wissenschaft werden kann, geschweige denn etwas, was man Transzendenz nennen könnte. Wenn man sich das klar gemacht hat, so scheitern alle wissensmäßigen rationalen Erörterungen darüber, was eigentlich ist. Und ich schloss damals mit dem Hinweis auf die indische Vorstellung, dass die ganze Welt, in der wir leben, unser Leben führen, ein großer Schein, der Schleier der Maya, ist, ein Zauber, wer weiß durch wen hervorgebracht, nichtig durch und durch, eine Aussage, die uns noch einmal später vorkommen wird und die man wiederum nicht prüfen kann durch Erkenntnis, sondern durch das, was man in sich selber spürt. Etwas völlig anderes nämlich ist es, so habe ich ausgeführt, was wir selbst in uns als Freiheit nicht wissen, aber spüren dadurch, dass das, was wir tun, unserem eigenen Urteil untersteht, und dass es uns geschieht, dass wir merken, ich würde mich verachten, mich verachten müssen, wenn ich dies täte.

Woher kommt das? Was ist das, was hier unter Umständen mit so außerordentlicher Entschiedenheit auftritt, was als klarer Entschluss da ist, jetzt tun zu wollen, weil zu müssen, nicht aus äußerem Zwang, sondern aus dem, was ich eigentlich selber bin. Hier liegt eine Erfahrung vor, die man nicht psychologisch feststellen kann, auch nicht psychologisch untersuchen kann, über die man viel hin- und herreden mag, was ich jetzt auch tue, wenn ich etwa folgendes sage:

Das Merkwürdige ist, dass wir uns ausbleiben können, dass wir ratlos werden und ungewiss, und dass, wenn wir gewiss werden und dann mit dem Bewusstsein der Freiheit uns entschließen, dann spüren wir: Wir sind nicht frei durch uns selbst, sondern wir werden in unserer Freiheit uns geschenkt und wissen nicht, woher. Nicht durch uns selbst sind wir, sondern es liegt so, dass wir unsern Willen nicht wollen können, dass wir, was wir selbst in unserer Freiheit sind, nicht planen können, dass vielmehr der Ausgang all unseres Planens und Wollens das ist, worin wir uns geschenkt werden. Und wenn wir uns geschenkt werden, so liegt es so, dass je klarer unsere Freiheit uns im Augenblick ist – und die Freiheit ist konkret, dieses zu wollen, zu tun und zu lassen –, dass wir dann umso klarer spüren, je entschiedener die Freiheit ist, dass in dieser Freiheit jene Notwendigkeit steckt, die nicht durch die Welt kommt, nicht durch ein Naturgesetz, nicht durch ein ableitbares moralisches Gesetz, sondern durch etwas, bei dem wir immer nur wiederholen können: Wie wir uns selber nicht geschaffen haben, so ist diese Freiheit nicht durch uns selbst, sondern wird uns geschenkt und in den Höhepunkten so geschenkt, dass dieses Frei-Sein und Frei-Handeln mit dem Bewusstsein einer ganz anderen Notwendigkeit des Müssens verknüpft ist.

Woher kommt das? Offenbar nicht aus der Welt. Nicht aus irgendeinem der Gegenstände, die wir in der Welt erkennen, sondern wir nennen das, woher es kommt, die Transzendenz oder Gott. Indem wir die totale Abhängigkeit unserer Freiheit spüren, nämlich vor der Transzendenz, werden wir umso entschiedener unabhängig von der Welt, von der Welt nicht mehr umzuwerfen, ihr nicht unterworfen. Bei allen Kausalzusammenhängen, in denen wir durch unser leibliches und gesellschaftliches Dasein stehen, ist jener Punkt, in dem wir wissen: Ich brauche nicht, man kann mich umbringen, aber irgendetwas kann man nicht, kann die Natur nicht.

Was man so auf dem Katheder befremdend vorträgt, und was in Büchern seit Jahrtausenden einfach und oft und mit Recht umständlich und breit dargelegt wird, das gehört als ursprüngliche Einsicht zum Menschen als Menschen. Das sehen wir darin, dass es ganz ursprünglich in Kindern auftreten kann, ohne dass sie nachdenken, sondern, indem sie ursprünglich denken, mit einem Schlage sozusagen merken. – Ich erzähle eine Anekdote: Vor mehr als vierzig Jahren ging ich mit einem neunjährigen Mädchen auf den Königsstuhl bei Heidelberg. Als Onkel wollte ich das Kind unterhalten und als Professor natürlich auch belehren. Am Himmel ging die Sonne über der Rheinebene dem Horizont zu, und ich setzte dem Kind auseinander, warum man begriffen habe, dass nicht die Sonne sich bewege, sondern die Erdkugel mit uns. Das Kind hörte eine Weile zu, unterbrach dann und sagte: »Das ist ja alles Unsinn!«, stampfte mit dem Fuße auf und erklärte: »Die Erde ist doch ganz fest. Was ich sehe, das ist wahr. Ich sehe doch, die Sonne geht immer dem Horizonte zu, sie bewegt sich und nicht wir, wo sie aufstand.« Ich kam auf andere Dinge, zeigte auf eine Wiese, auf der anderen Seite des Neckar, die Engelswiese genannt, zwischen den Wäldern liegend, wo nachts die Elfen sich begegnen, erzählte davon, aber sehr schnell wurde ich unterbrochen, und sie sagte: »Ach was, ist ja alles Unsinn, das sind ja bloß Märchen. Elfen und Engel gibt es gar nicht, man sieht sie doch nicht.« »Also«, sagte ich, »dann gibt es nur, was man sieht, und nicht, was man nicht sieht?« »Natürlich«, sagte sie in triumphierender Antwort. Jedes Mal hatte ich verloren. »Dann gibt es«, sage ich, »also auch Gott nicht? Man sieht ihn nicht.« Das Kind stutzte und sagte dann, mit großem Ernst und ganz entschieden: »Dann wären wir ja gar nicht da.«

Dieser Ruck, der nicht durch ein rationales Nachdenken, sondern durch ein ursprüngliches Bewusstsein des Selbst auftritt, gegenüber der törichten Behauptung, die ich erschlossen hatte aus ihren vorhergehenden Bemerkungen, das scheint mir das ursprünglich Menschliche zu sein, ganz Einfache. Es wäre ja schlimm, wenn die Philosophie, die zum Menschen als Menschen gehört, daran gebunden wäre, dass Philosophen da sind und sie vortragen. Die Philosophen können nur das, was Menschen eigentlich schon wissen, nur klarer herausheben und, was sehr nützlich ist, umständlich und nach ihren Kräften gewissenhaft entfalten mit den Konsequenzen, es in der Breite darlegen, es reicher erfüllen mit Begriffen und mit Anschauungen. Aber es kommt immer darauf hinaus, dass, was dem Menschen als Menschen eigen ist, ihm selbst entspringen muss, dass er sich darin seiner Freiheit bewusst wird und dass alles andere nur hinzukommt. Es mag sehr reich und sehr wichtig sein; aber das Fundament ist die Lebenspraxis und die Verwirklichung, die denkende Lebenspraxis und denkende Verwirklichung, das Nicht-sich-treiben-lassen, und so fort. Vielleicht hat die Philosophie auch noch den Nutzen, dass sie das, was dem Menschen als Menschen eigen ist, durch Begriffe und Gedankenfolgen befestigen kann, dass sie Formeln findet, und dass diese Gedanken geeignet sind, uns, in den Zeiten, wo wir uns ausbleiben, sozusagen der Strohhalm zu sein oder noch mehr, woran wir uns halten, denn wir haben es doch gewusst. Es kann nicht ganz verloren sein. Wir müssen doch hinüberkommen, wir hoffen es, darüber, dass wir uns ausbleiben und dass es uns begreiflich ist, wenn es geschieht.

Die Transzendenz ist offenbar kein Gegenstand der Erkenntnis und ist kein Gegenstand, den ich aufgrund meiner Freiheit, wie auch immer, mit welchen Geschicklichkeiten und Umständlichkeiten, zu einem Gegenstand der Erkenntnis machen kann. Und trotzdem haben wir die Mittel als Menschen, uns das, was nie Gegenstand wird, und was unser Leben zu führen vermag und führt, vielleicht selbst dann, wenn wir es nicht wissen, dass wir das zur Sprache bringen; denn es liegt in Sprache vor. Wir nennen diese Sprache der Transzendenz die Sprache der Chiffern. Gott selbst ist eine Chiffer in diesem Sinne.

Ich möchte Ihnen nun gleich einige solcher Chiffern der Gottheit vortragen. Sie sind uns überliefert. Unsere Aufgabe ist, sie nicht zu lernen, als Selbstzweck, sondern wenn wir vermögen, sie uns ursprünglich anzueignen, anzueignen natürlich nicht in theoretischer Einsicht. Auf dem Katheder geschieht es nicht und im Zuhören auch nicht, sondern das muss jeder Einzelne tun. Im Vortrag kann man nur hinweisen, dass es so etwas gegeben hat und gibt. Und auf solche Chiffern will ich also gleich hinweisen. Vorweg aber möchte ich sagen, was in den nächsten Stunden die Entwicklung sein wird.

Die Chiffern werde ich Ihnen zu einem ganz winzigen Teile zeigen, dann zeigen, wie in uns ein Zwang ist, von der Transzendenz her, niedergelegt in der berühmten Formel, die ich Ihnen schon sagte aus der Bibel: »Du sollst Dir kein Bildnis und Gleichnis machen«, ein Zwang von daher, dass wir den Chiffern als Chiffern nicht die Wirklichkeit zubilligen dürfen, dass wir mit den Chiffern eigentlich stets etwas tun, womit wir antasten, was sich nicht gehört. Aber zugleich, wie ich schon früher sagte, ist es, wenn wir diesen äußersten Weg tun – ich werde Ihnen zeigen, er ist am entschiedensten begangen in Indien, nicht bei uns –, wir werden sehen, wir können dann nicht mehr atmen. Es hört sozusagen für uns endliche, sinnliche Lebewesen, – Menschen, die brauchen Anschauung, Vorstellung, Gegenstand, – es hört dann auf, wir können, wie wir eben sagten, nicht mehr atmen, wenn wir nichts mehr haben, und doch in der Zeit, in der Welt leben. Wir kehren also zu den Chiffern zurück, aber so, dass wir wissen, was die Chiffern sind. Das ist der Grundgedankengang dieser und der nächsten Stunde.

Heute beginne ich. Ich will nacheinander – meine Auswahl ist natürlich nicht ganz willkürlich, aber doch nicht weiter zu begründen – ich rede zunächst von den Chiffern der Gottheit, und zwar, erstens über die Chiffer des Einen, zweitens über die Chiffer des persönlichen Gottes und drittens über die Chiffer »Gott ist Mensch geworden«.

Heute das Erste, über das Eine. Ich knüpfe an an das schon Gesagte, dass in der Religionsgeschichte es die vielen Götter gibt, für uns in der großartigsten Gestalt in Griechenland, dass dort die vielen Götter wohl auch bei den Griechen mit voller Klarheit überwunden sind durch den Gedanken des einen Gottes, aber damals ohne Wirksamkeit auf das gemeinschaftliche Bewusstsein – das ist erst durch die Bibel gekommen. Bei den Griechen war vielmehr der sogenannte Polytheismus, wie ich ihn vorgeführt habe, die natürlichste Wahrheit, die er auch noch für uns ist. Wie ich sagte: Der Grieche musste dem einen Gotte huldigen, womit er den andern Gott beleidigte, und kam in den Kampf der Mächte – der natürliche Zustand unseres menschlichen Daseins. Heute, sagte ich, dient er der Hera, der Göttin der Ehe, morgen der Aphrodite, übermorgen der Artemis, der Keuschheit, jeder wird das Recht – alle andern Götter hab ich weggelassen –, indem der einen das Recht wird, wird der anderen das Recht entzogen, und sie wird böse. Diese Vielfachheit der Mächte, die unser Dasein beherrschen, und die alle etwas haben, das zur Chiffer wird, die alle einen Anspruch erheben, der nicht zu verleugnen ist, ist der Grundtatbestand, von dem wir ausgehen, und den wir niemals endgültig etwa überwinden können; denn er gehört zu der natürlichen Wirklichkeit unseres menschlichen Daseins von jeher und für alle Zeiten, und es ist eine Kleinigkeit zu zeigen, wie auch dieses, das Polytheistische, das Christentum und alle Religionen, die monotheistisch beginnen, durchdringt in der Praxis.

Nun gegen dieses allgemeine Phänomen wandte sich der Gedanke des einen Gottes: bei Äschylos, bei Plato, bei andern Griechen. Da ist es, wie man heute sagt, der Gott der Philosophen, ungemein ernst und gar nicht leicht zu nehmen, aber ganz anders in der Bibel. Geschichtlich will ich in einer andern Stunde davon sprechen. Heute möchte ich ungeschichtlich, abstrakt, von diesem Einen handeln, was es bedeuten möge.

Die Kraft des Einen bringt uns aus der Zerstreuung zu uns selbst, so dass ich mir identisch werde. In der Vielfachheit: Heute dies, morgen jenes, zerfalle ich und habe nicht die Kontinuität des Einen, durch das mein Leben im Ganzen, ohne Plan –, denn durch einen Plan würde man es verderben, rationalisieren und verendlichen –, durch das mein Leben eine Kontinuität, ein Eines wird, so dass ich das Bewusstsein haben darf: Ich werde, ich bin es nicht, ich werde mit mir identisch. Das Eine ist der Ursprung, auf den blickend das Eine in der Lebenspraxis gesucht wird. Darum ist das Eine zugleich für mich das Absolute der einen Transzendenz und in mir das Eine als die Führung in meiner geschichtlichen Verwirklichung. Man kann sich vielleicht so ausdrücken, dass diese je einzelne geschichtliche Verwirklichung des Menschen in ihrer Winzigkeit die Chiffer jenes unendlichen Einen wird, das selber Chiffer ist. Und in meiner Gegenwärtigkeit wird gleichsam das Eine gespiegelt wie die Sonne in den Wassertropfen, und ein solcher Wassertropfen zu sein, ist gleichsam der Sinn der menschlichen Existenz, wenn er auf das Eine gerichtet ist. Das Eine ist also unendlich fern, ungreifbar, unerkennbar, der Grund alles Seienden, und andererseits ganz nah, wenn ich mir in meiner Freiheit geschenkt werde und auf den Weg des Mit-mir-identisch-Werdens gelange.

Dasselbe noch einmal auf andere Weise gesagt: In Bezug auf das ungeschichtliche, unveränderliche, ewige Eine wird unsere existentielle Verwirklichung in der Geschichtlichkeit, Veränderlichkeit, Zeitlichkeit geborgen, indem aus diesem Veränderlichen heraus der Anspruch des Einen gehört wird, und auf das Eine hin die Existenz sozusagen drängt, um zu sich selbst zu kommen.

Wenn man von dieser Transzendenz nun redet, kann man etwa sagen – wir werden, was das Spekulative angeht, das nächste Mal darüber reden – man kann etwa vorläufig sagen: Das Eine der Transzendenz ist nicht ein allgemeines Eines, sondern erfüllte Einzigkeit. Es schließt nichts aus, weil nichts außer ihm ist, weil durch es alles ist. Es ist darum gar nicht bedroht. Menschen brauchen für es nicht zu kämpfen. Aber Menschen müssen kämpfen für sich selbst. Wir müssen kämpfen für uns, ob wir hören und spiegeln, was vom Einen her an uns tritt. Wenn man das Eine nimmt in seiner Unbedingtheit und objektiv feststellt, dann ist die Tendenz, diesem Einen sozusagen direkt zugewandt zu sein und ihm, dem Einen, zu folgen, während in unserer Zeitlichkeit die Sache wahrscheinlich gerade umgekehrt liegt. Das Eine gibt sich nicht kund als das Eine, das sozusagen für sich kämpft und sich durchsetzen wird. Das Eine macht keine Propaganda, sondern das Eine wirkt indirekt dadurch, dass Menschen miteinander in Beziehung treten. In dem Maße, als Menschen unter sich Kommunikation gewinnen, ist das Eine verwirklicht. Die Idee wäre jene vollendete Kommunikation der Menschen, zu zweien beginnend, in der die Seelen so ineinander blicken, wie es christliche Visionäre im Mittelalter gezeigt haben als eine Phantasie des paradiesischen, ewigen Lebens oder als eine Lebensform der Engel-Chiffern, Phantasien, mit denen wir uns im Augenblick nicht beschäftigen. Es kommt darauf an, dass man sieht: Das Eine erreiche ich nicht, indem ich es für mich in Anspruch nehme und nun das Bewusstsein habe: Das Eine soll verkündet werden, das Eine, dieser eine Gott, ist der einzige Gott und ich kenne ihn, ich weiß ihn, ich habe ihn gehört und alle sollen folgen. Sondern umgekehrt: Wer den einen Gott oder das Eine der Transzendenz hört, kann in der Welt dem Einen sich nur dadurch nähern, dass in der Welt Einheit entsteht, vorhin Einheit mit mir selber, Identität mit mir, jetzt Einheit unter Menschen, Kommunikation. Was verbindet, das führt zum Einen.

Im Mittelalter gab es eine Vorstellung, die es auch heute noch in leisen Resten gibt, folgender Art: Der Kampf im Dasein, aus Interessen oder aus Ehre oder aus welchen Gründen immer, führt

Menschen in das Verhängnis, miteinander zu kämpfen auf Leben und Tod. Dieser Kampf, wenn er stattfindet unter Menschen, die auf die Einheit gerichtet sind, führt nicht etwa dazu, dass eine simple Verstandesrationalität sagt: »Ist ja Unfug, lassen wir die Geschichte, wir gehören ja zusammen«, sondern das in die Situation Hineingeraten, in der etwas gebietet zu kämpfen, was bis heute nicht aufgehört hat, vielleicht einmal aufhören könnte. Das würde nach dieser mittelalterlichen Vorstellung den Kampf ritterlich machen, wie man damals sagte. Was heißt ritterlich? Das Ungenügen an der Daseinssituation, das den Kampf erzwingt, das Ungenügen am Kampfe, dessen Herkunft im Grunde unbegreiflich bleibt, diesem Schicksal will der ritterliche Mensch nicht durch Verschleierung mit dem Verstande und Simplizitäten entrinnen; aber in der Härte der Selbstbehauptung und des Scheiterns werden die Kämpfenden, die ritterlich kämpfen, zu liebenden Kämpfern, durch das Eine, das sie verbindet. Wir haben die herrlichsten Bilder aus dem Mittelalter, in Ansätzen auch aus der griechischen Welt – man muss niemals versuchen, die Dinge absolut einem Zeitalter zuzuschieben –, wir haben die herrlichsten Ansätze, die ich Ihnen nicht entwickle. Es genügt, dass diese Idee da ist, und die Idee konnte nur da sein, weil das Eine spricht oder der eine Gott.

Nun ist weiter eine große Schwierigkeit. Nämlich: Was ist denn dieses Eine? Eine Chiffer, sagen wir. Ist das Eine numerisch in der Zahl »eins« getroffen? Darauf ist die Antwort: Die Zahl »eins« ist unvermeidlich im Ausdruck. Sie genügt aber ganz und gar nicht und sie führt irre. Kant hat einmal in einem andern Zusammenhang, wo er von einer Einheit sprach, von der wir jetzt nicht reden, unterschieden: die quantitative, numerische Einheit von der qualitativen Einheit. Qualitative Einheit – da ist es, als ob der Verstand versage. Wir sollen etwas denken, was Unsinn scheint. Eins ist doch eins. Daran liegt aber alles, dass das, was hier Unsinn scheint, nicht etwa nun begriffen wird mit dem Verstande, sondern mit dem Gedanken der einen Transzendenz, des einen Gottes, wirklich wird. Die bloße Zahl des Einen ist äußerlich. Die Kraft des Einen der Transzendenz hat einen ganz andern Sinn als die bloße Zahl. Wenn die bloße Zahl für sich genommen wird, dann ist die Folge, dass in der Verwirklichung des numerisch Einen Gewaltsamkeit eintritt, ein Urteil des Fanatismus über andere sich vollzieht, mit andern Worten, dass hier das Eine zur Quelle der Verwüstung werden kann. Das möchte ich Ihnen – es scheint im ersten Augenblick hergeholt – an einem näherliegenden Beispiel zeigen, um es dann wieder von der einen Gottheit in dieser Zweideutigkeit zu zeigen: Das Einzige, das führt, und das Eine, das an Fanatismus verdirbt. Dieses Beispiel ist folgendes:

Man spricht von der einen Liebe der Geschlechter. Was heißt das? Die Idee des Einen in der Liebe ist transzendent. Die eine Liebe ist geschenkt von dorther, wohin kein Wille und keine Absicht dringt, und ist etwas, von dem niemand weiß, ob sie ihm zuteil wird. Diese eine Liebe, die man metaphysisch nennen kann, ist durch das numerisch Eine schlecht bezeichnet. Das numerisch Eine ist oder kann die Folge sein in der Idee. Aber sie von vorneherein als das Merkmal zu nehmen, wäre falsch. Wir werden gleich weitersehen.

Das zweite Moment in der Liebe der Geschlechter ist die eine Ehe. Sie ist gegründet im Entschluss, nämlich zum Entschluss der Treue für dieses Leben in dieser Zeit. Diese Einheit wird gewollt, daher kann sie gewusst werden und darum ist sie auch als Zahl objektiv feststellbar. Und sie gewinnt in der Gesellschaft eine wiederum feststellbare, juristische Form.

Drittens: Die Geschlechtlichkeit als solche ist ihrer Natur nach im Zauber und im Reichtum der Abwandlungen polygam, ohne eine andere Verbindlichkeit als die der Schönheit und der Kunst. Nun kann man sagen: Die Idee der Einheit verwandelt alle die eben aufgezählten Momente zu etwas, das Eines wird, aber alle drei Momente einschließt. Das ist eine Idee, eine bloße Idee, wenn Sie wollen, denn wo wäre das in der Zeit wirklich? Unter keinen Umständen wäre das in der Zeit zu beobachten oder festzustellen. Die monogame Ehe bestünde dann in dieser Idee nicht an sich, nicht allein durch den Entschluss, so wesentlich er ist. In Thornton Wilders Stück »Wir sind noch einmal davongekommen« ist eine merkwürdige Stelle, die ich für sehr tiefsinnig halte. Als die Gattin jenes Mannes, der durch all die Zeitalter lebt, bemerkt, dass er mit seiner Sekretärin beihergeht, sagt sie zu ihm: »Wir haben uns doch nicht der Liebe wegen geheiratet, sondern weil wir gemeinsam den Entschluss fassten«, und der Mann ist im selben Augenblick überzeugt und die Sache ist in Ordnung. Da ist nur ein Moment gemeint, das eheliche. Wenn ich aber von der Idee des Einen spreche, dann liegt es so, dass diese monogame Ehe, aufgenommen als Moment, als zeitliches Moment, auch juristischen Charakters, so besteht, dass man das Wort braucht: »Die Ehen werden im Himmel geschlossen.« Nein, sie werden vor dem Standesamt geschlossen. Dass sie im Himmel geschlossen werden, das weiß niemand, das ist jene andere Herkunft, und wenn diese andere Herkunft da ist, die die Ehe einschließt, verwandelt die Ehe ihren Charakter. Und so ist es mit der Erotik. Der Zauber der Erotik, an sich polygam, könnte, hineingenommen in die Idee des Einen, vielleicht nur gesteigert werden. Doch ich will auf diese Dinge nicht weiter eingehen.

Woran es mir hier liegt, ist nun folgender Punkt – die Sache wäre an sich sehr viel breiter auszuführen –, woran es mir liegt, ist dies: Wenn jemand kommt und nun aus der Idee des Einen das numerisch Eine macht und zum Urteil kommt, sei es über sich selbst, sei es über andere: Das ist also keine metaphysische Liebe, so ist das ein verderbliches Urteil. Erstens ist verwechselt die Zahl »eins« mit der qualitativen Einheit. Es ist möglich, dass in einer Welt der Erotik, des polygamen Lebens, durchbricht, was wir eben die Idee des Einen nannten, der metaphysischen Liebe; aber niemand weiß es, niemand kann es feststellen. Feststellen kann ich die Monogamie der Ehe, weiter nichts. Feststellen kann ich die Erscheinungsweisen der Erotik. Das kann ich psychologisch und geistig und künstlerisch studieren, aber dieses Eine, das kann ich nicht wissen. Also, wer aus dem philosophischen Gedanken der einen metaphysischen Liebe, die ein Geschenk der Transzendenz ist, wenn sie ist, und von der niemand behaupten darf, dass er sie besäße, wenn von daher Urteile stattfinden, dann werden sie verderblich. Dann zerstören sie, illiberal, das was menschlich ist, verwehren sie Möglichkeiten, werden sie übermütig.

Nun: Wenn wir von der einen Transzendenz sprechen, bemerken Sie, wir können ja nicht ohne das Wort das Eine, wir können nicht ohne das numerisch Eine sogar sprechen. Aber das so Sprechen-müssen braucht uns nicht zu zwingen, uns betrügen zu lassen durch die Verkehrung in das numerisch Eine. Dieses Eine nun, das ist in Bezug auf die Transzendenz, die Gottheit, ebenso der Möglichkeit nach verderblich, wie jene Weise der Verkehrung des Einen, die ich Ihnen eben schilderte als ein bloßes Beispiel. Nämlich wie?

Es ist entscheidend, dass das Eine in vollkommener Ferne bleibt, so fern und unzugänglich, dass wenn ich es fassen will, es mir entschwindet, und dass ich es auf keine andere Weise fasse als dadurch, dass ich selber Spiegel werde und Chiffer, indem ich die Chiffer höre, dies aber in keinem Augenblick zu dem Besitze mache, als ob ich, dieser Wassertropfen, vor irgendeinem andern einen Vorzug hätte oder Bescheid wisse, wie es in andern Wassertropfen gehe. Das Eine ist unerlässlich das Eine für alle, die Zugkraft für jeden Einzelnen, niemandes Besitz.

Wir können auch so sagen: Das Eine ist es, an dem hängt, dass wir unsere Existenz gewinnen. – Was Existenz heißt, habe ich in anderen Zusammenhängen erläutert, nicht in dieser Vorlesung. – An dem Einen hängt sozusagen das Errettende aus dem Sumpf bloßen Daseins, in dem jeder von uns steckt. Es ist das Heilvolle auf dem Wege, auf dem jeder von uns sich befindet und ihn nie vollendet hat. Und es wird sofort zum Verderben, wenn dieses Eine in irgendeiner bestimmten Gestalt vorweggenommen und als solche behauptet wird als der eine Gott hier in dieser Welt. Was ist dann die Folge? Es ist die Absolutheit des Einen in einer bestimmten, besonderen Gestalt in der Welt, deren Vertreter auftreten mit dem Anspruch, im Besitze der Wahrheit zu sein, sich gegenseitig bekämpfen und meinen, sie kämpfen für Gott, für den wahren und einen Gott gegen die andern, die den einen und wahren Gott nicht sehen, und völlig vergessen, dass die andern durch das Eine der Transzendenz so gut da sind wie sie selber. Es ist sozusagen die Teufelei in der biblischen Religion durch alle Zeiten, dass diese Religion, auf die sich alle unsere wahren Begriffe gründen und unsere existentiellen Möglichkeiten, dass mit ihnen verknüpft ist der Gedanke der Ausschließlichkeit: nur dies eine und die andern nicht. Die Folge davon ist, durch dies Vorwegnehmen und In-Besitznehmen des Einen für sich selbst, dass die Menschen zerrissen werden in Gruppen, die nun gegeneinander kämpfen unter der Fahne des Einen, jeder im Besitze der Gottheit. Das hat man gesehen im Laufe der Geschichte. Im Neuen Testament können wir schon beginnen zu beobachten die Feindseligkeiten, selbst unter den Aposteln. Wir sehen später die Kriege, wir sehen die Kreuzzüge, wir sehen den fürchterlichen Kampf, den gewaltsamen Kampf der Kirche gegen das, was sie für ketzerisch hält. Wir sehen den Kampf – wie zur

Buße – der christlichen Religionen und Konfessionen in den Religionskriegen bis zum Verderben, mit deren Abschluss dann die Gewalt der biblischen Religion merkwürdig schnell und bis heute mehr und mehr nachgelassen hat. Da ist irgendetwas, was man sich klarmachen kann, was ich eine Teufelei nannte, nämlich das, dass man den einen Gott, der wirklich der Eine ist, zum eigenen Besitz macht und meint, für ihn gegen andere zu kämpfen, für ihn andere erschlagen zu müssen und so fort.

Das ist die Folge der Verkehrung in das numerisch Eine aus dem qualitativ Einen. Das qualitativ Eine hält in der Schwebe und führt auf dem Wege, das numerisch Eine fixiert und vergewaltigt und unterbricht den Weg zu dem, was wir nicht anders können als vom Einen her als sinnlos betrachten und als gottwidrig betrachten, umso mehr als es sich auf Gott beruft.

Das Eine wird also im Augenblick, wo es zum numerisch Einen wird und sich die besondere Gestalt in der Welt gibt, zum Fanatismus. Und dieser Fanatismus verführt immer noch darum, weil noch hinter dieser Verkehrung der erhabene Grundgedanke des einen Gottes steht, der einen Transzendenz, der Gedanke, der nur verkehrt worden ist und der im Ursprung das Wahre ist. Wenn das Christentum, wenn die biblischen Religionen verschwinden, geht es mit dem Einen genau so weiter. Wo das Eine rational als das Bezwingende gedacht wird, und das Folgen dem Einen als das, wodurch wir überhaupt Wert haben, was ja im Ursprung wahr ist, wenn das verkehrt wird in der unbiblisch gewordenen Welt, so geht es in den Despotismus des Einen, den wir ja grauenhaft erlebt haben und der uns noch in den Ohren klingt: »Ein Volk, ein Reich, ein Führer.« Mit dem Bewusstsein mancher Deutschen damals: Was für eine ungeheure Verkehrung: Verkehrung nämlich des Gedankens des Einen, auf den doch alles ankommt, in etwas, was ruinös zerstört, und was wir in die Formel kleiden, so simpel es klingt: Die Verkehrung aus dem qualitativ Einen in das numerisch Eine.

Das nächste Mal werde ich nun über die beiden andern Chiffern sprechen, die persönliche Gottheit und das Menschwerden Gottes.

Fünfte Vorlesung

Meine Damen und Herren

Sie erinnern sich, dass wir drei Chiffern der Gottheit vergegenwärtigen wollten: der eine Gott, der persönliche Gott, und »Gott ist Mensch geworden«. Vom Einen war das vorige Mal die Rede. Ich beginne heute gleich mit der Chiffer des persönlichen Gottes.

Wenn der Mensch der Transzendenz begegnet als Ich dem Du, dann nimmt die Transzendenz die Chiffer der persönlichen Gottheit an. Die Persönlichkeit eines Du ist mit der Transzendenz nicht identisch, sondern eine Chiffer, durch die die Gottheit nahe kommt, aber auch gleichsam beschränkt und fasslich wird und dem Menschen, der ihm begegnet, immer in einer eigentümlichen, diesem Menschen entsprechenden Gestalt in seinem Innern begegnet. Von Gott fühlt sich, wenn er persönlich wird, der Mensch persönlich angesprochen, und er spricht wieder Gott persönlich an im Gebet. Er stellt Fragen, er ringt mit ihm im Fragen, er glaubt, seine Weisungen zu vernehmen. Er hat das Bewusstsein, er könnte auf Fragen Antwort bekommen. Er erwartet Antwort. Er fühlt sich verlassen, wenn er keine hört. Das Gebet, das in seinen außerordentlich mannigfachen Erscheinungen psychologisch und religionsgeschichtlich studiert wird, und worüber man sich in dicken Büchern informieren kann, das Gebet, von dem möchte ich nur eines sagen: Es reinigt sich nicht nur in der Geschichte, sondern jederzeit im Menschen, im einzelnen Menschen, von der Magie, von dem Bezwingen-Wollen der Götter, vom Eigennutzen, vom Erreichen-Wollen eines Zweckes, Vermeiden eines Unheils, Erreichen eines Glückes und so fort. Diese Reinigung des Gebetes führt dazu, dass es am Ende, bei aller persönlichen Geschichtlichkeit des Betenden, völlig uneigennützig in diesem Auf-das-Du-gerichtet-Sein seinen Weg findet, in dem Horizont des für die Ewigkeit Gültigen.

Verzichtet der Mensch auf das Gebet, sehr begreiflich, wenn die persönliche Gottheit ihm nicht jeden Augenblick oder gar niemals die Chiffer ist, durch die er zur Transzendenz in Beziehung tritt, ich sage: Verzichtet der Mensch auf das Gebet, so ist das Gebet in anderer Gestalt sofort wieder da, nämlich als Besinnung in philosophischer Meditation, die denselben Charakter hat, nur nicht unmittelbar auf ein Du gerichtet, aber gerichtet auf die Transzendenz. Denn: Es ist ein Analogon des Gebetes zum Mindesten, und es ist bei der philosophischen Besinnung genau so wie beim Gebet: Beide werden existentiell wirksam nur dann, wenn sie nicht in den Konventionen der Gedankenformen, nicht in den Formeln, die als vortreffliche Leitfäden dienen können, und die nicht nichts zu sein brauchen, ich sage, wenn er darin sich nicht erschöpft, sondern wenn in jeweils geschichtlicher Einmaligkeit des Ernstes der Mensch bei Meditation oder Gebet die prägende und führende Kraft spürt und in sich verwirklicht.

Nun ist, wenn Gott persönlich ist, durch die Persönlichkeitschiffer spricht, eine für uns Abendländer ganz unersetzliche Chiffer, ich sage, so ist eine Wechselwirkung der Chiffer, der Persönlichkeit Gottes mit der Persönlichkeit des Menschen. Diese Chiffer ist nicht eine Illusion des Menschen. In seinem Dasein ist alles, was für Menschen ans Licht gelangt, in seinem Bewusstsein, im Denken, ist immer irgendetwas, was gleichzeitig aus einer Grundwirklichkeit, die wir das Umgreifende nennen, mit einem Schlage objektiv und subjektiv zugleich ist. Weiß der Mensch sich in seiner Freiheit, die wir erörtert haben, von der Transzendenz geschenkt, so ist in seinem Bewusstsein, das für uns Menschen immer bedeutet, denkend auf etwas gerichtet zu sein, in Subjekt und Objekt gespalten zu sein, so ist, sage ich, die Transzendenz ein Objektives, dem das Subjektive des Selbstseins der Freiheit gegenüberzustehen scheint. Man kann also keineswegs sagen, der persönliche Gott sei eine Illusion, eine Schöpfung des Menschen, die er hervorbringt, weil er sie braucht. Diese Meinung hätte dann vielleicht eine Geltung, wenn sie zeigen könnte, was jenes Schöpferische im Menschen wäre, das[7] so etwas wie Gott hervorbringen soll, und es nicht bloß nennt. Wir haben ja durch die Gewohnheiten der Sprache und durch die Verplattung des Denkens in der modernen, entarteten Aufklärung so viele Redensarten – »Alles entwickelt sich durch Übergänge«, und in diesem Falle: »Gott ist durch den Menschen hervorgebracht« – leichthin gesagte Worte, die gar nicht stimmen, wenn man sich vertieft in den Sinn. Denn was hier als Schöpfung des Menschen gilt, die persönliche Gottheit, von dem kann man genau so gut sagen, diese persönliche Gottheit ist das, wodurch der Mensch wird zum Menschen, zum persönlichen Menschen.

Es ist, wie ich eben sagte, gleichsam mit einem Schlage, wenn das Umgreifende im Bewusstsein hell wird, ist in der Form dieses Bewusstseins, des menschlich denkenden Bewusstseins, die Objektivität des persönlichen Gottes und die Subjektivität menschlichen Selbstseins mit einem Schlage da. Sie beziehen sich aufeinander.

Man kann sagen: In dem Maße, als die Transzendenz die Chiffer des persönlichen Gottes annimmt, in gleichem Maße wächst der Persönlichkeitscharakter des Menschen. Weil Menschen Persönlichkeiten, Personen werden können, berühren sie, indem sie werden, die Objektivität der Transzendenz in diesem Umgreifenden, das sich spaltet, in der Chiffer der Persönlichkeit Gottes. Man kann sagen: Die Chiffer der Persönlichkeit Gottes, die so verschiedene Gestalten von Persönlichkeiten annimmt wie es Menschen gibt, entspricht darum der Person des Menschen, der auf die persönliche Gottheit gerichtet ist.

Machen wir eine kleine Ablenkung: Es gibt, schematisch verkürzt ausgesprochen, den Gegensatz von Vorstellungen zweier Grundhaltungen. Einerseits: Was Menschen tun, geschieht durch Personen – nicht etwa durch Tiere, durch Lebewesen, die auch etwas tun, die auch sogar miteinander kooperieren aus anderen Gründen –, was Menschen tun, geschieht durch Personen. Verschleiert sich das, dass alles, was Menschen tun, durch Personen geschieht, so geraten wir in einen scheinbaren Schlafzustand des selbstvergessenen Menschen. Der Einzelne wird dann aus diesem Zustande wach, kommt zum Bewusstsein seiner selbst als möglicher Freiheit und Verantwortung eben dadurch, dass die Chiffer der Transzendenz die persönliche Gottheit wird. In dem Maße, als er der persönlichen Verantwortung und Freiheit seines Wesens im Unterschied von allem, was in der Welt sonst vorkommt, bewusst wird, ist der Widerhall oder der Ursprung die persönliche Gottheit. Eins nicht ohne das andere.

Die andere Vorstellung ist folgende: Es geschieht etwas mit den Menschen durch anonyme Kräfte und Mächte, etwa durch Gesellschaftszustände, durch Staatsordnungen, durch Zufälle, nach soziologischen Gesetzen und so fort. Dadurch werden Menschen geprägt und durch eine vermeintliche Wissenschaft erkannt als Produkte dieser Umstände und Bedingungen. Es werden Verfassungen, innere Verfassungen der menschlichen Seele, Denkweisen hervorgebracht, und der Mensch meint, es beobachten zu können und festzustellen, wie der Mensch aus diesen Bedingungen hervorgeht. Der Mensch als Einzelner ist dann nur Exponent unpersönlicher Ereignisse. Oder er ist, etwa bei Hegel, Mittel, Werkzeug des Weltgeistes; oder er ist ein Mittel der Geschichte, er ist im dialektischen Weltprozess jeweils eine Funktion und ist erschöpft mit dieser Funktion. Und schließlich verwandelt diese Vorstellung den Menschen in Funktionen an Maschinen, die die Menschen selbst hervorgebracht haben, vom technischen Betrieb bis zur Herrschaftsorganisation, die im Totalitären vollendet wird. Die Menschen haben etwas hervorgebracht, wodurch sie sich gleichsam gefangen geben in ihr Hervorgebrachtes, und indem sie in diesem Hervorgebrachten der Technik von dem industriellen Betrieb bis zur Staatsordnung ihre Funktion erfüllen, im ständigen Betriebe sind und tätig, kommen sie in den Schlafzustand der Selbstvergessenheit trotz allen Bewusstseins.

Ich sage, das sind schematisch zwei Vorstellungen vom Menschen. Beide haben, als bloße Maßstäbe genommen, das Unheimliche, dass in beiden Wahrheit steckt; dass aber das zweite unmöglich sei, nämlich dass der Mensch aufhöre, Mensch zu sein, das kann zwar niemand beweisen; aber aus der Vergewisserung des Umgreifenden, das wir sind, und worin wir in der Subjekt-Objekt-Spaltung erkennen, denken, unsere Gefangenschaft bemerken und überschreiten, aus diesem Grundbewusstsein, das wir philosophisch entwickeln, ich wiederhole: nicht beweisen, ist der Glaube unerschütterlich, dass der Mensch zwar getötet werden kann, leiblich, und dass das Menschengeschlecht aufhören kann, da zu sein, dass aber, wenn Menschen leben, es nur so aussehen kann, als ob sie in der Gefangenschaft ihrer Funktionen aufgehen.

Mag es noch so sehr aussehen, als ob es so sei, wenn die Techniken und die Formen und die Vorstellungen verabsolutiert werden, immer wieder wird die Möglichkeit sein, dass der Mensch als Mensch durchbricht, wenn er nur lebt. Ich sage das nicht als eine Behauptung, die sich beweisen lässt, sondern als das Fundament des menschlichen Bewusstseins, das am stärksten in der Beziehung des Menschen zur Chiffer der persönlichen Gottheit entstanden ist. Denn dann wird die Vorstellung weiterentwickelt so und zugleich als Wirklichkeit nicht wissenschaftlich beobachtet, aber in Kommunikation gespürt, dass der Mensch sein Leben mit einer Gottheit führt, mag er den Namen brauchen oder nicht, mit dem verborgenen Gott, dem schweigenden Gott, als das denkende Leben, das er führt. Und dass er in diesem denkenden Leben, in diesem Umgang in Frage und Trotz, im Sich-Beugen und der Hingabe vor dem anscheinend Unausweichlichen und in den Erschütterungen durch das, was ihm mit menschlicher Vernunft unmöglich scheint, Erschütterungen, die sonst schnell als bloßer Schrecken, von denen, die sie überleben, vergessen werden, diese Erschütterungen, die sich einprägen, die eindringen in das Innerste, sind die Momente jenes Umgangs, in dem der Mensch er selbst, persönlich wird, dadurch, dass er diesen Umgang – wie immer – mit der Transzendenz und der Chiffer der persönlichen Gottheit vollzieht.

Wenn ich so spreche, rede ich in allgemeinen Kategorien. Nun ist aber die persönliche Gottheit, allgemein aufgefasst als eine Kategorie, natürlich niemals als Begriff der Person der Gott, mit dem ein Mensch als Chiffer umgeht. Vielmehr ist jede Chiffer aus der Überlieferung von der frühsten Kindheit an durch die Geschichte hindurch als geschichtliche da.

Wir kommen nicht zur Gottheit in der persönlichen Chiffer durch Erfindung irgendwelcher persönlichen Gottesfiguren, sondern was als persönliche Gottheit zum abendländischen Menschen spricht, das ist eben nur möglich – wenn es die einzige Macht und Wirkungskraft erreichen soll, sie mit Innigkeit erreichen soll, die das Vertrauen zur Folge hat im Sichhinwenden zur Gottheit noch in der Verzweiflung der Unmöglichkeit –, das ist, wie ich wiederhole, in der Tat nur dann, wenn wir nicht in einem allgemeinen Begriff, sondern in der geschichtlichen Überlieferung den Umgang durch die Chiffer der persönlichen Gottheit mit der Transzendenz gewinnen.

Nun sind diese Überlieferungen in vielen Gestalten. Die persönlichen Götter in Indien und China können wir wohl verstehen, wir können gleichsam verstehend mitfühlen, aber sie ergreifen uns nicht. Viel besser schon glauben wir zu verstehen die alten griechischen Götter. Sie sind uns näher, aber sie sind nicht das Ergreifende für uns, das sie einst für die Griechen waren. Tatsächlich ist in unserer abendländischen Welt die Chiffer der persönlichen Gottheit nur aufgrund der Bibel wirkungsmächtig. Das hat man auf sehr einfache Weise ausgesprochen, und ich wiederhole es: Es ist nicht ein allgemeiner Begriffsgott, sondern es ist der Gott Abrahams, der einst zu dem Patriarchen spricht, ihm Weisungen gibt und Verheißungen und den er fragen kann, mit dem er umgeht, etwa bei der Frage der wenigen Gerechten in Sodom und Gomorra und in so vielen andern Zusammenhängen, den Besuch der Gottheit durch die drei Engel im Haine Mamre empfängt –, all das, was wir als Kinder, eben zum Bewusstsein erwachend, als die biblischen Geschichten hören, und was sich dem Abendländer einprägt und dem Inder so fern ist wie uns die indischen Gottheiten. Es ist weiter der Gott Jakobs, der nun ganz anders noch mit der Gottheit zu ringen beginnt; es ist der Gott, der Moses auf dem Sinai erschien, oder der des Jesajas und des Jeremias. Ich fahre dabei gar nicht fort. Es ist der Gott, der zürnt und der barmherzig ist, der liebt, aber unerbittliche Forderungen stellt und straft, der die Geschichte lenkt und dies alles in immer anderen Bildern und Leitfäden, die in der Bibel vorkommen und die dem Abendländer sich einprägen. Aber schon die Mannigfaltigkeit solcher Bilder zeigt die überwältigende Unbestimmtheit im Ganzen, sozusagen die gestaltlose Gestalt Gottes. Das Volk, das Moses auf den Sinai gehen lässt, weiß: Der Mensch darf Gott nicht sehen, denn er stürbe auf der Stelle, und Moses sieht Gott nur von hinten, Jesajas nur seine Füße. Das sind lauter Chiffern, die das überwältigend Unbestimmte, Ungreifbare im doch Greiflichen zu zeigen scheinen. Oder Gott erscheint im brennenden Dornbusch oder im leisen Rauschen des Windes durch die Bäume und wer weiß, in wie vielen andern Formen. Das Unbegreifliche der Gottheit, die in keiner dieser Weisen wirklich gefasst wird, sondern in diesen Erscheinungen zugleich verborgen bleibt, kommt nun wiederum zum Ausdruck im Alten Testament in den berühmten Sätzen, etwa »Ich bin, der ich bin«, eine Chiffer, in der er es ausspricht, dass nichts weiter übrig bleibt, und für den Menschen wiederum die Chiffer des Namens, und die Namen sind wieder viele. Dieser Gott tritt auf in der Tat als Person, als Gesetzgeber, als Partner im Bunde, als vorsehender Lenker der Geschichte. Seine Entschlüsse werden sichtbar; aber was er eigentlich für Entschlüsse fasst, weiß der glaubende Mensch nie, sondern nur im konkreten Augenblick der geschichtlichen Momentaneität glaubt er es zu wissen, abtrünnig zu sein, zu folgen, und kann das Vertrauen haben. Und die Chiffer des persönlichen Gottes hat hier überall trotz jenes schon Übertreffens doch den Charakter eines leibhaftigen, persönlichen Gottes, der sich irgendwo aufhält, kommt und geht, seinen Wohnsitz hat, auf dem Sinai oder im Himmel. Und nur in dieser leibhaftigen Form hat er in der Tat durch die Geschichte des Abendlandes die außerordentliche Wirkung gehabt.

Ist diese Wirkung der Transzendenz noch möglich, so ist die Frage, wenn der persönliche Gott, wie es heißt, *nur* eine Chiffer ist? Wenn der philosophische Gedanke, der mit der Chiffer, sozusagen in einer Welt, in der Denken, Realitätswissen einen gewaltigen Umfang angenommen hat, in der die Leibhaftigkeit einfach für einen wissenden Menschen nicht zu halten ist, ist diese Wirkungskraft des persönlichen Gottes in der Chiffer noch zu bewahren? Oder wird sie verschwinden? Philosophisch würde ich überzeugt sein, dass die Reinheit der Chiffer wahrer ist als die Leibhaftigkeit und dass die Wirkungskraft nur ehrlicher werden kann, ungetäuscht, nicht getäuscht durch die Leibhaftigkeit von unmittelbar drohenden oder für die spätere Zukunft in Aussicht gestellten Schrecken, durch die Hölle und wer weiß was sonst. Wenn rein aus der Chiffernsprache, ohne Leibhaftigkeit in dieser Welt zu verlangen, die Gottheit der Transzendenz spricht, dann kommt der Mensch ohne Täuschung zu sich selbst. Dann wird er nicht verwechseln die Angst vor einem in der Welt geschickten Unheil mit der ganz anderen, philosophisch-metaphysischen Angst vor dem Versäumen der Wirklichkeit der Existenz, des Lieben-könnens und so fort.

Nun war aber, wie ich sagte, durch die Geschichte Gott leibhaftig. Und heute, oder seit Jahrhunderten, vielleicht schon viel länger, ist es in vielen Menschen so, dass entweder Gott verschwindet oder die Chiffer und die Fülle der Chiffern das Verbindungsmittel sind für den endlichen Menschen mit der unfasslichen, unendlichen Transzendenz. Solange etwa der leibhaftige, persönliche Gott unbezweifelt, sagen wir, das Leben eines Kindes begleitet, was erst nachher als diese wunderbare Naivität im Rückblick erkannt werden kann, als diese wundersame Geborgenheit, und eines Tages stellt das Kind sich die Frage, ob dieser persönliche Gott denn auch wirklich da ist, und dann, mit dem Zweifel, ist sofort der Zweifel an der Gottheit überhaupt da. Die persönliche Chiffer der Persönlichkeit, in Zweifel gezogen als Realität, hat die keineswegs notwendige Folge des In-Zweifel-Ziehens der Transzendenz. Aber dieser Schritt des erwachenden, reflektierenden Bewusstseins im Kinde führt vielleicht in eine Verzweiflung, als ob etwas Unerhörtes verloren sei, worauf doch alles ankommt, und so ein Kind ruft vielleicht den Kameraden zu: »Wie könnt ihr noch leben, wenn Gott nicht ist? Ihr spielt ja ganz gedankenlos!«, und spielt alsbald selber umso intensiver mit den andern Kindern mit.

Noch einmal: Hängt die Frage, ob Gott sei, ob Transzendenz sei, ob alles, was Menschen tun, letzthin in seiner Wesentlichkeit bestimmt ist, wie die menschliche Existenz auf Transzendenz sich bezieht: Ist das daran gebunden, dass ein leibhaftiger persönlicher Gott da ist und als Realität in der Welt sozusagen geglaubt werden muss?

Wenn der persönliche Gott nicht da ist; wenn das Schweigen bedeutet, dass nicht etwa jemand schweigt, der auch reden könnte und reden wird, sondern wenn dieses Schweigen zur Transzendenz überhaupt gehört; wenn das Sprechen durch die Chiffern notwendig vieldeutig bleibt; wenn diese Chiffern zwar eine ungemein ernste Sprache führen, aber niemals leibhaftig greifbar das sind, was der sinnlich endliche Mensch, was wir alle haben möchten, um sicher zu sein: Ist dann das Ende des Gottesglaubens oder vielmehr umgekehrt der Anfang der Reinheit des Glaubens, der vollkommenen Reinheit des Glaubens an die Transzendenz?

Es ist in der Tat ein ungemein harter Anspruch, verglichen mit jener wundersamen Geborgenheit: Der Anspruch, durch die Chiffer der Persönlichkeit der Gottheit zu dem zu gelangen, was in Wirklichkeit *mehr* als Persönlichkeit, *Grund* der Persönlichkeit des Menschen, selber aber *nicht* ursprünglich und ganz und gar nichts als Persönlichkeit ist. Wo unser Denken aufhört, wohin wir denken und das wir als Gegenstand nie fassen – das nächste Mal wird darüber noch die Rede sein.

Dann würde, wenn dieser harte Anspruch erfüllt wird, auf Leibhaftigkeit zu verzichten, auf die Garantie durch Handgreiflichkeit der Offenbarung zu verzichten, umso reiner die existentielle Beziehung zum Grunde dessen, wodurch wir uns geschenkt werden und frei sein können, [...][8] dann ist das Vertrauen da, oder kann da sein, das der Leibhaftigkeit der persönlichen Gottheit zu entbehren vermag und durch die Chiffer spürt, worauf es ankommt. Chiffern, in denen wir allerdings immer wiederholen müssen, die uns – paradox gesprochen – enthüllen, Sprache einer Wirklichkeit sind, indem sie zugleich verbergen, weil ihre Sprache nicht endgültig ist, weil ihre Sprache vieldeutig ist, weil unser eigenes freies Tun immer noch entscheiden muss, und schließlich, weil das Maß, in dem wir wirklich wir selbst werden, persönlich werden, den Rang menschlicher Möglichkeiten erklimmen, in dem Maße, als wir in der Transzendenz unsere Vorstellungen und Chiffern entwickeln und in Chiffern verwerfen, die uns sozusagen, wie ich vorhin sagte, mit einem Schlage zu uns gehörig, uns in unserem persönlichen Selbstsein und Freiheit möglich machen. – Soweit über die Chiffer des persönlichen Gottes.

Und nun die letzte Chiffer: »Gott ist Mensch geworden.« In der Vorstellung des persönlichen Gottes blieb Gott, wie auch immer, in der großen Mannigfaltigkeit der Bilder verborgen. Wenn aber Gott Mensch wird, wenn er in einem Menschen inkarniert ist, wie es bei Indern, Griechen, Christen geglaubt wurde, dann ist doch die Realität einer menschlichen Persönlichkeit, die Gottes Inkarnation ist, die Leibhaftigkeit Gottes selber. Nun ist die Inkarnation Gottes in Jesus zwar, so wie ich eben redete, der Fall eines Typus, aber in der Tat doch sehr verschieden und wie jeder andere, geschichtlich einmalig und bei Jesus so radikal verschieden in der Einmaligkeit, dass man auf folgende Weise formulieren muss: Durch die Inkarnation des christlichen Glaubens, Gottes in Jesus, findet nicht irgendeine Inkarnation eines Gottes, sondern die Inkarnation *des* einen Gottes statt. Weil Gott nur einer ist, findet aber auch nur eine einmalige Inkarnation statt, nicht wie in Indien wiederholt. Und schließlich ist die Inkarnation – sonst eine Vorstellung, vielfach verbreitet – immer wieder dort durch Menschenvergötterung lokal gleichsam wirklich geworden, hier dagegen ist Jesus der historisch wirkliche Mensch, dieser eine Mensch, den man von außen historisch kennt und der durch römische Überlieferung, nicht nur durch biblische, da ist, ist dieser eine Mensch Jesus als Realität die Inkarnation Gottes für diesen Glauben. Er ist, mit andern Worten, ganz realer Mensch und ganz Gott, etwas, was aus keiner Spekulation philosophisch entwickelt wird oder vorher philosophisch entwickelt worden wäre und nun wirklich eingetreten wäre, sondern etwas, was ein sozusagen ins Gesicht schlagendes Ereignis war für die, die daran glaubten, und die nun sehen, was alle sehen: Jesus wurde gekreuzigt. Der Glaubende sieht, dass Gott gekreuzigt wurde, weil er als Mensch das maßlose Leiden bis zum Äußersten auf sich nahm, und der Glaubende sieht den auferstandenen leibhaftigen Christus, bezeugt durch die, die ihn gesehen und gesprochen und gar getastet haben und der zu ihnen, auferstanden, noch weitersprach. Das rückt für den christlichen Glauben in eine Linie die nicht zu bezweifelnde Realität Golgathas und die andere Realität der Auferstehung, [...][9] die für jeden Nichtglaubenden ohne weiteres als nichtexistent gelten muss, da das in dem Zusammenhang endlicher Dinge, lebendigen Geschehens nicht möglich ist.

Der Drang nach Leibhaftigkeit, den wir alle haben – in allen Menschen steckt so etwas: »Wie herrlich, wenn doch Gott selber da wäre. Dann wäre alles in Ordnung!« –, dieser Drang zum Leibhaftigen ist hier zum Teil tief befriedigt: Gott ist selber da gewesen. Dass dieser Drang zur Leibhaftigkeit Gottes gleichzeitig bedeutet, dass der Mensch eigentlich nicht mehr Mensch sein möchte, dass er das Ungeheure, das auf ihn gelegt ist mit seiner Freiheit und seinem Wagnis und seinem Nichtwissen auf seinem Wege, den er aufs Ende hin nicht kennt, dass er von all dem loskommen möchte, was ihm als Mensch auferlegt ist, um die Leibhaftigkeit der Gottheit zu besitzen, was nun alles in Ordnung bringt. Ich sage: Das ist durch diesen christlichen Glauben in der Leibhaftigkeit der Inkarnation greifbar in der Tat geworden.

Es ist der Glaube der Apostel und, aufgrund des Zeugnisses der Apostel, der Glaube der Christen, die den Aposteln gefolgt sind. Es fragt sich, ob Jesus selber damit etwas zu tun hat. Das ist zum Teil Sache einer historischen Forschung; die historische Forschung aber bleibt in jeder Beziehung ungewiss. Man kann nie endgültig feststellen, sondern in der historischen Forschung erwachsen uns die Bilder von Realitäten, die wahrscheinlich sind. Und in diesem Bild der Realitäten, die wahrscheinlich sind, hat Jesus nie gesagt, dass er Gottes Sohn, selber Gott sei. Das lässt ihn Johannes, der Evangelist, sagen, die Synoptiker nicht. Dass er es gesagt hat, ist, gemessen an dem, was er sonst gesagt und getan hat, nicht recht begreiflich. Aber ich spreche jetzt nicht von Jesus, von diesem einzig großen Juden, dem letzten der Propheten, für uns unumgänglich; ich spreche jetzt von Christus, dem Christus-

Glauben. Und was das bedeutet, ist so ungeheuerlich, dass man sich immer wieder scheut, allzu einfach und schnell zu urteilen. Stattdessen will ich nur ein einziges Dokument Ihnen zeigen, das unserem Zeitalter angehört, eine Äußerung Kierkegaards, die in mannigfachen Formen bei ihm vorkommt, und die ich wähle aus dem Pseudonym H. H. Dort lässt Kierkegaard so sagen: »Jesus sagte selbst, dass er Gott sei. Das ist genug. Hier, wenn irgendwo und irgendwie, gilt es auch absolut. Entweder – oder. Entweder anbetend niederfallen, oder mit dabei sein, ihn totzuschlagen. Oder ein Unmensch sein, in welchem keine Menschlichkeit ist, der nicht einmal aufgebracht werden kann, wenn ein Mensch für Gott sich ausgeben will.«

Also drei Möglichkeiten sieht Kierkegaard. Indem ich sie erörtere, spreche ich sozusagen aus dem philosophischen Glauben und lasse mich nicht niederschlagen durch solche Formeln, die durch die Geschichte der Theologie uns als eine überwältigende Flut fast niederschlagen. Nun. Man denkt philosophierend etwa so, wie ich eben schon andeutete: Jesus hat nie gesagt, dass er Gott sei. Johannes hat es ihn sagen lassen. Dass er Gott sei, das ist entsprungen für uns aus jenem Drange nach Leibhaftigkeit, nach Befreiung, die wir respektieren, aber uns philosophisch nicht zu eigen machen, weil wir sehen, es ist in der Tat den Menschen versagt. Das Entweder-Oder, das Kierkegaard aufstellt, die zweite Möglichkeit, ist bei Kierkegaard selbst ja offenbar keine absolute Alternative; denn es bleibt die dritte Möglichkeit, dass der Mensch – in Kierkegaards Ausdrucksweise – ein Unmensch sei. Als Unmensch wird angesprochen, wer, wie wir, nicht an dem teilnimmt, was der Glaube an die Inkarnation leibhaftig bedeutet. Ein Unmensch ist, in dieser dritten Möglichkeit Kierkegaards, wer aus der Vernunft philosophischen Glaubens, auf sie gegründet, eigentlich menschlich, in der ganzen Fragwürdigkeit der Last und der Schwierigkeit und der Herrlichkeit des Menschen zu leben meint oder leben zu können meint. Sondern für diesen Unmenschen ist jemand, der sagt, er sei Gott, was Jesus nicht gesagt hat, er ist wahnsinnig und nicht etwa Gegenstand einer Empörung, sondern Gegenstand der Fürsorge. Aber die zweite Möglichkeit, die Kierkegaard ausführte, ist eine unheimliche. Kierkegaard sagt: »mit dabei sein, ihn totzuschlagen«. – Hier fragen wir uns unwillkürlich: Ist von Kierkegaard nicht eine Chiffer hier erörtert worden, von der man sagen muss, sie gehört, sie spricht aus eine der unheimlichen Grundbedingungen menschlichen Daseins: Nämlich, dass wir ständig dabei sind, die Wahrheit totzuschlagen? Dass wir ständig uns selbst und anderen verschleiern und bei allem Mühen darum nicht wissen, nicht aus und ein wissen, wo denn die Wahrheit ist, und uns selber darauf ertappen, wie wir sie immer wieder totschlagen? Ist hier, so ist die Frage an Kierkegaard, von ihm nicht ganz recht beobachtet, dass hier in der Geschichte, unter den Juden, einmal so ein Mensch erstanden ist, der die Chiffer selber, die Chiffer dafür ist, dass die vollkommene Wahrheit, wenn sie möchte in der Welt sich durchzusetzen, totgeschlagen wird, und dass wir alle in Kierkegaards Sinne in irgendeinem Undurchdringlichen, Nichtdurchschauten entweder dabei sind oder dabei sein können? Und nun sicher wissen, wie weit wir heraus sind.

Sechste Vorlesung

Meine Damen und Herren

Ich habe das vorige Mal Ihnen drei Grundchiffern der Gottheit vergegenwärtigt: der eine Gott, der persönliche Gott und der Mensch gewordene Gott. Keine dieser Chiffern ist ohne Denken hörbar. Unsere Vergegenwärtigung selber war immer schon Denken. Aber nun setzt sich dieses Denken fort, über die Weise, wie wir es bisher getan haben, weit hinaus. Es möchte nämlich in der Klärung des Unerkennbaren, das in gegenständlicher Erkenntnis doch unzugänglich ist, etwas wie Glaubenserkenntnis entfalten, sei diese philosophischen oder theologischen Charakters, und dann erwächst mit dem Denken im Weiterfragen die Verzweigung der Chiffern, Antworten, die sich bei den Fragen in neuen Chiffern ergeben und sich erweitern in einer Spekulation, in der Begriffe selber zu Chiffern werden.

Der Reichtum der Chiffern, die Kraft und Wirksamkeit der großen Chiffern zeigt sich verborgen in solchen Denkbewegungen, die immer zugleich die Tendenz haben, abzugleiten in bloße, beliebige Spekulationen, in ein Operieren mit Begriffsmarken, hinter denen gar kein Gehalt mehr steckt. Bei solchem Denken, von dem ich Ihnen heute ein Beispiel vorführen möchte, bei all solchem Denken, denken wir stets in Kategorien: Sein, Nichts, Substanz, Realität, Kausalität, Grund, Folge und so weiter. Ohne solche Kategorien können wir gar nicht denken. Im Spekulieren aber möchten wir mit dem Denken in Kategorien über die Kategorien hinaus gelangen in das Ungegenständliche. Es ist völlig unmöglich für uns, von diesem Ungegenständlichen, Eigentlichen der Transzendenz und der Existenz so zu sprechen, dass sie in den Kategorien und Namen angemessen getroffen werden können. Immer sind es, wie wir es auch einfangen, sofort wieder die Bestimmungen durch solche Kategorien, ob nun von Grund oder Ursprung oder Transzendenz oder Existenz die Rede ist, ob die Stoa von Notwendigkeit und Vorsehung spricht, ob Plato von dem Jenseits alles Seins – ἐπέκεινα τῆς οὐσίας – redet, ob Plotin von dem Einen, ob Spinoza von der Substanz oder Hegel vom absoluten Geist und so fort fast ins Endlose: Immer wird das, was man nicht in Kategorien fassen kann, mithilfe von Kategorien – sozusagen über die Kategorien hinaus springend – den Sinn der Kategorien zu verwandeln hoffend – berührt.

Hegel hat in seiner *Logico-Metaphysik*, wie dieses Werk lautet, in einer bisher unüberbotenen Weise die Gesamtheit der Kategorien unseres Denkens systematisch zu ordnen, aus sich selber zu entwickeln versucht, und zwar in dem Sinne, dass er zeigt, dass alle Gruppen dieser Kategorien (und er zeigt auch, welche Kategorien in diesen Gruppen nicht geeignet waren) irgendwann zum Ausdruck des Absoluten in der Geschichte der Philosophie und Theologie geworden sind. Indem Hegel uns das vormacht, wie alle diese Kategorien einst benutzt worden sind, und er jeder dieser Benutzungen ein relatives Recht beimisst und keiner ein absolutes, erfahren wir gleichsam eine Befreiung. Wir rutschen nicht mehr herein in die Verabsolutierung einzelner Kategorien. Aber mit der Befreiung durch Hegel ist etwas anderes, Wunderliches verknüpft; denn Hegel meint nun, dass die Gesamtheit dieser Kategorien, die er die Gedanken Gottes vor der Schöpfung nennt, in ihrer Gesamtheit das geeignete Mittel sind, um das Wesen Gottes zu treffen, und zwar so, dass Hegel überzeugt ist, dass er weiß, was Gott ist, dass er mit diesem Grundgedanken zwar die Übertölpelung durch einzelne Kategorien überwindet, aber um sich umso entschiedener in die Fesseln der Gesamtheit der Kategorien zu begeben, mit dem Sinne, wie er sich ausdrückt, dem Mut der Wahrheit sei nichts verschlossen. Und mit der Gesamtheit der Kategorien ist er in die Gottheit selber eingedrungen, hat sie begriffen als ihr Denken der Gottheit in den Gedanken vor der Schöpfung; denn die Kategorien müssen ja noch durch die Wirklichkeit erfüllt werden, was in der Schöpfung erst geschieht.

Um Ihnen an einem Beispiel zu zeigen, wie wir immer, wenn wir durch Denken klar werden wollen, unvermeidlich hineingeraten in die Fesseln der Kategorien, die uns bezwingen, um das zu zeigen, wähle ich ein Beispiel: Der sogenannte Dualismus und Monismus, eine Ausdrucksweise des Kampfes, bei dem etwa gemeint wird, wenn von Gott und Welt geredet würde, so sei das dualistisch, der Monismus aber habe den Vorzug, es müsse das Eine sein, was das absolut Wirkliche sei, wogegen dann der Monismus sich wendet, indem er eine Gedankenform entwickelt, in der er den Dualismus sich unterordnet, aber ihn auch nicht vermeiden kann.

Worauf beruht das? Manche Kategorien haben einen partikularen Charakter und kommen nur in gewissen Bereichen unseres Denkens vor. Das, wovon wir hier reden, Monismus und Dualismus, bezieht sich aber auf eine Denkform, die jeden Augenblick, wenn wir denken, gegenwärtig ist. Nämlich: Wenn wir überhaupt denken, müssen wir unterscheiden. Wir können nicht denken, ohne uns dem gedachten Gegenstand gegenüberzustellen. Wir unterscheiden zwischen Subjekt und Objekt. Und wir können keinen Gegenstand, kein Objekt denken, ohne das gedachte Objekt von anderen zu unterscheiden. Ein ununterschiedener Gegenstand ist für uns noch nicht gedacht. Dieses Unausweichliche der doppelten Spaltung, dass Gegenstand mit anderem Gegenstand und dass wir dem Gegenstand gegenüberstehen, das ist die unentrinnbare Form allen Denkens, wobei der menschliche Kopf den Versuch macht, diese Unentrinnbarkeit nicht nur zu durchschauen, sondern im Denken selber vielleicht zu überwinden. Aber er kann es nur, wenn er, zunächst jedenfalls, anerkennt, dass jeder ausgesagte Gedanke, jeder Satz als solcher an dieses Unterscheiden gebunden ist. Wenn wir nun das auf unsern Fall, nein, es ist nicht ein Fall, auf unsere Erörterungen anwenden, die wir beim Bösen machten, und die wir, als wir von der Transzendenz oder Gottheit sprachen, wiederholten, nämlich, dass immer die Dualität ist: Beim Bösen wurden das Wahre und Falsche, das Gute und Böse, objektiviert zu Mächten und auf irgendeine Weise dann Gott und der Teufel gegenübergestellt, zwei ursprünglich verschiedene, im Kampf miteinander befindliche Mächte, wie Zarathustra sie zunächst mit unüberbotenem, entschiedenstem Dualismus gedacht hat, wie sonst die Gnostiker und die Manichäer dachten und wie es im christlichen Glauben überall wiederkehrt, de facto sogar so weitgehend, dass im siebzehnten Jahrhundert es vorkam, dass Menschen, die nicht an den Teufel glaubten, als ungläubig verurteilt wurden. Gott und der Teufel spielen im christlichen Denken, mit ungemein klugen methodischen Überlegungen zwar irgendwie rückgängig gemacht, aber de facto in der Praxis dieselbe entscheidende Rolle.

Dieser Dualismus zweier Mächte ist sozusagen das Korrespondierende dem, dass wir selber als Menschen in der Entscheidung des Entweder-Oder, in unserem Entschlusse stehen, immer wieder, und dass diese Entscheidung bedeutet für unser Bewusstsein den allerhöchsten Ernst. Ich sage: Das korrespondiert. In den Chiffern von Gott und Teufel werden solche Mächte angeschaut. Die existentielle Wirklichkeit ist an diese Chiffern nicht unbedingt gebunden.

Wenn wir nun, in der Gefangenschaft unseres Denkens in das Unterscheiden-Müssen, wenn wir überhaupt denken, reden von dem einen Gott, so ist es unausweichlich, dass, was ich eben sagte, so auftritt: Der eine Gott wird befragt, woher das Andere? Antworten sind gegeben, zahlreich, zum Beispiel: In Gott selber liege ein Ungrund, den er überwältigt, aber in sich birgt, und aus dem Ungrund in Gott kommen die Erscheinungen in der Welt, die wir als so wenig göttlich zunächst anzusprechen geneigt sind, die wir aber begreifen. Das sind Jakob Böhme'sche Gedanken gnostischen Charakters, uralt, bei ihm wiederauferstehend. Oder: Es wird angenommen, dass Gott ursprünglich Geister geschaffen hat, nicht nur die Welt, und die Geister so geschaffen hat, dass sie frei sind, dem Gotte zu folgen, seiner Herrlichkeit, sich sehend zu unterwerfen, oder sich gegen ihn zu wenden. Und die gnostischen Gedanken haben dann gemeint, einer dieser Geister habe selber Gott sein wollen, revoltierte gegen Gott, wurde dann selber der Weltschöpfer gar, gegen Gott, und wie die kombinierten wunderlichen Gedanken dann alle lauten müssen.

Wenn wir uns, so wie ich es eben meine, besinnen, so haben wir also zweierlei jeweils uns zu vergegenwärtigen: Die unerlässlichen Denkformen; wenn wir von etwas reden wollen, müssen wir unterscheiden und Gegensätze sehen, und die Gehalte, die etwa in diesen unvermeidlichen Denkformen sprechen und die wir nicht beurteilen nach logischen Prinzipien, sondern nach ihrem existentiellen Gehalt, wie sie zu uns sprechen, was sie uns sagen.

Nun haben wir, wie selbstverständlich, in vorigen Stunden gesprochen von Existenz und Transzendenz, und zwar an dem entscheidenden Punkte: Wir werden uns der Gottheit, der Transzendenz, nicht dadurch gewiss, dass wir die Natur und die Welt anschauen. Sondern der entscheidende Punkt ist der unserer Freiheit: Der Punkt in uns, wo wir uns nicht begreifen aus der Welt – ich habe es Ihnen früher vorgetragen –, wo wir uns geschenkt werden in der Möglichkeit unserer Freiheit und sie nur besitzen in Bezug auf den Grund, durch den wir uns geschenkt werden und den wir nicht kennen; nur dass wir merken: Wir können uns ausbleiben, unsere Freiheit ist nicht durch uns selbst, sondern unsere Freiheit selber unterliegt dem Satze, der von unserem Dasein überhaupt gilt: »Wir haben uns nicht selbst geschaffen.«

Wenn nun dieser Ursprung, in dem die Transzendenz sozusagen durch Erfahrung des Freiseins, der Verantwortung, des Entweder-Oder wie selbstverständlich ist, wenn wir nicht im Leeren hängen wollen und die Freiheit selber preisgeben, wenn das so ist, dann wird im Denken jenes getan, was unfehlbar und doch irrig scheint, dass Gott und Welt gegenübergestellt werden: Zwei; dass also das Verhältnis zweier Welten zueinander gemeint wird in dem, was man dann gerne auch nennt Zweiweltentheorie. Das ist ein offenbarer Irrweg; denn der Gedanke der Transzendenz meint in dem Ursprung, wo er auftaucht, nicht ein zweites Sein, nicht ein anderes Sein, nicht etwas, was sozusagen anzuschauen wäre von außen – ich stelle mir einen utopischen archimedischen Punkt vor, von dem her ich sehe: Da ist die Welt und da ist Gott, es sind zwei. Davon kann gar keine Rede sein, weil es diesen utopischen Punkt nicht gibt. Wir sind darin, und wo wir den Ursprung unserer Freiheit spüren, haben wir schlechthin gar keinen Gegenstand vor uns, wie wir in der Welt alles in Gegenständen vor uns haben. Wir haben nicht eine zweite Welt, wir haben überhaupt nicht ein zweites Sein, das wir neben ein anderes Sein stellen können, sondern wir haben nur die ursprüngliche Beziehung unseres Freiheitsbewusstseins auf Transzendenz. Und wenn wir so reden, haben wir in dem Worte »Beziehung« schon wieder eine Kategorie eingeführt, die uns verführen kann, das zu einem Wissen in aussagbaren Sätzen zu machen, während auch das Wort »Beziehung« als Kategorie nur benutzt wird, um auf irgendeine Weise mitteilbar zu machen, was gegenständlich fixiert nicht greifbar werden kann und darf.

Noch einmal: Der Bezugspunkt unserer Freiheit, durch den wir frei sind, ist selber, wenn er gedacht wird, sofort eingefangen in die Schlingen unserer Denkungsweise, an die wir gebunden sind mit unserem Verstand. Wenn ich das näher ausführe, dass wir so immerfort in Fesseln gegeben sind, so ist doch das Merkwürdige, dass wir das begreifen können. Indem wir es begreifen, brauchen wir uns nicht mehr täuschen lassen. Wir können zwar aus den Kategorien nicht heraus; aber wir wissen, dass wir darin sind, und wir sind nicht mehr Sklaven dieser Kategorien, sondern suchen nun eben das, was ich vorhin so nannte, mit den Kategorien aus diesem Gefängnis, wenigstens an der Grenze uns zu spüren und spekulativ, wie Philosophen und Theologen es immer gemeint haben, einen Blick über die Grenzen hinaus zu werfen.

Wenn ich Ihnen, ganz schematisch, schnell ein paar übliche Worte vorführe über das Verhältnis von Gott und Welt in der Weise dieses objektivierenden Denkens, dann sehen Sie sofort das Geklapper in solchem Denken. Man unterscheidet nämlich – die Worte sind Ihnen bekannt – den Pantheismus, das heißt: Die Welt in ihrer Ganzheit ist zugleich Gott. Alles ist Gott und Gott ist Alles, Pantheismus genannt. Dagegen steht der sogenannte Theismus: Der persönliche Gott steht der von ihm geschaffenen Welt gegenüber, lenkt sie und greift in sie ein. Er ist nicht Welt, er ist das ganz Andere. Oder man nennt Deismus: Gott ist außerhalb der Welt. Gott hat die Welt geschaffen, das Unbegreifliche, das wir nicht kennen, ist an der Grenze; aber Gott kümmert sich nicht mehr um die Welt, da er sie nach Ordnung und Gesetz geschaffen hat, auf die als seine Schöpfung er sich verlassen kann.

Oder man bietet an einen Kompromiss, der vielleicht die Sache auf einen Nenner bringt, nämlich das, was man Panentheismus genannt hat: Gott steht außerhalb der Welt, aber er wirkt und zeigt sich in allem Weltsein. Er ist darin. Er ist außerhalb und innerhalb zugleich. Das ist die sogenannte immanente Transzendenz.

Ich habe Ihnen das schnell vorgeführt, um Ihnen zu zeigen, wie schnell man solche Begriffe definieren kann, wie man klappert wie mit Spielmarken. Was steckt denn dahinter? Diese Weisen der Wissbarkeit führen alle irre. Wenn man wissen will, was in den Gedanken eigentlich gemeint ist, so ist es niemals der definitorische Inhalt, sondern die Gedankenbewegung, aus der heraus die Sprache erfolgt, wie wir es in der letzten Stunde in Ansätzen nur versucht haben.

Ich möchte dieses Geklapper möglichst nicht fortsetzen. Es ist endlos und geht durch die ganze Geschichte, wie durch die ganze Geschichte ebenfalls geht, wie ich meine, bis heute, dass in den spekulativen Gedanken, in wirklichem Ernst, so gedacht wird, dass mit den Gedanken wir selbst uns, wenn auch im Vortrag, im Lesen, im Schreiben, es immer nur ein Spiel ist, der Ernst ist in der Praxis, aber dieses Spiel schon kann ernst sein als Vorbereitung und Erinnerung. In diesem Sinne möchte ich Sie hinweisen auf einige Möglichkeiten, und zwar geschichtlich.

Die Persönlichkeit Gottes hat man zu denken versucht auf die einfache Weise: Gott ist wie die Menschen, nur mit Eigenschaften in das Allerhöchste gesteigert. Was der Mensch beschränkt ist und endlich, das ist Gott, aber unendlich. Diese Steigerung des Persönlichkeitsgedankens, den wir im Menschen kennen, zu Gottes Persönlichkeit, geht durch die Geschichte hindurch und ist noch wiederholt worden von Kant; von Kant, der ein solches Denken rechtfertigte als ein Denken nach Analogie, kein sonderliches Gewicht darauf legte, nur beiläufig davon sprach, nur wiederholend, indem er es nicht abtun wollte und nur rechtfertigen wollte in seinem begrenzten Sinne und dann endlich jetzt die berühmten Eigenschaften Gottes entwickelt,[10] und zwar schön, wie Kant so was zu machen pflegt, wie Gott allwissend ist, wie er Gesetzgeber ist der Natur sowie der moralischen Welt, und so fort, seine Ewigkeit, seine Allgegenwart. Ich entwickle den Zusammenhang nicht.

Gegen diese Vorstellungen der persönlichen Gottheit, die als Vorstellungen für den Menschen immerhin einen gewissen bewegenden Charakter hatten, wenn er das, was wir uns das vorige Mal als persönliche Gottheit [uns] vergegenwärtigten, sich im Denken deutlicher, anschaulicher machen wollte, gegen das ist der Einwand: Das ist ja alles Anthropomorphie. Und Feuerbach hat das in die Formel gebracht: »Nicht Gott hat den Menschen erschaffen, sondern der Mensch erschafft sich Gott, und zwar auf höchst verschiedene Weise, wie die Religionsgeschichte lehrt. Gott ist eine Schöpfung des menschlichen Geistes.« Auf diesen Einwand antwortet der biblische Glaube, in vielen Gestalten, folgendes: Der Mensch ist geschaffen nach dem Ebenbild der Gottheit. Der Mensch ist theomorph, wie man dann begrifflich wichtigtuerisch im Fremdwort sich ausdrückt. Und weil der Mensch nach Gott geschaffen, theomorph ist, ist er berechtigt, nunmehr das, wonach er geschaffen ist, aus sich sich vorzustellen. Die Anthropomorphie der menschlichen Gottesgedanken hat ihr Recht in der Theomorphie seines eigenen Geschaffenseins. Nun, so etwas mutet uns alles – ich weiß nicht, wie es Ihnen geht – nicht eingreifend an, sondern das sind liebenswürdige Gedanken, die nicht eigentlich sprechen in der Not, in den großen Entscheidungen unseres Daseins, die wir aber auch nicht ganz und gar verwerfen und missen wollen. Aber in dem persönlichen Gottesgedanken stecken nun Momente, die, zu Ende gedacht, von außerordentlicher Bedeutung sind, nämlich in dem Sinne, dass, wie oft gesagt worden ist, auch von Luther, »welchen Gott ich habe – die lutherische Formulierung habe ich nicht im Kopfe, – welchen Gott ich denke, dahin werde ich selbst«. Es ist nicht gleichgültig, welche Gottesvorstellung, die Gottesvorstellungen und die Menschen, die sie haben, gehören zusammen, keineswegs etwa in dem Sinne der Subjektivität, der Beliebigkeit. Sondern, was ich Ihnen hier nicht ausführen kann, wenn man sich vergegenwärtigt, dass alles in Subjekt-Objekt Gespaltene umgriffen ist von dem Ganzen, das darin gespalten ist, dann gehört immer eine Objektivität zu einer bestimmten Subjektivität und umgekehrt. Darum ist die Objektivität der Gottesvorstellungen bei den Menschen, die sie im Ernste haben, wirklich objektiv, und es gehört zu dieser Objektivität das Menschsein, und wir können von außen nie genügend, etwa psychologisch, feststellen, wie das vor sich geht.

Wenn die Gottesvorstellungen eine entscheidende Bedeutung gewinnen, und zwar dann in höchster Entscheidung, wenn es einen Gott gibt, wodurch die unerhörte Wirkungskraft der Bibel für das Abendland bis heute geschehen ist, dann ist die Frage nach der Allmacht des persönlichen Gottes, wie Sie wissen seit den ersten Vorlesungen *Über das Böse*, von zentraler Bedeutung.

Ich fürchte, ich habe Ihnen schon mal erzählt – ich riskiere, es zu wiederholen –: Als Ludwig Curtius, der große Archäologe und Humanist und katholisch-fromme Mann, in den Abruzzen wanderte mit einem Bauern, der ihm sein Leid erzählte und seine großen Nöte und was er für Sorgen habe, unterhielt sich dieser gute Mensch mit diesem Bauern, sprach alles durch und schließlich beim Abschied sagte er zu ihm: »Gott wird helfen«, worauf der Bauer antwortete: »Ja, wenn er kann.« Und Ludwig Curtius deutete mir das: Dort ist die alte antike Überlieferung noch wie selbstverständlich ohne Wissen gegenwärtig. Dieser Bauer weiß noch das, was der Grieche wusste, nämlich dass auch Zeus, der schließlich zum einzigen Gotte wurde bei den Philosophen, immer noch einem andern unterworfen ist, nämlich der Moira, die Moira, die keinen Kult hat, nicht angebetet wird, aber so ihr Dasein zeigt, dass Zeus und die Götter bei ihren Entschlüssen die Schicksalslose auf die Waage legen, um zu prüfen, was die Moira entscheidet. Diese Vorstellung der Moira, noch gegenwärtig in einem Bauern der Abruzzen und in manchen höchst ernsthaften Menschen, das bedeutet nicht, dass dieser Bauer skeptisch wäre, sondern dass in ihm in der einfachsten Form das Problem der Allmacht Gottes gegenwärtig ist. Nun ist diese Allmacht Gottes, die in der griechischen Welt immer beschränkt blieb, ist die Allmacht Gottes schon vom alten Christentum der ersten Jahrhunderte ein Problem ersten Ranges geworden. Etwa: Hieronymus, im vierten Jahrhundert, hat darüber nachgedacht – und, wie das dann geschieht bei solchem Nachdenken, sucht man in konkrete Dinge zu kommen, wird sehr verwickelt einerseits und sehr drastisch andererseits – also dieser Hieronymus hat gesagt: Gott könne zwar alles, aber er könne nicht einer gefallenen Jungfrau die Unschuld zurückgeben, sondern nur die Strafe erlassen. Diese Wendungen und dieses Beispiel, durch die Logik gehen ja fast immer dieselben Beispiele durch die Zeiten, hat im elften Jahrhundert wieder aufgegriffen Petrus Damiani, in einer Schrift über die göttliche Allmacht, tausendsiebenundsechzig. Diese ganze Schrift handelt nur von diesem Problem. Wenn man den mittelalterlichen Denkern manchmal vorwirft, sie seien kirchlich, dogmatisch, mildernd, scholastisch, sie wichen vor gewissen Grenzen aus, so haben wir jedenfalls bei Petrus Damiani ein Gegenbeispiel. Ein frommer Mönch, außerhalb der Welt lebend, aber leidenschaftlich affiziert von der Welt, zur Zeit Gregors des Siebten diesen Papst immerhin einen »heiligen Satan« nennend, dieser Petrus Damiani also ging auf das Problem der Allmacht ein. Wenn Gott bewirken konnte, sagt er, zunächst in seiner naiven Art, die nachher immer weniger naiv wird, wenn Gott bewirken konnte, dass eine Mutter sogar nach der Geburt ihres Sohnes, nämlich Maria, Jungfrau blieb, so wird er erst recht bewirken können, dass eine gefallene Frau, die noch gar nicht geboren hat, wiederum Jungfrau wird. Das ist nun zunächst einmal gläubig hingesagt. Aber die Frage wird von ihm alsbald grundsätzlich behandelt, und dabei kommt er zu Konsequenzen, die er mit einer unüberbietbaren Weise, das Absurdeste zu wagen, durchführt. Die Dialektiker – die Dialektiker hießen damals die für unfromm, unkirchlich und gefährlich gehaltenen Denker, die mit logischen Mitteln an die christlichen Dogmen herangingen und mit logischen Mitteln aufzuzeigen versuchten, wie das nicht stimmte – die Dialektiker, das waren für einen Mann wie Damiani die bösen Denker. Die Dialektiker aber, gegen die hat er sich gewehrt, Dialektiker haben gefragt: Kann Gott nicht nur Rom verschwinden lassen, sondern kann er auch bewirken, dass Rom, das schon existiert hat, niemals existiert hat? Die Antwort Damianis: Wenn die Unmöglichkeit, sagt er, des Änderkönnens seitens Gottes in Bezug auf die Vergangenheit behauptet wird, dann muss diese Unmöglichkeit auch für Gegenwart und Zukunft behauptet werden. Warum? Denn es ist nicht nur unmöglich, dass das Gewesene nicht gewesen ist, sondern auch, dass das Seiende nicht da ist, und dass das Zukünftige nicht da sein wird. Die Anwendung der Dialektik auf Gott mache gleicherweise Gott ohnmächtig für die Vergangenheit, für die Gegenwart und für die Zukunft. Und gegen diese These steht Gottes Allmacht, die nicht auf Zeit und Raum beschränkt ist; denn das ist das Entscheidende: Gott in seiner Ewigkeit wirkt alles zugleich, und er sieht alles zugleich. Weil Gott ewig ist, gibt es für ihn nicht Raum und Zeit und gibt es für ihn darum keinen Wechsel. Seine Macht und sein Erkennen sind ein ständiges Können und Erkennen, nicht ein Gekonnthaben oder Nichtgekonnthaben; denn nur für uns Menschen gibt es Vergangenheit und Zukunft. Was für Menschen darum unumgänglich, im Zeitverlauf, an ihn gebannt, als absurd erscheint – dass das Vergangene nicht gewandelt werden kann –, das ist eine Ausdrucksweise dafür, dass wir mit unserem Denken Gott gar nicht erreichen können. Das ewige Tun Gottes zeigt sich für den Menschen darin, dass er die Allmacht in der Zeitlichkeit auffassen muss, und dass in der Zeitlichkeit dann seine Auffassung zu Sätzen führt, die nach menschlichem Verstande absurd sind. Das muss so sein; denn der Mensch lebt nicht in der Ewigkeit, wo Gott in einem und für immer [ist], was ist, wirkt und vor sich hat.

Darum kommt Damiani zu der Folge: Wenn die Dialektiker fragen, ob Gott machen könne, dass Rom nicht existiere und dass Rom niemals existiert habe, so ist solche Frage angesichts Gottes unerlaubt; denn der Fragende hat vergessen, dass Gott nur wirkt und schafft, aber nicht nichts macht. Der Dialektiker verlangt, dass Gott in seiner Ewigkeit, die für uns nur in der Zeitlichkeit angeschaut werden kann, verlangt, dass Gott, der aus dem Nichts ein Etwas schafft, aus dem Etwas Nichts mache. Das aber ist gottwidrig; denn Gott will nur schaffen. Seinem Wesen liegt es nicht, nichts hervorzubringen, sondern immer aus dem Nichts zum Sein, nicht umgekehrt. »Du verlangst also«, schreibt Damiani gegen den Dialektiker, »Du verlangst also von Gott, Du harter Erpresser, dass er tue, was ihm nicht gemäß ist, nämlich nichts.« So fährt Damiani in seiner Schrift den bösen Dialektiker an, indem er ihm die Frage verbieten will. Aber Damiani antwortet doch zugleich mit den gleichen, souverän gehandhabten dialektischen Mitteln, die der Dialektiker selber benutzt. Er begibt sich auf die Ebene des Dialektikers, um das ärgerliche Verfahren der Dialektik mit den Mitteln der Dialektik aus seiner Empörung heraus zu vernichten. Und dabei kommt er nun zu einem Gedanken, der in der weiteren Geschichte noch eine große Rolle gespielt hat, nämlich zu der Frage, ob Gott etwa nur die Natur der Dinge, die Welt, geschaffen habe, oder ob er nicht auch außer den Seinsweisen, die Erkennbarkeit, den Sinn von Wahrheit als Widerspruchslosigkeit geschaffen habe. Seine Antwort ist: Das alles ist von Gott geschaffen. Der Widerspruchssatz gilt für unser Erkennen, weil es ein erschaffenes Denken ist und wir daran gebunden sind. Gottes Wille war, diese Weise der Wahrheit zu schaffen. Er hätte ganz andere Weisen schaffen können. In der Welt also ist nichts absolut, auch nicht unsere logische Denkungsart. Darum ist das, was für uns widersprechend und absurd ist, innerhalb der geschaffenen menschlichen Denkungsart absurd, nicht aber darum für Gott absurd. Was Gott denkt und wie Gott erkennt, davon haben wir keine Ahnung. Wir wissen nur von unserem Denken und können, in der Spekulation, wie Damiani und all die anderen sie vollziehen, sozusagen darauf hinweisen, dass unsere Denkungsart nicht Gottes Denkungsart ist. Gott hätte auch alles anders schaffen können, als es ist, und er hätte eine andere Wahrheit schaffen können, die nicht an den Satz vom Widerspruch gebunden wäre. Er hätte eine andere Logik, eine andere Naturordnung möglich gemacht. Für ihn ist darum, was für uns – ich wiederhole nur –, was für uns absurd ist, darum keineswegs absurd. Gott ist an seine Schöpfung nicht gebunden. Da er sie geschaffen hat, kann er sie ändern. In der Tat, sagt Damiani, entsprechend der Auffassungsweise jener Jahrhunderte, geschehen ja alle Tage die Wunder. Die Wunder sind ein ständiges Durchbrechen der Regeln der Ordnung der geschaffenen Welt und bezeugen, dass Gott eingreift und durchbricht diese Ordnung. Warum sollte er nicht durchbrechen unsere Denkungsart und seine Wirklichkeit in der Form uns zugänglich machen, dass wir es nicht denken können, und wenn wir es denken, nur absurd denken können?

Dieser Gedanke, so nehmen Sie wahr, bedeutet natürlich einfach die gläubige Unterwerfung: Denn das Erkennen, unser Erkennen, ist nicht das Letzte, auch nicht der Satz vom Widerspruch. Und es steckt darin der Anspruch, das Denken als letzten Maßstab preiszugeben. Aber in diesem Grundgedanken Damianis spricht keineswegs nur ein wunderlicher christlicher Glaube, sondern wie mir scheint, ein ursprünglich philosophischer Antrieb. In der Chiffer, dass wir die von Gott geschaffenen Weisen des Wahrseins und der Erkennbarkeit nicht auf Gott selbst anwenden dürfen, der ganz anders erkennt, darin liegt die Einsicht, die wir auch so aussprechen können: Das Umgreifende der Transzendenz entzieht sich den Kategorien unseres Bewusstseins überhaupt. Die Transzendenz, durch die wir selbst in unserer Freiheit sind, wird uns fühlbar in der von uns hervorgebrachten Chiffer jener unbeschränkten Macht, die über aller Denkbarkeit und Begreiflichkeit steht. Das ist in der Geschichte der Philosophie vielfach durchdacht worden und ist der unentfaltete Grundgedanke, der am Ende des Buches Hiob steht.

Gegen diese Chiffer des Damiani, die in den Abgrund zeigt, gibt es nun die ganz andern Chiffern, die in der christlichen Entwicklung des kirchlichen Denkens zur Herrschaft gekommen sind. Die andern Chiffern nämlich, dass, was logische Wahrheit ist, auch von Gott nicht verletzt werden kann, dass, was moralisch ist, von Gott nicht durchbrochen werden kann; denn Gott ist ein wahrhaftig denkender und ein guter Gott. Darum ist alles, was nicht in diesem Sinne wahr und gut ist, nicht göttlich. Und es heißt schon bei Anselm, diesem großen Denker, dass Gott Geschehenes nicht ungeschehen machen könne, bedeute nicht, dass er es nicht könne, sondern dass er es nicht wolle, und dass wir uns darauf verlassen können, dass er es nicht tue. Er wolle nicht, weil er unveränderliche Wahrheit will. Er will nicht, dass das, was von ihm geschaffen ist, von ihm selber ruiniert wird. In seinem Willen liegt es, dass das

Widersprechende für ihn selber unmöglich ist, undenkbar ist und dass es dem Sein widerspricht. Das ist nicht, nach Anselm, eine Beschränkung der göttlichen Allmacht, sondern das ist die Selbstbeschränkung Gottes durch seine Allmacht, wie etwa in einem Satze »nicht besiegt werden können« ja angedeutet ist, dass dieses Nichtkönnen gerade ein Zeichen der höchsten Macht ist.

Ich möchte mit ein paar Worten wenigstens zum Schluss vergleichen: Damianis Chiffer ist im ganzen Ton und in der Haltung eine aggressive, eine Chiffer von vernichtendem Klang, eine Chiffer, die das Grauen weiß und alles, was in der Welt geschieht, bis zu den Ereignissen, die wir in den letzten Wochen in der Presse vom Eichmann-Prozess so deutlich vor Augen sehen, sozusagen anerkennt und sich unterwirft. Dem entspricht merkwürdigerweise zugleich der völlige Rückzug aus der Welt und der Anspruch, der Machtwille in der Welt, der von solchen Männern wie Damiani als die absolute Macht der Kirche gefordert und beansprucht wird. Diese Chiffer Damianis ist gar nicht harmlos. Im Gegenteil: Sie offenbart nicht nur das Grauen, sondern das ganz und gar Unbegreifliche, das uns Menschen in der Welt begegnet. Mit dem absurden Anspruch übertrumpft er sozusagen noch jede Absurdität.

Dagegen die harmonisierende Chiffer, seit dem Altertum, von Anselm aufgegriffen, von Thomas vollendet und bis heute fortgesetzt, steht dagegen. Sie sieht die Gottheit als die Schöpferin der begreifbaren Ordnung. Sie klingt in ihrem Bild der Gottheit und der Welt milde, tröstend, beruhigend, und ihr entspricht eine Macht in der Welt, die ihre Gewalt mäßigt, sich selbst die Grenzen setzt, durch objektive Ordnungen, wie es dem Sinn, wenigstens dem Prinzip des kirchlichen Denkens und des kirchlich politischen Denkens, entsprechen soll, Ordnungen, die sittlichen und politischen und andern Charakter haben, auch naturgesetzlichen. Und Ausnahmen, die es etwa geben sollte, können nicht von Gott kommen, und die Frage ist: Woher?

Solche Chiffern, ob nun Damianis Chiffer eines Absurden oder Anselms, Thomas' usw. Chiffer der unendlichen, großartigen Harmonie, gipfeln in den Mysterien. Ob wir diesen beiden Chiffern gegenüberstehen mit der Frage der Wahl, so würde ich antworten: Nein. Beide Chiffern setzen einen persönlichen Gott voraus und sind nur sinnvoll, solange der persönliche Gott als Chiffer absolut ist. Wenn etwas anderes geschieht, von dem in nächster Stunde die Rede sein wird, hören diese Fragen auf. Und dann, wenn diese Voraussetzung des persönlichen Gottes besteht, dann sind diese Chiffern, beides, schwebende Chiffern, und unser eigenes existentielles Schicksal ist es, welche Chiffern in welchen Augenblicken plötzlich uns ansprechen. Wir können ebenso empört sein über die Harmonie, und mag sie noch so großartig entwickelt werden, wie wir empört sein können über die Absurdität, die das Ja des Damiani findet. Aber in den ungeheuren Rätseln unseres Daseins werden wir im Raume des Denkens aufgrund der persönlichen Gottheit diese beiden polar entgegengesetzten Chiffern in der Schwebe lassen, von ihnen Notiz nehmen und nicht wissen, wann die eine oder die andere zwar niemals für uns absolute Geltung, aber eine durchschlagende Sprachkraft hat.

Siebte Vorlesung

Meine Damen und Herren

Sie erinnern sich: Wir haben drei Chiffern vergegenwärtigt: den einen Gott, den persönlichen Gott, Gott ist Mensch geworden. Und dann begann ich in der vorigen Vorlesung mit dem spekulativen Gedanken, nämlich dem Gedanken, die diese Chiffern, die selber schon Denken sind, fortdenken, dabei entfalten und im Denken neue Chiffern hervorbringen, wobei es geschehen kann, dass eine außerordentliche Vertiefung stattfindet oder dass im rationalen Denken diese Chiffern verflacht werden zu einem Wissen. Das vorige Mal schickte ich voraus einen Grundtatbestand, an den ich erinnern musste: Dass alles, was wir denken, in Kategorien gedacht werden muss, anders können wir nicht denken, und dass unter diesen Kategorien eine eine hervorragende Stellung einnimmt, weil jeden Augenblick gegenwärtig, nämlich die Kategoriengruppe des Andersseins, Unterschiedenseins, Gegensätzlichseins, so dass immer, wenn wir denken, wir meinend dem Gegenstand gegenüberstehen, also das Subjekt des Denkens und das Objekt des Gedachten gespalten sind; und dass, wenn wir einen Gegenstand denken, wir gar nicht anders können, als zugleich einen andern Gegenstand zu denken, weil ohne das jede Bestimmung fehlen würde. Nun ist die große Frage: Kann man in Kategorien denkend mit den Kategorien über Kategorien hinauskommen dorthin, wo vor dem Denken das ist, was wir im Denken, es selber überwindend, durchdenkend, berühren möchten? Unser erstes Thema war, was ich heute nicht wiederhole, der Gedanke der Allmacht des persönlichen Gottes, der in jene Schwierigkeiten führt, die wir am Beispiel Damianis uns vergegenwärtigt haben. Was darin an weiteren tiefen Gedanken bis heute verborgen ist, kann ich Ihnen nicht ausführen: Nämlich der große Gedanke des Unterschiedes des Allgemeinen, das ich weiß, und des Zufälligen, wie man gerne sagt in der Begriffssprache, des Kontingenten, des Soseins, wie es einmal ist, der Unterschied zwischen dem, was ich als allgemein sinnvoll, gültig erkennen kann, und dessen, was ich als geschichtliches Sosein begreifen muss. Doch das können wir leider nicht verfolgen. Ich möchte heute als ein weiteres Beispiel auf die sogenannte Christusspekulation einen Augenblick eingehen.

Sie wissen: Der Glaube der Apostel im Neuen Testament ist: Gott ist Mensch geworden. Der ferne und verborgene Gott ist dadurch, dass er Mensch wird, plötzlich nah. Der ferne Gott ist der Schrecken, das Erbarmungslose, das Unerreichbare. Der nahe Gott, im Mensch erscheinend, kommt als geschichtliche Realität dem Menschen zu Hilfe. Dieser Glaube ist nun im Denken durch die Jahrtausende, von Augustin bis Hegel, immer wieder versucht worden allgemein zu fassen. Warum? Wie ist das möglich?

Eines wurde eben schon angedeutet. Weil es notwendig ist, dem Menschen zu Hilfe zu kommen in seiner Verlassenheit, indem er vor dem gänzlich fernen, unbegreiflichen, unerreichbaren Gott in Schrecken erstarrt, in der Erbarmungslosigkeit verloren ist, wird hier ein Mittler ihm zu Hilfe gerufen. Das ist ein allgemeiner Gedanke, der deutet. Oder ein anderer Gedanke, bei Anselm, und schon vorher. Bei Anselm mit besonderer Schönheit und Klarheit durchgeführt in dem Buche, in der Schrift *Cur deus homo?*: Gott wurde Mensch – nur sehr grob und einfach gesagt –, weil bei seiner Gerechtigkeit angesichts der entsetzlichen Sünde, die mit Adam in die Welt gekommen ist, die Genugtuung nötig ist, in seinem Erbarmen aber diese Genugtuung so stattfindet, dass sie sowohl genugtut wie den Menschen erlöst. Darum kommt Gott selber, sich kreuzigen zu lassen durch diesen Akt der Genugtuung. Nun, das ist sehr grob ausgedrückt, ich weise nur darauf hin, dass Anselm einen allgemeinen Gedanken fast juristisch, das Juristische natürlich überschreitend, versucht, um allgemein begreiflich zu machen, dass Gott Mensch werden musste.

Ein wenig eingehend will ich nur sprechen von dem Versuche des Nicolaus Cusanus, der, wie mir scheint, in einer Schönheit und Klarheit und Frömmigkeit durch allgemeine Gedanken versucht hat, das, was nur im Glauben erreichbar ist, doch auf eine allgemeine Weise zu verstehen.

Der Cusaner, Fischerssohn, von der Mosel, schließlich Kardinal, in Rom, ist einer der größten deutschen Philosophen, der im fünfzehnten Jahrhundert lebte. Man kann die Gedanken, wie er Christus denkt, natürlich nur verstehen im Gesamtgebilde seiner Metaphysik, aber in diesem Gesamtgebilde, das ich Ihnen leider nicht reproduzieren kann, hat er einen ganz eigentümlichen und überzeugenden, innerhalb dieses Gebildes, überzeugenden Ort.

Ich versuche in Kürze: Das All, von Gott geschaffen, ist geschaffen in unendlicher Individualisierung. Es ist das Abbild Gottes, aber jeweils das beschränkte Abbild in dem beschränkten Individuum. So auch im Menschen. Jedes Konkrete, jeder Mensch ist als Mensch ebenso konkret Individuum wie beschränkt, er ist unvollkommen und nie wie Gott, obgleich auf eine Weise Gottes Abbild. Würde nun, denkt der Cusaner, das konkret Größte als Individuum gegeben werden, wenn das möglich wäre, so wäre dieses konkret Größte, als Individuum, über alles konkret Individuelle hinaus. Dies liegt, wenn es überhaupt möglich ist, nur in der Natur des Menschen; denn der Mensch ist das einzige Wesen, das in seiner Natur die Möglichkeit birgt, das ganze Universum zu vertreten, wie sich in seinem Erkennen zeigt. Der Mensch als einziges Wesen in der Welt ist ein Mikrokosmos, eine kleine Welt gegenüber dem Makrokosmos – ein uralter Gedanke. Aber die Menschheit existiert konkret eben doch nur in dem individuellen Menschen. Ich wiederhole: Wenn es nun möglich wäre, dass es das höchste Konkrete in einer individuellen menschlichen Gestalt gäbe, dann müsste dieser Mensch eine Vollkommenheit zeigen als das höchste Konkrete, und wenn es unmöglich wäre, dass ein solcher Fall mehrere Male vorkäme, dass es vielmehr nur ein höchstes Konkretes in der Welt geben kann, dann würde dieses höchste Konkrete die Eigenschaft haben, als höchstes konkretes Individuum in der Welt zu sein, als einmaliges Höchstes aber Gott zu sein. Es würde darum an einer Stelle, einmal in einem einzigen Falle – das Wort »Fall« passt nicht mehr – aus der Gesamtheit der Welt, der geschaffenen Welt, begreiflich sein, dass in der Welt ein Individuum, über die Welt hinaus, zugleich als Individuum Mensch und seinem Wesen nach Gott ist.

Wenn man das hört, so klingt das, als ob der Cusaner beweisen wollte, und wenn man die Gesamtheit seines metaphysischen Weltbaus studiert, hat es sozusagen suggestiv diesen Effekt: Es ist notwendig, um das Ganze zu schließen, dass an dieser einen Stelle dies geschieht, wenn man es so auffassen will. Dann sagt aber der Cusaner, der christlichen Überlieferung entsprechend, dass trotzdem Jesus Christus nur für den Glauben da ist und nicht für ein Wissen. Erst wer ihn glaubt, kann aus jenen vernünftigen Gedanken sich den Ort bilden, an dem er sozusagen im Glauben begreift, dass es dem geschaffenen Weltsein angemessen ist, an einer Stelle sich selbst zu überschreiten. Wenn es aber geglaubt wird, wenn Jesus Christus als Gottes Sohn geglaubt wird, und Cusanus bekennt sich zu diesem Glauben, dann folgt auch notwendig, zu glauben, dass Christus einen der höchsten Geistigkeit angepassten Körper gehabt hat, einen Körper anders wie andere Körper, und dass es notwendig war, dass er auf einem nicht natürlichen Wege gezeugt worden ist.

Weiter denkt der Cusaner allgemein: Warum diese Weise der Offenbarung Gottes? Gott will die Schätze seiner Herrlichkeit zeigen, indem er das ewige Wort, den Logos, seinen Sohn, in der Fülle von allem, in die Welt sendet, aus Mitleid mit unserer Schwäche, mit unserer Schwäche, der er sich dadurch anpasst, dass er auch in der Form der Offenbarung durch Menschwerdung sich, wie es heißt, unserem Auffassungsvermögen gemäß offenbart, unserem Auffassungsvermögen, das nämlich nicht anders als in sinnlich leibhaftigen, endlichen Formen aufzufassen vermag.

Nun aber: So ist sozusagen die Herrlichkeit Gottes sichtbar gemacht. Aber Gott gekreuzigt? Wie ist das zu verstehen? Der absichtlich und unschuldig erlittene Kreuzestod Christi bedeutet Vernichtung aller fleischlichen Begierden, der menschlichen Natur, bedeutet Genugtuung in Anselms Sinne und Reinigung. Warum aber ist es möglich, dass die Herrlichkeit in Form des Allerniedrigsten, des Kreuzestodes, [sich vollendet]? Das Wort »Kreuz« hat für uns durch die Überlieferung und die Stimmung einen eigentümlich milden Charakter angenommen; wenn wir sagen »Henker«, wie es Dibelius tat, »der Gehängte«, klingt es schon eher so, wie es klingen sollte; aber es ist noch zu wenig, man muss die ganze Drastik gegenwärtig haben und die Milde des Wortes »Kreuz« vergessen, um den Glauben zu verstehen. Wenn das so ist, sagt der Cusaner, so liegt auch das an unserer Auffassungsweise; denn in diesem Falle der Erscheinung Jesu Christi ist es dasselbe, was der Cusaner in allem wesentlichen Denken aufgezeigt hat, dem wir nicht nachgehen können: Nämlich wir begreifen, wie er sagt, im Nichtwissen das Höchste nur durch den Zusammenfall der Gegensätze, coincidentia oppositorum. Nämlich, ich lese vor: »Das Kleinste fällt zusammen mit dem Größten, der Punkt mit dem All, die tiefste Erniedrigung fällt zusammen mit der höchsten Erhöhung, der schimpflichste Tod des Tugendreichsten mit dem glorreichsten

Leben.« Auch ein alter Gedanke, diese coincidentia oppositorum, den Cusanus ganz fruchtbar erst gemacht hat und der in den Formeln des Cusanus bis Hamann und weiter durch die Zeiten geht.

Nun aber weiter: Christus ist gestorben. Wenn er die Unsterblichkeit als solche war – und Gott ist unsterblich –, dann brauchte er doch nicht zu sterben. Worauf der Cusaner sagt: Gerade das. Wäre er nie gestorben, so wäre er sterblich geblieben, nur ohne Tod. Von der Möglichkeit des Sterbens aber befreite er sich dadurch, dass er starb. Sie sehen wieder die dialektische Form dieses Denkens.

Fragen wir nun: In welchem Sinne sind denn diese Gedanken wahr?, so hören wir beim Cusaner die Antwort, die in meiner ganzen Vorlesung immer mitschwingt, nämlich der Cusaner sagt: Die Wahrheit ist, wie sie in der Zeit erscheint, gleichsam ein Zeichen und Bild der überzeitlichen Wahrheit. Das heißt also: In der Weise, wie wir glaubend und spekulativ die Menschwerdung Gottes vor uns haben, ist das Ganze für den Cusaner doch ein Zeichen – wir sagen: Chiffer.

Nun – ich gehe weiter nicht darauf ein. Das Entscheidende ist, in der Geschichte der Theologie und dieser philosophischen Spekulation, dass immer beides ist, der Glaube an die geschichtliche Realität, an Ort und Zeit, dort wo Jesus lebte, und die allgemeine Spekulation, die es begreift nicht als geschichtlich, sondern begreift als ein Allgemeines. Für den Glauben bleibt die Geschichtlichkeit entscheidend. Das völlig Unbegreifliche, Gottes Willkür, dass er sich so entschloss – wir haben hinzunehmen und zu gehorchen. In der Spekulation aber ist diese Offenbarung wenn auch nicht begriffen, denn sie muss geglaubt werden, so doch, wenn sie da ist im Glauben, begreifbar aus der allgemeinen metaphysischen Struktur dessen, was jeweils die Philosophen denken. Beides ist in Spannung, wenn das eine sich vordrängt, antwortet schnell das andere. Wie aber die Geschichtlichkeit des Zufälligen, dem wir gehorsam gegenüberstehen sollen, sich mit dem Allgemeinen des Begreiflichen, das wir einsehen können, vereinen sollte, das ist, wie wir merken, in der Geschichte offenbar nicht zu erreichen. Der entscheidende Punkt ist der, ob das, was der Cusaner nur beiläufig sagt, und sozusagen darauf gestellt am Ende, wer weiß es, vielleicht doch umdeuten würde. Der entscheidende Punkt ist, Chiffer oder selber historische Realität in Raum und Zeit.

Es fragt sich, ob die Voraussetzung des Glaubens ist, dass Gott selber realiter, leibhaftig in die Geschichte hinein durch die Propheten spricht, in Christus selber erscheint, oder ob das Chiffern bleiben und die Realität, als geschichtliche Realität von Gottes Handlungen in Ort und Zeit, immer nur als Chiffern hingenommen werden.

Die Absurditäten sind unüberwindbar. Wenn Gott Realität in Raum und Zeit geworden sein soll, kann der Glaube nur zugleich, wenn er denkt, mit dem Denken die Absurdität dieses Glaubens einsehen, was schon seit dem zweiten Jahrhundert nach Christus geschehen ist. Und wenn die Antwort erfolgt auf spekulative Weise, so wird die Absurdität als solche durchschaut, als Absurdität des Denkens begriffen, und bleibt dadurch redlich.

Und schließlich ist die Frage: Ja, ist denn die Absurdität aus der Welt zu schaffen? Und die philosophische Antwort ist: Nein.

Im philosophischen Denken wird das, was das einzig Wesentliche ist, ohne in Gedankenformen zu kommen, die nach den logischen Maßstäben des Verstandes absurd sind, nicht erreichbar sein. Das methodische Denken des Absurden macht das Absurde selber durchsichtig und methodisch sozusagen zu etwas, das ich philosophierend nutze, um meinen Verstand scheitern zu lassen, ohne meinen Verstand zu verlieren, um dadurch im Scheitern eine Erfahrung zu machen, die über den Verstand, die Kategorien, die Denknotwendigkeiten hinausgeht.

Ich habe die Absicht, Ihnen nun weiter vorzutragen über die Chiffer der Trinität, die verschiedenen Herkünfte dieser Chiffer. Im Neuen Testament gibt es sie noch nicht. Die Stellen, die man dafür zitiert, sind keineswegs beweisend. Aber im Neuen Testament gibt es Gott Vater, im Neuen Testament gibt es Christus, Gottes Sohn, und im Neuen Testament gibt es das pneuma, den Heiligen Geist, der im Pfingstwunder sich ergießt. Die drei zusammen machen nun die große Schwierigkeit; denn der neutestamentliche Glaube ist der alte Glaube an den einen Gott. Wenn aber der eine Gott, ist dann Christus auch Gott? Ist dann der Heilige Geist auch Gott? Wie verhalten sie sich zueinander? Diese Schwierigkeit, die dadurch auftritt, dass Gott Gottes Sohn hat, dass es den logos gibt und das pneuma, sozusagen außer Gott, von Gott gesandt, dass diese beiden wiederum vor der Schöpfung bei Gott sind, nicht zum

Geschaffenen gehören, das führt dazu, dass der Gedanke dieses in eine Form bringen will, dass nicht ein neuer Polytheismus entsteht.

Ein weiteres Motiv ist, dass wir in allen Welterscheinungen, vor allem aber in unserer Seele und unserem Geiste die sogenannte Dialektik als Wirklichkeit kennen, nämlich jene berühmten Schritte, die Hegel Thesis, Antithesis, Synthesis – Fichte hat es schon so genannt – formuliert, wobei es auf diese Worte nicht ankommt, sondern darauf, dass hier eine Bewegung, ebenso in der Subjektivität meines Denkens, Fühlens, Mit-mir-lebens wie in der Auffassung dessen stattfindet. Augustin hat nun in einem großartigen Stile in allen Welterscheinungen und vor allem in Seele und Geist diese Dialektik aufgezeigt, und indem er sie aufzeigte, sie als Abbild der Trinität gedacht, die in allen diesen Erscheinungen sich kundgibt. Dann ist die Frage: Ist Gott Trinität, aus der diese Welterscheinungen folgen, oder sind diese Welterscheinungen der Ursprung, durch die denkende Theologen und Philosophen darauf kommen, der Ursprung müsse trinitarisch sein? Dieses Hin und Her geht dann durch die Geschichte.

Und schließlich ist noch ein Antrieb: Als wir von dem Einen sprachen, zeigte ich Ihnen, wie das Eine oder der Eine ebenso wahr wie für uns gefährlich ist, wenn wir es missverstehen als Zahl. Sie erinnern sich. Es gibt die Erscheinungen, die aus dem Einen heraus, ich habe damals darauf aufmerksam gemacht, gerade den Fanatismus des Menschen zum Äußersten bringen und, in der Leerheit der Zahl, sozusagen die Dürftigkeit der Transzendenz übrig behalten. Die Trinität scheint, ich sage scheint, das dadurch zu überwinden, dass sie in die Gottheit, die uns verborgen und unzugänglich ist und mit der Chiffer des Einen nicht durch Zahl gemeint ist, dass die Lebendigkeit in die Gottheit hineindenkt und das dadurch tut, dass sie behauptet, Gott ist Einheit in drei Personen. In der Tat ist damit etwas getan, was die Ziffer »eins« aufhebt. Denn wenn nun eins gleich drei sein soll, ist es offenbar: Das können nicht mehr die Zahlen sein. Indem aber das getan wird, in Gott gleichsam hineingedacht wird, wie es innerlich bei ihm etwa aussieht, geschieht etwas, demgegenüber Menschen sich auf radikal verschiedene Weise verhalten haben. Die einen haben ein Mysterium der Trinität, sie denkend in dem ganzen Reichtum – es ist unermesslich, was durch die Jahrhunderte gedacht worden ist von der Trinität –, betend darin, die tiefe Beglückung gefunden, meditativ der Gottheit sich zu nähern, und die andern empfinden, wo der erste Schritt in dieser Richtung getan wird, gleichsam etwas Widriges, etwas, was antastet, das was unzugänglich ist. Und diese andern können dann dazu kommen, zu meinen: Es ist doch so, dass das, was für Existenz, meditativ, als Chiffer wirksam ist, auch werden könnte zu einem Spiel, das für etwas, das gar nicht mehr Existenz ist, sondern meditativer Zustand, existentiell gleichgültig werde, weil es folgenlos bleibt für die Praxis in der Welt, um dann es als imaginär zu bezeichnen.

Wir müssen uns sehr hüten. Die Tatsache der Menschen, die mit höchster Ergriffenheit in ihrer Trinitätsgläubigkeit durch ihr Leben hindurch die Meditationen vollziehen, die sie auf diese Weise der Gottheit näherbringen, können wir nicht leugnen. Wir müssen nur klar darüber sein, dass wir nicht alle Menschen auf einen Nenner bringen wollen, und gestatten, und selbst jenen andern, diese verschiedenen Wege zu beschreiben, die jeweils vom einen her gesehen beim andern in irgendeinem Sinne nicht erlaubt, ja trostlos erscheinen können, die aber beide da sind. Und was sich hier als ein großer Gegensatz, als ein Abgrund sozusagen öffnet, der sich zwischen Menschen auftut, die im einen oder im andern die ihnen gemäße Befriedigung finden, und nur ihn überblicken, nicht ihn übertreten können, setzt sich fort im Philosophieren, in allen möglichen Richtungen, die ich Ihnen jetzt nicht entwickeln kann.

Nun komme ich bei diesen Chiffern zum letzten und wie mir scheint sehr wesentlichen Punkt. Wir haben schon darauf hingewiesen, bei der Vergegenwärtigung aller Chiffern, auf das biblische Verbot »Du sollst dir kein Bildnis und Gleichnis machen«, und haben zugleich gesagt, dass dieses Verbot nie durchgeführt wurde oder durchgeführt werden konnte wegen unserer menschlichen Natur. Aber der Wille dahin, wenn es einmal erfasst ist, was das heißt, »Du sollst dir kein Bildnis und Gleichnis machen«, bleibt unzerstörbar, trotzdem er immerfort in der Zeit, im Leben der Chiffern zur Erhellung der Beziehung sich bedient, der Chiffern des Einen, des persönlichen Gottes und vieler anderer. Wir haben in der Geschichte des christlichen Denkens die sogenannte negative Theologie, die diesen Gedanken immer wiederholt und erklärt:

Nur das, was Gott nicht ist, kann man von ihm sagen – die negative Theologie, die als solche gerade nicht eindringen will in ein sogenanntes Leben der Gottheit, wie es in ihr von innen zugehe. Aber diese negative Theologie ist zu wenig. Es fragt sich darum, ob es und wie es zugeht, wenn Menschen wirklich Ernst damit machen, alle Chiffern überschreiten zu wollen. Man darf vielleicht sagen, dass dieser Akt die letzte und größte Befreiung des Menschen ist, durch den alle Chiffern wirklich in die Schwebe kommen und immer von neuem ihren ganzen Ernst, aber auch die Notwendigkeit der existentiellen Entscheidung jedes Menschen in seinem Wesen und in diesem Augenblick verlangen. Es ist die Befreiung dorthin, wovon man nichts mehr sagen kann und woher doch die letzten Bestimmungen auf uns zuzukommen scheinen, ohne dass wir davon noch reden können. Wenn wir diese letzte Befreiung – die ganze Reihe der Befreiungsakte will ich jetzt nicht durchgehen, die von den Dämonen und Magien zu den Göttern, zum persönlichen Gott, zum sittlichen Gott und so weiter führen – diese letzte Befreiung ist nun so uralt wie die menschliche, philosophische und gläubige Überlieferung. Es gibt sie im alten Indien, es gibt sie in den Anfängen griechischer Philosophie.

Diese Befreiung kann ich Ihnen nun nicht in den spekulativen Versuchen vorführen. Ich sehe sie etwa bei Parmenides und glaube ihn so deuten zu können. Ich übergehe das alles und möchte nur hinweisen auf etwas ungemein fasslich Anschauliches, das auf dieses völlig Unanschauliche hinweist.

Obgleich Parmenides, Plotin, Meister Eckhardt und viele im Abendlande hierhin gedacht haben, ist die Radikalität dieses Denkens über alle Chiffern hinaus doch nur in Asien vollendet worden. Und wenn man sich darum kümmert, und es nicht gleichgültig findet, so ist es philosophisch unerlässlich, sich mit diesen asiatischen Gedanken, insbesondere den buddhistischen Gedanken, zu beschäftigen; und wenn man diese Gedanken, die ich Ihnen nicht vorführen kann, lieber anschaulich sehen will, hält man sich an die Kunst, an die fromme Kunst, in der Asiaten das sozusagen plastisch dargestellt haben. Und eines der erstaunlichsten Denkmale, in einem ungeheuren Bauwerk, für diese Grundhaltung »über alle Chiffern hinaus«, ist das große Werk in Borobudur, auf Java, nicht das einzige, aber das größte.

Dieses Bauwerk ist ein kleiner, nein, ein großer Hügel mit Terrassen und Aufstiegen in Umgängen, bis zur höchsten Terrasse und zum Gipfel. Und dieser Aufstieg, den man sich durch die Pilger vollzogen denken muss, macht dem Pilger anschaulich gegenwärtig den Gang aus der Leibhaftigkeit der Sinnenwelt und ihren Bedeutungen, über die Anschaulichkeit des Buddha, über den Buddha hinaus, in die völlige Unanschaulichkeit des Eigentlichen. Wer dieses Bauwerk schildert, was ich leider nicht kann, so ist anfänglich der Gang des aufsteigenden Pilgers zwischen engen Wänden links und rechts, und er sieht herrlich abgebildet all die Phänomene des Weltdaseins, des Menschlichen, die Verlorenheit nicht nur, sondern schon die Bedeutung dessen, denn heimlich ist von Anfang an Buddha mit dabei, und dann kommt[11] auf der nächsthöchsten Terrasse der Augenblick, wo die eine Wand fällt, der Himmel sich erweitert zum Horizonte hin, während er vorher nur noch oben war, der Himmel, der das ist, was das Leere, dieses Eigentliche, repräsentiert; und dann kommen auf der Terrasse die merkwürdigen glockenförmigen Gestalten, wo kein Bild mehr ist, aber sie sind durchbrochen, diese Glocken, in ihnen drin sieht man den Buddha sitzen, aber der Buddha ist noch anschaulich. Die Glocken sind zwar schon reine Form, nicht mehr Bild. Und dann kommt, nach sechsundsiebzig solcher Glocken, die schon geometrische Formen sind, die oberste Kuppel, die ganz massiv und undurchsichtig ist, und nur der Ausgräber findet, dass in dieser Kuppel drin, unsichtbar dem Auge, wieder ein Buddha saß. Es ist hier bildlich ausgeführt der Aufstieg aus anschaulichen Formen der Menschenwelt, der Chiffern Buddhas bis zu dem Punkte, wo alles aufhört, in rein geometrischer Form und der ungeheuren Weite des Himmels bis zum Horizont, der mit diesen Formen die Leerheit des Über-die-Chiffern-hinaus-Seins andeutet.

Ich sage, das ist eine Veranschaulichung dessen, was der Natur der Sache nach natürlich nicht veranschaulicht werden kann. Nun, ich kann leider nicht weiter reflektieren auf all das, was damit zusammenhängt, vor allen Dingen auf die buddhistischen Lebensformen in der Welt, sondern möchte zum Abschluss nur auf die große Frage hinweisen, die sich hier auftut; denn ich meine nicht etwa, dass man dort in der indisch buddhistischen Philosophie die Wahrheit gefunden habe. Das werden Sie gleich sehen.

Ganz allgemein wage ich zu sagen: Das Jenseits aller Chiffern, das sich der Sprache entzieht, der Vorstellung und dem Bilde entzieht, wer es gespürt hat – aber wer darf's sagen, er habe es gespürt? –, ich sage hypothetisch: Wer es gespürt hat, erfährt gerade von dorther diese mächtige, lautlose, bildlose Anziehungskraft. Es wird gedacht, aber wie es gedacht wird, ist es schon nicht mehr – es darf nicht gedacht werden ohne den Preis, dass dadurch es im Denken gerade verlorengeht. Aber das Denken, von dem ich so rede, ist das gegenständliche Denken, das Denken, in dem wir Etwas denken, Etwas vor uns haben, das Denken, das in Vorstellungen und Bildern geschieht und in Bestimmbarkeiten, in Begriffen sich vollzieht. – Gibt es ein anderes Denken, das mit diesem eben genannten es überschreitet und dorthin gelangt? Das wäre ein Denken, das der Natur der Sache nach sich im Denken selber immer aufheben müsste. Wir haben dafür auch keine großartigeren Beispiele als bei buddhistischen Sekten. Ich selber habe über Nagarjuna in meinen *Großen Philosophen* eine Darstellung versucht. Es ist eine Weise, in der jede Weise der Gegenwärtigkeit im Denken überschritten wird. Nun aber, wenn man es sich veranschaulicht hat, indem man es nachdenkt, also etwa Nagarjuna studiert oder die andern buddhistischen Quellen, so darf man sich über eines nicht täuschen: Die asiatischen Philosophen, die diese tiefen Gedanken des Denkens des Nichtdenkens vollzogen, haben das Denken doch nur benutzt, um dieses Denken zu vernichten, um den Raum frei zu machen für das Andere, fürs Erreichen der Wahrheit, das nur möglich ist, das dürfen wir keinen Augenblick vergessen, durch die Versenkungsübungen, Meditationsübungen, in denen nicht mehr in diesem Sinne gedacht, sondern das Bewusstsein selber verändert wird, in Stufen, bei denen nun in der Welt, in unserem Denken nur noch das Erzählen von diesen Stufen möglich ist oder der Hinweis darauf oder die Angaben, wie man es zu machen hat. Und dann ist hinzuzufügen, für Abendländer wenigstens, dass man solche Meditationsübungen nicht etwa mal gelegentlich zum Spaß machen kann, um zu sehen, was dabei herauskommt, sozusagen als einen psychologischen Versuch mit mir selber, sondern diese Versenkungsübungen erfordern jahrelanges, lebenwährendes Wiederholen und sind nicht gemeint als Psychotechnik – dahin entarten sie bis zu den Fakiren, natürlich, wie alles entartet, was Menschen hervorbringen –, sondern die Meditationsübungen setzen im Unterschied von allen psychotherapeutischen Techniken voraus den Glauben, der auf diesem Wege das erreicht, was er sucht. Und wir müssen erklären, dass wir diesen Weg nicht nur faktisch nicht gehen, sondern auch nicht gehen wollen, so dass zum Schluss für uns die Alternative ist: Wollen wir über die Chiffern hinaus oder nicht? Und die Antwort lautet in dem Zusammenhang des Philosophierens, dem ich diene: dass wir immer den Antrieb haben »darüber hinaus!«; dass wir wissen, dass wenn wir nicht dorthin gelangen, wovon wir wahrscheinlich und hoffentlich im Entscheidenden, im Innersten in uns bestimmt werden, wir dort in der Welt die Chiffern nötig haben, die Chiffern suchen, in allen Chiffern uns zu bewegen versuchen, sie in der Schwebe halten, weil wir von dorther befreit sind, wo sie nicht mehr gelten; dass wir aber wissen: der Unterschied ist: will ich die Welt oder will ich die Welt nicht? Und jene buddhistischen Sekten wollen die Welt nicht. Ihnen ist die Welt gleichgültig. Es ist das Letzte nur, dass wenn man buddhistisch in der Welt weiterlebt, Weiterleben ein einziges Erbarmen, eine Liebe ist, deren Charakter ich jetzt nicht entwickle. Oder das andere ist eben: Wir wollen die Welt, und der Sinn des Lebens ist es, in allem, was wir tun und denken, am Ende die Chiffern zu erfahren, die uns irgendwie zweideutig kundgeben, was wir in diesem Leben nie endgültig wissen. Der Sinn des Lebens – wenn Sie wollen – in dem Ernst der Praxis, der es auf die Welt und was in ihr geschieht, entscheidend ankommt, für diese Welt, mit dem Schlusse, dass all dies geschieht, in dem Lebenssinn, die Chiffern zu hören. Das ist im äußersten Gegensatz zum buddhistischen Denken. Ich wiederhole wieder, ich sage nicht, das buddhistische sei falsch. Ich sage nur: Man muss klar sein und sich entscheiden, wo man selber steht und lebt, und dann gilt: Wir möchten die Chiffern überschreiten; wir lieben jene Spekulationen, die uns frei machen und gleichsam eine Sekunde den Ort fühlen lassen, wo die Chiffern aufhören. Dass wir aber gerade die Chiffern wollen, wenn wir die Welt wollen, weil wir in der Welt leben wollen und die Welt nicht verneinen. Diese Alternative ist unüberschreitbar, und es gehört zum menschlichen Dasein, dass unter Menschen wir diese verschiedenen Möglichkeiten verwirklichen und uns dabei gegenseitig nicht beeinträchtigen, verachten dürfen.

Wenn das die Folge ist, diese Verneinung, dieses Bezwingen des andern, als ob es die eine Wahrheit gäbe, dann ist die Folge die Gewalt. Und wir wissen, dass das Christentum trotz all seiner Lehren – nicht bei Jesus – immer wieder zur äußersten Gewalt geschritten ist. Und wir wissen, dass der Buddhismus als Buddhismus nie zur Gewalt geschritten ist. Darum hat er nicht etwa recht. Immer handelt es sich für uns nur darum, redlich zu sehen, was da geschieht.

Sie sehen: Wenn wir philosophieren, kommen wir nicht zu dem Schlusse, dass am Ende wir nun wissen, wie es ist, sondern dahin, dass der je Einzelne wissen kann, wofür er lebt und was er tut und wohin er strebt, nicht aber, dass er wissen kann, was der Mensch überhaupt tun soll, nicht wissen kann, was allen die einzige gemeinsame absolute Wahrheit ist, die es für Menschen eben nicht gibt. Weil Menschsein bedeutet, im ständigen geistigen Ringen der heterogenen Ursprünge sich zu betreffen, sich zu treffen, nach Kräften in Kommunikation zu treten, aber ganz wesensverschiedene innere Lebenswege zu gehen.

Darüber werde ich in der nächsten Vorlesung noch sprechen unter dem Titel: »Befreiung und Freiheit des Menschen«, denn diese Befreiung, von der ich rede, hat nicht etwa zur Folge, dass wir frei sind. Die Befreiung kann das größte Unheil bewirken, wenn nicht die Freiheit erfüllend nach der Befreiung kommt.

Achte Vorlesung

Meine Damen und Herren

Es war in diesen Vorlesungen von den Chiffern die Rede, zum Teil, am Anfang, von denen, die das Unheil und das Böse erhellen möchten, – dann von den Chiffern der Transzendenz in Chiffern des Einen, des persönlichen Gottes, des menschgewordenen Gottes, – es war die Rede vom Erdenken der Gottheit in den spekulativen Chiffern seines Persönlichseins, seiner Allmacht, dem Verhältnis von Erkennen und Wollen in ihm, von der Trinität, – und schließlich war die Rede, und war fast die Hauptsache, von dem Hinausdrängen über alle Chiffern in den sprachlosen Grund.

Nur wenige Beispiele habe ich aus dem reichen Feld der Chiffern der Transzendenz vergegenwärtigt. Im Lehrvortrag auf dem Katheder kann natürlich niemals der Ursprung selber zur Sprache gebracht werden. Genug, wenn er von weitem fühlbar wird.

Heute möchte ich nun den Sinn des bisher Vorgetragenen zusammenfassen mit der Frage: Welche Folgen hat diese Denkungsart, hat die Philosophie, für unsere geistige und reale Situation?

Chiffern sind Sprache der Wirklichkeit der Transzendenz, nicht die Transzendenz selber. Sie sind schwebend, vieldeutig, nicht allgemeingültig. Ihre Sprache ist nicht hörbar für unseren Verstand, sondern nur für uns als mögliche Existenz.

Im historischen Bericht werden solche Chiffern nach verschiedenen Gesichtspunkten geordnet als ein Haufen von Phantasien und Illusionen. In der philosophischen Besinnung aber, der die Berichte dienen, können wir durch ein mit ihrem Denken sich vollziehendes inneres Handeln uns selbst vorbereiten. Nur in den geschichtlich einmaligen Augenblicken ursprünglicher Vergewisserung und Entscheidung der Existenz selber können die Chiffern wirklich erhellende Kraft haben.

Das moderne wissenschaftliche Erkennen, und davon war die Rede, bringt uns in den ständig wachsenden Besitz von Wissen und Können in der Welt. Unter dem suggestiven Eindruck dieser Erfolge sieht der unkritische Verstand in dem, was er erkennen und machen kann, alles, was ist. Existenz und Transzendenz sind ihm inexistent, ein Nichts – von dem trunkene Philosophen in Begriffskonstruktionen unverständlich reden.

Überträgt der unkritische Verstand seine Weise des Wissens und Könnens *in* der Welt *auf das Ganze* der Welt, dann macht er sich ein vermeintlich wissenschaftliches Weltbild. Die Folge ist die Entzauberung der ganzen Welt durch den Wissenschaftsaberglauben. Ein wissenschaftliches Weltbild gibt es nicht. Zum ersten Mal in der Geschichte haben wir gerade durch die Wissenschaften die Klarheit darüber gewonnen. Früher waren Weltbilder, die das Denken ganzer Zeitalter beherrschen, wundersame Chiffern, die uns heute noch ansprechen. Das sogenannte moderne Weltbild dagegen, begründet auf die Denkungsart, die in Descartes repräsentiert war, das Ergebnis einer Philosophie als Pseudowissenschaft, hat nicht den Charakter einer Chiffer für Existenz, sondern einer mechanischen und dynamischen Apparatur für den Verstand.

Die Welt, in der wir wissenschaftlich erkennen und die als Ganzes uns nie zum wissenschaftlichen Gegenstand werden kann, ist für das Erkennen zerrissen. Wie auch immer man unter Ideen von Einheiten, ins Unendliche fortschreitend, in der Welt die Zusammenhänge findet, wissenschaftlich leben wir ohne Weltbild. Existentiell haben wir alle möglichen Weltbilder innerhalb der vieldeutigen Chiffernsprache zur Verfügung.

Wenn ein Theologe das moderne Weltbild anerkennt, das nicht rückgängig zu machen sei, da er Wissenschaft und wissenschaftsabergläubische Denkungsart nicht klar unterscheidet, dann kann er auf den Gedanken kommen, den biblischen Glauben zu entmythologisieren, um Schwierigkeiten für den modernen Menschen aus dem Weg zu schaffen. Seine Meinung ist, dass [das] bei der Entmythologisierung Übrigbleibende des Glaubens auf diese Weise zu retten sei, nämlich für ihn das im Neuen Testament »bezeugte« Heilsgeschehen. Seine Entmythologisierung wird nicht zu Ende geführt, weil durch einen Willkürakt seines Glaubens das Heilsgeschehen kein Mythos, keine ergreifende Chiffer sein soll. Im Ganzen aber raubt er uns dadurch, dass er entmythologisiert, die Mythenwelt im Ganzen, das heißt das Reich der Chiffern überhaupt, nimmt uns die Sprache der Transzendenz in ihrem ganzen Reichtum und ihrer Vieldeutigkeit.

Die Aufgabe in der Situation des wissenschaftlich kritischen Denkens einerseits und des Wissenschaftsaberglaubens andererseits ist nun vielmehr die Verwandlung der leibhaftigen Mythen in Chiffern als Sprache der Transzendenz. Die Reinheit der Transzendenz, unbefleckt von ihrer falschen Realisierung in der Endlichkeit von Raum und Zeit, wird zum stillen, übermächtigen Umgreifenden, durch das wir zu uns selbst kommen. Dann ist das Hören der Sprache der Chiffern nicht Illusion, sondern das Hören transzendenter Wirklichkeit in vielen Sprachen, die einander bedrängen. Die Chiffernwelt ist ein Raum des geistigen Kampfes. In ihm begegnen sich Menschen, die sie selbst werden, ihre Kommunikation bleibt in Bewegung, die in den Chiffern sich kundgeben – durch Mächte, jetzt selber dies in einer Chiffer ausgesprochen, die sozusagen den Menschen, in der Chiffer gesagt, zu ihrer Stätte haben. Wobei die Menschen nicht anders als durch Chiffern sprechen können oder hören können. Was der Mensch in den Chiffern hört, das führt ihn zu seinem Adel oder zu seiner Niedrigkeit. So tief sein Blick in den Grund dringt, so tief wird der Ursprung aus ihm selbst heraus wirksam.

Je klarer wir in der Welt uns orientieren, die Dinge in ihren Bereichen allgemeingültig erkennen und planend machen, umso mehr wird uns das Andere heller, wahrer, wirksamer, das Andere, das ohne allgemeingültige Wissbarkeit unser Leben zum Aufschwung im Ernstwerden bringt.

Die Verwandlung der Leibhaftigkeit der Transzendenz in die Sprache der Chiffern ist nur ein Moment in dem umgreifenden Erhellungsprozess unseres Wahrheitssuchens. Mit unserem Vorstellen, Denken, Machen, Handeln, Schauen, im Ergreifen, im Lassen, in der Hingabe, in allem wollen wir zugleich wissen, was wir damit tun oder erfahren.

In den Wissenschaften nennen wir die kritische Vergewisserung die methodologische Vergewisserung. In der Philosophie, die alles, was wir denken, tun, sein können, sind, durchdringt, sprechen wir in einem viel allgemeineren, umfassenderen Sinne von unserer methodologischen Vergewisserung oder unserem methodologischen Bewusstsein.

Was heißt das? Dieses bringt uns in Distanz zu allem, was wir denken, tun und sind. Aber nur wenn wir zugleich ganz dabei bleiben, werden wir in der Distanzierung nicht nur befreit, sondern frei, weil erfüllt aus dem Grunde. Dann werden wir uns reiner und entschiedener einsenken in das, von dem wir uns reflektierend distanzieren. Wir werden erst recht mit uns identisch, wenn wir so zur Wahrhaftigkeit über uns und das, was wir tun, gelangen. Was nur gedacht wird, ohne das nicht aufhörende, methodologisch Sichvergewissern und auf Wahrheit hin Prüfen, was nur gedacht wird, konnte in der Weise seines Gedachtseins, als Erfindung des Geistes blühen, aber wirkte notwendig gegen Wissen und Wollen vieldeutig. Wenn die erste große methodologische Erhellung für uns bei Plato liegt und wir heute an ihm uns noch schulen, so heißt das ausdrücklich, das ist keine Erfindung der Philosophie unserer Zeit, es gehört zum Philosophieren auf den Höhepunkten. Denn nach Plato ist es bald verloren gegangen. Oder was in der Welt getan wurde vom Menschen, ohne sich seiner bewusst zu sein, das konnte in seiner Unmittelbarkeit für uns groß und bewunderungswürdig sein und mit Ehrfurcht erblickt werden, aber es führte durch seinen Ruhm auf gute wie auf schlimme Wege, wenn die Distanzierung im Wissen davon ausbleibt.

Erst in der Reflexion auf das, was gedacht, denkend getan und gehandelt wurde, erst durch die Klärung des Sinns der Geltung dessen, was wir darüber sagen, dazu sagen, was wir selber auszusprechen wagen, werden wir philosophisch wahrhaftig. Wir werden dann frei von den unbefragten Selbstverständlichkeiten, frei von den festen Behauptungen, von dem diktatorischen Denken in Machtsprüchen, frei von dem Zwang der logischen Konstruktionen, deren Voraussetzungen nicht bewusst geworden sind. Wir werden befreit von allen Kategorien, aus den Fesseln der Sprache, aus der Unterwerfung unter die eigenen Gedanken. Wir werden Herr unserer Gedanken, wie es das Wesen der Philosophie ist.

Da[12] aber der Verzicht auf die Realisierung der Chiffern zur Leibhaftigkeit einer Transzendenz in das Schwebende aller Chiffern bringt, da die Distanzierung im methodologischen Bewusstsein uns eigentümlich leer werden lassen kann, ist die Folge dieser Befreiung etwa, dass wir nicht mehr glaubend existieren können?

Wenn Leibhaftigkeit aufhört des Göttlichen, aber dann die Chiffern nicht mehr im Ernst als Sprache der Transzendenz gehört werden und nicht mehr den Raum der Existenz erhellen; – wenn die Befreiung von der sinnlich beängstigenden oder sinnlich sichernden Leibhaftigkeit nicht zur Erfüllung der Freiheit durch den Bezug auf die Transzendenz ohne jene Leibhaftigkeiten zur Folge hat; – wenn vielmehr mit Leibhaftigkeit auch die Wirklichkeit der Transzendenz verlorengeht; – wenn allumfassendes methodologisches Bewusstsein, das uns nunmehr durchsichtig werdende Denken im Distanzieren, auch die befragte Selbstverständlichkeit raubt; – wenn wir aus dem Dabeisein zum Reden über die Dinge, über die Verfahren, im ständigen Beurteilen dessen, was geschieht, und nichts anderes übriglassen; – wenn die reflektierende Distanz mit ihrer Wahrhaftigkeit uns in einen unüberwindbaren Schwindelzustand bringt, [der als] Übergang zu allem Philosophieren gehört und als Schwindel von den Griechen her schon überliefert worden ist; – wenn mit der Reflexion unsere Substanz verzehrt wird: – Hat dann die Befreiung zur Freiheit geführt?

Wir antworten nein, die moderne Befreiung ist keineswegs schon etwas, das frei gemacht hat. Sie hat die Möglichkeit, zur Freiheit zu gelangen, aber noch nicht ihren Besitz.

Die radikalste Befreiung, die wir zu kennen meinen, kann, so scheint es, die Freiheit des Menschen vernichten. Ist nicht die Folge die Leerheit, das Nichts? Oder geht der Weg zu einer neuen Erfüllung, durch die wir wir selbst werden?

Hat die Entzauberung der erkennbaren Welt das Erlöschen auch allen denkenden Glaubens zur Folge? Oder gewinnt der Glaube selber eine neue Gestalt?

Falls dies heute nur wenigen Einzelnen zuteil werden sollte, so genügt das nicht. Denn wenn auch im Sein und Tun des Einzelnen der Grund aller menschlichen Dinge liegt, so sind diese doch durch das Miteinander, durch die gesellschaftlichen Zustände, die Politik und die Geschichte bestimmt. Jeder einzelne Mensch lebt unter den Milliarden der Erdbevölkerung, und jeder von diesen ist ein Einzelner. Für uns alle gemeinsam gilt:

Die durch Wissenschaften entstandene Wissenssituation ist unentrinnbar. Was aber als Wissenschaftsaberglaube, als vermeintlich aufgeklärte Philosophie, als kirchliche Glaubenskonvention verbreitet ist, das ist nicht eine unentrinnbare Situation, ist vielmehr selber der Erhellung, Veränderung und Aufhebung zugänglich.

Die durch Wissenschaft und Technik sich heute mit unheimlicher, wachsender Schnelligkeit stets verwandelnde Daseinssituation ist ebenso unentrinnbar. Wie aber der Mensch als Einzelner und in gemeinschaftlichem Willen sie gestaltet, das liegt an ihm.

Die geistigen und die realen Daseinsfolgen unserer Befreiung sind also zweideutig. Die Befreiung führt entweder aus dem stets gegenwärtigen Ursprung des Menschen zur Freiheit schaffenden Selbstseins, oder sie führt aus der existentiellen Kraftlosigkeit des aus dem Wissenschaftsaberglauben und der technischen Überwältigung erwachsenden Nihilismus in das totale Unheil der rational beherrschten Unfreiheit. Denn wenn die meisten Einzelnen, durch die Befreiung widerstandslos geworden, in der Vergessenheit der Freiheit als solcher, dann blind und ahnungslos hindrängen in die totale Herrschaft des terroristischen Funktionsapparates, so scheint, dass die natürliche Folge der Befreiung, wenn nicht die Freiheit selbst, aus eigener Fülle ihre Motive findet.

Was die Zukunft bringt, zeigt sich keinem Wissen im passiven Zusehen zum politisch-soziologischen Verlauf und zu einer Realität des Menschen, wie er nun einmal sei. Sie zeigt sich auch nicht dem abstrakten Entschluss zu dem, was sein sollte. Denn wer Realitäten nicht sieht, gerät mit seinem Entschluss ins Leere. Wer aber die Freiheit des Entschlusses nicht als entscheidenden Faktor erfährt, der gerät in die Sklaverei unter gemeinte oder nicht gemeinte Realitäten. Was Realität ist, das ist selber eine wesentliche Frage. Wir haben als Menschen, einzige Wesen in dieser Welt, die wir kennen, keine Chance ohne Wahrhaftigkeit. Wahrheit gestattet aber keine Halbheit. Das spüren wir fast handgreiflich in der Weltlage heute.

Wenn es möglich ist, den Sinn des Lebens nur in der Macht, die auf Gewalt beruht, zu finden und alle Dinge, Gedanken, Vorstellungen, Glaubensinhalte, Begehrungen zu manipulieren, um sie der Gewalt dienstbar zu machen; wenn das Dasein auf das Prinzip der Lüge gestellt ist mit den Wendungen: Wahr ist, was dem Volke, was dem Staate, was dem Kommunismus, und so fort, nützt, dann ist die letzte, übrigbleibende Wahrheit nur in dieser einen, der gewaltsamen, bedingungslosen, uneingeschränkten Herrschaft.

Wenn dagegen Wahrheit in der Macht liegt, die nur an der Grenze sich der Gewalt bedient, solange Gewalt unter Menschen durch Gewalt in Schach gehalten werden muss (zuletzt nur noch der Verbrecher durch die Polizei), dann ist diese auf Wahrheit gegründete Macht so lange unterlegen, als sie in sich selbst noch der teilweisen Lüge, der Verschleierung und damit der Halbheit verfällt. Dann ist die gegen sich selbst wahrhaftige, nicht in sich verlogene, sondern bedenkenlos lügende Gewalt der Terrorherrschaft, gleichsam mit Recht, überlegen.

Es ist, als ob heute die Bedrohung durch das Äußerste, durch die Einigung von Lüge und totaler Herrschaft im Zwangsapparat der organisierten Gewalt, den Menschen erst zur Selbstbehauptung durch vollkommene, rückhaltlose Wahrhaftigkeit bringen solle – oder, im Falle des Versagens der Wahrhaftigkeit, das Todesurteil über den Menschen gesprochen werde.

Jeder Mensch wirkt mit an der Entscheidung, durch seine Wahrhaftigkeit und Unwahrhaftigkeit, in kleinsten Dingen, durch sein Tun und sein Nichttun, mag seine Bedeutung als Einzelner für den Gang der Dinge noch so gering sein, wie seine Stimme bei den großen Wahlen, entscheiden tun zuletzt die Einzelnen.

Während uns die Befreiung von der täuschenden Leibhaftigkeit der Transzendenz zum Hören der Chiffersprache in ihrer vieldeutigen Tiefe bringen kann, – während wir[13] über das Reflektieren methodologisches Bewusstsein, Wahrhaftigkeit in der Distanz zu den Dingen, zu uns selbst gewinnen, – während Realitäten des Zeitalters die Stimmungen der Revolte einerseits und die blindvertrauende Glückserwartung andererseits, das Bewusstsein unerhörter Macht und totaler Ohnmacht erzeugen, – steht über unserem gesamten Dasein, nicht als eschatologische Chiffer, sondern als Realität die Frage: Wird die Menschheit überhaupt noch weiterleben und wie lange?

Hilft uns da die Philosophie? Es scheint: gar nicht. Sie hat uns die Befreiungen gebracht, aber nicht die Freiheit. Sie kann nicht verkündigen, nichts Festes, nichts Absolutes als Halt in einer Realität in der Welt zeigen. Sie bleibt in schwebenden Chiffern. Es gibt heute ohne Unredlichkeit nicht mehr eine prophetische Philosophie, die ihr Wissen durch vernünftige Einsicht als das allein Wahre, anderes ausschließend, besitzen und lehren könnte. Was sie als erstes und letztes will, ist Wahrheit und da niemand sie besitzt, die Forderung der Wahrhaftigkeit. Philosophie setzt alles auf die Wahrheit, sogar ohne vorwegzuwissen, was sie sei. Daher von jeher ihre immer wiederholte und immer wieder ursprünglich ergriffene Frage, was Wahrheit eigentlich sei.

Philosophierend glauben wir, alles führe uns auf den rechten Weg, wenn wir wahrhaftig werden; ohne Wahrhaftigkeit aber sei alles verderbt und verloren. Um Wahrheit nicht ohne Einschränkung zu bemühen, ist Bedingung des Lebenssinnes. Dieses Bemühen verlangt höchste Besonnenheit und Ruhe in der Leidenschaft zur Wahrheit, die schon im unkritischen Wahrheitsfanatismus ganz unwahr wird und verlorengeht. Wahrheit scheint gegen das, was wir Glück nennen, scheint gegen unsere Wünsche gleichgültig. Sie kann anblicken als strahlende, uns beschwingende Göttin und das Antlitz der versteinernden Gorgo tragen. Zur Wahrhaftigkeit gehört Mut. Philosophie lehrt, vor dem Äußersten die Augen nicht zu verschließen und im Sehen standzuhalten. Dass der Mensch, nur der Mensch, sich das Leben nehmen kann in hellem, reinem Entschluss, ohne Trübung durch Affekt, vielmehr sich selber treu, darin liegt eine Würde.

Alle Despotien, alle Kirchen, alle Gewalt, die von Menschen über Menschen ausging, haben den Selbstmord perhorresziert: Hier bezeugte sich die Freiheit des Einzelnen, des Menschen als Menschen, der sich der Unterdrückung und dem vernichtenden Leiden entzieht. Die Bereitschaft zum Selbstmord macht frei. Der Selbstmörder hat die Grenze überschritten, vor der wir fragen und fragen, aber am Ende in Schweigen und Ehrfurcht stehen bleiben. Der Würde, sich im Äußersten selbst den Tod geben zu können, steht die andere Würde gegenüber, die dem Menschen durch keine ihm zugefügte Schmach und Schande, durch kein noch so schreckliches Leiden verlorengeht. Diese andere gleichsam »würdelose« Würde vermag, was wir Menschen eigentlich sind und sein können, offenbar werden zu lassen, um unsere Unwahrhaftigkeiten in ihrem letzten Schlupfwinkel noch zu erkennen. Ich spreche von Jesus, dem Menschen, nicht von der Chiffer Christus, von der wir früher gesprochen haben.

Für Jesus wurde aus seinem Glauben, verbunden mit dem Gott seiner Väter, die Welt, wie schon am Ende dem Jeremias, unwesentlich. Er liebte und hasste sie nicht, aber in ihr liebte er. In dieser Liebe hob er die Menschen auf, die verloren schienen. Durch diese Liebe verdampfte Gesetz und Moral in der Vollendung des gottverbundenen Menschen.

Der Anspruch des Höchsten, was dem Menschen möglich sein soll und in der Realität nicht möglich ist, der Anspruch vollkommen zu sein, wie der Vater im Himmel vollkommen ist, macht uns Menschen unsere Unzulänglichkeit und unser Versagen durch Jesus offenbar. An dem hier errichteten Maßstab müssen wir unsere ständigen Anpassungen und Halbheiten erkennen. Nicht nur unsere Bosheit steht in Frage, nein, vielmehr unser mit gutem Willen geführtes moralisches Leben.

Wenn wir, im Willen zu der uns gegebenen endlichen Aufgabe in der Welt, nicht nur faktisch gegen die Forderungen Jesu verstoßen, sondern sie bewusst nicht erfüllen wollen; wenn wir, entgegen dem Wesen Jesu, vielmehr im Kampf des Lebens dem Bösen zu widerstehen suchen, gegen Gewalt die Gewalt setzen, die Gerichte anrufen, ein in Familie und Gemeinschaft geordnetes Leben begehren, dann – in unserer redlichen Entschlossenheit – können wir uns dem Maßstab, den Jesus in das Abendland gebracht hat, doch nicht entziehen. Da wir wissen, dass wir nicht leben wie er und nicht so leben wollen, und uns das eingestehen, ist uns die gesicherte Zufriedenheit mit uns verwehrt und der Stolz. Wir haben einen Blick getan dorthin, woher all unsere Lebensweise, wenn sie auch noch so gut scheint, auch in Frage gestellt ist. Jesus ist der größte Revolutionär der Seele.

Jesus ließ offenbar werden, wie das bedingungslos wahrhaftige, reine, in der Liebe gegründete, keinen Kompromiss zulassende Leben eines Menschen durch die Realität der Welt vernichtet wird. Ein solcher Mensch ist der Welt nicht erträglich. Mit hellem Bewusstsein hat Jesus die Verlassenheit von allen Menschen, den totalen Widerstand der Welt, das schrecklichste physische Sterben erlitten. Er hat das unendliche Leiden nicht weggeredet, sondern [in] äußerster Not als wahrhaftiger Mensch das große, gläubige, jüdische Wort, am Kreuz hängend, gerufen: »Mein Gott, mein Gott, warum hast du mich verlassen?« Wird im Scheitern und Sterben vollendet, was ein wirklicher Mensch erfahren und sein kann?

Juden haben in ihrer Gotteserfahrung den Grund gelegt für das Abendland bis heute. Ihre Bibel ist unsere Bibel. Sie ist von Juden, die nach Jesu Hinrichtung in ihm den Christus glaubten, durch einen kleinen Anhang, das Neue Testament, erweitert. Dieser enthält das unendlich Kostbare, die Überlieferung vom Menschen Jesus.

Ist unter den Verdiensten der Kirchen, die groß sind trotz allem Bösen, was sie durch die Jahrtausende getan und veranlasst haben, das größte vielleicht die Einprägung der Bibel, der ganzen Bibel Alten und Neuen Testaments in das Glauben und Denken und Deuten des Abendlandes?

Die Kirchen trugen das Feuer mit, das ihre Verkrustungen und Konventionen, ihre Erleichterungen wieder und wieder durchbricht. Durch Jesus kommt zur Geltung, was die Kirchen verschleiern, während sie sich auf ihn gründen: Die Frage an Schicksal und Möglichkeit des Menschen, in einer nie erreichten Tiefe aus der Bindung an Gott, – die Frage gestellt durch die Verwirklichung eines Menschen, der zu sagen vermochte, was er sah, glaubte, forderte, was er lebte und erlitt.

Für Jesus, den letzten der jüdischen Propheten, ihnen verbunden, schwanden dahin der nationale Gedanke, der Gesetzesgedanke, die Organisation von Kirchen und Riten, die Theologien.

Juden, die an Ungerechtigkeit und Lieblosigkeit unendlich Leidenden, die immer wieder Verfolgten und Erschlagenen, die im Bunde mit Gott, in Resten doch immer sich behaupteten, ein einziges Wunder unserer Geschichte, allein kraft ihres Glaubens, haben in Jesus ihre sie gleichsam vertretende, menschlich große Gestalt hervorgebracht, Zeichen des Menschenschicksals und des jüdischen Schicksals in einem: So konnte ein Mensch sein.

Es gibt Theologen, die darauf bestehen, dass Jesus auf den Wogen des Sees ging, Wasser in Wein verwandelte, dass er leibhaftig aus dem Grabe auferstanden ist und als Auferstandener sich leibhaftig zeigte und verkündigte. Sie wenden sich wohl zornig gegen uns, die Gott, wie sie sagen, verharmlosen, wenn wir dergleichen leugnen als etwas, das gar nicht Gegenstand des Glaubens sein kann.

Ist es vielleicht umgekehrt? Ist nicht dieses Bestehen auf Leibhaftigkeit dessen, was schlechthin nicht leibhaftig sein kann, dieses Bekennen eines alsbald sich fixierenden Dogmas die Verharmlosung der Wirklichkeit Jesu und der Wirklichkeit des Menschen überhaupt?

Handelt es sich in der Entstehung des dogmatisch bekennenden Glaubens um eine für uns kaum verstehbare, grundsätzliche Kritiklosigkeit im Augenblick der Schöpfung, die in der Folge nicht ohne Unredlichkeit festgehalten werden kann?

Ist die Beruhigung, die durch die Festigkeit solchen dogmatisch bestimmten Glaubens erlangt wird, vielleicht eine den furchtbaren Ernst des biblischen Glaubens aufhebende Harmlosigkeit?

Verharmlosung ist es, vor den unaufhebbaren Grenzsituationen auszuweichen. Ist der Glaube der Jünger und Apostel, denen, ratlos vor dem Ende am Kreuze, Jesus der leibhaftig auferstandene Gott wurde, denen Golgatha und Auferstehung auf der gleichen Ebene von Realität standen, als sie die Auferstehung als Antwort Gottes auf die Verzweiflung am Kreuze fassten – ist dieser Glaube eine ergreifende Chiffer, von der wir jetzt nicht reden, auch zu einer Verführung geworden, um vor sich selbst erfahrene, mit sich selbst erfahrene Grenzsituationen zu verleugnen, sich zu bergen in der sichernden Glaubenserkenntnis und sich zu beruhigen?

Aber nun wieder die Philosophie, die von jenen Glaubenden als nichtig verworfen werden musste. Sie befreit den Menschen. Aber wieder die Frage: Erfüllt sie seine Freiheit? Jeder wesentliche Gedanke der Philosophie weist über sich hinaus in die Wirklichkeit, die den Sinn des Philosophierens erfüllt. Dort erst geschieht, was als gemeinter Inhalt einer Aussage nicht mehr zu treffen ist. Das Philosophieren hat gleichsam zwei Flügel, der eine schlägt in der Anstrengung des mitteilbaren Denkens, in der Lehre eines Allgemeinen, der andere schlägt mit solchem Denken in der Existenz des je Einzelnen. Nur beide Flügel gemeinsam gewinnen den Aufschwung. In der Besinnung denkender Aneignung wird Klarheit gewonnen für das, was Wirklichkeit nur hat in der Lebenspraxis.

Philosophie führt dorthin, wo jeder Einzelne sich geschenkt wird, nicht durch Philosophie, sondern durch Transzendenz, und wo er durch seine Existenz entscheidet. Wer einmal aus der Quelle der Philosophie getrunken hat, kann sie nie mehr entbehren. Ihre Einsicht kann noch dann helfen, wenn ich mir ausbleibe. Denn ich weiß immer noch durch sie, was möglich ist. Ich habe durch sie Geduld gelernt und Bescheidung, bin aber ständig aufgerufen zur Aktivität, denkend, mich vorzubereiten und mich zu erinnern.

Aber ist der Mensch nicht überfordert, wenn er in der Sprache der schwebenden Chiffern in Reinheit den Ernst erfahren soll, den einst die sinnliche Leibhaftigkeit der Transzendenz erzeugte? Wenn er in den sich distanzierenden, auf Wahrhaftigkeit hin prüfenden Fragen doch erst recht in der Substanz des eigentlich Wirklichen stehen soll? Wenn der Gang der realen Ereignisse ihn mit allen Menschen vor die Alternative stellt, entweder einen leblosen Erdball als Stäubchen im All hinterlassen, oder eigentliche Menschen zu werden, die miteinander in ihrer Schicksalsgemeinschaft wirklich zu leben und jenem Ende abzuwehren vermögen? Wenn ihn das alles überfordert, so ist dies die geistige und reale Situation, in die ihn des Menschen eigenes Tun und Denken, ohne dass er es wollte oder ahnte, gebracht hat.

Wer philosophiert, der glaubt, dass dem Menschen möglich sein müsse, die Aufgabe, vor die ein unerbittliches Schicksal durch ihn selber ihn gestellt hat, schließlich zu erfüllen. Aber er glaubt auch einer Transzendenz, die in einem Scheitern, das nicht einfach Misslingen ist, sich zeigt, der zeitfreien Ewigkeit, der wir noch in diesem Scheitern angehören, soweit wir zu unserer Existenz kommen und lieben. Die Überforderung ist das Schwergewicht, das erdrücken kann oder das alles hervortreibt an Kräften der Existenz und Vernunft, heraustreibt aus der Gewichtslosigkeit des Nichtigen. Philosophie war stets und ist heute die Revolution der Denkungsart. Diese aber ist, wo der Mensch sich geschenkt wird, getragen von der großen Liebe zum Gegenwärtigen, der Dankbarkeit zu leben, heute und zu keiner anderen Zeit. Der Augenblick ist die einzige Gegenwart des Ewigen, – im Unterschied vom verschwindenden Jetzt, das immer nur dahinfließt. Das, worüber man nicht mehr reden kann, woraufhin zu denken möglich ist, woraus alle Philosophie ihren Gehalt hat, ist als Gegenstand nicht da, als Willensziel nicht zu fordern und nicht zu erreichen. Dieses Gegenwärtige ist das Einfache und Unbegreifliche, das in dem mittelalterlichen Vers spricht, den ich in der ersten Vorlesung dieses Semesters zitierte und wiederhole:

> Ich komme, ich weiß nicht woher,
> Ich bin, ich weiß nicht wer,
> Ich sterb', ich weiß nicht wann,
> Ich geh', ich weiß nicht wohin,
> Mich wundert's, dass ich fröhlich bin.

Fröhlichkeit, Freude, wenn sie nicht nur dem schönen Lebensjubel vitaler Kraft entspringt und mit ihr dahinschwindet, wenn sie vielmehr die Gewissheit des ewigen Ursprungs ist, dann ist sie in erfüllter Gegenwärtigkeit, solange wir da sind, immer noch und immer wieder möglich.

Anmerkungen

1. Bei J.: stößt
2. Bei J.: auftrat
3. Bei J.: waren
4. »sind«: fehlt bei J.
5. Bei J.: ist
6. Bei J.: was nicht
7. Bei J.: die
8. Bei J.: ersetzt wird
9. Bei J.: sind
10. »entwickeln« fehlt bei J.
11. Bei J.: kommen
12. Bei J.: Dann
13. »wir«: fehlt bei J.

Jaspers' Vorlesung Die *Chiffern der Transzendenz* im Kontext seines Schaffens während seiner Basler Zeit[1]

Von Anton Hügli

I.

Als Karl Jaspers 1948 von Heidelberg nach Basel berufen wurde, war er 65 Jahre alt, in dem Alter also, in dem man heute Professoren in die Emeritierung schickt. 13 Jahre später, im Sommersemester 1961, hielt er – in der überfüllten Aula der Universität Basel – seine letzte Vorlesung (im Folgenden kurz *Vorlesung* genannt), angekündigt unter dem Titel *Die Chiffern der Transzendenz*. Die *Vorlesung* bildet den Abschluss seines Nachdenkens über eine Frage, die ihn während der gesamten Dauer seiner Lehrtätigkeit beschäftigt hat: die Frage des Glaubens, genauer, des philosophisch begründeten, oder sagen wir besser: des philosophisch gereinigten Glaubens. Mit einer Vorlesung über den *Philosophischen Glauben* hat sich Jaspers als Gastdozent 1947 – auch damals schon in überfüllter Aula – in Basel eingeführt.[2] Seine Haltung in der Frage des Glaubens trieb ihn 1953, anlässlich des Schweizerischen Theologentags, zur offenen Konfrontation mit Rudolf Bultmann und dessen Programm einer Entmythologisierung des Neuen Testamentes.[3] In dem großen religionsphilosophischen Spätwerk *Der philosophische Glaube angesichts der Offenbarung* von 1962 (das in engstem Zusammenhang mit der *Vorlesung* steht) legt Jaspers, vier Monate vor seinem 80. Geburtstag, die Summe seines langjährigen Ringens mit der Glaubensfrage dar. Er nimmt damit eine Diskussion vorweg, die heute auf breiter Ebene erst richtig zu beginnen scheint und die Wortführer des Zeitgeistes – im »Bewusstsein von dem, was fehlt«[4] – zu Gesprächen mit dem Papst animiert[5] oder in 800 Seiten starken Werken über die Möglichkeit des Glaubens in *A Secular Age*[6] nachdenken lässt.

Der philosophische Glaube ist jedoch längst nicht das einzige Projekt, das Jaspers während seiner Basler Zeit verfolgte. Im Stillen arbeitete er bis zu seinem Tod weiter an den gigantischen Projekten, die er aus der Heidelberger Zeit mitgebracht hatte und deren Dimensionen wir – beim heutigen editorischen Stand seines Nachlasses – nur erahnen können: an einer Weltgeschichte der

Philosophie[7] und an dem von ihm als die Aufgabe des Zeitalters verstandenen Projekt einer nach dem Ende der europäischen Philosophie allein noch möglichen »kommenden Weltphilosophie«.[8] Was aus diesen Konvoluten von Jaspers selber publiziert wurde, ist zwar von gewaltigem Umfang – der erste Band der *Großen Philosophen*[9] gehört dazu, und die Monographien zu Descartes,[10] Schelling[11] und Cusanus[12] –, aber diese Werke sind nur ein Torso des geplanten Ganzen.[13]

Doch nicht genug: Neben dem einsamen Philosophen am Schreibtisch und dem Universitätslehrer Jaspers, der nicht nur seine Studierenden, sondern – über seine öffentlichen Vorträge und Rundfunksendungen – auch ein größeres Hörer-Publikum zu begeistern vermochte, gab es den politischen Schriftsteller Jaspers, der mit seinem *Atombombenbuch*[14] weltweite Aufmerksamkeit auf sich lenkte und schließlich – in hohem Alter noch – mit seinen Schriften zur deutschen Politik die politische Öffentlichkeit Deutschlands – von links bis rechts – gegen sich aufbrachte. Dem Ruf nach Basel war er zwar nicht zuletzt darum gefolgt, weil er damit einen »wunderbaren Traum« wahr zu machen hoffte: den Traum von »Ruhe und Freiheit und nichts als Philosophieren«.[15] Aber die politische Frage des Überlebens der Menschheit angesichts der drohenden atomaren Vernichtung raubte ihm einen Großteil seiner neugewonnenen Ruhe, und die Sorge um die politische Zukunft Deutschlands trieb ihn auch in seinem Basler Asyl weiterhin um. Sie ließ ihn zum schärfsten politischen Kritiker der Bundesrepublik werden, der in seiner letzten, radikalen Kritik – in seiner Schrift *Wohin treibt die Bundesrepublik?* – bis zum Äußersten ging, »Kopf und Kragen riskierte«, wie er selbst sagte.[16]

Wie aber, so können wir uns heute fragen, hängt dies alles zusammen: die Schreibtischprojekte, die Religionsphilosophie mit ihrer Chiffernlehre, die Politik? Sind dies disparate Stränge, oder gibt es vielleicht so etwas wie einen heimlichen Mittelpunkt, in dem sie sich treffen?

Ich glaube, es gibt diesen Mittelpunkt. Es ist die Frage des Glaubens. Ich versuche dies im Folgenden zu begründen. Dabei wird sich zeigen, welche zentrale Bedeutung seinen »Chiffern der Transzendenz« zukommt.

II.

Die Glaubensfrage ist für Jaspers auf das Engste verknüpft mit allem, was ihm wichtig war in seinem Werk und in seinem Leben und was er für das Wichtigste hielt im Leben eines jeden Menschen.[17] Es war seine Überzeugung: Wo immer es uns ernst ist mit einer Sache, brauchen wir Glauben[18] – sowohl im subjektiven, uns selbst betreffenden Sinn als auch im objektiven, die Welt betreffenden Sinn. Ich brauche den Glauben, dass es meine und genau meine Aufgabe ist, das zu tun, was ich tun will – mich in den Dienst der Wissenschaft zu stellen zum Beispiel, meine politische Verantwortung wahrzunehmen, der Liebe zu diesem einen Menschen treu zu bleiben. Ich brauche aber auch den Glauben, dass es sinnvoll und notwendig ist für die Welt, in der ich lebe, dass ich hier und jetzt tue, was zu tun ich mich entschlossen habe.[19] Frage ich aber nach dem, was diesen Glauben legitimiert, stoße ich unweigerlich an Grenzen. Ich kann ihn nicht auf mich selbst zurückführen. Er entspringt weder biologischen Antrieben noch psychologisch erklärbaren Motiven, weder unmittelbaren Leidenschaften noch willkürlichen Entscheidungen – denn ich kann mich nicht selbst glauben machen wollen, wenn ich nicht schon glaube. Mein Glaube ist vielmehr der Ursprung, aus dem heraus ich überhaupt erst wollen kann. Er gründet aber auch nicht auf dem, was ich aus der Welt erfahren kann – er hat nichts zu tun mit einem bloßen Meinen oder Vermuten dessen, was der Fall sein könnte –, denn nichts von alledem, was in der Welt in Erscheinung tritt, enthält den geringsten Hinweis darauf, dass eben *dies* auch von Bedeutung ist, dass es eben *dies* auch geben soll – in einem absoluten Sinn geben soll, nicht nur für diesen oder jenen Zweck also, nicht nur in diesem oder jenem Zusammenhang, sondern im Zusammenhang der Welt als Ganzer, der Ordnung der Dinge insgesamt.[20] Wenn die Quelle meines Glaubens aber weder in mir noch in der Welt liegt, müsste ich sagen: Mein Glaube entspringt einem noch umfassenderen Zusammenhang, der mein eigenes Wollen mit dieser Weltordnung verbindet und der sowohl meine Existenz als auch die Welt umgreift. Jaspers nennt dieses Letzte, Existenz und Welt Umgreifende Transzendenz. Transzendenz ist darum für ihn der Ort, in dem letztlich jeder Glaube gründet. Es gibt herkömmliche Fassungen dieses Gedankens, die uns nicht unvertraut sind: die Vorstellung von dem einen Gott, der sowohl Gesetzgeber der Natur wie auch moralischer Gesetzgeber ist; Kants Formel von dem Erhabenen in seiner zwiefachen Gestalt: als der gestirnte Himmel über mir und das moralische Gesetz in mir.

Wie für Kant so ist auch für Jaspers die subjektive (uns selbst betreffende) Seite des Glaubens mit unserer Freiheit verbunden. Er versteht diese Freiheit allerdings in einem sehr spezifischen, durch die Lektüre Kierkegaards gefärbten Sinn: Freiheit (und wahre Unabhängigkeit) erlange ich nur insoweit, als ich mich im Einklang weiß mit einer unbedingten, an mich in meiner historischen Situation gerichteten, aber aus der Transzendenz kommenden Forderung. In herkömmlichen Formeln ausgedrückt: frei bin ich in dem Maße, wie ich mich geführt weiß durch Gott. Nur wenn ich aus dieser inneren Gewissheit heraus lebe, stehe ich in mir selbst und bin nicht bloß Treibsand, Rädchen im Wirtschaftsbetrieb, Spielball manipulierender Daseinsmächte und willfähriges Opfer totalitärer Herrschaftsapparate. Keine Freiheit ohne Transzendenz, lautet darum die von Jaspers unermüdlich wiederholte Losung. Diese Losung geht einher mit der Grundüberzeugung: Freiheit (in eben diesem Sinn) zu erlangen, ist Ziel und Bestimmung jedes menschlichen Daseins. Was aus einem Menschen wird, hängt davon ab, wie er Transzendenz versteht, was er glaubt und wie er glaubt.[21]

Dies ist auch der Angelpunkt von Jaspers' Zeitdiagnose: Wir leben, wie er sagt, im Bewusstsein einer Wende der Geschichte, einer Bedrohung, wie sie noch nie da gewesen ist und die tiefer und umfassender ist als die durch die moderne Wissenschaft mit der Atombombe geschaffene Möglichkeit der Selbstvernichtung der Menschheit. Diese Bedrohung richtet sich gegen das Menschsein selbst, gegen die Art von Mensch, die wir kennen und die wir erhalten möchten – gegen den Menschen, der aus Freiheit lebt. Zwei Denker des 19. Jahrhunderts sind es, die – wie Jaspers bereits in seinen Groninger Vorlesungen *Vernunft und Existenz* von 1935 darlegt – das Verhängnis in der Gestalt des europäischen Nihilismus haben kommen sehen: Kierkegaard und Nietzsche. Sie beide hätten in klarstem Bewusstsein den Weg des Verhängnisses bis zum Äußersten beschritten und hätten die Warnzeichen gesetzt, aus denen wir Heutigen ersehen können, wo es nicht mehr weitergehen kann. Bei Nietzsche sei dies der Weg einer gewaltsamen Antichristlichkeit, bei Kierkegaard der einer ebenso gewaltsamen

Christlichkeit gewesen. Keiner dieser Wege aber sei für uns gangbar: Nietzsches Transzendenzlosigkeit nicht, weil sie uns, statt uns Freiheit zu geben, an undurchschaubare weltimmanente Kräfte ausliefere, Kierkegaards weltlose Offenbarungsgläubigkeit nicht, weil sie uns zur Preisgabe der Vernunft zwinge, des Mediums, in dem allein Freiheit sich entfalten könne.[22] Mit Vehemenz wendet sich Jaspers darum auch später immer wieder gegen die vor allem von Theologen vorgebrachte These, es gebe heute nur noch ein Entweder-Oder: entweder Christusglaube oder Nihilismus. Diese These schließe aus, was sich historisch nicht wegleugnen lasse: dass Philosophie, unabhängig von und lange vor jedem Offenbarungsglauben, einen eigenen Zugang zur Transzendenz gefunden habe.[23]

Den philosophischen Zugang zur Transzendenz unter den heutigen Bedingungen wieder zu öffnen und dem Einzelnen zu helfen, wieder zu glauben, sei, so Jaspers, die Aufgabe der heutigen Philosophie. Aber dieser Glaube dürfe kein Glaube sein, der die Menschen trenne und als Glaubenskämpfer gegeneinander treibe, sondern ein Glaube, der sie in Freiheit verbinde, denn nur in »Freiheit können Menschen einmütig werden«. Es gelte darum, den Boden zu finden, »auf dem Menschen aus allen Glaubensherkünften sich über die Welt hin sinnvoll begegnen könnten, bereit, ihre je eigene geschichtliche Überlieferung neu anzueignen, zu reinigen, zu verwandeln, aber nicht preiszugeben«:[24] So der Kernsatz aus dem ehrgeizigen Programm, das Jaspers unter dem Begriff des philosophischen Glaubens während seiner ganzen Basler Zeit verfolgt hat. Sein Ziel war es, auf diese Weise dem von ihm angesprochenen einzelnen Menschen zu helfen, seine innere Freiheit zu gewinnen. Diese innere Freiheit zu erlangen ist für Jaspers zugleich von eminent politischer Bedeutung: Sie ist die Voraussetzung für die Verwirklichung dessen, was er als politischer Schriftsteller – so 1958 in seinem Buch *Die Atombombe und die Zukunft des Menschen* – angesichts der globalen Bedrohung der Menschheit als Ziel einer neuen Weltpolitik eingefordert hat: eine die Welt in Freiheit vereinigende und Welt erhaltende Weltfriedenspolitik.[25] Ein Friede in Freiheit aber ist mehr als ein auf Gewalt beruhendes Gleichgewicht der Kräfte. Einen echten Frieden kann es letztlich nur geben, wenn auch der Streit in der Frage des Glaubens, der Streit zwischen den Religionen und zwischen Philosophie und Religion beigelegt werden kann. Dies und eben dies ist der Punkt, der Jaspers' Philosophie politisch und seine politischen Analysen philosophisch werden lässt.[26]

III.

Wie kann ein Friedensschluss aussehen, der sowohl die verschiedenen Fraktionen der Philosophie als auch Menschen verschiedenster Glaubensherkunft in Freiheit zu verbinden vermag? Welche Zerrissenheit es hier zu überwinden gilt, zeigt sich am deutlichsten, wenn wir uns die unterschiedlichen Haltungen gegenüber der Frage der Transzendenz idealtypisch vor Augen stellen. Wir können unterscheiden:

1. Die Position jener, die – wie die Nietzscheaner, die Positivisten und Naturalisten – jedes transzendierende Denken ablehnen. Für sie ist ein Baum ein Baum und die für uns erkennbare Welt auch schon die ganze Welt. Es ist die Position, die Jaspers als die des Unglaubens bezeichnet.[27]

2. Die Position jener, welche die Unterscheidung zwischen Immanenz und Transzendenz in die Immanenz legen und aus gewissen Fakten in dieser Welt die Welt als Ganze glauben deuten zu können. Es ist dies die Position des Wissenschaftsaberglaubens, wie Jaspers ihn nennt. Zeitgenössische Formen des Wissenschaftsaberglaubens sind Weltanschauungen, die den Anspruch erheben, den letzten Sinn der Geschichte oder den absoluten Wert einer sogenannten Rasse wissenschaftlich erkennen zu können.

3. Die Position jener, welche die Transzendenz für eine Wirklichkeit halten und über sie rational begründbare objektive Aussagen glauben machen zu können, in Form etwa von rationalen Gottesbeweisen und Theodizeen. Wir können diese Position als die der rationalistischen Metaphysik bezeichnen.

4. Die Position jener, die mit ebenso großer Entschiedenheit objektive Aussagen über Transzendenz machen wie die Metaphysiker, nur im negativen Sinn: dass kein Gott sei und keine Realität, die dem Begriff der Transzendenz entsprechen würde. Es ist dies die Position der Atheisten und Nihilisten.

5. Die Position jener, die Transzendenz als möglichen Denkraum zwar offenhalten, aber prinzipiell keine Aussagen über die

Transzendenz machen wollen: die Position der Skeptiker und Agnostiker.

6. Als Gegenpol zu allen diesen philosophischen Haltungen: die Position der Offenbarungsgläubigen, die Aussagen über die Transzendenz machen aufgrund der Überzeugung, dass Gott sich auserwählten Menschen in dieser Welt offenbart habe oder gar selbst als Mensch in diese Welt gekommen sei.

Alle diese Positionen stehen in nicht endendem Streit, einem Streit, der andauern wird, solange sich jede Position dogmatisch in sich selbst verschließt. Jaspers' Konzept des philosophischen Glaubens stellt sich gegen alle diese Positionen.

Aber wird damit nicht bloß eine neue Front eröffnet? Inwiefern denn soll Jaspers' Konzept des philosophischen Glaubens den gesuchten philosophischen Frieden stiften können? Die Antwort, die Jaspers gibt, orientiert sich einmal mehr an Kant: Die aufgelisteten Positionen leiden, jede auf ihre Weise, an dem einen Grundmangel: dass sie sich der erkenntniskritischen Frage Kants nicht gestellt oder sie nicht ernst genug genommen haben. Es fehlt ihnen das Bewusstsein für die Grenze zwischen dem, was man wissen, und dem, was man nicht wissen, sondern nur glauben kann; kantisch gesprochen, die Einsicht in den Unterschied zwischen Erkenntnis des Verstandes und Selbsterhellung der Vernunft.[28]

Der Unglaube des Positivismus und Naturalismus und der Wissenschaftsaberglaube können sich nur so lange behaupten, als sie sich der philosophischen Grundeinsicht Kants verweigern: der Einsicht, dass wir Gegenstände in dieser Welt nur erkennen, indem wir uns ihnen als erkennendes Subjekt mit unseren Sinnen, unseren Kategorien und unseren Methoden nähern. Wir wissen von den Dingen in der Welt darum nie, was sie an sich selbst sind, sondern nur, wie sie uns erscheinen. Die Ergebnisse wissenschaftlichen Erkennens mögen zwar zwingend und allgemein gültig sein, aber sie sind es nur darum, weil sie immer partikular und perspektivisch sind. Das Ganze der Welt, der unendliche Horizont, innerhalb dessen uns die Dinge erscheinen, der aber selbst nie erscheint, kann kein Gegenstand unseres verstandesmäßigen Erkennens sein. Über diesen umgreifenden Horizont hinaus zu fragen und dessen Sein zu erhellen, ist nur möglich mithilfe des transzendierenden Denkens der Philosophie im Medium der Vernunft.

Der Erfolg der neuzeitlichen Wissenschaft beruht darauf, dass sie diese beiden Sphären klar zu unterscheiden weiß: die Sphäre des rational zwingenden wissenschaftlichen Denkens – der Erkenntnisweise des Verstandes – auf der einen Seite und den Raum der nur mit den Mitteln der philosophischen Vernunft zu erhellenden, uns umgreifenden Ganzheiten, insbesondere der Transzendenz als des alles Umgreifenden auf der anderen Seite. Unglaube wie Wissenschaftsaberglaube vermengen diese beiden Sphären. Indem sie sich der Transzendenz verschließen, verschließen sie sich auch der Philosophie als dem Inbegriff transzendierenden Denkens – so wird Existenz bodenlos.

Anders verhält es sich mit den Positionen, die sich – bejahend oder verneinend – auf Transzendenz beziehen. Der philosophische Glaube tritt zwar auch zu diesen Glaubenspositionen in Gegensatz, kann ihnen aber ihre relative Wahrheit lassen, immer vorausgesetzt allerdings, dass sie bereit sind, sich der grundlegenden Einsicht in den unüberbrückbaren Gegensatz zwischen Verstandeserkenntnis und Vernunftdenken zu beugen. Den rationalen Metaphysikern, aber ebenso auch den rationalen Atheisten und Nihilisten wird abverlangt, dass sie durch das Nadelöhr des Skeptizismus hindurchgehen, der mit Recht darauf beharrt, dass es kein objektives, allen demonstrierbares Wissen von Transzendenz im Sinne des zwingenden wissenschaftlichen Erkennens geben kann. Im Recht aber sind sie, wenn sie darauf bestehen, dass Philosophie eine rationale Tätigkeit sei, denn das transzendierende Denken der Philosophie folgt in der Tat einer eigenen Logik und bedarf einer eigenen methodischen Disziplin. Diese Disziplinierung der philosophischen Vernunft ist denn auch das eigentliche Ziel der eingangs erwähnten Jaspers'schen Großprojekte. Nur mit Blick auf diese Projekte wird auch verständlich, warum auch der Skeptizismus für Jaspers nicht die letzte Position sein kann und warum Offenbarungsglaube und philosophischer Glaube sich gegenseitig ausschließen.

IV.

Der quasi neutrale, gemeinsame Raum, in dem sich alle Positionen treffen und in Kommunikation treten könnten, wird von Jaspers durch drei Konzepte eröffnet: Erstens durch seine Lehre vom Umgreifenden – von ihm auch Periechontologie genannt –, die eine mögliche Kartographie des unendlichen Raums des Denkbaren erstellt: durch eine Verhältnisbestimmung der verschiedenen Weisen des Umgreifenden, so etwa des Umgreifenden der Welt, der Existenz, der Vernunft und der Transzendenz selbst. Zweitens durch sein Projekt einer philosophischen Logik, der er die Aufgabe zuweist, die Kategorien, Begriffe, Verfahren und Methoden zu bestimmen, mit deren Hilfe innerhalb der verschiedenen Weisen des Umgreifenden gedacht werden kann. Diese Logik, von der er selbst nur den ersten Band, das 1947 erschienene Monumentalwerk *Von der Wahrheit,* veröffentlicht hat, sollte zum eigentlichen Organon werden für das Denken der sich selbst reflexiv erhellenden Vernunft.[29] Aus der grundlegenden methodologischen Einsicht dieser Logik ergibt sich als drittes Konzept für eine alle verbindende Kommunikation Jaspers' Chiffrenlehre:

Wie die philosophische Logik zeigt, verfügen wir über keine Sprache, in der wir adäquat über Transzendenz reden können. Wenn wir es mit den uns zugänglichen Begriffen und Kategorien und gemäß der Logik des Verstandes zu tun versuchen, enden wir in Widersprüchen, Zirkeln und Tautologien, kurz in Absurditäten von der Art, wie sie Jaspers in seiner sechsten *Vorlesung* am Beispiel von Petrus Damiani vor Augen führt. Skeptiker und Agnostiker heben dieses Scheitern des Verstandes zu Recht immer wieder hervor. Müssten wir darum nicht, wie diese, konsequenterweise jedes Reden über Transzendenz unterlassen und schlicht – schweigen? Der Skeptizismus scheint in der Tat die philosophische Haltung zu sein, die der Unerreichbarkeit und Ferne der Transzendenz allein gerecht wird.[30] Nur zieht Jaspers aus dem Skeptizismus eine andere Konsequenz, nämlich diejenige, die auch schon die negative Theologie gezogen hat:[31] Gerade weil jeder Versuch scheitern muss, positiv zu sagen, was die Transzendenz denn nun eigentlich sei, wird uns erst bewusst, was sie ist: das schlechthin Andere zu allem, was sich überhaupt denken lässt. Wir machen im Denken der Transzendenz dieselbe Erfahrung wie der Betrachter des Meeres, für den das offene Meer und der sich endlos verschiebende Horizont zum Sinnbild wird für eine hinter allen Horizonten liegende unendliche Ferne.[32]

Wie dieses Naturerlebnis kann auch das scheiternde Denken als ein solches Zeichen gelesen werden, als Chiffer nämlich, die, wie Jaspers sagt, durchlässig ist auf etwas ganz Anderes, Nicht-Gegenständliches und Nicht-Ausdrückbares hin.[33] Die Chiffer kann meine Sehnsucht wecken nach diesem Fernen, Anderen, das eben dadurch, dass ich dieser Sehnsucht nachgebe, hier und jetzt gegenwärtig wird. Dies kann allerdings auf zwei grundsätzlich verschiedene Weisen geschehen. Der erste Weg ist der Weg der Mystik. Jaspers schildert ihn in der *Vorlesung* am Beispiel der buddhistischen Denker,[34] die der Welt zu entfliehen und durch Versenkungsübungen und Meditationsübungen über alle Chiffern hinauszugelangen versuchen im Erlebnis der mystischen Einheit, der Verschmelzung des Selbst mit dem Absoluten. Der zweite Weg ist der Weg desjenigen, der nicht – weltverneinend – aus der Welt hinaus, sondern – weltbejahend – in die Welt hinein gelangen und die Aufgaben ergreifen will, die sich ihm in dieser Welt stellen, weil er daran glaubt, dass der »Sinn des Lebens« allein in dem »Ernst der Praxis« liegt, »der es auf die Welt und was in ihr geschieht, entscheidend ankommt«.[35] Jaspers sieht für uns, für uns Abendländer – so schon in der *Psychologie der Weltanschauungen* (1919) – nur diesen zweiten Weg, den Weg, wie er ihn dort nennt, des von dem Streben nach der Idee erfüllten Lebens, der »ideenhaften Existenz«. Wer in Raum und Zeit lebe, für den könne die Transzendenz nur in dieser Welt Wirklichkeit sein: dadurch, dass sie dem Einzelnen und Endlichen »einen Sinn und ewige Bedeutung« verleihe. Das Absolute sei nur da im Augenblick der Entscheidung, der nun absolute Wichtigkeit bekomme, »als ob das Ewige hier erst entschieden würde, von dieser zeitlichen Entscheidung abhänge«.[36] Das Absolute sei immer nur »inkorporiert im Endlichen, nicht selbst und nicht direkt gegeben. Im Mystischen kann der Mensch das Absolute, Gott, die Menschheit, das Nichts lieben, kann er gegenstandslos lieben, in dem Leben der Idee liebt er den einzelnen Menschen, ein Konkretes und Einzelnes, eine Sache, eine Aufgabe, ein Werk.«[37] Wer die Welt will, diesen Ernst der Praxis will, für den kann darum Transzendenz nicht anders gegeben sein als in der Form von Chiffern: zweideutig bleibenden Zeichen, an denen wir Halt zu gewinnen suchen, in denen – in bestimmten Augenblicken – Transzendenz zu uns zu sprechen scheint, obwohl wir zugleich wissen, dass die Transzendenz jenseits aller dieser Zeichen liegt.[38]

Chiffern zu lesen, und auch die überkommenen religiösen Inhalte und Vorstellungen als Chiffern zu verstehen, ist darum für Jaspers eine Hauptaufgabe der Philosophie, genauer, der von ihm als Analogon zur Theologie aufgefassten »Chiffernmetaphysik« – die »philosophische Entfaltung des eigenen Umgangs mit den Chiffern«.[39] Das Lesen allen Seins als Chiffernschrift ist »entweder das denkende Begreifen des Lesens, wie es in Kunst und Dichtung vollzogen wird; oder es ist das Schaffen einer philosophischen Sprache, die ihrerseits im Gedanken das Sein als Chiffre entziffern möchte«.[40]

In der *Vorlesung* zeigt er am Beispiel der Chiffern von dem einen Gott, dem persönlichen Gott, dem Mensch gewordenen Gott, wie diese Aufgabe angegangen werden kann. Wie wenn er mit diesen Chiffern spielen würde, greift er bald auf mythische Bilder und Vorstellungen, bald auf die abstraktesten philosophischen Spekulationen zurück, beschwört zu jeder Chiffer auch immer wieder die sie bekämpfende Gegen-Chiffer, zur Chiffer der Weltharmonie z.B. die Chiffer der manichäisch in sich zerrissenen Welt.[41] Er bringt dadurch die Chiffern, wie sein Lieblingsausdruck lautet, in die »Schwebe« – um uns davor zu bewahren, dass wir der suggestiven Kraft einer einzelnen Chiffer verfallen, sie wörtlich nehmen und dogmatisch verfestigen. Wer philosophisch Chiffern liest, muss sich öffnen können für die Mannigfaltigkeit der Chiffern, er kann gleichsam nie genug Chiffern haben, im Gegensatz zur Theologie, die sich dogmatisch stützt auf das Glaubensbekenntnis einer institutionellen Gemeinschaft. Das Spiel mit den Chiffern ist jedoch nie Selbstzweck, nie »Spielerei«. Jaspers ruft darum in der *Vorlesung* immer wieder warnend den für ihn entscheidenden Punkt in Erinnerung: Dieser spielende Umgang mit Chiffern im Medium des Vortrags ist nicht das Wesentliche; der wahre Gehalt einer Chiffer erschließt sich dem Einzelnen nur in seinem inneren Handeln, in dem, was er in Freiheit als seine Aufgabe ergreift. Das philosophische Spiel mit den Chiffern ist bloß der Versuch, im Medium der Sprache an das zu erinnern oder – experimentierend – das vorwegzunehmen, was allein in der konkreten Situation im Seinsbewusstsein des Einzelnen (in dem, was er nun selber glaubt) als Transzendenz unmittelbar gegenwärtig werden kann.[42]

So viel zu dem Jaspers'schen Versuch, den Raum der Vernunft zu eröffnen für alle, die Freiheit und umfassende Kommunikation wollen. Wie aber soll es auf diesem Weg zu dem erhofften Friedensschluss der Philosophen untereinander und der Philosophie mit der Religion kommen?

V.

Zum Friedensschluss der Philosophen. – Periechontologie und philosophische Logik ermöglichen ein alle verbindendes Gespräch im Medium der Vernunft, indem sie alle Beteiligten vor die *quaestio juris*, die Frage nach der Berechtigung unseres Anspruchs auf Erkenntnis, stellen: Auf welche Weise kann überhaupt ein Begriff von Transzendenz gewonnen und über Transzendenz gesprochen werden? Welche Methoden und Begriffe transzendierenden Denkens stehen uns zur Verfügung? So weit ist das zwar noch immer der kantische Ansatz. Dieser wird nun aber, auf einer Metaebene gleichsam, nochmals eingeholt: Wir müssen uns, so Jaspers' Warnung, bei der Beantwortung dieser Fragen vor allem vor dem hüten, was Hegel – Kants Intention verstärkend – aus dem Ansatz der kantischen Transzendentalphilosophie habe machen wollen: ein geschlossenes System aller angeblich überhaupt denkbaren Kategorien des Seins und des Denkens. Ein solches System gebe es nicht und werde es nie geben. Wir könnten nur, eklektisch gleichsam, aufsammeln, was philosophisch gedacht worden ist, und dieses Material zu ordnen versuchen.[43] Die Systematiken, die wir dabei entwerfen, sind immer wieder zu konfrontieren mit dem, was Menschen im Verlauf ihrer Geschichte in den verschiedenen Kulturkreisen an Kategorien entwickelt haben. Denn Wahrheitsnähe bewahren wir uns nur, wenn wir keinen Standpunkt auslassen und alles, was überhaupt je gedacht wurde, philosophisch uns anzueignen versuchen. Darum und eben darum bedarf Philosophie einer Weltgeschichte der Philosophie und eben darum muss Philosophie Weltphilosophie werden: Nur indem sie Philosophie in allen ihren Gestalten aufsucht, kann sie sich aus der Gefangenschaft in ihrer eigenen historischen Kontingenz befreien.[44] Diese Befreiung besteht allerdings nicht darin, alles Historische abzustreifen, sondern vielmehr, »die je eigene geschichtliche Überlieferung neu anzueignen, zu reinigen, zu verwandeln, aber nicht preiszugeben«.[45]

Zum Frieden zwischen Religion und Philosophie und unter den Religionen. – Das kritische methodologische Bewusstsein der Philosophie allein, dies wurde deutlich genug, ist kein Weg zur Transzendenz. Es lässt uns ohne Bilder, ohne Vorstellungen, ohne jegliche Anschaulichkeit, gleichsam mit leeren Händen zurück. Der einzige Zugang zur Transzendenz, der uns – sofern wir uns nicht mystisch ins Weltlose verflüchtigen, sondern weiterhin in dieser Welt leben wollen – bleibt, ist der Weg über die Chiffern. Darum können wir ohne die zu Chiffern werdenden oder zu Chiffern gewordenen konkreten Bilder und Inhalte nicht leben. Sie zeugen davon, auf welch vielfältige Weise Transzendenz sich den Menschen offenbart. Wenn wir die überkommenen Bilder und Inhalte – und für uns Europäer sind dies nach wie vor die biblischen Gehalte – philosophisch zu lesen versuchen, können sie auch für uns wieder zu Chiffern werden, die uns auf Transzendenz verweisen. Und je mehr wir uns der Vielfalt religiösen Denkens öffnen, desto offener werden wir für die verschiedenen Weisen, auf die sich Menschen mit der Transzendenz verbunden wissen.[46] Was für die einzelnen Menschen jeweils Chiffer ist, mag zwar höchst unterschiedlich sein, aber dass es sie alle, durch ihre jeweilige Chiffer, zur Transzendenz hin drängt, das ist die Wahrheit, die sie verbindet. Den Wahrheitsgehalt der einzelnen Chiffern zu prüfen, ist Aufgabe der philosophischen Vernunft. Letztes Wahrheitskriterium aber bleibt ein existentielles: ob ich als Einzelner dort, wo ich an die Grenzen meines Fragens komme – angesichts des Leids und des Bösen in der Welt, der Zufälle, die mich treffen, der Schuld, der ich nicht entrinnen kann, des Todes, der mir gewiss ist –, ob ich auch in diesen Grenzsituationen noch bestimmten Chiffern zu folgen und im Vertrauen auf das, was in ihnen sich mir als Transzendenz zeigt, mein Leben zu leben wage. Sogar grundlegende Differenzen in dem, was die Einzelnen glauben, können dann als vernünftige Differenzen gelten – als Differenzen innerhalb der Grenzen der transzendierenden Vernunft. Weil es immer nur Chiffern für die einzelnen Menschen und keine objektiven Wahrheiten gibt, kann niemand ein Privileg, eine Vorzugsstellung oder gar das Deutungsmonopol in Fragen der Transzendenz beanspruchen: Die Transzendenz ist allen gleich fern. Was Transzendenz betrifft, gibt es keine Lehrer, nur Schüler, und Schüler kann jeder sein. Auf dem Boden dieser Einsicht ist der Friede zwischen den Religionen möglich und zugleich ein zwingender Grund gegeben, mit allen religiösen Positionen philosophisch ins Gespräch zu treten: um ihren Weg zur Transzendenz zu verstehen und in der Auseinandersetzung mit ihnen uns über unseren eigenen Weg klarer zu werden.

Wo kein Friede möglich ist. – Es gibt für Jaspers – neben dem Unglauben – letztlich nur noch einen großen Gegner des philosophischen Glaubens: die Offenbarungsreligionen, der Glaube, dass Transzendenz leibhaftig in dieser Welt anwesend sei oder gewesen sei und dass es Personen oder Institutionen gebe, die unmittelbar von Gott autorisiert sind und die alleinige Deutungsmacht haben über die transzendente Wahrheit. Wer mit dem Anspruch auftritt, dass es nur einen Weg und eine Wahrheit und ein Leben gebe und zudem beansprucht, diesen Weg allein zu kennen, braucht kein Gespräch mehr mit jenen, die anderen Glaubens sind. Er kann Andersgläubige nur noch missionieren und in ihrem Dasein notfalls tolerieren – als eine Widerwärtigkeit mehr in dieser Welt. Kurzum: Die Wahrheit der Offenbarungsreligion ist keine, die uns verbindet, sondern eine, die uns trennt. Sie trennt uns aber nicht nur, weil sie den jeweils Andersgläubigen ausschließt, sondern auch darum, weil sie sich auf ein Faktum beruft, das sich jeder philosophischen Aneignung entzieht: Sie versteht die Transzendenz nicht als etwas, zu dem wir nur über Chiffern gelangen können, sondern als ein Wesen, das – wie z.B. der Mensch gewordene christliche Gott – direkt zu uns spricht. Offenbarungsreligion bleibt so – neben dem Unglauben – der zweite große Feind des philosophischen Glaubens. Solange sich der Offenbarungsglaube philosophisch nicht transformiert, wird es keinen Frieden zwischen den Religionen geben.

Damit schließt sich der Bogen. Die Jaspers'sche Philosophie, so haben wir festgestellt, ist eine Philosophie, die sich als Antwort auf die geistige Situation ihrer Zeit versteht und deren Sorge der Einheit der Welt und dem Weltfrieden gilt. Aus der Sorge um diesen Frieden, den es ohne einen gemeinsamen Grund und eine uns alle verbindende Wahrheitssuche nicht geben könnte, erwächst die Forderung nach einer Philosophie der umfassenden Kommunikation. Jaspers hat sein Denken in den Dienst dieser Transformation der Philosophie gestellt: mit der Entwicklung der Periechontologie, der philosophischen Logik und der Chiffernlehre. Er kann, indem er den kantischen Ansatz weiterdenkt und konsequenterweise jedes endgültige System ablehnt, plausibel machen, warum diese Transformation der Philosophie nur durch den Einbezug aller Weisen des Denkens erfolgen kann. Als nicht einholbare 'Feinde' dieses Denkens bleiben zurück: der Unglaube, der zugleich auch die Philosophie einer Antiphilosophie ist, und der Offenbarungsglaube. Dafür zu kämpfen, dass sich auch diese Positionen philosophisch transformieren, dies wird – und hier kann man Jaspers nur zustimmen – weiterhin eine große Zukunftsaufgabe der Philosophie sein, ob nun auf dem von ihm gewiesenen oder auf einem anderen Weg. Angesichts der Größe dieser Aufgabe wird uns aber erst recht klar, was Jaspers auf diesem Weg bereits geleistet hat und was sich hinter dem schlichten abschließenden Satz in seinem Nekrolog über seine Basler Zeit verbirgt: »Alle Kraft dieser Jahre gab er der Fortsetzung seiner an sich unabschließbaren philosophischen Arbeit, mit der er [...] teilnehmen wollte an der Aufgabe des Zeitalters, den Weg zu finden aus dem Ende der europäischen Philosophie in eine kommende Weltphilosophie.«[47]

Anmerkungen

1 Dieser Beitrag lehnt sich eng an meinen Artikel »Jaspers in Basel – Philosophischer Glaube und Offenbarungsglaube« in dem von Emil Angehrn und Wolfgang Rother herausgegebenen Band *Philosophie in Basel. Prominente Denker des 19. und 20. Jahrhunderts* (Basel 2011) an.
2 Diese Vorlesung ist Grundlage des bei Piper erschienenen Buches: Der philosophische Glaube (München 1948).
3 Die Kontroverse mit Bultmann findet ihren Niederschlag in der von Jaspers und Bultmann gemeinsam verfassten Schrift: Die Frage der Entmythologisierung (München 1954).
4 In Anspielung auf den Beitrag von Habermas im Diskussionsband entsprechenden Titels (vgl. Michael Reder, Josef Schmidt [Hg.]: Ein Bewußtsein von dem, was fehlt. Eine Diskussion mit Jürgen Habermas [Frankfurt M. 2008]).
5 Vgl. Jürgen Habermas, Josef Ratzinger: Dialektik der Säkularisierung. Über Vernunft und Religion (Freiburg, Basel, Wien 2005).
6 Charles Taylor: A Secular Age (Cambridge Mass., London 2007).
7 Jaspers hat mit diesem Projekt 1937 begonnen (vgl. K. Jaspers: Philosophische Autobiographie [München 1977] 121).

8 Eine der ersten öffentlichen Erwähnungen dieses Projektes findet sich im Radiovortrag *Mein Weg zur Philosophie*, der 1951 ausgestrahlt und gedruckt wurde (vgl. K. Jaspers: Mein Weg zur Philosophie, in: ders.: Rechenschaft und Ausblick. Reden und Aufsätze [München 1951] 323-332). Das Tondokument des Radiovortrags wurde zum Anlass der 550-Jahr-Feier der Universität Basel neu zugänglich gemacht (vgl. Christoph Merian Stiftung: Jaspers, Portmann, Barth, Reichstein. Wissenschaft aus Basel in Originaltonaufnahmen [Basel 2010]).

9 K. Jaspers: Die großen Philosophen (München 1957).

10 K. Jaspers: Descartes und die Philosophie (Berlin 1937).

11 K. Jaspers: Schelling. Größe und Verhängnis (München 1955).

12 K. Jaspers: Nikolaus Cusanus (München 1964).

13 Das Beste, was man aus unmittelbarer Nähe zur Person Jaspers' und aus profundester Kenntnis seiner Texte über sein Projekt einer Weltphilosophie sagen kann, verdanken wir Hans Saner (vgl. insbesondere H. Saner: Jaspers' Idee einer kommenden Weltphilosophie, in: Leonhard Ehrlich, Richard Wisser [Hg.]: Karl Jaspers Today. Philosophy at the Threshold of the Future [Washington 1988] 75-92; sowie Saners erste Darstellung dieses Projekts in: H. Saner: Karl Jaspers [Reinbek b. Hamburg 1970] 103-110).

14 K. Jaspers: Die Atombombe und die Zukunft des Menschen (München 1958).

15 K. Jaspers: Schicksal und Wille (München 1967) 183.

16 So im persönlichen Gespräch gegenüber Hans Saner (vgl. H. Saner: Von der Weite des Denkens und der Verlässlichkeit des Handelns – Karl Jaspers in seiner Zeit, in: Reinhard Schulz, Giandomenico Bonanni, Matthias Bormuth [Hg.]: »Wahrheit ist, was uns verbindet«. Karl Jaspers' Kunst zu philosophieren [Göttingen 2009] 13-26, zit. 26).

17 Thema seines Philosophierens ist der Glaube allerdings erst spät geworden. »Seit meiner 'Philosophie' (1931)«, schreibt Jaspers, »ist der philosophische Glaube als Sinn der philosophischen Lehre öffentlich von mir vertreten worden. In der Schrift 'Der philosophische Glaube' (1947) habe ich ihn ausdrücklich formuliert.« (vgl. K. Jaspers: Philosophische Autobiographie, 119).

18 K. Jaspers, Heinz Zahrnt: Philosophie und Offenbarungsglaube (Hamburg 1963) 41.

19 Eine besonders sprechende Stelle findet sich in Jaspers' *Philosophischer Autobiographie*: »Daher kommt so viel darauf an, wofür der Einzelne leben und wirken will. Er muss wissen, wo er steht. Sein eigenes Wesen und der Gang der Dinge hängt davon ab, dass er es belangreich findet, was er, auch in seinen winzigsten Entscheidungen, tut. Es ist von ewiger Bedeutung vor der Transzendenz, der hingegeben er erst *er selbst* wird, dort unbedroht von Gelingen und Scheitern. Es ist von zeitlicher Bedeutung durch sein Wirken in der Welt.« Denn was aus der Welt wird, »hängt ab von jedem einzelnen Menschen in einer für ihn im Ganzen unberechenbaren Weise.« (vgl. K. Jaspers: Philosophische Autobiographie, 135).

20 Ich interpretiere hier Jaspers' nicht eben leicht verständliche Auslegung des scholastischen Satzes, der Glaube umfasse immer zwei Momente: den Glaubensinhalt, den ich ergreife, und das, was ich tue, indem ich diesen Inhalt ergreife – *fides qua creditur* und *fides quae creditur*. Dazu eine Schlüsselaussage seiner Auslegung: Ich kann weder sagen, dass der Glaube »eine objektive Wahrheit sei, die nicht durch den Glauben bestimmt werde, sondern vielmehr ihn bestimme, – noch kann ich sagen, dass er eine subjektive Wahrheit sei, die nicht durch den Gegenstand bestimmt werde, vielmehr ihn bestimme. Der Glaube ist Eins in dem, was wir trennen als Subjekt und Objekt, als Glaube aus dem, und als Glaube, an den wir glauben.« (vgl. K. Jaspers: Der philosophische Glaube [München 1948, Frankfurt a. M. 1958] 14).
21 Vgl. etwa K. Jaspers: Vom Ursprung und Ziel der Geschichte (Zürich 1949) 273: »Es ist aber die eigentliche [...] Frage der Zukunft, wie und was der Mensch glauben wird.« Vgl. aber auch, was Jaspers in seiner sechsten *Vorlesung* über die Bedeutung unserer Gottesvorstellungen sagt: »Aber in dem persönlichen Gottesgedanken stecken nun Momente, die, zu Ende gedacht, von außerordentlicher Bedeutung sind, nämlich in dem Sinne, dass, wie oft gesagt worden ist auch von Luther, 'welchen Gott ich habe – die lutherische Formulierung habe ich nicht im Kopfe, – welchen Gott ich denke, dahin werde ich selbst'. Es ist nicht gleichgültig, welche Gottesvorstellung, die Gottesvorstellungen und die Menschen, die sie haben, gehören zusammen, keineswegs etwa in dem Sinne der Subjektivität, der Beliebigkeit.« (Chiffern, 80)
22 K. Jaspers: Vernunft und Existenz (München 1973) 7-34, 102-105.
23 Bereits in *Vernunft und Existenz* betont Jaspers bei seiner Abwehr des mit Kierkegaard und Nietzsche sich öffnenden Entweder-Oder von Offenbarungsglaube und Gottlosigkeit den eigenständigen Ursprung der Philosophie und des philosophischen Glaubens (vgl. ebd., 110-114).
24 K. Jaspers: Der philosophische Glaube angesichts der Offenbarung (München 1962) 7.
25 Darum gilt für Jaspers: »Kein äußerer Friede ohne den inneren.« Kein Friede ohne Freiheit. »Äußere Freiheit eines Staates und innere Freiheit durch seine Regierungsart haben Bestand nur durch die existentielle Freiheit der einzelnen Menschen.« (vgl. K. Jaspers: Philosophische Aufsätze [Frankfurt 1967] 44). Innere Freiheit erfordert die von Jaspers immer wieder angemahnte »innere Umkehr«, die »Revolution der Denkungsart«, die darin besteht, von dem durch vorgegebene Zwecke bestimmten, planenden Verstandesdenken überzugehen zu einem Ziele setzenden Vernunftdenken, zur Bereitschaft also, selbst zu denken, ursprünglich zu denken (vgl. K. Jaspers: Die Atombombe und die Zukunft des Menschen, 25-26, 50).
26 Die Bedeutung, die Jaspers dem sogenannt Überpolitischen in der heutigen Weltpolitik gibt, stützt meine These (vgl. ebd., 309-310). Unmittelbar zum Ausdruck kommt sie in seinem programmatischen Satz im Vorwort zu *Der philosophische Glaube angesichts der Offenbarung*: »Wir suchen heute den Boden,

auf dem Menschen aus allen Glaubensherkünften sich über die Welt hin sinnvoll begegnen könnten [...].« (K. Jaspers: Der philosophische Glaube angesichts der Offenbarung, 7). Diesem Satz entsprechend versucht er, den nötigen verbindenden Rahmen der »Mitteilbarkeit« zu schaffen in Form der von ihm entworfenen »modernen Gestalt« des philosophischen »Grundwissens« als »Bedingung eines allgemeinen Sichverbindens« (ebd., 151), als »Band aller Weisen des Umgreifenden, der Vernunft« (ebd., 127). Jaspers lässt keinen Zweifel daran, dass es ihm nicht um eine Einmütigkeit auf der Ebene der Inhalte geht: »Der gemeinsame Boden für die Vielfachheit des Glaubens wäre allein die Klarheit der Denkungsart, die Wahrhaftigkeit und ein gemeinsames Grundwissen.« (ebd., 7). Auf der Ebene der Inhalte, d. h. in Bezug auf das, was geglaubt wird, wird es weiterhin Kampf und unvermeidliche Polemik geben. Aber dies ist nicht mehr ein Kampf »um Macht, indem der eine Teil siegt, sondern um Wahrheit, indem beide sich finden« (vgl. K. Jaspers: Weltgeschichte der Philosophie, aus dem Nachlass hg. von Hans Saner [München 1982] 74).

27 In den *Chiffern* (10) entspricht diesem Typus wohl am besten der »passive Agnostiker«, während der »aktive Agnostiker« eher unter die im Folgenden geschilderte Position 5 fällt.

28 Diese kantische Einsicht ist der Kernpunkt dessen, was Jaspers das »philosophische Grundwissen« nennt: »erst Kant vollzog die Befreiung, durch die wir in jedem geistigen Akt wissen können, was wir tun.« (vgl. K. Jaspers: Der philosophische Glaube angesichts der Offenbarung, 435). Er ermöglichte den gemeinsamen Raum, in dem wir uns alle in Freiheit treffen können; denn »erst durch die Klärung des Sinnes der Geltung dessen, was wir sagen und hören, werden wir [...] frei von dem 'festen Behaupten', von dem diktatorischen Denken in Machtansprüchen, frei von dem Zwang der logischen Konstruktion, deren Voraussetzungen nicht bewusst geworden sind. Wir werden befreit aus allen bestimmten Kategorien, aus den Fesseln der Sprache und der eigenen Gedanken. Wir unterwerfen uns keinem Gedanken außer in den stets auffindbaren Grenzen seines Geltungssinnes.« (ebd., 433) Es ist das Verdienst von Helmut Fahrenbach (vgl. H. Fahrenbach: Das 'philosophische Grundwissen' kommunikativer Vernunft – Ein Beitrag zur gegenwärtigen Bedeutung der Philosophie von Karl Jaspers, in: Jeanne Hersch, Jan Milič Lochman, Reiner Wiehl (Hg.): Karl Jaspers. Philosoph, Arzt, politischer Denker [München 1986] 232-280), mit Nachdruck auf diese Schlüsselrolle des philosophischen Grundwissens im Werk von Jaspers hingewiesen zu haben.

29 In welchen Dimensionen Jaspers diese Arbeit geplant hat, zeigt der *Nachlass zur Philosophischen Logik* (vgl. Nachlass zur Philosophischen Logik, hg. von Hans Saner und Marc Hänggi [München 1991]).

30 Aus diesem Grund kann Jaspers sagen: »Skepsis ist ein unerlässlicher Weg im Philosophieren. Eigentliche Philosophie muss daher einem philosophischen Dogmatiker als Skeptizismus erscheinen.« (K. Jaspers: Der philosophische Glaube angesichts der Offenbarung, 143).

31 Vgl. seine Würdigung der negativen Theologie in den *Chiffern* (94-95) und in: Der philosophische Glaube angesichts der Offenbarung, 388-390.
32 Das Meer mit seinem offenen Horizont gehört zu den ersten Erlebnissen, die, nach Jaspers' eigenem Zeugnis, ihm zur Chiffer geworden sind für Freiheit und Transzendenz (vgl. K. Jaspers: Schicksal und Wille, 15-16).
33 Chiffern Zeichen zu nennen, ist letztlich irreführend. Für alles, was wir sonst Zeichen nennen, steht das Zeichen immer für etwas anderes, das es »bedeutet«. Auch Chiffern bedeuten zwar, aber sie bedeuten nicht »etwas«. Chiffern sind, nach der Definition von Jaspers, »Bedeutungen, die nicht aufgelöst werden können durch Aufzeigen dessen, was sie bedeuten«. (K. Jaspers: Kleine Schule des philosophischen Denkens [München 1965] 140).
34 Chiffern, 95-98.
35 Ebd., 98.
36 K. Jaspers: Psychologie der Weltanschauungen (Berlin, Göttingen, Heidelberg ⁵1960) 460. Vgl. dazu die Schlüsselstelle in den *Chiffern*: »Das Eine ist der Ursprung, auf den blickend das Eine in der Lebenspraxis gesucht wird. Darum ist das Eine zugleich für mich das Absolute der einen Transzendenz und in mir das Eine als die Führung in meiner geschichtlichen Verwirklichung. Man kann sich vielleicht so ausdrücken, dass diese je einzelne geschichtliche Verwirklichung des Menschen in ihrer Winzigkeit die Chiffer jenes unendlichen Einen wird, das selber Chiffer ist. Und in meiner Gegenwärtigkeit wird gleichsam das Eine gespiegelt wie die Sonne in den Wassertropfen, und ein solcher Wassertropfen zu sein, ist gleichsam der Sinn der menschlichen Existenz, wenn er auf das Eine gerichtet ist. Das Eine ist also unendlich fern, ungreifbar, unerkennbar, der Grund alles Seienden, und andererseits ganz nah, wenn ich mir in meiner Freiheit geschenkt werde und auf den Weg des Mit-mir-identisch-Werdens gelange.« (54, vgl. auch 59)
37 Ebd., 460-461.
38 Dies ist der tiefere Grund für Jaspers' Kritik an dem Bultmann'schen Programm der Entmythologisierung des Neuen Testaments: Die Leibhaftigkeit der Transzendenz ist in einer wissenschaftlich gewordenen Welt in der Tat nicht zu »retten«, die Mythen als Chiffern aber sind für uns unverzichtbar.
39 Vgl. etwa die entsprechenden Bemerkungen in: K. Jaspers: Kleine Schule des philosophischen Denkens, 143-144.
40 K. Jaspers: Philosophie III, Metaphysik (Berlin, Heidelberg. New York ⁴1973) 35. (Jaspers verwendet in seinem früheren Werk – die *Philosophie* erschien 1932 – noch durchgehend die Schreibweise »Chiffre«).
41 Jaspers spricht denn auch selber von dem »Spiel der Metaphysik«, das aber als »Spielerei« beliebige Willkür wäre. »Daß einmal ein Augenblick war, in dem es wirklich gegenwärtige Sprache war, oder daß ein solcher Augenblick kommen könnte, macht die Wahrhaftigkeit dieses Spiels aus.« (ebd., 33, 34)
42 Jaspers wörtlich: »Wahrer Gehalt als unmittelbare Sprache der Transzendenz ist nur dem absoluten Bewusstsein der Existenz gegenwärtig.« (ebd., 129)

43 Vgl. Jaspers' Erläuterung in *Das bleibende Suchen einer Systematik der Kategorien*: »Uns leitet das Pathos der nie zu beendigenden Orientierung im Dienste der selbst nur zu erhellenden, nicht gegenständlich zu wissenden Existenz. Wir suchen die Möglichkeiten, mit offenem Auge den vorkommenden Wissensformen und Gegenständen ihre Bestimmungen abzulesen, ohne das Ganze vorher in Besitz zu haben oder es als möglichen endgültigen Besitz zu erstreben.« (Nachlass zur Philosophischen Logik, 42)

44 »Philosophiegeschichte muss universal sein«, weil der »Denker« notwendig interessiert ist »an allem wesentlich Gedachten auf der Erde. [...] ihm sind alle wesentlichen Denker Helfende, die noch im geistigen Kampf ihn finden, dass er zu sich selbst komme. Ganz zu Hause ist erst, wer in aller Welt sich geprüft, erweitert und bewährt hat.« (K. Jaspers: Weltgeschichte der Philosophie, 69).

45 K. Jaspers: Der philosophische Glaube angesichts der Offenbarung, 7.

46 Zur Illustration vgl. man, welche Bedeutung Jaspers in den *Chiffern* dem nicht-europäischen, insbesondere dem asiatischen Denken einräumt.

47 Nekrolog, von Jaspers selbst verfasst, in: Gedenkfeier für Karl Jaspers, 4.

Nachbericht

Von Hans Saner

I.

Im Sommersemester 1961 hielt Jaspers in der Aula der Universität Basel seine letzte Vorlesung *Die Chiffern der Transzendenz*. Sie schloss den Kreis seiner Lehrveranstaltungen, die er in Basel gehalten hatte – 22 Vorlesungen und ebenso viele Seminare – insofern elegant ab, als er sich schon 1947, im Hinblick auf eine mögliche Berufung, den Baslern mit sechs Vorlesungen zum Thema *Der philosophische Glaube* empfohlen hatte.[1] Die religionsphilosophische Reflexionsarbeit schien gleichsam das letzte Band zu sein, das eine transzendierende Philosophie von kolossalen Dimensionen umgreifen sollte. Daraus wurde gelegentlich geschlossen, dass der späte Jaspers – Jaspers in Basel – ein religiöser Denker geworden sei.

Wer einen Blick auf das Verzeichnis der 44 Basler Lehrveranstaltungen wirft,[2] wird bald erkennen, worin für Jaspers die philosophische Hauptarbeit bestanden hat: in der Aneignung der Philosophien der großen Philosophen. Sie nimmt im Unterricht etwa den fünffachen Umfang der religionsphilosophischen Reflexionsarbeit ein und ist ungefähr doppelt so groß wie alle übrige philosophische Arbeit zusammen. Wenn man aber bedenkt, dass alle Verstehensarbeit in der Philosophie selber Philosophie ist, wird diese ganze Rechnerei hinfällig.

Worin Jaspers' Arbeit insgesamt bestanden hat, lässt sich aus späten Andeutungen sagen: Der späte Jaspers sah seine entscheidende Arbeit darin, das Denken in allen Bereichen so weit zu öffnen, dass die Idee einer künftigen Weltphilosophie immer konkreter fassbar wurde:[3] als Weltgeschichte der Philosophie, die er unter sechs unterschiedlichen Aspekten sechsfach schreiben wollte,[4] und als Philosophie der Weltgeschichte, deren Horizonte er im Befund der Achsenzeit verankerte;[5] als Idee der universalen Kommunikation in einer unterschiedlichen Menschheit und als Fähigkeit, gewaltfrei zu glauben oder nicht zu glauben, beides im Verzicht auf die Leibhaftigkeit der Transzendenz und auf die Ausschließlichkeit religiöser Wahrheit. Diesen Verzicht hielt er für möglich, sofern man die Offenbarung als Chiffer der Offenbarung versteht: als Zeichen ohne fixierte Bedeutung oder, wie Jaspers zu sagen pflegte, als Chiffer in der Schwebe.

Alle diese Formen des Verzichts aber nehmen uns nicht die Sprache weg, sondern geben uns eine zwiefache: an der Grenze zur Transzendenz die Sprache der Chiffern und an der Grenze zur Existenz die Sprache der Signa. Wenn das Erkennen aufhört, hört nicht das Denken auf, sondern nur das zwingende Denken der Kategorien.

Das und sehr viel anderes konnte man in der letzten Vorlesung vernehmen, die ich damals noch mithörte – immer ergriffen von der Leidenschaft dieses Denkens und doch zuweilen erstaunt über so viel Sicherheit und Positivität auf so unsicheren Wegen.

II.

Die Edition der *Chiffern der Transzendenz* hat ihre eigene, mittlerweile 50-jährige Geschichte:

1. Die achte Vorlesung, die sogenannte Abschiedsvorlesung, wurde von Radio Studio Basel aufgenommen und von Willy Feess, einem Schüler von Jaspers, der später Arzt wurde, für den Druck in der Sonntagsbeilage der *National Zeitung* (Nr. 323 vom 16. Juli 1961) transkribiert. Dieser Erstdruck des Wortlauts wurde von Jaspers an wenigen fehlerhaften Stellen geringfügig überarbeitet.
2. Die ganze Vorlesungsreihe wurde zugleich von Noboru Hosoo, einem japanischen Arzt, der bei Jaspers studierte, aufgenommen. Er fertigte auch, wie er mir damals berichtete, jeweils noch am Abend des Vorlesungstages eine Abschrift an, die er als Erinnerungs- und Dokumentationsmaterial sorgfältig aufbewahrte.[6]
3. Dieses Material stand mir für die Ausgabe zur Verfügung, die 1970 posthum bei Piper erschien, bis 1984 vier Auflagen erreichte und bis zum Jahr 2000 fünf Übersetzungen bekam.[7]
4. Die Nebengeräusche der Bänder 1-7 und die mangelhafte Transkription machten mir bei der Editionsarbeit erhebliche Probleme. Mein Text war stellenweise eher eine interpretierende Lesefassung als eine wortgetreue Transkription. Auch war die Umbenennung des Titels vielleicht keine glückliche Idee. Jaspers kündigte die Vorlesung 1961 unter dem Titel *Die Chiffern*

der Transzendenz an. Ich betitelte diese erste vollständige Edition mit *Chiffren der Transzendenz*, nahm also Jaspers' frühere Schreibweise wieder auf,[8] die das Wort 'Chiffre' nicht germanisierte, und verzichtete auf den bestimmten, allumfassenden Artikel, weil Jaspers in seiner Vorlesung öfters darauf hinwies, dass er die Vielfalt der Chiffern keineswegs erschöpfend oder gar vollständig behandeln könne.

5. Eine Neuausgabe aller acht Kassetten durch den Vier-Türme-Verlag (Münsterschwarzach) wurde 1997 zum Anlass für eine Reinigung der Bänder. Sie brachte zwar Hör-Erleichterungen, die allerdings nicht in jedem Fall zu einer eindeutigen Lösung der anstehenden Interpretations-Probleme führten.

6. Für die 2011 erscheinende Neuausgabe sind in mehrmaliger Lektüre die Hör- und Verstehensprobleme mit systematischer Hartnäckigkeit aufgesucht und bedacht worden. Die besten Lösungen von Transkriptionsproblemen sind oft eher Geschenke eines aufleuchtenden Augenblicks als Arbeitsfrüchte des grammatischen und analytischen Scharfsinns. Auf die augenblicklichen Erleuchtungen ist bloß kein Verlass, und so muss man in der Regel den mühsameren Weg einschlagen.

Unsere Transkription ist der prinzipielle Versuch einer wortgetreuen Verschriftlichung der ganzen letzten Vorlesung von Jaspers. Dass sie fehlerfrei ist, können wir nicht mit Bestimmtheit sagen, paradoxerweise, weil die noch verbleibenden möglichen Fehler zu gering sind, um zweifelsfrei festgestellt werden zu können: Fehler nämlich, die entstehen, wenn Endsilben verschluckt werden, die Stimme plötzlich einbricht, Nebengeräusche sie überdecken oder Versprecher in falsche Richtungen verweisen. *Die Chiffern der Transzendenz* ist übrigens die einzige Vorlesung von Jaspers, die als ganze aufgenommen worden ist. Nur an ihr wird man das Maß für den Lehrer Jaspers als Redner nehmen können, und nur dank ihr wird es so etwas wie ein Miterleben seines Lehrens post mortem geben.

III.

Der besondere Reiz dieser Vorlesung liegt nicht in neuen Informationen oder philosophischen Methoden. Was sie aussagt, ist der Sache nach im religionsphilosophischen Alterswerk mehrfach ausgesagt, am besten wohl im Hauptwerk *Der philosophische Glaube angesichts der Offenbarung* aus dem Jahr 1962. Aber in der Vorlesung lebt eine größere Unmittelbarkeit. Sie lässt den Hörer – vor allem den Hörer – am Prozess des kommunikativen Erkennens teilnehmen, durch den die Philosophie immer erst und immer neu wird und zu Fragen führt, die man zwar unablässig stellen, aber nie eindeutig beantworten kann. Dieses Fragen setzt einen Mut zum Bodenlosen voraus, für den die Wahrheit nicht feststeht, sondern sich in der Schwebe öffnet und im leibhaftigen Ergreifen verschließt. Ein solches Denken wird gleichermaßen zum Ärgernis für Offenbarungsreligionen und Ausschließlichkeitsansprüche, die in der Regel miteinander verbunden sind.

IV.

Auf zwei Punkte möchte ich besonders hinweisen: auf die ungewöhnliche geistige Frische dieser Altersvorlesung und auf die Rhetorik, die sich in ihr zeigt. Jaspers gilt ja – zu Recht – als Rhetorikskeptiker. Aber er war ein rhetorisch begabter Philosoph, und das sowohl im verbalen, als auch im nonverbalen Bereich. Manchmal genügte eine kleine Geste, um einer philosophischen Einsicht ein besonderes Gewicht zu geben. Jeanne Hersch hat beschrieben, wie sie als Studentin von dieser Fähigkeit beeindruckt war. Ein Gestus konnte der Repräsentant einer geistigen Persönlichkeit werden und dann unvergesslich sein.[9]

Nur in den frühen Jahren als Privatdozent soll Jaspers die Vorlesungen auch tatsächlich 'vorgelesen' haben. Danach sprach er immer frei. Er bereitete sich gewissenhaft vor, mit Notizen für die einzelnen Vorlesungsstunden und mit Zitationsmaterial, falls er dieses benötigen sollte. Er schaute seine Hörer meistens nicht an, wenn er vortrug, sondern richtete seinen Blick leicht nach oben, über die Köpfe hinweg, vermutlich um sich besser konzentrieren zu können. In dieser Konzentration war er eher eine Stimme als eine Person.

Die ungewöhnliche geistige Frische dieses Alterswerks – Jaspers war 78, als er seine letzte Vorlesung hielt, um danach noch acht Jahre eine Erscheinung von schriftstellerischer und politischer Präsenz zu bleiben, die ihresgleichen suchte –, diese Frische verdanken wir vermutlich einerseits der ungewöhnlich langen Übung der freien Rede: über zwanzig Jahre in Basel und über dreißig in

Heidelberg, und andererseits einer Beweglichkeit der Argumentation, die es so nur bei Menschen gibt, die ihr Denken aus immer neuen Perspektiven immer neu reflektieren. Dafür war Jaspers ein Paradefall.

Die alte Frage 'Was ist der Mensch?' stellte Jaspers anfänglich aus den Perspektiven der Psychiatrie und der Psychologie inmitten der Humanwissenschaften, dann aus der Perspektive der Existenzphilosophie, danach aus der Perspektive einer Vernunftphilosophie und schließlich aus der Perspektive der Idee einer kommenden Weltphilosophie, die er alle nach der Architektur des Grundwissens miteinander verband. Jeder dieser Wege war mit einem Perspektivenwechsel verbunden und alle führten jeweils zu einem neuen Sehen des Menschen, ohne dass es eine endgültige Sicht etwa in einem Menschenbild geben könnte. Wer diesen Perspektivenwechsel wie Jaspers mehrmals wagt, definiert damit seine Aufgabe als Lehrer der Philosophie neu: »Man kann nicht Philosophie, sondern nur Philosophieren *lehren*.«[10] Das Lehren der Philosophie aber besteht darin, den Mut zum Perspektivenwechsel zu stärken. Denn zum pluri-aspektiven Denken ist der Philosoph eigentlich verurteilt, wenn er erkennt, dass er das ganzheitliche Denken aufgeben muss. Die Frische des Denkens kommt aus dem Mut zum Perspektivenwechsel. Jaspers nannte ihn in der Frühzeit »Standpunktverschieblichkeit«.[11] Sie ist die subjektive Voraussetzung für das Erkennen des Neuen und Anderen.

Das Erstaunlichste an der letzten Vorlesung ist ihre unbeabsichtigte Rhetorik. Dolf Sternberger geht in seinen *Notizen über die Prosa von Karl Jaspers*[12] vom Grundsatz einer Jaspers'schen Sprachphilosophie aus, den er mehrmals zitiert: »Die kräftigste, wahrste, täuschungsloseste Sprache ist die unwillkürliche, die sich ergibt, wenn wir ganz wir selbst und ganz bei der Sache sind.«[13] Das Beste an dieser Studie ist das mehrfache Zitat. Die Ergießungen dazu sind ein schwacher Strom der nuancierten Peinlichkeiten, die Jaspers mit seiner Sprachphilosophie eigentlich verhindern wollte. Diesen Satz legt Sternberger wie folgt aus:

> Da ist nirgends ein besonderer Nachdruck. Allenfalls jener präzisierende Fortgang vom 'wahrsten' zum 'täuschungslosesten' mag, liest man's vor oder denkt man sich's vom Autor vorgetragen, eine leise Hebung des Tones nahelegen. Und dann darf man nicht vergessen, die beiden Teile des letzten

Nebensatzes genau ins gleiche miteinander zu bringen, dass keiner vor dem andern einen Vorrang gewinnt, vielmehr deutlich wird, wie beides dasselbe ist: 'ganz wir selbst und ganz bei der Sache'. Aber diese Erwägung zeigt nur um so genauer, wie jeder Teil des Satzes hier gleich viel Ton hat. Es gibt in seinem Inneren keinen Höhepunkt, in seinem Verlauf kein Anschwellen und Absinken, und auch die Verspannung der Satzteile untereinander vibriert nur kaum merklich. Diese Prosa hat einen hellen, gleichmäßig klingenden Ton, sie ist leise, gewaltlos, ruft niemanden herbei, sie hält sich auch kaum auf bei Begriffen, sie eilt vorüber wie ein rasches, sprudelndes, doch nicht reißendes Gewässer, das ohne Lärm ist. Sie scheint nahezu frei von Rhetorik.[14]

Das Interessante an Jaspers' Vorlesungsprosa – man sollte sie von der philosophischen Publikationsprosa unterscheiden – ist gerade, dass sie Phasen einer starken Rhetorik hat. Sie baut in die fließende Rede bewusst Wiederholungen ein, bildet manchmal lange Perioden, die kaum je misslingen, variiert das Sprechtempo und erhebt zuweilen die Stimme kräftig, so dass sie bestimmend und fast autoritär klingt und danach auch wieder weich und melodiös. Das eine ist es, ein Blatt Papier vor sich zu haben und es zu beschriften, und das ganz andere, 500 Hörerinnen und Hörer vor sich zu haben und frei zu ihnen zu sprechen. Diese Prosa hat dann nicht mehr »den gleichmäßig klingenden«, »leisen« Ton, sondern sie ist von der Leidenschaft des Suchens und des Erkennens geprägt, die das Auditorium in den Bann zieht und es erleben lässt, was Philosophie sein kann. Es gibt eine lebendige Rhetorik, die mit dem wissenschaftlichen Begriff und der historischen Kunst nur wenig zu tun hat, aber doch eine geistige Praxis ist, und es gibt eine formelhafte Rhetorik, die eine mehr oder weniger verwissenschaftlichte Kunst der Kommunikation ist. Jaspers hatte nur mit der ersten etwas zu tun, die sich im Sprechen unwillkürlich ergibt, »wenn wir ganz wir selbst und ganz bei der Sache sind«.[15]

Seltsam mutet es übrigens an, dass es bei Jaspers ein Nebeneinander der starken Rhetorikskepsis gibt, die an die Grenzen der Verachtung gehen kann, und des ausgeprägten Interesses für die Formen der Polemik, die von der Verachtung kaum je betroffen sind. Für ihn kann die Polemik eben eine Form des liebenden Kampfes sein, den er in der Rhetorik offenbar nur selten vermutet hat.

Leitlinien der Edition
Der Sinn der Verschriftlichung der frei gesprochenen Vorlesungen kann es nicht sein, Fehler und Irrtümer zu verewigen. Fehlerhafte Stellen werden deshalb korrigiert und mit einer Anmerkung versehen. Die syntaktische Gliederung und die damit verbundene Zeichensetzung stammen von den Herausgebern. Sie ist Teil ihrer Interpretation.

Editionen
- Chiffern der Transzendenz. Die Baseler Abschiedsvorlesung von Professor Karl Jaspers, in: National Zeitung. Schweizerische Tageszeitung. Basel. Nr. 323, 16. Juli 1961, Sonntagsbeilage. – Wortlaut.
- Die Chiffern der Transzendenz, in: Hermann Horn, Helmuth Kittel (Hg.): Der Glaube der Gemeinde und die mündige Welt. Oskar Hammelsbeck zum 70. Geburtstag (München 1969) 141-151. – Wortlaut.
- Chiffren der Transzendenz. Hg. von H. Saner (München 1970). – Integrale und redigierte Fassung der letzten Vorlesung vom Sommersemester 1961. – 2. Aufl. 1972; 3. Aufl. 1977; 4. Aufl. München, Zürich 1984.
- Die Chiffren der Transzendenz. Hg. von A. Hügli und H. Saner. Integrale Fassung im Wortlaut (Basel 2011).

Tonaufnahmen
- Die Chiffren der Transzendenz. Abschiedsvorlesung vom 3. Juli 1961 (Zürich: TR-Verlag Union Audiothek Ex Libris 1974).
- Chiffren der Transzendenz. Vorlesung Sommersemester 1961, Universität Basel (Münsterschwarzach: Vier-Türme-Verlag, 1997) 8 Kassetten.
- Die Chiffren der Transzendenz. Die Abschiedsvorlesung vom 3. Juli 1961. Hg. von Matthias Buschle, Kommentare und Erläuterungen von Hermann Häring, Hans Saner und Jens Soentgen (Basel: Christoph Merian Verlag, 2011).

Übersetzungen
Italienisch
- Cifre della Trascendenza. Traduzione e Nota a cura di Giorgio Penzo (Torino 1974). – Mit »Appendice« von H. Saner und »Nota critica«

von Giorgio Penzo. – 2. Aufl.: Genova 1990. Mit einem neuen Vorwort von Giorgio Penzo und dem Nachbericht von H. Saner.

Japanisch
- Kami no angō. Übersetzt von Masao Kusanagi. Hg. von H. Saner (Tōkyō 1982).

Polnisch
- Szyfry Transcendencji. Przelozyla: Czeslawa Piecuch. Nachbericht von H. Saner (Toruń 1995).

Spanisch
- Cifras de la Trascendencia. Traductor: Jaime Franco Barrio. Prólogo H. Saner (Madrid 1993).

Tschechisch
- Sifry transcendence. Translation: Vlastimil Zátka. Nachbericht von H. Saner (Praha 2000).

Anmerkungen

1 K. Jaspers: Der philosophische Glaube (Zürich 1948). – Gastvorlesungen, gehalten auf Einladung der Freien Akademischen Stiftung und der Philosophisch-Historischen Fakultät der Universität Basel im Juli 1947.
2 Paul Meyer-Gutzwiller: Karl Jaspers und Basel, in: Basler Stadtbuch 1970, 149-163. – Verzeichnis der Lehrveranstaltungen S. 153-155.
3 Zur Idee einer kommenden Weltphilosophie s. H. Saner: Jaspers' Idee einer kommenden Weltphilosophie, in: Rudolf Lengert (Hg.): Philosophie der Freiheit. Karl Jaspers 23. Februar 1883 – 26. Februar 1969 (Oldenburg 1983) 49-61.
4 K. Jaspers: Weltgeschichte der Philosophie. Einleitung, aus dem Nachlass hg. von H. Saner (München, Zürich 1982). – Jaspers' Idee einer polyaspektiven Weltgeschichte der Philosophie beruht auf der Erfahrung, dass die Weltgeschichte der Philosophie, sobald man sie erforscht, nach den Aspekten sich aufspaltet, unter denen sie steht. Die Zahl der Aspekte ist offen. Es kommt darauf an, die wesentlichen zu treffen. Jaspers ging dabei wie folgt vor. Er sagte sich: Die Philosophie kommt durch die Philosophen in die Welt. Jeder Philosoph aber lebt in einer bestimmten Zeit und in einem bestimmten Kulturraum. Unter diesem *historisch-chronologischen Aspekt* wird die Philosophiegeschichte als Ganze zu einer *Weltgeschichte der Kulturräume und der philosophischen Epochen*. – Jeder Philosoph denkt Gehalte. Sein Denken hat eine Sache.

Unter diesem *sachlichen Aspekt* wird die Geschichte der Philosophie als Ganze *Weltgeschichte der philosophischen Gehalte und Probleme.* – Jeder Philosoph ist ein unverwechselbarer Einzelner, eine sich aussprechende geschichtliche Person. Unter diesem *persönlichen Aspekt* ist das Ganze der Philosophiegeschichte *Weltgeschichte der großen Philosophen: eine imaginäre Republik der Denker als Zeitgenossen.* – Philosophierend steht jeder Denker in Abhängigkeit von und in Beziehung zu den geistigen Gründen in Sprache, Religion und Kunst. Von diesem *genetischen Aspekt* her ist Geschichte der Philosophie als Ganze *Weltgeschichte von Ursprung und Widerhall der Philosophie in Sprache, Mythos, Religion und Kunst.* – Denkend verwirklicht jeder Philosoph seine Philosophie in einem Werk und er wirkt durch sie in die Welt. Unter diesem *pragmatischen Aspekt* wird das Ganze der Philosophiegeschichte *Weltgeschichte der Verwirklichung und der Wirkung der Philosophie.* Jeder Philosoph steht schließlich in Beziehung zu anderen Denkern, nimmt ihr Denken wieder auf, kämpft gegen es oder eignet es sich an. Unter diesem *dynamischen Aspekt* der Philosophiegeschichte wird diese als Ganze *Weltgeschichte der philosophischen Polemik, der philosophischen Aneignung und der Kommunikation.* – An all diesen Versuchen der Verwandlung und der Pluralisierung der Weltgeschichte der Philosophie hat Jaspers über Jahre gearbeitet, immer im Wissen, dass die Aufgabe für einen einzelnen Kopf zu groß ist. Er pflegte dann zu sagen: »Aber einer muss damit beginnen.«

5 K. Jaspers: Vom Ursprung und Ziel der Geschichte (Zürich 1949). – Achsenzeit: 18-43, 76-86.
6 Alle Bänder der Kassetten 1-7 gehen letztlich auf die Aufnahme von Dr. Hosoo zurück.
7 Übersetzungen ins Italienische (1974), Japanische (1982), Spanische (1993), Polnische (1995), Tschechische (2000). – Die Übersetzung ins Italienische erschien 1990 in 2. Auflage
8 In der *Philosophie* verwendet Jaspers konsequent die Schreibweise *Chiffre*, auch in den späteren Auflagen, in *Von der Wahrheit* konsequent die Schreibweise *Chiffer*. Wann genau die neue Schreibweise sich fixiert hat, wird wohl erst das Studium der Handschrift zeigen.
9 Jeanne Hersch: Karl Jaspers als Lehrer, in: Klaus Piper (Hg.): Offener Horizont. Festschrift für Karl Jaspers (München 1953) 440.
10 So von Jaspers im Anklang an das berühmte Diktum von Kant, wonach man nicht Philosophie, sondern nur *philosophieren* lernen kann (KrV B 865).
11 K. Jaspers: Psychologie der Weltanschauungen (Berlin, Heidelberg, New York ^{6}1971) 24-25.
12 Dolf Sternberger: Notizen über die Prosa von Karl Jaspers, in: Klaus Piper (Hg.): Offener Horizont. Festschrift für Karl Jaspers (München 1953) 431-439.
13 Ebd., 432.
14 Ebd., 433.
15 Ebd.

Das Signet des 1488 gegründeten
Druck- und Verlagshauses Schwabe
reicht zurück in die Anfänge der
Buchdruckerkunst und stammt aus
dem Umkreis von Hans Holbein.
Es ist die Druckermarke der Petri;
sie illustriert die Bibelstelle
Jeremia 23,29: »Ist nicht mein Wort
wie Feuer, spricht der Herr,
und wie ein Hammer, der Felsen
zerschmettert?«